“意识形态领域重



# 为什么不变

## ——论改革开放

● 本书课题组 编著

WEISHENME BUBIAN
LUN GAIGE KAIFANG

浙江工商大学出版社
ZHEJIANG GONGSHANG UNIVERSITY PRESS

**图书在版编目(CIP)数据**

为什么不变 ：论改革开放 /“意识形态领域重大理论问题”通俗读本课题组编著. —杭州 ：浙江工商大学出版社，2015.3(2015.7 重印)
(“意识形态领域重大理论问题”通俗读本)
ISBN 978-7-5178-0979-1

Ⅰ. ①为… Ⅱ. ①意… Ⅲ. ①改革开放—中国—通俗读物 Ⅳ. ①D616—49

中国版本图书馆 CIP 数据核字(2015)第 061419 号

**为什么不变**
——论改革开放
本书课题组 编著

**责任编辑** 王黎明 蒋红群 尹 洁
**责任校对** 何小玲
**封面设计** 王好驰
**责任印制** 包建辉
**出版发行** 浙江工商大学出版社
(杭州市教工路 198 号 邮政编码 310012)
(E-mail:zjgsupress@163.com)
(网址:http://www.zjgsupress.com)
电话:0571-88904980,88831806(传真)
**排　　版** 杭州朝曦图文设计有限公司
**印　　刷** 杭州五象印务有限公司
**开　　本** 850mm×1168mm 1/32
**印　　张** 31.25
**字　　数** 699 千
**版 印 次** 2015 年 3 月第 1 版 2015 年 7 月第 2 次印刷
**书　　号** ISBN 978-7-5178-0979-1
**定　　价** 69.00 元(全五册)



浙江工商大学出版社营销部邮购电话 0571-88904970

## 本书课题组

组　　长　葛慧君

副 组 长　胡　坚

主要成员　（按姓氏笔画排序）

王海稳　冯昊青　吕明再　张　彦

陈先春　卓高生　郑　毅　郑林红

钱伟刚　徐　彬

# 序　言

葛慧君

马克思主义有一个重要的观点:人民只有组织起来、团结起来才有力量。我们党带领人民在长期奋斗中深深懂得:团结就是大局,团结就是胜利。党和人民的坚强团结,根源于共同的利益、凝结于共同的目标,核心是共同的思想基础。任何社会都是经济基础、政治上层建筑和意识形态三大结构在生产力发展基础上互动的整体。在这个整体中,意识形态是灵魂,她体现为一个国家、民族和社会共同的理想信念,是整体社会发展和个人人生价值体现的精神支柱,具备着将个体团结起来的内在凝聚力。

30多年社会主义改革发展的巨大成就充分证明,通过中国共产党和广大人民群众艰辛的理论创新和卓越的社会实践,社会主义意识形态是我们对未来理想社会和文明形态追求的基本价值原则。近代以来,君主立宪制、多党制、总统制等都在中国尝试过,结果都行不通。只有中国共产党领导人民,把马克思主义基本原理同中国实际结合起来,找到了实现民族独立和人民解放、国家富强和人民幸福的正确道路。沿着这条道路走,我们比历史上任何时期都更接近中华民族伟大复兴的目标,比历史上任何时期都更有信心、有能力实现这个目标。但我们也看到,随着社会深刻变革,不同社会群体之间产生了不同的经济表达、政治表达、社会表达、文化表达,特别是随着对外开放不断扩大,各种思想文化交流、交融、交锋日益频繁，一些错误思潮暗流涌动、此起彼伏，巩固壮大主流意识形态和思想舆论面临的挑战与困难前所未有。

习近平总书记指出，“意识形态关乎旗帜、关乎道路、关乎国家政治安全”，“经济工作搞不好要出大问题，意识形态工作搞不好也要出大问题”。做好意识形态工作，要求我们在任何时候、任何情况下都要保持清醒的头脑。必须深刻认识到，国际上的一些势力骨子里是不希望中国发展壮大的，一直在不遗余力地推行西化、分化的战略。其中最主要的一手，就是抓住中国社会转型发展时期利益诉求、矛盾问题交织互联的特点，搞意识形态渗透，搞乱人们的思想，瓦解党和人民团结奋斗的共同思想基础。近年来在思想界出现的各种错误思潮，不论是政治上的西方“宪政民主”、思想上的“普世价值”、经济上的“新自由主义”、文化上的“历史虚无主义”，还是道路方向上的“质疑改革开放”，虽然侧重点有所不同，有的还由于蕴含其中的政治主张违背我国宪法原则做了种种“包装”，但实质都是要使中国脱离中国特色社会主义轨道，脱离中国共产党的领导，对我国社会主义事业的危害绝不容忽视。

巩固共同思想基础，要求我们必须毫不动摇地坚持马克思主义和共产主义信仰，切实增强政治定力，坚决同各种错误思想作斗争。习近平总书记告诫全党，要当战士，不当“绅士”，在意识形态问题上守土有责、守土负责、守土尽责。刘云山同志强调，用中国特色社会主义凝聚思想共识，必须加强对思想理论领域问题的辨析与引导，有针对性地开展积极的思想舆论斗争。刘奇葆同志指出，在意识形态问题上，我们不搞无谓争论，但对挑战我们政治原则、政治制度的思想观点，必须有坚定的立场、鲜明的态度，敢于发出正确的声音。近年

来，根据中央的部署要求，浙江省委将意识形态工作摆到更加重要的位置，在各领域深入开展“当战士、不当绅士”等主题活动。浙江省委宣传部设立专项课题，组织全省党校、高校近百位一线教学的青年教师，开展专题研讨，撰写体会文章，汇集、编撰形成《为什么不行——论西方“宪政民主”》《为什么不好——论“普世价值”》《为什么不灵——论新自由主义》《为什么不对——论历史虚无主义》《为什么不变——论改革开放》等系列通俗读本。其中的文章注重运用理论与实践、历史与现实、国内与国际、正面与反面对比等手法，围绕核心观点进行充分阐发，针对热点问题进行辩证解读，澄清了一些模糊认识，批驳了一些错误观点，集中反映了浙江广大青年理论工作者在事关意识形态的大是大非问题上鲜明的态度、正确的方向和坚定的立场，是广大干部群众、青年学生加强理论学习、提高思想认识的重要辅助读物。

当前，全党和全国上下正认真学习贯彻以习近平同志为总书记的党中央提出的“四个全面”的战略思想。“四个全面”是中国特色社会主义伟大事业的顶层新设计，是马克思主义与中国实践相结合的新飞跃，为新常态下推进各项事业注入了强劲动力，也为进一步做好意识形态工作指明了方向。我们要紧紧围绕“四个全面”的战略布局，切实将意识形态建设作为一项战略工程、固本工程、铸魂工程来抓紧、抓实、抓好，为推动马克思主义在意识形态领域的指导地位更加牢固、全党全国人民团结奋斗的共同思想基础更加坚实做出新的努力！

# 目录

CONTENTS

## 壹 世界视野的改革开放



## 贰 改革开放的中国实践

## 叁

## 改革开放是中国特色社会主义事业发展的动力



## 肆

## 改革开放中的几个思想论战

## 伍 坚定不移走改革开放之路

壹

## 世界视野的改革开放

近代以来大国的崛起就是一部改革开放史

战后苏联改革的歧途及教训

居安思危

——谨防中国改革停滞

# 近代以来大国的崛起就是一部改革开放史

浙江工商大学　张万杰

近代以来的世界历史是一部大国兴衰更替的历史。自15世纪以来，西班牙、葡萄牙、荷兰、英国、法国、美国、德国、日本等大国先后崛起，雄踞于世界政治中心。考察近代以来大国兴盛的历程，审视大国崛起的历史经验，对内改革和对外开放是它们共同的路径选择之一。毋庸置疑，近代以来大国的崛起历程就是一部改革开放史。

## 一、对内改革：国家发展的内生动力

国家的崛起首先源于自身的强大。近代以来，诸大国在崛起过程中，尽管处于世界历史发展的不同阶段，面临不同的国际环境，受到不同因素的影响，但无不经历过关键性的内部变革。国内政治、经济、法律、制度革新，文化教育及社会保障等方面的改革变迁，为国家发展提供了重要的内生动力。

### (一)海洋强国制度改革兴霸业

最早崛起成为海洋强国的西班牙和葡萄牙，在15世纪率先实现了内部整合，最早建立起统一的民族国家体制，确立起欧洲大陆最先进的制度优势，比后来的英国和荷兰要早近一个世纪。凭借新型的国家体制，西班牙和葡萄牙在当时实施了有效的民众动员，组织起整个国家的力量进行全球海洋探险，所向披靡，大获其利，最先崛起成为全球性殖民帝国。

被称作“海上马车夫”的荷兰的崛起，不只是由于其得天独厚的地理位置和海上贸易，还得益于它在国家体制及现代商品经济制度方面的变革创新。1588 年，7 个彼此分离的新教省份，基于共同的经济和宗教诉求，宣布成立荷兰联省共和国，基于民主精神建立共和体制，颁布共和国宪法，规定国家最高权力属于各省联合会议。同时，荷兰联省共和国在世界上最早赋予了商人阶层充分的政治权利。为筹集远洋航行所需的大量资金，荷兰于 1602 年成立了世界历史上第一个股份制公司——联合东印度公司，通过发行股票来广泛募集社会资金。1609 年，世界上第一个证券交易所在阿姆斯特丹成立。荷兰还开创了现代金融业的基石——银行，1609 年成立的阿姆斯特丹银行，要比英国银行早 100 年左右。荷兰人开创的这些基本经济制度相互贯通，形成了一整套金融体系和商业体系，带来了爆炸式的财富增长。到 17 世纪中期，荷兰就取代全球海洋强国西班牙，成为世界商业霸主。

### （二）“日不落帝国”和平改良首垂范

英国在向“日不落帝国”发展的过程中，首先创造性地实现了政治制度的变革。17 世纪，英国通过较为和缓的“光荣革命”终结了王权专制体制，确立起君主立宪的政治体制。英国未经过大的社会动荡即完成了民主改造，开创了近现代议会民主的先河，成为此后各国民主制度效法的榜样。英国宪法政治的确立，使得国王不经议会同意不能随意征税，从法律上确认了公民的财产权利不受王权的任意侵犯，划定了政府行为与市场行为的界限。

宪政体制在英国建立后一直处于不断改革调整的过程中。最初,这一政体是贵族化宪政体制,是英国贵族在议会中地位的保障;而作为社会中下层的普通工商业阶层和工人,在历经社会政治运动的抗争后,到了19世纪才逐步获得了普选权。在19世纪三四十年代,尽管英国议会议员都是经过选举产生,但选举制度却向土地贵族倾斜。在民众的强烈呼吁和抗争下,英国议会于1832年通过了第一项旨在扩大公民政治权利的法律;后又于1864年和1867年相继通过改革法案,赋予绝大多数男性公民以选举权。到了1928年,所有英国成年公民都获得了选举权。

在经济方面,英国通过改革确立了自由竞争的市场经济体制。对国内经济结构进行的调整,使英国农业在国民生产总值中的比重逐渐下降,工业的份额则逐年上升。到了1841年,英国农业所占比重下降到了22.2%,工业比重上升为40.5%。到19世纪50年代,工业所占的比重已经超过了50%。自18世纪60年代起,英国开始了大规模的工业变革,这场工业革命的重大意义不亚于政治革命。市场经济的发展与活跃,使得独立于政治社会之外的各种行业团体、协会及慈善团体等公民社会组织获得了很大发展空间。针对工业化时期出现大量贫民及无产者的问题,英国教会创办了面向贫民和无产者的习艺所,对社会弱势群体进行公益性的帮扶和救济。在科学教育领域,英国政府主要通过立法来促进科教发展。1845年成立了英国皇家化学院,1851年成立了政府海洋学院和曼彻斯特欧文学院。19世纪50年代开始授予大学学位。到18世纪下半叶和19世纪上半期,英国便出现了科技发明的高潮。英国还非常重视对知识产权的保护,早在1624年就制定出第一部专利法,名为《独占法》,在此基础上逐渐探索形成了一套鼓励技术创新、提高私人创新收益的良好激励机制。

**(三)法兰西内政改革筑始基**

19世纪法兰西第一帝国的缔造者拿破仑·波拿巴曾有这样一句名言:“不以小事为轻,而后可以成大事。”这亦可在一定意义上说明,这位曾为法国崛起筑基的政治人物,非常注重一点一滴的内政改革积累。

拿破仑执政期间,进行了多项涉及政治、司法、行政、立法、经济、教育等方面的重大改革,实行法兰西共和国中央集权领导体制。其中,最为著名且直到今天依然具有重大影响的是创编了法兰西共和国公民法典,即著名的《拿破仑法典》。该法典在1804年正式颁布,很多条款是由拿破仑本人亲自参加讨论并最终敲定的。法典基本上遵循了法兰西共和国大革命初期提出的理性原则。例如,在法典面前人人无血统特权,在法典面前人人平等,等等。这一法典稳健适度、条理清晰、简洁明了,它从法律上巩固了法国大革命的积极成果,即使在一个多世纪后依然作为法兰西共和国法律在贯彻实施,其很多条款经过局部修正后也为许多其他国家所效法或采用。1807年,拿破仑颁布了《商法典》,1810年又颁布了《刑法典》,这都为法国现代国家制度体系建设奠定了良好基础。

在经济改革方面,拿破仑政权出台多种政策帮扶本国工商企业,如拨款补助、发给津贴、进行国家订货、奖励使用机器、开展竞赛活动、实行专利权制度、举办博览会等；还大力发展基础比较薄弱的产业，如甜菜制糖工业等，以减少对国外的依赖。为使改革措施能够有效实行，政府还专门设立了管理机构，其中起了较大作用的有民族工业奖励会(1801)、作坊和工厂管理委员会(1810)、工业和商业部(1811)等。1800 年创建了法兰西银行，作为法国的金融中枢。还采取一系列措施对农业进行改良，如在耕作技术上推行新的轮种制度，颁布保护森林、禁止滥伐树木、禁止盲目开荒的法令，对新作物的种植或扩种原有的作物予以奖励。

拿破仑上台后非常重视教育事业，颁布了一系列教育法令，推行教育改革。最突出的贡献是建立了中央集权的教育管理体制。他于 1802 年颁布《关于公共教育的基本法》，在该法中，政府重申教育是免费的、公办的；通过严格审查的公民可以开办学校。1806 年颁布了《创办帝国大学令》；1808 年又发布《帝国大学组织条例》。帝国大学是负责管理全国公共教育事务的最高教育管理机构，负责管理全国所有学校的审批，就课程设置、教学内容、教师任免等做出统一规定，并监督执行。根据法令，全国被分为 27 个大学区，每区设一个学区长，下设学区评议会，管理各区教育事宜。所有教师均为国家公务员，享受政府俸禄。在高等教育方面，拿破仑特别重视工程技术教育，领导创建了一大批高等专科学校和大学，亲自参与改造巴黎理工学校，视之为“会下金蛋的母鸡”。该校为拿破仑提供了大量科技人才，更在后来为国家输送了一批又一批人才，成为饮誉世界的著名学府。为培养师资，拿破仑在 1810 年恢复了创建于 1794 年的巴黎高等师范学校，并对其学制进行改进。该校同样声名显赫，至今仍是法国乃至世界知名学府。拿破仑还改建或创建了一些特种军事学校、工兵学校、骑兵学校。通过教育改革，拿破仑在法国建立了一套严格的、自上而下的、中央集权式的教育管理体制。各地学校均按照政府法令设置课程，安排学时，组织教学，进行考核，全国学校在组织结构、课程设置上达到了高度统一。拿破仑的教育改革奠定了近代法国教育制度的基础，并深刻影响着现代法国教育制度。

**（四）美利坚体制改革创典范**

成长和崛起过程中的美国，也是不断对自身体制机制进行改革创新的典范。这主要表现在以下四个方面：

第一，不断对自由民主政治体制进行创新和完善。从1776年的《独立宣言》到1787年的第一部成文宪法《联邦宪法》和1791年的宪法修正案，美国政府都在其中充分肯定了公民的基本权利，如正当程序权利、持枪权、财产权、言论和结社自由权等，确立实行行政、立法、司法三权分立制度，废除总统终身制，维护宪法威严。推行《独立宣言》所倡导的人权价值观，以及自由民主的立国精神、自由移民国家政策、自由市场经济运行的公平竞争规则。1863年的《解放黑人奴隶宣言》、1866年给黑人以充分民主权利的宪法第14条修正案、19世纪末的平民党主义、20世纪初的进步主义运动等，都使得美国资产阶级民主制度与时俱进、不断完善。

第二，构建起较为成熟的市场经济体制。国内很早就确立的产权保护体制、反垄断、反托拉斯等制度，使美国能够有效地保障个人的经济权利，并为个人自由创业和交易，促进全球资本、技术和人才等稀缺生产要素的流入，鼓励生产和贸易等创业活动，打击垄断、促进自由竞争，提供了坚实的制度基础。

第三，创立支持科技创新的一系列制度。1787 年的美国宪法规定，为促进科学和实用工艺的普及，对作家和发明家的著作和发明，在一定期限内给予专利权的保障。1802 年，成立了国家专利局。

第四，改革和完善教育体制。美国从殖民地时代起就很重视教育事业，杰斐逊、富兰克林和潘恩等美国开国元勋也都对教育极为注重。南北战争之前，美国就已经建立了 516 所大学和学院。林肯签署了被前任总统布坎南所否决的《莫里尔法案》(1862 年)，该法案规定由联邦拨给各州大量国有土地，作为筹建工、农技术学校的基金。到 1850 年，在美国北部和西部各个州，初等及中等学校都实现了免费开放给一切儿童。美国还很重视师范教育，实行职业训练，以培养和造就各种专门人才，如法学、医学、神学、工程学等。南北战争后，政府又开始大规模创办黑人学校。19 世纪晚期，美国已开始建立全世界当时独一无二的全民免费教育体系。19 世纪末，由美国国会拨地拨款资助各州兴办农工学院，培养了大批工农业发展所需的高级专门人才。这时，美国也已确立起从幼儿园到大学的教育体系。

### (五)日、德维新改革闯新途

近代日本的崛起始于国内改革派推动的维新运动。1868 年，体制内改革派提交了一份文件给年少的明治天皇签字，这份文件即后来著名的“五条誓文”。其中提到了如下改革原则:广泛实行慎重的会议制度,务使一切事宜通过公众讨论决定;一切阶级,不论贵贱,应团结一致来管理国家;“破除旧习”,一切事务皆以大自然的正常规律为依据;“求知识于世界”;等等。在国内改革实践中,日本积极借鉴西方制度经验,参考西方体制,重建行政机关和立法机关。1889 年通过了一部对选举权限制极其严格的宪法,施行君主立宪制;设立议会,构建西方式的法律体系。19 世纪 80 年代创建起较为成熟的政党,1898 年出现第一个政党内阁。1924 年议会选举后建立的新政府,在 1925 年颁布选举法,规定所有 25 岁以上的成年男性均可享有普遍公民权,这使选民从 300 万人增加到了 1200 万人。在经济方面,日本采取了“殖产兴业”政策,发展民族工商业。在教育上全面西化,改革文化教育制度,学习西方自然科学。在文化与习俗方面,日本武士除去了刀剑和传统装束,改穿西式衣服,还学习跳华尔兹舞。

近代德国在 1871 年完成国内政治统一后,建立了容克资产阶级政治体制。尽管这是一种半专制制度,但它却能适应时代发展,不断改革创新,保证了资本主义经济良性运行。

俾斯麦时代(1862—1890)的德国,通过一系列内部体制改革为国家崛起打下了良好基础。俾斯麦建立起统一的国内市场,出台商业法、营业自由法、关税法、货币法等经济法规,使国家经济发展有了可靠的法律保障。俾斯麦统一了德国货币,以马克作为法定货币单位。1873 年,德国建立黄金储备制度,改银本位为金本位。俾斯麦于 1873 年创立了“帝国铁路局”,对全国铁路的建设、装备和营运进行总体协调。为了统一和简化各种铁路公司的运费体系,原本有 67 家德国铁路管理局和1357种运费的德国铁路于1876年联合在一起，形成了统一运费和系统化的铁路管理体系。1881年11月17日，俾斯麦向帝国议会宣读了皇帝的诏书，宣布国家准备实行社会保障制度。该制度主要包括三大类：《疾病保险法》《意外事故保险法》和《老年和残废保险法》。1883年6月，帝国议会通过了《疾病保险法》，规定：凡是年薪在2000马克以下的农业工人，仆役，小学和家庭教师，剧场雇工，船员，以及从事家庭工业者，都必须进行强制保险。保险内容包括免费诊治、医疗护理、死亡丧葬费和养病费，养病费从生病第三天起开始支付，如果疾病延续半年，其后的养病费就转由意外事故保险基金支出。俾斯麦创建的国家福利制度，特别是在世界上最早推行的工人养老金、健康和医疗保险制度，浇筑了德意志崛起的坚实基础，社会矛盾显著缓和，到第一次世界大战前，德国成为经济繁荣、社会稳定的典范，社会各阶层似乎都有一种满足感。

德国还对教育体制进行了改革与调整。在世界其他国家的大学尚不注重科学的时候，德国大学已经允许科学学科独立发展，并在其自身发展的过程中创造出很多行之有效的组织方法和形式。设立实验室，建立研究生指导制度，设立研究生院和研究所，出版专业科技刊物等，都是近代德国所首创。德国高等教育的普及率也明显高于世界其他国家。

第二次世界大战后，德国颁布了《基本法》，保障公民自由，保护产权，建立起受宪法限制的政府。德国还实施币制改革，消除恶性通货膨胀，建立独立于政府的中央银行系统，颁布反垄断法。政府把对经济过程与结果的干预重心转向提供有利于产权保护与市场竞争的普适性规则框架之上。德国政府还通过社会政策为失业者和老年人等弱势群体提供基本社会保障，并建立起了资方、工会及政府的社会伙伴关系和相应的谈判协调机制。

## 二、对外开放：大国崛起的关键因素

与对内改革相呼应，对外开放是近代以来大国崛起的关键性因素。实现崛起、傲视全球的大国，无一不是积极致力于发展外向型经济，开展对外贸易，进行技术交流。

### （一）海外贸易催发海洋强国兴盛

最先实现国家崛起的海洋强国西班牙和葡萄牙，充分利用最早建立统一民族国家的制度优势，举全国之力对外进行海洋探险。在16世纪的大部分时间里，欧洲的海外贸易和殖民扩张基本被西班牙和葡萄牙所垄断，海外贸易获取的丰厚利润以及源源不断到来的新大陆财富，使这两个地缘小国大获其利。这是两个国家率先实现崛起的重要原因。“海上马车夫”荷兰的崛起，也得益于依靠得天独厚的地理位置而发展起来的海上贸易和转口贸易。17世纪中期时，荷兰在航海业和世界贸易方面达到极盛，取代了西班牙成为世界商业霸主，称霸海上，实现了海洋强国的崛起。

### （二）海外市场助推英法霸权建立

英国在崛起过程中，确立了自由贸易的对外经济战略。自由贸易成为其基本国策，英国为此不惜多次使用武力，发起战争，打开其他国家和地区的贸易大门，占领众多殖民地，逐步建立起自由主义的经济体系。在海外贸易、远洋交通运输等方面，英国拥有的商船舰队总数占世界的 1/3，出口总额是世界的 1/4，进口总额占世界的 1/3。英国把侵略的魔爪伸向全世界，成为名副其实的殖民帝国。英国建立了当时世界上最强大的海军，控制着全球战略要地，如直布罗陀海峡、好望角、苏伊士、塞浦路斯、马耳他、斯里兰卡、新加坡等，这使英国成为 18、19 世纪最强盛的军事和经济强国，同时也是第一个真正具有全球意义的海洋帝国，“日不落帝国”由此蜚声世界。19 世纪初，英国政府为实行自由贸易又全面削减了税种和进口关税。英国与其殖民地直接进行联系，商船遍布五大洲各个角落。英国从殖民地获取的巨大利润，有力地支持了国内正如火如荼开展的工业革命。

法国拿破仑政权为了适应大资产阶级需要，始终不遗余力地帮助其扩充经济实力，夺取国外市场。在拿破仑专政期间，法国一直与欧洲各国处于连年不断的战争中，其主要目的就是要从国外掠夺财富、资源和土地，扩大海外市场，夺取欧洲及世界霸权。为了从欧洲市场上排除英国的强大竞争压力，拿破仑于 1806 年颁布了著名的“大陆封锁法令”，禁止欧洲大陆各国与英国发生任何经济联系。这种封锁政策，在一定程度上对法国工业的发展起了推动作用，还一度扩大了法国的商品输出规模。

### （三）开放战略推动美日崛起

美国在崛起之初，整体实力尚不足以与西欧国家抗衡。这只美洲“雄鹰”审时度势，适时制定出切实可行的对外发展战略决策，采取了避免与强国直接对撞、抓紧积蓄力量的和平发展战略。

对外开放和发展贸易政策的推行,使美国实力迅速增强。南北战争之前,美国是个出口棉花等原材料、进口工业制成品,贸易逆差通过黄金出口弥补,在国际分工中处于不利地位的国家。为改变这种状况,美国采取了贸易立国战略,以及保护贸易与自由贸易兼顾和交替的政策。一方面,激励扩大出口,积极鼓励农产品、农机、钢铁制品、机床、电气设备等物资出口,大力培育大公司,使通用电气、美孚石油、柯达胶片、纽约人寿、福特汽车等一大批美国跨国公司取代了农场主在国内的主导地位而成为国际著名品牌;另一方面,美国又通过抑制进口,保护本国弱小产业,改善国际收支状况。1860—1914年间,美国出口增加了7倍以上,而进口只增加了4倍。对外贸易的繁荣,极大地促进了美国工农业生产的发展和全球影响力的提升。美国对外开放和发展贸易的政策,既有利于尚处于发展初期的产业的发展和实力的壮大,又在产业实力强大时通过推行自由贸易而获得了巨大利润,推动了自身近代化和现代化的快速发展。

对外吸引外来移民也是推动美国发展的重要因素。在获得独立之初,美国是典型的小国寡民,大规模、大范围、长时间的移民潮对于美国开拓疆土、发展经济起到了不可估量的作用。在移民构成中,主要是来自英格兰、爱尔兰、苏格兰等世界经济发达的地区,素质和技能均比较高,还有很多是当时欧洲的各类人才和冒险家,正是这些人把先进技术和雄厚资金带到这片新大陆。多元化的外来移民,提升了美国人口的整体素质,有利于社会管理水平的提升,也推动了先进社会生产力和生产方式的形成与发展。

日本在明治维新之初,就派出既懂外语又熟悉国内事务的高级官员团——岩仓使团赴欧洲和美国考察。岩仓使团于1871年12月23日从横滨乘美国商船“亚美利加”号起航,总共访问了欧美的12个国家,历时一年零十个月。岩仓使团停留时间最长的国家是美国,重点考察的国家是英、德两国。使团将全部精力用于实地考察西方各国在政治、经济、军事、文化教育等方面的发展状况。该使团详细考察,收获颇多。回国后,在十月政变中获胜、以大久保利通为首的内治派(包括使节团的大部分成员)主政,把考察的收获大部分变成了现实,大力推进维新运动,使日本很快成为资本主义的后起之秀。

第二次世界大战之后,技术引进成为日本经济增长的重要原因。战后的日本充分利用东西方不同阵营冷战的特殊条件,通过引进、吸收和发展新技术在短时间内实现了第二次崛起。

## 战后苏联改革的歧途及教训

嘉兴学院　马　赛

苏联解体发生已有20余年,但苏东剧变的这段惨痛历史却从未远去,它始终是摆在中国共产党和中国人民面前的一面镜子。关于苏东剧变的历史经验教训,这些年来的分析和探讨从来没有停止。在贯彻落实中共十八届三中全会精神,深入推进改革的今天,在改革的这个时代命题上,苏东剧变的历史也有诸多教训可供反思。苏联作为曾经的社会主义强国,在"二战"后近半世纪的执政过程中,面对既有的斯大林模式,也曾推行过各类改革的尝试,但这些改革,要么半途而废,要么瞎折腾,要么走上邪路。就是这些不成熟和失败的改革,耽误了社会主义国家发展本可以把握的大好时机,导致与资本主义的差距慢慢变大,最终被资本主义颠覆。"前事不忘,后事之师",中国的改革业已步入深水区,需要勇气、智慧和决心,也需要从前人那里汲取教训,得到有益的启示。

### 一、"整个社会意识形态和社会体制……就像被按倒的不倒翁一样,只要手一松开,它马上便直立起来"

苏联作为第一个社会主义国家,在"什么是社会主义,怎样建设社会主义"的问题上,曾经把斯大林模式当作唯一正确的模式。自斯大林去世后，马林科夫短暂在位时也曾意图改革。苏联对改革的大规模努力，应该是在苏共二十大赫鲁晓夫反对斯大林之后，斯大林模式的神话第一次被击碎，加之波匈事件的发生，让执政的共产党进一步意识到斯大林模式的弊端，认识到改革的重要性。但是苏共在领导和推进改革时，面临着一个重大的问题，就是教条主义的束缚。自斯大林执政起，为了达到巩固个人地位的目的，他把自己扮演成一个马列主义的最高权威，把哲学、政治经济学、党史等都按照他所需要的标准进行解释，对于在理论上有任何不同意见者都动用政治力量加以消灭。这样一来，苏共党内各级干部所能接触到的理论都是斯大林式的哲学教材、党史教材等。他们对党的理论不再有思考，也不敢有思考，只有对斯大林理论的顶礼膜拜，以致苏共内部在理论上彻底陷入教条主义。理论上的教条主义导致的后果是非常严重的，党内从此没有人敢于在理论上探索创新，所谓的理论家不过是对既有理论的包装、吹捧罢了；党内也不再有保持独立思考精神的党员，有的只是唯唯诺诺、按领导指示办事的执行性官僚；党内不再有具备马克思主义政治智慧的政治家，有的只是争权夺利、阿谀奉承的政客。这样一来，苏共内部，一代代干部的培养，就像是俄罗斯套娃一样，都是一个模子套出来的，思维方式、行为方式完全一样，并且就像套娃越套越小一样，苏共干部的素养也是一代更比一代差，干部都是平平庸庸的技术性官僚，争权夺利在行，却没有了思考问题、勇于改革的智慧和勇气。苏共内部曾有人言，苏共“当权者除了往下面贯彻‘上头’的意旨外，不会做任何其他事情”，苏共内部“形成了一种独特的局面。只要最高领导一停止施加压力，使社会实现非斯大林主义化的种种努力，整个社会意识形态和社会体制几乎无须下达新的补充指示就会自动恢复原状，就像被按倒的不倒翁一样，只要手一松开，它马上便直立起来”。教条主义，使得苏共内部对于斯大林体制的理解是僵化的，有一种习惯性的依赖，改革的意识是不强的。即使意识到了有什么问题，当时党内高层也没有人有足够的政治智慧来推动改革。教条主义的窒息下，苏共内部无法出现真正的拥有智慧和勇气的改革者，而多是勃列日涅夫般的守成者。即使出现了改革者，也是赫鲁晓夫这样蹩脚的改革者，或是之后戈尔巴乔夫那样打着改革旗号的背叛者。教条主义的束缚，在苏共试图改革之时起，就已经决定了其改革的命运。因此，推动改革，首先必须在思想上、理论上破除教条主义的束缚，打破对既有模式的依赖性，更要避免沉醉于既有模式，倘若事先就人为地划定各种条条框框，这也不能碰，那也不能改，没有真正摸着石头过河的勇气，或者一出现问题就立即想着退回老路上去，那改革的命运就可以想象了。

**二、“着手大规模改革，这当然好！我只是想劝您不要操之过急。靠跳跃两步跨越鸿沟是相当难的，还可能会坠入沟中”**

改革是一项系统工程，牵一发而动全身，必须协调有序，切忌凭主观意志，随心所欲而为。苏联的改革历史上，赫鲁晓夫改革的规模和影响都是较大的。但赫鲁晓夫实行的改革很大程度上只从自己的主观意志出发，出发点是好的，但是过于随心所欲，改革不但成效不大，反而搞乱了党和国家，自己也在历史上留下很多笑柄。赫鲁晓夫改革的起点，是反对斯大林的个人崇拜。这个切入点是对的，但是他对待这个问题的态度则过于草率。他把苏联体制所有问题一股脑地归结为斯大林个人。把在苏联党和国家生活中如此重要的领袖人物一下子全部抹黑，是苏联以及东欧各社会主义国家党和人民实难突然接受的，其结果必然造成社会主义国家内部思想上、政治上的混乱，用毛泽东的话讲是既揭了盖子，又捅了娄子。而他大反斯大林，却又没有真正地解决斯大林主义的问题，结果自己在执政后期也走上了斯大林主义的老路。赫鲁晓夫全面铺开改革后，自认为是农业专家，便从农业问题着手。基于苏联谷物产量不足的问题，他首先提出要垦荒。大规模垦荒在西伯利亚地区进行，却带来了生态环境破坏的问题，风沙侵蚀严重，开垦好的土地也遭到破坏。赫鲁晓夫在乌克兰任第一书记时期，曾经在玉米种植上取得过一定成效，从此他就对玉米情有独钟。任苏共最高领导人后，他就在全苏境内推行种玉米运动，不顾苏联很多地区的气候条件不适于种植玉米，居然要求苏联玉米种植面积要在 8 年之内从 350 万公顷扩大为 2800 万公顷，结果很多地方不但玉米颗粒无收，还因为没有土地种植其他粮食而导致连口粮都没有。“玉米热”成为国际笑话，赫鲁晓夫本人也被人戏称为“玉米棒子”。赫鲁晓夫还突发奇想地提出要在几年内人均肉、奶产量超过美国，为此向地方党委政府施压，结果导致某个州弄虚作假，宣称产量翻番，被揭穿后，州委第一书记自杀。农业改革状况频频，工业改革也是漏洞百出。1957 年 2 月，赫鲁晓夫在党中央全会上做了《关于进一步改进工业和建筑业的管理组织》的报告，改革的重点就是把原先垂直管理的方式改变为区域管理，一夜之间25个中央部和113个加盟共和国的部被撤销，全国被划分为105个经济行政区，原来由部委管理的企业改由地方国民经济委员会管理，“条条”改“块块”，并未冲击计划经济体制的根本，原有问题依然存在，但又出现了中央权威不足、地方各行其是的问题，赫鲁晓夫又匆匆搞合并，成立各类工业部门的全国性委员会，结果管理机构越来越多，改革毫无成效。连苏联《真理报》在赫鲁晓夫下台后都评价他的工业改革是“没有经过周密思考、没有仔细权衡、没有经过实际试验的改组”。经济改革的草率让他沦为笑柄，政治改革的草率则让他彻底下台。为了解决斯大林时期苏共内部的诸多问题，他强制推行干部轮换制和任期制，出发点是好的，但是做法过于极端，导致苏共内部干部队伍的大进大出、人心惶惶。他还别出心裁地把苏共党组织分为工业党组织和农业党组织，造成党的领导体制的极大混乱。赫鲁晓夫混乱的改革，结果使人民不满，干部怨声载道，正所谓“姥姥不疼，舅舅不爱”，内外交困之中被党内官僚集团赶下台。恰应了改革之初丘吉尔曾告诫过他的一段话：“赫鲁晓夫先生，您在着手大规模改革，这当然好！我只是想劝您不要操之过急。靠跳跃两步跨越鸿沟是相当难的，还可能会坠入沟中。”赫鲁晓夫随心所欲的改革，政治上打开了潘多拉的盒子，搞乱了思想，为苏东剧变埋下了伏笔，经济上也成效甚微。其所遭受的失败说明，改革必须要遵循科学规律，仅凭某个领导人的主观意志，一定会栽跟头的。

## 三、“改革、改革，谁需要这个改革？ 谁又懂得这个改革？ 更好地工作，这就是问题的一切”

苏联在20世纪60年代曾推动“新经济体制”改革，1965年苏联部长会议主席柯西金在苏共中央九月全会上做了《关于改进工业管理、完善计划工作和加强工业生产的经济刺激》的报告，就此开始在工业企业中实行以利润为核心的管理制度改革。新经济体制改革，一定程度上提高了企业自主性，加强了经济刺激和物质奖励在经济管理中的作用，提高了职工的积极性和收入水平，在一定程度上取得了成就。苏联的经济发展得益于这次经济改革，从1965年到1981年，苏联国民社会生产总值增长1.46倍，工业产值增长1.77倍，苏联职工日均收入从1956年的96卢布上升为1981年的172卢布。苏联的国民收入上升到美国的67%，工业总产值达到美国的80%，国力达到了史上最高。但是，新经济体制改革的成效在20世纪70年代末以后开始逐步减退，重要原因就是苏共最高领导人勃列日涅夫对改革的不重视、不关心，甚至反对。新经济体制改革始终没有突破计划经济的大框架，在勃列日涅夫主导下，苏共内部长期否定商品经济，开展对“市场社会主义”理论的批判，视市场为妖魔，视计划为圣物。勃列日涅夫在1981年召开的苏共二十六大上强调说：“党一向把计划看成法律。这不仅仅是因为计划是由最高苏维埃批准的。计划之所以就是法律，是因为只有遵循计划才能保证国民经济协调工作。”勃列日涅夫还粉饰太平，提出所谓“发达社会主义”理论，宣称苏联已经建成发达社会主义，在这样的论调下，苏联既有的一切都被视为是完善的，苏共鼓吹苏联的“全部社会关系在社会主义内在和固有的集体主义原则基础上的改造即将完成。社会主义规律的作用得以充分发挥，社会生活各领域的社会主义优越性得以充分显示，社会制度具有有机完整性、蓬勃的活力、政治上的稳定性和牢不可破的内部团结”。既然一切都已至善至美，改革自然是不需要了，甚至是画蛇添足，不愿被提及。勃列日涅夫就评价过柯西金：“看他想出什么来了？改革、改革，谁需要这个改革？谁又懂得这个改革？更好地工作，这就是问题的一切！”甚至在苏共报告中，后来都看不到改革字样，而只允许提完善。而提倡改革的领导人如柯西金也逐渐被勃列日涅夫排挤，后来甚至被迫以身体原因为由提出辞职。改革停滞带来的后果是严重的，它使得苏联的经济、政治体制始终无法突破斯大林体制的束缚。有一个著名的事例，早在20世纪60年代末，考虑到苏联加速科技发展的紧迫性，苏共曾计划专门就科技革命问题召开一次苏共中央全会，为此还专门起草了一份文件，但之后此事就石沉大海，直到勃列日涅夫逝世后清理他的档案时，才发现了这个文件，时间就这样被耽误了近20年，体制之僵化，对国家发展之荼毒可见一斑。正是由于改革的半途而废，苏联经济社会发展的速度越来越慢，“新经济体制”改革之初，1966—1970年苏联经济增长率达到7.7%；而标志着改革基本停止的苏共二十四大之后，1971—1975年苏联的经济增长为5.7%；1976—1980年进一步跌至3.2%。70年代正好是科技革命推动全球飞速发展的时代，苏联政治经济体制上的僵化导致苏联与西方的差距进一步拉大，这也成为80年代中期后苏联陷入无可挽回的困局的重要原因。苏联的教训表明,改革没有终点,半途而废绝不可取。

## 四、“根本改造我们的整个社会大厦:从经济基础到上层建筑”

在改革的问题上,如果说赫鲁晓夫是个蹩脚者,勃列日涅夫是个怠工者的话,那么之后的苏联领导人戈尔巴乔夫则是一个背叛者了。戈尔巴乔夫是在苏联政治、经济都陷入极大的困境时上台的,他对党和国家所面对的局面是有一定清醒认识的,因此上台伊始就意识到了改革的重要性,而苏共内部和苏联人民对他也是有改革期待的。但戈尔巴乔夫的问题在于,他知道要改革,却不知道要怎么改革,几经尝试之后,情急之下乱投医,为苏联开了一个无法治愈的药方,改革成了送终。戈尔巴乔夫最初是试图从经济领域开始改革的,但是此时的苏联经济上的问题已经病入膏肓,非猛药无以革除。戈尔巴乔夫在经济改革的议题上浅尝辄止,不得要领之后,将经济领域存在的顽疾统统归结为政治领域的问题,因此便将改革重心匆匆从经济转向了政治。1987 年,戈尔巴乔夫发表了《改革与新思维》,阐述了他对社会主义改革的设想。1988 年的苏共第十九次全国代表会议则将他的改革设想变成了实践。戈尔巴乔夫提出要“根本改造我们的整个社会大厦:从经济基础到上层建筑”。在党的价值观上,他鼓吹“全人类共同利益和理想高于一切”,从而放弃马克思主义的价值观;在党的指导思想上,放弃马克思主义的指导地位,搞思想多元化;在党的历史问题上,丑化党的历史和党的领袖,夸大党曾经的错误；在“什么是社会主义”的问题上，提出“人道的、民主的社会主义”的目标，背叛了科学社会主义；在改革的动力上，把“公开化、民主性”作为动力之源，丑化国家历史，搞乱人心；在改革的领导方式上，放弃共产党的领导地位，鼓吹搞西方宪政民主；在改革的具体举措上，迷信西方的私有制和绝对自由；等等。这一系列举措，正所谓“乱花渐欲迷人眼”，苏共内部和苏联国内多数人搞不清戈尔巴乔夫究竟要干什么，陷入了迷茫之中，而自由主义势力则趁乱坐大夺权，西方国家更是拍手称快，授予戈尔巴乔夫各种荣誉，甚至还包括诺贝尔和平奖，让他陶醉其中，在邪路上浑浑噩噩越走越远。一个正常发展的国家，尚且经不起如此折腾，何况一个本已危机四伏的苏联。所以在很短时间内，苏联在经济上陷入崩溃，政治上陷入混乱，苏共各级组织陷入瘫痪，联盟陷入分崩离析之中。戈尔巴乔夫改革导致苏联解体的速度甚至超出了西方国家的预估。戈尔巴乔夫下台时在其讲话中承认改革失败了，他一人的胡乱作为与背叛，却用一个国家、一个政党和亿万人民去埋单，这个代价之大、教训之深，实在是值得所有改革者去深思。从戈氏的改革可以看到，改革首先要清楚一个问题，就是改革不等于不顾一切地胡乱作为，改革要有底线，改革是对现有不合理、不适宜的政治经济体制进行调整，但改革不是放弃国家现有的根本制度和既有道路，改革不能够走邪路、歪路，否则后果是十分可怕的，改旗易帜式的改革绝不可取。

历史唯物主义的基本原理告诉我们，生产力与生产关系、经济基础与上层建筑的两大矛盾是推动历史发展的根本动力，改革是解决这两大矛盾的重要手段。改革是历史发展的必然选择,也是时代发展的必然趋势。总结苏联“二战”后三次主要的改革历程,我们可以看到,苏联在改革这个重大议题上,始终没有搞清楚要不要改革和怎么样改革这个根本问题,在对改革的理解上存在偏差和误区,在改革的力和度上始终拿捏不准,在改革的方向上始终迷茫徘徊,在改革的思路上狭隘偏激,导致其改革或者无所作为,或者胡乱作为,苏联在“二战”后的改革之路就是一条歧路。苏联的经验教训值得认真反思!

# 居安思危

## ——谨防中国改革停滞

浙江中医药大学　汪向红

中国改革近40年，在政治、经济、军事、文化等各个方面都取得了举世瞩目的成绩。但改革虽然取得了惊人的成就，同时也产生了许多新的问题。一方面，从经济上讲，中国已经成为世界第二大经济体，这一过程被称为“中国奇迹”；但是另一方面，近年来在一些重要的领域已经出现改革迟滞、改革停滞不前的现象，在某些领域甚至出现倒退。另外，经济的滞胀、社会矛盾进一步尖锐化等，这都是值得人们警惕的。可以说，现在的中国，正处在一个十字路口，如果改革停滞，中断现代化进程，就会陷入新的混乱状态。为此，我们必须对中国现实有更理性的认识和思考。只有这样，社会主义中国才能发展得更好，才能使中国的体制更有活力。

古今中外的历史证明，变革停滞或失败，都会给社会带来灾难。在此关键时刻，我们必须强化有关改革的几点认识。

### 一、改革停滞的世界教训

人类社会的发展都是在基本动力、根本动力和直接动力相互运动和相互作用推动下进行的，而不论其性质如何。基本动力是动力系统的最高层次，它构成任何社会的基本矛盾并贯穿其始终，其相互运动推动社会的发展。根本动力是动力系统的动因层次，它在社会基本矛盾构成中处于关键位置，决定其他矛盾的产生和发展，从最根本层次上推动社会发展。直接动力是动力系统的操作层次，它能够消除阻碍生产力发展的框框，解放生产力，使其动力功能得以实现，进而直接推动社会的发展。邓小平说："革命是解放生产力，改革也是解放生产力。"江泽民在中共十四大报告中指出："在社会主义发展动力问题上，强调改革也是一场革命，也是解放生产力，是中国现代化的必由之路，僵化停滞是没有出路的。"实践证明，一方面，改革成为解决社会主义社会基本矛盾的一种基本形式，成为社会主义社会发展的直接动力；另一方面，也使改革具有了解放生产力的性质。在坚持社会主义基本制度的前提下，通过改革经济政治体制，改革具体制度，扫除障碍，解放生产力。如果没有过去近 40 年的市场化改革，就没有中国的今天；而如果没有未来的深化改革，中国也不会有更好的发展！

现今，距 1991 年苏联解体已过去 20 多年。历史上，苏联曾多次痛失重要的改革机遇。1928 年，斯大林宣布中止执行 1921 年初列宁主持通过的"新经济政策"，苏联又回到了由"军事共产主义"向社会主义"直接过渡"的方式上，苏联历史上第一次重大变革就此停止。第二次错失改革良机是在"二战"后到斯大林逝世前这段时期。"二战"后，苏联人民强烈希望过上和平、稳定的生活。但很遗憾，斯大林继续强化战前的体制，不思改革，忽略了人民提高物质文化生活水平的要求。第三次错失改革机遇是在赫鲁晓夫时期，虽然他作为战后苏联第一个改革者，也采取了一系列改革措施，但这是一次不彻底的改革,并没有从根本上触动斯大林模式。第四次是勃列日涅夫时期,他一味求稳,没能继续推进前任已经启动的改革,不仅使经济改革半途而废,并且使政治体制出现倒退,导致了整个苏联社会经济整整停滞了18年。苏联解体的悲剧可以为我们提供很多借鉴,作为前车之鉴,我们尤其要总结勃列日涅夫执政时期的教训,即:为换取社会的短暂稳定,不惜以改革停滞甚至倒退为代价,丧失了改革的良机,导致苏联新旧问题与矛盾不断积累,使苏联"走向衰亡"。在这"走向衰亡"的过程中,特别是领导干部利益集团对改革的干扰和抵制应负主要责任。

一个长期执政的大党,要从当前社会的发展稳定、党和国家事业长治久安的角度出发,时刻警惕短期行为损害执政根基,防止局部利益左右发展方向,力避消极懈怠延误改革时机,要避免重蹈覆辙。

当前,中国最大的风险同样不是经济问题,而是改革的停滞甚至倒退。20多年前,邓小平同志语重心长地讲过,"不改革只有死路一条",这句话今天仍有警示意义,我们宁要"不完美"的改革,不要不改革的危机。经济学家厉以宁先生也曾告诫:"改革决不能半途而废,必须知难而进。拖延只能使改革为此付出的代价更大、更沉重。"改革有风险,但不改革党就会有危险。综观世界一些大党大国的衰落,一个根本原因就是只有修修补补的技巧,没有大刀阔斧的魄力,最终因改革停滞而走入死胡同。

改革是一个社会长治久安的需要,应当居安思危,在问题还比较小、条件还比较有利的情况下,主动采取有效措施,防患于未然。习近平同志在十八大后主持中央政治局第二次学习时强调:“改革开放只有进行时没有完成时。”“改革开放是一项长期的、艰巨的、繁重的事业,必须一代又一代人接力干下去。”

## 二、中国改革的重点仍然是改善民生

1959年,在莫斯科举行的美国国家展览会开幕式上,尼克松和赫鲁晓夫在一座美式别墅模板的厨房展台爆发了“厨房辩论”:争论美国和苏联经济制度的优劣。两人观点的核心分歧在于:尼克松认为,人民的幸福生活更加重要;而赫鲁晓夫更迷信强大的国家力量。当然,时间是最好的裁判。苏联的历史悲剧,就是舍本逐末的一个最好的例子。

作为改革的重要成果之一,我国在保障人民基本生存条件改善方面,已经取得了重大的进步,贫困人口数量大幅下降,人民生活水平普遍提高。下一步需要重点推进的就是教育、医疗、住房、环境等关系人民生活从小康向更高水平跃进的领域。另一个就是基本生活状态的改善,指的是不断提升民众的幸福指数,改善民众的精神状态等。这方面我们目前做得还很不够。世界上,只有不丹这个小国把“国民幸福”确定为国家发展的目标,被评为全世界“幸福指数最高的国家”之一。

“前事不忘,后事之师。”我们要有纵观历史和洞察现状的眼光,从中国和世界的历史进程中我们可以得出结论:以改善民生为重点的改革才能为世人所称道。中国历史上著名的变法如秦国的商鞅变法和宋代的王安石变法,所推行的改革在一定程度上虽然有所成效,但后世对他们的评价却是褒贬不一。两个改革家,一个被“车裂”而死,一个郁郁而终。激进的改革导致失败的结局，原因是多方面的，但其中不容忽视的一点，就是他们都是强悍的集权主义者，商鞅认为统治者可以不顾社会舆论，不顾民众的要求，只要自己觉得可以“强国”“利民”，就可以一意孤行。宋代王安石推行变法，苏轼就上书宋仁宗，以商鞅为前车之鉴，认为“惟商鞅变法不顾人言，骤至富强，亦以召怨天下，虽得天下，旋踵灭亡”。再看看叶利钦时期的俄罗斯，改革选择的是“大爆炸”式方法，即“休克疗法”，虽然起初曾得到民众的支持，但是当民众的生活直线下降，根本利益受到长期损害时，就预示了它最终失败的结局。

中国当前改革最主要的问题还是民生改善问题。民生问题，包括贫富差距日益增大和其他的社会不公正现象，民生问题从属于社会公正问题。其基本价值取向是：能否让全体社会成员共享社会经济发展成果？能否为每一个社会成员的自由发展提供充分的空间，充分激发整个社会的创造活力？如果做不到其中任何一项，社会就会有失公正。在社会收入分配和财富占有方面，一方是数量众多的弱势群体；而另一方，少数既得利益者，则拥有巨额财富。利益分配和财富占有的倾斜，直接导致了社会心理的倾斜。卢梭在《社会契约论》中表达了一种思想：政府的职能不在于保护少数人的财富和权利，而应该着眼于每一个人的权利和平等。民生问题不解决，单纯要求人民群众真心实意地拥护改革是十分困难的。民生问题不解决，民主政治就没有物质的保障，就会影响社会的稳定。因此，要始终坚持改革必须惠及人民群众，切实保障人民群众包括经济、政治、文化在内的各种合法权益，提供给人民群众发展的空间和可能性，坚持人民群众的改革主体地位。

做一切有利于民生的事情，人民就会拥护我们，党长期执政、国家长治久安就有了坚实的基础和保障。

2014年2月18日，中共中央政治局常委、国务院总理李克强在省部级主要领导干部专题研讨班上以深化经济体制改革为题做了报告。李克强指出，改革是最大动力，也是最大红利。要始终坚持让人民群众在改革中受益。今后改革的环境条件和重点任务会变，但这个要求不会变，也不能变。要建立更加公平有效的体制机制，注重利用增量带动、理顺利益关系，让全体人民共享改革发展成果。

改革依靠人民，改革的成果由人民分享。“投之以桃，报之以李。”改革要能够成为人民群众的自觉行动，必须要为他们带来显而易见的利益和好处。俄国十月革命胜利的关键在于列宁提出了“土地、面包”的口号，解决的是俄国人民最关心的土地问题、温饱问题。中国共产党在革命战争年代提出“打土豪、分田地”，给农民带来真正的希望和实惠，才能最终取得胜利。马克思、恩格斯认为历史活动是群众的事业；毛泽东说“人民，只有人民，才是创造世界历史的动力”；邓小平说“群众是我们力量的源泉，群众路线和群众观点是我们的传家宝”；胡锦涛同志明确指出“要坚持发展为了人民、发展依靠人民、发展成果由人民共享，完善保障和改善民生的制度安排，……”当前的改革，能否贴近群众，切实解决好和妥善处理好群众普遍关心的突出矛盾和问题，是党能否长期执政所面临的严峻考验。因此，普通民众一定要是改革的获利者，因为只有人民才是历史的创造者，没有民众的持续支持，改革不可能成功。任何重大改革举措，只有得到人民群众认同、拥护和积极参与，才能够产生效率并且持久。而为了获取民众的支持，改革就一定要持续性地让普通民众获利，让普通民众过上美好生活。

为了改革的长远利益而暂时牺牲部分民众的利益是不可取的，我们应该清醒地看到，目前社会上之所以不那么和谐，重要的一点在于改革的成果并没有完全做到让人民共享。全面深化改革和人们的利益有什么关系，会带来哪些影响等，都是实实在在存在于人们的头脑里的。不解决好这些实际问题，仅仅靠一些大道理是难以打动人心的，也是难以持久的。

## 三、中国必须坚定继续改革的信念

当今，改革成了热门话题。这反映了当前的一种社会动态，反映出一种民意。从各种呼吁或要求改革的舆论中不难看出，有的是对现状不满意，但更多的是一种忧虑，是一种责任。人们对改革的普遍关切，标志着近40年来的改革进入了新的历史阶段。对此，党和政府只有主动作为、顺势而为，把改革推向前进，这也是化解当前各种矛盾的一把钥匙。改革如逆水行舟，不进则退。在经历了近40年经济的快速发展之后，改革已经面临三重困境：缺乏共识、缺乏动力、很多问题久拖不决且矛盾重重。未来若干年，中国面临的挑战将大大超过过去。因此，一定要正确看待改革进程中出现的矛盾和问题，进一步增强继续推进改革的信心。因此，我们首先要深刻认识改革带来的辉煌成就和历史意义，改革给我国经济社会面貌带来的翻天覆地的变化，国家综合国力和国际影响力实现了由弱到强的巨大转变。同时，要清醒地认识到改革不可避免地会引起社会利益结构的重大调整,涉及每个人的利益,必然引发人们对改革的不同态度;能否缓解社会矛盾,对未来的稳定将起决定作用,并直接影响党和政府能否从容应对各种更艰难的挑战。对于改革中出现的问题,我们只能通过深化改革的办法来解决。世界在变化,改革在不断向前推进,人民群众的伟大实践在发展,这些都迫切要求我们以马克思主义的理论勇气,继续解放思想,探寻新方法,扩展新视野。只有这样,才能将改革不断推向深入。

当然,要充分认识到改革是一项系统性工程,各方面的改革都是紧密相关的,政治、经济与社会各方面的问题犬牙交错,比如拉美和非洲的许多国家和地区因为改革不系统、不全面,最终导致了严重的政治危机。缺乏经济、文化领域的改革,经济上停滞不前,文化中封建残余严重,最终导致了严重的政治危机,许多国家的西方式民主制度被推翻,建立起了军人独裁的政府,导致改革彻底失败。这些国家的失败一方面证明了西方式制度的适用性问题,另一个方面也证明,如果没有系统性革新,而是片面推进某一领域的改革的话,改革极有可能陷入彻底的失败。任何一项改革,如果没有其他改革的配合,就不可能成功,必须全面推进。从宏观方面来说,一定是政治、经济、文化齐头并进的改革,如果某一领域改革停滞不前,最终一定会成为其他领域改革的巨大阻力,甚至有可能造成改革的全面倒退或失败。改革具有系统性,但改革也具有阶段性,各方面的改革不可能同时完成。中国的改革要经过从经济改革到社会改革,再到政治改革。这是一个渐进的过程,不能一蹴而就。习近平总书记在中央经济会议上提出进行顶层设计，拿出改革的路线图、时间表，正体现了中央系统认识改革问题、系统推进改革发展的决心和信心，也因此获得了民众的广泛支持。

目前，中国改革处于前所未有的复杂局面，冲破思想藩篱，触动现实利益，改革从一开始就挑战着既定格局，也不可避免地伴随着“不同声音”。历史上的任何改革总是在争议乃至非议中前行。从“摸着石头过河”到“顶层设计”，从经济领域到社会政治领域，先易后难，由浅入深，才能最终达成改革目标。改革越是向前推进，所触及的矛盾就越深，涉及的利益就越复杂，碰到的阻力也就越大，剩下的全是难啃的“硬骨头”，不能回避也无法回避。对于改革，中国政府始终有着清醒的认识，2013 年的中共十八届三中全会确定了未来改革的方向，这一年对中国来说是重要的一年；2014 年更为重要，因为一系列的改革举措将开始实施。2014 年 3 月 12 日结束的第十二届全国人民代表大会第二次会议，最大的一个亮点就是将改革作为报告的主基调贯穿始终，政府报告中总共 77 次提到“改革”，第一次把改革作为政府工作的首要任务。改革千头万绪，下一步从何处着力？政府工作报告提出了清晰的目标和方向。民之所望，施政所向，2014 年的政府工作报告体现出浓浓的民生情怀。报告始终强调把改善民生当作政府工作的根本目的，促进社会公平正义，让更多的人享受到改革红利。报告中提出了很多具体目标，更是对广大人民群众的庄严承诺。

中国社会的大转型期间，“改革不能停滞”的命题使我们深刻地认识到：未来的道路不会平坦，但我们有决心，也更有信心。

# 贰

## 改革开放的中国实践

改革开放是文明进化永恒不变的正确道路
从国民观念的更新看改革开放的文化正效应
改革·民生·新中国农村医疗保障制度的变迁
在世界主流文明对话中坚守自己的发展道路

# 改革开放是文明进化永恒不变的正确道路

义乌工商学院　吴　雷

《吕氏春秋》中的《察今》篇有这么一段话:“凡先王之法,有要于时也。时不与法俱在,法虽今而在,犹若不可法。故释先王之成法,而法其所以为法。先王之所以为法者,何也?先王之所以为法者,人也,而己亦人也。故察己则可以知人,察今则可以知古。”主要有两层意思:一是因时而变,因为前人创设的制度是针对当时的环境的,而时代环境在不断变化,所以制度不能一成不变。怎么变呢?我们应该学习前人创设制度的方法而不是照搬制度。方法是什么?于是水到渠成地推出了第二层意思,方法就是以人为本。不得不感叹中国古人的智慧,察今可以知古,观一叶可知天下秋。

## 一、以史为镜——改革开放成就了中华文明曾经的巅峰时代

宇宙演变,沧海桑田,唯物辩证法认为,世界上的一切事物都处在永恒的运动变化发展之中,一成不变的事物是没有的,这是世界的本质特征之一。变化是永恒的,唯一不变的只有变化本身,正是因为不断地变化,猴子才能进化成人,人类社会才能从原始文明一步一步进化到今天的形态,中国封建

文明发展史就是其中最好的证明。

秦王嬴政统一六国，称始皇帝，凭什么？史家早已达成共识，其中商鞅变法功不可没，为秦始皇的统一奠定了基石。春秋战国时期，铁器出现并推广应用，使生产力有了革命性进步，周朝旧制度、旧统治秩序不断被破坏，新的阶级力量在壮大，新制度、新统治秩序在逐步成长，在这一背景下，秦孝公起用商鞅开始变法。商鞅废井田、开阡陌，确立了一切封建制度的基础——封建制的土地所有制，完成了当时最重要的生产要素管理制度的改革；商鞅废除“世卿世禄制”，打破了奴隶主世袭贵族的特权，确定了封建等级制度，推动了对劳动力——人的管理制度的改革；商鞅统一度量衡，打破了各国之间的贸易壁垒，推动了商品在各国之间的流通，为“物”这一生产要素的优化配置奠定了基础；商鞅推行郡县制，完成了行政管理体系的改革；商鞅改革户籍制度，实行连坐法，乱世用重典，为秦国战时军力的保障提供了制度基础。商鞅的这一系列变法顺应了时代的要求和历史发展的潮流，时代潮流成就了商鞅变法，商鞅变法也推动了时代潮流滚滚向前，中国奴隶制文明谢幕，封建文明因变而生，从此拉开序幕，展开了华丽的篇章。

而今遍布世界各地的唐人街，无声地述说着当年那个王朝的辉煌，唐朝将中国的封建文明推向了举世无双的巅峰时期，盛唐时代又是如何铸就的？今天我们可以这样说，唐朝因变而盛。唐朝在政治上全面推行和完善了三省六部制和科举制度，最终结束了家国一体和贵族门阀政治的国家体制，加强了中央集权，开启了皇帝—官僚政治体制，使中国自秦以来的统一真正由表及里。我们对比一下欧洲的封建文明就会发现，欧洲之所以无法出现一个可与中国比肩的封建文明，关键就在于领地之间的分裂割据，使得真正统一团结的国家始终无法诞生。唐朝在经济上多次推动赋税改革，均田制、租庸调制、两税法的实施，使赋税制度开始从“以人丁为本”向“以资产为宗”转变，在变革中逐步摸索出最符合时代潮流、适应生产力发展需要的制度，在保障国家财政收入和提高劳动者的劳动积极性之间找到了最佳平衡点。唐朝还在外交上开中国历史对外开放之先河，设鸿胪寺接待各国使节宾客，在各地设商馆招待外商，设互市监、市舶司掌管对外贸易，世界各国纷纷派出“遣唐使”，见证了盛唐文明，同时也带来了与唐不同的文明种子，进一步促进了盛唐繁荣。

大清帝国——中国封建文明的末代王朝，也曾有“康乾盛世”之繁荣，最终却在慈禧太后手上因不变而亡。19 世纪的世界，已经发生了翻天覆地的变化，工业革命使得西方各国纷纷踏入崭新的文明时代，而东方的中国却依旧沉睡在天朝迷梦之中。在近邻日本，明治天皇于 1868 年实施了政治改革，推行资本主义君主立宪制，使得日本迅速走上强国之路。1894 年，中日甲午战争爆发，在中国人心目中不起眼的小邦邻国在战场上连连击溃天朝上国的军队。时任天津水师学堂总办的严复在天津《直报》上发表《救亡决论》等文章，极力呼吁变法，他说：“天下理之最明而势所必至者，如今日中国不变法则必亡是已。”1895 年，康有为、梁启超等有识之士发动“公车上书”，组织“强学会”，创刊《时务报》，试图说服清政府推行改革，在维新派的积极推动下，1898 年 6 月 11 日，光绪皇帝终于颁布了“明定国是诏”，宣布变法。然而皇帝包藏着借机真正掌权执政的私心同意了改革，清帝国的实际控制人慈禧太后却无法接受改革，9月21日，慈禧太后发动政变结束了改革，戊戌变法历时103天，史称“百日维新”。直到清政权摇摇欲坠之际，才在1908年草草颁布了《钦定宪法大纲》，推行君主立宪制，内容却通篇强调君上神圣尊严之不可侵犯，所谓的议院议员也都是些皇亲国戚和满族大臣，这样的改革实乃不变之变，无异于旧皇帝换新衣，举国哗然。1911年，辛亥革命爆发，清帝国灭亡，中国的封建文明由此画上了句号。世界在变，民众在变，内外皆变独清政府不变，这样的一个腐朽政权，如何能不灭亡？

察今可以知古，察古亦可知今。回顾中国的封建文明兴衰史我们可以发现，在时代潮流涌动之际，顺应时代潮流因时而变则生，因时而变则盛，守法而弗变则悖，与时相悖不变则亡。当初我们选择改革开放之时，也正处于国内外暗潮涌动生死存亡之际，穷则变，变则通，不变则亡。

## 二、逼上梁山，旧法不宜，穷则变——为什么改革

20世纪70年代末的中国，经历了新中国30年的发展，人口总数从1949年的5.41亿元增长到了1979年的9.75亿元，在土地有限、人口不断膨胀的压力下，中国的制度危机也逐步显现。1959年到1961年三年严重困难期间，安徽凤阳小岗村饿死了67人，绝了6户人家。1978年，凤阳遭受特大旱灾，饥饿的阴影再次笼罩在小岗人头上。在饥饿的逼迫下，18户村民签下了如今保存在中国革命博物馆的生死文书：“我们分田到户，每户户主签字盖章，如以后能干，每户保证完

成每户的全年上交和公粮。不在(再)向国家伸手要钱要粮。如不成,我们干部作(坐)牢刹(杀)头也干(甘)心,大家社员也保证把我们的小孩养活到十八岁。"从此拉开了家庭联产承包责任制的序幕,该事件也成为中国走向改革开放的标志性事件之一,中国的粮食生产能力和潜力开始如火山喷发般奔涌,靠人均远低于世界平均水平的耕地解决了十几亿人的吃饭问题。

这一场起源于中国社会最底层并最终上下齐心推动的变革,发生的根源是什么?回顾历史,我们不难发现,新中国成立初期确立的计划经济体制曾经迸发出巨大的活力,推动在一片废墟中站立起来的新中国迅速地成长。新生的中国,战争刚刚结束,工业基础极其薄弱,资源极度匮乏,在这一背景下,计划经济能够在全社会范围内集中人力、物力、财力进行重点建设这一优点被最大限度地发挥出来,鞍山钢铁公司、长春第一汽车制造厂、沈阳第一机床厂、武汉长江大桥、大庆油田等一大批重点建设项目陆续完成,为中国的发展奠定了扎实的基础。同样,在农业生产上,新中国成立初期,由于牛、犁等生产工具的稀缺,农业合作社、人民公社制度集中了生产资料供农民共同使用,解决了上述问题,在一定时期内也曾发挥过积极作用。但是,随着工业水平的提高和社会经济的发展,四个"五年计划"顺利完成,中国人民在建设事业上取得了巨大的成就,资源匮乏的局面得到了极大缓解,而计划经济容易导致供需脱节,使得劳动者劳动积极性下降、劳动效率低下等弊端逐步显现并日趋严重,中国就像是一列巨大的火车,一开始的时候,最重要的是集中所有力量把它推动起来,而火车动起来之后,如何让各个零部件有效配合,减少摩擦和阻力,提高动力的使用效率,就成了更重要的事。拿粮食生产来说,随着人口的增长,我们的目标不再是把粮食种出来就行了,而是要想方设法在同样面积的耕地上种出更多的粮食来,才能解决中国人的吃饭问题,于是提高劳动者的劳动积极性和劳动效率就成了20世纪70年代末中国农业生产的迫切需要,在这一时代背景下,家庭联产承包责任制应运而生,也可以说是时代变革的必然选择。

20世纪70年代末的中国,不仅仅在工业和农业生产领域出现了制度变革的需要,在思想、教育等众多领域都有了变革的迫切需要。"文化大革命""两个凡是"导致当时的中国人思想逐渐趋于僵化,计划经济的指令性生产让生产者局限于本单位小环境,无须思考市场供求等全局性问题,从而导致企业缺乏创造性、竞争性和成长性;知识青年上山下乡更是让中国的教育事业经受了巨大打击,而教育在一个国家发展进程中的重要地位举世皆知。"以人为本"不是一句空洞的口号,因为制度是人创设出来的,有创造性、全面性思考能力的人才能创设因时而异、适应和解放生产力发展的制度;因为制度是靠人来执行的,受过良好教育、具备专业技能的人才能很好地执行制度、开展生产;因为制度是为人而设立的,其根本目的是更好地满足人精神和物质方面的需要,而自由地思考和接受良好的教育本来就是人类更高层次的精神追求。

20世纪70年代末的中国,国内环境已经和新中国成立初期发生了翻天覆地的变化,而制度却守成不变,毫不夸张地说,中国人已经被逼上梁山,又一次面临了生死存亡的危机,旧法不宜穷则变，穷途末路之际，唯有大刀阔斧地改革，方能入柳暗花明之境，改革成为那个时代的最强音，也是当时中国从国家领导人到一线从事生产的民众上下一致的必然选择。选择改革，我们走在了一条前无古人的道路上，在摸着石头过河的探索过程中，我们必然会遭遇坎坷，甚至走弯路、绕远路、走回头路，我们看到了环境污染、腐败滋生以及贫富差距导致的社会不公等负能量，但国家日益强盛、民众日益富裕却是不争的事实，足以证明改革方向的正确性，这是我们坚持改革最大的信心来源，而种种负能量，正应转化为我们继续改革的动力。前途光明道路曲折，路漫漫其修远兮，吾将上下而求索。

### 三、百舸争流，不进则退——为什么开放

20 世纪 70 年代末的世界是怎样的一个世界？第二次世界大战结束以后，战后重建一片火热，世界各国在科技领域纷纷取得重大突破，被史学家称为第三次科技革命。在空间技术上，苏联和美国先后成功发射人造地球卫星，1969 年，美国人实现了人类登月的梦想；在原子能技术上，美、苏、英、法及中国先后成功制成原子弹，紧接着迅速将原子能技术应用到能源领域，1954 年苏联建成第一个原子能电站，到 1977 年，世界上有 22 个国家和地区拥有核电站反应堆 229 座；在电子计算机技术上，科技进步也是突飞猛进，大体上每隔 5 到 8 年，运算速度提高 10 倍，体积缩小 90%，成本降低 90%，最终微型计算机的发展和英特网的运用奠定了后来信息时代的基础。尤为重要的是，第三次科技革命中科学技术转化为直接生产力的速度变得很快，科学技术在推动生产力的发展方面

起着越来越重要的作用。在过去，一项技术从发明到大规模地运用周期很长，照相机用了 122 年，电话用了 56 年，而现在，电视用了 5 年，激光用了 2 年，从原子能的发现到世界上第一座核电站投入使用，仅用了 15 年。

20 世纪 70 年代末的世界，国际竞争日趋激烈，1984 年 10 月 22 日，邓小平在中央顾问委员会第三次全体会议上的讲话中谈到我国实行对外开放政策的必要性时说道："现在任何国家要发达起来，闭关自守都不可能。""如果从明朝中叶算起，到鸦片战争，有三百多年的闭关自守，如果从康熙算起，也有近两百年。长期闭关自守，把中国搞得贫穷落后，愚昧无知。"历史经验告诉我们：闭关自守只有死路一条。时不我待，1978 年 10 月 22 日至 29 日，邓小平访问日本，其间回答记者提问时指出："世界在突飞猛进地前进……要有正确的政策，就是要善于学习，要以现在国际先进的技术、先进的管理方法作为我们发展的起点。首先承认我们的落后，老老实实承认落后就有希望。"承认落后才能正视中国与世界之间的差距，才能有学习的动力，那么向谁学习？如何学习？美国是当时乃至当今最发达的国家，科学技术领先世界，1979 年 1 月 29 日至 2 月 5 日，邓小平出访美国就是最明确的回答，今天我们仍然要牢牢记住，你最大的竞争对手往往也是你最好的老师。如何学习？先决条件就是开放，开放的姿态才是学习的最佳状态。向世界开放中国，才能使世界对中国开放，中国人才能走出去认识世界，了解到中国与世界先进国家之间的差距，化压力为动力；才能使国际先进的技术、管理方法、产品源源不断地流入中国；才能在世界范围内获取支持中国发展的各种资源。

今天,历史实践已经充分证明了当年中国选择向世界开放的正确性。开放的中国,大量引进外资,解决发展初期国内投资资金不足问题的同时,外资也带来了先进的管理理念和模式;开放的中国,进口国外先进产品的同时,也推动了国内同类产品在危机中变革求生存求发展的进程,最为典型的就是家电产品,曾经在技术上遥遥领先的日本家电产品,而今已被国产品牌取而代之;开放的中国,在世界范围内获取资源,今天的中国钢铁产量稳居世界第一,若没有来自澳大利亚、巴西等世界各国的铁矿石,纵是巧妇也难为无米之炊。

当然我们也看到,中国向世界开放窗口之际,阳光进来的同时,也有风雨飘落。但请谨记孔子在2000年前的教诲:三人行,必有我师;择其善者而从之,其不善者而改之。今天的世界已是全球化的世界,人们形象地称之为地球村,国与国之间的竞争,也不再局限于某个地区而是在全世界范围内展开,如百舸争流,不进则退。在这样的一个时代格局中,中国只有以积极开放的姿态,以达者为师,在变革中不断完善自己,方能奋起直追迎头赶上,最终实现中华民族伟大复兴的中国梦!

## 从国民观念的更新看改革开放的文化正效应

浙江水利水电学院　于　滨

改革开放作为一场新的伟大革命，使中国社会在政治、经济、文化等各个领域发生了翻天覆地的变化。中国物质水平的提高和政治领域的不断创新举世瞩目，而其背后也隐含着思想文化领域的进步与发展，尤其是国人的思想观念发生了剧变。可以说，30多年的改革开放也是一段人们思维方式、价值取向和思想观念不断发生深刻变化和进步的发展历程。在这一历程中，人们的思想观念具有鲜明的时代特征。

### 一、人们对生活的基本追求从求生存转变为求富裕和求发展

在长期的中国历史上，“耕”与“读”是中国人财富的主要来源。“耕”是指农业生产，人们认为靠土地来发家是最正当的。另外读书本身虽然不能赚钱，但是可以通过科举考试获取高官厚禄，正所谓“学而优则仕”“书中自有黄金屋”。而手工业者与商人的社会地位较低，即使发了大财也要结交官员获取官位或者培养子孙读书考取功名，来改变其商人身份。

长期以来的所谓“均贫富”，实则均贫。一提到富人或者“财富”，人们容易联想起“不义之财”“无商不奸”“为富不仁”。

义和利是相互对立的，人们“不患寡而患不均”。大家不怕穷，前提是人人平均。人们满足于“无债一身轻”的思维方式，推崇“穷则荣，富则修”，安于现状。而改革开放以后，尤其是邓小平提出“贫穷不是社会主义，要允许一部分人先富起来”之后，人们普遍接受了这一理念，开始追求高质量的生活状态，努力工作，获得尽可能多的财富，在生活节奏增快、压力不断加大的同时尽情享受生活。注重吃健康绿色食品，跳广场舞和练瑜伽，到乡村中休闲度假，等等。

当然，也有人背后对先富起来的人议论纷纷，试图追究其原罪。但如果不是改革开放，如果人们的“仇富”观念没有转变，中国能够迎来当今的经济实力和人们较高的生活水平吗？诚然，一部分人先富裕起来确实给社会带来了不少弊端，但我们应该肯定的是，在中国几千年的历史上，能够有中国共产党带领大家真正把“富民”置于如此重要的地位，同时采取了相应有效措施鼓励和扶持老百姓富裕起来，并带来财富观念的更新，实属不易。

在个人的发展规划方面，人们也逐渐摒弃了“万般皆下品，唯有读书高”“劳心者治人，劳力者治于人”的传统观念，以及带有封建色彩的等级观念，不把上大学当作求生存和发展的唯一出路。而是注重根据自身特点和社会需求来选择各自的发展方向，凭借自身的能力在社会拼搏、在竞争中求发展。从高校理工类和金融类专业的走俏到冷门专业的逐渐升温，再到高职院校的红火，各种特长班、职业资格培训班也火爆登场。人们更加注重自身的感受和实际需要。生存方式也打破了传统观念，追求多样化等。在服饰、家居等方面一改改革开放前的单一和朴素，追求特色和另类。行为方式上也追求个性和新潮。

## 二、人们的平等意识、民主意识和权利意识高度发展

中国几千年的封建文化造成中国人绝对服从权威的文化性格。杨国枢先生曾生动地描述中国人对权威的崇拜。他说，中国人的权威崇拜趋向绝对化。这种崇拜是无原则、无条件地遵从，没有任何批评。因为在他们的心目中，权威是绝对没有错误的，也不会犯错。即使犯了错误也无所谓，甚至认为犯错也是应该的。大多数人会用“圣人也是人”为权威人物所犯的过错予以解释和开脱。人们所崇拜的权威范围较广，比如一个人在某一领域是权威，那么人们会认为他在其他领域也一样是权威，即“全能权威”。这是典型的权威泛化观念。同时，人们崇拜权威的时间也绝对化，权威并没有时间上的限制。比如，在中国人心目中，老师永远是老师。一日权威，一世权威。改革开放以前，人们对毛主席的个人崇拜正是推崇权威的典范。“奉旨造反”“毛主席指示我照办，毛主席挥手我前进”淋漓尽致地表达了人们对毛主席的权威遵从。

改革开放后，市场经济倡导等价交换和自主经营，生产力要素得到了解放，资源也可以自由流动。广大劳动人民在经济生活领域获得了充分的生产经营等自主权，也日益成为经济活动领域的平等主体。在此基础上，他们也想在政治方面获得应有的权利，政治民主意识和参与意识不断加强，逐步树立起权利、义务观念。改革开放初期的一部分人先富起来的后果是加大了社会贫富差距。加之，有些领导干部受到拜金

主义思想的侵蚀，腐败现象滋生。这使得全社会对分配公平和个人权益维护方面的呼声越来越大。中央也顺乎民意地提出并修改了《个人所得税法》《物权法》等，从而深刻地激发了人民群众追求更高层次的公平与正义，推动社会向民主、公平迈进。

30多年过去了，要求平等的意识已经成为人们处理问题的准则。小平同志所倡导的废除领导干部终身制正是这种平权观念的典型。特别是步入21世纪后，"民主""民生""共建"与"共享"已经成为百姓的热门话题。对于问题的评判也不再是一味盲从，转变为按照个人的价值判断来认定是非曲直。看看现在的新闻媒体，普通百姓对我们党和政府的评价、学生对教师和教育领域的点评，都已成为常态。试想这种情形如果放在改革开放前，那是谁都不敢想的。

### 三、人们对待外来文化更加包容、开放和自信

中国早期文化的高度发展，使其形成了较高的文化势能，即使遭受到武力入侵和征服，也能保持其文化的传承和延续，在与周边文化的碰撞中，充分显示出中国文化强大的涵摄力和消融性，同化或改造异质文化，把某些外来文化诸如宗教、艺术等转化为本民族文化的一部分。从崇古守常、我族中心到大一统的文化价值观，必然使中国文化从开放涵纳逐步趋向于保守自足。这就难怪明清的统治者面对一时难以涵摄的西方先进文化的冲击，要采用禁海、禁教、闭关自守的锁国政策了。中国的士大夫们很难想象在世界上还有更为先进的域外文化，对来自其他民族的优秀文化则采取以尊临卑的轻蔑

态度。这种天朝心态，虽保持了中国文化的民族性与主体性，但不能通过平等开放的文化交流积极吸取他族文化的优秀成果。“文化大革命”时期用“破”代“立”，中华民族传统文化被认为是封建文化，而外国文化则被认为是“资修”文化，这必然造成了文化的封闭。

如果中国的确属于世界最先进的国家之一，抑或是中国隔离于世界整个体系以外，这种夜郎自大、文化封闭的状态可能负面的影响不会很大。但像中国今天这样已经处于世界全球化之中，如果仍然坚守这样的观念，那后果不堪设想。可喜的是，改革开放后，人们的心态平和了，认识到中国只是世界大家庭中的一员，不再以“天下之中心”自居。即使我们争取到了奥运会的承办权，并成功地完成了承办奥运会的使命，中国人也不会像以往那样武断地认为中国在世界上处处领先、样样先进，处于世界发达国家之列。这是非常难能可贵的。随着开放进程的加快，中国人的心胸也宽广了，在注重本民族传统文化传承的同时，能够以开放和包容的心态来积极吸纳西方文化的精华。在对外文化不断交流、碰撞与交融的进程中，中国文化处于更为有利的位置，文化软实力不断增强。国人的文化自信心和影响力不断增强。

## 四、人们更加注重个人的内心感受，自我意识增强

中国人历来重视人的社会价值，更看重人的社会属性，每个人都处于社会关系网中的节点，人的价值只有在群体中才能够体现出来，个体的价值只有依托所处的群体才能被人们认可。在一定历史阶段，我们党在带领大家进行社会主义文

化建设进程中，过于强调文化的政治作用，而弱化了文化的人文功能，即通过人们的实践来不断提升人作为主体的生存境界。正如恩格斯所认为的，“最初的、从动物界分离出来的人，在一切本质方面是和动物本身一样不自由的；但是文化上的每一个进步，都是迈向自由的一步”。过去，人们受传统道德规范的影响和束缚，往往忽视个人感受，注重个人对社会的义务，人格更趋内敛和克制。而改革开放后，随着党的方针和政策的不断改进，主流媒体除了具有先导权威的特点，也呈现给大众活泼、亲切的一面。同时，我们党也深刻反思了以往文化建设方面的历史经验，制定了一系列适应时代发展要求的旨在促进实现个人价值的相关政策和法律。整个社会文化氛围更加宽松，人们无须压抑内心的情感，更加注重个人的内心感受和价值追求，学会了彰显个性和展现个人的才华。这便极大地冲击了传统文化中以群体代替个人的价值和行为取向。

## 五、人们的消费观念更具有现代性

过去，生产比较落后，消费品较为短缺，同时，又受“穷则荣，富则修”思想的影响，人们的消费意识因主观因素和客观环境的影响被抑制住了，过着“新三年，旧三年，缝缝补补又三年”的穷日子。计划经济时期，实行供给制和凭票制，居民生活消费没有选择余地。改革开放初期，这种状况也没有较大改观。居民消费只满足温饱，消费观念极其单一。当时人们大多住公房，鲜有人口流动，衣食是主要消费支出。伴随着改革开放进程的不断推进，经济的发展和收入的增多，中国人的消费观念也随之发生了改变，逐渐具有现代性的特征。居民吃穿用的开销是主要支出，但在比例上大幅下降，而交通和通信、文化娱乐等方面的消费比例明显提高。人们更加注重文化娱乐和健康等提高生活质量和品位的消费。随着教育、医疗和住房制度的改革，人们在这三个方面的消费比重明显加大，尤其是教育方面的支出增幅最大。教育培训市场呈现出迅猛的发展势头，如少儿教育、英语培训和IT培训。

过去，中国人谨守“既无内债又无外债”的消费观念，量入而出，不愿借钱消费，而如今，很多人学会了超前消费、分期付款、贷款消费等，贷款买房、买车甚至买家电、家具，还有助学贷款和留学贷款，等等。同时，为了维持不断增长的消费支出，人们千方百计地盘活家里的积蓄，在金融、保险、股票、收藏等方面的投入逐步增加，实现资产增值，投资理财观念应运而生，并更趋科学合理。

## 六、人们的家庭婚恋观念更加趋于理性和包容

过去，人们择偶时看重“根红苗正”，择偶的首选标准是家庭成分，革命干部和军人最佳，其次是工人家庭出身，之后是贫下中农。改革开放以后，人们的择偶标准逐渐淡化家庭出身，更加看重对方的家庭经济条件、学历和能力。《牵手》《中国式离婚》《新结婚时代》《一生有你》《金婚》等一系列婚恋影视作品从侧面反映出中国人在婚姻和情感方面更趋理性、平和与包容。人们突破了“凑合”和“相互归属与占有”等观念，越来越重视婚姻生活的质量、当事人在婚姻中的幸福指数。当在婚姻上面临抉择时，人们更多地考虑自身的发展、个人的幸福度以及平衡付出与收获。绝大多数年轻人认可婚前性行

为,甚至,一部分人对婚外恋也持宽容态度。如今,教师和家长们对待孩子的早恋问题也趋于人性化,更加注重沟通。“师生恋”、“忘年恋”、“黄昏恋”、“网恋”、婚前财产公证、协议离婚等已经不足为奇。人们自在地出入婚介场所征婚,甚至登上各大电视台的相亲节目为自己选择“另一半”。年轻人崇尚“合则聚,不合则散”的观念。

总之,中国改革开放的伟大实践使人们的精神和文化生活发生了巨大变化。精神领域和价值观念的变革是推动社会变革的先导,同时它又基于社会实践的刺激。两者间的良性互动才能不断推动社会的进步。我们发现和探讨改革开放之后人们观念的更新,对于我们深入理解和把握改革开放的历史进程以及坚定改革开放的信心具有重要的现实意义。改革开放在提升了人们物质生活水平的同时,也提升了人们的思想境界,扩展了人们的眼界和胸襟。只有清醒地认识自己的民族,才能够清醒而充满信心地展望和迎接未来,才能够清醒而客观地面向世界。人们思想观念的更新与现代化将进一步推动着改革开放的进程不断前进,从而推动着中华民族的进步和社会发展。

# 改革·民生·新中国农村医疗保障制度的变迁

中国计量学院　周正艳

## 一、曾经倾倒世界的农村合作医疗制度

1968年12月5日，经毛泽东亲自批示，《人民日报》头版头条发表题为《深受贫下中农欢迎的合作医疗制度》的调查报告，介绍湖北省长阳县乐园公社的贫下中农，“创造了一种新型的合作医疗制度，成功地解决了贫下中农看病吃药、确保健康的问题”。报道认为，合作医疗制度解决了农民群众看不起病、吃不起药的困难，农民的身体健康有了基本保障。正所谓“农业合作化挖了穷根，合作医疗挖了病根”。乐园公社的具体做法是：根据社员历年来的医疗情况、用药水平，确定每人每年交1元钱的合作医疗费，每个生产队按照参加人数，从公益金中再交1角钱。除个别老痼疾病需要常年吃药的以外，社员每次看病只交5分钱的挂号费，吃药就不要钱了。公社卫生所12名医务人员，除2人暂时拿固定工资以外，其余10人都和大队主要干部一样记工分。为了照顾医生流动性大、花费比较多的特点，每月按情况不同补助3到5元。随后，《人民日报》用一年时间，连续组织大讨论，在这次大讨论的推动下，从1969年起，全国出现了大办农村合作医疗的热潮。到1976年，合作医疗覆盖了全国85%的农村人口。

到底什么是合作医疗？根据1979年卫生部、财政部等单位颁布的《农村合作医疗章程（试行草案）》，合作医疗是指人民公社社员依靠集体力量，在自愿互助的基础上建立起来的一种社会主义性质的医疗制度，是社员群众的集体福利事业。从20世纪70年代普遍施行的合作医疗来看，其核心内容是：（1）以生产大队为单位，通过合作的方式来解决医疗费用问题。（2）培养赤脚医生等非专业的村民医务人员，来解决医生缺乏问题。（3）建立村、乡、县三级卫生保健体系，解决医疗的覆盖面和技术问题。（4）重视公共卫生与疾病预防，以减少疾病的发生。（5）赤脚医生大量采用中西医结合的方式进行治疗，尤其是重视发挥中草药的作用。概括起来就是"三大法宝"：赤脚医生（人员）、合作医疗（制度）、农村保健站（机构）。这"三大法宝"为解决新中国广大农民的医疗保健问题做出了重要贡献。首先，提高了农民的健康水平，许多传染病、地方病得到有效控制。其次，减轻了农民的经济负担。当时的合作医疗充分发挥"一根银针""一把草药""一个验方""一个火罐"的作用，用土方、土法防病治病，减轻农民的经济负担。而且，社员只负担一部分费用，大部分费用由大队和公社从集体基金中提取。另外，有病及时治疗也保证了农业生产的正常进行。

由于集体化时期的合作医疗制度始终定位于解决农民看病难、看不起病的问题，在国力不及的客观条件下，通过发挥集体经济的优势、进行医务人员"在地化"培训以及坚持"预防为主"等方式，让农民有了制度化的健康保障，充分体现了社会主义制度的优越性。群众赞曰："合作医疗就是好，众人拾柴火焰高。赤脚医生好，走上门来送医药，何时有病何时到，又治病，又采药，少花钱，病能好，贫下中农养得起，革命生产双飞跃。社会主义好，全靠党领导。”20世纪80年代初，世界银行组织和世界卫生组织曾派专家组来我国考察农村卫生，认为“中国在占80%人口的农村地区，发展了一个成功的基层卫生保健系统，向人民提供低费用和适宜的医疗保健技术服务，满足大多数人的基本卫生需求，这种模式很适合发展中国家的需要”，并赞誉中国“在落后国家的经济水平上达到了先进国家的卫生水平”，取得了“低收入发展中国家举世无双的成就”。在1980—1981年度的《年报》中，联合国妇女儿童基金会高度评价中国的农村合作医疗制度，认为它为中国落后的农村地区提供了初级护理，为不发达国家提高医疗卫生水平提供了样板。正如道格拉斯·诺斯所说的那样，“制度的建立与毁灭并非发生在真空之中，而是人们长期以来从机会和价值中认知的结果”，合作医疗就是在中国农村严重缺医少药的情况下所采取的一种有效医疗制度。

可是，曾经倾倒世界的人民公社时期的农村合作医疗制度却在20世纪80年代走向萎缩。1989年的统计数据表明，继续坚持合作医疗的行政村只占全国的5%。这是什么原因呢？

第一个原因是保障程度太低。农村医疗保健站的资金绝大部分来自农业合作社，政府财政没有任何投入，不同大队或公社的经济状况不同，医药费的报销范围和报销比例也因此不同，保障程度也不同。而且农村合作医疗以保障日常性疾病为主，即所谓的保小不保大，是一种保障程度很低的福利型合作医疗，仅能提供低水平、低层次的医疗保障。随着农民生活水平的提高，农村医疗卫生保障供需矛盾日益尖锐，农村合作医疗越来越不适应经济和社会的发展，难以满足人民群众对医疗保障的进一步要求。

第二个原因是制度缺陷。合作医疗搞起了供给制，实行看病不要钱等做法，这实际上已经严重脱离了当时农村的经济条件和农民的觉悟水平。计划经济时期，公社或村集体经济力量薄弱，福利型合作医疗制度难以抵御村干部的特权和农民的道德风险。由于合作医疗属于集体福利事业，村干部在享受医疗服务时理所当然地享有特权，出现“群众交钱，干部吃药”和“农民吃草药，干部吃好药”现象。几乎免费的服务提供方式，使有些农民小病大养，无病取药。许多地方合作医疗呈现春建秋散，或“一紧二松三垮台四重来”的局面。

第三个原因是强力政治权力介入，不具有持续性。政治权力介入力度的大小是影响人民公社时期农村合作医疗制度兴衰的一个重要因素。在人民公社时期，国家通过政治运动和阶级斗争的方式，运用高度集中的行政手段，强行再分配城市优质医疗资源给相对落后的广大农村地区，虽然能够对农村合作医疗制度的推广和普及产生一时的积极作用，但是由于制度本身缺乏激励机制和内在动力，其实际效果必然难以持久。当我国农村进入了改革开放新篇章和社会主义现代化建设新时期之后，由于支撑农村合作医疗制度的强力政治动员和经济基础（人民公社）都已经消亡，农村合作医疗制度走向瓦解，也就成为历史的必然。

## 二、艰难探索，“新农合”华丽转身

农村合作医疗出现困境和萎缩之后,引起党和政府的高度重视。早在1979年12月,原卫生部等五部委就联合发布了《农村合作医疗章程(试行草案)》,这是实行改革开放后国家颁布的第一个有关农村合作医疗的规范性文件,这个文件拉开了农村合作医疗制度改革的序幕。后来,原卫生部等相关部门先后进行了一系列的专题调研,如:1985—1993年,原卫生部与美国兰德公司合作,在四川简阳、眉山两县进行了“中国农村健康保险制度系列研究”;1987年,原卫生部与安徽医科大学联合进行了两省一市“农村合作医疗保健制度系列研究”;1988年,原卫生部政策与管理研究专家委员会进行了“中国农村医疗保健制度研究”,从而为农村合作医疗制度改革奠定了基础。

1990年6月,原卫生部等五部委向国务院递交了《关于改革和加强农村医疗卫生工作的请示》,建议通过整顿和深化改革,将农村卫生事业振兴起来。1996年12月,全国卫生工作会议在北京召开。江泽民在会上强调指出:“现在许多农村发展合作医疗,深得民心,人民群众把它称为‘民心工程’和‘德政’。看来,加强农村卫生工作,关键是发展和完善农村合作医疗制度。”要求“进一步统一认识,加强领导,积极、稳妥地把这件事情办好”,“力争到2000年在农村多数地区建立起各种形式的合作医疗制度”。

这一阶段的合作医疗制度改革,虽然取得了一定的成效,但由于人民公社已经解体,政府当时也无力给予太多的财政投入,加上一些其他的历史遗留问题,到2000年,最终没有实现“在农村多数地区建立起各种形式的合作医疗制度”的计划。根据三次全国卫生服务调查的数据,自费承担医疗费用的农村居民占当时全国农民的比例为:1993年84.1%,1998年87.3%,2003年79%。2003年第三次国家卫生服务调查显示,由于经济原因,全国有45%的患病农民应就诊而未就诊,其中38.2%是由于经济困难;30.3%的患病农民应住院而未住院,其中70%是由于经济困难。“脱贫三五年,一病回从前。”“住一次医院,一年活白干。”改革没有取得预期的成果。大部分农民成为自费医疗群体,疾病经济负担日益沉重,不仅严重威胁广大农民的身体健康,而且制约了农村发展。

英国国民保健之父贝凡曾说:“病人因没钱而拒绝治疗,这是与任何文明社会都不相容的。”亚里士多德在《政治学》中说道:“食料固然为人生所需要,健康也是人生所需要……广义地说一位家主或政治家的义务,它是应该注意到家庭或城邦中每一分子的健康的。”让全体人民共享改革发展的成果,这是社会主义公平公正原则的基本要求,也是我们党的执政理念与目标。医疗保障作为一种公共物品,不仅要面向城镇居民,更要面向农村。医疗卫生体制改革要以增进社会公平正义为价值取向,回归其公共服务产品的本质,以政府主导的“全民医保”的民生为导向,改善社会弱者的生存与发展问题。邓小平说:“中国有百分之八十的人口在农村。中国社会是不是安定,中国经济能不能发展,首先要看农村能不能发展,农民生活是不是好起来。”农村居民的医疗保障问题是解决“三农”问题、进行社会主义新农村建设的决定性因素，是医疗卫生改革和医疗保障制度建设的重点。原卫生部部长高强曾经说，能不能建设小康，关键看农民能不能健康。农民医疗保障问题解决与否，直接关系到农民的小康和整个社会的和谐。建立适合于广大农村居民的医疗保障制度不仅具有经济价值，而且具有重大的社会意义和政治意义。

为了完成现代化的任务与小康社会的目标，党和政府直面农村医疗保障的严峻现状，调整思路，继续改革。从2001年起，我国开始探索新型农村合作医疗制度。2002年10月29日，国务院召开了全国农村卫生工作会议，李岚清在会上说："要在政府引导和支持下，以大病统筹为主，发展多种形式的农民互助合作医疗，重点对大额医疗费用或住院费用给予适当补助。"同日，中央下发《中共中央、国务院关于进一步加强农村卫生工作的决定》，明确指出：要"逐步建立以大病统筹为主的新型农村合作医疗制度"，"到2010年新型农村合作医疗制度要基本覆盖农村居民"，"从2003年起，中央财政对中西部地区除市区以外的参加新型合作医疗的农民每年按人均10元安排合作医疗补助资金，地方财政对参加新型合作医疗的农民补助每年不低于人均10元"，"各级政府要逐年增加卫生投入，增长幅度不低于同期财政经常性支出的增长幅度"。这是我国政府历史上第一次为解决农民的基本医疗卫生问题进行大规模的投入。这个《决定》的下发，拉开了我国新型农村合作医疗制度探索的序幕。"新农合"制度的试点工作自2003年开始，到2008年就基本实现了全面覆盖，比预期提前2年。参合人口数从试点初期的0.8亿逐年稳步增长。2014

年“两会”期间举行的国务院新闻办公室新闻发布会上，国家卫生和计划生育委员会流动人口计划生育服务管理司司长王谦说，我国的农村人口“新农合”参合人数在2013年达到了8.02亿，参合率达99%。“新农合”人均筹资水平也由2003年的30元提高到2013年的340元左右，其中各级政府补助增加到人均280元。

在2008年2月的全国新型农村合作医疗工作会议上，国务院副总理吴仪说：“新型农村合作医疗制度符合我国国情，符合农村经济发展水平，与农民经济承受能力和医疗服务需求基本适应，在减轻农民医疗负担、缓解因病致贫和返贫状况、保障农民健康方面发挥了重要作用，是我国农村卫生改革发展的重大制度创新和现阶段农民基本医疗保障的重要实现形式。”

新型农村合作医疗制度继承与吸收了人民公社时期农村合作医疗制度的一些优良做法，其中极为重要的一个方面，就是高度重视并发挥政府的作用、强化政府的责任。同时，“新农合”又充分体现出革陈创新的特点。

第一，“新农合”突出了政府的主导性。“新农合”是政府主导下的农民医疗互助共济制度，由政府组织、引导、支持。这与过去的合作医疗主要依靠乡村社区自行组织是不同的。第二，“新农合”的资金来源主要是政府投入。中央和地方财政每年都要安排专项资金予以支持，更多地体现了国家和政府的责任。拿中央财政来说，对农民的社会保障投入不断加大，对“新农合”的补助金额由2005年的5.42亿元增加到2011年的801.77亿元，增长146.93倍。而过去的合作医疗资金主要靠个人缴纳和村级集体经济补贴，政府各级财政不负筹资责任。第三，“新农合”以“大病统筹”为主，因病住院治疗和大额的医疗费用给予一定额度的报销，重点解决农民因患大病而出现的因病致贫、因病返贫问题。相较于过去的合作医疗主要解决小伤小病，抗风险能力更强。第四，“新农合”以县为单位进行统筹，相较于过去的以村为单位，或以乡为单位进行统筹，统筹人口多，范围大，互助共济、抗御疾病风险的作用也就更大。

经过半个多世纪的探索与改革，我国终于建立起了符合我国国情的新型农村医疗保障制度，这是党中央、国务院解决“三农问题”的一大重要举措，是我国医疗卫生事业发展史上的一个重要里程碑，也是中国社会主义建设和改革开放事业的一个重大成果。“新农合”在我国经济、社会发展中确实发挥着巨大作用。一是“新农合”与公费医疗、劳保医疗一道，初步构成了我国医疗保健制度的三大支柱，对人民身体健康起到了巨大的保障作用。二是“新农合”在保障了农民健康的同时，也就意味着保障了农业生产力的发展，保障了农村家庭的和睦，保障了农村社会的稳定。2011年，担心自己严重的肾病会把全家拖垮的浙江金华农民朱经坤，终于不再天天把这个担忧挂在嘴上。走不了几分钟就有社区卫生服务中心；看病的钱，新型农村合作医疗给报销了不少；省城大医院的专家甚至还能通过互联网会诊给自己看病。这种感觉，是幸福的。

## 三、继续深化改革，走向城乡统筹

新型农村合作医疗制度目前仍然存在很多问题。一是在财政的投入力度上仍然有待加大。2010年低收入国家卫生总费用占GDP的平均比重为6.2%,高收入国家该比重平均为8.1%,金砖国家中巴西和印度该比重分别为9%和8.9%。古巴在医疗上的投入占GDP的10%左右。2011年丹麦在公共卫生领域的投入占GDP的9.5%。英国在医疗上的投入占GDP的9.3%。2013年"两会"期间,钟南山说:"我们的医疗卫生投入欠账太多。日本的投入是占GDP的8%到9%,欧洲是10%到12%,美国是16%。我们不到6%。"我们国家对"新农合"的投入占GDP的比重有多少呢?我们可以算算账:国家统计局2014年1月20日发布的2013年全年经济运行情况显示,2013年,全年GDP的总量为568845亿元。当年财政对"新农合"的投入是人均280元,共有8.02亿人参合,实际投入应该是2245.6亿元左右。由此可见,我们国家当前对"新农合"的财政支持力度还需要大力加强。

二是城乡医疗保障差别仍然很大。根据《2012年中国卫生统计年鉴》,2011年我国卫生总费用为24268.78亿元,其中农村卫生总费用5726.41亿元,占总费用的15.4%;城镇卫生总费用18542.37亿元,占总费用的84.6%。换言之,占全国人口2/3的农村居民只拥有不到1/6的卫生总费用,而占人口1/3的城镇居民却享有5/6以上的卫生总费用。

三是以保大病为主的保障目标需要改革。实际上,在农村需要优先关注的、与大多数农民健康最为密切的是常见病和多发病,很多大病都是因小病得不到及时治疗所致。广大农民更加需要的应该是覆盖广的、经常性的、最基本的预防保健和基本医疗。应在以大病统筹为主要内容的基础上,增加预防保健和基本医疗服务，以便满足目前农民对医疗卫生服务多样化、多层次的需求。

在看到以上这些问题与困难的同时，我们也应该明白，建立一个人人都满意的全民医疗保障体系对世界各国来说都不是一件容易的事，可谓各有各的难处。高质量的免费医疗的背后往往有着较高的个人所得税率。2009年，丹麦的个税率为48.7%，排名世界第一。英国最高个税率为45%。这也许就是免费所必须承担的代价。“免费的午餐”也并非都好吃，在一些国家，由于自身的国情限制，免费医疗服务质量低下，效率低下，医疗设备落后等。像印度，虽然有免费医疗，但因为人口规模庞大，医疗服务质量也因此下降，所以绝大多数人口还是会将私人医疗服务作为首选。英国、丹麦、古巴能将免费医疗做得出色一些，这也是得了自身人口规模小的有利条件(英国6000多万人，丹麦500多万人，古巴1000多万人)，正所谓“船小好调头”。丹麦驻华大使裴德盛也承认：“当你只有500多万人口的时候，当然是容易管理的。任何问题，到了中国，都要乘以200倍，就会更加复杂。”

另外，我们也欣喜地看到，2013年召开的十八届三中全会提出要全面深化改革。《决定》中有这样一些话：“必须健全体制机制……形成城乡一体的新型工农城乡关系，让广大农民平等参与现代化进程、共同分享现代化成果。”“实现发展成果更多更公平惠及全体人民，必须加快社会事业改革，解决好人民最关心最直接最现实的利益问题，努力为社会提供多样化服务，更好满足人民需求。”要“建立更加公平可持续的社会保障制度”，“健全社会保障财政投入制度”，“深化医药卫生体制改革……健全全民医保体系”。2014 年新年伊始,国务院医改办发出关于加快推进城乡居民大病保险工作的通知,2014 年全面推开城乡居民大病保险试点工作,减轻人民群众大病医疗费用负担,防止因病致贫返贫。2014 年“两会”的政府工作报告指出,2014 年,要改革整合城乡居民基本医疗保险制度,城乡居民基本医保财政补助标准将提高到人均 320 元。

继续深化改革,走向城乡统筹医疗,8 亿多中国农民将逐渐享受到与城里人同样的医疗保障!

# 在世界主流文明对话中坚守自己的发展道路

中国美术学院　翟志强

孙中山先生曾说:"世界潮流,浩浩荡荡,顺之则昌,逆之则亡。"在人类稳步迈向"地球村"的今天,各种文明间的对话已经成为时代大潮。为何对话、能否对话、如何对话,成为对各种文明生命力的考验。中国改革开放30多年来,国家面貌发生了翻天覆地的变化。改革开放的巨大成就不断坚定了中国人坚持走中国特色社会主义道路的决心和信心。中国的和平崛起给"一超多强"的世界政治格局的未来演变提供了新的可能。社会主义中国的高速发展给国人带来了自尊与自信,给世界带来了进步与希望,但也引来一些"捧杀"与"棒杀"之声。在广泛、深入和频繁的世界政治经济文化交流过程中,科学认知中国传统文明,理智分析中国特色的发展道路,是文化自觉的表现,将有助于推进改革开放的进一步实施与深化,有助于中国追梦之路走得更加自信和坚实。

## 一、中国古代的文明交融:坚定中国道路的文化基石

我们永远有理由为中华民族的辉煌文明而骄傲和自豪。中国文明从形成伊始发展至今,一脉相承,从未间断。这在整个世界文化中绝无仅有。究其原因主要有二:其一,中国文明脱胎于原始血缘氏族社会。此后中国一直保持着注重血缘亲

情的传统，并将其上升到政治道德的高度。故中国政治家素来讲求家国情怀，《孟子·梁惠王上》曰："老吾老，以及人之老；幼吾幼，以及人之幼。天下可运于掌"。其二，出于应对现实问题的考虑，中国人决不教条死板，形成了实用理性的方法论传统。

古代中国是世界文化中的佼佼者，是东亚的主流文明。其农业文明非常早熟，当西方还在茹毛饮血时，神州大地已成为高度发达的礼仪之邦，并通过强大的辐射力带动着东亚乃至世界的进步，推动了世界文明的进程。但是长久以来，人们对中国古代文明的认识存在着不少偏差与误读，如对郑和下西洋的历史壮举的认识。"普天之下，莫非王土；率土之滨，莫非王臣"是皇帝的天下观。强大的明王朝出使西洋的目的在下西洋诏书中说得很明白：天下"共享太平之福"。这难道不是今天国际政治新秩序建立的终极目标吗？还有人拿郑和下西洋和欧洲新航路开辟做简单比较，认为后者真正促进了世界历史的进程，而前者只是愚昧皇权的炫耀。事实上，后者的后果之一是给世界带来血淋淋的屠杀、赤裸裸的掠夺。侵略者为了一己私利，掠夺了别人的土地，毁掉了别人的家园，灭绝了别人的民族。若无视这些历史真实，是希望人类继续秉承这种弱肉强食的理念来建立国际秩序吗？果真如此，世界将永无宁日。

将中国文明随意贴上"封闭""保守""僵化"的标签予以否定，这一观点值得商榷。中国古代文明一直都是在与异质文明的对话与交融之中发展的。中华文明具有巨大的包容性，在实用理性的方法论指导下，外来文明被吸纳和融合，成为中国文明的有机组成部分。中国由最早的黄帝、炎帝和蚩尤等领导的几个部落演变为今天的56个民族大家庭，东汉传入的佛教最终内化为中华民族性格的基因，无不反映了中国文明为应对现实需要，达到国家统一与天下太平的目的，而独具的兼容并包的优秀品质。这种借鉴和吸收，充实和丰富了中国文明，使其更有能力适应时代发展所提出的现实问题。文明之间对话和交流是中国文明发展的条件之一，它促成了中国文明的发展，使其具有强大的生命力。

## 二、中国近代的文明冲击：坚定中国道路的历史教材

在西方迈入工业文明之前，中国已经落后于世界。尽管在当时的世界经济总量中中国依然居于遥遥领先的地位，但是实质的停滞已经发生。中国长久以来形成的稳固的家国体系，以及维系这个体系的方法与自信，导致中国人由文化自信转向了文化自大。放弃与世界文明的交流，拒绝接受世界由农业文明向工业时代转变的改变，使得中国在近代遭受了“三千年未有之大变局”。如何应对西方文明带来的巨大挑战，成为摆在中国人民面前最迫切的现实问题。

如果说在此前的文化交流、融合乃至冲击中，中国文化一直保持着自己的独特优势，坚守着自身的主流地位，外来文化只存在被中国文化融合、吸收的一种可能性的话，那么近代以来西方资本主义势力的崛起，直接颠覆了中国文化在世界文明中的地位。这一切始于鸦片战争，洋枪洋炮逐步击垮了中国人的自信与尊严。中国人在饱受战争屈辱的同时，内心不得不顺应这种屈辱，以及因之而起的内心调适。承认传统的

落后,对于素来认为“普天之下,唯我独尊”的中国人来说是痛苦的。但是不进行这种调适,就要接受落后、挨打乃至灭亡的命运。如何调适以应对现实?接受西方的物质强盛与自觉变革数千年的传统之间的心理距离非常遥远。缩短两者之间距离的历史进程,是西方的步步入侵和国人前赴后继地探索两者相互作用的结果。这对中国人来说是痛苦的精神炼狱。

从鸦片战争开始,资本主义侵华的枪炮声始终没有沉寂,伴之而来的是中国领土和主权的不断丧失,中国社会生产力远远落后于侵略者。尽管资本主义生产关系的出现打破了封建经济在中国一统天下的局面,但是资产阶级却始终无法成长为足以担当引领中国走向独立道路的社会力量。中国处于资本主义列强和封建势力的反动统治之下,人民生活于水深火热之中。至 1900 年八国联军侵华,中国彻底沦为半殖民地半封建国家。

伴随着这一历史进程,中国人维护传统的精神防线被迫步步退守。林则徐、魏源由“经世致用”立场出发,承认西方科技优势,提出“师夷长技以制夷”,撕开顽守传统铁幕的第一道裂缝。太平天国运动的巨大冲击,使这一思想进一步发展成为“中体西用”的洋务运动。甲午的炮声、马关的耻辱使传统再次屈从于现实,西方政治制度开始成为中国效仿的对象。随着八国联军攻入京城以及《辛丑条约》的签订,中国人遭受了有史以来从未经历的耻辱,中国文化传统的光华也随之进入了最黯淡的时刻。于是传统再次被迫让步,资本主义民主共和政体葬送了统治中国几千年的帝制。但是斩草未除根,封建经济基础依然存在、帝国主义侵略势力依然存在,中国追随西方的强国之梦依然为梦魇所据。袁世凯的帝王梦使向西方靠拢的进程一朝回到百年前。洪宪帝制的闹剧草草落幕，“占山为王”的噩梦却接着此起彼伏，中国陷入军阀割据与混战的局面。

事实已经昭示，放弃传统、以“欧美为师”的道路只能是一种美好却无法企及的遐想。但是这一遐想并没有因为其实际效果不佳而停止尝试，反而走向极致。新文化运动从思想层面对传统的批评和对西方民主科学的赞扬同样是彻底的。传统被彻底抛弃，西方的民主、科学成为正义和真理的化身，其影响一直延续到今天。理智地讲，新文化运动干将反封建彻底性的勇气着实可嘉，但是其现实意义仅仅在于提出了问题却并不能真的聘到“德先生”和“赛先生”去“救治中国政治上、道德上、学术上、思想上一切的黑暗”。

至此，在西方主流文化的冲击下，生存的现实需要迫使中国人由故步自封转为向西方学习，并由器物层面一直延伸到政治架构、制度文化、思想意识的学习。中国人的中国观和西方观经历了一个翻天覆地的变化。“中国的一切都是愚昧落后的”“要否定吃人的历史”“彻底打倒孔家店”“实现西方的民主和科学”，虽然批判的大旗可以使人血脉贲张，但是激进的革命带不来革命的激进。许多人总是习惯把新文化运动和西欧文艺复兴相提并论，其实两者确实形同但神异——文艺复兴是对传统的回归与延续，新文化运动则是对传统的批判与远离。历史上从来没有一个民族可以通过斩断民族文化之根去实现民族复兴，若牛为了向马学习飞奔，将牛头换作马面、牛肚改成马腹、牛腿装上马蹄，即使它能够存活，并像马一样快跑,那也早就不是牛的面貌和风采了。抛弃传统等于刨除文化根基、放弃自我意识。而一个没有自我意识的民族根本不可能存在理性学习其他民族文化的可能。弃长就短、妄自菲薄、邯郸学步,诸多荒诞之举便随之产生,“全盘西化”就是这种自卑心态的产物。新文化运动干将是矛盾的一代、彷徨的一代,他们饱学传统,却又想彻底抛弃传统;他们热爱西方,却无奈于西方的没落。随着资本主义国家进入帝国主义时代,资本主义制度的内在矛盾充分暴露,戕害人类的第一次世界大战更使中国人对资本主义道路产生怀疑。李大钊说:“世界非有第三种文明崛起,不足以渡此危崖。”

中国古代文明的家国情怀和理性实用,在古代有能力应对各种挑战,为什么在近代却显得如此软弱无力呢?根本原因在于不同文明追求的终极目标不同。西方工业文明以物质利益最大化为最终目的,而中国古代文明则将天下太平、社会和谐即家国一体作为理想。虽然中国人继承了理性实用的方法论,但是他们追求的核心目标是人伦道德,而非物质消费。用建构道德的方法追求物质利益,从根本上说是难以如愿的。但是这种追求不是没有意义的。在与西方主流文明的交流中,中国人找到了反封建的利器——科学和民主,即分别从近代自然科学所产生的物质力量和三权分立原则所确定的政治秩序两方面来建构新社会。外来的“神器”充当了“理论清道夫”与“制度铁笤帚”,其最大贡献在于对旧势力的批判。但是这种追求割裂传统,迷信西方,走入了一条历史死胡同。

## 三、中国现代的文明复兴:坚定中国道路的现实依据

历史证明,真正解答了如何应对西方挑战的历史难题,找

到中国独立富强之路的是中国共产党。

20世纪初的中国对西方资本主义道路产生怀疑之后转而寻找新的出路，于是社会上各种思潮激荡，无政府主义、新村主义、基尔特社会主义、工团主义、互助主义纷纷涌入，“实业救国”“教育救国”“立宪救国”“革命救国”辛勤实践。“十月革命一声炮响，给我们送来了马克思主义”，在冷静比较之后，中国人最终选择了马克思主义。难能可贵的是，在接受马克思主义理论指导时，中国共产党人没有简单照搬，而是创造性地将这一理论和中国革命实际相结合，从而形成了毛泽东思想，实现了马克思主义中国化。在这一思想指导下，从1921年中国共产党建立开始，经过28年的奋斗，建立了新中国，实现了百年来追求的目标——民族独立、人民解放。在这一艰难曲折的过程中，中国共产党也曾有过“囫囵吞枣”，执行共产国际遥控指挥所做出的一些严重脱离实际的策略，导致失人、失地、失权、失势。此后中共放弃了苏俄十月革命攻打中心城市的经验，从中国实际出发创造了“工农武装割据”思想，走出了一条农村包围城市的革命道路。

1949年至1978年，是中国社会主义建设探索时期。毛泽东同志强调“走自己的路”，带动了一系列文化创新、制度创新、理论创新。在这一时期，中国完成了确立社会主义公有制的三大改造。其中所实行的对资本主义工商业的和平赎买政策，丰富和发展了马克思主义的相关理论。中共八大正确分析了中国社会主要矛盾、经济建设方针等，使得中国这个古老的农业大国稳步走上了工业化发展的道路，使得中国这个连钉子都要进口的科技弱国研制出了“两弹一星”。但是受“左”

的思想影响,出现了“大跃进”“人民公社化运动”“文革”等重大错误,使社会主义事业遭受严重挫折。

1978 年至今,是建设中国特色社会主义时期,是改革开放的 30 多年。邓小平同志以极大的理论勇气,拨乱反正,使全党再次回归到实事求是的思想路线上。党围绕着“什么是社会主义,怎样建设社会主义”这个根本问题展开探索与实践。邓小平鼓励“摸着石头过河”,提出“不管黑猫白猫,捉到老鼠就是好猫”的实用主义论断。最终,在毛泽东同志“走自己的路”的著名论断基础上,形成了中国特色社会主义理论体系。经过这 30 多年的改革开放,中国经济高速增长,国内生产总值年均增长近 10%,创造了世界经济发展史上的奇迹。GDP 总量已跃居世界第二位,人民生活水平总体上达到了小康水平。中国无可争议地成为世界大国。

经过百年抗争与探索,中国人终于找到一条属于自己的强国之路。中国文明复兴,重新焕发生机。

## 四、中国未来的文明走向: 坚定中国道路的时代要求

我国从近代以来经过百年的抗争与探求,终于找到国家富强之路。这条道路既是对中国传统的继承和发扬,又是对世界先进文明的借鉴和吸收,更是将世界主流文明中反映社会发展的一般规律和人类共同的价值观念与中国具体的实际有机结合的产物。继承民族传统,学习外来经验,结合国家现实,走自己的路,这就是当前改革开放的强国之路。当今世界风云变幻,决定未来国际格局的国家之间的竞争呈现出频繁、复杂而尖锐的特征。如何在风云变幻的国际形势中,积极主

动地发扬民族传统、创造性地推动国际交流,关系到中国如何坚定地走好改革开放的康庄大道。中华民族有史以来走过了一条历经辉煌、沉沦、抗争、奋斗与崛起的非凡之路。回顾这条道路,我们得到了以下有益的启示:

### (一)树立文化自信,坚守中国道路的民族特质

综观中国文明与世界文明的交流历程,可以清晰地看出:中国人对待自己的文化经历了一个由古代的文化自信到文化自大,近代的文化怀疑到文化否定,再到现代的文化扬弃的演进轨迹。通过这一轨迹可以得出一条规律:当我们能够正确认识自己的民族文化,有较高的文化自觉水平时,我们前进的步伐就会走得更加从容和坚实;当我们怀疑甚至否定自己的民族文化时,我们走起路来就会东倒西歪、踉踉跄跄,甚至迷失方向。文化自觉不是要求文化回归,它要求清醒认识民族文化,反省停滞、剔除糟粕、弥补缺憾,而放弃民族传统只会导致历史虚无主义。如何正确认识中国文化呢?如果将中国和西方的发展比喻为一场长达5000年的赛跑的话,中国至少在前4700年一直领跑在先。中国落后只不过是整个赛程中最近的300年。我们今天通过改革开放,仅用了30多年时间就追赶了上来。近代以来,凡是崛起的西方大国,无一例外都经历了一段针对他国的血腥残暴的殖民扩张和掠夺阶段。但中国这30多年来的强盛完全是通过和平利用国际条件苦练内功得来的结果。更难能可贵的是,我们这种文明在其漫长的强盛期带给世界的是和平安宁和天下永享太平之福的追求。不屈不挠的中国人从未放弃过与侵略势力的抗争,从未放弃过对真理和正义的追求。“富贵不能淫,贫贱不能移,威武不

能屈”的大丈夫形象正是中国文化哺育下民族精神的真实写照。而西方在5000年世界文明史中，强盛期只有短暂的300年，但是它们在这短暂的300年里，曾把整个世界瓜分殆尽，曾在半个世纪里发动过两次世界大战。它们带给世界的是战争、灾难、贫困、屈辱和不公。两者相较，孰优孰劣，不言而喻！所以我们有理由为中国文化自信和自豪。

“灭人之国，必先去其史。”今天某些西方国家企图借助其经济优势贩卖，甚至不惜通过战争推行其本国文化价值观念，妄图将自己的意识形态拔高为世界文明的唯一评判标准。其用意在于使他国民族文化边缘化，在国际舞台丧失话语权，导致这种文明从世界消亡。因此正确地认识和对待中国历史文化，树立民族文化自信，是直接关系到改革开放道路的发展前途的大是大非的问题。改革开放是中国特色社会主义理论的组成部分。这一理论之所以突出中国特色，就是要求传承、坚守中国民族文化；就是要求使中国道路与民族文化融为一体，体现民族特质，体现中国智慧；就是要求避免改革开放之路因丧失民族特质而成为别的民族文化的附庸，甚至被别的民族文化所吞噬。

### （二）鉴别外来经验，丰富中国道路的时代内涵

“他山之石，可以攻玉”，世界上不同的文明进行对话交流乃至对抗，对本民族的发展是有利的。中国文明因其强大的包容性曾吸纳、融合过各种外来文明，这是中国文明强大生命力的体现，同时也壮大和发展了中国文明。但是中国历史上也曾出现过两个错误的极端：在向近代过渡之前，曾夜郎自大，故步自封；近现代以来，曾迷信西方和苏联，照单全收。正

反两方面的历史经验提醒我们，要时刻关注世界的新变化、新发展，积极参与世界文化的交流，洋为中用，为中国改革开放的强国之路提供更多解决现实问题的理论、方法和经验。中国正是通过与外来文明的交流，最终接受、融合了马克思主义，走上了改革开放的强国道路。

同时，对于外来文化必须保持高度清醒的头脑。既要利用其反映人类共同的文明成果和现代化的一般规律，又要鉴别、批判其为维护资产阶级剥削利益而炮制的虚假理论。即使借鉴被别国社会实践证明可行的理论与方法，也必须有一个吸收、转化和应用的过程。马克思主义的中国化过程说明，再好的理论如果不能与独特的社会土壤以及特定的历史条件相结合，都不可能产生预期的理想效果。

**（三）活用思想路线，实现中国道路的美好未来**

任何一种社会制度都不可能无视现实的变化而始终保持一成不变。生产力的革命性决定了社会制度必须随之变化。因此变革是社会发展的必然要求。应对社会变迁和时代挑战没有一成不变的公式和教条。中国特色的社会主义道路是前无古人后无来者的崭新事业，没有现成经验可供借鉴。它是一条在危机和忧患中开辟与发展出来的道路，也是一条在质疑和挑战中不断突围与突破的道路。更不用说当前改革处于攻坚期，国内深层次矛盾凸显，国际上面临更为激烈的竞争和更为严峻的挑战，它仍需要不断地突围和突破。中国有史以来的文明之路，尤其是近现代的探索之路证明：中国文明有能力也有信心迎接新的竞争和挑战，实现新的突围和突破。但是，无论在别国的社会实践中，还是在马克思主义经典作家的论述中，都不可能找到现成的答案。只有根据马克思主义基本原理，具体问题具体分析，才能实现中国道路的美好未来。

列宁在《共产主义》一文中指出："马克思主义的最本质的东西、马克思主义的活的灵魂：具体地分析具体的情况。"中国历来具有因时因事而变的实用理性传统。在马克思主义中国化的过程中，我们形成了解放思想、实事求是、与时俱进、求真务实的思想路线。它既继承和发扬了我国古代的实用理性传统，又是马克思主义中国化的理论成果，更是指导我们走好中国特色社会主义道路的行动指南。

# 叁

## 改革开放是中国特色社会主义事业发展的动力

唯有改革开放才有新愿景
唯有改革开放才能通过转型期“窄门”
改革开放是实现人民利益的必由之路
改革开放是实现中国梦的必然选择

# 唯有改革开放才有新愿景

温州大学　卓高生

“协调推进全面建成小康社会、全面深化改革、全面推进依法治国、全面从严治党”的“四个全面”新命题是新一届中央治国理政的宏伟战略体系的全面展示，是对新时期全面推进改革开放事业的的经验总结和开启新蓝图的顶层设计。回望过去30多年大国发展的脉络之时，有谁会忘却一个伟大而令人瞩目的事实：一个世界上人口最多的国家，在1978年的冬日里开启改革开放的历史征程，从此市场经济的浪潮托起这个航行的巨舰一往无前，不见回潮；在国家富强、民族复兴、人民幸福的愿景召唤下，锐意推进改革，坚持不懈开放，取得了举世瞩目的伟大成就……

## 一、理性回望：改革开放成就卓著

“愿景”是愿望看见的景色。面对世界社会主义运动的严重挫折，美国前总统国家安全事务助理布热津斯基在《大失败》一书中断言：社会主义是20世纪的产物，也必将终结于20世纪。然而，一个不容置疑的历史事实却是：一个具有重要国际地位和影响的社会主义国家——中国在改革开放中崛起，巍然屹立于世界的东方。历史已经证明：改革开放是新的时代条件下的“新的伟大革命”，是“当代中国最鲜明的特色”，是

“决定当代中国命运的关键抉择”，它为社会主义现代化建设提供了强大动力和有力保障。

一个国家的发展，只有从世界和时代的坐标上去认识，才能更加准确；一个社会的变革，只有从历史和现实的对比中去把握，才能更加清晰。

十一届三中全会后，邓小平石破天惊地提出“让一部分人先富起来”，改革才从解放思想的呐喊声中发端，从农村起步，从经济体制破冰，在人们思想的碰撞与交锋中逶迤前行，在姓“资”还是姓“社”的观念纠结中艰难突破，从而成就了经济发展和人民生活水平提高的中国奇迹。改革开放以来的30多年，是我国国民经济蓬勃发展、经济总量连上新台阶的30多年，是综合国力和国际竞争力由弱变强的30多年，也是成功实现从低收入国家向上中等收入国家跨越的30多年。数据显示，1979—2012年，我国国内生产总值年均增长9.8%，而同期世界经济年均增速只有2.8%；国内生产总值由1978年的3645亿元迅速跃升至2012年的518942亿元。其中，从1978年上升到1986年的1万亿元用了8年时间，上升到1991年的2万亿元用了5年时间，此后10年平均每年上升近1万亿元，2001年超过10万亿元大关，2002—2006年平均每年上升2万亿元，2006年超过20万亿元，之后每两年上升10万亿元，2012年已达到52万亿元。1978年，我国经济总量仅位居世界第10位；2008年超过德国，居世界第3位；2010年超过日本，居世界第2位，成为仅次于美国的世界第二大经济体。经济总量占世界的份额由1978年的1.8%提高到2012年的11.5%。

改革开放以来，是我国对外经济大飞跃，实现了从封闭半封闭到全方位开放的伟大历史转折的。改革开放初期，我国对外经济交流活动十分有限，再加上国内市场化水平不高，造成了与国际市场相对隔绝的状态。1978 年，我国货物进出口总额只有 206 亿美元，世界排名第 29 位，1988 年突破了 1000 亿美元，1994 年突破了 2000 亿美元，1997 年突破了 3000 亿美元，2011 年又突破了 1 万亿美元大关。到 2012 年，货物进出口总额已达到 38671 亿美元，比 1978 年增长 186 倍，年均增长 16.6%，仅次于美国，位居世界第 2 位；其中货物出口总额 20487 亿美元，增长 209 倍，年均增长 17.0%，居世界第 1 位；货物进口总额 18184 亿美元，增长 166 倍，年均增长 16.2%，居世界第 2 位。2012 年，我国货物出口总额和进口总额分别占世界的 11.2%和 9.8%。

改革开放以来，是我国人民生活大改善，实现了从温饱不足到总体小康并向全面小康迈进的历史性跨越。2012 年，城镇居民人均可支配收入 24565 元，比 1978 年增长 71 倍，年均增长 13.4%，扣除价格因素，年均增长 7.4%；农村居民人均纯收入 7917 元，增长 58 倍，年均增长 12.8%，扣除价格因素，年均增长 7.5%。城乡居民拥有的财富显著增加。2012 年末，城乡居民人民币储蓄存款余额 39.96 万亿元，比 1978 年末增长 1896 倍，年均增长 24.9%。股票、债券等金融资产规模不断扩大。城镇居民拥有的财产性收入从无到有，2012 年占人均全部年收入比重上升到 2.6%。

30 多年理性回望，在改革开放载沉载浮的历史事件中蕴含着中国百姓的微笑与苦涩、艰难与求索、自强与坚韧。未曾停歇的伟大变革，让社会主义在一个13亿人口的大国不断完善和发展，显示出强大的生命力、创造力和感召力。十八届三中全会上，习近平说："35年来，我们党靠什么来振奋民心、统一思想、凝聚力量？靠什么来激发全体人民的创造精神和创造活力？靠什么来实现我国经济社会快速发展、在与资本主义竞争中赢得比较优势？靠的就是改革开放。"

## 二、回顾历史：改革开放政策带来巨变

进入新世纪，中国的发展已经迎来外国政要和媒体的极大关注。十七大召开之际，国际货币基金组织《世界经济展望》曾认为："中国正成为世界经济发展的最大推动力。"美国《外交》杂志甚至得出这样的结论："拥抱中国，西方才有未来"。十八大召开之际，英国广播公司网站曾刊文说，中国过去30年来经济腾飞，年增长率高达10%左右，这一切是在中国政府的决策下取得的。自英国工业革命在18世纪末开始后，这是世界见证过的最令人惊奇的经济变革。世界正越来越多地被中国所改变。美国知名智库彼得森国际经济研究所资深研究员尼古拉斯·拉迪表示，中国目前是全球经济增长的重要引擎，是金融危机后全球经济复苏的"火车头"。这些评论与曾经西方媒体蔑称中国是"三等国家"、惊呼"谁来养活21世纪的中国"、断言中国的未来"前景黯淡"形成了鲜明对比。外交部部长王毅在达沃斯论坛2014年年会中国专场活动上发表了题为"中国新发展 世界新机遇"的演讲，指出："一个深化改革、日益繁荣的中国将为世界发展提供更多'中国机遇'；一个深化改革、日益繁荣的中国将为世界和平贡献更多

'中国力量'。"在全球化背景下,改革开放不仅牵系中国人对国家富强、民族复兴和人民幸福的愿景,更是世界其他国家和地区发展的福音。

回顾历史,如果说从1840年鸦片战争到1949年中华人民共和国成立的百余年间,中华民族奋斗的主旋律是救亡图存,那么,从1949年到2050年的又一个百年,中华民族奋斗的主题就是发展振兴。社会主义制度的建立为发展中国奠定了坚实的基础,开辟了广阔的道路,但是只有在改革开放以后,中国大地上才真正铺开一幅发展的画卷。在190年前,中国的清朝也曾经是东亚的一个单极体系,其经济实力在很长时期内远超英国。保罗·肯尼迪认为,1750年,英国的工业生产只占世界工业产量的1.9%,一直到1860年,英国占19.9%,中国占19.7%,英国才第一次超过中国。但170多年前在帝国主义列强的枪炮之下,"天朝上国"之梦被"劣等民族"取代。"方今强邻环列,虎视鹰膦,久垂涎于中华五金之富、物产之饶。蚕食鲸吞,已效尤于接踵;瓜分豆剖,实堪虑于目前。"这是孙中山先生于1894年11月写下的悲怆文字。从鸦片战争至中华人民共和国成立以前,在大大小小帝国主义炮口的威逼下,中国政府与外国侵略者签订的不平等条约、协定、章程、合同足有1000多个。仅在1842—1919年78年中,与英国签订的不平等条约就有163个,与日本签订的有153个,与沙俄签订的有104个,就是与小国比利时也签订了26个,总共与各侵略国家签订了709个不平等条约,这在世界历史上都是罕见的。

这些不平等条约如同套在中国人民头上的一个个枷锁,

使得中国人民长期处于任人侮辱、践踏、宰割的悲惨地位，过着牛马不如的生活。那么近代中国为何落伍了呢？美国政治学家罗兹曼在《中国的现代化》一书中指出："中国现代化之所以一误再误，首要原因不在于外来挑战本身力量的强人，而在于中国作出的反应太软弱。"15 世纪末，当哥伦布、麦哲伦在广阔海洋上烙下印记、地图的印制赶不上地理的发现时，明朝却固守"片帆不得入海"的旧例；19 世纪，科技发展催生全球化浪潮，当英国议会改革、美国废除黑奴制改革、俄国农奴制改革、日本明治维新等一次次推动"大国崛起"时，中国统治者们却在为"何为体、何为用"争论不休；20 世纪第二次世界大战后，不少国家和地区抓住新技术革命的机遇加速发展时，中国却在阶级斗争和社会运动中错失了发展的宝贵机遇。直至 30 年前，中国共产党审时度势，果断拨乱反正，做出了改革开放的关键抉择，使中国在落后世界现代化进程一个多世纪后，赶上了末班车。在历史风云际会中能否抓住战略机遇期，这是一种大战略。

党的十一届三中全会之后，党和人民以巨大的勇气和创新精神，从农村改革入手，大胆变革生产关系中不适应社会生产力发展的方面，使社会生产力得到大解放，国民经济持续保持高速增长，人民生活总体进入小康。进入新世纪以来，面临经济社会发展中深层次矛盾凸显，不平衡、不协调、不可持续问题突出的新情况，党和人民坚持用改革的思路和办法破解各种难题，提高改革决策的科学性，增强改革措施的协调性，走出了一条以人为本、全面协调可持续发展的新路子，不仅创造了经济总量快速跃升的"中国奇迹"，还交出了创新驱动、转型发展的"中国答卷",书写了保障和改善民生的"中国故事"。波兰科学院非欧洲国家研究所教授、中国问题专家卡琳·托玛拉表示,中国用30多年的改革开放使其经济成为全球第二,国际影响力与日俱增。中国的每一个进步和发展都和改革开放分不开,没有改革开放就没有今天的中国。习近平总结说"中国特色社会主义道路来之不易,它是在改革开放三十多年的伟大实践中走出来的,是在中华人民共和国成立六十多年的持续探索中走出来的",必须毫不动摇、坚定不移地走下去,并在实践中进一步探索完善。

## 三、理性应对:深化改革有出路

"一个党,一个国家,一个民族,如果一切从本本出发,思想僵化,迷信盛行,那它就不能前进,它的生机就停止了,就要亡党亡国"。了不起的伟大觉醒孕育了伟大的创造。30多年来,中国以年均接近10%的经济增速,成为人均国民总收入接近6000美元的世界第二大经济体。但是,自2011年起,中国经济从长期两位数的高速增长进入一位数的中高速增长阶段,而且在最近四年次第放缓,2013年增速目标为7.5%。在此背景下,产业层面的产能过剩、财政层面的地方债务、金融层面的影子银行等"压力点"凸显。人口老龄化、要素投入收益下降、社会贫富分化固化等深层次问题,也给中国旧有增长模式带来巨大压力。习近平总书记指出:"中国共产党人干革命、搞建设、抓改革,从来都是为了解决中国的现实问题。"全党要有强烈的问题意识,以重大问题为导向,抓住关键问题进一步研究思考。

问题向来是改革与发展的起点。“我国发展面临一系列突出矛盾和挑战，前进道路上还有不少困难和问题……解决这些问题，关键在于深化改革。”改革开放30多年的激荡历程，让我们对恩格斯当年的预言有着更为深切的认识：“所谓‘社会主义社会’，不是一种一成不变的东西，而应当和任何其他社会制度一样，把它看成是经常变化和改革的社会。”我们从“计划”走向“市场”，从“贫困”走向“小康”，从“短缺”走向“充裕”。改革开放在创造“中国奇迹”的同时，也伴随着一些“成长的烦恼”。与改革开放初期相比，当前改革已不可能是“单兵突进”式推进。任何一项改革都“牵一发而动全身”，需要全方位的系统设计和统筹安排。例如备受关注的户籍制度改革，绝不仅仅是近3亿农民工的身份转换，更牵涉教育、医疗、养老等多方面改革的协调推进。历史经验反复证明，紧迫不是急躁，勇气不是冒进。每个人都是改革的参与者，没有人能在改革中置身事外。以更加理性、务实的态度正确看待改革，才能给下一个时期的年改革提供更大正能量。

只有“冲破思想观念的障碍、突破利益固化的藩篱”，在改革之路上吹响自我革命的集结号和进军号，改革才能给我们每个人带来持久的回馈。因为改革有风险，而不改革会有危险。在今天中国改革的“问题清单”上，如何让“世界工厂”转型升级，如何完善覆盖13亿人的社保体系，怎样为近3亿农民工打造人生出彩的发展舞台，无一不是格外艰巨的课题，极其难啃的硬骨头。“革思想的命、削手中的权、去部门的利”是一个新的课题。上至中央，下至地方，大到行业，小到单位，从农业、工业到服务业，从机关、事业单位到企业，都在强调改革的重要性——不改革就没有出路已成为多数人的共识。但一到具体怎么改、改什么，不同地方、不同阶层、不同领域、不同方面的人们就会争论不休，莫衷一是。很多时候，“改别人就赞成，改自己就推脱。对自己有好处就点赞，没好处就反对。”当改革已进入攻坚期和深水区，针对改革开放以来尚未根本触动或新形成的已固化的既得利益，我们必须“敢于啃硬骨头，敢于涉险滩，以更大决心冲破思想观念的束缚、突破利益固化的藩篱。”我们要有自我革新的勇气和胸怀，跳出条条框框限制，克服部门利益掣肘，以积极主动精神研究和提出改革新举措。

探索中国的改革开放历程必须扎根于自身的实际。马克思说过：“人们自己创造自己的历史，但是他们并不是随心所欲地创造，并不是在他们自己选定的条件下创造，而是在直接碰到的、既定的、从过去承继下来的条件下创造。”任何照搬照抄别国的道路从来不能成功，无论哪个国家都是如此。其实早在 100 多年前，法国伟大思想家托克维尔就曾指出，移植一个国家的制度到另一个国家，由于文化和民情的差异，其不成功是必然的，比如把美国制度复制到墨西哥。“美国的联邦宪法，好像能工巧匠创造的一件能使发明人成名发财，而落到他人之手就变成一无用处的美丽艺术品”，这个结论至今也未过时。西方国家曾把他们的经验用战争的方式推广到西亚和北非国家，搞“铁血民主”，却没有一个成功，而且反过来促使极端势力和抵抗力量增强，令本来已有的民主进程倒退，进一步加剧了该地区的动荡和危机，甚至造成全球危机。邓小平说：“我们现在所干的事业是一项新事业，马克思没有讲过，我们的前人没有做过，其他社会主义国家也没有干过，所以，没有现成的经验可学。我们只能在干中学，在实践中摸索。”

“我们的人民热爱生活，期盼有更好的教育、更稳定的工作、更满意的收入、更可靠的社会保障、更高水平的医疗卫生服务、更舒适的居住条件、更优美的环境，期盼着孩子们能成长得更好、工作得更好、生活得更好。人民对美好生活的向往，就是我们的奋斗目标。”新一代政治领袖提出的宏大政治目标，使我们既站在既往历史的终点，又站在未来历史的起点。这是改革开放的一种愿景表达，更是一个伟大政党发出的铿锵有力的政治承诺。

# 唯有改革开放才能通过转型期“窄门”

湖州职业技术学院　李春锋

改革开放30多年来，我国的各项事业取得了举世瞩目的成就，特别是国民经济蓬勃发展、经济总量连上新台阶，综合国力和国际竞争力由弱变强，成功实现从低收入国家向上中等收入国家跨越。1979—2012年，我国国内生产总值年均增长9.8%，同期世界经济年均增速只有2.8%。我国高速增长期持续的时间和增长速度都超过了经济起飞时期的日本和亚洲“四小龙”，创造了人类经济发展史上的新奇迹。但是，面对如此辉煌的成就，很多学者及普通百姓对我国的未来发展却抱以悲观失望的态度，甚至有人预言未来10年或5年之内中国将会出现经济崩溃、社会混乱的局面。例如近年来我国出现了富人外逃的奇观，据《中国国际移民报告(2012)》(中国与全球化研究中心和北京理工大学法学院联合发布)称，我国个人资产超过1亿元人民币的超高净值企业主中，27%已经移民，47%在考虑移民，个人资产超过1000万元人民币的高净值人群中，近60%的人士已经完成投资移民或有相关考虑。富人外逃的重要原因之一便是对我国发展的前景缺乏长期信任感，不相信中国的发展能够继续保持下去，更不相信中国将会有一个长期的良好的秩序。

## 一、转型期“窄门”窄在何处

人们之所以对我国未来发展前景持有一些悲观情绪，主要是因为当前我国的经济、政治、社会和生态等方面问题重重，多种矛盾交织并存。改革开放推动我国实现了经济社会的转型，使我国走上了工业化、信息化、城镇化、市场化、国际化的发展轨道。同时，经济社会转型期也是矛盾凸显期，当前我国的发展面临很多难题。仅以城镇化而言，我国每年从农村转移到城镇的人口，其数量几乎相当于一个加拿大或澳大利亚。最近几十年，从时间上看，我国的经济社会转型是双重叠加，近代以来，世界历史上两次大的经济社会转型，分别是从农业社会转向工业社会、从工业社会转向信息社会，中国则是将这两次经济社会大转型挤压在了一起；从地域上看，我国的经济社会转型是多元复合，我国是一个发展很不平衡的大国，城乡之间的巨大差别构成了“二元社会”，地理上东、中、西部之间的巨大差别构成了“三个世界”，这使得中国各地在转型的性质、程度、速度等方面千差万别；从环境上看，我国的经济社会转型是内外互动，内有改革，外有开放。多领域的改革与全方位的开放，形成复杂的互动，共同推动经济社会的转型。在各种因素的交互作用下，我国社会的经济成分、组织形式、就业方式、利益关系和分配方式都在发生深刻的变化。我国的转型规模之大、速度之快和程度之深，是史无前例的，其中的矛盾和问题当然也是世所罕见的。当前我国发展中所遭遇的困境主要表现在如下几个方面：

一是国际环境的日益恶劣。作为最大的发展中国家和社会主义国家，崛起过程中必然遇到新的问题。近年来围绕汇率、海权、领土、军事、周边关系、意识形态领域的争议，我国与世界大国及周边国家不断产生摩擦。美国战略重心的东移，南中国海的争端，钓鱼岛的争端，海外新一轮针对中国民主与人权的施压，等等，均凸显了我国外交面临的严峻挑战，也透露了外部世界对中国崛起的疑虑与担忧，甚至敌意。在对待西藏、新疆、台湾等中国内政问题上，一些海外势力不断制造麻烦。在外交应对上，我国有时会陷入某种被动局面，应对选择不足，方式不够灵活。

二是经济社会转型的问题叠加。首先表现为贫富差距拉大，两极分化的趋势日益明显。2013 年，国家统计局局长马建堂公布了过去 10 年中国的基尼系数，2013 年为 0.473。此前，2012 年 12 月初，西南财经大学中国家庭金融调查在京发布的报告显示，2010 年中国家庭的基尼系数为 0.61，大大高于 0.44 的全球平均水平。此外，电力、电信、石油、石化、金融、保险、烟草等行业职工收入远高于其他行业。其次是社会事业发展严重滞后，民生问题凸显。特别是市场经济所必然要求的社会保障制度，至今没有完全建立起来。诸如就业难、上学难、看病贵、住房贵、治安乱等这些牵涉百姓民生的问题，民众怨言甚多，甚至把教育、医疗、住房称之为“新三座大山”。再次是发展方式粗放，生态遭破坏，环境被污染。特别是水资源污染严重，全国七大水系都遭到污染，食品安全问题更是十分严峻。高投入、高消耗，导致能源、材料、资源浪费严重，吃老祖宗和下几代人的饭。最后是权力和社会腐败严重。部分领导干部涉案，有的官员贪得无厌，金额数以亿计，有的官员敛财贪色，情妇、“二奶”众多，群众对此深恶痛绝。腐败甚至蔓延到部分法院、检察院，有部分法官、检察官个别犯案，个别地方甚至出现了“一锅端”现象，造成了极为恶劣的影响。法院、检察院等司法机关本是主持社会公平的重要机构，是维护社会正义的主要力量，其腐败的存在也使社会正义的平台受损严重。

三是市场竞争的混乱无序。我国在市场化改革进程中已经出现了某些权力精英和资本精英的勾结，形成了特殊利益集团，堵塞了民众的上升通道。这就产生了市场竞争的焦虑，社会上弥漫着浮躁和不满情绪，幸福感在减弱，失落感在增加，甚至一些教育学术领域也受到各种侵蚀。从互联网上看，近年来被戏称“最无奈”的段子是“拼搏不如拼爹”“学好数理化，不如有个好爸爸”。有人戏称这是一个“拼爹”的时代，从教育界、职场到娱乐圈，“拼爹游戏”不断升级。一些公众习惯性地把对富且贵的“代际遗传”的不满情绪释放到一些突发事中去，即使是政府有所作为，社会上也会充满某种不信任情绪。对政府出台的任何一项决策、任何改革措施，翻看微博、论坛或网民留言板，都有不少“我不相信”的反馈，甚至出现了一些极端评价。2014 年 2 月 9 日，当央视高调曝光东莞扫黄的时候，结果似乎是完全出乎意料甚至匪夷所思的。一时之间，网络上充斥着“东莞挺住”“东莞不哭”“天佑东莞”“出卖灵魂的远没有出卖肉体的干净”等言论，自由派知识分子，几乎整体上站到了东莞一边。

普通民众对社会不公无力改变、无可奈何，这很容易导致仇官、仇富、仇警的情绪到处宣泄。社会也越来越充斥着暴戾之气,如云南大学学生马加爵,因琐事与同学积怨,即先后将4名同学残忍杀害;西安音乐学院学生药家鑫,驾车撞人后又将伤者刺了8刀致其死亡。屡见报端的灭门案件、当街砍杀无辜群众甚至幼小儿童的事件均属此类。同时,追求物质主义、消费主义、享受主义,日益成为一种社会普遍现象。上述种种问题给中国带来的直接后果就是基层权力的失控,社会群体性事件的增加,社会道德的滑坡,自然环境的破坏。

## 二、转型期"窄门"过之不易

转型期"窄门"的出现与我国改革开放的进程是密切相关的,孙立平教授认为,在改革和转型过程中形成的既得利益格局阻止了进一步变革,要求维持现状,希望将某些具有过渡性特征的体制因素定型化,形成有利于其利益最大化的"混合型体制",并由此导致经济社会发展的畸形化和经济社会问题的不断积累。凤凰卫视著名的时事评论员邱震海这样来形容未来的中国,他认为今后几年实际上是"成就中国"和"问题中国"在赛跑,若"问题中国"跑赢了"成就中国",则中国将进入衰退区间。事实上,也可以说是"改革开放中国"与"矛盾冲突中国"在赛跑,但值得警惕的是,近年来中国各个领域的矛盾冲突累积十分迅速,而改革开放的步伐却在很多领域出现裹足不前的现象,改革开放的社会共识出现破裂,改革的动力较为不足。现在再谈改革开放的话题,和20年前讲改革开放已经很不一样了,那时改革开放在群众心中具有很高的认同度,但是现在笼统地讲改革开放,很多群众心里是很担心的,因为他们不知道要改什么,往哪里改。以往的经验常常是:只要你改了，我不是这个地方吃亏就是那个地方吃亏。改革真正的困难，不仅仅是有反对改革的力量，也不仅仅是既得利益集团对改革的阻力，而是改革进入歧途之后，民众已经缺少了对改革开放的认同。

面对我国出现的转型期“窄门”，我们将如何通过？新“左”派人士认为，改革开放造成了贫富差距、出现了两极分化，形成了对弱势群体和公有经济的掠夺，并造成了官员腐败化、国家殖民地化，因此认为改革开放已然失败。关于中国的未来，他们并没有主张直接回归毛泽东时代的农村；相反，他们倡导走一条中间道路，停止改革开放，学习欧洲式福利制度。而某些右派人士则认为，中国当前的问题仅仅依靠渐进的改革开放是解决不了的，中国未来需要发生一场自由化、民主化、私有化的“颜色革命”，我国只有彻底倒向西方模式才可以通过转型期“窄门”。

以上两条道路真能引领我们突破困境吗？首先来看一下新“左”派的停止改革开放改走中间道路。停止改革开放就意味着坐视当前多种社会矛盾不断累积，使转型期“窄门”越来越窄，以致以后更加难以通过，就像“问题中国”变得越来越肥大臃肿，而需要通过的转型之门却越来越逼仄窄小。孙立平教授认为，当前主要是既得利益集团阻碍了改革开放，改革开放停滞的恶果将放纵既得利益集团坐大。吴敬琏教授也认为：“近年来因为在一些重要的方面的改革停滞甚至有个别的方面有所倒退，就使得那种利用公共权力谋取私利的，从事寻租活动发财的特殊利益集团坐大。他们其中一些人必然会竭力地阻止改革的推进，所以这里就有一个，怎么能够执行下去的问题。过去我们30多年,改革其实都是在不断排除各种干扰的过程中前进的。那么执政党必须向代表大会上所说的那样以更大的政治勇气和决心坚决地克服特殊利益社会群体的阻挠,使各项改革措施能够得到落实。”另外,历史的教训也告诉我们,中断改革,比根本就不改革的危险性要大得更多。清朝末年,戊戌维新运动被终止后,后果惨不忍睹。而晚清新政的大好局面,仅仅是因为新上台的权贵担心失掉权力,一改放权为收权,改革即被革命所取代。在20多年前,新中国的改革,也差点因为一场风波毁于一旦。原社会主义兄弟国家政权的倾覆也多由于它们的改革停滞不前造成的。因此,正如邓小平同志20多年前说的那句名言:“不改革开放就是死路一条。”

“颜色革命”的道路其实在我国早就实验过。新中国建立前,中国照搬过欧美模式,但这条道路不但没有使我国走向民族独立与繁荣富强,短短30多年,带给中国的却是国家继续分裂,无休止的内战、外战、军阀混战,经济崩溃,全面腐败,以及西方变本加厉的欺凌和掠夺,国家毫无尊严,人民流离失所。等到这种革命结束的时候,我国的人均寿命已不足35岁,文盲率高达80%,我国也在历史上第一次落后于印度,这个时期堪称我国历史上最为黑暗的时代之一。再观那些近年来进行了所谓的“颜色革命”的国家,其整体状况简而言之是政局混乱、经济滑坡、国家分裂、战乱不断、民不聊生。如吉尔吉斯斯坦、格鲁吉亚“颜色革命”以后,对外经济依赖很严重。尤其在2008年世界金融危机以后,物价上涨严重,吉尔吉斯斯坦的粮食、油料等和老百姓生活息息相关的物价,在一年之内的上涨幅度是75%。所以吉尔吉斯斯坦很快就爆发了大规模的骚乱,最后导致总统下台。经过这一番折腾以后,吉尔吉斯斯坦现在已经是独联体地区甚至是世界上最贫困的国家之一。目前统计,吉尔吉斯斯坦有35%的人生活在贫困线以下,其中有35万人处于赤贫状态。去过吉尔吉斯斯坦的人都会看到,那里状况非常差,缺乏正常的社会秩序,没有任何安全感,老百姓的生活非常艰难,腐败问题也更加严重。再看看发生了两次"颜色革命"的乌克兰,"颜色革命"几乎使其走向绝路。乌克兰独立后,接受了西方开出的转型"良方",实行了多党制和三权分立,改变了选举制度和方式。最终的结果是,直接选举使不同政治力量间的分歧越来越大,无休止的党派纷争导致国内的政治生态发展畸形,集中体现为2004年的"橙色革命"以及随后10年的政局动荡,其间两次总统选举、三次议会选举,即使把总统制改为议会制,也都没有换来真正的稳定,反而因为组阁困难引发了一次次的政府危机,国内的对立情绪越来越严重,国家分裂,战火连绵,乌克兰沦为大国博弈的牺牲品。而中国这样的转型期大国,很难想象若像乌克兰那样去搞"颜色革命",会给中国人民带来何种恐怖后果。因此,在中国搞"颜色革命"万万不可,万万不行。

## 三、改革开放促进转型

我国成功地进行了30多年的改革开放。我国终于以第二大经济强国、第三大航空大国、第一大贸易国、第一大外汇储备国、美国第一债主、北京奥运会第一金牌大国的身份重新而全面地进入世界大国的俱乐部,正在向它昔日的辉煌迈进。

还需要指出的是，中国改革开放30多年，真正顺利的还是后20年。这主要是因为邓小平同志南方谈话后，我们更加认准了改革开放的道路，不停滞、不折腾。其实，中国当前遭遇的一切困境都只是转型期的困境，这些困境，其他发达国家在发展过程中也曾遭遇过，我们遇到的困难和问题都可以通过改革开放的途径进行解决。

因此，为了顺利通过转型期“窄门”，首先应坚持融入世界文明的方向不动摇。自20世纪70年代末开始的中国改革开放过程，是从打破闭关锁国状态走向世界开始的。因此可以说，我国改革与转型的过程实际上也就是融入世界主流文明的过程。我国30多年的发展，不仅受益于国际性合作和全球化过程，更重要的是我们将人类积累的共同遗产作为发展的有利条件和基础。在经过30多年的发展，我国的经济实力有了很大的增强，国际地位有了明显提高的情况下，我们更应当有一种自信和胸怀，走向世界，包容世界，影响世界。在继承人类共同遗产的基础上，解决我们自身发展面临的种种问题，同时也以一种负责任的世界公民的态度发挥我们的影响力，为解决人类和世界共同面对的种种问题，做出我们的贡献。

其次要在公平正义的基础上凝聚改革共识。在社会的各个阶层中，存在一种普遍的弱势感，不仅仅是社会中那些公认的弱势群体有弱势感，就是那些往往被人们羡慕的阶层和群体，如公务员、警察、教师、民营企业家甚至包括领导干部，也都自认为自己是弱势群体，也有明显的弱势感。在中国改革已经进行了30多年，经济又是如此高速发展的今天，这种普遍的弱势感是很值得人们警觉的。因此，重建社会公平正义，是我国社会当前最急迫的问题。要从制度层面解决六大民生问题，即：建立完善的现代化国民教育体系；建立覆盖城乡居民的社会保障体系，保障人民基本生活；实施扩大就业的发展战略，促进以创业带动就业，并努力形成合理、公平的分配格局；建立基本医疗卫生制度，保证人人享受基本医疗卫生服务；建立保障人人有房住的城乡住房建设制度，但不是人人拥有产权房，低收入者通过廉租房来解决；建立良好的生活环境，保证空气新鲜，特别是水源清洁、食品卫生。

在今天这样一个大转型时期，我们必须重新凝聚改革开放的共识，鼓足勇气去打破既得利益格局，冲出目前的僵局与困境，顺利通过转型期"窄门"。

# 改革开放是实现人民利益的必由之路

宁波大学　陈云云

卡尔·马克思曾说过这样一句话："'思想'一旦离开'利益',就一定会使自己出丑。"思想如此,社会变革也是如此。改革开放作为一场深刻而又全面的社会变革,只有与人民利益相结合,为了人民利益而改革和开放,才会有生机和活力。如果脱离人民利益去谈论和评判改革开放的成败得失,不仅道理失之于空,欠缺说服力,而且也很难从根本上讲清楚改革开放这个战略决策为什么长期不能变的根本性问题。可以说,没有改革开放就没有中国的今天,没有改革开放也没有中国的明天。我国过去 30 多年的快速发展靠的是改革开放,未来发展也必须坚定不移地依靠改革开放。一言以蔽之,改革开放只有进行时没有完成时。

## 一、改革开放是坚持党性和人民性的统一

民生无小事,枝叶总关情。党的十八大以来,以习近平同志为总书记的党中央积极探索党的执政规律,强调在任何时候都要把人民利益放在第一位,始终与人民心连心、同呼吸、共命运。2013 年 4 月,习近平总书记在海南考察工作时指出,抓民生要抓住人民最关心最直接最现实的利益问题,要多谋民生之利,多解民生之忧,在学有所教、劳有所得、病有所

医、老有所养、住有所居上持续取得新进展。同年8月，习近平在全国宣传思想工作会议上强调要“坚持党性和人民性相统一”，进一步明晰了新时期中国共产党人的根本政治态度、政治立场和价值追求。

众所周知，阶级性是政党的本质属性，任何政党都是为所代表的阶级利益服务。中国共产党是全国各族人民利益的忠实代表，这决定了它必须坚持把实现人民利益作为领导改革开放的出发点和归宿。这是我党区别于其他政党的显著标志，也是党的主张、理念之所以得到人民拥护和支持的决定性因素。早在160多年前，马克思、恩格斯就在《共产党宣言》中庄严地宣告：“无产阶级的运动是绝大多数人的、为绝大多数人谋利益的独立的运动。”这震撼历史和心灵的精辟论述，高度概括了马克思主义的人民利益观，深刻阐述了共产党的性质和唯一宗旨就是为整个无产阶级和最广大人民的根本利益而奋斗。

夺取并巩固政权是一切政党的共性，如果中国共产党也仅仅将此作为唯一追求，那么与剥削阶级政党有何区别？综观各剥削阶级政党，为夺取政权而斗争时，总是标榜代表人民利益，并在一定程度上能满足人民的某些利益要求，而一旦获得政权，成为执政党以后，其为某一阶级谋私利的本质就暴露无遗。资产阶级政党在竞选时也声称要“代表选民利益”，但那些口号和承诺能否兑现或者兑现到何种程度，则是以不损害本阶级利益为前提的。俗话说：“得民心者得天下，失民心者失天下。”政党能否始终代表人民的根本利益，决定其成败得失和生死存亡，共产党也概莫能外。因此，人民的衷心拥护是中国共产党取得改革开放胜利、赢得辉煌成就的根本原因，苏联和东欧政权的轰然倒塌正是忽视和损害人民利益所导致的。

我们的党，是为人民而生，靠人民而兴，因人民而强。正是由于党为人民谋利益的鲜明特性和大无畏的革命英雄主义精神，才能成为改革开放道路的引领者。党主张代表人民利益，就是在民族独立解放、政治民主进步、经济持续发展、文化多元繁荣、社会稳定和谐的基础上，不断满足人民群众日益增长的经济、政治、文化和生态等方面的需要。

党的根基在人民，力量在人民，兴衰成败也在人民。我们的党，只有扎根人民，根基才无比坚实；只有依靠人民，力量才无比强大；只有服务人民，生命才无比绵长。30 多年的改革开放历程告诉我们，来自人民、植根人民、服务人民，是我们党永远立于不败之地的根本。党的十八大提出全党要“把握时代发展要求，顺应人民共同愿望”，努力实现“两个一百年”的奋斗目标。以习近平同志为总书记的党中央，顺应人民期待，在新的实践基础上推进理论创新，创造性地提出并深刻阐述了“中国梦”这一重大战略思想，强调“人民对美好生活的向往，就是我们的奋斗目标”。这充分表明，党和人民有着一致的追求和共同的目标，党与人民群众奋斗目标的一致性，是我们党宝贵的政治优势和精神财富。

## 二、改革开放是党和人民的利益抉择

改革开放之路，既是一部中国特色社会主义成功实践的生动教科书，也是一条给人民带来福祉之路。改革开放的动力在人民，发挥作用的力量源泉也在人民。改革开放的正当性和合法性，不仅建立在改革开放自身的成效上，更建立在人民利益的选择上。邓小平等准确把握时代主题和人民愿望，在国家、民族发展的关键时刻，开启了历史性的变革。30多年来，党领导人民以一往无前的进取精神和波澜壮阔的创新实践，谱写了中华民族自强不息、顽强奋进的壮丽史诗。从农村到城市、从经济领域到其他各个领域，全面改革的进程势不可挡地展开了；从沿海到沿江沿边，从东部到西部，对外开放的大门毅然决然地打开了。这场历史上从未有过的大改革、大开放，极大地调动了亿万人民的积极性和创造性，使中国人民的面貌、社会主义中国的面貌、中国共产党的面貌发生了历史性的变化。

曾几何时，闭关自守，故步自封，使得中国脱离于世界大家庭之外，在贫困落后中徘徊。党和人民面临历史抉择：是按照"两个凡是"的思想路线继续走下去，在僵化的体制内举步维艰，任由国民经济崩溃，大多数人继续贫困，还是按照"解放思想、实事求是"的思想路线，打破对本本、教条的迷信和崇拜，"杀出一条血路来"，探索一条强国富民的新发展道路？我们现在可以很清楚地看到，当初党顺应民意、民心，将实现好、维护好、发展好人民利益作为根本旨趣，从有计划的商品经济到社会主义市场经济，从初级阶段理论到小康社会、和谐社会理论，改革开放一路走过来，中国特色社会主义道路展露雏形，不断开拓创新。因此，改革开放从开启的那一刻起，就与人民利益密不可分：改革开放是历史关键时刻党和人民的利益抉择，是党对人民利益追求的体现；改革开放的动力和活力，源于人民利益的不断发展和满足。

回溯历史，以安徽凤阳小岗村农民为代表的中国农民，依据自己朴素的利益判断进行了回答。他们订立协定，实行包产到户，拉开了改革的序幕。党的十一届三中全会做出了改革开放的历史抉择，中国终于驶上了“以经济建设为中心”的改革开放之路，党和人民利益选择的交会，促成了伟大的历史转折。从那时候起，改革开放就成为当代中国最鲜明的特色。广大人民群众始终是改革的主力军，许多重大的改革举措都是由基层干部群众探索创立的，如家庭联产承包责任制和乡镇企业、村民自治等。各地干部群众结合实际，创立了广东模式、浙江模式、苏南模式等多种发展模式，出现了百舸争流、财富喷涌的喜人局面。

十一届三中全会之后，浙江人民秉持“无农不稳、无工不富、无商不活”的理念，抓住改革机遇，敢闯敢干，“村村点火，户户冒烟”发展乡村工业起步，率先开创了以农民为主体的乡镇企业发展之路，创造了温州模式、义乌模式，赢得了改革开放先发优势。20 世纪 80 年代初期，群众经商积极性高涨，在浙江大地涌现出了许多各具特色的专业市场，逐步形成了“小商品、大市场”的经济发展新态势，创造了诸多闻名全国的市场与发展模式，如温州“十大专业市场”、义乌“小商品市场”、绍兴“轻纺市场”。可见，在改革开放进程中，党切实了解人民群众关心的热点难点问题，善于代言人民群众对美好生活的新期待，勤于反映人民群众对享受社会保障的新要求，最终实现了人民利益，赢得了民心。

## 三、改革开放是发展和实现人民利益的必然选择

人民群众是改革开放的主体力量,人民利益是改革开放的根本归宿。十一届三中全会之后,党认真总结过去一段时期忽略人民利益的深刻教训,充分认识到:社会主义社会的主要矛盾是人民日益增长的物质文化需要同落后的社会生产之间的矛盾,必须重视人民的物质利益。30 多年来,改革开放给我国的经济、政治、社会、科技、文化、教育、医疗、卫生、国防等起到了积极推动作用,人民经济、政治和文化利益得到最大程度的实现,成就也是有目共睹、不可磨灭的。事实胜于雄辩,改革从经济到政治、文化、社会领域,犹如滚滚春潮,极大地解放和发展了生产力,推动了社会的全面进步:国民经济持续快速健康发展,政治体制改革积极稳妥推进,综合国力显著增强,国际地位空前提高。用习近平总书记的话讲就是"我们比历史上任何时期都更接近中华民族伟大复兴的目标"。

推进经济体制改革,实现人民经济利益。经济利益在人民利益中居于基础地位。人民群众只有满足了物质生活的基本要求,才能更好地去追求和享受政治与文化利益。1978 年我国人均国民生产总值低于印度,只有日本的 1/20、美国的 1/30,科技发展水平落后发达国家 40 年左右。经济状况与韩国、新加坡等一些新兴工业化国家也有很大的差距。但是今非昔比,据统计,从 1978 年到 2012 年,我国经济保持了年均 9.8%的增长速度,同期世界经济年均增速 2.8%;国内生产总值居世界的位次由第 10 位上升到第 2 位;经济总量占世界的份额由 1.8%提高到 11.5%;进出口贸易额在世界的位次

由第29位跃居第2位；人均国民总收入由190美元上升至5680美元，已经由低收入国家跃升至中上等收入国家；城镇居民家庭和农村居民家庭的恩格尔系数分别由57.5%和67.7%下降到36.2%和39.3%。2013年我国进出口总值4.16万亿美元，同比增长7.6%，货物贸易额超过美国几乎已成定局。我国取代美国成为第一贸易大国，对于这样一个在30多年前还一贫如洗的国家来说，能在如此短的时间内取得这一地位，本身就是一个奇迹。人民群众的生活发生了巨大变化：从吃得饱到吃得好，再到吃得健康，从穿得暖到穿得美，再到穿出个性；“三大件”从自行车、缝纫机、手表，演变为彩电、冰箱、洗衣机，再演变为住房、汽车、电脑；人民生活从满足温饱转变为追求享受，从解决生存转变为追求发展。

推进政治体制改革，实现人民政治利益。政治利益是人民利益的集中表现。社会发展的核心问题就是以谁为本、为谁发展的问题，政治体制改革、民主政治的推进也不例外。从这个根本点上说，坚持以人为本、以人民政治利益为本的政治体制改革，不仅具有广泛的经济和社会意义，而且具有极其深刻的政治价值。改革开放以来，党进一步提出了依法治国的治国方略，使人民当家做主有了更有效的保障。党还提出了社会主义人权理论，制订了人权发展计划，使我国的人权事业得到了飞速发展。同时，党和政府积极推进农村基层民主政治建设，支持职工参与企业的民主改革、民主管理、民主监督。当前，中国人民最根本的政治利益就是在党的领导下，建立社会主义经济、政治、文化体制，充分发扬社会主义民主，切实保障人民群众充分享有宪法赋予的各项民主权利，并在管理国家和社会事务中发挥更为重要的作用。

推动文化大发展大繁荣，实现人民文化利益。文化利益是人民利益的重要内容。人民群众的文化利益，是指人民群众从先进文化中汲取营养，从而不断地提高思想觉悟和科学文化素养，实现自我完善和发展。改革开放以来，党始终将实现人民的文化利益作为自己孜孜以求的目标，致力于满足人民群众日益增长的文化需求。特别是近年来，我国文化建设受到党和政府前所未有的重视，从建设社会主义核心价值观的高度，以构建和谐文化、弘扬中华文化为着力点，致力于文化创新，使大繁荣大发展的社会主义文化为人民大众所共享。同时，我国文化事业和文化产业日益繁荣，人民的基本文化权利得到更好的保障。人们的精神面貌发生深刻变化，中华民族的凝聚力和向心力显著增强，我们从来没有像今天这样充满朝气与活力，抗击“非典”、抗洪抢险、抗震救灾等危急关头涌现出的无数感人事迹和英雄人物就是最好的注脚。

理论和事实证明，改革开放是决定当代中国命运的关键一招，那种试图否定改革开放、试图走回头路的错误想法，不仅与人民利益相悖，而且在理论上站不住脚、实践上经不起检验。

## 四、改革开放是化解人民利益矛盾的根本手段

同历史上的改革相比，当代中国改革的最大特点就在于，它把市场化、现代化和社会主义改革这三重重大的社会变革浓缩在同一时空中进行，构成了一场前无古人、艰难复杂而又波澜壮阔的社会变迁；改革越是向深度发展，发展中的问题与

发展后的问题、一般矛盾与深层矛盾、有待完成的任务与新提出的任务就越是交织叠加、错综复杂。作为以马克思主义武装起来的党,成立伊始就明确宣誓为人民谋利益,特别是在领导改革开放过程中,虽然取得了辉煌的成就,但是客观地讲也出现了一些不尽如人意的问题。比如:发展中不平衡、不协调、不可持续问题依然突出,科技创新能力不强,产业结构不合理,发展方式依然粗放,城乡区域发展差距和居民收入分配差距依然很大,社会矛盾明显增多,教育、就业、社保、医疗、住房、生态环境、食品药品安全、安全生产、社会治安、执法司法等关系群众切身利益的问题较多,部分群众生活困难,形式主义、官僚主义、享乐主义和奢靡之风问题突出,一些领域消极腐败现象易发多发,反腐败斗争形势依然严峻,等等。面对这些情况,一些人武断地把问题和矛盾归咎到改革开放本身,否定改革开放。不能否认和回避,当前的确存在着诸多利益矛盾,但对这些前进道路上出现的困难和问题,要实事求是地分析,把问题简单地归咎到改革开放本身是不客观、不公正的。实际上,出现这样那样的问题,并不是改革的方向出了偏差,恰恰相反,在相当程度上是由于改革不到位、措施不完善、对外开放水平不高造成的,说到底是发展中的问题。

利益发展是解决利益矛盾的基础,只有在利益发展的基础上,做好整体规划和顶层设计,才能有效和持久地化解利益矛盾。改革开放的重要意义在于,它为人民利益的发展提供了有效的手段和可靠的保障。通过制度创新,一些矛盾和问题也可以变为潜力和优势。例如,城乡差距一直是我国发展的“拦路虎”,但是我们推进了社会主义新农村建设,免除了农业税，调整了城乡之间的利益格局，使农民获得了实实在在的利益，农村的突出矛盾得到了有效缓解。又如，党和政府正在探索建构覆盖全体人民的社会保障体系、医疗保障体系等，让发展的成果惠及全体人民，社会矛盾也将进一步得到化解。如果没有改革开放，人民利益就不可能得到实现和发展，在缺乏发展的情况下，各种利益矛盾不仅不能得到有效解决，反而会越积越多甚至激化。

代表人民利益不是抽象的，而是具体的。党代表人民利益要有切实措施、具体行动，不能仅仅停留在书本和口头上。党干革命、搞建设、抓改革，从来都是为了解决中国的现实问题。可以说，改革是由问题倒逼而产生，又在不断解决问题中深化。我们用改革的办法解决了党和国家事业发展中的一系列问题。同时，在认识和改造世界的过程中，旧的问题解决了，新的问题又会产生，制度总是需要不断完善，因而改革既不可能一蹴而就，也不可能一劳永逸。所有这些问题，都需要通过全面深化改革加以解决。但是，全面深化改革的国际国内环境也非常复杂，各种思想文化相互激荡，各种矛盾相互交织，各种诉求相互碰撞，各种力量竞相发声。在这种情况下，确保改革沿着有利于维护、实现和发展人民利益的方向发展越发重要。因此，我们还要始终如一地坚持改革再改革，开放再开放，搞活再搞活，发展再发展。党的十八大以来，以习近平为总书记的党中央以巨大的政治勇气和智慧，站在人民立场上，不失时机深化重要领域改革，坚决破除一切妨碍实现人民利益的思想观念和体制机制弊端，攻克种种顽瘴痼疾，突破利益固化藩篱，以刮骨疗毒、壮士断腕的勇气和决心将反腐败斗争进行到底。

改革开放是一个利益调整的过程，它的一个重要目的就是构建合理的利益分配机制，为解决利益矛盾提供可靠的制度保证。改革开放30多年来，我国初步建立起了与市场经济体制相适应的分配制度。但在收入分配方面依然存在着宏观分配关系比例失衡、初次分配秩序不够规范合理、再分配调节力度仍显不足等问题，由此造成城乡收入差距、地区收入差距、行业收入差距、不同社会群体之间收入差距呈扩大趋势，这关系老百姓的尊严和生活是否幸福安康，影响到“民富”“共同富裕”和人民经济利益的最终实现。如今，我国经济综合实力已位居全球第二，人民群众希望从发展中得到更多经济实惠，党顺应人民群众的新期待，把人民群众的切身利益和经济发展成果紧密相连，在把社会财富“蛋糕”做大的同时，切实把“蛋糕”分好，让群众更多地、均等地分享经济发展的成果，改革开放由此吹响从“国富”向“民富”进军的号角。

综观我国几千年的历史进程，每前进一步都是在改革中创新，在改革中前进，在改革中发展的。历史上无论是商鞅变法，还是王安石变法、张居正改革，因为受历史的局限，受当时统治者和统治方式的局限，尽管存在许多弊端，但还是推动了社会发展和历史进步。历史上的变法和革命总是围绕着这样一个不可否认的事实和原则，就是正义战胜邪恶。人民推翻腐败政权是政治体制的改革；领袖制代替帝制是领导管理体制的改革；实行民主监督、民主管理、民主决策、科学决策、新老交替、多党合作也是一种政治改革和管理创新。

诚然，我国改革开放存在的问题和积弊还不少，由官场腐败、利益集团带来的阻力也在一定程度上阻碍着改革开放的顺利推进。不少领导眼睛盯着钱，只要有钱的地方，不该管的也要抢着管，不该做的也要抢着做，不该批的也要争着插一手，造成了腐败成风，领导乱套，管理混乱，严重阻碍了改革开放的顺利推进。全党开展的以“为民、务实、清廉”为主要内容的群众路线教育实践活动，正是为了保持党的先进性和纯洁性，全面提高党的建设科学化水平。我们必须按照党中央的部署和要求，扎实深入开展教育实践活动，坚持党要管党，坚决反对“四风”，增强自我净化、自我完善、自我革新、自我提高能力，确保党始终代表人民根本利益，始终走在时代前列，始终成为改革开放的“主心骨”。

改革就是创新，改革就是进步，改革就是发展。当前，改革已进入攻坚期、深水区，局面更加复杂，任务更为艰巨，我们要攻坚克难，以“敢啃硬骨头”的担当精神全面深化改革。总的一条，我们搞改革开放不是为了实现少数人的利益，而是为了维护中国最广大人民的根本利益，要始终坚持这一根本原则不动摇、不懈怠、不折腾。

# 改革开放是实现中国梦的必然选择

浙江工业大学　陈玉华

2012 年 11 月 29 日，习近平同志在参观"复兴之路"展览时说："每个人都有理想和追求，都有自己的梦想。我以为，实现中华民族伟大复兴就是中华民族近代以来最伟大的梦想。这个梦想，凝聚了几代中国人的夙愿，体现了中华民族和中国人民的整体利益，是每一个中华儿女的共同期盼。"习近平同志的这番讲话使得中国梦迅速成为一个热点议题，而改革开放与中国梦之间的关系则成为政府、社会与学术界重点关注的问题。本文将重点梳理中国梦的历史逻辑、中国梦的基本内涵及其实现途径这三大问题，并结合全面深化改革的新形势，对改革开放是实现中国梦的必然选择这一历史命题进行一定的理论解析。

## 一、中国梦的历史逻辑

中国梦凝结着近代以来中国历代仁人志士的理想、当代中国的追求和未来中国的走向，是连接中国的历史、现实和未来的民族复兴之梦。从现代国家建构的理论视角看，中国梦的提出是中国近现代历史演绎的必然结果。

1840 年以来，随着西方列强的入侵，中国的现代化被迫中断，逐步陷入丧权辱国、民不聊生的境地。从那时开始，求得民族独立和人民解放，实现国家繁荣富强和人民共同富裕，就成为中华民族面临的两大历史性课题，成为一代又一代中国人始终不渝地追求的民族复兴之梦。

在农民阶级、地主阶级的洋务派、资产阶级维新派和资产阶级革命派的探索相继失败后，以毛泽东为代表的中国共产党人通过新民主主义革命缔造了新生的人民政权，建立了新中国，使中华民族真正"站了起来"，圆了"民族独立和人民解放"之梦。而后中国共产党带领全国人民展开了社会主义革命、社会主义改造及社会主义建设的初步探索，并明确地提出了"四个现代化"的奋斗目标，这为改革开放后中国特色社会主义建设提供了先决条件。

改革开放以来，中国共产党人深刻总结了社会主义建设中正反两方面的经验与教训，在几代领导集体的"接力创新"中，开辟了中国特色社会主义道路，形成了中国特色社会主义理论体系，完善了中国特色社会主义制度。在中共中央的坚强领导下，我国的国民经济实现跨越式发展，人民生活水平显著提高，国际影响力空前增强，民族自信心与国家认同感实现历史性的提升，在"国家繁荣富强和人民共同富裕"的圆梦征程中开启了"时间之窗""机遇之门"。这些成就为中国梦的提出提供了充分的实践素材与理论基础。

## 二、中国梦的基本内涵

中国梦的思想体系博大精深，其基本内涵主要包括以下三个方面：中国梦是造福于国家、民族、人民的梦；中国梦既是国家的梦、民族的梦，也是每一个中国人的梦；中国梦既具有宏大追求，又要求我们脚踏实地、实干兴邦。

**（一）中国梦是造福于国家、民族、人民的梦**

在十二届全国人大一次会议的闭幕会上，习近平同志对中国梦进行了全面阐述，他指出："实现全面建成小康社会、建成富强民主文明和谐的社会主义现代化国家的奋斗目标，实现中华民族伟大复兴的中国梦，就是要实现国家富强、民族振兴、人民幸福。"这段话精辟地揭示了中国梦对于国家、民族、人民的意义，展示了中国共产党人对于国家、民族、人民的自觉责任与历史担当。因此，中国梦是造福于国家、民族、人民的梦。

**（二）中国梦既是国家的梦、民族的梦，也是每一个中国人的梦**

习近平同志强调："中国梦归根到底是人民的梦，必须紧紧依靠人民来实现，必须不断为人民造福。"这里所讲的"人民"，既是整体意义上的"人民"，也具体到个体化的"人"，即面向每一个中国人。习近平同志还提出要让每一个中国人"共同享有人生出彩的机会，共同享有梦想成真的机会，共同享有同祖国和时代一起成长与进步的机会"。事实上，中国梦不仅是整个国家的富强之梦，而且是同每一个中国人的求学梦、住房梦、就业梦、社会保障梦、生态环境梦等个人愿望直接相联系的，是国家、民族的总体追求与每个人的个体追求紧密结合在一起的梦。

### （三）中国梦既具有宏大追求，又要求我们脚踏实地、实干兴邦

中国梦绝不是空洞的口号，更不是遥不可及的“乌托邦”，它既有宏大追求，又要求我们脚踏实地、实干兴邦。其中，中共十八大提出了新的奋斗目标——“到中国共产党成立一百年时全面建成小康社会，到新中国成立一百年时建成富强民主文明和谐的社会主义现代化国家”，即“两个一百年”的奋斗目标。这是当前我们实现中国梦的关键性指标与具体时间表，以习近平同志为总书记的党中央以时不我待、只争朝夕的精神，向全党全军全国各族人民吹响了实现中国梦的“集结号”，要求我们锐意进取，不断地改革创新，以逢山劈路、遇水搭桥的勇气克服前进中的种种困难，圆满实现“两个一百年”的奋斗目标，为中华民族的全面复兴打下坚实的基础。

## 三、全面实施六大建设，奋力托起中国梦

中共十一届三中全会以来，我国开始了“以经济建设为中心”的社会主义现代化建设新征程。此后，根据改革开放实践的需要及对现代化理论的更深入更全面的理解，中国共产党带领全国人民不断地为社会主义现代化建设注入新的内涵。在中共十八大上，我们党确立了经济建设、政治建设、文化建设、社会建设、生态文明建设“五位一体”建设中国特色社会主义的总布局，并提出了建设学习型、服务型、创新型马克思主义执政党的党建目标。毋庸置疑，我们只

有全面实施这六大建设，才能奋力托起中国梦，实现中华民族的伟大复兴。

**（一）促进经济建设，推动我国经济全面协调可持续发展，为中国梦的实现奠定坚实的物质基础**

中国梦首先是“强国梦”，社会生产力的极大发展、物质财富的极大丰富是实现“强国梦”的必由之路。改革开放以来，我国经济迅猛发展，经济总量跃居世界第二、外汇储备居世界第一、进出口总值名列世界第一，人民生活水平显著改善；东部地区率先发展继续保持良好态势，中西部地区及东北老工业基地呈现出强劲的发展态势，京津冀协同发展被列为2014年的“一号工程”；国家科技创新体系逐渐成型，产业结构升级优化取得新进展，国家综合竞争力显著增强：这一切都为实现中国梦打下了坚实的基础。

与此同时，我们必须清楚地看到，我国经济改革已经步入“深水区”，社会各阶层的利益分化有所加快，全面深化改革面临着既得利益集团的重重阻力以及实体经济融资成本较高、“人口红利”一去不复返、企业科技创新活力相对不足、国内需求不振而外贸依存度过高等制约我国经济全面协调可持续发展的现实障碍。我们唯有坚持全面深化改革，大力推动新型城镇化建设，以信息化提升工业化，深化国有企业体制机制改革，放宽搞活个体私营经济，促进我国经济持续健康发展，才能筑牢国家繁荣富强、人民幸福安康、社会和谐稳定的中国梦的物质基础。

**（二）坚持走中国特色社会主义政治发展道路，积极推进政治体制改革，为中国梦的实现打造坚实的政治基础**

坚定不移地走中国特色社会主义政治发展道路是实现中华民族伟大复兴及中国梦的政治基础。经过不懈探索，我国的政治制度化水平不断提升，已形成人民代表大会制度、中国共产党领导的多党合作和政治协商制度、民族区域自治制度及基层群众自治制度等四大基本政治制度。其中，作为发展社会主义民主政治的基础性工程——农村村民自治正在大江南北如火如荼地进行，成为我国民主政治建设最大的“训练场”，培育与提升了亿万农民的政治素养与政治参与能力。以执政党来引领现代国家政权建设的“中国经验”已引起全球瞩目，中国特色社会主义政治发展道路业已成为很多发展中国家实现政治稳定及政治发展的重要参照系。

随着改革开放进程的加快，我们逐步进入利益分化的政治时代，民主政治作为协调社会利益的一种机制正在发挥着前所未有的社会整合功能。我们应充分正视社会各阶层不同的利益诉求，全面建构公民利益表达渠道，寻求以民主的方式来达成“社会共识”，提升社会各阶层、各族人民群众的政治认同感。诚然，在我国社会主义民主政治建设过程中，也存在权力运行制约和监督体系不健全、法治建设落实不到位、公民的政治参与意识还不高、地方民主的制度创新供给不足等现实问题，亟须加强顶层设计，以党内民主、基层民主的“先行一步”来引领中国特色社会主义民主政治建设，真正“让民主造福中国”。

**（三）推动文化建设，弘扬以爱国主义为核心的民族精神和以改革创新为核心的时代精神，为中国梦的实现提供文化基础**

在坚持中国道路的同时，实现中国梦还必须弘扬中国精神、凝聚中国力量。弘扬中国精神，必须弘扬以爱国主义为核心的民族精神和以改革创新为核心的时代精神。因为爱国主义是中华民族最深厚的思想传统，最能感召中华儿女为实现中国梦而团结奋斗；改革创新是当代中国最鲜明的时代特征，最能激励中华儿女为实现中国梦而锐意进取。凝聚中国力量，就必须充分发挥文化坚强思想、强大精神动力、有力舆论支持、良好文化条件的作用，为实现"两个一百年"奋斗目标和中华民族伟大复兴提供源源不断的精神动力和文化基础。

改革开放以来，我国的文化体制改革取得长足进展，文化产业茁壮成长，文化消费正在成为拉动我国经济增长的新引擎；以孔子学院等为代表的优秀文化产品"走出去"步伐不断加快，中华文化的全球影响力正在逐步复苏。与此同时，以"八荣八耻"、中共十八大以来党的群众路线教育实践活动及各地"最美现象"的纷纷涌现为标志，全党全军全国各族人民正在积极提倡"真善美""反四风"，有效地遏制了社会转型过程中道德滑坡、社会风气恶化的局面，为正逐步进入"物质富裕"阶段的国人提出了"精神富有"的新追求。与此同时，我们还面临着全球思想文化不断交流交融交锋，观念日益多元多变，传播手段迅速发展的新形势，我国文化建设还存在着社会主义核心价值体系的统摄力不强、文化公共服务体系不健全、乡村公共文化式微、文化产业整体实力和竞争力不强、中华文化的对外传播渠道不畅等问题。这迫切要求我们正视不足、锐意改革，积极推动文化体制改革，进一步弘扬时代精神。

**(四)推进社会建设，促进社会和谐，大力改善民生，为中国梦的实现奠定坚实的社会基础**

实现中国梦，就是要让我国人民过上幸福安康的生活。加强社会主义社会建设、促进社会和谐，必须以保障和改善民生为重点，要从维护最广大人民群众根本利益的高度，加快健全覆盖城乡的基本公共服务体系，并坚持“以需求为导向”，不断改进公共产品的供给与服务方式。多谋民生之利，多解民生之忧，解决好人民最关心、最直接、最现实的利益问题，在“学有所教、劳有所得、病有所医、老有所养、住有所居”这五大方面持续取得新进展，努力让人民过上更好的生活。与此同时，我们要创新社会管理机制，积极规范与发展各种类型的社会组织，推动一切健康的民间力量有序地参与到我国的社会建设中来，建构互强型的“国家—社会关系”模式。

随着改革开放的深入，我国社会阶层出现了较大的分化重组，社会利益格局有了深刻的变动，开展全方位的社会整合工作已成为执政党与国家的一项重要任务。在这个背景下，推动社会建设、促进社会和谐、大力改善民生成为一大施政亮点。当前，我国已初步建构起覆盖城乡的基本公共服务体系，社会管理机制创新工作也有一定的进展。但是，“房价高、看病贵、上学难”这三大难题还没得到有效的破解；区域之间、城乡之间在教育、医疗、社保等公共资源的配置上还存在着较大的差距；围绕拆迁、征地等引发的群体性事件仍时有发生；社会各阶层之间的收入分配差距仍得不到有效的管控；等等。我们只有全面落实党的群众路线教育实践活动、扎实推进社会建设，才能为国家的长治久安、社会的公平正义打造好“安全阀”“蓄水池”。

**（五）推进生态文明建设，建设美丽中国，实现中华民族永续发展，为中国梦的实现提供生态基础**

建设生态文明是关系人民福祉、关乎民族未来的长远大计。面对资源约束趋紧、环境污染严重、生态系统退化的严峻形势，我们必须树立尊重自然、顺应自然、保护自然的生态文明理念，把生态文明建设放在突出地位，融入经济建设、政治建设、文化建设、社会建设各方面和全过程，努力建设美丽中国，实现中华民族永续发展，为中国梦的实现提供生态基础。

作为后发现代化国家，我们在赶追发达国家的过程中，也注意到了其所走的“先污染，后治理”的老路。中央政府一直高度重视环境整治工作，1998 年就组建了正部级的国家环境保护总局，并于 2008 年 3 月升格为国家环境保护部。各级政府和环保部门在提倡节能减排，推进循环发展、低碳发展、绿色发展方面做了很多有益的工作，并致力于从源头上扭转生态环境恶化的趋势。但是，在政绩驱动下，某些地方政府罔顾人民福祉，上马了一批高污染、高能耗的项目，对水体环境、大气环境等造成了极大的破坏。此外，城市化进程的加快，汽车普及率的提高又助长了大气污染的进一步蔓延。我们应尊重并顺从民意，制定更严格的环境保护制度，扎实推进绿色GDP的统计与考核工作，为广大人民提供清洁的空气、干净的水、安全的食品、舒适的人居环境等公共生态产品和有效的生态服务，并积极探索让“绿水青山”变成“金山银山”的生态发展模式。与此同时，我们应正视生态文明建设是一项系统工作，环境保护工作更具有跨区域，甚至跨国界治理的特点，要致力于建构“区域联防联治”的大环保工作格局、加强在二氧化碳排放量控制、新能源开发与利用等方面的国际合作，以切实解决环境安全问题。

**(六)加强党的建设，强化立党为公、执政为民的执政理念，为中国梦的实现提供坚强的领导核心**

《中国共产党党章》规定：中国共产党是中国工人阶级的先锋队，同时是中国人民和中华民族的先锋队。中国共产党代表中国先进生产力的发展要求，代表中国先进文化的前进方向，代表中国最广大人民的根本利益。中国共产党的根本宗旨是全心全意为人民服务，担负着带领人民全面建成小康社会、推进社会主义现代化、实现中华民族伟大复兴的重任。因此，党的建设事关中国特色社会主义经济建设、政治建设、文化建设、社会建设与生态建设能否顺利实现，事关中国梦能否圆满实现。

改革开放以来，中国共产党始终坚持党要管党、从严治党的方针，党的领导水平和执政水平、拒腐防变和抵御风险能力不断提高，思想建设、组织建设、作风建设、反腐倡廉建设、制度建设不断加强。但是，党的建设也遭遇了一系列的挑战：在社会流动的大背景下，基层党建工作出现了很多“盲区”；党员领导干部的选拔竞争机制还不健全；一些党员的入党动机不纯但党内暂无行之有效的清退机制；普通党员参与党内事务管理与决策的制度供给不足；等等。我们需要加强顶层设计，注重党内民主的制度建设，力求集合全党的智慧，建设一个学习型、服务型、创新型的马克思主义执政党，为实现中国梦提供坚强的领导核心。

历史与现实表明，改革只有进行时，没有完成时！当前，我国经济社会发展已步入新时期，我国的改革已进入“深水区”和“攻坚期”，经济运行出现“新常态”，各种社会问题层出不穷。我们必须注重顶层设计、总体规划，对各项改革做出统筹设计、配套协调，针对体制弊端，既要治标，更要治本，改革成效既要考虑短期效果，更要考虑长期红利。与此同时，改革还注定是一场艰难的利益博弈，我们要“敢于啃硬骨头，敢于涉险滩，既勇于突破思想观念上的障碍，又勇于突破利益固化的藩篱”，以更大的勇气与更有力的行动，坚持全面深化改革、向改革要红利，向改革要动力，扎实推进中国特色社会主义经济建设、政治建设、文化建设、社会建设、生态建设及党的建设，为实现中国梦唱响时代最强音。

# 肆

## 改革开放中的几个思想论战

不能把改革前 30 年与改革后 30 年对立起来
中国的改革开放走的是社会主义道路，不是资本主义道路
必须充分认识以问题来否定改革开放成就的危害性
充分认识动摇中国特色社会主义理论体系指导地位的危害性

# 不能把改革前30年与改革后30年对立起来

温州医科大学　欧阳爱权

当前社会领域形形色色的思潮中，存在着将改革前30年与改革后30年对立起来的两种观点。第一种观点以改革后30年否定改革前30年，否定改革前30年的历史成就，把改革前30年完全看作中国历史灾难，说得一无是处。后一种观点则以当前改革开放进程中出现的种种问题为由否认改革开放的必要性或历史进步性，认为改革开放30年偏离了社会主义正轨，走的是资本主义道路。如何看待改革前30年与改革后30年的历史地位，关系到能否科学理解马克思主义的思想本质，能否清醒认识社会主义历史实践具体目标，能否深刻把握中国特色社会主义实践历史发展不同阶段间的辩证关系。

## 一、必须看到：两个30年的指导思想都是马克思主义

马克思主义最根本的世界观与方法论是辩证唯物主义和历史唯物主义。历史唯物主义是马克思主义对人类社会历史发展规律的科学认识，是指导人们认识历史、改造社会的科学理论和思想武器。列宁指出："马克思的历史唯物主义是科学思想的最大成果。过去在历史观和政治观方面占支配地位的那种混乱和随意性，被一种极其完整严密的科学理论所代替，这种科学理论说明，由于生产力的发展，如何从一种社会生活

结构中发展出另一种更高级的结构……”在马克思主义博大思想体系中，阶级斗争只是阶级社会发展过程中社会阶级间的一种社会现象，并不是马克思主义的全部内容或思想主旨。有人将阶级斗争当作马克思主义的主要内容或直接把马克思主义仅仅视为阶级斗争，这完全是对马克思主义的误解与无知。此外，唯物史观并不是唯物质史观、唯经济史观。唯物史观揭示了生产力是人类社会存在、发展变化的根本动力，是庞大复杂的上层建筑变更的现实基础。人类社会是生产力与生产关系、经济基础与上层建筑交互作用的客观动态发展过程，包括经济生活、社会生活、政治生活诸领域。广义上的马克思主义不仅包括马恩创立的理论学说体系，还包括马恩之后的无产阶级革命家和历代领导人进一步发展的丰富思想理论成果。

改革前 30 年，国内指导思想是马克思主义。我们党在指导思想上一直毫不动摇地高举马克思主义这面旗帜，坚持走社会主义道路。新中国成立之后，国家逐步实现工业化，对农业、手工业和资本主义工商业进行三大改造确立了社会主义制度。新中国统一格局的开创，为建设社会主义强国、实现中华民族伟大复兴奠定了制度前提，提供了历史基础。可以说，没有国家大环境的统一和政治制度体制的创建，中华民族复兴伟业必然成为空中楼阁。社会主义建设事业是一项前无古人的历史新任务，以毛泽东同志为核心的第一代领导集体积极探索中国社会主义建设道路，提出“以苏为鉴”且不照搬苏联建设经验模式的宝贵思想，强调结合中国具体国情，走出一条符合中国社会实际的社会主义建设道路。这些重要思想，均符合马克思主义实事求是的基本精神，是不断推进马克思主义中国化的重要表现和理论成果。虽然后来的阶级斗争扩大化运动也打着马克思主义的思想旗帜，但事实上已经严重偏离或违背了马克思主义的基本立场和精神主旨，实质上是非马克思主义的错误思想。因而，不能把毛泽东同志晚年所犯的错误视作马克思主义的组成部分，更不能看作马克思主义的核心主旨，而应该看作偏离马克思主义的个人思想。

改革后30年，坚持中国特色社会主义道路也是坚持马克思主义。改革开放后，我们党把工作重心重新置于经济建设领域，积极抓住国内与国际发展的大好机遇，大刀阔斧地实行改革开放，积极引进国外各种先进技术和管理经验，推动经济、政治、文化、社会各领域的变革发展。改革开放30年来，我们不仅解决了国内吃饭这一艰巨的民生任务，而且经济总量跃居全球第二，各项事业不断发展进步，老百姓走上了日新月异、致富发展的道路。坚持中国特色社会主义道路就是坚持马克思主义。首先，以经济建设为中心的发展道路符合唯物史观的基本思想。马克思认为，生产力的发展变革是人类社会历史发展进步的根本动力。同时，经济基础决定上层建筑，经济基础发生变化，政治、法律、道德、宗教、艺术等上层建筑领域或早或晚也要发生相应变化，在坚持经济领域改革的同时，也要深化上层建筑领域的改革，推动社会的全面发展。其次，必须澄清的是：改革开放后产生的一系列问题，并不是坚持马克思主义的结果。虽然我们坚持马克思主义思想指导，但社会是一个复杂性的结构体系，它由种种思想文化、社会群体、组织形式等复杂因素构成。现实生活中出现的腐败问题，正是放弃了马克思主义基本立场和价值观的结果，是中国传统官本位文化和特权意识死灰复燃的结果，是现代市场经济金钱观念至上、实用心理泛滥等负面效应的结果。

## 二、必须认清：两个30年的建设目标都是实现民族复兴

鸦片战争前夕，中国仍是一个落后、封闭的农业大国，没有像西方那样步入近代工业革命行列，没有实现整个社会结构的现代化，国内科学技术和军事力量远落后于西方。从鸦片战争至八国联军入侵北京，当时的清政府几乎每战必败，国家领土被瓜分豆剖，民族经济奄奄一息。朝廷专制腐败，只知道一味镇压国内民主革命和进步思想。由于清政府对外软弱无能，对内凶残专制，中华民族的国际形象十分糟糕，处处受西方列强的歧视凌辱。国内仁人志士一直在不懈探索实现富国强兵、争取民族独立的方案与道路，包括太平天国起义、洋务运动、维新变法、辛亥革命等。但由于缺乏科学的思想指导，或者脱离了中国社会历史实际，结果均归于失败。十月革命一声炮响，给中国人民送来了马克思主义。中国共产党将马克思主义与中国历史实际结合起来，用马克思主义中国化最新成果指导中国革命，最终赢得了胜利，建立了统一的新中国，中华民族从此站起来了。

改革前30年为民族复兴打下了坚实基础。落后就要挨打，这是血淋淋的历史事实总结出来的残酷教训。新中国成立以来，进行了轰轰烈烈的抗美援朝，保证了国家周边环境的稳定，提高了中华民族的国际地位。努力实现国家工业化，把重工业放在首位。对农业、手工业、资本主义工商业进行了三大改造，确立了社会主义制度。积极借鉴苏联社会主义建设宝贵

经验，创建了比较完整的国民工业体系，并试图通过“大跃进”和人民公社化运动实现农村领域的现代化。“大跃进”和人民公社化运动时期，党发动亿万农民以集体的强大力量创造了良好完善的水利基础设施条件。国内工业经济的发展，不仅为其他领域的发展提供了工业技术，创建了现实基础，而且为确保国家军事安全创下了有利条件。

改革后 30 年为继续实现民族复兴而奋斗。邓小平同志说过，我们把毛泽东同志等第一代领导人没有做完的事继续做完，把没做好的事做好，把做错了的事改正过来。邓小平同志这段话清楚地表明了改革前 30 年与改革后 30 年一脉相承的内在关系。改革前 30 年与改革后 30 年就是民族复兴接力棒的代代相传。改革开放后，中国共产党在前 30 年的基础上继续肩负探索振兴民族的历史重任，以经济建设为中心，不断深化改革开放，提出了“三步走”的建设方案，使国内经济水平迅速提升，老百姓不仅解决了温饱问题，还继续向小康社会迈进。国内经济的迅速发展，为我国军事发展创造了良好条件。国内军事力量日益壮大，为新形势复杂条件下确保国家安全提供了强大保障。实践证明，如果没有强大的国防力量和军事保障，不仅国内统一大业无法完成，而且容易在各种势力干扰下走向社会动荡。改革开放以来，由于国内政治体制的不完善，尤其是封建传统思想文化的根深蒂固，政治领域出现了一系列腐败现象，经济领域的收入差距也引起了人们的关注。经济领域的差距必须继续通过改革发展及完善经济分配体制来加以消除，必须在发展的进程中加以解决，而不能因噎废食，否定或放弃改革开放的发展道路。必须完善国内政治体制以有效扼制和刹住腐败之风，中央反腐决心让人们日益看清腐败不是中国共产党的不治之症，保持一个清正、廉洁、先进的中国共产党是从毛泽东同志到现在的中国共产党领导人的历史夙愿。

## 三、必须理解：两个30年是承上启下、一脉相承的30年

两个30年是承上启下、一脉相承的历史。新中国成立以来的历史就是一部马克思主义思想指导下民族复兴的历史。历史总是在曲折中为自身开辟前进的道路。任何民族历史都是一个曲折发展的动态过程，在发展过程中必然有顺利，有挫折。习近平同志指出，我们实现中国梦比任何时候都要近，中华民族伟大复兴呈现光明前景。两个30年是承上启下的30年，是一脉相承的30年。没有毛泽东同志等第一代领导人的艰苦奋斗，我们就失去了民族复兴的基本前提；没有邓小平等第二代领导人的拨乱反正和继续深化改革，我们就不可能开辟社会主义建设新局面；没有邓小平之后各届领导人的继续努力，我们就不可能距离实现中国梦如此之近。把改革前30年与改革后30年对立起来的做法，往往是忽视了两个30年间的发展联系，忽视了历史发展的继承性与创新性间的内在关联。

必须运用辩证法来解读中国社会主义建设历程。一部新中国的成长史，就是一部中国共产党率领中国人民不断奋斗的历史，是一部不断实现民族复兴的历史。社会主义建设事业不是一项静态的、按设计好的图纸按部就班施工的项目。

不改革开放，就会丧失吸取世界先进文明成果的重要契机；实行改革开放，又会面临各种思潮的影响冲击，会面临社会结构调整带来的各种利益冲突，会给国内政治社会等领域带来各式各样的新挑战、新问题。新中国成立以来，中国共产党的历史地位发生了深刻变化，由一个为夺取全国政权奋斗的党转变为长期执政的党，由一个在计划经济条件下从事社会主义建设的党转变为在市场经济条件下从事社会主义建设的党，由一个封闭条件下进行社会主义建设的党转变为改革开放条件下进行社会主义建设的党。党面临越来越多、越来越严峻的考验，党的执政能力、处理市场经济的能力、治理社会的能力日益受到挑战。辩证法认为，事物是不断发展变化的，事物的发展变化源于事物内部的矛盾运动。国家必须妥善地处理好各类矛盾，使社会发展不断取得新进步。

必须清醒认识社会主义建设发展道路的艰巨性与长期性。社会主义从理论到实践是一项逐渐展开的历史工程，它受到一个国家的经济发展水平、政治文化状况、公民思想素质等种种具体因素的制约。当前，中国处于社会主义初级阶段，并且表现出初级阶段的一系列固有矛盾。这些矛盾问题并不是短期内就可以解决的，它需要长期的历史发展才能逐步消除。西方国家的经济社会成就也并不是短期内能完成的，而是工业革命以及西方历史上的思想启蒙和人文主义长期发展的结果。因而，对中国当前社会问题的分析，不能仅仅局限于短期性分析，而应该从中国长期历史文化发展加以解读。无论是改革前 30 年，还是改革后 30 年出现的种种问题，都是社会主义初级阶段的不成熟表现。

# 中国的改革开放走的是社会主义道路，不是资本主义道路

杭州师范大学　周红锵

很多年前，有一幅漫画，讲述中国、美国的领导人在国家发展道路上的选择，美国总统毫不犹豫地选择了竖着“资本主义”牌子的那条道路，而中国的领导人则是犹豫了一会，把“资本主义”的牌子换成了“社会主义”的牌子，也朝资本主义的路上走了。明眼人一看就知道，这幅漫画是在讽刺中国的改革开放道路——“挂着社会主义的招牌，行着资本主义的实质”。那么，事实真的如此吗？中国的改革开放走的究竟是社会主义道路还是资本主义道路？

经济基础决定上层建筑，政治是经济的最高体现，同时又反作用于经济基础，这是大家都熟知的马克思主义的理论常识。在经济领域，是以公有制为主体还是以私有制为主体，这是决定一个社会制度的性质和发展方向的问题。劳动成果的分配是否指向全社会共同富裕，这也是测试一个社会制度性质优劣的主要问题。公有制经济是社会主义的根本经济特征。过去我们对公有制经济一直有一种偏见，认为既然是公有制经济，那么公有化的程度越高就越好，社会主义的经济成分越纯就越好，即“一大二公三纯”。但是，随着改革开放的深入发展，社会主义经济中除了国有经济、集体经济以外，还出现

了混合所有制经济、个体经济、私营经济等。因此，有些人就认为公有制经济不再纯粹，不再是经济领域中的主体，改革开放使得社会主义经济失去了本来的意义，远离了马克思主义。

那么，社会主义社会要不要发展经济？社会主义社会怎么样来发展经济？社会主义社会发展经济的目的是什么？改革开放给社会主义社会带来了什么样的好处？

第一，发展经济是不是就是搞资本主义？资本主义要发展经济，社会主义也要发展经济。

1991年邓小平同志提出："我们搞改革开放，……没有丢马克思，……问题是要把什么叫社会主义搞清楚……"1992年初的南方谈话中，邓小平同志对社会主义的本质做了清晰的阐述："社会主义的本质，是解放生产力，发展生产力，消灭剥削，消除两极分化，最终达到共同富裕。"邓小平同志对社会主义本质做出的概括，一方面强调必须集中力量解放发展生产力，另一方面指出了解放和发展生产力的手段和目的。这一概括既坚持了马克思主义的科学社会主义，同时又赋予了社会主义以新的含义和时代内容。马克思告诉我们，人的首要任务是生存，在生存的基础上，我们才能够创造物质文明和精神文明。人要生存，总得进行经济活动，比如吃、穿、住、行等，所以不管是在资本主义社会还是社会主义社会，甚或共产主义社会，经济活动都是人类的一项基本活动。

天上不会掉馅饼，外国也不会送钱给我们，经济的发展还是需要依靠我们自身。随着社会的飞速发展，人们对于物质文化的需求越来越高，对于物质文化的需求内容也随社会的发展而出现了深刻的变化。如何满足人们日益增长的物质文化需求，是摆在我们面前的一个大问题。邓小平同志也曾讲过“贫穷不是社会主义”，要解决十几亿人的吃穿住行问题，发展是必然的命题。十八届三中全会的决议中也再次强调“发展是解决所有问题的关键”。

第二，社会主义社会如何发展经济？混合所有制经济是不是社会主义社会经济发展的实现方式？

公有制经济是社会主义社会的基本特征，是社会主义社会的经济基础。所谓的公有制经济，是指国有经济、集体经济以及混合所有制经济中的国有成分和集体成分。国有经济即社会主义全民所有制经济，是指由社会全体成员共同占有生产资料的公有制经济形式；集体经济是指由部分劳动群众共同占有生产资料的一种社会主义公有制形式。经过多年的改革开放，我国的所有制结构已经发生了巨大的变化。随着资产的流动和重组，出现了各种混合所有制经济，例如股份有限公司，跨所有制组建的企业和企业集团，中外合资经营企业，中外合作经营企业等，在国民经济中已占有一定比重，成为社会主义市场经济的重要组成部分，其中的国有成分和集体成分的资本和权益归国家和集体所有，当然属于公有制经济。

公有制是就所有制的性质而言的，生产资料由国家占有和劳动群众集体占有，是从社会宏观角度对生产资料占有形式进行界定，也就是说，生产资料是属于谁的。但是公有财产如何实现保值增值，采用何种具体的经营方式，也即公有制的实现形式，则是可以多种多样的。从法律意义上来说，即所有权可以与经营权相分离。所有权是民法上的一个概念，它包括占有权、使用权、收益权和处分权四个方面的权能，其中的处分权是核心权能，而且所有权可以与这四个权能相分离。在现代企业制度中，股份制是实现所有权和经营权相分离的最好的方式。股份制仅仅是促进生产力发展的实现形式，而生产资料究竟是属于公有还是私有，则要看生产资料的所有权最终掌握在谁的手里。所以说，股份制并不是区分公有制与私有制的标准，混合所有制经济的发展也不能判断为公有制主体地位的丧失。相反，如果混合所有制企业的控制主体是国家，那么，国有经济就可以采取“四两拨千斤”的方式，以少量的国有资产操作大量的社会资产，控制其他经济形式不偏离于整体社会经济目标，保证国民经济持续快速健康发展。同时，混合所有制经济可真正实现政企的分离，也即所有权和经营权的分离。

在原来单一国有制的情况下，企业的资本所有权归国家，资本的各种权利和职能都由国家一个主体承担和执行，作为国有企业唯一的投资主体和收益主体的政府，从常理出发，也会对自己的投资特别关心，因此干预企业的生产经营就是常事。另一方面，企业靠在政府身上也有诸多便利，如企业自己无法解决的事情，政府一出面，就能顺顺当当地得到妥善处理；企业亏损，也不用自己承担责任，反正有政府帮助筹集贷款和救济职工。在这种情况下，企业也乐于躺在政府的怀抱里吃安逸饭，长此以往，企业就会失去进取的活力。混合所有制经济的出现打破了原先的利益格局，企业的资产由多个所有者投资形成，企业成为各种不同经济利益的代表，不同经济利益主体之间可以相互协商、相互制衡，在企业的经营和发展问题上不可能再由政府说了算。国家仅仅是所有者之一。国家虽然对所投资产有最终所有权，但不能直接经营，企业的人财物、产供销不再由政府行政机关统一安排，而必须由企业根据自身的实际和市场需要自主决策。企业完全摆脱了各级政府的庇护与干预，以市场主体的身份参与到平等的竞争中。这样一来，企业可以不再受政府的操纵，同时企业也不能再依赖政府，在混合所有制基础上政企分开变成现实。

在混合所有制情况下，生产力也可以得到长足发展。企业成为独立自主的市场主体，一方面与其他市场主体进行平等竞争，另一方面必须为股东利益最大化负责。因此，在外部竞争和内部利益的双重驱使下，国有企业必须谨慎对待投资，重视对资本的高效使用，不断促进科技的进步，以科技进步来进一步带动生产力的发展。

通过所有制改革，我国公有制经济的总体实力不但没有削弱，而且公有制经济的主体地位更加巩固，国有企业活力和竞争力大幅提高，国有经济牢牢掌握着国民经济的命脉。1978 年全国国有企业资产总额为 0.72 万亿元，到 2007 年，达到 35.5 万亿元。在石油石化、航空航天、电力、电信、交通运输、国防工业、重要资源开发、重大装备制造等关系国家安全和国民经济命脉的重要行业和关键领域，国有资产总量不断增加，控制力进一步增强，一大批极富活力的国有和国有控股企业脱颖而出。在美国《财富》杂志公布的 2008 年世界 500 强企业中，我国内地国有或国有控股企业占了 26 家，其中不乏处于完全竞争性领域的企业，如中国远洋运输（集团）公司、中国五矿集团公司、中国建筑工程总公司、中国中铁股份有限公司、中国铁建股份有限公司等。

第三,社会主义社会经济发展的目的是什么?是为了民生、为了共同富裕还是为少数人服务?

一个社会经济发展的劳动成果的分配是否指向全社会的共同富裕,这是测试一个社会制度性质的主要问题。早在1992年,邓小平同志就对社会主义的本质做了清晰的阐述:"社会主义的本质,是解放生产力,发展生产力,消灭剥削,消除两极分化,最终达到共同富裕。"当然,达到共同富裕是一个动态的发展过程。

为实现共同富裕这个目标,历届党代会都会对共同富裕的路线图有一个清晰的、务实的安排,都会根据经济社会发展的需要制定阶段性的目标。如1987年党的十三大制定了"三步走"战略,1997年党的十五大制定了"新三步走"战略。"三步走"战略中的第一步,即实现国民生产总值比1980年翻一番,解决全国人民的温饱问题,这在20世纪80年代末已基本实现;第二步目标,即到20世纪末国民生产总值比1980年翻两番,这也已在1995年提前完成。"新三步走"战略是对"三步走"战略中的第三步目标的进一步具体化,即21世纪第一个10年实现国民生产总值比2000年翻一番,使人民的小康生活更加宽裕,形成比较完善的社会主义市场经济体制;再经过10年的努力,到建党100周年时,使国民经济更加发展,各项制度更加完善;到21世纪中叶新中国成立100周年时,基本实现现代化,建成富强民主文明的社会主义国家。党的十六大进一步提出全面建设小康社会的宏伟目标。党的十七大适应国内外形势的新变化,顺应各族人民过上更好生活的新期待,把握经济社会发展趋势和规律,提出了全面建设小康社会的新要求，强调确保到2020年实现全面建成小康社会的奋斗目标。党的十八大对全面建设小康社会目标进行了充实和完善，进一步提出全面建成小康社会的目标和新要求，即到2020年"实现国内生产总值和城乡居民人均收入比2010年翻一番"。为千方百计增加居民收入，首次明确提出居民收入倍增目标，即"两个同步"：居民收入增长和经济发展同步，劳动报酬增长和劳动生产率提高同步。

在社会主义社会经济发展进程中，党中央坚定不移地走共同富裕道路，始终坚持民生优先，把保障和改善民生作为一切工作的出发点和落脚点。在共同富裕目标的指引下，老百姓的生活水平大幅提高，品质生活丰富多彩。比如我们结婚的三大件，从20世纪六七十年代的自行车、缝纫机、手表到八九十年代的彩电、冰箱、洗衣机，现在已变成住房、汽车和电脑。国家统计局《从十六大到十八大经济社会发展成就系列报告》公布的数据显示，从城镇居民人均可支配收入和主要耐用消费品拥有量的统计数据来看，2011年比2002年都有了大幅增长。2011年，城镇居民人均可支配收入21810元，比2002年增长1.8倍，扣除价格因素，年均实际增长9.2%；农村居民人均纯收入6977元，比2002年增长1.8倍，扣除价格因素，年均实际增长8.1%。城乡居民收入年均增速超过1979—2011年7.4%的年均增速，是历史上增长最快的时期之一。其中，2010、2011年农村居民收入增速连续两年快于城镇，城乡居民收入差距有所缩小。主要耐用消费品拥有量大幅增长。到2011年底，城镇居民家庭平均每百户拥有家用汽车18.6辆，比2002年底增加17.7辆；拥有移动电话205.3

部,增长 2.3 倍;拥有家用电脑 81.9 台,增长 3.0 倍。农村居民家庭平均每百户拥有电冰箱 61.5 台,增长 3.1 倍;拥有空调机 22.6 台,增长 8.9 倍;拥有移动电话 179.7 部,增长 12.1 倍。从社会保障体系来看,已经初步形成了以社会保险为主体,包括社会救助、社会福利、优抚安置、住房保障和社会慈善事业在内的社会保障制度框架。2011 年末,全国城镇职工基本养老、城镇基本医疗、失业、工伤、生育保险参保人数分别达到 28391 万、47343 万、14317 万、17696 万、13892 万。建立新型农村社会养老保险制度并开展试点,2011 年末全国列入国家新型农村社会养老保险试点地区参保人数 3.3 亿。城镇居民社会养老保险试点开始启动。全民医保体系初步形成,13 亿城乡居民参保,其中新型农村合作医疗制度从无到有,从有到好。最低生活保障制度实现全覆盖,城乡社会救助体系基本建立。2011 年末,2277 万城市居民得到政府最低生活保障,5306 万农村居民得到政府最低生活保障,分别比 2002 年增加 212 万和 4898 万。

在实行资本主义制度的美国,政府长期实施的有利于富人、不利于穷人的政策措施,导致不断加大社会收入分配的两极分化。20 世纪 70 年代以来,美国收入分配两极分化逐渐显现,到 90 年代,收入的两极分化更加剧烈。有数据表明:在此期间,“美国总收入的 40%以上现在集中在 10%收入最高的人手中。1999 年收入最高的 5%家庭的平均收入是收入最低的 20%家庭的 19 倍。而 1979 年时只有 11 倍多一点。最富裕的 1%家庭,如今拥有包括住房和金融投资在内的总资产的 40%,高于 1929 年以来的任何年份”。

自 2008 年爆发全球金融危机以来,美国的饥饿贫困人口大幅度增长,500 多万个家庭失去了住宅,但是美国政府依然忽视民众,却斥巨资忙着挽救华尔街。美国是共和党和民主党轮换执政,尽管两党政治倾向在一定时期内有所不同,但是它们的目标是一致的,即维护大资产阶级和垄断集团的利益。

回到本文开篇谈到的漫画,中国的改革开放究竟走的是哪条路?毫无疑问,中国的改革开放之路走的是社会主义的康庄大道,因为中国的改革开放不曾改变公有制为主体的基本经济制度,中国的改革开放始终坚持民生优先,始终朝向共同富裕的目标。

# 必须充分认识以问题来否定改革开放成就的危害性

浙江商业职业技术学院　杨　柳

## 一、如何正确看待改革开放中出现的问题

党的十一届三中全会以来,我国的改革开放取得了举世瞩目的成就。经过30余年的高速发展,中国的综合国力有了很大的提升,人民生活水平发生了翻天覆地的变化。但是,在经济和社会发展取得巨大进步的同时,改革和发展中积累的各种深层次的矛盾和问题也逐步凸显出来,比如贫富差距的显著拉大,腐败的泛滥,经济发展在追求速度的同时忽视了资源和环境的保护,造成生态环境的破坏等问题。这些问题有的是由于历史和自然条件积累下来的,有的是计划经济体制向市场经济体制转轨的过程中产生的,有的可能是当时人们认识的局限性以及改革不到位造成的。正如邓小平同志所讲:"改革没有万无一失的方案,……不犯错误不可能,要争取犯得小一点,遇到问题就及时调整。"对于改革开放中出现的这样那样的问题,怎么看待?是质疑改革开放的既定国策,看到改革中出现的问题就想倒退回去,还是以反思改革为名否定改革开放取得的成就。我想应该采取马克思唯物史观的态度,第一,勇于正视问题的存在,实事求是地解决问题,是什么

问题就解决什么问题,不掩盖问题也不夸大问题,不因有问题存在就否定改革的方向;第二,任何改革都不是一帆风顺的,改革开放的艰难复杂决定了矛盾和问题的必然存在,因此,只有继续深化改革才能解决这一系列问题。

举例来说,关于城乡之间、地区之间贫富差距问题。党内外部分干部和群众将贫富差距的不断扩大归因于改革开放,归因于社会主义市场经济,这种观点正确吗?实际上,贫富差距并不是我国独有的现象,它是一个全球性的问题,世界上任何一个国家都存在贫富差距的问题,只是程度不同而已。如何减少贫困、让低收入阶层从国家的发展中受益是各国政府不能回避的民生考验。应该看到,我国贫困人口从 2.5 亿缩减至 2000 多万,是了不起的成就,为减少世界贫困现象做出了巨大贡献。现阶段贫富差距的不断扩大是多重因素引起的,既有个人出生背景不同,也有自然条件、地理位置造成的地区发展不平衡和制度体制方面的原因。改革开放以来,过去计划时代平均主义大锅饭的格局被打破,按劳分配为主体、多种分配方式并存的基本分配制度确立,极大地调动了劳动者的积极性和主动性,但是劳动者之间的条件包括家庭背景和个人能力是不同的,所以在此分配制度下,劳动者创造的社会财富不可能均等分配,必然有差异产生。还有,市场在资源配置中起基础作用,能有效配置资源,增加财富,效率上去了,人们基本温饱问题解决了,但是社会公平问题又更加突出出来。当前我国贫富分化出现了恶化的趋势,居民收入的基尼系数接近国际警戒线,并且有持续升高的态势。这不仅引起党和政府的高度关注,也引发了普通民众的热议。党和政府已经采取了一些措施缩小贫富差距，促进社会公平正义。例如对低收入群体的社会扶持，增加对农业、农村和农民的政策扶持力度。农村是贫困人口的集中地，2006 年中央废除农业税，极大减轻了农民的税负负担。2008 年和 2012 年新型农村合作医疗制度和新型农村社会养老保险分别在全国实现全覆盖，改变了社会保障制度覆盖面窄的局面。2013 年，中央财政拨款 151 亿元对种粮农民进行直接补贴，保证种粮农民的利益。另外，在收入分配方面，改革收入分配制度，规范收入分配格局，保证初次分配起点和过程的公平。

又比如腐败的问题。近年来，腐败现象的滋生和蔓延引起广大人民群众的强烈不满。党员干部中的少数人利用人民赋予的管理社会的权力以权谋私，侵害人民群众的利益。他们利用市场经济体制中存在的一些政策、法律和法规方面的漏洞，以及权力监管机制的不健全，趁机钻政策的空子，利用职权进入市场进行非法交易，权力寻租导致腐败。毋庸讳言，党员干部队伍中存在着腐败现象，但是，我们的党和国家从未停止过反腐败的斗争。可以说，改革开放是国家走向富强、人们生活逐步走向富裕的 30 年，也是反腐倡廉工作不断取得成效的 30 年。加大对权力监督力度和监督机制建设是遏制腐败产生的重要措施，为此，十一届三中全会后，中央决定重建中央纪律检查委员会，相继恢复和建立健全了人民检察院、纪检监察机关、司法检察机关、审计机关和专门的反贪污贿赂机构，使我国惩治贪污贿赂犯罪的工作步入专门化、正规化的轨道，形成了一套具有中国特色的反腐倡廉组织体系。在反腐倡廉的实践中，逐步形成了党委统一领导，党政齐抓共管，纪委组织协调，部门各负其责，依靠群众参与和支持的新时期反腐败领导体制和工作机制，从而保证我国的反腐倡廉工作30年来不断走向深入，不断取得新的胜利。2013年，中共中央对外颁布《建立健全惩治和预防腐败体系2013—2017年工作规划》，这一工作规划表明了党中央反腐败力度的进一步加大。改革开放以来，党中央查处了一大批大案要案，不管查出的腐败分子官位有多大，职位有多高，一经发现，绝不手软，扭转了不良的党风和政风，取得人民群众满意的进展和成效。因此，保障改革开放和现代化建设的顺利运行，必须完善权力监督制约机制，惩防并举。加强人大和政协对政府机关的监督，发挥人民群众的民主监督作用，树立纪检监察部门的监督权威，形成党内党外、上下联动的监督机制。

再比如环境和生态破坏较为严重的问题。和世界上许多国家一样，我国面临着国内和全球性的环境保护问题。如何平衡经济发展与生态环境之间的关系是所有国家面临的问题。改革开放以来，在GDP高度增长的同时，我国环境状况逐年恶化，在保证经济增长的同时如何避免发达国家曾走过的"先污染后治理"的老路，是摆在党和人民面前的巨大挑战。我国人口多，能源消耗大，探索出一条环境保护的新路子是我们的难题之一。近年来，国家加大了环境保护的投资力度，投资比例呈逐年上升趋势，同时，提出转变经济发展方式，改变过去高耗能高污染的粗放式经济发展的方式向集约型方向转变，关停一批高能耗、高电耗产业，促进产业结构转型升级，经济发展走集约化的道路，大力推进生态文明建设，提高民众的环境保护意识，为有效遏制环境的恶化做出了很大努力。

应当说，改革中出现问题是正常的，改革开放是在没有任何可以借鉴的前人经验的基础上完成的伟大创举，对改革中出现的问题矛盾要正确看待，客观评价，不能以问题来否定改革的方向和道路。

## 二、如何化解改革开放中出现的问题

改革开放并不能事先预想好可能遇到的问题，也不可能遇到困难一举解决。一个困难解决了，还会有新的困难产生，改革不是完成时而是进行时。受制于当时决策的认知水平和现实条件，改革开放需要在实践中不断地完善和丰富。改革开放中产生的问题说明仍然需要继续改革，改革开放本身是一个持续不断的完善的过程。

改革开放过程中出现的一些问题，比如贫富不均、社会保障制度不健全、国有资产流失等确实造成很多群众有不满情绪。针对改革开放的薄弱环节，我们应如何实事求是地分析问题、解决问题呢？目前社会上有两种具有代表性的态度，一种态度是怀念过去，选择倒退回改革开放之前的状态；另一种态度是勇往直前，继续推动改革开放，不断用深化改革的方式去解决改革开放中出现的问题。显然，前一种态度是回避问题，即出了问题就退回去不干了，这在战略上是错误的，这不仅使我们已经取得的改革成果前功尽弃，更会导致很多急需改革的领域搁浅。出了问题恰恰提醒我们只有进一步改革才能解决和改善这些问题，否定改革只有死路一条，改革是唯一的出路。改革开放不可能一帆风顺，不可能一开始就设计得天衣无缝，任何成功都是在不停地试错中完善，在解决问题中获取进步，改革开放也是如此。

首先，树立以改革来统领各项建设的共识。改革开放之后，我国建立了市场经济体制，随着市场化进程的逐步加深，产生了一系列的问题，比如收入分配差距过大，区域发展不平衡，环境与资源压力加大，经济对外依存度高等。例如收入差距的扩大致使一些人对改革的效率与公平产生了怀疑。改革极大地解放和发展了生产力，调动了人民生产的积极性，在追求效率的目标下，一部分人先富裕起来，收入差别使经济释放出巨大活力，但是效率上去了，公平问题又提了出来。效率主导下经济获得快速增长，与计划经济时代相比，我们生活都获得了极大的改善，但是收入问题依然存在，还要不要改革的疑问也出来了。我们改革之初在收入差别的标准上并没有一个共识，所以，当前关注公平是对的，但不能以收入差距否定过去的改革。

其次，解决改革开放中出现的问题的根本思路在于进一步深化改革。现在改革中出现的问题相当一部分并非改革本身造成，而是与改革不彻底有关。深化改革关键是制度创新和制度变革。比如我们国家经济增长主要靠投资和外需拉动，为什么？原因很简单，老百姓口袋里没钱，消费能力上不去，靠国内消费拉动是很难实现的。因此，改革收入分配制度十分重要。除了分配制度改革，还要在社会保障制度方面完善，还要有一系列社会改革配套，如户籍制度改革、土地制度改革等。

过去 30 年我们依靠改革取得巨大成就，未来依然要依靠改革来解决社会发展进程中出现的问题。十一届三中全会以来的实践充分证明，始终不渝地围绕改革开放推进经济建设、政治建设、文化建设和生态文明建设，针对改革中出现的问题，及时弥补现有体制制度设计上的不足，才能促进改革决策的科学性、改革措施的协调性，为推进改革开放服务。

## 三、否定改革开放之三大危险

### (一)危险一：偏离社会主义方向的危险

改革开放是社会主义制度的自我完善和自我发展。改革开放必须在坚持社会主义方向的前提下进行，否则，国家性质就会发生变化。近年来，一些错误思潮利用改革开放中存在的问题来干扰我国的改革开放。一种是新自由主义思潮，它否定公有制为主体的经济地位，打着改革国有企业的旗号，主张在经济领域全面实行私有化。按照此逻辑，当国家经济全部转化成私有制后，剥削阶级和被剥削阶级就会产生，极少数的人掌握着绝大多数的社会财富，不仅社会主义的性质发生变化，更有可能重新倒退回封建社会。根据马克思唯物史观，生产力决定生产关系，经济基础决定上层建筑，我国的生产关系基本上是适应生产力的，只是生产关系中不适应生产力的某些方面会阻碍生产力的发展，因此要改革这些不适应的地方，使生产关系适应生产力，从而促进生产力的发展。我们社会主义国家如果公有制不占主体地位，社会主义性质也就无法保证。所以，邓小平强调，社会主义建设和改革必须坚持生产资料公有制。另一种是民主社会主义思潮，主张全盘照搬西方的民主政治制度取代中国特色社会主义政治制度。这种思潮实质是否定人民民主专政制度，蓄意推翻社会主义制度，放弃无产阶级专政，将政权拱手让出，因此要警惕上述两种思潮带来的危害。

### （二）危险二：动摇党在改革开放中的核心领导地位

改革开放30多年来，我国实现了由贫困到温饱，再由温饱到小康的历史性跨越。尽管在社会转型期出现了很多问题，经济、政治、社会、文化等领域的制度还不够健全，但30多年的实践证明了改革开放的成就远远大于问题。新中国成立后我们在社会主义建设中走的弯路和世界社会主义运动的历史经验教训告诉我们，走封闭僵化的老路或走全盘西化的道路都是要否定社会主义基本制度，否定中国共产党的领导。改革开放的决策是中国共产党在认真总结新中国成立以来正反两方面经验的基础上做出的。党在十一届三中全会后做出了把国家的工作重心转移到经济建设上来，实行对内改革，对外开放，建立社会主义市场经济体制的决策，这一系列重大决策需要巨大的勇气和智慧，这是我们党解放思想的结果。因此，没有党的坚强领导，改革开放不可能走到今天，更不可能取得如此辉煌的成就。没有党的坚强领导，改革开放很可能会迷失方向，要么走回封闭僵化的老路上去，要么走到改旗易帜的邪路上去。在新的历史起点上全面深化改革，必须始终坚持党的领导，才能应对严峻的国内外环境和重大风险的挑战。党在改革开放和社会主义现代化建设中起核心领导作用，才能全面而持久地推进改革开放，才能破除制约经济发展、社会进步的各种体制机制障碍，才能确保全面深化改革的正确方向。

### (三)危险三:社会主义现代化建设陷入困境

在全球化和信息化迅猛发展的今天,世界各国的经济联系更加紧密,国际合作和分工不断加强,每一个国家的发展都离不开世界,生产领域的国际分工和协作不断加强,国际贸易往来不断扩大。在这样的国际形势下,封闭僵化、故步自封只能自绝于世界潮流。改革开放就是要广泛地寻求经济交流与合作,充分利用国外的市场、资金、技术来发展自己,实现中国的现代化。如果以改革开放中出现的许多困难和问题为理由退回计划经济时代的老路,只能限制自己的发展,甚至会中断中国现代化的道路,使改革开放前功尽弃。解决困难的根本途径就是对内改革,对外扩大开放,充分利用国内和国际市场,以改革促稳定,以开放促发展。历史的经验教训告诉我们,我们不能再关起门来搞建设、把自己孤立于世界潮流之外,重新回到落后挨打的时代。中国要实现现代化,必须要改革开放,吸收和借鉴世界各国的先进经验。减少自己探索的时间,节约人力物力少走弯路,加速国际交流与合作,更好更快地实现社会主义现代化,提高人民的生活水平,缩短与西方发达国家的差距。

事实雄辩地证明,改革开放是富国强民之路。我们必须继续坚持深化改革,扩大对外开放,坚定不移地走改革开放之路,才能取得社会主义现代化建设的胜利。

## 充分认识动摇中国特色社会主义理论体系指导地位的危害性

浙江工商大学　张　铤

中国特色社会主义理论体系是包括邓小平理论、“三个代表”重要思想以及科学发展观等重大战略思想在内的科学理论体系。中国特色社会主义理论体系紧紧围绕探索和回答什么是马克思主义、怎样对待马克思主义，什么是社会主义、怎样建设社会主义，建设什么样的党、怎样建设党，实现什么样的发展、怎样发展这四大基本问题。立足中国特色社会主义伟大实践，用一系列紧密联系、相互贯通的新思想、新观点、新判断，深化和丰富了对中国共产党执政规律、社会主义建设规律和人类文明发展规律的认识，赋予马克思主义崭新的内容和旺盛的生命力。

中国特色社会主义理论体系是马克思主义中国化的最新成果。这一理论体系坚持和发展了马克思列宁主义、毛泽东思想，凝聚了几代中国共产党人的不懈实践探索和理论智慧结晶。改革开放30多年来，中国特色社会主义理论体系展示出了强大的生命力和巨大的指导作用。可以说，中国特色社会主义理论体系就是中国特色社会主义的行动指南。历史与现实表明，在当代中国，坚持中国特色社会主义理论体系就是真正坚持马克思主义；坚持马克思主义在意识形态领域的指导地位就必须牢牢坚持中国特色社会主义理论体系。

当今世界，各种思想文化交流、交融、交锋日趋频繁，意识形态领域渗透与反渗透的斗争仍然尖锐和复杂。西方敌对势力总是想方设法要遏制我们，对我国进行意识形态的渗透，企图搞乱社会主义中国。在西方敌对势力意识形态宣传和渗透下，近年来，一些人不顾我国国情，无视中国改革开放30多年取得的伟大成就、成功经验和历史结论，鼓吹搞新自由主义、民主社会主义，宣扬所谓西方的“普世价值”，提出所谓的“指导思想的多元化”“淡化意识形态”等观点，其真正企图是要否定马克思主义的指导地位，否定中国特色社会主义理论体系的指导地位，以西方的思想和价值观念取代中国化的马克思主义。面对国际、国内种种挑战，我们必须始终牢牢掌握意识形态工作的领导权和主导权，始终不渝地坚持用中国特色社会主义理论体系武装全党、教育人民，坚持中国特色社会主义理论体系在意识形态领域的指导地位，“任尔东西南北风，咬定青山不放松”。我们要充分认识到改革开放进程中坚持中国特色社会主义理论体系指导地位的重大意义，看清一些人“质疑”改革开放、试图动摇中国特色社会主义理论体系指导地位的真实企图和巨大危害。

## 一、坚持中国特色社会主义理论体系指导地位是新形势下应对西方国家意识形态渗透和和平演变的需要，动摇中国特色社会主义理论体系指导地位将危及我国意识形态安全

从国际看，当今世界正处于大发展大变革时期，国际力量对比出现新态势，中国的国际地位和世界影响力日益增

强，这对我国产生了两个方面的影响。一方面，国际社会更加关注中国的发展道路和模式，各方对我国战略倚重和合作愿望加强，我国所承载的国际期待和国际责任加重；另一方面，西方敌对势力不甘心看到中国发展强大，因而不断利用国际舆论攻势对中国战略上围堵、安全上威胁、发展上牵制、思想文化上渗透。可以说，东西方意识形态领域斗争仍然十分尖锐和复杂，中国文化和意识形态安全面临新的挑战和考验。

我们要看到，西方敌对势力反共、反马克思主义、反社会主义的立场是从来都有的，这是由他们的阶级本性和国家本质决定的。他们总是认为资本主义意识形态和社会制度是最好的、最正确的，不能容忍与他们对立的意识形态和社会制度的存在。他们企图通过意识形态渗透，实施“西化”“分化”战略，以达到瓦解社会主义中国的目的，再现苏东剧变“历史惊人相似的一幕”。面对中国改革开放30多年取得的巨大发展成就，虽然西方一些敌对势力不得不承认“中国模式”具有的独特优越性，但由于政治立场和意识形态的偏见，他们不可能从根本上认同社会主义制度，美国部分战略界人士甚至宣扬：“中国模式是对美国的意识形态的威胁。”因此，我们必须看到资本主义和社会主义两种社会制度之间渗透与反渗透、演变与反演变、颠覆与反颠覆的斗争的长期性和艰巨性。我们绝不能丢弃马克思主义意识形态建设理论和阶级分析方法，绝不能动摇中国特色社会主义理论体系指导，只有用中国化的马克思主义——中国特色社会主义理论体系的理论武装和方法才能在严峻的国际斗争中保持不败之地，有力捍卫我国意识形态安全。

### 二、坚持中国特色社会主义理论体系指导地位是新时期应对国内社会思想多元、多样、多变发展和挑战的需要，动摇中国特色社会主义理论体系指导地位将危及我国社会主义主流意识形态建设

当前，我国意识形态建设总体态势是好的，主流是健康向上的。近年来，中国共产党团结和带领各族人民攻坚克难，战胜了历史罕见的汶川大地震、青海玉树大地震等特大自然灾害，冷静应对国际金融危机的冲击，成功举办北京奥运会、北京残奥会、上海世博会，隆重召开纪念改革开放30周年、庆祝新中国成立60周年、纪念中国共产党成立90周年等大会。近年来，我国经济、政治、文化、社会以及生态文明建设和党的建设都取得了显著成绩，马克思主义在意识形态领域的指导地位不断巩固，中国特色社会主义理论体系深入人心。但同时我们也要看到，随着改革开放的不断推进，社会结构的深刻变动，利益结构的深刻调整，社会思想和观念多元、多样、多变的发展特征也更加明显，各种非马克思主义的思想观念也有所滋生。一方面，新自由主义、民主社会主义、历史虚无主义和"普世价值"等社会思潮的传播，冲击着我国主流意识形态建设；另一方面，有些人因为改革开放过程中凸显的一些矛盾和问题而出现"质疑"改革开放的正确理论、路线、方针和政策的声音。以上这些，对我国改革开放伟大事业和社会主义主流意识形态建设产生不小的挑战，这就要求我们坚定不移地全面深入推进改革开放，更加重视社会主义主流意识形态建设，切实维护中国特色社会主义理论体系的指导地位，积极培

育和践行社会主义核心价值观，有效抵御各种错误思潮和观念的影响和侵蚀。

## 三、坚持中国特色社会主义理论体系指导地位是实现全面建成小康社会宏伟目标的需要，动摇中国特色社会主义理论体系指导地位将危及全面建成小康社会宏伟目标的实现

千百年来，小康社会是中国人民梦寐以求的社会理想。党的十八大在总结十六大和十七大以来全面建设小康社会成就的基础上，提出了全面建成小康社会的宏伟目标。从“全面建设小康社会”到“全面建成小康社会”，小康社会的建设目标从原先侧重经济发展深化为“五位一体”的发展目标，展现出党在小康社会建设规律认识上的不断深化。全面建成小康社会追求的是集经济价值、政治价值、文化价值、社会价值和生态价值于一体的整体价值，体现了科学发展的诉求。全面建成小康社会是一项伟大而又艰辛的事业，也是一项系统工程，既需要以更丰厚的物质创造作为基础，也需要强大的文化精神提供支撑。文化既是凝聚人心的精神纽带，也是民生幸福的重要衡量标准。意识形态是文化的灵魂，文化建设的实质是意识形态建设。坚持中国特色社会主义理论体系指导地位，积极培育和践行社会主义核心价值观是当代中国文化建设的题中之义。可以说，是否能坚持中国特色社会主义理论体系指导地位，关乎中国特色社会主义文化建设的成效，关乎全面建成小康社会宏伟目标的实现。

**四、坚持中国特色社会主义理论体系指导地位是实现构建社会主义和谐社会战略任务的需要，动摇中国特色社会主义理论体系指导地位将危及构建社会主义和谐社会战略任务的实现**

社会主义和谐社会是马克思主义政党孜孜以求的社会理想。党的十六大报告首次将“社会更加和谐”作为重要目标提出。随后，中共十六届四中全会明确提出“构建社会主义和谐社会”的重要任务。社会主义和谐社会应具备民主政治、公平正义、诚信友爱、充满活力、安定有序、人与自然和谐相处等六大基本特征。构建社会主义和谐社会这一重大战略思想和战略部署的提出，是我们党对我国社会所处的历史方位的深刻把握，是对最高社会理想与现阶段纲领的统一的深刻把握，是对马克思主义理论的丰富和发展。构建社会主义和谐社会这一重要任务深刻诠释了人与人、人与自然、人与社会的关系，蕴含着普遍认同的价值导向。构建社会主义和谐社会，需要对人们的思想观念进行积极有效的引导。因此，加强意识形态建设是构建社会主义和谐社会的应有之义。我们要坚持中国特色社会主义理论体系在意识形态领域的指导地位，大力推动社会主义和谐文化建设，坚决批判和抵制各种有害社会和谐的错误思潮和观点。如果动摇中国特色社会主义理论体系指导地位，各种错误思潮和观点必然泛滥，必将影响国家和社会安全稳定，也将危及构建社会主义和谐社会战略任务的实现。

### 五、坚持中国特色社会主义理论体系指导地位是实现中华民族伟大复兴的中国梦的需要，动摇中国特色社会主义理论体系指导地位将危及中华民族伟大复兴的中国梦的实现

党的十八大以来,以习近平同志为总书记的党中央,高举中国特色社会主义伟大旗帜,把握时代潮流,立足中国国情,顺应人民期待,创造性地提出中国梦这一重大战略思想。那么,中国梦和中国特色社会主义理论体系有着怎样的内在关联呢？一方面,中国梦是对中国特色社会主义理论体系的深化和丰富,是中国特色社会主义的精彩表达和生动展现。中国梦蕴含着丰富的科学内涵,是中国特色社会主义重大思想理论成果,为坚持和发展中国特色社会主义注入强大正能量。另一方面,中国特色社会主义理论体系为实现中国梦提供科学的理论指导和正确的实践导航。中国梦是追求国家富强、民族振兴、人民幸福之梦,在中国巨轮逐梦的征途上,我们需要科学理论的指导,才不至于偏离航向,走弯路、走错路。中国特色社会主义理论体系对新时期中国面临的重大实际问题做出了解答和部署,对当前和今后的实践有很强的指导意义。坚持中国特色社会主义理论体系指导地位,将为中华民族伟大复兴的中国梦的实现注入强大动力,为中国特色社会主义伟大实践保驾护航。

党的十八大报告强调指出:“牢牢掌握意识形态工作领导权和主导权,坚持正确导向,提高引导能力,壮大主流思想舆论。”习近平总书记深刻指出:“意识形态工作是党的一项极端重要的工作。”在任何社会,意识形态领域的主导思想都是由

其起主导作用的经济基础决定的。马克思说:“统治阶级的思想在每一时代都是占统治地位的思想。”指导思想一元化,正是这一人类社会发展规律的反映。中国特色社会主义理论体系是中国化马克思主义的集中体现,是马克思主义中国化的最新成果,是反映人类发展规律,符合中国实际,且被实践充分检验的,作为我们的指导思想的科学真理。我们要牢牢坚持中国特色社会主义理论体系在意识形态领域的指导地位,为中国特色社会主义伟大实践提供科学指引和行动指南!

伍

## 坚定不移走改革开放之路

改革开放只有进行时没有完成时
不走老路、邪路,坚持走改革的正路
改革开放必须要有啃硬骨头的勇气
牢牢把握改革开放的基本方向

# 改革开放只有进行时没有完成时

浙江传媒学院　杨圣琼

2012年12月31日下午,中共中央政治局就坚定不移推进改革开放进行第二次集体学习时,习近平总书记强调:“改革开放是一项长期的、艰巨的、繁重的事业,必须一代又一代人接力干下去。改革开放只有进行时没有完成时。”习近平总书记的这一论述,高度概括了改革开放的巨大作用,深刻阐述了坚持改革开放对决定中国命运的重大意义,充分展示了以习近平为总书记的党中央的深谋远虑、责任担当和继续坚定不移推进改革开放的坚定信念,极大地鼓舞了全党和全国人民奋力推进中国特色社会主义事业的人心士气。站在历史的新起点,我们既要充分了解30多年来我国改革开放取得的举世瞩目的巨大成就,也要清醒认识我们党所处的历史方位,更要看清改革开放进程中存在的困难与挑战。改革开放只有进行时没有完成时。

## 一、决定当代中国命运的关键一招

一个国家能顺利实现快速繁荣,一定是找到了适合它发展的前进路径;一个社会能迅速实现历史巨变,一定会蕴含着它成功的内在“秘诀”。改革开放使一个具有5000多年历史的古老民族重新焕发出生机与活力,重新屹立于世界民族之林,成为决定当代中国命运的关键一招,也是实现“两个100年”奋斗目标和中华民族伟大复兴梦的关键一招。

这“一招”之所以关键,是因为改革开放是在党和国家面临向何处去的重大历史关头做出的关键抉择。1976年10月“四人帮”被粉碎。与此同时,世界经济快速发展,科技进步日新月异,国家建设百废待兴,真理标准讨论热潮涌起。国内外大势呼唤我们党尽快就关系党和国家前途命运的大政方针做出政治决断和战略抉择。在邓小平同志的领导和其他老一辈革命家的支持下,党的十一届三中全会回应了历史的召唤、听取了人民的呼声,做出把党和国家工作中心转移到经济建设上来、实行改革开放的历史性决策,使中国踏上了社会主义现代化建设的新的伟大征程。

这“一招”之所以关键,是因为改革开放是党在新的时代条件下带领人民进行的“第二次革命”。如果说我国的第一次革命是通过取得新民主主义革命的胜利和完成社会主义改造,改变旧社会的基本制度,建立社会主义基本制度,那么,“第二次革命”就是要通过改革开放解放和发展社会生产力,实现国家现代化,让中国人民富裕起来,振兴伟大的中华民族;推动我国社会主义制度自我完善和发展,赋予社会主义新的生机活力,建设和发展中国特色社会主义;在引领当代中国发展进步中加强和改进党的建设,保持和发展党的先进性,确保党始终走在时代前列。这样的发展目标本来应该在1956年完成社会主义改造之后就逐步推进。但“大跃进”运动、十年“文革”的发生,严重影响了社会主义建设,把中国带到了崩溃的边缘,事实说明“旧的一套是不成功的”,中国的唯一出路只有改革。这正如邓小平同志所说:“改革的性质同过去的革命一样,也是为了扫除发展社会生产力的障碍。”而通过 30 多年改革开放的生动实践,中国走出了自新中国成立以来至 1978 年这一时期“运动式治理”的困局,开辟了中国特色社会主义道路,形成了中国特色社会主义理论体系,建立了中国特色社会主义制度,使中国发生了翻天覆地的变化,人民生活明显改善,综合国力显著增强,国际地位不断提高。

这“一招”之所以关键,是因为改革开放是推动当代中国发展进步的强大动力。经过 30 多年波澜壮阔的改革开放,我国成功实现了从高度集中的计划经济体制到充满活力的社会主义市场经济体制的伟大历史转折,实现了从封闭半封闭到全方位开放的伟大历史转折,实现了人类历史有记录以来经济增长速度最快、百姓生活水平提高最快的一个奇迹。1978 年,中国人均 GDP 低于印度,只有日本的 1/20,美国的 1/30,科技发展水平落后于发达国家 40 年左右,落后于韩国、巴西等发展中国家 20 年左右。那么,经过 30 多年的改革发展,我国经济增长速度以及中国经济占世界经济比重上升的速度远远超过英国工业革命之后的 80 年,日本明治维新以后的 35 年及“二战”结束之后的 35 年,德国统一后的 35 年,美国经济崛起的 35 年,苏联增长最快的 35 年,巴西、阿根廷等国家飞速增长的 35 年,以及新加坡、韩国经济起飞的 35 年。因此,可以说,中国过去 30 多年取得的成就是世界经济发展的奇迹,是一个落后的穷国在人类历史上以前所未有的速度迅速起飞的最佳实践。中国百姓过去 30 多年生活水平的提高,不仅远远超出了中国百姓自己的预期,而且也远远超过了西方人和其他发展中国家的民众几代人甚至几十代人的实际经历。

这“一招”之所以关键，是因为中国的改革开放为世界的繁荣发展做出了突出贡献。自1978年改革开放以来，中国经济以年均9.8%以上的速度增长，人民生活从温饱不足发展到总体小康，农村贫困人口从2.5亿多减少到2000多万，改变了占世界五分之一人口的贫穷落后面貌，拥有13亿人口的中国的发展和稳定，本身就是对人类的一大贡献；中国年均进口增速达到16.7%，中国经济对世界经济增长的贡献率超过10%，对国际贸易增长的贡献率超过12%，中国经济已经成为世界经济的重要组成部分，中国的发展促进了世界经济的繁荣；中国已经成为国际组织的重要成员，加入了100多个政府间国际组织，签署了300多个国际公约，积极参与国际和地区事务，认真履行相应的国际责任，在维护世界和平中发挥着重要作用；中国改革开放的成功，既为社会主义国家发展经济提供了经验，也为其他国家特别是发展中国家探索发展道路指明了方向，中国所走的“中国道路”、形成的“中国模式”，带给世界各国以强烈的震撼，亚洲、非洲、拉美乃至整个发展中世界的一些国家认真研究中国兴起的原因，并努力寻找能让“中国模式”在本国发生奇迹的路径。

实践证明，改革开放是决定当代中国命运的关键抉择，是发展中国特色社会主义、实现中华民族伟大复兴的必由之路，是推动当代中国发展进步的强大动力，是党和人民事业大踏步赶上时代的重要法宝。当代中国要快速发展、实现复兴，必须坚持改革开放。

## 二、党历史上的一次伟大觉醒

一个政党，只有明了自己的历史方位，才能与时俱进；只有汲取历史经验教训，才能获得新生。作为全心全意为人民服务的中国共产党，在总结中国社会主义建设正反两方面经验教训的基础上，做出改革开放的伟大抉择，并毫不动摇地坚持改革开放，成为党的历史上的一次伟大觉醒。

改革开放的实行是党和国家在面临向何处去的历史关头做出的重大决策，这是对国际国内境况的伟大觉醒。从国际情况看，世界范围内蓬勃兴起的新科技革命推动世界经济加速发展。西欧、北美、日本等发达国家相继进入了现代化的高级阶段，一些发展中国家如新加坡、韩国也跻身于新兴工业化国家或地区行列。新中国成立后长期被西方世界孤立、封锁，使我国脱离了世界发展潮流，也造成我国与西方发达国家、新兴工业化国家的差距越拉越大。从国内情况看，“文化大革命”的十年，党、国家和人民遭受严重挫折和损失，国民经济一度到了崩溃的边缘，中国面临着十分困难的局面。面对国际巨大压力和国内严峻困境，我们党深刻意识到了党和国家存在的巨大危机。邓小平清醒地指出：“如果现在再不实行改革，我们的现代化事业和社会主义事业就会被葬送。”于是党的十一届三中全会做出了改革开放的伟大决定，这标志着我们党重新确立了马克思主义的思想路线、政治路线、组织路线，标志着中国共产党人在新的时代条件下的伟大觉醒，显示了我们党顺应时代潮流和人民愿望，勇敢开辟建设社会主义新路的坚强决心。

改革开放的坚守是我们党对国际共产主义运动历史经验教训的伟大觉醒。20世纪80年代末90年代初，东欧剧变、苏联解体，国际共产主义运动进入低潮。东欧剧变、苏联解体的一个重要原因，是它们长期陷入苏联社会主义模式中，迟迟没有把改革提上日程，从而错过了改革与发展的大好时机，导致经济发展缓慢，同西欧国家的差距越拉越大；人民生活长期没有改善，怨声载道；社会主义民主政治建设停滞不前，自身执政地位动摇，最终丧失共产党政权，也给共产主义事业带来灭顶之灾。社会主义究竟将往何处去？会不会真的出现如美国学者弗兰西斯·福山所说的“历史的终结”？正当我国社会主义事业处于徘徊不前时，邓小平同志再次向全党全国人民发出振聋发聩的声音：“不坚持社会主义，不改革开放，不发展经济，不改善人民生活，只能是死路一条。”他以88岁的高龄，毅然到南方视察并发表讲话，开启了改革开放新的航程，稳固了中国朝市场化改革的大方向，奠定了中国崛起的大格局，推动我国社会主义事业继续高歌猛进。

改革开放的深化是我们党对自己肩负着带领人民实现中华民族伟大复兴这一历史使命的伟大觉醒。中国梦是中华民族近代以来最伟大的梦想。这个梦想，凝聚了几代中国人的夙愿，在不同的历史时期，具有不同的时代内涵，也呈现出不同的话语体系，从太平天国的“天国梦”到洋务派的“实业救国梦”，从维新派的“改良梦”到资产阶级革命派的“共和梦”，从新民主主义革命时期中国共产党的“独立解放梦”到新中国成立后的“中国梦”。不管这个梦想的思想内涵怎么升华，话语形式怎样转换，但精神内核不变，即实现中华民族伟大复兴。

而这个梦想只有在中国共产党领导下,通过革命、建设特别是30多年的改革开放才逐渐变成现实。这正如习近平总书记2012年11月29日参观“复兴之路”展览时指出的:“现在,我们比历史上任何时期都更接近中华民族伟大复兴的目标,比历史上任何时期都更有信心、有能力实现这个目标。”这是中国共产党人站在历史新起点的时代宣言,是对自己所处历史方位的清醒认识,充分彰显了我们党在思想理论上的新觉醒,对强国之路的新觉醒,对发展目标与历史使命的新觉醒,也充分说明改革开放是实现中国梦的必由之路。

回望改革开放30多年来我们党在重大历史关头、重要时间节点的伟大觉醒,充分体现了我们党推进改革开放的坚定决心、坚持改革开放不动摇的坚强意志和通过改革开放实现中国繁荣稳定而迈出的坚实步伐。办好中国的事情关键在党,改革开放必然会在党的领导下坚持不懈、一以贯之地推行下去。

## 三、只有改革开放才能跟上世界发展潮流

一个国家不进行对内改革,就难以实现发展;不进行对外开放,就难以实现繁荣。在当今这个经济全球化、政治多元化的时代,国际局势风云变幻,综合国力竞争空前激烈,国际博弈不断加剧,各国为获得较好的发展空间、有利的发展条件,都在以时不我待、只争朝夕的精神,高举改革的大旗,对内政外交做出重大调整,以期在全球化、信息化的浪潮中赢得先机、占据主动,避免被时代淘汰的命运。可以说,改革已成为当代各国最鲜明、最普遍的共识。

从资本主义国家来看，发轫于20世纪70年代末的英国撒切尔政府的一场声势浩大的公共服务改革运动，对欧美、东南亚国家产生了重要影响；在美国，从里根政府1981年2月推出的“经济复兴计划”到克林顿政府的“政府再造”，再到奥巴马政府的医疗改革，改革浪潮一波接一波；德国敏锐地抓住“时机之窗”，对国家发展模式进行与时俱进的调整；智利、俄罗斯等国，更是在艰苦的探索中不断寻找着最优的前进道路；巴西政府2009年开始实施“第一次改革运动”，快速地降低了贫困水平；印度、马来西亚特别是新加坡、韩国通过改革快速走上或实现现代化；阿拉伯世界为寻找大国力量平衡和适合自己的改革道路的诉求呈现上升趋势。与此形成鲜明对比的是，曾经处于世界领先地位的葡萄牙、意大利等国，因为改革发展迟滞拖了欧盟的后腿，则被讥讽为“PIIGS”即笨猪五国。

从社会主义国家来看，各国也都在推行改革开放政策。越南紧跟中国走上改革开放的道路，于1986年开始推动“革新开放”，经济社会发展取得明显成效；2006年，越南开始进行新一轮政治体制改革，特别是加入了世贸组织，意味着“越南进入了革新新阶段”；老挝也于1986年11月召开党的“四大”，开启改革开放新时期，2013年正式加入世贸组织；古巴在苏联解体之后，顶住国内外压力，于1993年开始逐步推行改革开放政策，虽然改革步伐缓慢，但他们已经在探索和尝试适合本国国情的道路和方法；朝鲜从20世纪90年代末开始，也对经济发展理论与政策进行了一些调整，先后提出了实利主义、建设社会主义强盛大国、重视科学技术、提倡新思考、改善经济管理模式等新的观点和主张，逐步推进改革。

30 多年的当代世界发展史表明，在这个全球竞速的改革时代，既有发达国家的自我革新，也有发展中国家的局部赶超，没有人甘于裹足不前、原地等待，改革并非我们中国的“专利”。我们只有站在全球坐标系中，才能更加清晰地感受世界奔跑的速度；只有坚持改革开放，才能避免历史上闭关锁国、盲目自大的历史悲剧。虽然我国的改革开放与资本主义国家的改革在性质、目标、路径、成效等方面都有本质的区别，同别的社会主义国家的改革相比，也有自己的鲜明特点，但面对当前激烈的国际竞争与翻腾的改革浪潮，中国的改革开放必须毫不动摇地坚持下去。

## 四、将改革开放进行到底

任何国家，在前进中不可能没有困难，关键是努力克服；在改革中不可能没有阻力，关键是排除万难。我国的改革开放在取得巨大成绩的同时，也积累了许多矛盾与问题；但这些困难与矛盾不能成为我们停止改革开放的借口。改革开放只有进行时没有完成时，我们必须坚定不移地将改革开放进行到底。

之所以要将改革进行到底，是因为改革开放中的矛盾只能用改革开放的办法来解决。确实，改革开放 30 多年来我们取得了举世瞩目的伟大成就，但这并不等于我们在改革开放过程中就没有困难和阻力。恰恰相反，通过改革开放，我们解决了一个又一个理论与实践的问题：我们厘清了关于真理标准问题大讨论、姓“社”姓“资”之争、姓“公”姓“私”之争和“改革开放成败”之争等四次理论论争的困惑，形成了中国特色社会主义理论体系；突破了计划经济模式以及政治、文化、社会等各种旧有体制机制的束缚，建立了中国特色社会主义制度；克服了资金不足、技术落后、资源贫乏等诸多困难，走出了中国特色社会主义道路；挫败了西方资本主义国家西化、分化和“和平演变”阴谋，成为维护世界和平与促进共同发展的重要一极……当前，我国改革进入攻坚期和深水区，面对的矛盾更多、困难更大，如果不进行改革开放，社会矛盾就会更加激化，改革开放已经取得的成果就会丧失，甚至会出现亡党亡国的危险。因此，只有高举改革开放的大旗，最大限度集中全党全社会的智慧，最大限度地调动一切积极因素，敢于啃硬骨头，敢于涉险滩，才能冲破思想观念的束缚，突破利益固化的藩篱，开辟中国特色社会主义新的天地。

之所以要将改革进行到底，是因为就改革开放本身来讲，改革依然是我国发展的最大红利。改革开放已使中国获得了最大红利，因为改革开放，同样的人口结构可以创造更多的社会财富，激发了“人口红利”；同样的社会主义制度能充分调动人民的积极性，实现经济发展、政治稳定、社会和谐、人民安康，创造了“政治红利”；也获得了和平友好的国际环境，实现了“和平红利”。虽然当前我国逐渐进入老龄化社会，旧有的人口红利慢慢消失，但我国培养了一大批高素质的优秀人才，只要改革开放真正到位，产业结构能够实现升级，新的“人才红利”就会显现，也会使我国在国际竞争中获得比较优势；虽然随着我国经济的发展，国际贸易摩擦难以避免，领土争端也时有发生，但世界和平与发展仍是时代主题，只要处理得当，“和平红利”同样能够维持。而环境污染严重、收入差距过大、社会矛盾突出等问题的出现，正是我国改革不到位的结果，只要我们深入贯彻落实党的十八届三中全会精神，全面深化改革，不断扩大开放，就能突破制约经济社会进一步发展的瓶颈，释放出巨大的改革红利，人民群众也就能得到更多的实惠。

之所以要将改革进行到底，是因为我们党的历史使命仍然没有实现。虽然经过30多年的改革开放，我们取得了伟大成就，但必须清醒认识到，我国仍处于并将长期处于社会主义初级阶段的基本国情没有变，人民日益增长的物质文化需要同落后的社会生产之间的矛盾这一社会主要矛盾没有变，我国是世界最大发展中国家的国际地位没有变。而要实现党的十八大提出的在中国共产党成立100年时全面建成小康社会、在新中国成立100年时建成富强民主文明和谐的社会主义现代化国家的奋斗目标，并完成祖国统一大业和实现中华民族伟大复兴的"中国梦"，还有很长一段路走，仍需要我们付出百倍的努力。中国特色社会主义建设发展的长期性、艰巨性、复杂性，决定了改革的长期性、艰巨性、复杂性，必然是一场只有进行时没有完成时的伟大变革。

总之，实践发展永无止境，解放思想永无止境，改革开放也永无止境，停顿和倒退没有出路，改革开放只有进行时没有完成时。我们必须按照党的十八届三中全会做出的"全面深化改革"的战略部署再出发，将改革进行到底！

# 不走老路、邪路，坚持走改革的正路

浙江海洋学院　贝静红

道路问题至关重要，举什么旗、走什么路的问题，是关系党和人民事业发展的根本问题，决定着党和国家的前途命运，关乎人民幸福。老路不会使中国富裕起来，邪路只能葬送社会主义，只有走正路——中国特色社会主义道路，才是中国唯一的选择。这条道路来之不易，它是在改革开放30多年的伟大实践中走出来的，是在中华人民共和国成立60多年的持续探索中走出来的，是在对近代以来170多年中华民族发展历程的深刻总结中走出来的，是在对中华民族5000多年悠久文明的传承中走出来的。

我们不走"封闭僵化的老路"。"封闭僵化的老路"指的是中国共产党领导中国之前，中国所走的半殖民地半封建的老路；指的是封建道路和国民党统治时期的资本主义道路。历届党和国家的领导核心对于"什么是马克思主义，如何对待马克思主义""什么是社会主义，怎样建设好社会主义""建设什么样的党，怎样建设党""实现什么样的发展，怎样科学发展"结合中国革命、建设的实际进行了持续的探索。1935年在遵义会议上，正是毛泽东运用大量的事实和对中国国情、中国革命调查研究做出正确判断的基础之上，摒弃拿来主义和本本主义，把马克思主义的基本原理与当时中国的实际相结合，形成了党的领导、武装斗争和统一战线的三大法宝，构建了实事求是、群众路线及独立自主的三大灵魂，推翻了帝国主义、封建主义和官僚资本主义三座大山，在半殖民地半封建的基础上建立了新中国。新中国成立初期，百废待兴，一穷二白，当时，毛泽东在谈到我国工业的情况时就指出：“现在我们能造什么？能造桌子椅子，能造茶碗茶壶，能种粮食，还能磨成面粉，还能造纸，但是，一辆汽车、一架飞机、一辆坦克、一辆拖拉机都不能造。”毛泽东掷地有声地提出了我们必须走社会主义道路，我国开始了从新民主主义到社会主义的转变，以毛泽东为主要代表的中国共产党人根据马克思列宁主义的基本原理，结合中国具体实际，创造性地开辟了一条适合中国特点的社会主义改造道路。通过“一化三改”的方式成功完成了生产资料私有制的社会主义改造，实现了中国最深刻最伟大的社会变革，标志着社会主义基本制度在中国的初步确立。

在我国社会主义改造基本完成，开始全面建设社会主义的时候，毛泽东就向全党提出，要探索马克思主义同中国实际的“第二次结合”，走出中国自己的社会主义建设道路。我们如何实现从“以苏为师”到“以苏为鉴”？新中国成立初期，“因为我们没有经验，在经济建设方面，我们只得照搬苏联”，“这在当时是完全必要的，同时又是一个缺点，缺乏创造性，缺乏独立自主有能力，这当然不应当是长久之计”，事实证明毛泽东的想法是完全正确的。从 1956 年到 1976 年 20 年间，毛泽东做了《论十大关系》《关于正确处理人民内部矛盾的问题》等的重要讲话，对社会主义建设进行了反复探索和不停实践。尽管在这一过程中，有收获也有曲折，甚至还出现了“一大二公”的理想主义和“跑步进入共产主义”的非理性举动，经历了“大跃进”和“文化大革命”的两次重大挫折，八大以后社会主义建设20多年的曲折发展也深刻警醒了全党，为我们逐步掌握建设社会主义的规律提供了宝贵的经验教训。正如后来邓小平指出的：“现在我们还是把毛泽东同志已经提出、但是没有做的事情做起来，把他反对错了的改正过来，把他没有做好的事情做好。今后相当长的时期，还是做这件事。当然，我们也有发展，而且还要继续发展。”社会主义建设道路它不是一帆风顺的，60多年来我们一以贯之，以饱满的精神状态奋发进取，战胜各种挑战，排除各种干扰，取得了今天这样的成就。1984年，邓小平同志曾就办好经济特区的情况到广东等地视察，一天散步时爬上中山市的罗三妹山，下山时，引路的同志建议原路返回。邓小平同志说了句意味深长的话：“向前走，我不走回头路。”寥寥数语，显示出他坚定推进改革开放的决心。回望100多年前的中国大地，封建统治风雨飘摇、大小官员颟顸懈怠，饱受内忧外患。自鸦片战争起，中国沦为半殖民地半封建社会，人民受尽了列强宰割、内乱频仍之苦。无数仁人志士为救亡图存上下求索，“实业救国”“科学救国”“教育救国”……历史证明这些道路都走不通。只要我们对比一下历史与现实就能明白，回到过去的老路上能有什么前途呢？还有谁愿意回到过去的老路上呢？60多年的实践告诉我们，绝不能开历史倒车，不能再走老路。所以我们坚决不走封闭僵化的老路。

我们也不走改旗易帜的邪路。改旗易帜的邪路主要是两个方面，一个是完全放弃社会主义的旗帜，走资本主义的路子；另一个是照搬现在一些西方自由社会民主党执政的发达国家所主张的民主社会主义道路。辛亥革命时期中国建立了三权分立的宪政制度，但是整个国家迅速四分五裂，天下大乱，这个深刻的历史教训我们必须永远牢记。胡锦涛在联合国成立60周年首脑会议上向世界宣示，“应尊重各国自主选择社会制度和发展道路的权利，推动各国根据本国国情实现振兴和发展；应以平等开放的精神维护文明多样性，加强不同文明对话和交流，协力构建各种文明兼容并蓄的和谐世界”，但是苏联解体还是给了我们深刻的启示。为什么一个有70多年历史的社会主义国家，一个曾与美国相抗衡的超级大国、一个有近2000万党员的大党“一夜之间”瓦解了？最根本的原因就是它背离了社会主义道路，走上了改旗易帜的邪路。改革开放之初，社会上出现了空前的思想活跃局面，但在纠正“左”的错误倾向时，也出现了一定程度的、可以说是极端的右的倾向，邓小平提出并反复论述和强调坚持四项基本原则的重要性，尤其是坚持社会主义道路和坚持党的领导的重要性，旗帜鲜明地反对资产阶级自由化。邓小平曾提出不争论，争论就是浪费时间。对于改革开放，看准了的，我们就要大胆地试，大胆地闯，杀出一条血路来。20世纪80年代末90年代初，苏联解体、东欧剧变，社会主义运动陷入了空前的低谷。中国道路的发展，到了一个十字路口，邓小平发表了著名的南方讲话，他指出：“中国只要不搞社会主义，不搞改革开放、发展经济，不逐步地改善人民生活，走任何一条路，都是死路。”当前，虽然世情、国情、党情继续发生深刻变化，我国发展中不平衡、不协调、不可持续问题依然突出；在国内，近年来随着改革的深入，人们对改革中的问题争论激烈、分歧很大，大到市场、政府与社会的关系，小到社保医保、异地高考的方案。但是各种不同的意见，诉求不同、角度不同，不能将这些具体的争论都上升到正路、邪路上去，也不能先入为主地判断谁对谁错、谁是谁非。胡锦涛提出“不动摇、不懈怠、不折腾”，党的十八大报告一锤定音提出“道路自信、理论自信、制度自信”，目的就是要终结个别西方模式迷信者的政治幻想，彻底了断他们的“戈尔巴乔夫梦”。实践经验告诉我们，改革开放中遇到的矛盾只能用深化改革的办法去化解，发展中出现的问题只能靠科学发展去解决。越是面对矛盾问题、风险考验，越要倍加珍惜、始终坚持，越要不断发展中国特色社会主义道路、中国特色社会主义理论体系、中国特色社会主义制度。只有始终高举中国特色社会主义旗帜，才能不为任何风险所惧，不为任何干扰所惑，始终沿着正确方向坚持不懈地把改革开放推向前进。实践是检验真理的唯一标准，中国特色社会主义道路经过了30多年实践的检验，还要在未来经受更多更长时间的检验。在国际上，中国道路与其他各种道路之间还要继续竞争。社会主义实践的历史还比较短，中国进行社会主义建设只有60多年，改革开放只有30多年。用邓小平20多年前的话说，“我们在本世纪还要用十几年时间，下世纪还要用三五十年时间，继续向人们证明，我们选择的道路是正确的”。实践永无止境，探索和创新也永无止境。中国必须适应国内外形势的新变化、顺应人民过上更好生活的新期待，结合自身实际，结合时代条件变化，不断探索和完善适合本国情况的发展道路。苏共亡党、苏联解体的原因确实非常复杂，但归根到底，就是苏共领导层的逐渐蜕变，从偏离、背离到背叛马克思主义，就是苏共自己一手摧毁了社会主义制度，背离了马克思主义旗帜，放弃了社会主义道路。因此，我们必须坚持四项基本原则，坚定不移地走中国特色社会主义道路。

我们要走中国特色社会主义道路。党的十八大报告对中国特色社会主义道路有权威的论述，即在中国共产党领导下，立足基本国情，以经济建设为中心，坚持四项基本原则，坚持改革开放，解放和发展社会生产力，建设社会主义市场经济、社会主义民主政治、社会主义先进文化、社会主义和谐社会、社会主义生态文明，促进人的全面发展，逐步实现全体人民共同富裕，建设富强民主文明和谐的社会主义现代化国家。回顾历史，百年来中国人民的艰辛探索，60 多年来社会主义建设的不平凡历程，30 多年来改革开放的伟大成就，让我们更加深切地认识到，中国特色社会主义道路来之不易。这条道路，延续并从根本上发展了近代以来无数仁人志士的期盼和追求，凝结着千千万万革命先烈的奋斗和牺牲，承载着一代又一代中国共产党人的理想和探索。我们要敢于和善于走自己的路，这是我们总结长期历史经验得出的基本结论。以毛泽东、邓小平、江泽民、胡锦涛、习近平为核心的领导人把马克思主义的基本原理与中国的革命、建设、改革实际相结合，坚定不移地走自己的路。坚持实事求是的思想路线，在每一个阶段，结合世情、国情、党情、民情，与时俱进地开展马克思主义中国化的自我完善和自我提高。解放思想、实事求是、与时俱进、求真务实，在传承中大胆创新，研究新情况，做出新判断，解决新问题，开展新实践，达到新水平，构建新体系，形成新理论，指导新实践，循环往复，呈螺旋上升的良好态势。1942年，毛泽东曾经在一次讲话中说过："我们要把马、恩、列、斯的方法用到中国来，在中国创造出一些新的东西。只有一般的理论，不用于中国的实际，打不得敌人。但如果把理论用到实际上去，用马克思主义的立场、方法来解决中国问题，创造些新的东西，这样就用得了。"1982年邓小平同志在党的十二大开幕词中提出："走自己的路，建设有中国特色社会主义。"2008年胡锦涛同志在纪念党的十一届三中全会召开30周年大会讲话中，在总结坚持党的基本路线的经验时深刻指出："我们要始终坚持党的基本路线不动摇，做到思想上坚信不疑、行动上坚定不移，绝不走封闭僵化的老路，也绝不走改旗易帜的邪路，而是坚定不移地走中国特色社会主义道路。"党的十八大报告也重申了这个鲜明提法"既不走封闭僵化的老路，也不走改旗易帜的邪路"。前30年，我们在大搞社会主义建设的过程中，实际上一直是坚持了改革开放的。我们实现了社会主义工业化，对农业、手工业和资本主义工商业通过不同的途径进行了不同程度的改造，这就是把马克思主义的基本原理与中国具体实际相结合的产物。在这么困难的时期，我们举全国之力，卫星上天了，长江大桥造起来了，通过开放，与亚非拉那么多国家建立了外交关系，周总理在万隆会议上阐述了和平共处五项基本原则并成为处理国际关系的基本准则，20世纪70年代初我们与日本、与美国建立了外交关系……1978年，邓小平在中央工作会议上做了《解放思想，实事求是，团结一致向前看》的报告，1992年南方讲话，提出了社会主义本质论；江泽民在党的十四大报告中指出"在社会主义的发展道路问题上，强调走自己的路，不把书本当教条，不照搬外国模式，以马克思主义为指导，以实践作为检验真理的唯一标准，解放思想，实事求是，尊重群众的首创精神，建设有中国特色的社会主义”，胡锦涛在总结改革开放30年经验的时候指出，归结起来就是举起了一面旗帜，开展了一条道路，形成了一个理论体系。这是我们党最宝贵的政治和精神财富，是把全国人民紧密团结在一起的共同思想基础，是我们克服前进道路上一切艰难险阻的主心骨。虽然改革开放不是一帆风顺的，也不是一蹴而就的，但改革开放是实现中华民族伟大复兴的关键一招。要坚持改革开放的正确方向，敢于啃硬骨头，敢于涉险滩，既勇于冲破思想观念的障碍，又勇于突破利益固化的藩篱。习近平指出道路问题是关系党的事业兴衰成败第一位的问题，道路就是党的生命。中国特色社会主义，是科学社会主义理论逻辑和中国社会发展历史逻辑的辩证统一，是根植于中国大地、反映中国人民意愿、适应中国和时代发展进步要求的科学社会主义，是全面建成小康社会，加快推进社会主义现代化，实现中华民族伟大复兴的必由之路。全党必须坚持以邓小平理论、“三个代表”重要思想、科学发展观为指导，毫不动摇地坚持和发展中国特色社会主义，坚持马克思主义的发展观点，坚持实践是检验真理的唯一标准，发挥历史的主动性和创造性，清醒认识世情、国情、党情的变和不变，永远要有逢山开路、遇河架桥的精神，锐意进取，大胆探索，敢于和善于分析、回答现实生活中和群众思想上迫切需要解决的问题，不断深化改革开放，不断有所发现、有所创造、有所前进，不断推进理论创新、实践创新、制度创新。

我们要善于走自己的路，在思想方法上要做到普遍性和特殊性的统一；我们要善于走自己的路，在基本立场上要做到独立自主和对外开放的统一；我们要善于走自己的路，在理论原则上要体现理论与实践具体的历史的统 。中国道路，头连接着国情，一头连接着梦想。道路承载着过去，也预示着未来。中国道路来之不易，它是在改革开放30多年的伟大实践中走出来的，是在中华人民共和国成立60多年的持续探索中走出来的，是在对近代以来发展历程的深刻总结中走出来的，是在对中华民族5000多年悠久文明的传承中走出来的。30多年间，中国在自己的道路上创造了奇迹：经济总量跃居世界第二，人民生活实现总体小康，国家面貌发生翻天覆地的变化，在世界舞台扮演着重要角色……历史是一条通道，现实由此而来。展望未来，中国道路是全面建成小康社会，加快推进社会主义现代化，实现中华民族伟大复兴的必由之路。中国道路反映了中国人的共同利益，也凝聚着中国人的共同理想和目标——中国梦。一条道路，从未如此清晰，指向民族复兴的光明愿景；一个梦想，从未如此真切，点亮十几亿人的美好希望。

中国历史是中国人民、中华民族坚持不懈的创业史和发展史。习近平指出，回顾党的历史可以清楚地看到，重视对历史的学习和对历史经验的总结与运用，善于从不断认识和把握历史规律中找到前进的正确方向和正确道路，这是我们党90多年来之所以能够领导中国革命、建设、改革不断取得胜利的一个重要原因。

中国之路，就是一条创新之路。

# 改革开放必须要有啃硬骨头的勇气

浙江旅游职业学院　胡洪彬

改革开放,作为党在新的时代条件下带领人民进行的新的伟大革命,是对党和国家发展具有划时代意义的伟大事业。这场历史上从未有过的大改革大开放,使中国民族的面貌发生了翻天覆地的变化。其意义之重大、影响之深远是不言而喻的。近年来,随着我国社会经济的发展和国际国内局势的不断演变,各领域发展所面临的内外环境也发生了根本性的改变,着力确保改革开放的基本国策在实践中得到进一步贯彻落实,已成为新时期党执政的重要任务,也是促进社会经济发展和全面建成小康社会的关键。当前,随着改革进入深水区,不可否认在我国多个领域的改革都面临着突破利益固化的障碍,同时,改革过程中观念误区、能力缺失等问题也一定程度地显现出来,面对这些问题,我们必须以全体人民的根本利益和社会经济的和谐发展为根本,树立高度的信心和勇气,义无反顾、坚定不移和循序渐进地推动各项改革,为推进国家各项事业坚定不移沿着中国特色社会主义道路前进和全面建成小康社会而奋斗。

## 一、推进改革开放是历史与现实的必然

坚持改革开放的基本国策,是发展中国特色社会主义、实

现中华民族伟大复兴的必经之路，其不仅是巩固党的执政根基和推进理论发展的必然要求，也是历史进步和现实发展的客观亟须。

推进改革开放是我党新时期以来一以贯之的执政理念。早在改革开放之初，邓小平同志就明确指出："社会主义阶段的最根本任务就是发展生产力，社会主义优越性归根到底要体现在它的生产力比资本主义发展得更快一些，更高一些。"而且"社会主义最大的优越性就是共同富裕"。在其一系列相关思想的指导下，党把改革开放作为新时期的一项重大国策。此后江泽民、胡锦涛分别从"建设什么样的党、怎样建设党"以及"中国需要什么样的发展和怎样发展"等一系列根本问题出发，进一步对推进改革和扩大开放进行了科学论述。以此为背景，中国十四大确立了社会主义市场经济体制的改革目标；十五大和十六大确立了邓小平理论的指导地位，并将全面建设小康社会视为奋斗目标；党的十七大报告将改革开放视为党在新的时代条件下带领人民进行的新的伟大革命，是发展中国特色社会主义的必由之路；党的十八大之后，习近平同志在全面建成小康社会的关键性阶段明确指出了进一步推进改革开放的重大任务，他指出："改革开放是当代中国发展进步的活力之源，是决定当代中国命运的关键一招，也是决定实现'两个 100 年'奋斗目标、实现中华民族伟大复兴的关键一招。"由此可见，改革开放是中国共产党在新时期的执政生涯中一以贯之的根本理念，也是中国共产党推进国家社会经济发展的重要经验，彰显了党的光辉传统，必须加以高度重视和深刻把握。

改革开放也是中国特色社会主义理论体系的实践根基。实践观点是马克思主义的基本观点，在整个马克思主义理论体系中居于基石地位。在《关于费尔巴哈的提纲》中，马克思就曾指出，“人的思维是否具有客观的真理性，这不是一个理论的问题，而是一个实践的问题”，“全部社会生活在本质上是实践的”。中国特色社会主义理论体系正是由中国共产党在长期改革与开放的发展实践中不断加以总结和提炼而形成的。中国特色的社会主义具有鲜明的中国特色和时代特色，是将马克思主义理论与中国实际相结合的科学结论。而这一实际，从根本上讲就是改革开放和社会主义现代化建设的伟大实践。十一届三中全会以来，中国共产党深刻地意识到要解决中国的问题，找到符合中国实际的正确的发展道路，不断解放和发展社会生产力，最终实现共同富裕，还是要靠我们自己的实践，要靠我们自己的探索。1978 年以来，遍布于中国大地上的改革，从农村到城市，从计划经济到社会主义市场经济，从建立经济特区到全方位对外开放，从发展个体私营经济到国企改制，这些都是中国人民的伟大创造。中国特色社会主义理论体系，正是在这些鲜活的实践基础之上形成和发展起来的。正是因为有了改革开放的实践创新，才推动了中国特色社会主义的理论创新，中国特色社会主义理论体系的价值取向中，内含着改革开放的基本理念。中国特色社会主义理论体系最深层的根据，就是我国改革开放和社会主义现代化建设这一伟大实践。

进一步推进改革开放更是党在新时期巩固党的执政根基的必然要求。当前，面对新世纪国际政治经济形势风云变幻和国内社会发展进入转型期的复杂背景，进一步推进改革开放不仅没有过时，而且更应该加以强化和执行。一方面，只有做到改革开放，才能提升党和政府的公信力。信任是公共生活的润滑剂和黏合剂，也是党和政府稳固执政的重要根基。诚如哈贝马斯所言："任何一种政治系统，如果它不具备合法性，那么它就不可能永久地保持住群众对它所特有的忠诚心。"坚持改革开放，对于党和政府而言，就是要更多地了解群众所需，重视群众呼声，真真切切地为群众办实事、办真事；对于人民群众而言，则意味着能够感受到党和政府执政为民的积极态度。因此，其必然有助于拉近政府与民众之间的心理差距，提高政府执政的信誉，增强政府对公民的号召力、凝聚力。另一方面，只有坚持改革开放，才能为构建社会主义和谐社会提供切实保障。实现社会的和谐发展是中国共产党当前的一项重大战略任务。据联合国开发计划署的数据显示，中国目前的基尼系数已达到了0.45，超过了国际公认0.4的警戒线。因此，构建社会主义和谐社会，必须把缩小贫富差距视为首要任务。改革要求各级党政领导部门必须基于执政为民的大局，把统筹城乡发展、区域发展、行业发展摆在首要位置，以达到缩小贫富差距、推进社会和谐发展的目标。

## 二、改革开放要有啃硬骨头的勇气

30多年的改革开放给中华民族带来了翻天覆地的变化，但随着改革进程中"容易的、皆大欢喜的改革已经完成"，改革触碰到的"硬骨头"就开始不断显现出来。随着当下我国改革逐渐进入攻坚期和深水区，改革在所难免地开始面临各类障碍，其中最重要的挑战莫过于利益固化带来的现实阻碍。我国改革开放30多年的发展，使得一些人成为改革的受益者和既得利益群体，这一群体范围广泛且实力强大，其中既有在传统体制下累积而成的既得利益群体，也有改革开放过程中逐渐形成的新兴利益群体，包括一些主导改革决策、推行改革措施的部门和人员等。在推动改革开放过程中他们扮演了重要角色，同时也积累了大量的政治资本、经济资本和社会资本等因素，他们一方面曾经或正在推动改革开放的伟大事业，但另一方面又阻挠着改革开放的进一步深化，可以说是改革开放伟大事业中的“两面派”。全面深化改革和扩大开放必将改变其原有的利益格局，诚如李克强总理所言：“触动利益往往比触及灵魂还难。”在此情况下，改革者如果没有“拿刀割肉”的信心和勇气，则对这些既得利益的改革必定成为全面深化改革和扩大开放的难点。

除了利益纠葛之外，改革开放事业能否顺利得以推进，从执政者的视角看同样也面临着一定的现实困境，其中最为突出的就是观念的束缚。观念是行动的先导，观念不对路，行动就会出现偏差，就会给改革与发展的转变带来难度。长期以来，经过全党同志的共同努力，党员干部的思想观念和作风状况得到不断改进，总体上是良好的。但同时也必须看到，长期以来形成的一些片面思想观念的惯性影响给当前我国的改革与开放发展带来了一定的难度。一方面，受片面政绩观的影响，一些地方官员把经济发展简单等同于GDP增长，而对社会民生等方面的发展却无足够动力，结果造成社会财富的极大浪费，并给社会经济的协调发展带来巨大不利。另一方面，部分领导干部对自身所拥有的权力还没有形成正确的看法，在实践中，因循守旧、脱离群众、好大喜功、弄虚作假、铺张浪费、追名逐利、以权谋私等问题在一定程度上还存在着，既损害了党群干群关系，也给改革事业的有效推进带来消极影响。因此，要推进改革开放事业，必须积极转变思想观念，凝聚改革共识，坚定信心和决心，毫不动摇地坚持改革方向，坚持用改革和发展的办法解决前进中的矛盾和问题。

能力不足也是其中重要根源。不断提高领导干部分析问题、解决问题的本领，着力破除其领导能力不足的障碍，是完善改革、扩大开放的关键环节。当前在社会转型期内，我国改革发展任务艰巨，无论是消除经济运行中的不健康因素，还是解决社会发展中的深层次矛盾，都需要各级领导干部有突出的领导能力和业务能力，以发挥其坚强的组织领导作用。新时期以来，经过各级党组织的共同努力，我国各级领导干部的综合素质得到显著提高，结构也不断走向优化。但同时，一些领导干部中依然存在着素质和能力与推进改革与发展的任务不相适应的情况，如有的创新能力不足，工作中循规蹈矩、按部就班；有的缺乏现代经济、科技、社会管理和法律等方面的知识，抓工作、谋发展力不从心；有的则不善于把工作中的经验教训和基层群众的鲜活实践升华为理性认识，面对新情况、新问题，缺少应对思路，提不出解决问题的办法，工作长期打不开局面，导致一些领域的改革没有取得重大的突破，可以说，这些问题如不加以解决，必然会给全面改革和开放的推进带来障碍。

此外还包括职能滞后的现实原因。政府是推进改革和扩大开放的掌舵者，自 1978 年以来，我国经过多次大规模的政府机构改革，但中央和地方政府的职能定位，以及政府与企业、政府与市场、政府与社会的关系依旧没有得到很好理顺，政府职能转变远未得到适应全面改革事业发展的现实需求，并在实践中暴露出一系列不尽如人意的问题：(1)政府失灵。由于体制缺失和管理方式的落后，政府机构重叠现象严重，导致一些政府部门该管的事没管好，不该管的却花费了不少力气，政府职能存在着“越位”“错位”和“缺位”的现象。(2)政府规模过度膨胀。虽经过多次机构精简，但依旧没有走出“精简—膨胀—再精简—再膨胀”的怪圈。政府若过度干预市场和企业的微观经济活动，热衷于兴办各种事业，以及过多地依靠行政手段进行管理，其结果是造成政府规模过于庞大和人浮于事。(3)权力寻租。职能定位的不明确，使得一些地方政府出于利益的驱动，在改革发展中宏观、微观一把抓，给一些不法政府官员的“权力寻租”和政治腐败滋生了土壤。

## 三、以啃硬骨头的勇气进一步推进改革开放

“制度是带有根本性和全局性的因素”，也是提升改革的信心和勇气的根本动力。深化改革开放，要做到敢于啃硬骨头，敢于涉险滩，既勇于冲破思想观念的障碍，又勇于突破利益固化的藩篱，执政党必须把完善相关的制度建构摆在当下工作的首位，为进一步推进改革开放提供强大的推进力量。

要重点完善惠及最大多数人民群众的经济发展制度。经济基础决定上层建筑，决定着党的执政理念的贯彻与执行，推进改革开放，执政者必须在推进社会经济水平不断提升的基

础上，让广大民众能够切实享受到改革和发展带来的成果和实惠，进而自觉承担发展的使命和责任，以激发社会经济发展的活力。1978年以来，我国经济发展取得了巨大成就，社会主义市场经济体制也得到显著完善，但目前的发展水平依旧偏低，能否建构和完善惠及最大多数人民群众的社会主义经济制度，不仅关乎全面建成小康社会目标的实现，也直接影响到改革开放根基的巩固。当前一方面要积极做好对社会主义基本经济制度的完善工作。在公有制经济领域，要深入落实中央关于国企改革的基本方针，努力推进国有经济产业结构的优化升级，增强企业竞争能力和抵御风险能力。在非公有制领域则要贯彻平等准入、公平待遇的原则，维护非公企业合法权益，鼓励和引导民间资本拓宽行业参与领域，努力营造其良好的市场氛围和社会氛围。另一方面，要努力推进社会分配制度的改革与完善，依法对暴利和垄断行业收入进行干预与规范，着力提升中低收入水平，扭转社会两极分化趋势，同时积极促进社会保障机制的配套完善，通过医疗卫生体制、养老保险体制、社会教育体制等方面的改革与完善，为更多的人民群众谋实惠，真正在推动改革与发展的同时实现民生的切实改善。

要重点完善维护公平公正的社会主义民主政治制度。坚持改革开放，必须以走中国特色社会主义民主政治建设之路为前提。中国特色社会主义民主政治制度实现了对资本主义民主制度的扬弃和超越，能够为维护社会公平公正提供根本保证。当前，要将为人民服务的理念加以贯彻和实现，在政治领域就必须将完善社会主义政治制度摆在突出位置上，以切实发挥好政治保障作用。践行为人民服务视域下，完善社会主义民主政治制度必须处理好以下几方面：(1)坚持党的领导核心作用，提高党执政的科学化水平。当前要把完善党的领导建立在社会主义民主政治和法律制度的基础上，正确处理好党和人大、政府和群众团体等方面的关系，推进党的决策走向科学化和民主化，保证决策本身符合人民利益和客观规律。(2)进一步扩大公民有序政治参与。人民群众是建设社会主义民主政治的主体，应积极通过法律机制创新，依法保障民众的知情权、表达权和监督权，并着力拓宽民主渠道，丰富公民参政形式，在扩大群众民主权利的基础上催生为人民服务的动力和活力。(3)进一步提升国家各项工作的法治化水平。既要完善中国特色社会主义法律体系，维护社会主义法制的尊严和权威，同时也要做好法律的实施工作，坚持依法行政和依法办事，保证依法治国基本方略的全面贯彻落实。

要重点完善各阶层各领域普遍参与的社会协同制度。改革开放是国家的基本国策，但得益的是亿万人民自身。因此，进一步推进改革开放应在执政党的带领下，建构一种普遍参与的协同机制，发挥社会协同的作用，共同为推进社会和谐发展做出贡献。习近平同志曾指出："只要我们紧密团结，万众一心，为实现共同梦想而奋斗，实现梦想的力量就无比强大。"可见进一步扩大改革开放，唯有呼唤执政党的领导者、普通党员干部以及社会各界的协同配合，实现在各阶层各领域的全面铺开，才能注入旺盛的生机与活力。从执政者的视角看，各级执政机构是社会发展的掌舵者，也是社会各领域进行改革的主导者，其负有推进国家改革的主要责任和使命。实现协同参与，执政者必须坚持以人为本、服务为先的理念，着力转变和完善执政模式，通过权力与责任的紧密对接，真正实现好、维护好和发展好最广大人民群众的根本利益，提升自身的执政绩效与合法性根基。从社会参与者的视角看，要激发社会协同推进改革事业，就必须积极建立健全形式多样、畅通高效的民众诉求表达机制，完善公共决策的公示制度和信访制度，注重民意收集与信息反馈，提升民众参与的自觉性和积极性。同时要努力强化城乡社会建设力度，完善社会管理机制，积极发挥各类社会组织和企事业单位的协同参与力度，推进社会管理和社会参与的规范化和专业化，在提升公民意识的基础上为实现“为人民服务”的目标奠定坚实的社会根基。

要重点完善凝聚改革和开放共识的宣传教育制度。作为一种执政理念，改革开放不是一句空话，是各级党政官员当下的职责，因此，当前各级党政部门及理论工作者要积极强化相关研究，领会其理论内涵。在此基础上，积极开展广泛的宣传和教育活动，使其深入人心，真正为各级领导干部自觉认可，从而提高在各项工作中对其加以贯彻和落实的自觉性和坚定性。要积极通过建构理论宣传制度，使其不断做到解放思想、与时俱进，在发展实践中清醒地认识当今时代的新变化和时代发展的新趋势，准确地把握广大群众的期待和要求，通过牢固树立民生为本的执政理念，牢固树立马克思主义科学的权力观、政绩观和价值观，坚决反对脱离群众、以权谋私，反对形式主义、官僚主义和弄虚作假，大力弘扬求真务实的精神，大兴求真务实之风，始终做到与人民群众同呼吸、共命运，真正为群众的利益办好事、办实事。与此同时，人民群众作为民生享有的主体，也应积极配合政府决策，通过切实努力，不断谋求自身发展。因此，在广阔的社会范围内，也要积极借助各种有效途径加大对人民群发家致富的知识宣传和普及，积极通过报纸、网络、电视等传播媒介进行宣传教育，形成有利的舆论导向，努力使民生教育融合在人民群众的日常生活和学习中，使人民群众在发展实践中得到实惠。

# 牢牢把握改革开放的基本方向

中共浙江省委党校　张红岭

邓小平是改革开放的总设计师。走改革开放之路，把握改革开放的基本方向，需要我们不断地从邓小平的改革开放的总体设计出发，不断地在实践中创造性地推动改革进程。2015 年是邓小平 111 周年诞辰，不断重温邓小平的改革开放的基本观点，对于全面深化改革、牢牢把握改革开放的基本方向，具有非常重要的现实意义。

《邓小平文选》第 2 卷后半部分，第 3 卷全部内容均为邓小平改革思想的精华。同时，在笔者看来，《邓小平文选》第 3 卷中，有几篇谈话，可以说构成了邓小平晚年的“政治嘱托”和“政治交代”。这几篇谈话分别是《组成一个实行改革的有希望的领导集体》(1989 年 5 月 31 日)、《在接见首都戒严部队军以上干部时的讲话》(1989 年 6 月 9 日)、《改革开放政策稳定，中国大有希望》(1989 年 9 月 4 日)、《在武昌、深圳、珠海、上海等地的谈话要点》(1992 年 1 月 18 日—2 月 21 日)等。

这些谈话的聚焦点是对“改革开放”大局的认识。可以这样说，这几篇谈话既是对 20 世纪 70 年代末启动改革、至整个 80 年代推进改革的总结，又是对 90 年代改革开放破题。同时，这些谈话从政治高度看，更是对如何更长远推动改革做出的战略思考，至今对于全面深化改革仍然具有巨大的理论价值。

这些内容，在笔者看来，构成了邓小平的“政治嘱托”，或者用邓小平自己的话说，就是他最后的“政治交代”。我们不断重温这些“政治交代”，更有利于我们在全面推进改革中保持清醒的头脑，牢牢把握住改革开放的大方向。

到底邓小平的“政治交代”的重要内容是什么？这些“政治交代”对当前的全面推进改革有何意义呢？下面，我们在此做一简要梳理，集中在这几篇谈话中的核心思想，以及这些思想所要解决的重要问题。

## 一、要始终贯彻十一届三中全会以来的路线、方针、政策

综观邓小平晚年的这几次谈话，其中最为核心的要点就是不断反思十一届三中全会以来的路线、方针、政策正确不正确，我们发展战略的“三部曲”正确不正确。归根到底，就是追问改革开放这条路是不是走对了？其中出现的问题主要是什么？

总结起来，邓小平针对这些问题都非常明确地做了回答，其结论大体有如下几点。

### （一）坚持改革开放“这条路线、方针、政策不变”

这是邓小平多次强调的重要结论，其基本思想就是“不变”，就是改革开放的基本路线不能变，十一届三中全会以来形成的方针、政策都不能变。为什么不能变？因为在邓小平看来，改革开放的基本路线是中国政治最大的大局。变了这

条路线，不仅无法解放和发展生产力，也无法发展社会主义，更为重要的是“人民不答应”。邓小平在1992年南方谈话中说：“谁要改变三中全会以来的路线、方针、政策，老百姓不答应，谁就会被打倒。”

同时，改革开放的基本经验和“文化大革命”的历史教训两个方面的正反经验教育全党明确一个基本认识，就是“不坚持社会主义、不改革开放、不发展经济、不改善人民生活，只能是死路一条”。而且经过20世纪80年代的改革探索，已经用实践证明“三中全会以来路线、方针、政策的正确性，谁想变也变不了”。这些均是邓小平对改革开放的基本路线、方针、政策的基本看法，也就是“不变”。正如他说的：“有了这一条，中国就大有希望。”

### (二)改革开放胆子要大一些，要敢闯敢试

坚持改革开放的基本路线、方针、政策不变，并不意味着停滞不前。邓小平多次重申：“改革开放胆子要大一些，敢于试验，不能像小脚女人一样。”改革开放自身过程的推进都是与“大胆地试”“大胆地闯”密不可分，可以这样说，改革开放之路是“试出来”的、是“闯出来”的！

在1992年初的南方谈话中，邓小平反复指出，要有“闯”和“试”的精神和基本方法推动改革。他说：“看准了的，就大胆地试，大胆地闯。深圳的重要经验就是敢闯。没有一点闯的精神，没有一点‘冒’的精神，没有一股气呀、劲呀，就走不出一条好路，走不出一条新路，就干不出新的事业。”

这段话如今听来，对于当前的全面深化改革仍然具有指导意义。改革开放是一个全新的事业，是“一条新路”，它的每

一次推进和发展都离不开"敢闯敢试"。闯和试之后，就要总结经验，因而邓小平告诫说："每年领导层都要总结经验，对的就坚持，不对的赶快改，新问题出来抓紧解决。"也就是说，改革的实践经验要采取"对了就坚持""错就要改正"的基本方法，从"对"和"错"正反两个方面总结改革开放的基本经验，积累社会主义建设的基本经验。这是改革的基本方法论原则，也是至今仍然指导我们全面深化改革的基本方法。

### （三）完整准确地贯彻"一个中心、两个基本点"的基本路线

在 1989 年"六四事件"过后的第五天，邓小平接见了首都戒严部队军以上干部，并发表了讲话。在讲话中他反复追问一个问题，即"党的十三大概括的'一个中心、两个基本点'对不对？""两个基本点，即四个坚持和改革开放，是不是错了？""改革开放这个基本点错了没有？"如此等等。这是"六四事件"前后邓小平"总在想"的问题。可以说"六四事件"给邓小平留下的最为核心的问题，还是改革开放这条基本路线是不是正确？这在邓小平看来，是超越任何问题、对于中国发展大局最为重大的政治问题。因而，他在这次讲话中反复追问这个问题，并加以深入分析和反思。

邓小平针对这些问题，斩钉截铁地答复："我们没有错。""四个坚持本身没有错，如果说有错误的话，就是坚持四项基本原则还不够一贯，没有把它作为基本思想来教育人民，教育学生，教育全体干部和共产党员。"改革开放这个基本点也"没有错"，"没有改革开放，怎么会有今天？""十年改革开放的成绩要充分估计够。"在总结过去改革经验后，邓小平指出："这

是总结我们过去十年。我们的一些基本提法，从发展战略到方针政策，包括改革开放，都是对的。要说不够，就是改革开放得还不够。”“现在的问题不是改革开放政策对不对，搞不搞，而是如何搞，开哪方面，关哪方面。”

这些表述均体现了一个资深政治家和改革开放总设计师从中国发展大局出发看问题的胆魄和气概。今天我们沿着邓小平开辟的改革开放之路前进，继续全面深化改革，就是要不断地沿着“一个中心、两个基本点”的基本路线前进，就是要全面领会基本路线的基本内涵，全面贯彻改革开放的基本路线。

## 二、一定要选坚持社会主义改革开放的接班人

邓小平的政治贡献起码有两点，一是确立改革开放的基本路线，二是“带头建立退休制度”。第一点贡献毋庸置疑，第二点的贡献也是相当重要，为社会主义接班人制度的建立和新老领导层有序交接奠定了基础。社会主义事业要继续发展下去、改革开放要继续进行下去，都离不开接班人。“六四事件”之后，邓小平对如何选择社会主义事业的接班人有非常深刻的思考，这些思考可以作为我们长期坚持的基本原则。

选择社会主义事业的接班人，在邓小平看来是一个“十分重要的问题”，“不是九分九，而是十分重要的问题”。这关系到事业的兴亡存续，关系到改革开放事业是否真正“后继有人”。那么，选择什么样的社会主义改革开放事业的接班人呢？在邓小平看来，有一些基本的要求。

### （一）要选“一个实行改革的有希望的领导班子”

邓小平晚年最为关心的一件大事就是选接班人问题，在

多个场合都表达了他的牵挂,在1992年初的南方谈话中也多次提到这个问题,他语重心长地说:"要选人,人选好了,帮助培养,让更多的年轻人成长起来。他们成长起来,我们就放心了。"选什么样的人?在邓小平看来就是要选坚持改革开放基本路线的、干出实绩的人。也就是最为基本的两条,坚持"改革开放路线",而且有能力、干出实绩。

1989年5月31日,邓小平在一次谈话时指出:"新的中央领导机构要使人民感到面貌一新,感到是一个实行改革的有希望的领导班子。这是最重要的一条。"我们必须选实行改革的有希望的领导班子,而不是"使人民感到是一个僵化的班子、保守的班子,或者人民认为是个平平庸庸体现不出中国前途的班子"。

在邓小平看来,选坚持改革开放的领导班子是中国政治的大局,只有选这样的领导班子才能继续推进改革开放的事业,才能实现中国社会主义现代的战略目标。因而,他认为:"有一个新的改革的面貌,是确定新班子成员的一个十分重要的问题。不是九分九,而是十分重要的问题。"

这是选择社会主义接班人、选择中央及地方各级领导层最为重要的标准。

### (二)要选"取信于民,干出实绩"的领导班子

选择社会主义事业的接班人还有一个非常重要的原则是邓小平非常重视的,这就是要选"取信于民,干出实绩"的领导班子。邓小平在总结党的历史后指出:"我们党的历史上,真正形成成熟的领导,是从毛刘周朱这一代开始。"一个领导班子是否成熟关键看三点:一是取信于民,党内信得过,人民信

得过;二是对“这个集体满意”;三是“真正干出了实绩”。

新的领导班子只有达到了上述三条才能算合格,才能算赢得了人民的信任,才能算是够格的接班人。因而,在邓小平看来,选接班人就是选能取信于民且干出实绩的人。这是我们党事业传承下去、必须坚持的一条基本原则。

### (三)“党内无论如何不能形成小派、小圈子”

邓小平坚持用政治家的风度选人用人,他提出:“在选人问题上,要注意社会公论,不要感情用事。”他对接班人提出的最根本的要求就是“眼界要非常宽阔,胸襟要非常宽阔”,并反复提到新的领导层“最重要的问题是要胸襟开阔,要从大局看问题,放眼世界,放眼未来,也放眼当前,放眼一切方面”。

邓小平特别郑重地提到“党内无论如何不能形成小派、小圈子”,并把这个问题单独提出来,可见这位资深政治家对此问题是多么重视。小派、小圈子,这些东西是与我们党的宗旨原则极不相容的,而且还会分裂党,破坏党的团结统一。因而,邓小平告诫说:“小圈子那个东西害死人呐。”绝不能允许党内形成派系和小圈子,全党要警惕这个问题,党的高级干部,特别是党的接班人,更要领会邓小平这个“政治交代”的深邃内涵和精神实质。

因而,针对此问题,邓小平对新的领导层和接班人提出的要求就是“能容忍各方面、团结各方面”,而且认为这是关涉社会主义改革开放事业的“一个关键性的问题”。在1992年的南方谈话中,邓小平又提到:“说到底,关键是我们共产党内部要搞好,不出事,就可以放心睡大觉。”在此,他把改革开放事业兴衰成败的关键归结为党的自身建设,可以说对改革开放事业的长久发展提出了非常重要的战略课题。

总之,牢牢把握改革开放事业的发展方向关键靠人,正如邓小平所说:“正确的政治路线要靠正确的组织路线来保证。中国的事情能不能办好,社会主义和改革开放能不能坚持,经济能不能快一点发展起来,国家能不能长治久安,从一定意义上说,关键在人。”邓小平晚年提出的选社会主义事业接班人的基本原则,至今仍然具有十分重要的价值和意义,也是党选择接班人一定要继承的基本原则。

## 三、要抓住机会，争取隔几年上一个台阶

邓小平始终站在世界发展大势的基础上看待中国改革开放的前景。他对“时间”有非常强的敏感力,对“时机”有非常强的洞察力。他多次说:“不搞争论,是我的一个发明。不争论,是为了争取时间干。一争论就复杂了,把时间争掉了,什么也干不成。”他提醒全党:“凡是遇到机会就不要丢,就是要坚持,要干起来。”由此可见他对改革的时间紧迫性的认识。他又说:“我就担心丧失机会,不抓呀,看到的机会就丢掉了,时间一晃就过去了。”可见他对“时机”、对改革开放的战略机遇期的敏锐洞察。

### (一)不开放就发展不起来

邓小平在“六四事件”之后反复总结改革开放的基本经验,其中重要的一条就是“绝不可以关门”,把门关起来搞建设,连信息都不通,绝不可走回到“闭关锁国”的状态。在他看来,“不开放就发展不起来”,搞开放对社会主义现代化建设有益。

正如他在1989年5月31日和李鹏、姚依林谈到的“我们

本钱少,但可以通过开放,增加就业,搞税收,利用地皮得点钱,带动发展各行各业,增加财政收入,获得益处。以香港为例,对我们就是有益处的。如果没有香港,起码我们信息就不灵通。总之,改革开放要大胆一些”。所以邓小平晚年始终主张开放,而不是关门,反复告诫全党“开放对我们有益”。

同时,邓小平站在社会主义制度和资本主义优势比较的角度看待开放对于中国社会主义发展的战略意义。他认为我们搞开放,引进西方的资金、技术、管理,都是为社会主义建设服务,“归根到底是有利于社会主义的”,并总结道:“社会主义要赢得与资本主义相比较的优势,就必须大胆吸收和借鉴人类社会创造的一切文明成果,吸收和借鉴当今世界各国包括资本主义发达国家的一切反映现代社会化生产规律的先进经营方式、管理方法。”这些表述均体现了邓小平以一个战略家的眼光审视改革开放对于中华民族实现社会主义现代化的重大意义。

### (二)总要力争隔几年上一个台阶

20 世纪 80 年代邓小平对世界格局的基本认识就是:和平和发展是时代主题。中国正可以充分把握这个战略机遇实现发展目标。邓小平对中国的发展有非常强的紧迫感,他在 1992 年初的南方谈话中说:“现在,周边一些国家和地区经济发展比我们快,如果我们不发展或发展得慢,老百姓一比较就有问题了。”“能发展就不要阻挡,有条件的地方要尽可能搞快点。”“低速就等于停步,甚至等于后退。要抓住机会,现在就是好机会。”这些言论,均洋溢着这位老人对改革开放步伐要迈得更快一些的紧迫感。

邓小平在总结国内外发展经验的基础上指出:“总要力争

隔几年上一个台阶。”这不仅是能办到的，而且是必要的。世界发展日新月异，发展很快，“对于我们这样发展中的大国来说，经济要发展得快一点，不可能总是那么平平静静、稳稳当当”，如果“变得谨小慎微，不敢解放思想，不敢放开手脚，结果是丧失时机，犹如逆水行舟，不进则退”。同时，邓小平在对国内外局势的分析和判断的基础上得出的结论就是：“我们国内条件具备，国际环境有利，再加上发挥社会主义制度能够集中力量办大事的优势，在今后的现代化建设过程中，出现若干个发展速度比较快、效益比较好的阶段，是必要的，也是能够办到的。我们就是要有这个雄心壮志！”

改革开放 30 多年的历史实践证明，邓小平对改革开放“隔几年上一个台阶”的战略预判是准确的，也符合中国社会主义现代化建设的战略节奏。

总之，我们重温邓小平的“政治交代”，对于当前全面深化改革具有十分重要而特殊的意义。我想最为重要的意义之一，就是重温邓小平那些深邃的政治洞见，可使我们更加坚定地沿着改革开放的基本路线、基本战略所指引的方向前进。笔者在此衷心希望各级党员干部或普通民众多读邓小平的改革开放这本大书，并结合 30 多年改革开放实践史来读，结合当前全面深化改革的战略部署来读，多从中吸取对于今天仍然具有价值的改革思想和政治智慧！

# 后　记

“意识形态领域重大理论问题”研究暨系列通俗读本编撰由中共浙江省委宣传部组织实施，省委常委、宣传部长葛慧君高度重视，省委宣传部常务副部长胡坚具体主持。本书的编写是浙江省近百位青年教师共同完成的，其间做了大量的资料准备，并得到省内外有关专家学者的大力支持。浙江省青年马克思主义研究会和浙江工商大学出版社承担了本书的编辑出版工作。书中难免存在疏漏不足之处，敬请提出宝贵的批评意见和建议。

编者

2015 年 3 月

“意识形态领域重大理论问题”通俗读本

# 为什么不好

## ——论“普世价值”

● 本书课题组 编著

WEISHENME BUHAO
LUN PUSHI JIAZHI

浙江工商大学出版社
ZHEJIANG GONGSHANG UNIVERSITY PRESS

**图书在版编目(CIP)数据**

为什么不好 ：论“普世价值”／“意识形态领域重大理论问题”通俗读本课题组编著. —杭州 ：浙江工商大学出版社，2015.3(2015.7 重印)
(“意识形态领域重大理论问题”通俗读本)
ISBN 978-7-5178-0979-1

Ⅰ. ①为… Ⅱ. ①意… Ⅲ. ①世界观—通俗读物
Ⅳ. ①B—49

中国版本图书馆 CIP 数据核字(2015)第 061368 号

**为什么不好**
——论“普世价值”
本书课题组 编著

| | |
|---|---|
| 责任编辑 | 王黎明　蒋红群　尹　洁 |
| 责任校对 | 何小玲 |
| 封面设计 | 王好驰 |
| 责任印制 | 包建辉 |
| 出版发行 | 浙江工商大学出版社<br>(杭州市教工路 198 号　邮政编码 310012)<br>(E-mail:zjgsupress@163.com)<br>(网址:http://www.zjgsupress.com)<br>电话:0571-88904980,88831806(传真) |
| 排　　版 | 杭州朝曦图文设计有限公司 |
| 印　　刷 | 杭州五象印务有限公司 |
| 开　　本 | 850mm×1168mm　1/32 |
| 印　　张 | 31.25 |
| 字　　数 | 699 千 |
| 版 印 次 | 2015 年 3 月第 1 版　2015 年 7 月第 2 次印刷 |
| 书　　号 | ISBN 978-7-5178-0979-1 |
| 定　　价 | 69.00 元(全五册) |



浙江工商大学出版社营销部邮购电话　0571-88904970

## 本书课题组

组　　长　葛慧君

副 组 长　胡　坚

主要成员　（按姓氏笔画排序）

王海稳　冯昊青　吕明再　张　彦

陈先春　卓高生　郑　毅　郑林红

钱伟刚　徐　彬

# 序　　言

葛慧君

马克思主义有一个重要的观点:人民只有组织起来、团结起来才有力量。我们党带领人民在长期奋斗中深深懂得:团结就是大局,团结就是胜利。党和人民的坚强团结,根源于共同的利益、凝结于共同的目标,核心是共同的思想基础。任何社会都是经济基础、政治上层建筑和意识形态三大结构在生产力发展基础上互动的整体。在这个整体中,意识形态是灵魂,她体现为一个国家、民族和社会共同的理想信念,是整体社会发展和个人人生价值体现的精神支柱,具备着将个体团结起来的内在凝聚力。

30 多年社会主义改革发展的巨大成就充分证明,通过中国共产党和广大人民群众艰辛的理论创新和卓越的社会实践,社会主义意识形态是我们对未来理想社会和文明形态追求的基本价值原则。近代以来,君主立宪制、多党制、总统制等都在中国尝试过,结果都行不通。只有中国共产党领导人民,把马克思主义基本原理同中国实际结合起来,找到了实现民族独立和人民解放、国家富强和人民幸福的正确道路。沿着这条道路走,我们比历史上任何时期都更接近中华民族伟大复兴的目标,比历史上任何时期都更有信心、有能力实现这个目标。但我们也看到,随着社会深刻变革,不同社会群体之间产生了不同的经济表达、政治表达、社会表达、文化表达,特别是随着对外开放不断扩大,各种思想文化交流、交融、交锋日益频繁，一些错误思潮暗流涌动、此起彼伏，巩固壮大主流意识形态和思想舆论面临的挑战与困难前所未有。

习近平总书记指出，“意识形态关乎旗帜、关乎道路、关乎国家政治安全”，“经济工作搞不好要出大问题，意识形态工作搞不好也要出大问题”。做好意识形态工作，要求我们在任何时候、任何情况下都要保持清醒的头脑。必须深刻认识到，国际上的一些势力骨子里是不希望中国发展壮大的，一直在不遗余力地推行西化、分化的战略。其中最主要的一手，就是抓住中国社会转型发展时期利益诉求、矛盾问题交织互联的特点，搞意识形态渗透，搞乱人们的思想，瓦解党和人民团结奋斗的共同思想基础。近年来在思想界出现的各种错误思潮，不论是政治上的西方“宪政民主”、思想上的“普世价值”、经济上的“新自由主义”、文化上的“历史虚无主义”，还是道路方向上的“质疑改革开放”，虽然侧重点有所不同，有的还由于蕴含其中的政治主张违背我国宪法原则做了种种“包装”，但实质都是要使中国脱离中国特色社会主义轨道，脱离中国共产党的领导，对我国社会主义事业的危害绝不容忽视。

巩固共同思想基础，要求我们必须毫不动摇地坚持马克思主义和共产主义信仰，切实增强政治定力，坚决同各种错误思想作斗争。习近平总书记告诫全党，要当战士，不当“绅士”，在意识形态问题上守土有责、守土负责、守土尽责。刘云山同志强调，用中国特色社会主义凝聚思想共识，必须加强对思想理论领域问题的辨析与引导，有针对性地开展积极的思想舆论斗争。刘奇葆同志指出，在意识形态问题上，我们不搞无谓争论，但对挑战我们政治原则、政治制度的思想观点，必须有坚定的立场、鲜明的态度，敢于发出正确的声音。近年

来，根据中央的部署要求，浙江省委将意识形态工作摆到更加重要的位置，在各领域深入开展“当战士、不当绅士”等主题活动。浙江省委宣传部设立专项课题，组织全省党校、高校近百位一线教学的青年教师，开展专题研讨，撰写体会文章，汇集、编撰形成《为什么不行——论西方“宪政民主”》《为什么不好——论“普世价值”》《为什么不灵——论新自由主义》《为什么不对——论历史虚无主义》《为什么不变——论改革开放》等系列通俗读本。其中的文章注重运用理论与实践、历史与现实、国内与国际、正面与反面对比等手法，围绕核心观点进行充分阐发，针对热点问题进行辩证解读，澄清了一些模糊认识，批驳了一些错误观点，集中反映了浙江广大青年理论工作者在事关意识形态的大是大非问题上鲜明的态度、正确的方向和坚定的立场，是广大干部群众、青年学生加强理论学习、提高思想认识的重要辅助读物。

当前，全党和全国上下正认真学习贯彻以习近平同志为总书记的党中央提出的“四个全面”的战略思想。“四个全面”是中国特色社会主义伟大事业的顶层新设计，是马克思主义与中国实践相结合的新飞跃，为新常态下推进各项事业注入了强劲动力，也为进一步做好意识形态工作指明了方向。我们要紧紧围绕“四个全面”的战略布局，切实将意识形态建设作为一项战略工程、固本工程、铸魂工程来抓紧、抓实、抓好，为推动马克思主义在意识形态领域的指导地位更加牢固、全党全国人民团结奋斗的共同思想基础更加坚实做出新的努力！

# 目录

CONTENTS

## 壹 『普世价值』的意识形态性



## 贰 『普世价值』的本质虚假性

叁

## 『普世价值』的理论霸权性



肆

## 『普世价值』的践行荒谬性

壹

## “普世价值”的意识形态性

“普世价值”:资本全球化的意识形态

“普世价值”的本质是西方文化价值观扩张主义

“普世价值”是不可能建成的“通天塔”

正面是拯救,背面是陷阱

# "普世价值":资本全球化的意识形态

浙江大学 高 永

最近几年,"普世价值"思潮在我国影响甚广,颇受关注,值得我们认真研究一番。虽然有些人咄咄逼人地要求中国接受"普世价值",且不容他人表示任何质疑,但对于究竟有没有"普世价值"、什么是"普世价值",在思想理论界一直是争论不休的问题。要应对"普世价值"思潮传播对我国意识形态的影响,在积极培育和弘扬社会主义核心价值观的同时,也应认真研究"普世价值"形成背后的深层原因,弄清"普世价值"的本质。

在当前中国的社会舆论场中,"普世价值"主要是指西方的"自由""民主""人权"等价值观念。从宣扬"普世价值"的一些文章中,我们可以看出"普世价值"论的几个特点:(1)以抽象人性论为"普世价值"存在的立论依据;(2)以西方资本主义国家的"民主""人权"等价值观念作为"普世价值"的具体所指;(3)宣扬"普世价值"的真实意图是要我国实行西方国家的政治制度,认同西方国家的意识形态。本文暂且不去分析"普世价值"所依据的抽象人性论是否正确(关于这一点可以参考冯虞章、周新城等学者的分析文章),这里仅就"普世价值"的历史渊源加以梳理,并分析这一思潮得以广泛传播的经济动因,以此探讨"普世价值"论的本质。

## 一、西方“普世价值”观的历史演变

西方的“普世价值”观念是怎么来的？从其所主张的几个核心概念“民主”“人权”“自由”等来看，这与法国大革命过程中提出的“自由、平等、博爱”颇有渊源。“普世价值”论者也往往以此为据，证明自己的价值观具有超越时代的“普世性”。我们就先来回顾一下“普世价值”形成的历史。

1789年，法国大革命爆发时，巴黎街头出现了“自由、平等、博爱，或死亡”的标语，这一口号体现了当时资产阶级“不自由，毋宁死”的革命精神。法国大革命中颁布的《人权和公民权宣言》提出，“自由、财产、安全和反抗压迫是天赋不可剥夺的人权”，“人们生来是而且始终是自由平等的”等观念。但在这份文件中，“财产是神圣不可侵犯的权利”等思想也鲜明地表现出“自由、平等、博爱”口号，具有以维护私有财产为目的的资产阶级性质。1790年，法国大革命中最为激进的雅各宾派领导人罗伯斯庇尔沿用并改编了“自由、平等、博爱”的说法，这一口号在当时发挥了革命性的作用。法国第一帝国时期(1804—1815)，“自由、平等、博爱”的理念随着拿破仑的铁骑席卷了整个欧洲大陆，使资产阶级的革命精神深入人心，对推翻欧洲封建统治起到了推波助澜的作用。波旁王朝复辟期间(1814—1830)，这个口号被摒弃，直至1848年法国第二共和国(1848—1852)成立之后才重新提出。“自由、平等、博爱”正式成为官方意识形态是在法国第三共和国时期(1870—1940)，而其最终被写进法国宪法中，已经是“二战”之后的1946年和1958年了，而且其含义做了较为温和的解释，例如，对“平等”的具体阐释，强调“在法律上一律平等”，“负有同样的义务”。至此，这一口号中原来具有的革命精神已经大为衰减，成为维护资本主义社会秩序的工具。

在法国大革命时期，法国的资产阶级还具有历史进步性，其承担的推翻封建统治的历史使命是当时社会各个被统治阶层的共同诉求，因而资产阶级在革命中可以代表其他阶级的利益，成为整个社会的代表。但在资产阶级掌握政权之后，资本主义制度日益表现出它的资产阶级性质，无产阶级和资产阶级之间的阶级对立凸显出来，这使得资产阶级作为整个社会代表的合法性实际上已经消失了，但为了本阶级的利益，资产阶级仍旧需要掌握这种代表权，并运用自己掌握的国家机器来强制保证这种名义上的代表性，同时还要推行维护这种虚假代表权的意识形态。

“二战”之后，资本主义发达国家为了对抗社会主义意识形态，演变社会主义制度，开始在全世界推行“民主、自由、人权”的价值观。通过诱导人们“相信一种经过偷换的价值观念”(杜勒斯语)，改变其价值追求、价值标准，最终改变人们的理想信念和制度选择，这是西方国家对社会主义国家实施和平演变的重要战略。这时的资本主义价值观已经丧失了其进步意义，沦为资产阶级维护统治秩序，防止发生社会主义革命的工具。

“普世价值”作为一种特意推广的，具有实际内容的价值观是 20 世纪 90 年代以后才出现的，确切地说是在苏联解体之后，随着弗朗西斯·福山的“历史终结论”而广为人知。在《历史的终结及最后之人》一书中，福山认为美国模式是“人类‘普世价值’和最终统治形式”。在美苏争霸的历史时期，两种社会制度之间的对立和差异十分明显，美国在向全世界推广所谓超越民族、历史的“普世价值”“全人类的共同利益”等观念时，面临社会主义阵营的阻碍。在苏联解体之后，美国成为唯一的超级大国，具备了将自己的价值观强加给其他国家，在全球推行以美国为样板的民主制度的国际条件。因而“普世价值”思潮在世界各地传播的过程中，美国起到了主要的推动作用，对“普世价值”的解释权，也掌握在美国手中。

近年来，美国出台了一系列政策，在全球推广“普世价值”，并将其作为美国的核心利益来维护。苏联解体后，美国开始在国际社会扮演“世界警察”的角色，到处以武力干涉他国内政。“9·11”恐怖袭击之后，美国政府意识到自己的霸权地位不能单靠武力来维持，开始重视“软实力”的作用。美国开始在全球范围内推广自己的价值观和政治制度，迫使其他国家自觉认同美国的霸主地位，减少威胁美国安全的因素。2008年以来，在遭受经济危机的重创之后，靠意识形态来维持霸权地位的需要变得更加迫切。奥巴马上台后，进一步调整了“软实力”战略，主张“通过榜样的力量，而非力量的榜样”来推进“普世价值”。2010年，美国在《四年防务评估报告》中阐明了对安全利益的界定，即“安全、繁荣、‘普世价值’、合作性的国际秩序”，将“普世价值”作为关系美国国家安全的核心要素。《美国2010年国家安全战略报告》又将“在国内和全世界尊重‘普世价值’观”作为一项重要的“美国的持久利益”。至此，推广“普世价值”成为美国的国家战略。

可见，美国推广“普世价值”的实质就是让美国的文化、价值观成为世界各国效仿的对象，让其他国家认同美国，从而接受美国的领导地位，维护美国在全球范围内的霸权地位。认同和实践“普世价值”，就是要实行美国的社会制度，因为这些制度、观念正是以“普世价值”的名义和面貌在全世界进行推广的。美国和西方发达国家垄断了“普世价值”的话语权与解释权。因而，在当今讨论什么是“普世价值”，不可能只是抽象地谈论“人性”“普遍性”等，而应当将今天美国在世界范围内推广的这种“普世价值”作为分析的对象，才具有现实意义，也才符合“普世价值”的本来意义。

## 二、作为资本全球化意识形态的“普世价值”

为什么美国会成为推广“普世价值”的急先锋，而“普世价值”确实也能在全世界产生广泛的影响？

当今世界处于全球化的时代，在这个过程中，经济全球化是最主要的内容，也是全球化的主要推动因素。经济全球化不仅仅是生产力的全球化，生产力总要处于一定的生产关系之中，因此也包括生产关系的全球化。当今大多数国家，特别是居于主导地位的发达国家，都处于资本主义生产关系之中，在资本主义制度占据世界主导地位的历史时期，经济全球化主要是指资本的全球化。在目前的国际体系中，虽然人才、技术等生产要素也可以实现全球流动，但受到的限制较多，只有资本流动的全球化程度最高。世界贸易组织、国际货币基金组织等国际组织所起的主要作用，正是通过打破各国贸易壁垒和金融管制，实现资本在全球范围内的自由流动。所以，资本才是当今全球化的主导因素。

追逐利润是资本的本性。资本总是要进行扩张，才能使其剥夺的剩余价值转化为资本，实现资本积累。在现代，这种对外扩张既采取直接武装干涉其他国家内政的形式，例如美国直接出兵伊拉克、阿富汗；也采取经济渗透和经济侵略的形式，例如通过促使其他国家接受资本主义体系通行的经济规则，把尚未资本主义化的地区纳入美国主导的全球经济体系中来。资本的这种不断扩张的要求，推动美国在全球竭力推广资本主义制度，扩张资本主义的生产关系。

经济关系的发展最终会带来思想观念和政治制度的变革，而一种思想观念的传播也会相应地推动作为其基础的经济关系的拓展。在资本全球化的过程中，以美国跨国公司和金融垄断财阀为代表的国际垄断资本为了在全球攫取高额利润，除了要求其资本能在全球自由流动之外，还要求建立起有利于这种资本扩张的经济制度和政治制度，并树立与之相适应的价值观念，向世界各国输出一种符合资本扩张需要的意识形态。在这种意识形态的掩盖下，美国可以打着“民主”“人权”的旗号肆意干涉他国内政，凭借其军事优势和国际影响力，对与其价值观、社会制度不相一致的国家进行打击、封锁，甚至利用反对派推翻该国政权，目的就是在这些国家扶持符合美国利益的政府，建立符合美国利益的政治制度，以有利于美国垄断资本在这些国家中的扩张，或者攫取这些国家的战略资源为美国资本牟利。这一切都是为了保证以美国为母国的国际资本在资本主义世界体系中的利润汲取能力。价值观是意识形态的核心，要输出符合美国跨国资本需要的意识形态，就必须在全球范围内输出符合其利益的价值观，这就是“普世价值”。“普世价值”之所以能在世界范围内产生巨大影响，既是由于以美国为首的资本主义发达国家的刻意推动，也是因为“普世价值”这种意识形态是资本全球化发展趋势的必然要求。这种价值观也正是依托于资本的全球流动而传播的，就像资本主义制度随着资本在世界范围内的扩张而确立起来一样。

由此可见，“普世价值”是为资本全球化服务的意识形态，目的是通过价值观上的渗透，在全球建立起符合美国垄断资本利益的政治制度和经济制度，为美国继续干涉他国事务提供合法性辩护。“统治阶级的思想在每一时代都是占统治地位的思想。”在当今资本主义世界体系之中，占据统治地位的思想观念不过是国际资产阶级，特别是美国垄断资产阶级的思想而已。有些学者常常呼吁中国融入国际主流社会，接纳国际主流价值观。所谓国际主流价值观，在资本主义制度占据世界主导地位的时代，只能是资产阶级的价值观。认同、融入国际主流社会，其真实意图不过是要中国认同资产阶级的价值观，采取资本主义的社会制度。

正因为宣扬“普世价值”是为了维护美国垄断资本的利益，而不是为了真正地去追求、践行这种价值观，所以美国虽然一面在全球推广“普世价值”的意识形态，一面又实行双重标准，在处理国际国内事务时，不惜违背其提倡的“普世价值”，一面宣扬“自由”“人权”“法治”等观念，一面实施“棱镜计划”，监控其他国家，甚至监控本国国民。

即使如我国“普世价值”论者所愿，中国融入了以美国为主导的资本主义世界体系，“与世界一起走向人权、法治、民主的康庄大道”，就能够成为资本主义强国，在这个体系中占据一个优势地位吗？当今资本主义世界体系具有中心与边缘的权力结构。美国占据着这个体系的中心地位，在攫取利润的过程中掌握主动权，成为游戏规则的制定者，而处于边缘地位的国家则在利润分配上受制于中心国家，始终难以摆脱其边缘地位。在“二战”后步入资本主义体系的国家中，除了韩国、日本和东南亚的几个小国由于其与苏联、中国等社会主义国家相抗衡的需要，而被发达资本主义国家扶持起来之外，至今没有哪个发展中国家和地区摆脱其处于资本主义世界体系边缘的国际地位。我们的近邻印度在摆脱殖民地身份，步入这一体系之后，不仅没能实现国家富强，甚至至今也没有能力去解决其严重的社会问题。苏联更可以作为我们的前车之鉴。戈尔巴乔夫在“全人类共同利益高于一切”这种“普世价值”的指导下，使苏联的社会主义制度毁于一旦。当今的俄罗斯虽然凭借军事实力仍具有相当的国际影响力，但难以摆脱在世界资本主义体系中的“另类”边缘地位，为欧美发达国家所不容。昔日的超级大国沦落至此，哪里还有与世界一起“走向康庄大道”的影子？曾经与戈尔巴乔夫称兄道弟的西方“盟友”们既没有向苏联“伸出援手”，也没有与苏联“休戚与共”。现在，苏联解体20余年过去了，苏联走西方民主化道路的下场早已成为国际共产主义运动史上的惨痛教训，国内还有人鼓吹“全人类”的“普世价值”，其意图难道不是昭然若揭吗？

前车之鉴，后事之师。在当前意识形态斗争中，我们尤须擦亮眼睛，看清西方推广“普世价值”的真实意图，不能因为我们弘扬的社会主义核心价值观中也有关于“民主”“自由”“公正”“平等”的内容，就将两种截然不同甚至相互对立的价值观混同起来。画清两种价值观的界限，积极培育和弘扬社会主义核心价值观，正是我国应对“普世价值”思潮，增强我国在核心价值观上自信、自觉、自强的战略举措。

# “普世价值”的本质是西方文化价值观扩张主义

浙江外国语学院　周明宝

马克思说：“社会不是坚实的结晶体，而是一个能够变化并且经常处于变化过程中的机体。”综观人类社会发展，我们认识到，社会是一个动态发展的有机体，社会发展经历着不同的发展阶段。伴随着社会发展的现代化，世界的多样性更加明显，国家发展各成模式，经济发展方式正在转型升级，社会的治理体系发生变革，规约人们思想和行为的制度日趋健全，公民意识在日趋进步，生活方式也更加多元化。

同时应该看到，人是动态的社会关系的有机体，精神文明是一种高层次的文明。人的社会性决定了人们的价值观和道德观不应幻化为一种空洞的、抽象存在的理想类型，它必须反映人们所在社会的经济社会发展现实，必须与人们所处社会发展状况、生产劳动关系和消费休闲层次（柴米油盐、衣食住行……）的实际相匹配。一些经过提炼产生的价值体系，虽然是社会中很多人的主观认同，但是也应当而且必须适应相应社会的文化习惯结构和公民素质水平，必须遵循当地的国情、社情、党情与民意。

## 一、“普世价值”之争成为意识形态态势的表征

作为整合和维护特定社会秩序的精神依托，任何国家都

有一套核心价值体系；由核心价值观所构成的社会意识，是每一个国家推进治理体系和提高治理能力的重要方面。作为社会意识在社会现实生活中的表现和表述形式，每一个社会都有自己占统摄地位的意识形态，在阶级社会里，社会意识形态集中体现一定阶级的利益和要求。"二战"以来，国际形势呈现和平发展的整体态势，以美国为代表的一些国家在主导经济全球化进程中强势发展，裹挟着国家利益的西方意识形态也随之强势输出，植入西方自由、民主、人权和宪政等主体内容的"普世价值"成为西方意识形态俘虏各国人民的经典范式。

不难看到，冷战结束以来发生的伊拉克、利比亚、叙利亚战争，以及近年泰国、委内瑞拉街头政治，乃至时下乌克兰等国的"颜色革命"，都有美国等西方国家台前或幕后主使的身影。因西方大国插手策动，这些国家的亲西方民主派纷纷以"民主""人权"等为号召，以街头政治为运动方式，最终促使国家一夜之间"城头变幻大王旗"，建立起亲西方政权，成为西方的附庸；社会意识的空前混乱、价值文化认同的多元和政局动荡，使这些国家陷入无休止的内乱纷争，人民不知何去何从。

在推进改革开放和市场经济发展的浪潮中，我国的经济体制发生着深刻变革，社会结构深刻变动，利益格局深刻调整，思想观念深刻变化。伴随着社会思想文化和精神价值需求的日趋多元、多样、多变，社会各种新思潮混沌交织，各种思想文化交流、交锋、交融，社会意识多样化是一种必然现象。世界范围内围绕发展模式和价值观的竞争日益凸显，这种现象稀释了国家与社会的主旋律与核心价值观，干扰人们对国家举什么旗、走什么道路、坚持什么政党领导、朝着什么目标发展等方面的思想认同，弱化了人们的家国认同。需要注意的是，面对不同国家与民族的发展道路，推行“普世价值”成为现今西方大国进行思想渗透和推销其政治主张的主要方式。为此，西方国家将其民主、宪政等理念鼓吹形成的“普世价值”包装和阐释为人类社会的最高价值标准，主张国家之间须“淡化意识形态”或“去意识形态化”，进而将西方资本主义国家的价值体系作为建构体制、规约行为和模塑世界各国发展道路的唯一指针和复制样本。

依托强大的经济科技实力和思想文化的话语权优势，西方国家乐此不疲地把他国的贫困落后解释为没有遵循西方“普世价值”理念的结果，并将“普世价值”作为指导思想，把一些国家紧扣国情坚持科学发展取得的发展进步解释为“与国际接轨”，并将其作为践行西方“普世价值”的发展成果肆意宣传。这种无视他国具体情况，以“普世价值”为名进行的反他国现行指导思想实为思想殖民、反他国现行体制实为强行体制再造的种种现象，给世界意识形态发展蒙上了重重迷雾。

## 二、行销“普世价值”的本质是西方文化价值观扩张主义

价值观虽然具有植根区域发展的普遍性，但它不是绝对的客观规律，因而只能在不同地域、不同发展阶段产生有限度的作用。受制于特定的国家利益，西方国家在兜售“普世价值”时通常执行双重标准。对于西方列强在“普世价值”旗号下宣扬价值观的行为，正如前文所述，如果说植入西方民主、

人权和宪政等所谓“普世价值”是其操控他国的经典范式，那么，输出并深化其文化价值观扩张是西方国家肆意行销“普世价值”的本质。正是通过不断向外输出与推销以美国为代表的西方文化价值观，才让美国式的文明在全世界备受推崇和效法。

纵览横观冷战后西方国家的政策，以美国为例，它在战略上利用自己的文化价值观重塑世界、谋求国家利益和世界的领导权，其称霸世界的理想不仅未变，反而表现得更为突出和急切。美国对待国家利益问题上向来奉行双重标准，尤其是在全球一体化日成气候的当代世界，它常假托并宣扬全球价值的认同，要求他国弱化国家利益意识、贬低他国本土文化价值观，伺机侵犯和损害他国国家利益，企图谋求自己的战略利益。归纳而言，如果说赤裸裸的军事干预是实现国家利益的刚性手段，大规模的资本输出是中性手段，那么遮遮掩掩的文化价值观输出则是效果极其全面普遍的柔性手段。

具体说，冷战以后，美国文化价值观扩张主义者主要有两张王牌。一是借人权问题和人道主义名义干涉他国内政，侵犯他国主权。20 世纪 90 年代以来，美国正式抛出了“人权高于主权”的理论口号，并在南联盟的科索沃战场付诸了实践。美国以“人权卫士”自居，多次达到了其干预他国内政，谋取自身国家利益的目的。二是树立世界“民主”的范式，不断向外推行“美国式民主”，以达到泛化“民主”、重塑世界、领导全球的目的。美国人一直认为它是“整个世界的山巅之城”，是“自由的灯塔，民主的堡垒”。为了让世界向它的“民主”看齐，美国把一些国家描述为专制典型，从而策动他国政变，以建立起真正的亲美政权。通过“输出民主”，西方意识形态特别是美国文化价值观不断在世界各地传播、渗透。

在当前新技术革命不断深化的时期，信息网络高度发达，依托网络传播的思想文化领域成为没有硝烟却暗战频频的战场。西方“普世价值”以信息网络为输送管道，通过便捷的网络生活、共享的大众文化和现实的消费生活体验，以美国为代表的西方文化价值观潜移默化、润物无声地渗入世界各国。第三世界意味着资源、市场和机遇，迪士尼、好莱坞、肯德基、麦当劳等诸多文化产品在充分传播并成为大众文化偶像之后，赢得了广阔的消费空间和可观的消费收益；与此同时，潜藏于热销文化产品背后的西方“普世价值”更是大行其道，深刻作用于世界各国经济、政治、文化和社会生活的各个方面，而且对各国每个社会成员的世界观、人生观、价值观的表里都烙上了深深的印迹。

需要进一步认识的是，西方行销“普世价值”是基于其话语霸权或者傲慢的文化霸权背景下的一种国家战略。事实上，如果坚持照人亦照己的思想，当前我们看到，随着美国次贷危机带来的金融危机重创西方体制，以美国、欧盟为代表的西方诸国瞬间将曾经主张自由贸易、各国平等等所谓的大国责任抛却脑后，他们为了利益自保不断对外转嫁经济风险，那些资本人格化的华尔街精英们的虚伪面目尽显，逐利本性爆棚。另一方面，西方国家所宣扬的“普世价值”在其本国的实践也未尽如人意。马丁·路德·金曾大声疾呼：“我梦想有一天，我的四个孩子将生活在一个不是以肤色深浅，而是以品格的优劣作为评判标准的国家。”在发达已久的资本主义社会，种族平等、贫富均等、人权至上等所谓的文化价值体系并未真正实现，且分化日益加剧。2013 年 6 月以来，沸沸扬扬的斯诺登事件更是扯下西方所谓诚信、法治的面纱，美国“孤胆英雄”的海外流亡，瞬间把西方从网络道德高地和自由法治的高台上扯了下来，使一直号称保护公民隐私至上的美国光辉国家形象散落为一地鸡毛，也让一直追随美国的盟友们迎来了梦醒时分。

## 三、“普世价值”的要害在于否定特色和消解体制

虽然西方“普世价值”在强力输出，但被其植入的相应国家大都消化不良，而且还不断消解“普世价值”输入国人民的民族意识与国家意识。放眼全球，我们发现，被强行接纳西方民主化等所谓“普世价值”的国家基本都内战频仍、内耗极为严重，发展因此停滞不前，民生更加多艰。2014 荷赛奖(第 57 届世界新闻摄影大赛)上，摄影师们用相机记录战争之殇，以混乱的中非、中东等诸多被西方列强贩卖“普世价值”的国家和地区为代表，各种贫困、混乱景象真实呈现，触目惊心。时下，利比亚动乱加剧，在亚洲国家中，阿富汗、伊拉克等国民众并没有用鲜花和掌声感激一直宣称为了解放他们的美国大兵，相反，动乱纷争此起彼伏，人们的眼神充满着仇恨与矛盾。在坚持不懈推行所谓民主政治的泰国，也长期未能摆脱“街头政治”的怪圈。当地时间 2014 年 2 月 14 日，泰国政府在曼谷出动数千名防暴警察，以夺回政府大楼和其他被示威者占领的区域。泰国的严重骚乱不仅使其旅游业等国民经济支柱产业遭受重创，经济雪上加霜，而且整个国家的派别持续分裂；

泰国式民主，本质上是一种蔑视政府管理和拒绝推行法治的无序民主。

新世纪以来，随着中国、俄罗斯、印度等国埋头发展并不断崛起，世界多极化不可逆转。正如俄罗斯外长所说："许多年以来第一次，在不同的价值体系和发展模式之间的思想交流市场上，出现了一种真正的竞争环境。"面对国际关系风云变幻，中国韬光养晦，处变不惊，始终坚持马克思主义的一元指导思想，中国特色社会主义事业大踏步前进，中国特色社会主义理论与时俱进，并自成科学体系，广大人民对社会主义理论、道路和制度充满自信和认同感，国际社会在"中国威胁论"和"中国崩溃论"的矛盾论战中也日趋客观理性。

由此我们看到，西方文化和其他文化一样，是世界上众多文化资源中的一种，正如研究者甄言所认为的那样，不能把"普世价值"标签化，全人类统一意义上的"普世价值"，并不能产生于任何人的主观设计和良好愿望，哪怕这种设计和愿望本身是先进的、合理的，也不能靠强力推行去实现"普世价值"的推广；脱离了具体国情，违背了不同国家的文化传统和民族性格，再好的民主愿景在实践上都会成为空中楼阁。

"普世价值"的真正要害在于否定特色和消解体制，"乱花迷人眼""知事要躬行"，先贤的话告诉我们，世界各国历史与现实情况不同，要立足本国实际探索特色发展之路，牢筑体制之基。

## 四、“普世价值”之争启示：要立足民族特色弘扬核心价值观

价值观是软实力的基础，正确的价值观可以引领繁荣。“普世价值”之争表明，指导思想是一个社会的基本价值，是社会意识的“纲”和“魂”，从当代世界动乱不堪的国家可以得出共识，契合国情的正确指导思想的多元化、否定化或胡乱更换，都会造成国家易帜、政治动乱和民生凋敝。经过改革开放大潮洗礼的中国，不能走封闭僵化的老路，也不能走改旗易帜的邪路，要坚定不移地坚持马克思主义在意识形态领域的指导地位，旗帜鲜明地走自己的路，在中国共产党的带领下，用实实在在的发展成果，进一步走出道路自信、理论自信、制度自信；提高用当代马克思主义引领多样化社会思想文化的能力，一花引得百花开，百花齐放春满园，让社会思想文化在深度交互中凝缩出富有民族特色的价值体系。

国内外的复杂环境，特别是西方国家借“普世价值”之名的西化图谋，迫切需要我们加快构建充分反映中国特色、民族特性、时代特征的价值体系，在全社会大力培育和弘扬社会主义核心价值观，提高整合社会思想文化和价值观念的能力，掌握价值观念领域的主动权、主导权和话语权。党的十八大提出培育和践行社会主义核心价值观的根本任务，强调要倡导富强、民主、文明、和谐，倡导自由、平等、公正、法治，倡导爱国、敬业、诚信、友善。这“三个倡导”24 个字，高度概括了国家的价值目标、社会的价值取向和公民的价值准则，这是社会主义核心价值观的基本内容。要切实把社会主义核心价值体

系融入国民教育和精神文明建设全过程，运用各种形式，生动形象地传播社会主义核心价值观，使其融入人们心灵里、体现在百姓行为中，有机转化为人民的自觉追求；要推进核心价值观时代化、大众化、生活化，并经过几代人的传承与实践，使其汇流于中华民族精神的主流文化。

各美其美，世界因不同而精彩；美美与共，世界因和而美。人民有信仰、有尊严、有自信、有价值观认同感，国家才有力量。开放的中国须建构更适合当今时代的价值观，构筑更适合这个时代的价值标准和行为规范。要大胆扬弃吸收历史上和外国有进步作用的价值观、道德观的有益内容，要着力做好新形势下意识形态工作，增强社会主义意识形态的吸引力和凝聚力，同时还要积极引导国际社会不断加深对中国特色社会主义核心价值观的了解，深入理解亿万中国人追寻国家富强、民族复兴"中国梦"的理想步伐。

可以预见，随着中国在和平崛起中逐步实现"两个百年"的梦想，西方"普世价值"的迷雾终将散开，"和谐包容""和而不同"的中国式思想价值观，也必将丰富世界文化价值体系，为解决世界"文明冲突"的难题提供宝贵思路。

# “普世价值”是不可能建成的“通天塔”

台州学院　盛跃明

跟随着资本扩张的脚步，全球化已成为不可扭转的客观进程，人类不得不适应从民族国家走向世界社会的历史潮流，而文化的全球化势必深刻影响本国和本地的政治与文化生态。理想的世界社会应当是“各美其美，美人之美，美美与共，天下大同”及“和而不同、求同存异”的文化共同体。而当今现实是，西方国家掌控着全球话语权，“普世价值”更是成为全球化进程中价值观话语权争夺的焦点。“普世价值”对当前中国的意识形态和文化安全造成了巨大冲击，我们需要擦亮眼睛去辨别这枚诱人的“毒苹果”！

## 一、“普世价值”≠人类共有文明成果

在多元文化与价值的全球化时代，是否存在一种普遍性的价值观呢？我们认为，人类存在某些普遍性的价值准则，比如民主、自由、法制、人权等全人类共有的文明成果，比如说“每个人必须得到人道的待遇”“你想让人如何待你，你就得如何待人”的道德黄金律。当上海世博会美国馆的影片展示其国家精神的时候，许多人被深深地震撼了。不少人会感叹于这个世界超级大国的软实力，感叹于美国精神对美国民众的润物细无声。多元、创新、乐观、可持续发展、团队精神、健康

生活、奋斗和成就……一切娓娓道来，亲切而又自然。美国精神把来自世界各地的移民团结到一个信仰之下，这样的“化人”方式显然值得我们借鉴和学习。温家宝在十届全国人大五次会议的中外记者见面会上曾说：“民主、法制、自由、人权、平等、博爱，这不是资本主义所特有的，这是整个世界在漫长的历史过程中共同形成的文明成果，也是人类共同追求的价值观。”时至今日，自由、民主、平等、法治等价值原则已成为社会主义核心价值观和社会主义的本质要求。

当前很多国人存在一种误区，就是把“人类文明的共有成果”和“普世价值”混同起来，这实际上涉及一个价值观的普遍性和特殊性的关系。我们应该明确的是，作为人类文明共同成果的价值观，其合理内核往往是相通的，并不是某个社会制度、某种社会形态的专利。杜维明在接受《瞭望东方周刊》记者采访时说：“(‘普世伦理’)构建的意思好像是一种人为努力，等于说由几个思想家来写一部宪法似的，可是真正的伦理是生活实践的过程。”既然社会生活是丰富的，产生于不同生活中的价值观又何以能“普世”？法国前外长韦德里纳说，西方世界10亿人口只占全球人口的少数，我们认定的“普世价值”未必真的就是“普世”的，我们没有理由也没有能力强迫别人接受我们的价值观。基于不同的民族传统和发展道路，实现某类价值原则的方式、方法不是唯一的，世上并没有包治百病的灵丹妙药，价值模式也一样。美国人一直确信他们手握未来，而美国式的民主政治将传遍全球，并成为人类“普世价值”和最终统治形式，这何其荒谬。民主与国家发展模式没有一个特定的标准，更不用说是不同人种、不同文化、不同制度的国家,即便同为资本主义国家的美国和英国,它们的样式也大相径庭。我们要说,“普世价值”并不是全人类的共同价值,而是一种被包装成全人类的终极价值典范,以期在全球范围内强行推广并加以实践的,以美国为代表的西方价值体系和制度模式,其真实面目是暗藏着政治图谋的西方文化霸权主义!

## 二、“普世价值”:终将成为废墟的“通天塔”

通天塔又称巴别塔,是《圣经》中一个非常重要的典故。“巴别”意即“变乱”,“巴别塔”意喻“使语言变混乱的塔”。相传大洪水过后,挪亚的子孙开始了新的生活。这时的人类居住在一个地方,使用同一种语言。他们突发奇想,想建一座通往天堂之塔,以彰显自己的力量。他们不可一世,藐视神力的行径惹恼了上帝,上帝将他们分散到世界各地,并让他们使用不同的语言。语言不通自然不能通力合作,通天塔也就成了一项未完成的工程。

随着新航路的开辟、资本的扩张和人类文化的交融,地域和语言不再成为人类交流的障碍,以美国为首的西方国家在和平与发展成为当今世界主题之时,启动了一项重建“通天塔”的“宏伟事业”,企图实现世界的美国化和西方化。正如马克思在《共产党宣言》中所言:“资产阶级,由于一切生产工具的迅速改进,由于交通的极其便利,把一切民族甚至最野蛮的民族也卷进文明中来了,它的商品的低廉价格是它用来摧毁一切万里长城、征服野蛮人最顽强的仇外心理的重炮。它迫使一切民族——如果它们不要灭亡的话——采用资产阶级的生产方式；它迫使他们在自己那里推行所谓的文明，即变成资产者。一句话，它按照自己的面貌为自己创造一个世界……”这或许就是资本主义国家输出“普世价值”的物质基础和经济支点。

而“全世界无产者联合起来”的口号和耳熟能详的国际歌中，全球化的事业还被赋予了共产主义的意义，“这是最后的斗争，团结起来到明天，英特纳雄耐尔就一定要实现！”罗伯特·塞缪尔逊说：“全球化是一把双刃剑。它是加快经济增长速度、传播新技术和提高富国和穷国的生活水平的有效途径，但也是一个侵犯国家主权、侵蚀当地文化和传统、威胁经济和社会稳定的具有很大争议的过程。”全球化不仅仅是经济全球化，也是政治全球化和文化全球化，在这个过程中，追求全球共同体意识和保持民族文化个性必然会成为一对矛盾，而这对矛盾又集中体现为全球化文化话语权的主导者和全球化依附者、跟随者、被迫者之间的冲突。杜维明说：“从文化的角度看，越全球就越趋于地方。所有与根源性有关系的东西，那些塑造我们成为一个活生生的具体的人的力量，我们没办法选择的力量，比如族群、性别、语言、出生地、阶层、信仰是很难趋同的。”可见，全球化是同质化，也是异质化；是世界的，更是民族的。既然这样，寄望于全球化的“普世价值”就不可能在这个地球上的每一片土地生根开花。

## 三、和平演变：不曾消停的勾当

在后殖民主义时代，赤裸裸的殖民掠夺被文化殖民所取代，他们通过文化领域的活动赢得后殖民地的人民。以美国为首的西方国家，凭借经济和军事实力，热衷用自己的文化模式和价值观念去改造他国，压制其他文明的发展空间，将西方意识形态打造成全球文化图腾和“普世价值”，强制各民族去膜拜。正如赛义德所言：“在我们这个时代，直截了当的殖民主义业已完结，帝国主义却仍滞留在老地方，留在某种一般的文化领域中，同时也从事着具体的政治、意识形态、经济和社会活动。”西方发达国家不仅在其经济依附国家大肆从事文化乃至政治意识形态领域的活动，还将文化侵入的矛头直接指向社会主义国家和一些奉行独立自主原则的发展中国家，以培养亲西方的一代。早在20世纪50年代，杜勒斯就提出，对以苏联为首的社会主义阵营要打一场思想战争，向这些国家输出西方政治主张、生活方式和价值观念。戈尔巴乔夫上台后，西方电台增强对苏东地区的宣传攻势，每周总播音时间大大增加，通过各种渠道向这些国家输送和散发西方刊物和其他资料，并扩大学术和文化等方面的交流活动，还别有用心地培养和争取新一代领导人。

和平演变对东欧剧变起了推波助澜的作用，这种方式在苏联和东欧国家取得巨大“胜利”之后，中国便成了西方和平演变的重中之重。美国政府“外脑”——兰德公司曾向美国政府建议对华战略的第一步就是要西化、分化中国，使中国的意识形态西方化，从而失去与美国对抗的可能性。而美国中情局的《行事手册》中有关中国的《十条戒令》，详细地规定了对中国人，尤其是青年人，进行文化思想、意识形态渗透的基本策略和具体做法，比如说，美国还对我国进行宗教渗透，希望用“仁慈的羔羊”征服“东方的巨龙”。面对西方的和平演变，若不能用慧眼辨别，很有可能影响和腐蚀一大片人，尤其是青年人。改革开放之初，邓小平就曾说："现在有些同志对于西方的各种哲学的、经济学的、社会政治的和文学艺术的思潮，不分析、不鉴别、不批判，而是一窝蜂地盲目推崇。对于西方学术文化的介绍如此混乱，以致在一些西方国家也被认为是低级庸俗或有害的书籍、电影、音乐、舞蹈以及录像、录音，这几年也输入了不少。"我们现在的境遇，又何尝不是这样。

## 四、文明冲突：新"十字军东征"

亨廷顿认为，冷战之后，主宰全球冲突的根源不再是意识形态，而是文化方面的差异。亨廷顿区分了全球几种主要文明类型，认为西方文明就是基督教文明，与基督教文明共存的还有中华文明、日本文明、印度文明、斯拉夫文明、伊斯兰文明、拉美文明，或者再加上非洲文明。现在看来，当今世界冲突的焦点主要还是在基督教文明和伊斯兰文明。而"普世价值"往往是和基督教文明捆绑在一起的。易中天认为，"普世"这两个字有很强的基督教色彩，这会让很多非基督教的民族不爽，不能接受，另外还有一种己之所欲强加于人的感觉。2001年"9·11"事件之后，以美国至上、先发制人、单边主义和改变政权(输出价值)为核心理念的"布什主义"逐步形成。布什在不同场合主张，甚至采用主动发动战争，改变邪恶国家暴君统治的国家政权、社会制度的形式，公开输出美国民主自由的价值观和价值体系。"美国在世界上具有前所未有和无与伦比的力量和影响，为自由原则和自由社会的价值信念所支持，这一地位来自独一无二的责任、义务和机会。这一国家的巨大力量必须被用来促进有助于自由的均势。”奥巴马上台后，开始采取“通过榜样的力量，而非力量的榜样”来推进“普世价值”。而在《美国2010年国家安全报告》中，在世界范围内推广“普世价值”被定性为美国的持久利益。

进入21世纪后的几次主要战乱，伊拉克战争、阿富汗战争、利比亚战争，直到现在的叙利亚和埃及内乱，都是以美国为主的西方势力在伊斯兰世界强行推广西方政治制度和价值模式的产物，而“阿拉伯之春”(The Arab Spring)更是被视作西方文明介入和改造伊斯兰文明的一次阶段性胜利。除了与伊斯兰文明的冲突，西方文明与中华文明的冲突也被看作是潜在的或者已经显现的另一主要冲突，“中国威胁论”已经在西方生根发芽，联合起来扼杀中国的崛起已成为许多西方国家的共识。

然而，进一步分析，我们会发现，推广西式民主和价值模式只是借口，美国照样反对埃及民选总统而支持军方推翻民选总统，其推行的民主和自由是多么赤裸裸的谎言！美国只是需要一个会听话的政府，不管你是民主的还是专制的，美国的国家利益才是首要的。从这点上说，文明冲突论的解释还是有一定缺陷的，文化冲突毕竟只是经济冲突和政治冲突的外显，价值体系的冲突绝不是决定因素，最多只是起推波助澜的作用。因此，倡导西方模式的中国人，应该擦亮眼睛，奉行国家利益至上的美国人不会真正让中国实现民主、富强、文明、和谐，他们要的只是一个听话的跟班！

## 五、文化工业：没有硝烟的战场

现代资本主义凭借现代科学技术手段，大规模地复制和传播文化产品，建立起作为统治者传声筒的娱乐工业体系，霍克海默和阿多诺称之为“文化工业”(Culture Industry)。在文化工业时代，整个世界都要经过文化工业的过滤，“没有一个人能不看有声电影，没有一个人不收听无线电广播，社会上所有的人都接受文化工业品的影响。文化工业的每一个运动，都不可避免地把人们再现为整个社会所需要塑造出来的那种样子”。西方政治家清楚，文化消费比物质消费更能改变人们的生活习惯和价值观念，它能在潜移默化中使受众产生对“普世价值”的认同感。

亨廷顿说，20 世纪是意识形态的世纪，21 世纪是文化的世纪。世界文化交流使得“普世价值”的推广和传播更具隐蔽性。弗里德克·詹姆斯认为，文化的全球化是界定全球化的真正核心。他预言文化全球化的后果，是美国的大众文化模式取代世界上各个民族的传统文化，成为世界文化的标准。美国的文化工业已成为传播西方价值观的主要战场。詹姆斯·彼得拉斯曾说：“美国的文化产业有两个目标：一个是经济的，一个是政治的。经济上是要为其文化商品攫取市场，政治上则是要通过改造大众意识来建立霸权。”据统计，20 世纪 90 年代以来，美国、德国、英国成为最大的文化商品出口国，占全球文化商品出口的 55%。进入新世纪后，文化工业成为美国和西方价值观输出的排头兵，美国借助其完善的文化工业体系，使美国文化流行全球，大量影视作品和其他大众文化形式涌入中国。对此，祝兴平这样点评：在许多国家依旧片面强调电影和书刊的意识形态意义时，美国文化产业在其 GDP 中已占到 25%的突出比重，成为仅次于军工的第二大支柱产业，电影、图书、音乐、动画、游戏、体育、主题公园及其衍生产品的开发与销售，成为美国力量的象征，不仅带来了巨大的经济效益，更展示了渗透力极强的软实力。

以电影为例，好莱坞已成为美国文化工业走向全球化的一张名片。好莱坞电影大多承载着向世界传递美国梦和美国精神的使命。“每个人都有追求个人幸福的权利，人人可以通过自己的努力获得成功”，这是美国电影经常向我们展示的个人主义的情怀，如《阿甘正传》《肖申克的救赎》；再就是超现实主义的侠客精神和英雄主义，超人、蝙蝠侠、蜘蛛侠轮番上演，而这些影片也经常有一些反国家的描写，通过适度揭黑，个人主义的意识形态得到认同和彰显。除了个人主义，向世界传递一种美国领导全球的国家价值也是好莱坞电影的重要题材，尤其是在一些灾难大片中，运筹帷幄的往往是美国政府，《变形金刚》《2012》《环太平洋》无不如此。虽然这些影片有中国元素，但《2012》中对中国军队形象的展示明显还停留在20世纪六七十年代，而被寄予厚望的中国产机甲战士“赤红风暴”竟如此不堪一击，最后还是由美国人和日本人驾驶的机甲战士在美国人和澳大利亚人驾驶的机甲战士掩护下，打败了怪兽，拯救了人类。这就是赤裸裸的国际政治在影片中的展示！

## 六、主动出击：御敌于千里之外

那么，在全球化时代，中国应该如何应对“普世价值”的冲击？

一是在请进西方文明成果的时候要有理论自信、道路自信和制度自信。这种自信来自于对马克思主义理论的真信、真懂、真用,来自于对中国特色社会主义道路和制度的认同和坚持。中国特色社会主义文化有容乃大,在继承和弘扬优秀传统文化、吸收和借鉴世界文明之间保持着极强的张力,"仁义礼智信"和"民主、自由、人权、平等、法治"都能在其中相互融和、交相辉映。只有这样,西方文明成果才能真正为我所有,而西方"普世价值"则无处遁形。

二是中国文化走出去的时候要有文化自信。中国应主动向世界输送自己的价值体系,通过自身的软实力消解"普世价值"的世界影响力。撒切尔夫人说:"今天的中国只能出口电视机而不是思想观念,中国没有那种可用来推进自己的权力,从而削弱其他国家的具有国际传播影响的学说。"作为一个经济强国,中国只有在全球意识形态领域获得话语权,才能成为真正的世界大国。而这个文化输出的精神内涵,不应仅仅停留在建设孔子学院上,也不是让西方人望而却步的社会主义,而应该更多地立足于"国家梦""民族梦"的角度进行阐述,因为任何国家的梦想都是相通的,这样可以更容易地与西方文化进行对话,以消除西方对中国崛起的疑虑。

## 正面是拯救，背面是陷阱

中国计量学院　石　仿

“普世价值”在产生之初便带有西方色彩。“普世价值”中“普世”一词来源于基督教。“普世”(ecumenism)源于希腊文oikoumene，它既有“全世界范围”这个意思，也有“全基督教”的含义，最早是由基督教东、西两派为争夺在整个罗马帝国的影响力而提出和使用的。公元5世纪时，东罗马帝国的君士坦丁堡的主教就被称为“普世牧首”。在当时使用的是“ecumenical”。近代以来，由于基督教内部各派系的争斗，基督教的影响日渐式微。新教势力不断崛起，新教教会依据现实需要发起“普世运动”，宣称“教会是超国家、超民族、超阶级的普世实体”，号召基督教各派联合，终止对立。由此可见，“普世”概念的提出与西方基督教教义直接相关，具有宗教救世色彩。但是我们现在所说的“普世”(universal)是源于启蒙运动，由于其反宗教的特征，另一方面也为了显示与基督教的区别而使用了“universal”一词来代替之前的“ecumenical”。20世纪中期，为挽救资本主义世界的精神危机，一些西方神学家发起了“全球伦理”运动，这是“普世运动”的进一步发展。1993年9月，世界宗教议会全体大会通过了《全球伦理：世界宗教议会宣言》，1997年在“普世运动”和“普遍伦理计划”的影响下，“全球伦理”“普遍伦理”“普遍价值”“普世价值”等概念逐渐传入国内。

对于“价值”一词的理解，马克思主义理论在政治经济学意义上使用这个概念。它首先涉及的是主体的主观感受，即客体能够在多大程度上满足主体的需要，所以价值在马克思主义理论看来实质上是一种客观的物质满足精神需求的衍射，衡量的标准自然是以主体主观感受为依据的。客体越是能满足主体需要，那么客体的价值就越大，反之，则价值越小。价值主体因为是主观的感受，自然会受到社会环境、文化教育、历史传统等不可抗客观因素的影响，因而产生不同的价值关系和价值观；满足主体需要的客体在不断发展，社会在进步，价值关系和价值观念也不可能一成不变。例如儒家提倡女子应该遵从三从四德的价值观，随着时代的进步，早已被新时代的年轻人所摒弃，人们不再用“女子无才便是德”来要求女性，而是赋予女性更高的社会地位。因此人类的价值观是指一定程度上体现的一种具体的关系，具有历史性、文化性的差异，并不存在放之四海而皆准的普遍价值关系和价值观念。自由、民主、人权等价值观都是随着社会历史发展而逐渐产生的，又在历史发展的不同阶段被赋予不同的内容。奴隶社会、封建社会不可能产生现代自由民主观念，古希腊时期的民主观念与现代西方国家的民主不同，同样，西方的民主并不能原封不动地拿来作为我们的“普世价值”。

同样的概念与它的所指可以不同，同样的所指也可以用不同的概念。近代中国曾经向西方学习“自由、民主、人权”，希望能够开启民智，摆脱愚昧无知的状态。中国人在实践的过程中不断地丰富它们的内涵，并且也见证了这些人类所共同追求的价值观对今天中国的影响。今天,这些理念不仅仅在中国,而且也成了世界人民的共同价值,在中国走向富强的进程中,它们还可以发挥更大的作用。

价值关系不仅具有共同性、普遍性,而且具有相对性、具体性。价值的共同性源于主体有共同的需要。生活在同一个地球上的人类,有相同的情感,渴望爱,希望和平,人们虽然说着不同的语言,有不同的文化传统,但是在面对自然、社会及人类社会时,不可避免地会碰到相同或相似的问题,从而产生一些共同的需要,形成一些共同的价值关系、价值追求和价值观念。"自由、民主、人权"是人类共同的价值追求,也是人类在长期奋斗中共同创造的文明成果。共同价值符合人类社会发展规律。人类文明的发展是一个不断累积和进步的过程,每一代人都在前人的基础上进行创造。文明的积累、进步既包括同一种文明纵向上的继承,也包括不同文明之间横向上的借鉴、吸收和融合。特别是伴随着经济全球化的进程,不同国家、不同文明之间的交流、交往日益频繁,各民族的历史正逐渐成为世界历史,人类面对的许多挑战超越了国界的限制,需要团结合作、共同应对,这就需要确立一些超越国家、民族和社会制度的共同行为准则或价值准则。经济全球化愈趋同,价值领域的共同性也愈发展。2008 年中国发生了汶川大地震,中国政府的表现让世人看到了中国对生命的尊重,在学术界展开了对"自由、民主、人权"的讨论。但是,某些人把这种人类共同追求的价值简单地等同于西方所谓的"普世价值",这正迎合了西方推出"普世价值"的目的。西方人把"普世价值"(universal value)定义为那些不分领域,超越宗教、国家、民族，只要本于良知与理性皆为所有或几乎所有的人认同之价值、理念。其实质是从抽象的人性出发，强调"自由、民主、人权"，从而抹杀了现实社会中人的历史性和阶级性。

那么西方为什么要在其他国家积极倡导"普世价值"呢？西方鼓吹"普世价值"是具有特定含义和政治企图的陷阱。从"普世价值"的词源来看，这个词来源于宗教教义中的普世、救世观念，进而发展成为"普世伦理"，再到启蒙运动时期的"普世价值"，"普世价值"本身就被赋予了浓重的意识形态色彩。"普世价值"观也是建立在西方历史文化传统基础之上的概念，并且带有非常强烈的西方文化色彩。时至今日，西方国家的强势地位决定其强势的话语权。这正好印证了塞缪尔·亨廷顿的话："普世文明的概念是西方文明的独特产物……普世文明的概念有助于为西方对其他社会的文化统治和那些社会模仿西方的实践和体制的需要做辩护。普世主义是西方对付非西方社会的意识形态。"塞缪尔·亨廷顿的论述清楚地表明，"普世价值"已成为西方实现其在政治、经济、文化上霸权的工具。

"普世价值"是建立在对人的生命普遍性的尊重和人类共同利益的追求的基础上的，能够自觉地维护和承担在追求共同利益时的权利和责任，而不是某些小集团为追求个人利益的工具和手段。西方现在的主流话语称，西方一直致力于推动"自由、民主、人权"这些"普世价值"。不少人也以为当年欧洲的启蒙运动、美国的《独立宣言》和法国的《人权与公民权利宣言》就已经确立了"自由、民主、人权"这些"普世价值"，这是有悖于历史事实的。1789 年的法国《人权与公民权利宣言》

中“人”和“公民”(L'Homme 和 Citoyen)在法文里，指的只是男人和男性公民，更确切地说是男性白种人，不包括妇女，不包括有色人种，不包括华人，不包括穷人。在这个《宣言》通过两年之后的 1791 年，一位名叫奥林普·德·古日(Olympede Gouges)的伟大法国女性，惊世骇俗地起草了一份《女人和女性公民权利宣言》(Déclaration des Droits de la Femme et de la Citoyenne)，但她却因此被送上了断头台，她所希望的妇女投票权直到她死后一个半世纪才在法国实现。

1776 年美国的《独立宣言》也是一样。美国国父们的确是一批很受尊敬的人，但他们也都是欧裔男性富人，其中不少还拥有黑奴。美国《独立宣言》中的“人人生而平等”指的是有地位的男性白人之间的平等，其中的“人人”不包括妇女、奴隶、华人，也不包括白人中的穷人，保留奴隶制也是美国国父们经过辩论后做出的选择。从 17 世纪开始的两个世纪，种族主义和殖民主义是西方推崇的“普世价值”，他们谈的自由，在相当长的时间内，包括了贩卖奴隶的自由，包括了对印第安人进行种族灭绝的自由，包括了向中国倾销鸦片的自由。美国南北战争(1861—1865)废除了奴隶制，值得肯定，但战后双方还是做了政治妥协，认为美国“统一”的价值高于黑人“自由”的价值。在此基础上，美国又颁布了法律，建立了一整套种族隔离制度。这套践踏人权的制度在美国南北战争后持续了近一个世纪。

中国人民艰苦卓绝的八年抗战，以 3000 万人伤亡的巨大牺牲捍卫了自己的独立，同时也间接捍卫了欧洲文明。如果当时中国政府，像一些欧洲“民主”国家那样在法西斯进攻面前纷纷投降，日本法西斯早就可以轻易拿下中国，之后与德国分进合击拿下苏联，再以中国和苏联的巨大资源为后盾称霸世界，如此欧洲文明还能保留多少？中国为世界反法西斯事业做出的巨大民族牺牲，在西方还远没有得到承认。英国首相丘吉尔1945年和西方领导人交谈时，还对中国不屑一顾，提及“中国人”，他用的还是那个对华人带有严重种族歧视的字眼“Chinaman”。

经历了“二战”的洗礼，西方也开始调整自己的价值观。1948年联合国通过《世界人权宣言》，这个《宣言》确认了人人“不分种族、肤色、性别、语言、宗教、政治或其他见解”都应该享受人权的原则。至此，我们才可以说，国际社会真正开始了以“自由、民主、人权”为“普世价值”的伟大进程。此后，西方国家又开始通过宣扬所谓的“普世价值”理论，不断对新兴的民主国家进行意识形态上的渗透，例如“水门事件”。而在西方国家，即使是在《世界人权宣言》诞生之后，种族主义理念还继续主导着西方国家的国内外政策。比方说，为了维护其殖民统治，法国发动了极其残酷的越南战争和阿尔及利亚战争，直到最后才非常不情愿地放弃了这些殖民地。同样，美国黑人不堪再忍受种族歧视，于20世纪60年代掀起了风起云涌的民权运动，马丁·路德·金于1963年大声疾呼：“我梦想有一天，我的四个孩子将生活在一个不是以肤色深浅，而是以品格的优劣作为评判标准的国家。”而这离美国通过载有“人人生而平等”的《独立宣言》已有187年之遥。直到现在，西方声称最自由的美国，其种族歧视事件也时有发生，现在美国国内黑人的失业率也远远高于白人的失业率。

西方模式下的“普世价值”观并不是一个完美的价值观，也不是模板。我们今天完全可以在一个与世界良性互动的基础上，用今天的眼光来认识和发掘我们源远流长的文化传统资源，这是一个尚未充分开发的巨大智慧宝库，对重塑民族魂，攻克中国和世界面临的许多挑战，促进新的“普世价值”的形成，都会产生巨大的影响。

贰

## “普世价值”的本质虚假性

“普世价值”是一个伪命题

生态危机与自由价值“普世性”的虚假幻象

辨析“普世价值”

“普世价值”并不是灵丹圣药

# “普世价值”是一个伪命题

浙江大学　王小燕

1840年前，中国一直以天朝上国自居，拥有一套稳定、封闭的价值体系。但鸦片战争的失败迫使中国打开国门。随着西方列强的不断入侵，中国开始被动地接收西方文化。从最初的闭关锁国，到“师夷长技以制夷”，到戊戌变法和立宪运动中的政治改革，再到新文化运动的思想解放，这是中国在屈辱中一步步艰难实现现代化的过程。内忧外患的险恶环境直接瓦解了中国的传统文化体系，同时也促进了中华民族的伟大觉醒。正如习近平指出的那样，近代以后，中华民族所遭受的苦难之重、付出的牺牲之大，在世界历史上都是罕见的。但是，中国人民不断奋起抗争，最终掌握了自己的命运，开启了建设自己国家的伟大进程，充分展示了以爱国主义为核心的伟大民族精神。新中国的成立宣告着中国人民从此站起来了，人们充满激情地开始建设具有中国特色的社会主义新社会。改革开放后，我国又迎来了西方文化新一轮更猛烈的冲击，中国人民的生活、思想经历了翻天覆地的变化。如今，全球化时代来临，国与国之间的竞争越来越重视文化软实力，因此构建我国特有的核心价值体系显得尤为迫切。

有关“普世价值”的讨论就是在这样的大背景下应运而生的。其中产生了许多优秀的理论成果，推动了我国社会主义核心价值观的构建。但需要我们警惕的是，有一些人披着“普世价值”的外衣，实质是推销纯西方式的价值体系。他们的目的很明确，就是通过攻击中国共产党和社会主义体制，进而把中国的发展方向引入资本主义的既有轨道。这背后是西方社会对社会主义国家封锁、围剿，利用意识形态渗透，破坏我国稳定局面的意图。

如果我们仔细思考“普世价值”这一概念，就会发现这其实是一个伪命题。价值观念从来都是具体的，其内涵是由特定的社会经济关系决定的。每个地区、每个民族、每个国家都有其特定的价值观体系，所谓的抽象的共同价值在现实生活中不可能独立存在。而有些人就取巧地主张去意识形态化，讨论所谓纯粹的“普世价值”。“普世价值”中的“普世”意味着什么？它意味这种价值是适用于所有人、所有时间、所有地点。这样的价值观如果真的存在，那必然是一种高度抽象概念化的表述，只是一些空洞无意义的词汇。实际上，价值观只有放到具体的语境中才有讨论的意义。现在的问题是很多西化论者往往先预设“自由”“民主”“人权”是在西方语境下的，任何反对他们的人就会被扣上“反自由”“反民主”“反人权”的大帽子。难道只有西方人追求“自由”“民主”“人权”，其他地区的人们就不追求了么？难道人类只追求“自由”“民主”“人权”，而不追求其他诸如“公平”“正义”“诚信”等美好事物了么？这种强盗逻辑不觉得是多么荒谬可笑么？

东欧剧变给我们一个重要的教训，戈尔巴乔夫就是为了虚无缥缈的“全人类共同利益”，背叛了马克思主义指导思想，使得苏联放弃了社会主义制度，最终走上了一条亡党亡国的不归路。其间以日裔美国学者福山为代表的西方战略家们大肆宣传“历史终结论”，鼓吹“人类思想演进的终点和作为人类最后的政府形式是西方自由民主的普遍化”。图穷匕见，这就是这些“普世价值”论者的意图，推行发展模式上的话语霸权，粗暴干涉他国内政，以迎合西方自身的利益。

前事不忘，后事之师。我们要从其他国家、民族的经验中汲取教训，揭露西方式“普世价值”的虚伪面目，坚定不移地走建设有中国特色的社会主义道路。

## 一、从历史上：直面“普世价值”的虚伪性

“普世价值”中“自由”“民主”“人权”这些概念源于欧洲启蒙运动、美国《独立宣言》和法国《人权宣言》。美国《独立宣言》里宣称：“人人生而平等，造物者赋予他们若干不可剥夺的权利，其中包括生命权、自由权和追求幸福的权利。”法国《人权宣言》里也宣称：“在权利方面，人们天生就是自由、平等的。”但事实真的是如此么？美国《独立宣言》里的“人人”显然不包括印第安人、黑人。印第安人是北美大陆的原住民，欧洲殖民者的到来带给他们的只有奴役和屠杀。1830 年，美国政府通过《印第安人迁移法案》，规定东部的印第安人要全部迁往密西西比河以西的为他们画定的保留地中去，对他们实行种族隔离和迫害。这些“印第安人保留地”绝大部分是偏僻贫瘠的山地或沙漠。其中一个叫切罗基的部族，在被迫迁往“印第安准州”(即今俄克拉何马州)的路途中有约 4000 人丧生，占该部族人口的 25%。这一惨剧后来被称为“血泪的审判”。印第安人长期遭到屠杀、围攻、驱赶、被迫迁徙等迫害，人数急

剧减少，到20世纪初期，只剩下30多万人。据统计，在美国西进运动中约有100万印第安人被杀，如今印第安人在美国总人口中只占1%左右的比重。美国黑人同样有着悲惨的命运，他们中的大多数是通过罪恶的奴隶贸易被迫来到美洲大陆的，长期受到歧视和压迫。法国的《人权宣言》中所谓的"人"和"公民"在法文里，指的只是男人和男性公民，更确切地说是男性白种人，不包括妇女，不包括有色人种，不包括华人，不包括穷人。法国同样在世界范围内推行殖民主义，压榨和奴役落后民族。

我们可以看到西方国家所谓的公民权利只在自己民族中得到实现。它们通过武力征服其他落后地区和国家，掠夺殖民地财富，奴役其他民族，以成就本国本民族的辉煌。它们一边对反抗者进行疯狂的屠杀和镇压，一边又大谈什么"人人生而平等"，这不是强盗的虚伪么？

## 二、从国际形势上：揭露"普世价值"的欺骗性

也有一些人认为现在所谈论的"普世价值"已不同于以往，而是国际交往过程中形成的反映各国共同利益的普遍原则。

过去十年，西方国家基于自身的战略利益，一直热衷于在东欧、中东等地区或推行所谓"西方模式"鼓吹革命，或撕下虚伪的面具，悍然出兵干涉别国内政。这些国家都先后建立了一个符合西方"普世价值"的政治体系，现在我们来看看它们如今的发展状况。

2003年格鲁吉亚爆发了所谓的"玫瑰革命"，被西方国家

视为“民主明灯”。2004 年，西方主导的媒体粗暴地干预了乌克兰大选，引发了所谓的“橙色革命”。2005 年，吉尔吉斯斯坦爆发了所谓的“郁金香革命”，令美国政界和媒体欢欣鼓舞，将其视作“民主和自由”的胜利。然而，这些国家在那之后都陷入了持久的动荡和内乱之中，社会稳定、经济发展受到了严重的影响，人民的生活水平大不如以前。尤其是乌克兰，国家陷入了内战与分裂的深渊中。

中东的情况同样不容乐观，2010 年底开始的中东与北非各国的“颜色革命”，使这些国家推翻了原有稳定的政府，但它们无一例外都陷入了失控的状态，武装冲突持续不断，经济低迷，物价飞涨，犯罪率飙升。美国在 2003 年悍然入侵伊拉克，试图打造一个中东的“民主”典范，却成了一个天大的笑话。这十年，伊拉克饱受战火的侵扰，面临国家分裂的威胁，人民生活在水深火热之中。连福山这样坚定的“西方模式”鼓吹者也在研究中不得不悲观地表示，美国没有能力解决中东地区的宗教斗争，现在的问题比原来更糟。

所谓的“普世价值”能给这些国家的民众带来和平安定的局面么？能给他们带来幸福安康的生活么？我国著名学者张维为指出，在一个经济相对落后的国家，政府如果不能凝聚全社会力量发展经济、改善民生，并在此基础之上推动符合民情国情的政治变革，而是把解决一切问题的希望都寄托于所谓的“普世价值”和“民主化”，则其成功的概率为零。那么美国为什么还要四处推销所谓的“普世价值”呢？我们可以看到这背后贯彻的是美国的战略意图，旨在为其全球战略提供“合法性”的依据，提升其国家软实力，是赤裸裸的美国国家利益。

所以在东欧，在中东，我们都看到了美国活跃的身影，可当埃博拉病毒在非洲西部肆虐时，美国又在哪里呢？我们知道，1976年该病毒就被公认为致命病毒，但医疗发达的美国在控制世界重大致命疫情上究竟又付出了多少呢？是否因为疫情在非洲暴发，因此其认为即使研究出药物也不具有经济效益？与此同时，我们看到美国不断地制裁与它对抗的国家，伊朗、古巴、委内瑞拉等等，美国为了其全球利益，不断地在他国发动战争，朝鲜、越南、巴拿马、伊拉克、利比亚、阿富汗等等，这难道是一个宣扬“人权至上”的国家的行为么？

美国2010年《四年防务评估报告》首度阐明现政府对美国安全利益的界定，即“安全、繁荣、‘普世价值’、合作性的国际秩序”，其不可或缺的理念就是让美国的文化、政策或价值观念具有吸引力，促使别的国家模仿、理解、认同美国在国际社会的主张，以维护美国的国家利益。《美国2010年国家安全战略报告》明确将“在国内和全世界尊重‘普世价值’观”作为一项重要的“美国的持久利益”。

近年来，美国依靠其所推广的“普世价值”，屡次在对外政策中获得主动，并以此向其他国家施加压力，“普世价值”已经成为美国政府在全球活动中不可或缺的“利器”。辽宁大学国际关系学院教授谢晓光认为，美国推广“普世价值”的实质，并不在于“普世价值”本身，更多的情况下，其是把这种意识形态当作一种标准，对世界其他国家加以衡量，并且作为一种工具，甚至是手段，强力干涉其他国家的内政。

所谓的“普世价值”之争实质上是国际话语权之争。以美国为代表的西方国家打着“普世价值”的旗号，在意识形态方面独占话语霸权，推行文化帝国主义，强迫落后的民族纳入他们的话语体系，实质上是干着新殖民主义的勾当。这种西方式的“普世价值”是国际关系中单边主义和双重标准的体现。

一个个实例再次揭露了“普世价值”的虚伪面目，再次证明了西方到处兜售的“普世价值”，实际上就是要搞乱他国、搞乱世界，攫取一己私利的把戏。

## 三、从西方自身：揭开“普世价值”的矛盾面纱

那么这些整天挥舞“人权”大棒的西方国家，它们自身内部的情况又是什么样的呢？

据不完全统计，美国在南北战争结束以后的19世纪70年代初期到20世纪90年代初期的120余年，总统出动联邦军队镇压人民群众斗争，共达23次，平均每5.2年就发生1次。所镇压的对象除钢铁工人、煤矿和金矿工人以外，还包括一些所谓的“种族暴乱”。人们之所以起来反抗，就是为了争取自己“生存权、自由权和追求幸福的权利”。宣扬所谓“自由”“民主”“人权”的美国政府考虑过他们了么？

2011年8月6日英国伦敦发生骚乱，并迅速扩散到多个城市，成为“1985年以来英国最严重的社会动荡”。这源于一名少数族裔青年死在伦敦警察的枪下，该事件激起一批人对政府的不满。英国警方出动大量警力进行镇压，几天内逮捕了500多人。在该事件中，西方媒体口径统一地将骚乱归罪于“青年暴徒”。同样是暴乱，发生在阿拉伯国家，就被宣传为民众勇敢地反抗暴政，追求自由民主，发生在英国就成了犯罪，遭到一致的谴责！

2011 年 9 月 17 日，上千名示威者通过互联网组织，聚集在美国纽约曼哈顿，试图占领华尔街，反对美国政治的权钱交易、两党政争及社会不公。2011 年 10 月 8 日，“占领华尔街”抗议活动呈升级趋势，千余名示威者在首都华盛顿游行，逐渐成为席卷全美的群众性社会运动。纽约警方 11 月 15 日凌晨发起行动，对抗议者在祖科蒂公园搭建的营地实施强制清场。这时美国的媒体又在哪里？它们一改往日对别国同类事件高度关注、密集报道的姿态，对这场运动表现出冷漠、消极的态度，与一些政客一道指斥抗议民众为“刁民”“暴徒”等。2014 年 8 月份，美国警方枪杀一名手无寸铁的无辜黑人青年，引发了民众的强烈不满，抗议最终演化为骚乱，警察局遭人群攻击，人们向警局投掷燃烧弹，而警方则回击催泪弹以驱散人群。11 月弗格森等地骚乱升级，美国出动数千人的国民警卫队应对骚乱。此次事件也让美国种族歧视、警察暴力等日益激烈的矛盾再次浮出水面。

根据国务院新闻办公室《2013 年美国的人权纪录》报告，2013 年美国的人权状况不容乐观：暴力犯罪案件增加，枪击案件不断发生，公民的生命与人身安全环境持续恶化；政府肆意监控民众，震惊世界，监所滥用酷刑引发关注；选举弊端和权力掣肘积重难返，损害公民利益；虽然经济正在复苏，但是美国公民的经济和社会权利保障依然面临挑战；种族歧视在美国社会仍系统性地存在，少数族裔人权状况堪忧；依然存在严重的性别歧视，儿童权利保障不力；美国棱镜门项目、无人机袭击、关塔那摩监狱、全球性虐囚等事件都受到国际社会的严厉谴责。

这种对内对外奉行双重标准的国家，有什么资格对其他国家的发展指手画脚呢？

每个民族的文化中都有共同的，有益于人类生存和发展的理念，这些共同理念无疑是有“普遍价值”的意义。但人类一些价值观或一些基本目标相同并不意味着各民族就要选择同样的路径去实现这些目标。“橘生淮南则为橘，生于淮北则为枳”，这是一个再浅显不过的道理，可为什么还有这么多人鼓吹着要照搬西方发展模式呢？这些人无非基于以下几种心态：第一，自卑的奴化心理。这种人在西方文化面前自觉地矮化自我，将西方模式奉之为圭臬。他们在国人面前趾高气扬，开口闭口“中国人的劣根性”，对社会主义建设事业指手画脚，美其名曰“勇于批判”，却在西方文化面前低头哈腰，了解一些皮毛就回来售卖，一副文化买办的嘴脸。第二，盲目的无知心理。这种人只会空喊一些口号，对不同的意见贴标签，一味地谩骂侮辱。他们缺乏理性思维，抓住“自由”“平等”“博爱”不放，遇到问题就大谈什么多党制、议会制。第三，险恶的小人心理。这种人利用一些社会问题挑拨群众与政府之间的关系，唯恐天下不乱，好从中谋取自己的利益。“普世价值”在他们那里只是一个用来攻击党和政府的幌子。

我国著名学者侯惠勤把这些普世论者普遍存在的错误分为五类：把某一历史阶段形成的价值视为超时空的价值；把充满分歧和冲突的价值观念简单化，从而掩盖其中的差异和冲突；混淆科学问题与价值问题的关系；对普遍性的过分偏好容易培养非历史性地看问题，形成形而上的思维方法，陷入普遍主义的误区，形成新的教条主义；为专制主义、霸权主义提供借口。

“普世价值”的实质意图是通过攻击他国内政，确立资本主义至上权威，从而将别国的发展方向强制引导至西方文明体系中，进而保障西方国家的最大利益。新加坡国立大学东亚所所长郑永年曾在《美国为何对中国推行“仁慈霸权”》一文中指出：“在国际关系上，美国是地道的现实主义者，但在这背后是浓厚的道德主义情绪。所谓的道德主义就是美国把自己的霸权行为‘道德化’。美国历来把自己视为道德的象征，是一个仁慈的国际霸权。”所以我们要提高警惕，勇于揭露“普世价值”的虚伪面目，增强信念，坚定不移地走有中国特色的社会主义道路。抛开中国固有的情境，盲目照搬国外经验，这注定是要失败的。

# 生态危机与自由价值“普世性”的虚假幻象

台州学院　黄翠新

当今探讨的所谓“普世价值”主要是指西方资本主义国家的价值体系,包括民主、自由、人权、平等、法治等具体内容。如果说从民主、自由、平等、人权等本质去理解,这些价值是好的,因而才有学者大声疾呼“民主是个好东西”。我国前总理温家宝也提出:“民主、法制、自由、人权、平等、博爱,这不是资本主义所特有的,这是整个世界在漫长的历史过程中共同形成的文明成果,也是人类共同追求的价值观。”民主、自由、人权、平等、法治确实是些好东西,因而成为西方现代性道德和政治的核心价值与基本理想,并且其随着西方现代性的扩展和全球化的发展而逐渐被更多的国家和人民所认识、认可和接受。中国也不例外,也需要这些东西,但是中国不需要西式的价值,而是在把握民主、自由、人权、平等、法治等价值的合理内核与本质的基础上,结合中国传统文化、社会经济和制度等具体国情,批判性地继承和发展这些人类文明成果。西式价值之所以不适合中国国情,在于其所依附的资本主义制度唯利是图的扩张本性和殖民性质。抛开这点不论,“普世价值”就其历史渊源和词面意义看,是指超宗教、超国家、超民族的,任何人、任何社会、任何时代都认同的价值和理念,而这样的“普世价值”已被众多学者证明是虚幻的,在现实中不可能存在。本文以自由价值为例，阐述全球生态危机情境下何以西式价值的“普世性”仅仅是虚假的幻象。

## 一、自由的共性与特殊性

何谓“自由”？恩格斯认为，自由就在于根据对自然界必然性的认识来支配我们自己和外部自然。在伯林看来，自由的根本意义是挣脱枷锁、囚禁与他人奴役的自由。这种“免于……的自由”，即是一种“消极的自由”，虽说是消极的，却是不被别人干涉的，属于最低限度的、神圣不可侵犯的个人自由。“积极的自由”则是“去做……的自由”，如何生活和决定取决于自己，而不是外在的强制力，“我”是自己的主人，而不是他人的工具。对自由的理解还有各种不同的观点，但无论其描述如何千差万别，自由最基本的含义都不能背离，即至少有不被干涉的属于自己的自由领域，在此基础上的自由则扩展表现为自主决定、自我发展和自我实现。我们说人类的历史就是一部追求自由解放的历史，就是说自由是人的本质追求，凡是有理性的人都会有追求自由的渴望，“不自由，毋宁死”，这是人类需求的共性，在此意义上而言，自由价值并不是资本主义所特有的，而是在漫长的历史过程中形成的，是人类共同的文明成果和共同追求的价值观。

而自由得以完全实现的普遍形态，是马克思所描绘的共产主义社会里的“每个人的自由发展是一切人的自由发展的条件”。这就意味着自由的实现是个漫长过程，人类不断地由必然王国向自由王国迈进，不是一朝一夕之功，而是分阶段逐步实现的，在这过程当中又受到政治、经济、文化等条件的影响和制约。由此不难看出，虽然自由是人类所追求的共同价值，有其共性，但其在不同时代、不同国家和地区呈现出来的具体形态是有差异的，是有特殊性和多样性的。在种种自由之现状中，我们必须清醒地认识到自由是“谁之自由”“何种自由”。西方资本主义国家的自由是在反对封建专制主义的过程中提出来的，成为号召资产阶级、广大工人阶级和农民阶级进行斗争的有力思想武器，但是随着资本主义制度的建立和资产阶级的掌权，自由日益成为少数人剥削其他大多数人(包括本国的和其他国家的)的自由，成为无限制地盘剥自然资源和侵占自然空间的自由。马克思批判了资本主义的自由观，认为在资本主义制度下，虽然广大人民获得了广泛的政治自由，但这种自由也仅仅是形式上的自由，而不是劳动人民实实在在的实质自由，因为资产阶级倚仗其掌握的私人资本而拥有剥削、压迫雇佣劳动者的自由，结果社会的不平等不是逐渐减轻，而是依然深重，劳动者获得的自由是残缺不全的，是片面的。

以美国为例，其所谓的新闻自由是服务于政府需要的，而不是以事实说话，向美国民众揭露真相、惩恶扬善的，如在伊拉克战争中，美国就援用《战时新闻控制法案》，严格控制美国媒体，使之不遵循客观事实的原则进行报道，而是让报道内容美化战争，为美国发动这场战争披上一层正当性和正义性的道义色彩。更甚于此的是，美国政府常常对他国指手画脚，批评他国缺失新闻自由，以“新闻自由”为幌子，打压和干涉别国的政治，阻碍别国的自由之路。

美国所谓的言论自由是有限度的，最主要的标准在于其不能危及美国国家利益，不危害到资产阶级的利益，而不可能是美国广大劳动人民利益的代表。其所谓的经济自由也仅仅是少部分有钱有权者，运用资本以攫取巨额利润的自由，广大劳动者仅仅拥有出卖劳动力的自由，结果是富者愈富，穷者愈穷，贫富差距两极分化。资本主义的本质在于最大限度地追求剩余价值和利润，在全球化的新形势下，西方发达资本主义国家采取新的经济剥削方式，如发动货币战争，对其他国家大肆敛财，甚至控制这些国家的经济，凭着资金和技术的优势，它们“自由”地巧取豪夺，把他人和各种资源玩弄于股掌之间，这种少数人的自由是建立在大多数人的不自由之上的。如马克思指出，在现今资产阶级生产关系的范围内，所谓自由主要就是指自由贸易。这种资本主义制度下的自由贸易，把人的尊严变成了交换价值，用一种没有良心的贸易自由代替了无数特许的和自力挣得的自由，它用公开的、无耻的、直接的、露骨的剥削代替了利用宗教幻想和政治幻想掩盖的剥削。由此可见，资本主义制度下虽然实现了人的政治解放，人的自由权利得到法律认可，但现实生活中，自由主要是属于资产阶级这个特殊阶级的自由，大多数人获得的仅仅是极其有限的自由。西方自由还没有达到马克思所说的符合人的本性的自由，即全人类的解放，因而并不代表人类全体的自由理想，而仅仅是一种特殊的解放，或者说是普遍自由的一个环节。

作为社会主义国家，新中国是在推翻封建主义、官僚资本主义和帝国主义三座大山的基础上建立起来的，从压迫和奴役中解放出来的中国人民，通过自己的努力走上了独立、富强和民主的道路。中国也在发展自己的自由，如党的十八大报告明确要求倡导自由、平等、公正、法治，积极培育社会主义核心价值观。唯有社会层面的自由、平等、公正、法治，才能激发社会和个人的活力和创造力，才能建设更加文明富强的国家。

以诺贝尔经济学奖获得者阿马蒂亚·森提出的“以自由看待发展”进行观照，我们国家在科学发展观的指导下，极大地增进了人们的“实质自由”。这种自由不是抽象的，而是现实的，看得见摸得着的。马克思就提出，自由不仅包括“我靠什么生存”，而且包括“我怎样生存”，不仅包括“我实现着自由”，而且包括“我自由地实现自由”。由于实现了广大人民实实在在的自由，中国才算是真正地走向强大，国民凝聚力才有稳固的根基，才不再任由他人欺凌，才能够独立自主，自由发展，崛起而成为负责任的大国，以独立的姿态参与到国际事务中。

当然，中国的自由也不是绝对的自由，这一点毛泽东早在《反对自由主义》一文中就提出来了，他反对自由主义的原因在于自由主义者只顾及自己个人的利益，而不顾及集体的利益。我们在现实中也可以看到，从资本主义内生出来的自由主义尽管在当代有了新的表现形式，如“新自由主义”，其以“华盛顿共识”为代表的政策就提倡“三化”，即自由化、私有化和市场化，但这都仅仅是为着某些财团、资产阶级和权贵阶层的利益。因而不管是西方发达国家还是主动或被迫接受西方自由主义的拉美、原苏东社会主义国家或亚非发展中国家，虽然在短期内取得了一定的效果，如对“滞胀”困境有所缓解，对经济增长有短暂的恢复，但同时西方自由主义带来的问题和积累的矛盾更加严重，如推行“新自由主义”政策的国家经济增长呈减慢甚至衰退趋势，私有化的结果是国有资产大量流失，经济受控于私人资本特别是外国资本，使国家经济主权受到削弱。

既然积极推行新自由主义政策的主要受益者是西方发达国家的资本家，或实行新自由主义政策的非发达国家的资本家或权贵，他们维护和谋求的必然仅仅是自身的权益，而置人民群众的基本利益于不顾。因而在推行和实行新自由主义政策的国家中，广大人民群众的生活是益发艰难，不是失业就是生活水平下降，陷入贫困。如20世纪初，拉美平均失业率达到9%以上，其中阿根廷2002年失业率高达23%。美国在次贷危机引发的国际金融危机中，失业率也飙升到10%，贫困人口在2010年也达到了史无前例的4618万人，大约每7个美国人中就有1人处于贫困之中。

透视种种自由乱象，我们应该清醒地认识到，对于以人民利益为根本利益、人民当家做主的中国，不可能完全照搬西方的自由模式，而是应该结合自身的政治、经济和文化特点，发展有中国特色的自由。这种特色在于，我们的社会性质是社会主义的，我们倡导和实现的自由必然是属于广大人民群众的，而不仅仅是少数人或某一阶层的特殊权利。其次，我们又是处于社会主义的初级阶段，物质基础还有待夯实，精神家园还有待完善，同时我们还面临西方国家形式多样的和平演变，因而要实现“人的自由全面发展”不可能一蹴而就，必然会面临复杂性、长期性、艰巨性和斗争性，我们必须站稳自己的社会主义立场。苏联解体、东欧剧变的事实证明，自由是要追求的，但必须是在坚持社会主义道路和共产党领导前提下的自由,是广大人民群众的实质自由,而不是完全照抄照搬西方的民主自由。

我们坚守社会主义立场,是因为社会主义的本质就是解放生产力,发展生产力,消灭剥削,消除两极分化,最终达到共同富裕。我们坚持自己的特色,是因为我们的政权性质、历史传统、时代环境、发展条件与西方国家不同,我们对西方国家不能亦步亦趋,鹦鹉学舌。我们要发挥社会主义制度的优越性,以广大人民群众的利益为本,制定出公平合理的政治、经济和文化政策及措施,科学发展、和谐发展、和平发展,从而在广度和深度上逐渐扩大人民群众的实质自由。中国能够在生态危机日益严重的背景下提出建设生态文明,并第一次将生态文明建设纳入中国特色社会主义事业的总体布局当中,同时以负责任的大国身份积极参与国际环境治理事务,这就彰显出中国的发展不仅仅是为了某个人或某些人的环境权益,而是为了本国和世界广大人民群众的环境利益,实现人与人、人与自然和谐相处的可持续发展,是我国自主选择的符合自身发展的正确道路。

## 二、自由与生态责任

自由与责任不可分割,自由既是一种权利,也是一种责任和义务,没有无义务的权利,也没有无权利的义务,权利和义务是统一的,自由与责任也是统一的。然而,在生态危机全球化的当口,面对共同的亟待解决的生态问题,需要国与国之间精诚合作的时候,资本主义国家往往置历史事实于不顾,只享受工业革命以来先进技术带来的种种自由权利,推诿需要承担的减排义务。

我们不否认，生态危机主要是人为活动导致的，如全球气候变暖是由于人类活动大量排放温室气体造成的：开采和燃烧化石能源排放二氧化碳和甲烷；水泥、石灰、化工等工业生产过程排放二氧化碳；土地利用和对森林的砍伐减少了二氧化碳的吸收；废弃物排放甲烷和氧化亚氮；等等。我们的自由劳作、自由呼吸和自由排放，导致全球性的生态问题，我们每个人都有责任，而我们又隶属于各个国家和地区，因而世界各国都要承担保护自然和地球的责任，这是我们“共同”的责任。

但是在承担责任的前提下，责任的分工又是有区别的，也就是说，承担的是“共同但有区别的责任”，即各国分担的责任应该与造成气候变化的行为后果成正比。1992 年的《联合国气候变化框架公约》的最重要成果，即是确立了“共同但有区别的责任”原则，要求发达国家作为温室气体的排放大户，采取具体措施限制温室气体的排放，并向发展中国家提供资金，以支付它们履行公约义务所需的费用。而发展中国家只承担提供温室气体源与温室气体汇的国家清单的义务，制订并执行控制关于温室气体源与汇方面措施的方案，不承担有法律约束力的限控义务。西方国家在过去 200 多年的工业化过程中，不断发明各种科学技术和方法，以最大限度地开发和利用自然，获取巨额的物质财富，甚至于把征服自然、控制自然的自由看成是人在自然面前的真正自由，从而无止境地、肆无忌惮地盘剥自然，在自由市场经济的鼓吹和刺激下，西方国家大量生产、大量消费、大量排放废弃物，其累积的结果是自工业革命以来，自然生态环境日益恶化，大气中二氧化碳含量增加了25%，远远超过科学家勘测出来的过去16万年全部历史记录的总和。在全球化浪潮下，西方国家把剥削的对象从本国人民、本国资源延伸到发展中国家的人民及其资源上，生态环境问题不是被控制而是进一步恶化和扩大化了。

从总量来看，目前发达国家排放的温室气体已占全球排放总量的80%以上。从人均来看，美国人均碳足迹大约为每年20吨温室气体排放，一个典型的欧洲人排放量为10吨—12吨，而一个中国人是4.6吨，全世界还有大约30亿人每年的人均排放还不到1吨。因此，发达国家享受了自工业革命以来大量排放温室气体带来的自由权利，也享受了文明的成果，根据权利与义务的对等性要求，现今发达国家承担更多的减排责任也是合乎法律、合乎伦理道义的。但美国却于2001年退出具有法律约束的《京都议定书》，之后也拒绝加入任何全球就减排达成一致的国际协议。如在被喻为“拯救人类的最后一次机会”的2009年哥本哈根世界气候大会上，美国总统奥巴马仍未对二氧化碳排放做出承诺，也没有提出实质性援助发展中国家的方案。占世界人口7%的最富有的5亿人口和排放全球50%温室气体的西方诸国，故意忽略西方几百年工业化过程给气候造成的影响，要世界上最贫穷的，占世界人口50%的人口和总排放量只占7%的发展中国家承担主要的减排任务。

再结合历届世界气候大会的缔约和谈判结果来看，我们不难得出以下结论：气候问题从本质上看只不过是欧美发达国家用来遏制发展中国家发展的又一冠冕堂皇的手段，享受的自由权利与应承担的责任义务的不一致，或者说罔顾历史事实和现实现状，而为人类的环境权利和义务规定了普适性的原则，表面看起来是平等与合情理的，然而对于没有享受工业文明成果，甚至曾遭受西方发达国家压迫和剥削的发展中国家来说，要其承担相同的减排义务，是对它们最大的不公正，也干涉了它们实质自由的实现。以自由之名而行压制之实，割裂自由与责任的内在统一，由此突显出西方国家鼓吹的自由价值的"普世性"只不过是虚假的幻象。

当然，这里并不是为发展中国家，包括中国，推卸减排和环境保护的责任，而是指出发展中国家由于在历史的发展过程中受到了种种压迫、剥削和不公正的待遇，没有得到独立、自由的发展，从而导致落后和贫困，因而其重心在于消除贫困、发展经济。但在发展经济的过程中，发展中国家也会对环境有所破坏和污染，因而同样需要承担对环境的保护和节能减排的共同责任。建设生态文明是关系人民福祉、关乎民族未来的大计，是建设中国特色社会主义"五位一体"的总布局之一，是实现中国梦的重要内容。

十八大报告为生态环境的可持续发展明确了实现路径，提出"推进绿色发展、循环发展、低碳发展"。习近平在纳扎尔巴耶夫大学回答学生问题时指出："我们既要绿水青山，也要金山银山。宁要绿水青山，不要金山银山，而且绿水青山就是金山银山。"中国一直积极应对气候变化、努力构建生态文明，自愿减排，承担与自身能力相适应的责任。如在哥本哈根会议上，中国作为一个负责任的发展中国家，做出了一个重大决定：到 2020 年，单位国内生产总值（GDP）二氧化碳排放较 2005 年下降 40%—45%；印度也提出在 2020 年实现在 2005

年温室气体排放量的基础上减少20%—25%的目标;巴西则承诺主要通过减少毁林的方式,到2020年将其温室气体排放降低40%。由于历史条件的影响和自身条件的限制,发展中国家想要在环境保护中有更多和更大的作为,还需要发达国家的资金支持和技术援助,唯有发达国家与发展中国家亲密合作,生态危机的缓解和解除才有可能。但由于立场的不同,合作也将是路漫漫其修远兮的过程,如1992年的《联合国气候变化框架公约》已明确规定,发达国家必须为发展中国家提供技术支持,但至2009年哥本哈根会议上,发达国家在技术转移问题上,仍然坚持知识产权私有立场,不愿无偿或低价向发展中国家提供相关技术援助,目前情况依旧。在资金问题上,情况也如此,虽然发达国家认为,到2020年发展中国家为减少温室气体排放和适应气候的灾难性影响,每年需要约1000亿欧元的资金资助,但如何给、给多少,至今没有落实。当发达国家将向发展中国家提供资金援助看成是一种“施舍”而不是其应该承担的历史责任和法律责任的时候,其一贯强权和霸权的嘴脸暴露无遗,此时自由何在?

真正的自由应该是平等的自由,不损害他人的自由,如密尔所说,自由应以不伤害他人利益为原则。因而真正的自由必然是有限度的自由,是“从心所欲而不逾矩”的自由,在此限度内人与人、人与社会是和谐的,其关系不是充满矛盾与斗争的,这是人在社会面前的真正自由;同时,人与自然也应该是和谐的,其关系不仅仅是人对自然单向度的利用和改造,也应该考虑自然的生态规律,从而做到利用、改造自然,与保护、养育自然的统一,这是人在自然面前的真正自由。只有既考虑到人类普遍的整体利益，又考虑到自然生态系统动态平衡的整体利益，并在此基础上国与国、国与地区之间紧密合作，共同致力于实现人和人之间、人和自然界之间矛盾的真正解决，才有可能实现更多的实质自由，并使这些实质自由得到制度的保障和可持续的发展。若仅从一己之利或一部分人之利、一国之利或几国之利出发，鼓吹自由价值的“普世性”，则不过是制造种种假象和幻象以更好地牟利，我们要警惕这种糖衣炮弹的攻击。

# 辨析"普世价值"

浙江工商大学　于希勇

"普世价值"里的"价值",实则是一个反映主客体关系的哲学范畴,指的是客体对于主体的效用或意义。客体能满足主体的某种需要,就表明该客体有价值,反之便没有价值。满足主体需要的程度越高,意味着客体的价值越大,反之就越小。是否满足主体的需要及满足的程度,是衡量客体有无价值及价值大小的尺度。

价值主体对于客体的需要,可以是物质层面的需要,也可以是精神层面的需要;可以是暂时的、短期的需要,也可以是长远的、未来的需要;可以是个人的、家庭的需要,也可以是集体的、社会的需要;还可以是阶级的、政党的、民族的、国家的需要等。

据权威部门统计,世界人口已逾 70 亿。尽管地理气候迥异,民族肤色不同,文化背景不一,生活方式多种多样,生活水准参差不齐,但有一点却是相通相同的,那就是人们都向往和追求人生的幸福。若问何以能知人活得幸福?最直接、最简明的办法,就是看他们自己高兴不高兴,脸上有没有笑容。

邓小平有一种用简单朴素的语言说出深刻道理的能力。面临纷繁复杂的矛盾,面对莫衷一是的争论,他三言两语一点拨,就把问题实质"拎清"了。当年,面对质疑改革开放的声音,邓小平说,判断的标准就看如下四条:群众高兴不高兴,群众答应不答应,群众赞成不赞成,群众拥护不拥护。邓小平反复强调,要把人民拥护不拥护、赞成不赞成、高兴不高兴、答应不答应作为制定方针政策和做出决断的出发点和归宿。

因此,学风要接地气,学问先要问计于民,学者先要做人民群众的观察者。"普世价值"不能也不应"灌输"给百姓,譬如做菜不是先拿菜单,而是要先了解合不合大家的胃口。

英国哲学家休谟曾提出"事实"与"价值"的两分,并认为二者有不可逾越的鸿沟。这话虽然说得有点绝对,却启发我们:事实判断和价值判断一定要区分开来。

人类在认识世界的过程中,产生了大量关于客体的认识,其中有两类。一类是客观认识,这是以客体本身的状态为反映内容,以获得关于客体的"真"的认识为目的,是探究物质世界本来面目及其内在规律的科学认识,是对客观事实的描述。这类认识要么符合(或部分符合)客观实际,要么不符合(部分不符合或完全不符合)客观实际,不夹杂着人的主观判断,不以人的主观意志为转移。这种以求真为目的形成的判断叫作事实判断。比如黄金和玉石,人们探究它们的天然属性和物理特性,如不可氧化性(黄金)、可延展性(黄金)、光泽性、美丽的颜色等,就属于客观认识或事实判断。

另一类叫价值认识,它是以客体和主体之间的价值关系为反映内容,以获取关于客体对主体的效用和意义,即有没有用、值不值、有无益处、好还是不好、有利还是不利、有没有意义等,诸如此类的认识所形成的判断叫作价值判断。这类判断的依据是主体的需求。需求不同,价值判断也会不一样,而且还会有历史性的变化。比如,人们认识黄金和玉石的收藏价值、市场价值,会因主体的不同、市场行情的不同、时代的不同而有很大的差异,根本不存在客观统一的标准。

《伊索寓言》中讲了一个《断尾的狐狸》的故事。说的是一只狐狸被捕兽器夹断了尾巴。受了这种耻辱以后,它觉得自己脸上无光,生活很不好过,所以它决定劝说其他狐狸也去掉尾巴。大家都一样了,它的缺点就可以被掩饰过去。于是它召集了所有狐狸,劝说它们割去尾巴,它信口雌黄地说尾巴既不雅观,又使自身拖着一件笨重的东西,是多余的负担。有一只狐狸站起来说:“喂,朋友,如果这不是于你有利,你就不会这样煞费苦心地来劝说我们了。”

这则寓言提醒我们:不要轻易相信别人的话,要自己做出正确的判断。

如何明辨是非?马克思在《关于费尔巴哈的提纲》中道出了颠扑不破的实践标准:“人的思维是否具有客观的真理性,这不是一个理论的问题,而是一个实践的问题。人应该在实践中证明自己思维的真理性,即自己思维的现实性和力量,自己思维的此岸性。关于思维——离开实践的思维——的现实性或非现实性的争论,是一个纯粹经院哲学的问题。”

马克思主义价值观认为,善恶观念从一个民族到另一个民族、从一个时代到另一个时代变动得非常厉害,道德范畴及道德原则、道德观念具有历史性,处于永恒变化之中。因此,任何道德教条都不是永恒的、终极的、千古不变的伦理规律,价值没有凌驾于历史和民族差别之上的不变的原则。国家、地区、风土、人情之间存在差异性,需要区别对待。恩格斯比喻得好:“阿尔卑斯山的居民和平原上的居民的生活条件总是不同的。把社会主义社会看作平等的王国,这是以‘自由、平等、博爱’这一旧口号为根据的片面的法国人的看法。”

就是作为“普世价值”代言人的西方世界,实际上也不存在着“普世价值”。美国当代伦理学家麦金太尔洞察到,当代道德话语最显著的特征,乃是它如此多地被用来表达分歧;而这些分歧在其中得以表达各种争论的最显著的特征,则在于其无休无止性。麦金太尔的意思是说,这类争论不仅没完没了(尽管它们的确如此),而且显然不可能得出任何结论。“在我们的文化中似乎没有任何理性的方法可以确保我们在道德问题上意见一致。”麦金太尔教授的这一洞见,显然点到了现代西方道德哲学的死穴。

麦金太尔在《德性之后》中指出,貌似具有“普世性”的当代道德言词,实际上是在表述分歧,表述分歧的争论最显著的特征是其无终止性。不仅这些争论没完没了,而且它们显然无法找到终点。“正义”是“普世”的?在战争中,不管发动战争的一方还是反抗的一方都号称“捍卫正义”,然而在现代战争中,打击的范围都极不可靠,大多伤及无辜,因此对于非战斗人员战争都是“不正义的”。“自由”是“普世”的?美国中央情报局的自由监听恰恰是对他国人民自由的最大妨害。“和平”是“普世”的?奥巴马上任还没到九个月就获得“诺贝尔和平奖”。诺贝尔委员会称:“很少人能像奥巴马那样吸引全球的目光,并给予其民众对美好未来的希望。”“领导世界必须以全世界大多数人的价值和观念为基础,奥巴马正是以这种观念建立了外交。”可就是这个奥巴马政府,在领导或至少知晓

"棱镜计划"这一极不友好的侵犯他国、他人自由的不光彩行为的前提下，发布命令通缉获得诺贝尔和平奖提名的爱德华·斯诺登——"棱镜门"的曝光者。诺贝尔和平奖候选人推荐信指出："斯诺登在曝光美国国家安全局'棱镜计划'时，不惜牺牲个人、做出了英雄般的壮举，他的个人行为让这个世界变得更美好、更安全。"奥巴马和斯诺登都不无讽刺地与诺贝尔和平奖有缘。哪个人在践行"普世价值"？处于不同群体的人会得出不同的结论。

德国哲学家费希特提出过关于自由的正题和反题。正题：自我必须设定自由是绝对的，即无条件、无根由、纯粹的自由；反题：自我必须限制自由，在自然规律和他人自由的条件下，实现有限的自由。正题与反题的矛盾最终在合题中达到统一。自我与非我的统一同时也是绝对自由与相对自由的统一，它表现为奋斗的过程。奋斗就是每个人不断克服自我的局限性，并与他人克服局限性的奋斗相配合，朝向绝对自由的目标前进。绝对自由永远不可能实现，奋斗是一个无休止的过程，但在此过程中的每一个进步都包含着绝对自由的成分。绝对寓于相对，无限寓于有限，目标寓于过程，未来开始于现在。重要的不在于能否达到终极目标，重要的是行动——没有行动，也就没有一切。

在此意义上，空谈"普世价值"没有意义，奋斗哲学就是行动哲学。"空谈误国，实干兴邦"，将"中国梦"化为现实，就是践行"我们的价值观"。

# “普世价值”并不是灵丹圣药

浙江农林大学　许庆华

伴随着对社会主义核心价值观的提炼，关于“普世价值”的讨论也日益成为思想理论领域的一个热点。由于每个人价值体系所达到的高度不同，关于社会主义核心价值观的提炼通常是观点各异，仁智各见，表现在社会政治层面和理论研究上，就产生了“普世价值”与“核心价值”的冲突。党的十八大报告对人们期待已久的社会主义核心价值体系的内涵做了初步表述，明确提出了要用“三个倡导”来积极培育和践行社会主义核心价值观。《人民日报》在头版报眼的显著位置用加红大字的醒目方式发布了 24 字社会主义核心价值观的基本内容。随后，全国各省报均在同一位置，全文转载了《人民日报》发布的 24 字社会主义核心价值观，使其在全社会引发强烈反响，也再次引起了人们对“普世价值”与“核心价值”之间关系的广泛关注与讨论。经过长期争论，人们应该对“普世价值”的一些问题有了更加深入的了解。本文就当前社会上关于“普世价值”还存在较大争论的基本问题谈些看法。

## 一、社会主义核心价值观是否可以冠上“普世价值”的帽子

党的十八大报告从 3 个层面，用 12 个词组 24 个字对社

会主义核心价值观进行了概括表述。对此,思想理论界有各种各样的解读,其中有一种观点值得商榷。这种观点认为,中国的社会主义核心价值观就是“普世价值”,而绝不是什么中国有外国无的独树一帜或者中国特色。他们的理由是,这24个字除了“富强”“和谐”“文明”之外,凡涉及政治、社会与个人层面的价值理念几乎无一不是西方诸国普遍认同的价值理念。那些具有中国特色的“忠、孝、礼、智、信”等传统美德不但没有成为核心价值观,而且几代领导人先后提出的“主义”“思想”“代表”与“发展观”也没有被纳入。除“人权”一项外,凡被西方诸国奉为“普世价值”的“法治、自由、民主、平等、公正”等字眼无一不在其中。

这种观点显然是站不住脚的。应该看到,我们党是明确反对某些西方国家把它们具有特定含义和用意的价值和理念,说成是“普世价值”而强加于中国、强加于世界的;但同时,我们党也从来没有把自己的社会主义核心价值观当作“普世价值”向世界推销,更没有去强加于人。但我们党愿意秉持“各美其美,美人之美,美美与共,天下大同”的理念和心态,去加强同世界各国有关核心价值观的交流和互鉴。人类社会文化发展的历史,提供了大量可以证明共同价值存在的例子。比如,不同人类群体在道德信条和实践上有着跨文化的共通性、相似性,即使是从来没有发生过文化接触的不相邻地区,也有某种相似的准则。像谋杀、偷盗、乱伦、撒谎等等,在很多文化里都是被禁止的,由它们所体现的维护群体共同生存条件、促进群体发展的价值原则,具有跨文化的普遍性。社会主义核心价值观同样也不能脱离人类历史发展的大道,无中生有，而是要积极吸收人类历史发展的一切文明成果。

然而，社会主义核心价值观由于“社会主义”这个定语的不同，而与西方资本主义核心价值观有本质的区别。社会主义的民主不是资产阶级政党之间的轮流坐庄，而是真正的人民当家做主。社会主义的自由不是基于资本的自由，而是基于人民主权的自由，人民群众享有实实在在的生存权和发展权。社会主义的平等不仅仅是法权的抽象平等，更不仅仅是周期性“投票权”的平等，而是人与人之间经济、政治、社会、文化等诸方面的全面平等。而西方法律上的人人平等，由于现实中财产权的不平等而成了空话，比如，西方国家所看重的“投票权”一开始就有投票人持有财产的规定，更别说因为其革命的妥协性而使英国贵族长期保有某些政治特权。在自认为最平等的美国，其妇女和黑人直到20世纪初才获得了“投票权”。如果说古希腊是少数奴隶主拥有的自由和民主，那么在美国建国之后很长的时间里，其也是拥有财产的白种男人的“投票权”。社会主义的公正也不是低于资本自由和个人自由的程序性和第二位的价值观，而是规约着社会主义人人平等、共同富裕，反映社会主义本质的核心价值观。

## 二、所谓的“普世价值”是否靠谱

虽然“普世价值”之说比较流行，但究竟有没有所谓“普世价值”这个问题一直都没有明确答案，还处于争论之中。现在网络上讨论“普世价值”的立场不同，将“普世价值”分为“客观主义”与“相对主义”两个不同类别。客观主义认为，“普世价值”是客观存在的人类共同价值观，是放之四海而皆准的。人们必须认识、接受和实践这种价值观，而不能随心所欲地挑挑拣拣，对客观“普世价值”的拒斥和反对，是一种落后和不开化的表现。相对主义则认为，人类没有绝对的“普世价值”，所谓“普世价值”是相对的，每个民族和文明都有自己的普遍价值观念。坚持价值观念的相对性和多样化，本身就是“普世价值”的体现。

从马克思主义观点来看，价值本质上是一种关系，是以主体为尺度的主客体统一的状态，是客体对于主体需要的满足和意义。由于价值是以主体为尺度的，不同主体肯定具有不同的需要。如“自由”“民主”“平等”“法治”等价值，在同一制度下的不同国家就有不同的理解，在不同的社会制度之间，对它们的理解更是存在根本的差异。我们再以对“普世价值”本身的理解为例，由于人们存在不同的立场、观点或看法，也包括不同的利益需求，有人或宣扬西方自由主义的“普世价值”，或赞颂民主社会主义的“普世价值”，或把所谓儒家经典中的“圣心王意”“天道性理”奉为“普世价值”，或把西方新自由主义经济学主张的私有化和非调控化的市场原教旨主义推崇为“普世价值”。更有趣的是，还有人一面把意识形态性很强的内容说成是“普世价值”，一面又把所谓“淡化意识形态”宣扬为“普世价值”，叫人摸不着头脑。既然是“普世价值”，似乎就符合世间一切人的利益，世人都应趋而奉之，不会说“不”了，也应该有一个统一明确的定义和说法，这就不免使人感到有些神秘。

此外，对于在“普世价值”旗号下宣扬的价值观，还应当对其进行历史的、阶级的分析。因为人类社会是不断发展的，主体、客体及主客体之间的关系也不断变化，价值关系和价值观念也随之改变。这样，同一事物对于不同主体便具有不同的价值，同一主体对同一事物在不同条件下的价值判断也不尽相同。因此，价值具有历史性，并不存在什么超时空、永恒不变的价值关系和价值观念。自由、民主、人权等价值都是随着社会历史发展而逐渐产生的，又在历史发展的不同阶段被赋予不同的内容。奴隶社会、封建社会不可能产生现代自由民主观念，古希腊的民主与现代西方国家的民主也是不同的。总之，价值观都是具体的、历史的，目前来看根本不存在什么所谓的“普世价值”。

## 三、“普世价值”的前因后果

在当前错综复杂的国际国内环境和背景下，“普世价值”不断得到扩散和传播。我们现在来分析“普世价值”的由来。所谓“普世价值”一词中“普世”的概念来自基督教。早在公元5世纪时，东罗马帝国的君士坦丁堡牧首(主教的意思)就有了“普世牧首”的荣誉称号。但是，对于那个年代的“普世”，使用的是oecumenical，它既有“全世界范围”这个意思，也有“全基督教”的含义。上帝被认为是世界上唯一的神，它的标准自然就成为普世的标准。20世纪中期，为挽救资本主义世界的精神危机，一些西方神学家发起了“全球伦理”运动，这是“普世运动”的进一步发展。受“全球伦理”运动影响，联合国教科文组织于1997年建立了“普遍伦理计划”，并于1998年6月在北京召开了会议，会上有学者提出了“普遍价值”这个概念。在“全球伦理”运动和“普遍伦理计划”的影响下，“全球伦理”“普遍伦理”“普遍价值”“普世价值”等概念逐渐在国内出现。

“普世价值”这个词在国内真正“热”起来是在2008年汶川大地震后。那时的有关争论中，一些人热炒的“普世价值”已不再是指价值的共同性，而是专指西方的自由、民主、人权。可见，“普世价值”这个概念经历了从宗教的“普世主义”，到神学家倡导的“普世伦理”，再到今天成为西方强势话语权的代表，专指西方政治理念和制度模式。

现阶段，某些西方学者坚持“西方中心论”，认为西方国家的公众享有高度的民主、自由、人权，西方式的民主、自由、人权等就是国际通行的“普世价值”，是适合世界各个国家、各个地区、各个民族的价值观念。这些标榜“普世价值”的西方国家，在全世界不断推行西方的价值观念，推行所谓的“普世价值”。如西方国家打着“人权高于主权”“普世价值”的旗号，对原东欧国家和苏联长期推行和平演变战略，促使东欧剧变和苏联解体，发动伊拉克战争，在中亚制造“颜色革命”，2011年以来它们又在北非中东国家扶植反对派势力，甚至用武力的方式，推翻别国国家政权，利用扶植上台的新政权为自身利益服务。此外，西方国家的企业在跨国经营中也极力宣传和推行“普世价值”，以所谓“普世价值”的标准衡量其他国家的企业行为，并借机对其他国家的企业进行指责和打压。2010年的“谷歌事件”和近年美国企业与政府合作共同打压华为、中兴进入美国市场就是例证。“谷歌事件”发生的根本原因是谷歌公司不愿意遵循国际通行的做法，并拒绝中国政府的合理要求。思科公司等美国公司和美国政府合作共同反对中国华为、中兴进入美国市场的真实原因是：它们清楚华为、中兴等非美国企业，不可能配合美国情报机构执行如“棱镜”计划这类监控全球的任务，只有美国企业才会配合美国政府，美国企业已成为美国政府掌控和监控全球互联网的重要环节。这一系列事件直接反映了西方国家大肆宣扬和推行所谓的“普世价值”，只具有明确的政治目的，并充分暴露了西方国家“普世价值”的虚伪面目。

让人很难理解的是，国内还有不少人无法识别西方国家“普世价值”的虚伪性，还简单地认为西方制度模式就是“普世价值”，而且把中国一切不好的事物都归咎于现行的制度和体制，鼓吹中国只有接受西方所谓的“普世价值”才有前途。事实真是如此吗？以“美式民主”为例，这一制度是结合美国国情而逐步形成的。美国独立战争和南北战争推进了民主化进程，这种“美式民主”，得到了美国人民的认可。但这种民主模式并非适用于所有国家。从美国输出民主的案例来看，在一些输入“美式民主”的国家，民主非但不能成功解决政权与民众间的矛盾，反而使各种社会矛盾尖锐化。从威尔逊到布什，美国长达百年的“民主输出”，不论是在美国国内还是在国际社会，其受到的谴责远远大于少数执政者的自我吹嘘。抛开西方国家的政治阴谋和企图来看，任何一种民主制度只要脱离了具体国情，违背了不同国家的文化传统和民族性格，就会使民主精神失去了原有的价值，就会给输入国人民带来混乱甚至灾难，再好的民主美景在实践上都只会以失败而告终。

所以，不能把西方的价值观等同于“普世价值”，西方国家竭力推行的“普世性”文化夹杂着西方的价值观念，不同的国家或地区不可能千篇一律地克隆西方民主模式、自由理念，而应有其独特的价值实现方式。

## 四、“普世价值”的理性解读

如何理性对待所谓“普世价值”,已经成为现阶段中国思想理论界必须应对的一个重大问题,这关系到中国特色社会主义建设的发展进程。从辩证的角度看,我们可以把“普世价值”理解为一把“双刃剑”,它既可以以文化霸权主义的姿态对其他文明产生消极影响,也可以帮助其他文明以积极的姿态参与全球化进程。

根据前面所述,当前世界上根本不存在真正的“普世价值”,侈谈“普世价值”是没有根据,也站不住脚的。西方国家宣扬和推行所谓的“普世价值”具有明显的政治指向性,对此我们要有清醒的认识,努力澄清“普世价值”问题上的是与非,自觉抵制西方国家那一套所谓“普世”的“民主”“自由”“人权”,坚持走保障人民当家做主的中国特色社会主义政治发展道路。

当今世界,由于人类面临的全球性新问题层出不穷,所以需要更加丰富的价值观来引导并处理这些问题,比如,环境问题、核扩散问题、霸权主义问题、人口问题和艾滋病问题等,都超越了民族、国家的界限而成为全人类的共同问题。要解决这些问题,光靠一国或几国的力量显然是不够的。解决全球性问题需要国际合作,在解决这些问题时各国、各阶级寻求的解决方法并不相同,但这并不意味着我们就要认同“普世价值”,这一点一定要保持清醒的认识。

叁

# “普世价值”的理论霸权性

我们为什么要拒绝西方的“普世价值”

“普世价值”之理论与现实

要认清“普世价值”的真面目

美国“普世价值”的海盗本性

# 我们为什么要拒绝西方的“普世价值”

杭州电子科技大学　黄　岩

近年来，西方“普世价值”论又甚嚣尘上。其宣扬者认为，创造中国经济发展奇迹的原因，是“引进了市场经济、民主、自由、法治、人权这些具有‘普世价值’的东西”。一些人甚至肆意曲解十八大报告提出的 24 字社会主义核心价值观，认为：“中共十八大最大的亮点就是将民主、自由、平等、公正等‘普世价值’列入社会主义核心价值观”，“第一次提出了肯定‘普世价值’的社会主义核心价值观”。事实上，我们党在十七大报告中就鲜明指出：“社会主义核心价值体系是社会主义意识形态的本质体现。”党的十八大报告再次重申：“既不走封闭僵化的老路，也不走改旗易帜的邪路。”中国为什么不要西方的“普世价值”，而要坚定不移地高举中国特色社会主义伟大旗帜？要弄清楚这一问题，就必须从理论和实践的结合上揭露“普世价值”论的实质，准确把握社会主义核心价值观在人类文明长河中的先进性。

## 一、“普世价值”论在理论上是站不住脚的

“普世价值”中的“普世”借用了古希腊时期斯多葛学派“普世主义”的概念，强调价值观念的永恒性与普适性。那么，世界上究竟有没有既具有普遍性又永恒存在的价值观念呢？

对这个问题，恩格斯在《反杜林论》一文中早就给了我们明确的回答。针对杜林提出的道德世界“有其恒久的原则和单纯的要素”，道德的原则凌驾于“历史之上和现今的民族特性的差别之上”等观点，恩格斯进行了深入的剖析和批判。

首先，“终极原则”论的哲学基础是唯心主义的。杜林认为，终极的成分或原则，不仅对于直接知道的和接触到的东西有意义，而且对于我们不知道的和接触不到的世界也有意义。恩格斯对此质问道：“思维从什么地方获得这些原则呢？从自身中吗？”在他看来，“原则不是研究的出发点，而是它的最终结果；这些原则不是被应用于自然界和人类历史，而是从它们中抽象出来的；不是自然界和人类去适应原则，而是原则只有在符合自然界和历史的情况下才是正确的”。杜林则“是唯心主义的，它把事物完全头足倒置了”。杜林从先验主义入手谈论道德原则问题，除去其故弄玄虚，其实质就是抽象人道主义的旧曲新弹。对这种论调，在批判费尔巴哈“彼此相爱”的观点时，恩格斯就鲜明指出，那种为一切时代、一切民族、一切情况而设计出来的道德论断，“在任何时候和任何地方都是不适用的”，是“软弱无力的”。

其次，道德观念具有历史相对性。在批判杜林神秘主义的“永恒真理论”时，恩格斯不是简单地说它有或无，而是从“什么是人的思维”出发，论证了人的思维是至上性与非至上性的统一。在他看来，思维的至上性总是在一系列非常不至上地思维着的人中实现的。人类的思维“按它的本性、使命、可能和历史的终极目的来说，是至上的和无限的；按它的个别实现情况和每次的现实来说，又是不至上的和有限的”。因此，所谓“绝对的、终极的真理”根本是不存在的。恩格斯又进一步指出，善与恶的对立完全是在道德领域，是在属于人类历史的领域中运动的，而在这个领域播下的“最后的终极的真理恰恰是最稀少的”。之所以道德领域“最后的终极的真理恰恰是最稀少的”，其原因就在于真理是人们对于客观事物及其规律的正确反映，而道德体现着道德主体的需要，同满足这种需要的对象之间的价值关系。道德对象是否对主体有意义，依据主体自身的好恶而决定。人们进行生产和交换的经济关系不同，所追求的利益尤其是核心利益也不同，因而不同主体之间对同一个客体的主观判断，往往存在很大差距，有时甚至是截然相反或对立的。恩格斯指出：“善恶观念从一个民族到另一个民族、从一个时代到另一个时代变更得这样厉害，以致它们常常是互相直接矛盾的。”因此，那种鼓吹存在超历史的适合于一切民族和时代价值观念的说法，无疑是荒谬的。

再次，在阶级对立的社会，道德始终是阶级的道德。在分析当时存在的封建贵族道德、资产阶级道德及无产阶级道德时，恩格斯明确指出：“一切以往的道德归根到底都是当时的社会经济状况的产物。而社会直到现在都是在阶级对立中运转的，所以道德始终是阶级的道德；它或者为统治阶级的统治和利益辩护，或者当被压迫阶级变得足够强大时，代表被压迫阶级对统治阶级的反抗和被压迫阶级的未来利益。”恩格斯认为，不仅不同的阶级有不同的道德，甚至每一个行业，也都各有各的道德。正是资产阶级革命的成功，才造成“自由和平等也很自然地被宣布为人权。这种人权的特殊资产阶级性质的典型表现是美国宪法，它最先承认了人权，同时它也确认了存在于美国的有色人种奴隶制:阶级特权不受法律保护,种族特权被神圣化”。在《社会主义从空想到科学的发展》一文中,恩格斯对当时思想家们所宣扬的理性王国的阶级本质,进行了深刻揭示:“这个理性的王国不过是资产阶级的理想化王国;永恒的正义在资产阶级的司法中得到实现;平等归结为法律面前资产阶级的平等;被宣布为最主要的人权之一的是资产阶级的所有权……”

恩格斯运用辩证唯物主义、历史唯物主义对杜林“永恒道德”论的深入剖析,也为批判当下泛滥的“普世价值”,提供了重要的方法论意义。它明白无误地告诉我们,任何一种价值观念都不可能脱离历史、超越时代,即使是放之四海而皆准的普遍真理也要受到历史和条件的制约。当前我国“普世价值”被炒热的主要原因,其实质就是西方资产阶级要以他们的价值观为圭臬,企图废除马克思主义在我国思想上的指导地位,进而达到改旗易帜的目的,对此我们必须要高度警惕、高度重视。

## 二、“普世价值”论在实践上是有害的

为了更加深入地揭露西方“普世价值”的本质,我们有必要从现实的角度,对以美国为代表的西方“普世价值”进行认真的分析和判断。

从发达资本主义国家内部来看,金钱确定人的价值,所谓民主等“普世价值”都是虚伪的。以西方的选举制为例,最早实行议会民主选举的英国,在当时 700 万人口中,只有 25 万人拥有投票的自由与权利;1776 年颁布的美国《独立宣言》开

篇就宣称“人人生而平等”，但当时所指的“人”仅指白人男性公民，妇女与黑人并不在其中，而且纳税多的人有多张选票；1791 年颁布的法国宪法明确宣布“选举权和被选举权仅限于积极公民”，而当时法国 2600 万总人口中只有 400 万为积极公民。经过无产阶级和其他劳动人民的长期斗争，现代西方的选举制虽已具备了“一人一票”的形式，但也只是有钱人的游戏。从美国大选情况来看，总统的竞选经费从 2000 年的 5.29 亿美元、2004 年的 8.81 亿美元，到 2008 年的 24 亿美元，再到 2012 年的 70 亿美元，逐届攀升。同时美国选民的实际参选率仅有一半多一点。何以美国选民近半数主动放弃自己的参选资格，美国前司法部长罗伯特·奈克一语道破天机：“民主被削弱，主要原因是公司为了在全球争夺消费者和投资者，不惜投入空前巨额的钱财进行游说、公关，甚至给予贿赂和酬金，以寻求能够使他们胜过竞争对手的立法。由此引发争夺政治势力的军备竞赛，它掩盖了普通公民的声音。”由此可见，在西方社会现实中，金钱、财富决定人的价值，也决定人的自由度及应享有的人权水平。选民弃选，是因自己的声音为“金钱”掩盖而表现出的一种无奈。正是在这个意义上，列宁指出：“极少数人享受民主、富人享受民主——这就是资本主义社会的民主制度。”

从西方发达国家推行的“普世价值”标准来看，它从来就没有超越过现实政治和利益的考量，因而是矛盾的。近几年，美国国务院人权报告，对包括中国在内的世界 200 多个国家和地区的人权状况评头品足。在他们看来，前南斯拉夫的科索沃、俄罗斯的车臣、中国的西藏及叙利亚都存在严重的人权问题。然而,西班牙对巴斯克大开杀戒,土耳其派军队越境到伊拉克清剿库尔德人,甚至魁北克被加拿大联邦取消公投权利,这些在他们眼里都不是人权问题。究其原因,就因为后者是北约成员,属于他们自己的政治阵营。我们再来看看美国所谓的互联网自由。2013 年 6 月,前中情局职员爱德华·斯诺登向世界曝光了美国绝密电子监听项目"棱镜"计划,世界为之哗然。面对不容置疑的事实,美国政府竟然厚颜无耻地辩称:"'棱镜'不针对美国公民或在美国的人。"言下之意,为了美国的国家安全,对他国政府和民众的监听理所当然,这种强盗式的逻辑进一步表明了美国"普世价值"的实际功利性。哈佛大学肯尼迪政治学院斯蒂芬·沃尔特教授在谈到美国人权标准时,直截了当地说:"美国在人权和国际法问题上说得天花乱坠,却拒绝签署大多数人权条约,没有加入国际刑事法庭,而且特别喜欢讨好人权纪录劣迹斑斑的独裁者","美国无比善良正直的看法或许能让美国人感到欣慰,可惜并不属实"。

从"普世价值"给发展中国家带来的实际后果看,绝大多数被输出"民主"的国家动荡不安,因而其输出是失败的。现在世界上有 220 多个国家和地区,除少数几个社会主义国家外,大部分国家都按照西方民主制过渡到了"民主政体",它们现在的情况又是怎样呢?俄罗斯、东欧国家按照西方"宪政民主"搞多党制、议会制,结果引来全面危机,叶利钦的"民主十年"被称为俄罗斯"三百年来最黑暗的时期"。"颜色革命"后的格鲁吉亚、乌克兰、吉尔吉斯斯坦,非但没有迎来希望的"自由、民主、人权",反而造成社会经济秩序混乱,乌克兰至今还深陷政治、经济危机之中，东部多个城市成了血腥的战场。被人称为“微笑之国”的泰国，尽管已实行“民主化”70 多年，但今天的泰国正陷入无休止的“街头运动”之中，整个国家看不到丝毫光明。阿拉伯世界的突尼斯、利比亚、也门、埃及等国，在西方“民主”的感召下，发生了一系列反政府运动，并成功地建立了新政权。西方媒体将这场运动称为“阿拉伯之春”，它们高呼“一个新中东即将诞生”，但结果却事与愿违，仅过去两年多时间，“阿拉伯之春”就变成“阿拉伯之冬”，普通民众连最基本的社会稳定和物质生活都无法保证。事实一而再，再而三地证明，不切实际地照搬西方资本主义国家所谓的“普世价值”，只是取乱之道、取祸之道。

## 三、社会主义核心价值观是迄今为止最高层级的价值观

党的十八大报告首次提出了社会主义核心价值观的基本内容：“倡导富强、民主、文明、和谐，倡导自由、平等、公正、法治，倡导爱国、敬业、诚信、友善。”这个表述是分别从国家、社会、个人三个层面出发的，“富强、民主、文明、和谐，是国家层面的价值目标；自由、平等、公正、法治，是社会层面的价值取向；爱国、敬业、诚信、友善，是公民个人层面的价值准则”。正如毛泽东同志一再强调的，要正确处理国家、集体、个人三者的利益关系，社会主义核心价值观的表述也体现了同样的思想方法。恩格斯在《反杜林论》中针对当时社会并存的三种道德，明确指出：“哪一种是合乎真理的呢？如果就绝对的终极性来说，哪一种也不是；但是，现在代表着现状的变革、代表着

未来的那种道德,即无产阶级道德,肯定拥有最多的能够长久保持的因素。”社会主义价值观与无产阶级道德观具有同一的一面,是迄今为止最高层级的价值观,代表着人类文明发展的方向和未来。

24 字社会主义核心价值观与中华优秀传统文化和人类优秀文明成果相承接,体现了民族性和时代性的高度统一。马克思说:“人们创造自己的历史,但是他们并不是随心所欲地创造,并不是在他们自己选定的条件下创造。”社会主义核心价值观,同样离不开中华优秀传统文化的厚重根基及优秀人类文明成果。习近平指出,“中华民族具有 5000 多年连绵不断的文明历史,创造了博大精深的中华文化,为人类文明进步做出了不可磨灭的贡献。几千年的沧桑岁月,把我国 56 个民族、13 亿多人紧紧凝聚在一起的,是我们共同经历的非凡奋斗,是我们共同创造的美好家园,是我们共同培育的民族精神,而贯穿其中的、最重要的是我们共同坚守的理想信念”,“中华文明源远流长,孕育了中华民族的宝贵精神品格,培育了中国人民的崇高价值追求”。社会主义核心价值观中国家维度的“富强、文明、和谐”与个人维度的“爱国、敬业、诚信、友善”都带有浓厚的东方色彩,体现了较强的中国特色、中国风格和中国气派,是对支撑中华民族几千年发展的以“仁义礼智信”为主要内容的优秀传统价值观念和道德规范的概括与提升。同时,社会主义核心价值观也大胆吸收和借鉴了世界各国人民共国创造的一些优秀成果,如社会主义核心价值观国家维度中的“民主”,社会维度中的“自由、平等、公正、法治”等,均借用了西方色彩的话语,“自由”则是最为西方化的话语。社会主义核心价值观还是中国共产党人率领中国各族人民,在建设中国特色社会主义实践中,所做出的符合社会发展规律和时代要求的主体价值选择,是人民群众从事中国特色社会主义伟大实践在价值观念形态上的反映。24 字社会主义核心价值观体现了中国共产党人开放包容的心态,展示了我党在中国特色社会主义制度、理论和道路方面的高度自信。

24 字社会主义核心价值观是与绝大多数个体命运紧密相连的价值理念,反映了"人民主体"的社会主义本质属性。作为一种新的世界观,马克思、恩格斯毫不隐瞒自己思想与学说的阶级性,"历史活动是群众的活动,随着历史活动的深入,必将是群众队伍的扩大"。列宁也强调:"只靠共产党员的双手来建立共产主义社会,这是幼稚的、十分幼稚的想法。共产党员不过是沧海一粟,不过是人民大海中的一粟而已。"坚持人民的历史主体地位,是马克思主义价值观的基本精神和特质,也是中国特色社会主义最本质、最核心的价值理念。在庆祝建党 90 周年的大会及党的十八大报告中,"人民"一词分别被提及 130 次、142 次,充分体现了"人民主体"的治国理念。党的十八大报告指出:"必须坚持人民主体地位。中国特色社会主义是亿万人民自己的事业。"中央办公厅 2013 年 12 月 23 日印发的《关于培育和践行社会主义核心价值观的意见》强调,培育和践行社会主义核心价值观的首要原则就是"坚持以人为本,尊重群众主体地位,关注人们利益诉求和价值愿望,促进人的全面发展"。这里所说的"以人为本""人民主体"是对中国传统社会中"民本主义"及西方社会中"人本主义"的颠覆与超越,它强调人民群众是历史的创造者,人民群众自己当家做主。正如2012年11月15日，习近平总书记携新一届中央政治局常委同中外记者见面时所讲的那样："我们的人民热爱生活，期盼有更好的教育、更稳定的工作、更满意的收入、更可靠的社会保障、更高水平的医疗卫生服务、更舒适的居住条件、更优美的环境，期盼孩子们能成长得更好、工作得更好、生活得更好。人民对美好生活的向往，就是我们的奋斗目标。"

24字社会主义核心价值观将富强、和谐、平等、公正等结合在一起，彰显了"共同富裕"的社会主义根本价值目标。恩格斯认为："平等应当不仅仅是表面的，不仅仅在国家的领域中实行，它还应当是实际的，还应当在社会的、经济的领域中实行。""无产阶级平等要求的实际内容都是消灭阶级的要求。任何超出这个范围的平等要求，都必然要流于荒谬。"资本主义社会的"自由、民主、平等"之所以是虚伪的，就在于他们的平等只是口号式的，没有社会和经济领域中的平等。邓小平在总结国内外社会主义建设的历史经验，特别是改革开放以来的经验基础上，提出了社会主义本质的科学论断："社会主义的本质，是解放生产力，发展生产力，消灭剥削，消除两极分化，最终达到共同富裕。"在新的历史时期，党的十八大报告强调指出："共同富裕是中国特色社会主义的根本原则……着力解决收入分配差距较大问题，使发展成果更多更公平惠及全体人民，朝着共同富裕方向稳步前进。"尽管发达资本主义国家在物质上也很富裕，但它们是少数人占有绝大部分财富的富裕，是缺少公正与和谐的富裕。而作为社会主义核心价值观的富裕是与公正、和谐紧密联系在一起的，是全体人民的共同富裕。强调共同富裕并不是追求物质上的共同发财，而是要在消灭剥削、消除两极分化的运动中，消灭阶级差别，进而为每个人的全面自由发展，以及“真正人的道德”的形成奠定社会条件。

习近平同志指出：“文化软实力的灵魂是什么？文化软实力建设的重点是什么？就是核心价值观，这是决定文化性质和方向的最深层次要素。一个国家的文化软实力，从根本上说，取决于其核心价值观的生命力、凝聚力、感召力。”目前，西方所宣扬的“普世价值”从理论上来说是荒谬的、不存在的，从实践上来说是虚伪的、矛盾的、失败的，其目的只在于谋求自己的全球霸权，以获得自身的巨大战略利益。我们必须把培育和弘扬社会主义核心价值观作为凝魂聚气、强基固本的基础工程，旗帜鲜明地坚持和弘扬社会主义核心价值观，使社会主义核心价值观的影响像空气一样无处不在——这应该是我们应对西方“普世价值”论的基本原则。

# "普世价值"之理论与现实

浙江工商大学　王华英

"普世价值"是以美国为首的西方资本主义国家，为实现政治霸权、文化殖民而向社会主义国家，尤其是中国大肆鼓吹的价值观，它标榜价值观的单一性，以其所谓的超阶级、跨时空的"平等、自由、民主、人权"来否定其他价值观。"普世价值"在理论上无理论之根，无思想之源，是虚无缥缈的。同时，美国的实践也一直背离其标榜的"普世价值"。一旦美国国家利益与国际利益发生冲突，则其会牺牲国际利益维护国家利益，如美国的世界警察角色及其在换囚政策、乌克兰公投、中国昆明暴恐事件问题上的表现；而一旦其国内资本所有者与下层民众利益发生冲突，其会选择牺牲大众利益维护资本所有者的利益，如政府非核心部门的关门事件、金主政治及其对国内民众人权的践踏等。

## 一、"普世价值"——无理论之根，无思想之源

价值是揭示客观世界对满足人的需要之意义关系的范畴，反映了主体需要与客体满足需要之间的关系，与主体需要、客观对象及满足手段相关。

需要的客观性与社会性决定了价值的自然属性与社会属性。需要是价值形成的"始因"，需要的特性影响价值特征。

人的直接需要为维持生命、繁衍族群的需要，这一需要一旦满足，会产生新的需要，如精神文化需要和谋求全面发展的需要，这就是需要的社会历史性。为了“止饿”，有人吃米饭，有人吃馒头，还有人喜欢牛奶面包，生理需要不是纯粹的自然需要，而是受社会关系、文化条件和社会历史条件制约的。由此，价值具有历史性和社会性，不同国家、不同时代的价值观具有差异，对平等、自由、民主、人权的理解、要求及实现途径也不同。社会制度、文化状况、历史传统的差异决定了价值观的多样性。古希腊奴隶制民主、近代及当代西方资产阶级民主的内涵都发生了变化，以所谓的“普世价值”掩盖价值观的多元性是文化殖民主义。

价值的抽象性与现实性决定了价值观的普与适。作为哲学范畴，价值是从经济价值、政治价值等具体价值中抽象出来的，具有普遍性。但现实中的价值是历史的、具体的。哲学抽象的价值与具体的、特殊的价值犹如大写的“人”与小写的“人”的关系。“人”总是存在于一定的现实社会中，不存在脱离社会实践和阶级的抽象“人”。同样，超越时空的“普世价值”只存在于哲学抽象中，现实中仅存在适用于各国国情的价值观。“普世价值”披着普遍性外衣，掩盖了意识形态的阶级性，正如马克思所言：“占统治地位的将是越来越抽象的思想，即越来越具有普遍形式的思想。因为每一个企图取代旧统治阶级的新阶级，为了达到自己的目的不得不把自己的利益说成是社会全体成员的共同利益，就是说，这在观念上的表达就是：赋予自己的思想以普遍性的形式，把它们描绘成唯一合乎理性的、有普遍意义的思想。”所谓“普世价值”只是统治阶级维护统治的遮羞布。

## 二、故事及影片折射了“普世价值”的虚无性

有则通俗易懂的小故事“穷人与富人”，讲的是富人与穷人价值观的变化。一富人和一穷人谈论什么是幸福。穷人说，幸福是现在。富人望着穷人的茅舍、破旧的穿着，轻蔑地说，这不叫幸福，幸福是百间豪宅、千名奴仆和大量财富。富人没料到一场大火把他的百间豪宅烧得片瓦不留，千名奴仆也各奔东西。一夜间，富人沦为乞丐。盛夏时节，汗流浃背的乞丐路过穷人茅舍讨水喝。穷人端来一大碗清凉的水，问：“你现在的幸福是什么？”乞丐望着穷人，说：“幸福是此时你手中的这碗水。”由此可见，价值观随生存状态变化而变化。

影片《刮痧》呈现了中西文化差异带来的对子女管教理念的差异，折射了中西方人权保护观念的不同。影片主角许大同携全家移民，就职于美国一软件公司，因工作业绩突出，上司为他开庆功宴。其间，许大同的儿子与上司的儿子打架，许大同要儿子向对方道歉，遭到儿子拒绝后打了儿子。许大同的上级指责他虐待未成年人，认为动手打儿子是对其所拥有的权利和自由的不尊重。这反映了基于不同的文化观念，中西方对孩子监护权理解的概念差异。许大同把熟睡的儿子单独留在家里，匆忙去警察局接父亲，在美国这被认为是虐待儿童的行为，许大同为此受到指控，这反映了不同的文化背景和理念对人权认识的差异性。因此，价值观随个体生存状态、时代、阶级及国家的变化而变化，不能以个体价值抹杀甚至凌驾于他人价值之上，不能以一时之价值囊括世代之价值，更不能

以一个阶级的价值观掩盖其他阶级的价值观。

## 三、事实胜于雄辩，从美国实践看，更不存在所谓的“普世价值”

尽管美国等西方国家在世界范围内极力兜售自由、民主、平等，对外大谈特谈“普世价值”。但从美国国内来看，普通国民的基本权利，如言论自由权受到监控，就业教育受到歧视；国际上，美国肆意威胁甚至践踏他国人权，甚至包括基本生存权，宣传与执行双重价值标准，根本不存在“普世价值”。

当美国国家利益与国际利益发生冲突时，他们牺牲国际利益，维护国家利益，进一步说是维护资产阶级利益。

事件一，换囚事件。2014 年 5 月 31 日，美国政府释放了 5 名被关押在古巴关塔那摩监狱的塔利班成员，以此换取阿富汗塔利班俘虏的唯一一名美国士兵伯格达尔。这一方面践行了美国不会把自己的任何一名士兵丢弃在战场上的原则；另一方面表明，美国政府一贯标榜的“普世价值”——“不同恐怖分子谈判”的原则被打破。自从 2001 年以来，在“绝不与恐怖分子谈判”口号的掩盖下，美国政府不断与恐怖分子接触，这无疑会进一步激励恐怖分子对平民实施恐怖及其他罪恶活动。因此，在应对全球恐怖主义问题上，美国政府的出发点始终是本国的国家安全及利益。在针对阿富汗的大范围反恐行动中，即便美国多次“误及”民用设施，造成无辜平民伤亡，也没有停止其行动。反观发生在中国的昆明火车站暴恐案件，美国政府却对其性质予以否定，认为这是当地政府不当行为引起的“暴力行为”。总体来说，美国的反恐战争不但未能有效地消灭恐怖主义，反而一定程度上导致了极端势力蔓延、扩散，甚至导致了全球安全形势愈加复杂，彰显了美国“内外有别”的双重价值标准，其以牺牲国际利益换取本国利益。

事件二，作为世界警察（包括网警），践踏他国人权，侵犯他国自由。一方面，美国发动战争，践踏他国平民最基本的生存权。美国发动伊拉克战争和阿富汗战争，造成大量平民伤亡。维基揭秘网站 2010 年 10 月 22 日公布的数据显示，2003 年 3 月至 2009 年底，在伊拉克战争中，有 28.5 万人伤亡，至少 10.9 万人丧生，其中 63％为平民。2011 年 2 月 20 日，美军在阿富汗东北部采取军事行动，造成 65 名无辜平民死亡，其中包括 22 名妇女和 30 多名儿童。2014 年 9 月 10 日，美国总统奥巴马全面阐述了打击“伊斯兰国”的战略，宣布要建立一个反“伊斯兰国”联盟，并将空袭范围扩大到叙利亚，这种反恐行动犯了反恐扩大化的错误，导致无数无辜平民流离失所。

另一方面，美国通过网络监控他国，侵犯他人隐私。在网络监控方面，美国垄断世界互联网的战略资源，打着“互联网自由”的旗号，推行霸权主义。互联网自诞生起就由美国掌控，目前全球互联网根服务器共 13 台，其中唯一的主根服务器在美国，其余 12 台辅根服务器中 9 台在美国。美国利用其对互联网资源的垄断地位，通过各种形式干涉别国内政。美国有专门的黑客部队，并在全球范围内招募黑客精英为其服务，同时还专门建立了“梯队”窃听系统，对全球进行窃听。欧洲议会报告书指出，“梯队”系统作为由美国操纵的情报收集分析网络，能在全球范围内拦截以公众电话交换网络、卫星及微波通讯所传送的电话、电子邮件和其他数字资讯，并监控其中内容。目前中国有 2077 个位于美国的木马或者僵尸网络控制服务器,从 2014 年 3 月 19 日至 5 月 18 日,其控制中国境内约 118 万台主机。可见,美国不允许他国自由活动,甚至监控他国人民的自由,侵犯了他国国民的人权,与其鼓吹的"普世价值"背道而驰。

事件三,克里米亚问题上坚持双重标准。2014 年 3 月 17 日,克里米亚公投落下帷幕,投票率超过 82%,其中赞成重归俄罗斯的选民占总投票人数的 93%,另外 7%的选民则赞同恢复 1992 年克里米亚宪法,为争取更大自主权留在乌克兰。对于这一结果,美国政府不予承认,坚持支持乌克兰独立、主权和领土完整,认为克里米亚民众投票违反乌克兰宪法,完全没有必要。此前,美方曾把俄方 20 名官员和个人纳入制裁名单,实行签证禁令和财产冻结,加上遭到制裁的 7 名俄罗斯和 4 名乌克兰官员,美方制裁名单的总人数达到 31 人。奥巴马还签署新的行政命令,允许美国对俄罗斯包括能源行业在内的经济领域实施制裁。实际上,乌克兰分裂危机的始作俑者正是以美国为首的西方国家,它们不遗余力地推动北约东扩,直接插手乌克兰内政。美国支持单边主义,在主权领土问题上实行双重标准,肆意鼓吹多国进行"颜色革命",不仅使他国陷入分崩离析的动乱中,更破坏了世界的和谐安宁。

当国内资本所有者利益与下层民众利益发生冲突时,美国政府牺牲下层民众利益,保障资本所有者利益。

事件一,2013 年美国政府非核心部门关门事件。10 月 1 日是美国政府新一年年度财政的开始,按宪法规定,政府财政预算须得到参议院和众议院批准方能生效。控制众议院的共和党试图将政府预算与奥巴马的医改方案捆绑，提出推迟实施医改，减少政府拨款等要求，而民主党控制的参议院则坚持医改法案不能受政府预算和债务上限的影响。两党争执不下，互不相让，导致预算案不能通过，只能让政府部分非核心部门与许多政府服务项目关闭，带来了巨大经济损失。美国专门研究财政问题的非政府组织经过国际优先项目估算得出，每过一小时，美国人民就要为政府停摆付出 667 万美元的成本。政府关门事件的最大受害者是普通民众。可见，其根本不存在所谓的民主，美国的政治、经济都由垄断者掌握，无论哪个党派都以政治利益为主，完全忽视民众利益。

事件二，金主政治凸显了美国“普世价值”的虚假性。美国联邦最高法院 2014 年 4 月 2 日以 5∶4 的投票结果裁决，取消对个人在联邦竞选中的捐款限制，有钱人可以在联邦选举中任意捐款，原本由金钱主宰的竞选被进一步巩固了。看似基于平等、民主的美国选举其决定性因素最终都归结于政治资金的多寡。各利益集团慷慨解囊捐献政治资金，以便将自己的利益代言人送上各级政府和议会的宝座，并借此在以后制定各项政策时对政府施加影响和压力。美国自 20 世纪水门事件后，逐步出台了一些限制政治捐款的法规，规定个人政治捐款总额不超过 12.32 万美元，但 4 月 2 日的裁决打破了这一限定。同时，美国枪杀案不断，难以立法控制，也是金主政治凸显的问题。美国公民持枪人数之多、比例之大居世界首位，美国平民持枪总数约 2.83 亿支，枪支暴力和枪支致死率为发达国家最高。面对民众禁枪的呼声，控枪举措一直没有出台，表面原因是美国对枪支等不限制，究其深层原因则是资本的逐利性。美国无论政治还是经济都被金钱所有者把持,民众只是其推行“普世价值”的道具,根本不存在所谓的普遍民主。

事件三,美国公民的基本政治权利受到践踏和侵略。2013 年,美国在全球范围内驱逐前中央情报局雇员爱德华·约瑟夫·斯诺登,只因其揭露了一项由美国国家安全局实施的电子监听计划——“棱镜”计划。根据这个计划,美国情报机构利用微软、谷歌、苹果、脸书、雅虎等 9 家互联网公司及一些大型通信服务商提供的数据,肆意追踪民众的私人关系与社会活动。美国国家安全局早在 2001 年就在国内安装专门的窃听设备,收集国内民众的通讯信息。这一项目起初只针对阿拉伯裔的美国人,后来逐渐扩大到普通公民。监视行动通过分析公民的电话和电子邮件记录,将电话号码和电子邮件串联成一条“联络链”,使大量美国公民的个人隐私暴露在政府面前。《新闻报》2013 年 6 月 14 日的报道称,九大主要国际公民自由联盟发表联合声明,认为美国联邦政府开展的秘密情报监视项目“棱镜”计划违反国际人权公约,其违反了隐私权和言论自由权两项最基本的人权。

美国所谓的“新闻自由”也与事实不符。美国对新闻进行严格审查和控制,“新闻自由”只是其美化自己、打压别国的政治工具。越来越多的美国记者因发表所谓的“不恰当的政治言论”而失去工作。2010 年 6 月,美国资深记者托马斯因批评以色列而被迫辞职。2011 年 11 月 15 日,纽约警方在对祖科蒂公园强制清场时,阻止媒体接近祖科蒂公园,同时封锁了空中领域以防止媒体用直升机航拍,设置警戒线让媒体无法抵达现场。美国有线电视新闻网、福克斯等电视频道都没有对“占领华尔街”运动做任何直播，主流媒体在“占领华尔街”运动中的表现更暴露了美国在自由和民主问题上的虚伪性。

美国少数民族的就业和受教育均受严重的种族歧视。少数族裔失业者占据美国失业大军的比例最高，2009 年 10 月，美国平均失业率为 10.2%，其中，黑人失业率 15.7%，西班牙裔失业率 13.1%，白人失业率 9.5%。2009 年，25 岁以上黑人男性大学毕业生的失业率是 8.4%，接近白人男性大学毕业生失业率 4.4%的 2 倍。受教育方面的歧视：美国 33%的白人拥有大学学历，而这一数据黑人只有 20%，拉美裔只有 13%。非洲裔儿童仅占美国公立学校在校生的 17%，其被开除数量却占被开除总数的 32%。据一项对休斯敦、洛杉矶和伯明翰的 5000 名儿童的调查显示，20%的黑人儿童认为自己遭遇歧视。研究显示，种族歧视是导致少数族裔儿童精神疾病的重要原因，拉美裔儿童患抑郁症状的人数是其他族裔儿童的 3 倍，黑人患病儿童是其他族裔儿童的 2 倍。加拿大经济学家迈尔斯·克拉克提出了“了不起的盖茨比曲线”，认为高度不平等的国家具有较低的代际流动性，社会越不平等，个人的经济地位就越由父辈及家族地位决定，这正适合于美国。诺贝尔经济学奖得主、普林斯顿大学教授保罗·克鲁格曼甚至预言，到 2035 年，美国的代际流动性将比现在还小，那时个人出生时的阶级地位将在很大程度上决定个人未来的经济前景。美国的少数族裔受到长期的、系统的、制度性的歧视，这是美国价值观无法抹去的表征和符号。在美国，公平的基本政治权利都受到资产阶级政府的限制、束缚与践踏，又如何谈得上“普世价值”呢？

由美国国内公民基本政治权利受到侵犯，种族歧视，以及其对外国公民实施践踏生命的惨无人道的战争可以看出，“普世价值”是美国实施的，服务于政治、军事目的的战略手段。美国在行动上根本没有遵循其一直倡导的“普世价值”。美国“普世价值”在实施过程中，执行国内与国外的双重标准，一方面，将“普世价值”作为工具和遮羞布，无视世界文化多元化，价值多元化的实际存在，将自己的价值观凌驾于其他价值观之上，以图建立其政治霸权。另一方面，美国自己凌驾于“普世价值”之上，特立独行，按统治阶级利益和自己国家利益的需要行事。鲜明地表现了其价值观的具体性、历史性和阶级性。价值观反映了一定社会的经济基础、利益结构和社会关系，具有鲜明的阶级性、时代性和社会形态的性质规定，所以根本不存在所谓的“普世价值”。以美国为首的西方国家推行“普世价值”，其深层政治意图是推行霸权主义，对社会主义国家实施“和平演变”。

各国应坚持平等、自由、民主、人权，同各国经济社会发展水平、社会制度、历史文化传统、宗教信仰、风俗习惯等相适应的原则。价值观随时空及主体的变化而变化，所谓绝对地适用于四方上下，往来古今一切人类的价值纯属无稽之谈。更不能以一国、一民族之价值观抹杀各国家、各民族价值观的多样性。设想一个连温饱都不能解决，连基本生存问题都犯愁的国家，其民族还怎么能谈发展需要呢。朝不保夕的个体、民族、国家怎么发扬民主，大谈自由呢？世界上根本没有，也不可能有一种放之四海而皆准的价值观和价值标准。

# 要认清"普世价值"的真面目

嘉兴职业技术学院　何晓梅

近几年来,"普世价值"一词频繁见诸报刊、网络媒体,成为备受关注的一股社会思潮,对人们的思想产生了不小的冲击。围绕"普世价值"这一概念,思想舆论界争论不休,对是否存在"普世价值",至今仍然存在争议。但有一点很明确,境内外敌对势力所鼓吹的所谓"普世价值"就是指西式的民主、自由、人权、平等等。本文就这一"普世价值"做一探讨。

## 一、"普世价值"的缘起

"普世"(ecumenism)一词源自希腊文 oikoumene,意指整个有人居住的世界。"普世"的概念最早是由基督教东、西两派为争夺在整个罗马帝国的影响力而提出和使用的。第一次世界大战后,欧美一些新教教会发起了旨在争取全世界基督教各派联合的"普世运动",主张"教会是超国家、超民族、超阶级的普世实体"。

据全球网络百科全书"维基百科"(Wikipedia)解释,大体从 20 世纪 90 年代起,西方的哲学、伦理学等领域的少数学者,把某种普遍认同的现象或观念概括为"普世价值"。

我国学界对"普世价值"概念的使用从关注"普遍伦理"慢慢演化而来。20 世纪 60 年代西方青年的嬉皮士和造反运动以来，资本主义社会的传统道德危机愈演愈烈，一些西方神学家发起了旨在挽救传统道德、阻止道德滑坡的全球“伦理运动”。1993 年世界宗教议会通过《走向全球伦理宣言》。1997 年联合国教科文组织建立“普遍伦理计划”，并于 1998 年在北京召开“从中国传统伦理看普遍伦理”为主题的亚洲地区专家会议。自 90 年代中期开始，“普遍伦理”逐渐成为我国一些学者关注的一个热点。当时，学界讨论问题大都围绕“全球伦理”“普遍伦理”“普遍价值”等概念，仅有少数学者使用“普世价值”。

截至 2005 年，“普世价值”在国内的影响主要还在学术界。直至 2005 年 10 月，境内外敌对势力和个别自由派知识分子，所谓以民主的“普世价值”为理论武器，攻击否定我国的社会主义民主政治建设。2007 年秋天，“普世价值”开始在某些报刊和网站迅速扩散、传播。2008 年，正值我国纪念改革开放 30 周年，四川汶川大地震抗震救灾和北京举办奥运会、残奥会等时机，境内外敌对势力借题发挥，说什么人权、法治、公平、正义、自由、平等、博爱等“普世价值”日渐成为我们文明中的核心价值，大肆炒作宣扬民主、人权、自由，“普世价值”在我国迅速演化成一股社会思潮。党的十八大召开之后，这股思潮力图用抽象的“自由、民主、人权、宪政”等概念替换社会主义核心价值观的内容，试图在我国社会主义意识形态话语体系中塞进“普世价值”的内容，“普世价值”思潮呈现抬头之势。

## 二、所谓的“普世价值”真能“普世”吗

从理论层面来看，没有普遍适用而又永恒存在的价值形

态,这一点我们从分析“价值”这一概念便可知晓。从马克思主义哲学的角度看:“价值是事物(物质的和精神的现象)对人的需要而言的某种有用性,对个人、群体乃至整个社会的生活和活动所具有的积极意义。”“某物是否对人有价值,不以某物自身的属性为基准,而以主体在历史发展中形成的客观需要为基准”,而人的需要总是受到一定历史阶段物质生产水平的制约,不能脱离一定的社会条件空洞地谈论人的需要,更不能抽象地用“需要”去解释历史。在阶级社会中,“人们自觉地或不自觉地,归根到底总是从他们阶级地位所依据的实际关系中——从他们进行生产和交换的经济关系中,获得自己的伦理观念”。

现实生活中的人们,由于所处历史发展阶段物质生产方式和社会关系的不同,产生的客观需要也不一样,所以不同的人对同一种事物的价值判断也不同。比如,古希腊人和古罗马人认为奴隶制度是公平的,而 18 世纪末登上历史舞台的资产阶级的“公平”却要求废除封建制度。同一事物,对处于不同民族、国家、阶级及阶层、文化、宗教的人们来说,意义和作用也是不一样的。比如,扫帚成精、飞天扫帚的故事在中西文学作品中都不乏存在,但由于中西方在文化、历史、宗教信仰等方面的差异,同样披着神奇之光的魔扫帚在中西文学中展现的特征和作用却迥然不同,在中国文学作品中其往往是不吉利的,给人们带来灾难的反面角色,而在西方文学中其被视为女巫(往往是救灾救难的一个正面形象)的一个得力法器。

显而易见,价值具有主体性和客观性,价值总是具体的、历史的、相对的。同时,价值又具有阶级性。历史发展中不同阶级利益主体的价值诉求是各不相同甚至是相互对立的，没有超越民族、国家、阶级及阶层、文化、宗教而普遍适用又永恒存在的价值。如果把资本主义社会的民主、自由、人权、平等等标准标榜为“普世价值”，把它当作永恒的、不变的标准，来衡量奴隶社会、封建社会乃至社会主义社会的情况，是极度荒谬的。“不同的阶级、不同社会地位的人们，对自由、民主、人权的理解和要求是不同的；不同的国家、不同的历史发展阶段，自由、民主、人权的实现形式和途径也各不相同，没有统一的模式。”

从实践层面来看，以美国为首的西方资本主义国家，大行其道地以“民主输出”“人道主义援助”等模式强力推行“普世价值”的实践与造成的后果，充分暴露了“普世价值”只是一种虚幻，带给被强力推行“普世价值”国家人民的是社会动荡、民族分裂、经济停滞。

从阿富汗、伊拉克、利比亚到埃及，在“反恐”“保护平民”的大旗下，西方国家挥舞着大棒四处敲打，堂而皇之地对中东进行军事干涉，致使无数无辜民众流离失所，亡命街头。世界各国记者在阿富汗、利比亚记录的真实镜头告诉大家，当地居民的人权状况根本没有得到改善，生活反而变得更加艰难，甚至连最基本的生命安全都没有保障。美国占领伊拉克 5 年，联军以极端的力量摧毁 10 多个伊拉克城市，伊拉克死亡人数达 75 万，400 多万人背井离乡，疾病和儿童死亡率加剧；学校、医院、图书馆、博物馆和考古遗址等教育、医疗、文化等机构遭到严重破坏。埃及自 2013 年政变以来，其经济受到重创，政治陷入混乱，流血事件频发，社会裂痕越来越大，其动荡局势至今未见转机。

再来看看那些接受了“普世价值”的发展中国家，又是何番景象。已经实行民主60多年的印度，号称世界上最大的“民主国家”，耕地面积居全球第一，而根据国际粮食政策研究所发布的《2013年世界饥饿指数报告》显示，其饥荒指数却在88个国家中排名第63位。根据联合国教科文组织2014年1月公布的《全民教育全球监测报告2013—2014》，印度又不幸成为全世界文盲人口最多的国家。与此同时，政治贿选现象严重至极，据《环球时报》报道，2014年印度大选花费近50亿美元，是2009年印度大选的3倍，成为全球仅次于美国总统竞选（2012年美国总统竞选花费70亿美元）的最昂贵选举。而已经“民主化”70多年的泰国，近年来一直在军事政变、街头暴力的轮回中频频进行政权更替，大型示威活动此起彼伏，政治秩序陷入瘫痪，社会动荡局面呈现恶性循环之势。

至于苏联解体之后的乌克兰，几乎做到了西方“民主化”的所有要求——多党竞争、“宪政民主”等等，而这样的“民主政治”却成为了寡头牟利的政治工具，催生了“天然气公主”“巧克力大王”等各色经济寡头，普通民众的生活水平却毫不见起色，最终酿成社会动荡和国家分裂的悲剧。据世界银行数据显示，乌克兰2012年的国民人均收入仅为3500美元，远远低于当时欧洲中亚地区的平均水平6658美元。

特别值得一提的是，华人社会效仿西方民主的台湾地区，自20世纪80年代启动民主进程以来，经济停滞不前甚至持续下滑，由曾经的亚洲四小龙之首沦为之末；民粹主义、分裂主义登上历史舞台，族群对立、社会分裂之势难以逆转；政党贪污腐化的局面,使人民的政治疏离感日趋深重,重创台湾民主。民进党执政八年产生严重腐败,前台湾最高领导人陈水扁及其家族、民进党精英高层、台湾调查机关、除教育主管部门以外的所有主管部门(包括法务主管部门)都卷入腐败案件,其腐败规模堪称全球第一。而时任台湾地区领导人的国民党主席马英九,于2014年12月被曝私收2亿政治献金,被特侦组分案进行调查,再度使台湾民主蒙羞。

历史和现实反复证明:当西方将所谓的“普世价值”植入某个国家之时,往往就是该国冲突动荡、深陷灾难的开始。牛脚上装马蹄,会使原有生命体遭到破坏。西式的“民主、自由、人权、平等”不但不能解决不同国家不同民族的社会矛盾,反倒使社会矛盾更加激化。由此可见,“普世价值”的“普世性”真的是要打个大大的问号了!

## 三、“普世价值”背后的企图

利用“普世价值”进行意识形态渗透,实施和平演变,是以美国为首的西方资本主义国家推行霸权主义政治的一贯战略,“普世价值”掩盖不了其图谋世界霸权、谋求本国利益的政治企图。

如美国在1995年《国家安全战略报告》中明确提出了美国谋求领导世界,要在世界范围内扩展其市场经济制度、价值观念和世界自由力量的战略目标,即“参与和扩展战略”;2006年《美国国家安全战略报告》强调,美国“必须号召自由世界的义愤之师去反对暴政体制强加给人民的压迫、虐待与贫困”,“必须在全球范围里采取有效措施扩展自由与民主”,才能终结世界上的“暴政”，保卫美国与美国的价值观念；2010 年《美国国家安全战略报告》明确将“在国内和全世界尊重‘普世价值’观”作为一项重要的“美国的持久利益”。在“普世”的旗帜下，美国以西方文明为中心用经济制裁、政治颠覆、武力打击、外交封锁等手段企图控制其他国家。

21 世纪以来，从中亚到中东，美国在格鲁吉亚、乌克兰、黎巴嫩等国打着“自由、民主、人权”的幌子，策动“颜色革命”，组织所谓“持不同政见者”大搞街头政治，通过“颜色革命”推翻不符合美国利益的政权，便是最鲜明的例证。2003 年 12 月格鲁吉亚爆发“玫瑰色革命”；2004 年 12 月，乌克兰爆发“橙色革命”；2005 年 3 月，吉尔吉斯斯坦爆发“郁金香革命”；2005 年 2 月，黎巴嫩爆发“雪松革命”。短短 3 年时间里，4 场非暴力革命，不同的国度上演了同样的剧本：选举作弊，人民不满，当权者病态的抵抗，百姓游行，当局妥协，最终建立亲美、亲西方政权。美国幕后推手的作用毋庸置疑。

从美国推行“颜色革命”的伎俩来看，其主要是用非政府组织打前锋，利用选举争议作为突破口，通过媒体兴风作浪，“妖魔化”当权派，开办讲习班培养“街头政治”骨干力量，投资金钱培植反对派，对当政者施压。这些手段的应用，其表面看是推行所谓的“民主”“自由”，为了“第三世界”国家人民的生命和权利实施人道主义干预，其背后真正的企图却是实现美国在欧亚大陆接合部的地缘政治和经济战略。具体来说，一是掌控欧亚大陆心脏地区的中心，构筑对美有利的地缘战略格局，从而主导该地区的安全事务；二是经济上争夺中亚的石油利益，实现美国能源供应渠道多元化的战略目标；三是在中国西面构筑一个围堵中国的“半月形”战略包围圈，对崛起中的中国进行军事和政治的围堵。正如美国当代著名国际政治理论家塞缪尔·亨廷顿所言：“普世文明的概念有助于为西方对其他社会的文化统治和那些社会模仿西方的实践和体制的需要做辩护。普世主义是西方对付非西方社会的意识形态。”“普世价值”俨然已成为以美国为首的西方发达资本主义国家用来维护其世界统治地位、实现其最大利益的最好的工具。

对于中国而言，以美国为首的西方敌对势力鼓吹“普世价值”，极力宣扬民主、自由、人权和私有化，其政治企图亦显而易见，旨在西化、分化中国，否定中国发展，搞乱党心民心，颠覆社会主义制度。

由于意识形态和社会制度上的根本对立，社会主义国家自诞生之日起，就被西方资本主义国家视为眼中钉、肉中刺。随着改革开放以来，中国综合国力和国际影响不断增强，特别是2008年中国抗震救灾的出色表现和北京奥运会的巨大成功，更是令世界瞩目。以美国为首的西方资本主义国家日益把中国视为“最大的潜在敌人”和“全球性对手”，一度渲染“中国威胁论”。东欧剧变后中国作为世界上唯一的社会主义大国，无疑成为西方敌对势力攻击的主要目标，加紧对我国推行西化、分化图谋。而鼓吹“普世价值”，加强意识形态渗透，实施和平演变，是以美国为首的西方敌对势力西化、分化中国采取的一贯伎俩。

布什在连任的就职演说中就公然把向非西方国家，特别是发展中国家输出“民主化”价值观作为基本国策，也曾直言不讳地表示：“同中国开展贸易活动不仅对美国的农场主和工业家有利，而且能帮助宣扬民主价值观。”奥巴马执政后，认为比军事实力甚至经济实力更重要的是思想实力，提出用“巧实力”实行美国的对外战略，用美国的模式改造世界，包括人权、社会制度和经济体制。他们利用人权问题进行刁难，利用新疆、西藏等民族问题实施分化，利用宗教进行渗透，利用“台独”势力破坏国家统一，利用邪教组织进行捣乱。他们将中国改革开放30多年的伟大成就、抗震救灾的伟大胜利归功于学习和实践“普世价值”的结果，将一些社会问题，如群体性抗议事件等归咎于社会制度的弊端，而同样的社会问题发生在西方国家，就被认为是正常的，甚至是自由、人权的体现，其企图用“普世价值”解释中国改革发展中取得的成绩和存在的问题，争夺话语权。他们扩大传统媒体覆盖面，进行思想渗透，削弱我国主流舆论的影响；利用互联网等新兴媒体，争夺思想文化新阵地；利用发达的文化产业和多种文化形式，冲击我国文化市场；利用某些社会敏感问题，恶意炒作，攻击我国的政治制度，丑化党和政府的形象；曲解、丑化、淡化我国民族文化传统，消解中华民族的凝聚力。这些卑鄙手段淋漓尽致地体现了西方敌对势力的险恶用心。

## 四、正确对待“普世价值”的态度

在思想上批判抵制所谓的“普世价值”，警惕“淡化意识形态”“非意识形态化”倾向，坚定理想信念，高举中国特色社会主义伟大旗帜。

“普世价值”背后的政治企图，充分暴露了其实质就是以美国为首的西方国家为谋求本国利益而编制的一套意识形态话语，具有鲜明的政治指向性。当前在经济全球化、信息全球化的时代背景下，我国社会经济生活深刻变革，社会思想日趋多元，世界范围内各种思想文化相互激荡日趋频繁，中国作为共产党领导的社会主义国家，将长期面对西方资本主义国家传播其意识形态、进行文化扩张和思想渗透的威胁和压力。直面国内外敌对势力“西化中国”“演变中国”的图谋，我们必须保持清醒的头脑，不被抽象的“民主、自由、人权、平等”迷惑，特别要明确的是，当前中国社会发展状态与中华民族的文化传统决定了中国不能直接复制西方的模式，要运用马克思主义具体的、历史的、阶级的观点分析问题，思想上筑牢批判抵制所谓的“普世价值”的防线。

在围绕“普世价值”的争论中，有人提出：“普世价值”面前没有必要区分姓“资”姓“社”，“改革开放以来中国共产党所走过的历程，就是不断学习和实践人类‘普世价值’的过程”，甚至认为“十八大最大的亮点就是将民主、自由、平等、公正等‘普世价值’列入社会主义核心价值观”，主张“淡化意识形态”“非意识形态化”。这种思潮主要强调两点：一是强调人类价值和文明的“普世性”和同一性；二是鼓吹资本主义是人类社会的终结形态，自由民主制度是人类意识形态的终点。其哲学基础是从抽象的人性出发，强调民主、自由、平等的超阶级性，否认人的阶级性、社会性及历史性，强调人类共同的价值观和价值体系，其目的就是要将人类文明纳入资本主义建立的所谓普遍文明的轨道。这种思潮“淡化”了、“去”了马克思主义的意识形态，却恰恰成了西方意识形态的俘虏。由于缺乏马克思主义理论学习，没有认清国情、世情，不能正视西方思想文化渗透等因素，目前这种崇尚“淡化意识形态”“非意识形态化”的倾向在社会上较为广泛地存在着，这在一定程度上会削弱马克思主义和社会主义主流意识形态的影响力，严重危害社会主义核心价值体系的建设，我们必须对之高度警惕。

诚然，由于历史文化传统和现实条件的制约，目前中国仍处于社会主义初级阶段，在实现民主法治、自由平等、公平正义方面还有许多不尽如人意的地方。但是我们应看到中国特色社会主义民主政治的特点和优势。在当代中国，公有制为主体的基本经济制度为实现社会主义的本质要求提供了经济基础；人民代表大会制度、中国共产党领导的多党合作和政治协商制度、民族区域自治制度及基层群众自治制度，为实现民主法治、自由平等、公平正义提供了根本制度保障。党和国家政治生活中的民主集中制原则、各级领导层实行的集体领导制度，形成了国家生活中切实管用的民主机制；党和政府工作中的“全心全意为人民服务”的宗旨，“从群众中来，到群众中去”的群众路线和民主作风，成为党和国家生活中深得民心的民主因素。近些年来，我国顺应经济社会的发展变化，在深化改革中不断推进中国特色社会主义制度的完善和发展。对于中国这样一个有着十几亿人口的发展中大国来说，新中国成立60多年来，特别是改革开放30多年来，取得了经济持续快速发展，经历社会急剧变革转型的同时仍能保持国家大局长期稳定，这一伟大成就就是真正的“中国奇迹”。历史和实践证明，党领导全国人民奋斗探索出的中国特色社会主义道路是符合中国国情的强国富民之路，是正确的，成功的。我们理应坚定道路自信、理论自信、制度自信，坚定不移地走中国特色社会主义道路。

我们在实践中应吸收古今中外有进步作用的价值观中有益的内容，积极培育和践行社会主义核心价值观。

应对国外价值观挑战的现实诉求，要求我们立足当前社会实践，构建与中国特色社会主义发展要求相契合的社会主义核心价值观。马克思曾经说过：“人们创造自己的历史，但是他们不是随心所欲地创造，并不是在他们自己选定的条件下创造，而是在自己直接碰到的既定的、从过去继承下来的条件下创造。”毛泽东在延安文艺座谈会上，谈到继承中外一切优秀文化时也曾提出：“屁股坐在中国的现在，一手伸向古代，一手伸向外国。”我们要在传承中国传统文化精华的基础上，吸收外国优秀文明成果，构建为最广大人民群众认同的社会主义核心价值观。党的十八大胜利召开为解决这一难题奠定了基础。十八大报告的“三个倡导”分别从国家、社会和公民的三个维度提出了培育社会主义核心价值观的要求，明确了培育和践行社会主义核心价值观的基本遵循原则。

我们批判“普世价值”的虚伪性、欺骗性，否定凌驾于历史和民族差别之上的“普世价值”，反对毫无鉴别地照单全收，但也并非全盘否定，要汲取资本主义现代化进程中积淀下来的积极进步的元素，如民主、自由、平等、公正、法治等优秀文化资源。社会主义核心价值观的表述，将民主、自由、平等、公正等列为基本内容，但是我们必须明确，这并不是照搬西方的模式，这里的民主、自由、平等、公正是与我国经济社会发展的社会存在相适应的，它的内涵和形式与西方资本主义国家的核心价值观有本质的差别。比如，我们追求的民主是人民民主，其实质和核心是人民当家做主，人民当家做主的根本保证是坚持人民代表大会制度，而不是西方“三权分立”的“宪政民主”。

“社会主义核心价值观是政治理想、社会导向、行为准则的统一，能够强化人民群众对中国特色社会主义的价值认同，有利于在多元中立主导、多样中谋共识、多变中找到正确方向，在全社会形成巨大的价值共识和思想共鸣。”在当前国际局势风云变幻、改革任务艰巨繁重、发展问题尖锐复杂、思想观念多元纷呈的情况下，坚持和发展中国特色社会主义，尤其需要社会主义核心价值观指引前进方向、凝聚精神力量、提供文化支撑。要积极培育和践行社会主义核心价值观，充分发挥社会主义核心价值观引领社会思潮、凝集社会共识、推动社会前进的重大作用。要深化宣传普及，增强最广大人民群众的认知认同，不断提高全社会的价值判断力；要从饱含中华民族根本精神基因的中华优秀传统文化中汲取营养，结合时代要求加以阐发，增强人民的文化自信、价值观自信；要坚持不懈地推动实践养成，促进人人参与。社会主义核心价值观将以其巨大的精神力量，激励人民勇往直前，沿着中国特色社会主义道路胜利前进。

# 美国“普世价值”的海盗本性

浙江大学　潘恩荣

美国的“普世价值”看起来很美好，“自由、民主、人权、平等”，简直就是“高帅富”。这个“高帅富”同时很霸道地要求所有人接受他的“美好”。

然而，近几十年来的实践证明，无论是主动接受还是被迫接受西方“普世价值”的国家和地区，如拉美地区、中东地区等，都没有走上美国那样的“高帅富”道路，这些国家和地区的人们也没有过上美国人民式的幸福生活，甚至连幸福的丁点希望都没有。更让人难以接受的是，美国的行动直接或间接地促进了恐怖主义组织的发展，如基地组织、极端武装组织“伊斯兰国”(ISIS)。

一次实践的失败，人们可以认为不是“普世价值”不好，是实践操作不当等导致的。但是，面对一次又一次实践的失败，人们不由得开始怀疑是不是“‘普世价值’本身就有问题”。本文通过梳理美国“普世价值”在拉美地区的应用，探讨美国“普世价值”的本质属性。

## 一、“普世价值”对拉丁美洲的影响

拉丁美洲是最早受美国“普世价值”战略影响的地区之一，也是深受其害的地区之一。1823 年，《门罗宣言》强调，

“美洲是美洲人的美洲”，阻止并进一步排斥欧洲列强势力在西半球的政治影响，使美洲和欧洲“脱离接触”，从而为美国在西半球的扩张扫清道路。

20 世纪三四十年代，在经济危机和“二战”的影响下，拉丁美洲各国逐步发展了“进口替代的工业化模式”，即要求国家尽可能地依靠自己的劳动力、原材料和技术，生产本国市场所需要的产品。这是一种内向型经济政策，其核心是保护政策，发展满足于本国市场所需要的制造业，以本国生产的工业制成品替代原来需要进口的工业制成品。

1962 年古巴导弹危机后，为了应对苏联在拉美地区影响力日增的挑战，肯尼迪政府制定了“争取进步联盟”战略：美国不仅加大对拉美的经济援助，还要在拉美加强推广民主的政策和观念。“争取进步联盟”的目标是“通过拉美人民自决原则来改善和加强民主机制”。此后，从卡特政府到里根政府、老布什政府，都强调在拉美地区推广美国式的“自由、民主和人权”观念，作为应对苏联对拉丁美洲各国影响力的一种重要反制手段。

“进口替代的工业化模式”对奠定拉美工业化基础、促进社会经济发展有着毋庸置疑的作用。拉丁美洲地区经济在 20 世纪 80 年代以前都保持高速增长，成为世界经济的亮点。到 1980 年时，拉丁美洲各国人均 GDP 均达到一定的高度：墨西哥是 1316 美元，巴西是 1925 美元，智利是 2057 美元，阿根廷超过 4000 美元，各国大体上超过 1000 美元。然而，拉丁美洲各国在此之后进入了“成长的烦恼期”，即“中等收入陷阱”：前期经济快速发展积累的矛盾集中爆发，原有的增长机制和发展模式无法有效应对由此形成的系统性风险，出现经济增长停滞甚至回落、民主乱象、贫富分化、腐败多发、过度城市化、社会公共服务短缺、就业困难、社会动荡、信仰缺失、金融体系脆弱等问题。

在拉美各国的发展瓶颈期，美国使出浑身解数，终于以“自由”的噱头迫使拉美各国接受美国的经济改革方案，结果使得拉美各国彻底陷入中等收入陷阱。20 世纪 80 年代，拉美各国国际收支出现巨大逆差，国际利率大幅攀升，直接引发了拉美各国普遍的债务支付危机。为从美国和国际多边金融机构获得更多贷款，拉美各国被迫接受美国政府先后提出的“贝克计划”和“布雷迪计划”，按照新自由主义发展模式开始了经济自由化改革的进程。

由此，从 20 世纪 80 年代后期至 90 年代初期，拉美地区掀起了转换经济发展模式的新高潮，以新自由主义学说为理论依据的“华盛顿共识”在拉美地区广泛推行。美国政府和国际货币基金组织、世界银行等国际金融机构从新自由主义理念出发，全盘否定拉美国家以往实行的“进口替代内向工业化”发展模式，认为拉美债务危机的根源在于该地区实施了内向增长模式和保护主义政策，以及国家在经济中发挥的作用过大，私人部门相对软弱。由此强调拉美国家必须减少国家干预，实行对外贸易自由化，取消政府对价格体系的干预，缩小公共部门的规模，对大多数国有企业实行私有化，放松国家对劳动力市场的控制，取消政府对信贷机制的管制，削减政府支出等。

然而，这一系列激进的改革并未给该地区带来经济增长活力,反而产生了严重的经济和社会矛盾。1980 年到 2002 年的 22 年间,拉美贫困人口从 1.35 亿人增至 2.14 亿人,占总人口的 43%,赤贫人口占到 18.6%。占总人口 30%的穷人,其收入仅占国民总收入的 7.5%,而仅占总人口 10%的富人,其收入却占国民总收入的 40%。巴西 10%最富的人的收入,比 10%最穷的人的收入要高出 65.8 倍,基尼系数高达 0.6,这一数值拉美其他国家也达 0.5。阿根廷爆发的金融危机,更使一半人口贫困化,富裕的中产阶层中,也有 300 万人沦为贫困。贫富差距扩大使拉美各国的治安陷入混乱。近 20 多年来,巴西暴力增加 1.3 倍,每年有 50 万人死于凶杀。里约热内卢每月有 500 家商店遭抢劫,每年因暴力产生的损失达 400 亿美元。社会诚信一落千丈,各式各样的欺诈、造假卖假、盗版、贪污腐败、黑社会团伙等层出不穷。大批破产农民涌入城市,城市人口占总人口数高达 78%,高楼大厦的阴影,笼罩着大片贫民窟。失业率居高不下,2002 年阿根廷失业率高达 25%,其就业人口中有一半为"黑工",这些人工资只有正常的一半,没有医疗保险,没有退休、养老等社会保障,更没有法定的带薪休假日。自然环境也日益恶化:森林每年损失 740 万公顷,全球每年损失的森林生物中,一半以上在拉美。直到 2007 年,这些国家大都仍然挣扎在人均 GDP 3000 至 5000 美元的发展阶段,并且见不到增长的动力和希望。

## 二、美国"普世价值"战略的实质

其实,"普世价值"一直是美国全球争霸和巩固霸权的重要战略。早在 1917 年,美国成立"公共信息委员会"(Committee on Public Information)，其成员包括国务卿、陆军部长、海军部长和商界财阀等，该机构直接服务于参加“一战”的宣传需要。这是一个国家主导的、制度化的宣传机构，它的成立开启了美国的“普世价值”战略。

“二战”之后的历届美国总统，杜鲁门、艾森豪威尔、尼克松、卡特、里根、布什父子、克林顿和奥巴马等，一直把“自由”“民主”为核心的“普世价值”当作美国全球战略的重要手段，把维护、传播“普世价值”当成美国的使命，以便在全球范围更多地捞取利益。

美国政府于 1947 年至 1953 年间分别成立了国家安全委员会(NSC)、中央情报局(CIA)和美国新闻署(USIA)，为美国的国家战略传播奠定了雄厚的制度性基础。将世界划分为“自由世界”和“专制世界”两大对立阵营的杜鲁门主义，是这个时期“普世价值”战略的核心理论。

20 世纪 80 年代，美国在美苏争霸中逐渐占据主动。为了扩大已经取得的霸权，美国明确把“普世价值”作为思想武器，从思想上瓦解苏联的意识形态和斗志，最终促使苏联解体、东欧剧变，使其掌控了全球的文化领导权。这个时期，“自由”和“民主”是美国“普世价值”战略中的重点。

冷战结束以后，美国的国家战略传播体系非但没有削弱，反而变得更加精致而高效。美国为了维护其唯一超级大国的地位，建立了一个全新的战略框架，即维护安全、拓展经济和推进民主同时进行。为适应这一推行强权政治和霸权主义的需要，“人权”进一步成为美国在全球推行民主战略的重要工具之一。

奥巴马执政后，认为比军事实力甚至经济实力更重要的是思想实力，提出用“巧实力”推行美国的对外战略，用美国模式改造世界，包括人权、社会制度和经济体制。美国2010年《四年防务评估报告》首度阐明现政府对美国安全利益的界定，即“安全、繁荣、‘普世价值’、合作性的国际秩序”，其不可或缺的理念就是让美国的文化、政策或价值观念具有吸引力，使别的国家模仿、理解、认同美国在国际社会的主张，以维护美国的国家利益。

《美国2010年国家安全战略报告》明确将“在国内和全世界尊重‘普世价值’观”作为一项重要的“美国的持久利益”。美国推行的“新帝国主义论”主张利用实力优势，凭借军事强力，用美国价值观来改造世界，向其他国家输出所谓的民主和自由，企图建立一个以美国为核心的世界秩序。

2010年美国的《国家战略传播构架》首次系统地阐述其国家战略传播的性质、目标和实施体系。战略传播也被称为“精心运作的传播”，指直接服务于国家的战略利益和战略目标并围绕相关战略信息而进行的系统化传播活动。实际上，这也就是由国家主导的制度化、系统化的宣传活动。

美国的“普世价值”战略最终指向一个目标，即在全球维护并扩展美国的权力和领导地位，证明、推广和强化美国在全球的合法性，从而让其他国家支持、顺从或起码不阻挠其权力的实施和扩张。

## 三、“普世价值”的海盗本性

美国“普世价值”表面上看起来很美好，但是在实际应用中其效果却恰恰相反。这是一个令人费解的问题。此外,美国经常不遵守它的“普世价值”所宣称的规范。这是另一个令人费解的问题。要把握其中的奥秘,我们需从西方理论的逻辑角度切入,从“自由、民主、人权、平等”等“普世价值”理论的历史渊源切入。

西方理论一般基于公理化的方式建构起来,从细节上来看往往是逻辑严谨,难以让人辩驳。从西方理论界的发展规律来看,如果一个理论出问题,往往不是细节上出问题,而是在其源头上出问题,尤其是理论假设和起源。也就是说,若要看清美国“普世价值”的本质,我们要在美国“普世价值”的源头那里寻找答案。

美国人坚信,“普世价值”既是美国的立国之基,也是其生存与繁衍之必需,更是其繁荣富强的奥秘。“普世价值”所宣扬的“自由、民主、人权、法治”等价值观,早在美殖民地时代起就在北美社会逐渐形成。它浓缩了美国从一块殖民地成长为一个超级大国的宏伟历史图卷,以及其伴随这一历史迅速崛起的经济和军事实力,向世界展示了美国别具特色、引以为豪的价值观念。

美国当年是英国的一块殖民地,即美国和英国之间有着很深的渊源。因此,美国“普世价值”的源头应该在英国。英国,是近代资本主义和工业革命的先锋,是曾经的“日不落帝国”。在很多人眼里,英国还有着“绅士”的美誉。然而,很多人忽略了一个问题,那就是英国是一个海盗国家,而且是从民间海盗逐渐转变为国家海盗的国家。因此,美国“普世价值”的历史渊源要从海盗时代说起。美国经济学家彼得·里森

(Peter T. Leeson)的《海盗经济学》一书详细地解释了海盗时代发展出了现代文明时期的"普世价值"。例如,美国开国先贤、美国宪法的缔造者詹姆斯·麦迪逊(James Madison)就曾在《联邦党人文集》(Federalist Papers)中对"权力的矛盾"的解决方案体现出民主制度和权力制衡等思想,这些早在几十年前甚至上百年前的海盗时代就已经发展成形。

海盗的起源之一是大航海时代的大国争霸。西班牙海上冒险活动回报丰厚,从美洲大陆运回大量的财富,让竞争对手大为眼红。于是,"民间"航海在英国迅速火爆起来,开始了海盗活动。西班牙的竞争对手英国和法国雇用流浪者,到西班牙的非洲地盘上抢掠奴隶,再低价倾销到西班牙在美洲的殖民地上,他们甚至抢劫西班牙人的商站,掠夺西班牙满载财宝的商船。

海盗们将部分财物进贡英国女王,女王凤颜大悦。在亲切会见海盗后,女王竟直接入股海盗组织,当上了海盗股东,成为海盗们的后台老板。女王的亲卫队一方面保护海盗在国境内免遭西班牙的追剿,另一方面也直接改旗易帜进行海盗行动。

1588年与西班牙无敌舰队开战前,英国根本没有正儿八经的海军,仅有伊丽莎白女王亲卫队的34艘小船。西班牙无敌舰队攻过来的时候,英国政府不得不沿袭中世纪的一套,征集全国商船,求助于海盗帮忙,以高官厚禄鼓励他们为国效力。这支由海盗拼凑起来的舰队,在一名临时委任的"海军司令"的率领下,居然打败了无敌舰队。从此,英国的海盗从民间海盗转变成国家海盗,逐渐建立起海上霸权。

海盗时代的任何一块陆地，不管那里是否有居民与君主，都是西方人跑马圈地的天堂。根据海盗法则，谁先到达，这块地盘就是谁的；谁先看到，夺下来之后谁就获得高额奖励。直到今天，西方论证天下土地主权归属的依据，依然是这个“习惯法”。海盗规则成为“普世价值”的“准则”。

大批海盗在海上打打杀杀，亦匪亦商讨生活，打得赢就抢，打不赢才坐下来喝喝下午茶，聊聊自由和人权，最后兼谈生意。里森表示，为了维持海盗生涯，海盗发明了一系列的“自由、民主、人权、平等”等规则来管理“一群无法无天的家伙”。后来，有些海盗开始有意识地与国家政权挂钩。他们花钱找国王买下了创建殖民地的特许状，从事更大的冒险活动，到北美去圈地淘金。冒险家们弄张特许状在手，不是他们有多么爱国或者有多强的法律意识，而是因为一旦在外惹出泼天大祸，特许状可以化民间纠纷为国家间的矛盾，从而获得国王的保护。

1606 年，伦敦公司获得在北美殖民的特许状。1607 年，伦敦公司将约 120 名卖身为契约奴的英国农民送到大洋彼岸，建立了第一个英国殖民点詹姆斯城。这是英国在北美建立的第一个永久性殖民地。后来，英国殖民地不断增加，最终形成美国最早的 13 个州。由此可见，美国是英国海盗团体海外殖民的衍生物之一。

另一批海盗也为英国圈占殖民地立下了汗马功劳。著名的摩尔根（Morgan）曾统领着一支由 37 艘船和 2000 人组成的海盗船队，它的战斗力足以攻打西班牙在美洲大陆沿岸的各个据点了。这些海盗建立的一个又一个巢穴，无意中圈占了不小的领土，形成了可观的势力范围。同时，没有国家力量做后盾的英国海盗，吃尽了苦头，一再遭到西班牙海军的屠杀。

到了克伦威尔时期，也就是英国海盗在海外各自为政、死打乱拼一两百年之后，英国国家力量开始介入海盗的海外殖民活动，并逐步建立了强大的海军。1664年，英国舰队远航来到北美，一枪未发占领了荷兰人的新阿姆斯特丹，也就是今天的纽约。从此，英国的军事力量正式投入全球性殖民活动中。

从大航海时代开始的民间海盗行为，逐步转变为国家海盗行为，英国军队紧跟在商人后面，深入世界各个角落。英国也因此成就"日不落帝国"，建立起霸权。而美国，脱胎于英国，继承且发扬了海盗传统。从门罗主义圈定势力范围之后，美国事实上进一步发展了英国当年的国家海盗运动，在"普世价值"的大义旗帜下，行海盗扫杀抢掠之事。

## 四、小结

当我们明白美国"普世价值"的海盗本性之后，就能够理解美国"普世价值"为什么表面上看起来很美好，但是在实际应用中效果却恰恰相反。一方面，美国的"普世价值"，就像英国的贵族风范一样，看起来很美好，很光鲜照人；另一方面，美国的"普世价值"，也像英国的另一种风范——海盗——一样，从来都是为了劫掠其他地盘上国家和人民的财富，且经常为了一己之利不遵守它在展现贵族风范的一面时所宣称的"普世价值"。

当明白美国“普世价值”的海盗本性之后，我们也能够理解为什么拉美地区、中东地区等都没有走上美国那样的“高帅富”道路，也没有过上美国人民式的幸福生活，甚至促生了基地组织、ISIS组织。

对于前两点而言，这符合海盗的根本利益。海盗不从事生产，以劫掠为生，而且有“领地”划分。当美国把海盗先人的优良传统——“普世价值”——发扬光大成为世界霸主之后，自然容不得其他国家和地区依照同样的传统成为另一个世界强者。这样美国才可以在各个国家和地区到处树立“自由、民主、人权、平等”的牌坊，却行劫掠之事，不管在亚非拉，还是在欧洲，都照样下手，造成当地形势的动荡，如欧债危机。

对于后者而言，这彰显了“普世价值”的海盗传统及其本性。当年海盗大发展时，西班牙和英国的对抗和争霸是一个催化剂；现代恐怖主义大发展，美国和苏联、中东地区国家的对抗和争霸也是一个催化剂。据西方媒体报道，ISIS具有高度的现代组织性，似乎重现了当年海盗集团那种现代的组织形式。而最令人担忧的是，当年海盗集团组织形式远超时代，发展了“自由、民主、人权、平等”等现在被称为“普世价值”的价值体系，现代恐怖主义组织拥有高度组织性，很有可能也与“普世价值”有密切联系。

# 肆

## “普世价值”的践行荒谬性

移花接木，奈何水土不服

“普世价值”以何“普世”

远离现实世界的普遍原理没有生命力

揭开“普世价值”的迷雾

# 移花接木，奈何水土不服

浙江大学　张　彦

“普世价值”问题是近些年来热议的话题，热议的焦点是西方“普世价值”是否适用一切时代、一切社会和一切人。学界对此争论纷纭，有分析“普世价值”概念含义的，有将全球化时代作为研究视角的，也有基于各种思潮立场进行批判的。我们可以看到，“普世价值”一词始于欧洲中世纪基督教中所使用的“普世”概念，其后与“价值”相连，按照美国《独立宣言》和法国《人权宣言》的精神，将欧美思想史上为启蒙理性所倡导的个体“自由、独立、平等、民主、法治、人权”等价值，列为“普世价值”的主要内涵。西方“普世价值”论认为这些价值全球普遍适用，没有必要区分姓“资”与姓“社”。

且不论我们是否要探讨西方“普世价值”的本原、本然等一系列“本”的问题，也不论我们是否必须辨别西方“普世价值”究竟是“普世”还是“普适”，我们只需观察这些西方资本主义国家大力推崇的“普世价值”，这些“民主”“自由”“平等”“法治”价值是如何实践的，践行得如何，就能从中看到西方“普世价值”为何在我国行不通。

我们就以遵循西方“普世价值”，又是中国近邻的韩国为例，来看看“民主、法治、平等、自由”等西方“普世价值”在韩国发展的情况，分析其中的理论面纱和实践陷阱，对我们厘清西方“普世价值”的真相,廓清社会主义核心价值观的真义具有重要意义。

## 一、“平等”名义下的实质不平等

我们首先来看“平等”。西方“普世价值”认为“平等”是其价值观中的应有之义:男女平等、种族平等、上帝面前人人平等、每个人都有平等的选举权等。在韩国这个男权色彩浓厚的国家,朴槿惠这位韩国历史上第一位女总统的当选,被包装宣传为“韩国性别平等、政治平等”的突出成果。那么朴槿惠的当选是否可以成为“普世价值”所昭示的“平等”价值的金字招牌?

朴槿惠进入参政生涯并竞选总统,在很大程度上是依靠其父亲的影响力。1998 年,她女承父业首次当选国会议员,出任大国家党(现新国家党)副总裁,2012 年第二次参选总统,这些都与其父朴正熙的影响力有密切关系。朴槿惠主打“父亲亲情牌”,以此来获得支持其父亲的选民的支持。因此,朴槿惠的支持选民大多为年龄较长、经济富裕、颇有权势、相对固执的中老年群体。可以说朴槿惠参选总统最根本的基础力量还是来自于男性。此外,朴槿惠在参政生涯中表现出来的坚强、独立、勇敢等男性气质远远掩盖了其女性色彩。尤其是 2006 年 5 月,其在参加韩国地方选举助选活动时,遭到不明身份男子用文具刀割伤脸部,缝了 17 针。这样的女政治家,其性别角色早已被职业角色所代替。

由此,朴槿惠当选总统并不是韩国男女平等、性别政治的伟大胜利,其仍然是资产阶级的政党游戏,也恰恰说明了资本主义民主政治的阶级性和欺骗性,其所谓的平等是平等掩盖下的实质不平等,并从另一方面说明了韩国男权社会的根深蒂固。

千百年来,韩国女性由于生理上的劣势,受政权、族权和夫权的束缚,男性可以在生理上、政治上、文化上驾驭女性。长期以来,韩国女性被“安排”在了私人家庭领域,她们在现实社会中的各种作用远没有受到应有的重视。随着韩国现代化的不断推进,男女平等的观念在韩国社会逐渐得到认同。但这并不意味着男女真正意义上的平等,政治参与作为最能体现女性地位和女性价值的项目,其现实情况就说明了这个问题。在世界排行榜中,韩国议会、高层公务员、公司经营班子等中的女性比例排名第114位,部长级女性比例排第124位,处于女性从事政治、经济领域排名的最下游。所以,对人类而言,特别是对韩国这一男权社会主导的国家而言,女性参政始终是一个痛苦而缓慢的过程。因此,朴槿惠当选总统不能说明西方“普世价值”在韩国的成功。

## 二、“法治”旗帜掩盖下的陋习

“法治”也是西方“普世价值”所宣扬的核心价值之一。然而,法治精神和法治实践具有强烈的本土性,必须与本土的实际情况紧密结合才能发挥其作用,简单的移花接木并不能根深叶茂,反而会面临水土不服的危险。

韩国的法律体系已相当完善,各项法律的制定也走在世界前列,但韩国有一个积弊已久、为世人诟病的特殊文化现象——“前官礼遇”,这一现象是对韩国法治建设的极大讽刺,我们可以从韩国影片《熔炉》中窥见一斑。2011 年上映的韩国电影《熔炉》是根据真实事件改编的,将 2005 年光州一所聋哑人学校发生的性侵案件搬上银幕,以沉重、残酷的影像唤起社会对弱势群体的关注,引发了政界和法律界的强烈讨论。当时这起案件的被告由于收买了受害人的家属,只受到了轻微的处罚,韩国网民就此发起了一项要求案件重审的万人签名活动。同时,韩国政界也对"性暴力犯罪必须由当事人亲自起诉"这一点提出修改要求,认为其他社会人士也有权为弱势群体提出上诉以保障他们的权益。同时,该案件审判时存在"前官礼遇"文化的影响,使最终判决有极大不公正性。

"前官礼遇"原是韩国法律界的一种潜规则,指法官、检察官和政府部门高层官员在退职后转行担任律师事务所或大企业的律师和顾问,仍享受在职时般的待遇。在影片《熔炉》中,被告的辩护律师就是一名退休的检察官,在韩国的"潜文化"中他就享有"前官礼遇",首场官司一般法官都不会判他输。而且,被告还利用关系网找到主诉代表(发现案情的该聋哑人学校的一位新老师)原来的导师对其进行游说,劝其放弃对该案件的揭发和起诉,并许以好的工作机会和"封口"费。这也是该影片反映"前官礼遇"的另一种更隐蔽的形态。可以说"前官礼遇"的文化在该影片中得到了淋漓尽致的揭露和批判。

韩国的"前官礼遇"陆续从法律界跨界到其他行业和部门。2007 年以后,78 名金融监督院出身的人士到金融公司担任顾问,120 名曾担任总理、长官、次官的高层公务员退休人士在 11 家大型律师事务所担任顾问或专门委员,另有 50 多名高层公务员退休人士供职于 10 家大型会计师事务所。这些“前官”下海后的主要“任务”是:从政府部门的后辈那里获得国家重大项目;游说后辈官员,让他们帮忙解决问题。不仅如此,他们甚至发挥着一种盾牌作用,防止监督监察机构抓住其供职单位的把柄。部分大型律师事务所除了法官、检察官出身的人士外,还会聘请军队将军、高层警察出身的人士,他们拥有强大的游说能力。

“前官礼遇”问题给韩国带来了严重的社会弊端。对此,1987 年 10 月 29 日第 8 次修改的《大韩民国宪法》规定,公职人员应该为全体国民服务,并明确提出公职人员应把国民利益作为主体,而不是为特定集团局部利益服务这一总的伦理标准。韩国在《公职人员伦理法》中做了更为细致的规定。该法于 1981 年 12 月 31 日以总统令的形式颁布,到 1994 年 12 月 31 日共进行了 6 次修订,其内容共有 6 章,约合 1.5 万个汉字。各章标题分别为“总则”“财产申报与公开”“礼品的申报”“限制退职公职人员的就业”“补则”“惩戒和罚则”,其中,就有关于退职公务人员就业的相关规定。同时,韩国设立了多领域、多层次、具有实权的公职人员伦理委员会。

然而,上有政策,下有对策,官员们在退休之前更换工作部门,通过“洗职务”的做法来钻法律空子以“伪装就业”的变相方法也非常盛行。由于“前官礼遇”这一潜规则在韩国已经盛行多年,其背后的社会、政治原因错综复杂,仅仅通过法律手段来加以改变还远远不够,同时还需要政府的治理决心、媒体和民众的全方位监督,以及全社会公民意识和公共伦理的觉醒。因此,韩国“前官礼遇”的法律治理还任重道远。

### 三、倡导廉洁，岂料后院频频失火

公正廉洁，也是西方“普世价值”中所倡导的民主价值，韩国在反腐问题上也一直颇为强硬。但韩国政坛的腐败丑闻却依然层出不穷，这既是对其法治精神的一记耳光，也是对当今国际社会倡导清廉高效政府治理的一记耳光。

历届韩国政府一到任职末期就会曝出总统夫妇的腐败丑闻，全斗焕、卢泰愚、金泳三、卢武铉无一例外，这似乎已经成了韩国政坛的“style”。前任总统李明博就深陷“私宅门”等腐败事件。

“私宅门”缘起李明博和夫人金润玉于2011年5月在首尔南郊内谷洞购入了一块面积大约2600平方米的地皮，打算建造新宅，供退休后居住。该购地交易是登记在其长子李时炯名下的。同时，因为该地皮包括为警卫设施预留的面积，所以购地的资金是总统府安保部门和李时炯共同分担。这个事件引发了公众的广泛质疑，其中最大的疑点在于，青瓦台警卫处购买私宅和警卫设施地皮时，为何私宅地皮的名义不是李明博而是他的儿子李时炯。对此，警卫处接受检方调查时曾解释说：“担心修建私宅一事曝光后，会发生安全问题并导致地价上涨，所以使用了李时炯的名字。”这个理由显然很牵强。其后，在特检对李明博夫人金润玉的调查过程中，金润玉在书面陈述中表示：“考虑到儿子的未来所以想以儿子的名义购买私宅地皮，并决定向经济能力不足的儿子提供购买资金。”至此，“私宅门”事件可见一斑。李明博自上任以来，亲属腐败案件不断被曝光，前后共有13名李明博总统夫妇的亲戚被指涉嫌腐败,可谓“后院失火”严重。

总统带头,地方官员也是这样。2004 年密集的政要自杀案就是例子。2004 年 5 月,韩国全罗南道知事(相当于中国的省长)朴泰荣在盘浦大桥上投江自尽。6 月,51 岁的韩国坡州市市长李准源也投江自杀身亡。他们都是由于卷入了不同的受贿腐败丑闻才选择自杀,其中最著名的就是韩国前总统卢武铉自杀案,这起自杀案件也与其家人的腐败问题不无关系。

韩国政要及其“后院”的亲属团腐败已成为韩国社会的一颗毒瘤。如此多的亲属光天化日之下打着“总统亲戚”的旗号收受贿赂,是整个韩国政坛的耻辱。当然,后院失火,责任最终还在于总统。韩联社分析称,李明博夫妇亲属出现腐败丑闻,这并非李明博的个别现象,这只是应验了韩国政坛的一个“怪圈”,那就是各届政府到执政末期都会出现腐败丑闻。正是因为类似案件不是个别现象,才凸显出韩国腐败问题积重难返。

## 四、“普世价值”无法拯救精神危机

看了上面对“平等、法治、公正”等“普世价值”的分析,我们不禁要问,西方“普世价值”真正具有“普世”意义吗?实际上,这些西方“普世价值”抽象性高于现实性、虚无性大于真实性、政治性强于道德性,充满着实践上的陷阱,只是一个意识形态上的说辞。韩国居高不下的自杀率,就反映了这样一个以“普世价值”的“自由、民主、平等、法治”为精神的社会的虚妄性。

2010 年,韩国的自杀率居世界第一位,其数值是经合组织(OECD)成员国平均值的 2.6 倍。韩国一年中共有 1.56 万人结束自己的生命,并且更为严重的是,在经合组织其他成员国自杀率降低之时,只有韩国的自杀率呈上升趋势。在韩国,因自杀而失去生命已成为继癌症、脑血管疾病和心脏病之后的第四大死亡原因,这个国家的人民30年前还被称作是“乐天的民族”,在历经社会性质变革之后,却陷入自杀、抑郁、性犯罪的泥沼中,快速发展却压力沉重的社会背景下,韩国国民的精神现状令人担忧。

自杀本是特定人群的厌世行为,具有特定人群的明显指向。然而在韩国,自杀人群覆盖各个阶层,分布于不同行业与不同年龄段。首先,韩国老人的自杀率很高。韩国是个老龄化社会,60岁以上人群每10万人中自杀者超过60人,80岁以上人群每10万人中自杀者超过100人者。同时,20—30岁年轻人的自杀率是整体自杀率的2倍多,年轻人受互联网影响深刻,不健康的网络文化使他们更加孤单、脆弱。其次,韩国年轻女性的自杀率也相对较高。随着职场女性的增多,剩女现象、婚姻问题、家庭人际关系使得韩国女性的压力越来越大。此外,韩国抑郁症患者达375万人,占人口总数的7.5%,其中社会名流尤其是演艺圈人士是抑郁症的高发人群。在2011年,对企图自杀,后被送往8家大学医院抢救的人进行的调查显示,试图自杀的人中有1/3患有忧郁症等精神疾病。

韩国名人自杀的连锁效应,使得自杀成为一种维特式的“流行病”。政要、演艺圈明星、学术名流、商界巨子纷纷走上自杀的不归路,给其他人一个“如此成功的人也选择了这样的道路”的不好榜样。现代集团总裁郑梦宪2003年8月自杀后,当月普通男性自杀人数达到855名,成为2003年自杀人数最多的一个月。2005 年 2 月电影演员李恩珠自杀后,当月女性自杀人数为 240 名。此外,结伴自杀也是韩国自杀率高的一个原因,素不相识的试图自杀者通过门户网站的自杀论坛结识,相约见面,集体服毒、跳江等。这种名人自杀效应、结伴自杀行为给韩国社会带来了极大的冲击。

走上生命不归路是一种决绝的方式,其背后有多重原因。对韩国 2009 年自杀人员原因的分析表明,因精神崩溃自杀的人最多,达到 4123 人(28.3%),因疾病自杀的人数为 3190 人(21.9%),居第二位,再后依次为经济问题 2357 人(16.2%)、家庭问题 1832 人(12.6%)、男女问题 1040 人(7.1%)、工作问题 960 人(6.6%)等。其中,因压力巨大导致的精神崩溃是多种社会因素综合、催化的后果。亚洲金融风暴把很多韩国人的金饭碗变成了泥饭碗,生活失去了保障,人们感到失去了掌握自己命运的能力。同时,现实中的贫富差距越来越大,成就感和幸福感不成正比,成功者不觉成功,失败者不抱希望。英国新经济基金会(NEF)每隔 3 年就会发表各国的幸福指数,2012 年的幸福指数中,韩国位居第 63 位。另外,人言可畏现象在韩国非常严重,在团体和舆论的压力下很多人会产生没有自由的压迫感、没有安全的不公感和没有认同的孤独感。可以说,高自杀率已反映出韩国国民缺少健康价值观的严重社会问题。

我们从韩国对西方“普世价值”的践行中可以看到,“普世价值”在实践上具有虚伪性和局限性,它不能作为解决现实问题的灵丹妙药。这种虚伪性不仅仅有文化上的原因,也有其社会制度的原因。而且这种实践上的虚伪性并非只有韩国一个个例，而是“普世价值”实践过程中带有的普遍性问题。抽象价值理念的实践总是受到现实社会关系的制约，也只有将其放在现实社会关系中考察才有其实际意义。名称上的相同只是表象，内涵的不同才是本质。

我们从韩国对西方“普世价值”的践行中还可以看到，西方“普世价值”的谬误在于把西方现代性价值当成了人类社会唯一可能的价值，这是一种自蒙双眼的愚蠢之举；同时，把已经去掉历史性、条件性、地域性，只为西方所信奉的价值观偷梁换柱，对不符合这些价值标准的中国政治制度、意识形态和文化标准加以抹黑，并借用话语霸权把处于弱势的国家置于百口莫辩的境地。最后，将“普世价值”模糊化，把民主、法治、人权、平等、博爱等价值共识等同为“普世价值”。“普世价值”强调的是“普世性”、神圣化、无差别性，而价值共识的范围、程度具有选择性，更强调的是一种价值承诺。

我们说，人类有解决共同面临的现实问题的需要，需要有共同的、基本的价值共识和价值追求。资本主义的全球化过程，马克思共产主义世界观的追求及全球化影响，20 世纪 70 年代以来的世界一体化进程，等等，都在以一种特殊方式标识某种具有普遍精神的价值追求。就如柏拉图的理念论是其思想及方法在古希腊时代的具体存在形式，康德绝对命令的道德义务论是欧洲启蒙时代的典型存在，罗尔斯原初状态中形成的正义原则和重叠共识，哈贝马斯的商谈伦理以及孔汉斯的全球伦理主张，则是在当代的具体存在样式。因此，考察西方“普世价值”的实践性需要从其实质意义上去把握。这种把握，需在时代精神、地理环境、社会制度之内进行考察。中国人民改革开放30多年的实践，以自己的特殊方式追寻与实践着自由、民主、平等、法治、公正、人权等现代社会价值精神，这一历史经验值得珍惜并且继续发扬。

# “普世价值”以何“普世”

浙江工业大学　陈　冲

## 一、全球化视野下之“普世价值”：内涵与辨析

“普世价值”这个概念在“维基百科”中的解释大体有两层意思：其一，在哲学或人文科学上，“普世价值”泛指那些不分畛域，超越宗教、国家、民族，任何一个自诩文明社会的人类，只要本着良知与理性皆认同之价值、理念；其二，代词，即民主、自由、法治、人权的另一种说法。

第一种解释将“普世价值”当作普遍价值，把“普世价值”之“普世性”认定为普遍永恒性。“普世价值”不能等同于普遍价值。普世与普遍的含义不完全相同。普世与普遍都是标明事物属性（共性）或范围的概念，但普遍既可以是一个群体或一个组织范围之内的普遍，也可以是全球、全人类范围内的普遍；而普世则很明确地指出是世界或全球范围内的普遍。“普世价值”中的限定词“普世”指的是地域范围，是仅就空间上的广度而言的，它不具有时间上永恒性的含义。因此，不能把普世说成是普遍永恒性。

第二种解释混淆了价值与价值观，并用价值或价值观的具体形态代替“普世价值”本身。哲学范畴的价值是指客体的存在、变化对于一定主体需要及其发展的某种适合、接近或一

致，它是标志人与事物关系的一个范畴，并具有客观性；而价值观则是一种价值意识，是对价值关系的反映，是人们对价值的认识以及对事物所持有的态度，是指导人们思想行为的根本准则。它所表达的是人们对物质世界和精神世界的判断、评价、取向和选择，所反映的是价值主体的根本地位、需要、利益及主体实现自己利益、满足自己需要的能力和活动方式等。价值观可以分为一般价值观和核心价值观，核心价值观就是一个社会处于主导和支配地位的价值观。任何一个社会都有自己的核心价值观。本着良知与理性皆认同之价值、理念显然是一种价值观，其与“普世价值”不能画等号。事实上，在关于“普世价值”的讨论中，多数时候所说的普遍价值，实际上是一种价值共识，即价值观。民主、自由、法治、人权具有一定的普遍意义，其也只是“普世价值”的具体形态，而不是“普世价值”本身，故不能用来界定“普世价值”。从逻辑上讲，用事物的具体形态来界定事物，对于揭示事物的本质是不充分的。

今天的社会是一个高速增长且竞争激烈的信息互联社会，全球化越来越成为各个国家积极参与的进程。各国之间的联系不仅越来越密切，共同的东西也越来越多。在关于“普世价值”的争论中有人认为，“普世价值”是全球化在价值层面的反映和体现；而生态灾难、核战争危险和贫困等问题，则在生存这个最基本层面把人类共同的命运联系在一起。这种说法需要具体分析。众所周知，全球化的核心是经济全球化，其形成的最初动因是资本向全球的扩张。不可否认，经济全球化的同时也伴有先进技术和管理方式乃至文明向全世界的传播，然而这一切在很大程度上是服从于资本逐利和扩张逻辑的。在全球化的过程中,资本的逐利和扩张的本性并没有变,资本逻辑对世界的统治也没有完全改变。因此,今日之全球化还远不是一种具有共同利益的人类共同实践,相反是一个充满矛盾、张力和冲突的过程。这就使得全球化既是一个普遍化过程,也是一个特殊化过程,两者纠缠在一起,且价值和利益的多元化将长期存在。所谓普遍价值只能是各个国家、民族在谋求发展的竞争和合作中,共同体现出来的代表人类自由和解放的精神。

全球化和现代性的深入发展,使全人类面临一系列共同问题。全球问题包括两个方面:从人与自然的关系看,有人口、资源、生态、环境等全球性危机;从国际上的社会关系看,有邓小平在1985年提出的"和平与发展"两大世界性问题。这些问题与每个民族的命运都息息相关,需要通过全人类的共同努力才能解决。但是经济全球化并不意味着世界一体化,更不意味着利益一体化。全球化并没有消除各个民族和国家之间的差别和对立。组成今日之世界的是一个个国家和国家集团。这些国家和国家集团有不同的社会制度、历史文化背景、意识形态,以及发展阶段,有着各自的特殊利益。这些利益冲突制约着各国对全球问题的认识和解决。全球问题包含一系列问题,其中不同的问题对各个国家和国家集团的影响程度和影响方式不完全相同,各个国家和国家集团对这些问题的理解以及解决的迫切程度和顺序也不一样,这就使得达成共识和协调一致的行动成为艰难的过程。全球化是多个主体共同参与和谋求发展的过程,价值共识只能在各个国家和民族的共同参与中,自下而上地通过利益博弈形成。

## 二、“普世价值”与社会主义核心价值观：对抗与争锋

“普世价值”思潮在我国的泛化有一个过程。第一个层面是大众话语的角度，如乐于助人、关爱弱者很容易引起群众共鸣，从这个层面上讲，“普世价值”是用来表达一些在一定程度上带有共识性的观念；第二个层面是学术话语的角度，在宗教理论、道德理论甚至政治理论中都不同程度、不同形式地出现过与“普世价值”相似的概念或思想；第三个层面是政治话语层面，是指西方国家尤其是美国向别国输出所谓“普世”的民主、自由等观念，借以表达西方的政治诉求，消解发展中国家的民族独立和国家主权意识。从第三个层面上看，“普世价值”思潮的泛化是一个意识形态领域前沿斗争的问题，直接关系到我国社会主义核心价值体系的未来发展。

任何一个社会，思想可以多元化，利益可以多样化，但须有一个全社会多数人认可和遵守的价值，才能建构真正的稳定和秩序。改革开放之后，中国社会步入转型期，旧的主流价值体系不适应新的形势和要求，而新的主流价值又不能马上提出并形成，社会出现了价值观空当。当前中国社会面临的诸多问题，比如腐败问题、道德滑坡、信仰缺失、黄赌毒等现象，其中原因很多，但没有一个有说服力的共同社会价值观，则是重要因素之一。社会主义核心价值体系是社会主义意识形态的本质体现，是全党全国各族人民团结奋斗的共同思想基础。它在中国整体社会价值体系中居于核心地位，发挥着

主导作用，决定着整个价值体系的基本特征和基本方向。

2006年10月，党的十六届六中全会通过《中共中央关于构建社会主义和谐社会若干重大问题的决定》，第一次明确提出建设社会主义核心价值体系，其基本内容为：坚持马克思主义的指导思想；坚持中国特色社会主义共同理想；坚持以爱国主义为核心的民族精神和以改革创新为核心的时代精神；坚持社会主义荣辱观。2007年胡锦涛在“6·25”讲话中又强调，要大力建设社会主义核心价值体系，巩固全党全国人民团结奋斗的共同思想基础。2007年10月，党的十七大报告再次明确提出：建设社会主义核心价值体系，增强社会主义意识形态的吸引力和凝聚力。党的十八大对这个核心价值观做了24个字的概括：一是在国家层面，倡导的是“富强、民主、文明、和谐”的价值目标；二是在社会层面，倡导的是“自由、平等、公正、法治”的价值取向；三是在公民个人层面，倡导的是“爱国、敬业、诚信、友善”的价值准则。国家层面是作为价值目标来追求，社会层面是作为一种价值取向来倡导，只有在个人层面，是作为一种价值准则来遵守。2013年底《关于培育和践行社会主义核心价值观的意见》的颁布，受到了全党和全社会的高度关注，引起巨大反响。社会主义核心价值观是社会主义核心价值体系的内核，体现着该体系的根本性质和基本特征，反映着体系的内涵和实践要求，是核心价值体系的高度凝练和集中表达。

“普世价值”与“社会主义核心价值体系”二者的冲突，讲到底，是资本主义价值体系和社会主义价值体系的冲突，是发达国家与发展中国家价值体系的冲突。对当代中国人而言，在价值观问题上，要切实增强理论和实践自信，不断强化文化自觉，不断凝聚思想共识，形成推动中国梦实现的现实力量。

培育和践行社会主义核心价值观，要增强人们的价值判断力和道德责任感。社会主义核心价值观是追求真善美的价值观。中华民族是自强不息、厚德载物的民族，我们的祖先以无与伦比的智慧汲取天地之德的精要，化天地之德以为人之德，而这一“化”就是五千年的文明。中华民族的身上流淌着自强不息、厚德载物的血液，被注入了自强不息的基因，每个人心底蕴藏的善良道德意愿、道德情感，就是我们培育社会主义核心价值观最深厚的土壤。

培育和践行社会主义核心价值观，要在增强认知认同上下功夫，使社会主义核心价值观家喻户晓、深入人心，推动奋发向上、崇德向善强大力量的形成。积极健康向上的思想和精神在人们心里播下种子，就能生根、开花、结果，就能转化为崇德向善的实际行动。这些年功利主义甚嚣尘上，人们深受其害。崇德向善，是要用义管住利，是义利并举，是以义为先，推动形成好人好报、善有善报的正向机制，形成崇善向德、见贤思齐的社会氛围。要把增强社会的价值判断力和道德责任感作为重要着力点，使人们学会辨别什么是真善美、什么是假恶丑，自觉做到常修善德、常怀善念、常做善举。

培育和践行社会主义核心价值观，关系到每个公民的价值取向，是国民教育的基本任务，没有这样的价值观作为教育的主导，就不可能培育出合格的社会主义事业建设者和接班人。培育社会主义核心价值观，不仅仅限于基础教育，还应该深入职业技术教育、高等教育、成人教育等各个领域，落实到教育教学和管理服务的每个环节。只有覆盖到所有教育平台,形成长效的教育机制,不断用各种方式和载体加以引导和熏陶,才能立德树人,引领社会全面进步。

培育和践行社会主义核心价值观,要善于运用大众媒体传播核心价值观,加强核心价值观在网络上的传播。2014 年是中国互联网 20 年,也是互联网诞生 45 年,全球网民数量突破 30 亿大关,真正的网络社会已经全面到来。相对于现实空间比较完善的制度、规则和秩序,新兴的网络空间内,全球各国利益争夺、规则制定与博弈冲突刚刚开始。如今,网络空间安全逐渐成为中美博弈的核心问题,也将成为未来国家经济、政治、文化和军事的博弈核心。要最大限度地唱响网上正气歌,使社会主义核心价值观真正成为人们心灵的罗盘,成为人们的情感寄托。

培育和践行社会主义核心价值观,党员干部,特别是各级领导干部,应当带头坚持理想信念,带头保持良好的思想道德情操,带头树立正确的世界观、人生观、价值观,始终坚守共产党人的精神高地。孔子曾说:“君子之德风,小人之德草,草上之风必偃。”中国历来有以吏为师、官风带民风的传统,党员干部带头践行核心价值观,明晰“我是谁,为了谁,依靠谁”的基本价值取向,才能始终坚守精神高地。

# 远离现实世界的普遍原理没有生命力

浙江农林大学　洪千里

不知从什么时候开始，反对西方“普世价值”成了扣在中国共产党头上的一条“罪状”，似乎西方所谓的“普世价值”就意味着民主、自由，反对西方“普世价值”就是反对民主、自由。这种观点是极为荒唐的，它无视民主、自由是社会主义核心价值观的重要组成部分，无视中国几十年来民主、自由的发展。对于这顶反对“普世价值”的帽子，我们要理直气壮地说，中国共产党人追求真理，热爱民主、自由，坚决反对以所谓的“普世价值”来攻击我们社会主义建设的成就。

## 一

在中国古代，庄子就感叹道：“恢恑憰怪，道通为一。”对于变化万千的世界，如果从特殊性上去观察，我们所能发现的只是它们之间的差异与分别。与此相反，如果我们从它们的统一性去观察，也就是从庄子所说的大道去观照这个世界，无论它们的差异与分别有多大，我们都能发现事物之间相通一致的一面。庄子所感慨的是人们如同朝三暮四的猴子一样，执着于事物之间的分别，纠缠于事物之间的差异，却不能从根本上看它们所具有的一致性。因此，庄子大声疾呼，要“天地与我并生，万物与我为一”，渴望能实现自己与宇宙大道的相通。

这种对大道的向往告诉我们，认识必须要超越存在的特定性，去发现这个世界的普遍原理。如果人们永远只盯住眼前的事物，所得到的认识只能是片面的、有限的。普遍性的追求并不是庄子一个人的专利，普遍性问题对古今中外的哲人都有巨大的魅力。宋明理学家所说的“天理”、佛教所说的“空无”、基督教所说的“上帝”、柏拉图的“理念世界”、康德的“道德律令”，无一不是对普遍大道的追求，他们分别从本体论、认识论、伦理学等不同角度表达了自己对普遍大道的理解。只是他们对普遍性的认识还存在种种不足，不能使自己对普遍性的认识建立在科学的基础上。

直到马克思主义的出现，普遍性问题才得到了科学的回答。在马克思看来，这个世界统一于物质，物质是一切具体事物所共同具有的客观实在性，是世界一切现象根本特性的最高概括，物质是这个世界存在的普遍基础。就人类社会而言，人类的物质性展现于人类的实践之中，实践构成了人类社会存在与发展的普遍基础。在恩格斯看来，人类思维规律与自然规律必然是相互一致的。马克思主义对于诸多相关问题的观点，无不展现了一种普遍性的维度，并做出了科学的回答。可以说，以马克思主义为指导思想的中国共产党人从来不回避普遍性问题，中国共产党人向来追求普遍真理，只是不同于虚幻的宗教呓语，我们将普遍性追求建立在科学之上。

## 二

一种科学的普遍性必定是具体的、现实的，必定是与特殊性相统一的，这也是马克思主义在普遍性问题上的先进之处。我们并不否认，许多思想理论就它自身而言，的确拥有最高的“普遍性”，就如同基督教的“上帝”，他全能全善，无所不在，然而非常抱歉的是，其却远离我们现实的世界。我们看不到他，摸不着他，不知道他在哪里，无法知晓他在我们身上的显现。更有甚者，如犹太教中的“上帝”，连他们的先知摩西都无法见得“上帝”的真容，又何况我们平凡的人类呢？这样的普遍性，纵使你描画得再美、再宽广，又能怎样？一种无法与特殊性实现具体统一的普遍原理只能是抽象的，一种远离现实世界的普遍原理终究是没有生命力的。

庄子不仅对大道有着超越性的追求，同样也相信道在万物之中，道具体显现于这个世界，在不同的事物里道有着不同的展现，而无高低贵贱之分。当有人想从庄子那里获知道的行踪时，庄子告诉他，道并不在远方，“道在蝼蚁、在稊稗、在瓦甓、在屎溺”。庄子以一种近乎粗俗的方式告诉我们，大道无处不在。大道不仅在辉煌的庙堂之上，同样也在萧瑟的江湖之中。正因为大道之大，所以才可以既展现为庙堂的辉煌，也展现为江湖的萧瑟。我们不能因为庙堂拥有辉煌耀眼的光芒，而遮蔽了江湖的萧瑟。庙堂的辉煌并不是大道，他同江湖的萧瑟一样，都只是大道在这个世界具体的展现。也正因为同时有了庙堂的辉煌和江湖的萧瑟，大道才能有了具体而又现实的展现。所谓普遍性也正是如此，一种与特殊性分离的普遍性，其只能存在于认识过程的头脑里，在现实世界当中，普遍性与特殊性总是统一于具体事物当中的。那些宣称“自身高于一切”的普遍性，只愿高居庙堂之上，又耻于江湖和屎溺之中的普遍原理,我们也只能仅将其视作一种自我安慰的良药。

对于普遍性与特殊性相统一的问题,我们也勇敢地承认,中国共产党在建党初期,的确犯过普遍真理脱离现实实际的问题。马克思主义是中国共产党人寻找到的普遍真理,然而普遍真理的运用同样要与具体的工作实际相结合,才能发挥自身的生命力。我们在建党初期就是因为缺少相应的理论与实践的准备,没能注意到这方面的问题,片面套用马克思主义的基本原理与苏联的革命经验,没能考虑中国革命的实际和具体的国情,才犯下了或"左"或"右"的错误,使革命工作遭遇了损失。然而,建党初期所走的弯路,并不能否认马克思主义本身的真理性,反而恰恰说明了普遍真理的现实运用必须实现与特定的实际环境相统一。事实上,此后也正是在各代领导集体的带领之下,中国共产党将马克思主义的基本原理与中国的具体国情相结合,同中国革命、建设和改革的实践相结合,才使我们在工作中不断地取得胜利,推动了马克思理论的发展,实现了马克思主义在中国的两次历史性飞跃。马克思主义中国化的成功告诉我们,普遍真理也只能在具体的现实当中,在与特殊性相统一当中,展现自身的真理性。

## 三

同其他普遍性问题一样,价值问题同样是一个现实而又具体的问题,这个世界并不存在一种抽象的脱离现实世界的普遍价值追求。人以自身主观的、特定的、有限的视角观照这个客观的、普遍的、无限的世界，从中发现对自身有利的有用性，我们将其称作价值。价值是反映主客体之间特定关系的一个范畴，其并不能脱离主体独立存在，因此价值必定囿于人自身存在的有限性。价值一旦超出与主体之间的现实关联，便将失去它的有效性。

价值概念的提出，其所指向的是这个世界特定的存在形态，就这个世界本身的客观性、普遍性和无限性而言，无所谓价值问题。在当代的生态哲学思潮当中，诸多西方思想家依旧以一种狭隘的、片面的价值观念去考察人与自然的关系。这些思想家没能注意到自然对于人的价值在于人与自然相互之间的关系当中，仅仅认为自然有着所谓客观存在的价值，这些价值可以脱离人的特定需要而存在，肯定这些价值是一种普遍的要求。但是，所谓的自然价值也只有指向人类的现实需要时，才是一种真实的存在，否则一切都是一种空洞的口号。也就是说，当我们说到自然保护时，我们所说的是与我们人类生存息息相关的自然环境，而不是于人类存在之外的自在的自然世界。我们热爱美丽的自然，同时又要抵御狂风暴雨地震火山。我们对鸟语花香和狂风暴雨地震火山的分别，并不是基于它们自身的对错，而是基于人类的需要。过度地强调价值的普遍性会造成某一种特殊的价值取向片面地普遍化。所有这些热爱和价值，都是基于我们人自身的需要，它们的存在也都是有限的、具体的，而非无限的、普遍的客观世界本身。

正是因为立足于人的特定存在，价值也是有限的、具体的。因此我们不能将某种价值强加于不同的存在之域，此种价值离开自身的条件范围便是无效的。正如有人欲以鲜花之美否定绿叶之秀,我们可斥其不解美之真谛。强人所难,以自身之所好强加于他人,无异于强盗。

## 四

任何价值都是具体的、有限的,这个世界并不存在什么"普世价值",没有什么价值偏好是放之四海而皆准的。对于所谓的西方"普世价值",我们更应该注意到它的局限性和片面性。有人说,所谓的西方"普世价值"指的就是民主、自由,这完全是一种谬论,是披着美丽外衣的虚假谎言。所谓的西方"普世价值"与民主、自由之间并不能画上等号,民主与自由不是任何人的专利。对于发展民主与自由,拒绝"普世价值",我们认为这并不存在任何分歧,民主与自由构成了中国社会主义核心价值观不可或缺的组成部分。在中国共产党领导下,中国人民坚持走自己的道路,根据中国国情,发展中国特色社会主义民主制度。改进自身的不足,推进社会主义民主制度建设,是中国共产党人的不懈追求。可是我们也必须注意到,任何对民主、自由的追求必然是具体的、有限的,中国的民主制度是根据中国特定的社会环境发展出来的,有我们自身独有的特性。

在当前特定的语境之下,所谓的西方"普世价值"并不是指民主、自由,而是部分西方国家特定的政治经验与政治制度。从理论根源上讲,其错误在于将特殊性上升为普遍性,迫不及待地把自己的特殊经验当成所有人的追求。我们的眼睛不能只盯着外国转,中国要发展民主制度,但是中国的民主制度只能植根于中国社会之中，绝不能照搬照抄哪国的特定经验。

如果因为这样就说中国保守排外，不思进取，那真是天大的冤枉。今天的中国，德国来的马克思主义已经被我们写进了宪法，印度来的佛教已经成为中国最大的宗教，这样的中国是开放包容的。只是我们必须要明白一点，马克思主义和佛教之所以能够在中国产生自己的影响，关键在于它们都实现了中国化，能够与中国的国情、中国的社会实际相结合，发展出它们在中国的特有经验。更为重要的是，我们所引进的是马克思主义的一般原理，而不是马克思一般原理与哪个国家国情结合后所得出的特定经验，比如苏联的经验。脱离中国实际，抽象运用马克思主义一般原理会失败，把苏联的特定经验误认为是马克思主义的一般原理，更是会失败，难道我们忘了教条式地运用苏联经验，给我们的实践所造成的损失了吗？在民主制度发展问题上，同样如此，中国愿意以开放的心态面对国际社会，但我们决不允许任何国家将它们特有的政治制度强加在我们身上，它们在特定历史环境中所得到的特定经验并不是什么“普世价值”。

事实上，当西方国家将它们自己特定的思想理论和政治制度幻想成“普世价值”，并将其强加于发展中国家时，其往往水土不服，甚至造成巨大灾难。所谓的“阿拉伯之春”除挠到了部分人的痒处外，所带来的只有动荡与混乱。埃及，曾经的中东雄狮，中东乱局中的“净土”，在经历了西方的民主幻象之后，至今局势未定。叙利亚，在美国战争代理人的和平自由的旗帜之下，仍然在为国家的统一和安定而战斗。而在伊拉克，“伊拉克和黎凡特伊斯兰国”(ISIS)这样的恐怖组织的崛起，更是标志着美国对中东“民主改造”的彻底失败。事实上，美国举全国之力予以打击的阿富汗塔利班组织至今仍然残存于阿富汗乡间。中东乱局错不在“民主”，而在美国将自己特定的“民主经验”幻想成“普世价值”，美国人忘了他们基于基督教文化建立起来的民主制度与中东的伊斯兰文化传统格格不入。这种一厢情愿地将中东“普世化”，所带来的只能是当地人民的反抗。对今天发生在中东以及美国本土的恐怖主义危机，美国的“普世追求”负有不可推卸的责任。中东问题的解决，针对恐怖主义的打击，最终还是需要中东国家走出一条适合自己国情的发展道路。

## 五

因为国情不同，我们的民主发展模式与西方国家之间存在差异，但是我们并不能因此否认我们的民主发展。西方国家的政治制度并不代表真理，中国的民主要坚定地走自己的路。事实上，普遍性与特殊性的具体统一是一个非常基础的理论问题，可是有些人总是在这个问题上纠缠不清。究其根源，在于有些人是希望以西方国家特定的政治经验与政治制度来否认中国民主制度的发展，来否定中国共产党的领导。

有力反击这些言论的同时，我们也要正视现实，坦然承认中国在民主制度的发展上存在的不足，在未来还有发展的空间，不要留给对手可乘之机。同时，我们也不能妄自菲薄，更要有道路自信、理论自信、制度自信，更要肯定中国几十年来民主发展所取得的巨大成就。在今天的中国，一种崭新的立足于中国国情的民主制度已经建立，人大代表制度不断完善，基层民主制度建设不断推进，人民群众当家做主的权利得到充分保障。十八大报告提出的24字社会主义核心价值观，不仅明确了民主、自由是中国共产党的不懈追求，更为我们描绘了一幅未来中国的美丽画面。我们要坚信在中国共产党的领导之下，中国特色社会主义制度的道路会越走越宽广。而那些经不起推敲，将某些特定价值“普世化”，意图扰乱中国建设的谬论也可以停止了。

# 揭开"普世价值"的迷雾

浙江工商大学　李梦云

美国自建国以来就一直非常注重建设和传播自己的文化。在近三四百年风云激荡的历史进程中,随着美国经济和军事实力的迅速崛起,其也向世界展示了它独具特色、引以为豪的价值观念。当今人们所熟知的"自由、民主、人权、法治"等价值观,早在美殖民地时代就在北美社会逐渐形成,后逐渐内化为美利坚民族的基本信念与价值取向。冷战结束后,美国政治当权者积极向外推行"普世价值",在全球推广其民主价值观和政治制度,企图"重塑世界"。2008 年奥巴马执政后,美国把推广"普世价值"纳入其全球战略,使"普世价值"的推广成为美国意识形态外交的主要表现形式和自由主义大战略的重要组成部分。

## 一、"普世价值"的前世今生

现在美国当局宣扬的"普世价值",其概念并非 18 世纪启蒙思想家们主张的自由、民主、人权的翻版,而有其特定的背景、含义和战略意图,它是冷战结束后美国推行其霸权主义思想、政治、战略的新攻势和新概念,是美国推行文化帝国主义的工具和美国意识形态话语霸权的表现。

美国学者塞缪尔·亨廷顿在《文明的冲突与世界秩序的重

建》一书中这样揭示“普世价值”：“共产主义的崩溃使西方人更加相信其民主自由思想取得了全球性胜利，因而它是普遍适用的。……西方，特别是一贯富有使命感的美国，认为非西方国家的人民应当认同西方的民主、自由市场、权力有限的政府、人权、个人主义和法治的价值观念，并将这些价值观念纳入他们的体制。然而，在其他文明中，赞同和提倡这些价值的人只是少数……西方人眼中的普世主义，对非西方来说就是帝国主义。”亨廷顿在这里明确指出：“普世文明的概念是西方文明的独特产物。”“普世主义是西方对付非西方社会的意识形态。”

在美国看来，“普世价值”既是美国的核心价值观，也是美国国家利益的一部分，美国政府在外交实践中也把“普世价值”作为美国主要的国家利益之一。在2010年5月白宫发布的《美国国家安全战略报告》中，他们明确将“在国内和全世界尊重‘普世价值’”同“维护美国及其盟友的安全”“保持美国经济的强大”“维持美国主导的国际秩序”作为美国四项持久利益。这是美国联邦政府首次在官方文件中正式使用“普世价值”一词。此前，“普世价值”主要为学者所使用，如今该词成为美国政府的官方话语，这既是美国推广美式民主政治的一次重大转折，也预示着“普世价值”已经成为美国推行全球战略的重要手段。该报告明确提出，美国的“长期安全和繁荣有赖于对‘普世价值’的坚定支持。这是我们区别于敌人、敌对政府和潜在对手的原因”。美国将采取包括“宣扬‘普世价值’、扶持脆弱民主国家”等多种措施支持“普世价值”在世界上的发展。2010年12月15日希拉里·克林顿发布的美国《四年外交与发展评估报告》的前言部分也指出：“在新世界格局中我们必须推动美国的安全与繁荣，尊重‘普世价值’观以及国际秩序。我们从这一点着手，确定重塑世界格局的趋势。”

从以上引用的美国著名学者、美国政府的战略性文件对“普世价值”的诠释中，可以清楚地看出美国在全世界推行“普世价值”的实质和意图，他们打着推广“普世价值”的旗号，其最终目的就是要确立美国的世界霸权地位，实现其自身的利益。

## 二、“普世价值”的内外有别

近年来，美国无视当今世界价值观多元并存的现实，把包装起来的“普世价值”凌驾于其他价值观之上，不择手段地向全球输出，以达到谋取本国私利和成为全球霸主的目的。美国所推行的“普世价值”，并不是绝对的“普世价值”，而是具有相对性的。但这个相对性，又有一个绝对的标准，那就是，“普世价值”的推行一定要对美国有利，否则，“普世价值”就靠边站。譬如，美国经常把民主当成“普世价值”到处推销，有时候是金钱诱惑，有时候是武力推行。但是，一旦别国的民主政治对美国不利，美国就会毫不犹豫地抛弃民主这个“普世价值”，而选择独裁专制。

如 18 世纪末，法国大革命高举着“人权”旗帜，试图把民主、自由、平等这类“普世价值”推广到全欧洲。尽管在美国独立过程中法国从精神到物质都对其给予了很大帮助，尽管法国大革命正掀起推行“普世价值”的高潮，但是，因为法国比英国穷，因为美国需要英国这个巨大的市场，还需要英国海军的保护，于是，美国从其国家利益出发，袖手旁观，眼睁睁地看着法国大革命失败，最终法国变得和英、美一样，都只有少数有钱人才能够享受民主、自由、平等这些“普世价值”。

又如，二次大战之后伊朗出现了民主政府，他们遵照伊朗人民的民主意愿，从伊朗的国家利益出发，欲将石油企业收归国有，归属全体伊朗人民。但因为当时许多石油企业都是美国的企业，这一改革触动了美国在伊朗的利益，美国对这个民主政府的表现极为不满。于是，他们公然把民主这一“普世价值”抛之脑后，当时的美国中央情报局公开支持巴列维国王复辟，推翻了当时的伊朗民主政府，建立了一个亲美的独裁专制政府。只要巴列维国王允许美国在伊朗开采石油，只要巴列维国王带着钞票到美国疯狂购物，美国对这个独裁者就很满意，再也不向巴列维国王提什么民主的“普世价值”。后来，伊朗人民按“普世价值”的原则，赶走了美国心爱的巴列维国王，美国便与伊朗翻脸，支持非“普世价值”的萨达姆与伊朗开战。仗打完了，美国又在“普世价值”和弥天大谎的粉饰下，干掉了萨达姆。后来，内贾德被民主选举为伊朗总统后，美国认为伊朗对美国的威胁很大，于是经常威胁伊朗要对其动武。

除了中东，这种情况也同样出现在拉美。古巴共和国总统巴蒂斯塔是一个独裁者，但因为亲美获得美国的支持。卡斯特罗革命成功后，美国和古巴有过短暂的互相观望。结果美国发现，卡斯特罗不像前任领导人那样照顾美国的利益，于是，美国对古巴采取了经济封锁、政治颠覆、外交孤立，甚至组织雇佣军入侵等多种手段，并且针对卡斯特罗策划了数百种暗杀方案。也许有人说现在的古巴不是民主政治，按照美国的标准，只有它认可的民主才是真民主，其他都是假民主。这时，美国又把民主当成了绝对的“普世价值”。美国对其他国家民主与否的裁定,遵守的完全是自己的利益。

再如,1970 年智利民主选举出阿连德任总统。因为阿连德不喜欢美国,美国担心他任总统会对美国在拉美的利益不利,于是,美国直接推动智利军人实施军事政变,使阿连德总统死于非命。政变之后,皮诺切特实施了 16 年的军人独裁统治,美国对此却很满意。等到智利人民最终把皮诺切特赶下台,要求审判皮诺切特罪行的时候,美国和英国又一起保护了皮诺切特,直到他奄奄一息才让其返回智利。时间冲淡了记忆,也让人们淡忘了仇恨,面对一个垂暮的老者,严厉的审判似乎显得太不人道,太不符合“人权”。除了智利,这种情况也包括拉美其他国家,只要民主所产生的是美国不喜欢的政府或领导人,这种民主就是美国不愿接受的,他们就会通过各种方法包括军事政变,去打压或者推翻民主政府。

再看看高调宣扬人权外交的美国是如何对待卢旺达的。1994 年,卢旺达胡图族总统乘飞机遇难身亡,瞬间该国长期存在的种族矛盾和血腥仇杀爆发。短短 100 天内共造成 100 万人死亡,200 多万人流离失所。对人口仅有 800 万的非洲中部小国卢旺达来说,可想而知这意味着什么。然而,对于当时发生的空前的人道灾难,当政的克林顿政府却采取袖手旁观的态度。据美国前国防部部长助理伍兹回忆,克林顿政府上台初期,曾指示五角大楼研究世界上可能爆发的危机,以供白宫决策使用。熟悉非洲事务的伍兹将卢旺达和布隆迪问题列进名单。很快他就接到了上面的指示:“我们不在乎在卢旺达或布隆迪发生的事情,把它们从名单中去掉。美国的利益不在那里,我们不能把这些无聊的人道主义问题和诸如中东、朝鲜等重要问题混为一谈。”从中可以看出，美国在宣扬“民主”和“人权”等“普世价值”时，其与本国利益相符才是美国绝对奉行的前提。

上述事例充分说明，美国对于“普世价值”的掌握是很灵活的，“普世价值”摆在哪里，如何用，怎么用，只有一个标准，即“是否对美国的民族主义有利”。“普世价值”只是美国在需要的时候欺骗民众的政治玩具而已。

## 三、警惕“普世价值”的蒙蔽

所谓“普世价值”，顾名思义，一是这种价值观念要适用于所有人，无论什么种族、阶级和出身，它都具有普遍适用性；二是这种价值观念应适用于任何社会，无论何种社会经济形态，都存在并适用这种价值，即它具有永恒性。鼓吹“普世价值”的人秉持着这种理念，叫嚣着中国必须实行“普世价值”，“不应置外于‘普世价值’”。但是真正恒久、普遍适用的“普世价值”是不存在的。这种“普世价值”的论断在逻辑上，本身就是自相矛盾的：如果他们说的价值观念是“普世”的，那么中国早就应该赞成并实践了；反过来，既然还有那么多人不赞成或没有实行这种所谓的“普世价值”，这种价值观念又怎么能说是“普世”的呢？每个民族和文明都有自己的价值观念，坚持价值观念的相对性和多样化，本身就是当前应遵循的价值准则。

美国开国元勋亚历山大曾说：“真正的爱国者对待自己的国家，应像对待妻子那样矢志不渝，外国就是那些会腐蚀忠贞、破坏幸福的情妇。”如果中国人迷信美国，就会被别有用心的野心家们蒙骗。他们损害了中国人的利益，中国人却丝毫没有察觉，甚至颇感自豪。这不是最可怕的吗？对于“普世价值”以及那些或张扬或隐晦地宣传“普世价值”的人，我们要高度警惕，以免上当受骗。

# 后　记

“意识形态领域重大理论问题”研究暨系列通俗读本编撰由中共浙江省委宣传部组织实施，省委常委、宣传部长葛慧君高度重视，省委宣传部常务副部长胡坚具体主持。本书的编写是浙江省近百位青年教师共同完成的，其间做了大量的资料准备，并得到省内外有关专家学者的大力支持。浙江省青年马克思主义研究会和浙江工商大学出版社承担了本书的编辑出版工作。书中难免存在疏漏不足之处，敬请提出宝贵的批评意见和建议。

编者

2015 年 3 月

"意识形态领域重大理论问题"通俗读本

# 为什么不行

## ——论西方"宪政民主"

● 本书课题组 编著

WEISHENME BUXING

LUN XIFANG XIANZHENG MINZHU

浙江工商大學出版社
ZHEJIANG GONGSHANG UNIVERSITY PRESS

**图书在版编目(CIP)数据**

为什么不行 ：论西方“宪政民主”/“意识形态领域重大理论问题”通俗读本课题组编著．—杭州 ：浙江工商大学出版社，2015.3(2015.7 重印)
(“意识形态领域重大理论问题”通俗读本)
ISBN 978-7-5178-0979-1

Ⅰ．①为… Ⅱ．①意… Ⅲ．①宪法—法制史—西方国家—通俗读物 Ⅳ．①D911.02—49

中国版本图书馆 CIP 数据核字(2015)第 061420 号

**为什么不行**
——论西方“宪政民主”
**本书课题组 编著**

| | |
|---|---|
| **责任编辑** | 王黎明　蒋红群　尹　洁 |
| **责任校对** | 马玉君 |
| **封面设计** | 王妤驰 |
| **责任印制** | 包建辉 |
| **出版发行** | 浙江工商大学出版社<br>(杭州市教工路 198 号　邮政编码 310012)<br>(E-mail:zjgsupress@163.com)<br>(网址:http://www.zjgsupress.com)<br>电话:0571-88904980,88831806(传真) |
| **排　　版** | 杭州朝曦图文设计有限公司 |
| **印　　刷** | 杭州五象印务有限公司 |
| **开　　本** | 850mm×1168mm　1/32 |
| **印　　张** | 31.25 |
| **字　　数** | 699 千 |
| **版 印 次** | 2015 年 3 月第 1 版　2015 年 7 月第 2 次印刷 |
| **书　　号** | ISBN 978-7-5178-0979-1 |
| **定　　价** | 69.00 元(全五册) |




浙江工商大学出版社营销部邮购电话　0571-88904970

# 本书课题组

**组　　长**　葛慧君

**副 组 长**　胡　坚

**主要成员**　（按姓氏笔画排序）

王海稳　冯昊青　吕明再　张　彦

陈先春　卓高生　郑　毅　郑林红

钱伟刚　徐　彬

# 序　言

葛慧君

马克思主义有一个重要的观点：人民只有组织起来、团结起来才有力量。我们党带领人民在长期奋斗中深深懂得：团结就是大局，团结就是胜利。党和人民的坚强团结，根源于共同的利益、凝结于共同的目标，核心是共同的思想基础。任何社会都是经济基础、政治上层建筑和意识形态三大结构在生产力发展基础上互动的整体。在这个整体中，意识形态是灵魂，她体现为一个国家、民族和社会共同的理想信念，是整体社会发展和个人人生价值体现的精神支柱，具备着将个体团结起来的内在凝聚力。

30多年社会主义改革发展的巨大成就充分证明，通过中国共产党和广大人民群众艰辛的理论创新和卓越的社会实践，社会主义意识形态是我们对未来理想社会和文明形态追求的基本价值原则。近代以来，君主立宪制、多党制、总统制等都在中国尝试过，结果都行不通。只有中国共产党领导人民，把马克思主义基本原理同中国实际结合起来，找到了实现民族独立和人民解放、国家富强和人民幸福的正确道路。沿着这条道路走，我们比历史上任何时期都更接近中华民族伟大复兴的目标，比历史上任何时期都更有信心、有能力实现这个目标。但我们也看到，随着社会深刻变革，不同社会群体之间产生了不同的经济表达、政治表达、社会表达、文化表达，特别是随着对外开放不断扩大，各种思想文化交流、交融、交锋日益频繁，一些错误思潮暗流涌动、此起彼伏，巩固壮大主流意识形态和思想舆论面临的挑战与困难前所未有。

习近平总书记指出，“意识形态关乎旗帜、关乎道路、关乎国家政治安全”，“经济工作搞不好要出大问题，意识形态工作搞不好也要出大问题”。做好意识形态工作，要求我们在任何时候、任何情况下都要保持清醒的头脑。必须深刻认识到，国际上的一些势力骨子里是不希望中国发展壮大的，一直在不遗余力地推行西化、分化的战略。其中最主要的一手，就是抓住中国社会转型发展时期利益诉求、矛盾问题交织互联的特点，搞意识形态渗透，搞乱人们的思想，瓦解党和人民团结奋斗的共同思想基础。近年来在思想界出现的各种错误思潮，不论是政治上的西方“宪政民主”、思想上的“普世价值”、经济上的“新自由主义”、文化上的“历史虚无主义”，还是道路方向上的“质疑改革开放”，虽然侧重点有所不同，有的还由于蕴含其中的政治主张违背我国宪法原则做了种种“包装”，但实质都是要使中国脱离中国特色社会主义轨道，脱离中国共产党的领导，对我国社会主义事业的危害绝不容忽视。

巩固共同思想基础，要求我们必须毫不动摇地坚持马克思主义和共产主义信仰，切实增强政治定力，坚决同各种错误思想作斗争。习近平总书记告诫全党，要当战士，不当“绅士”，在意识形态问题上守土有责、守土负责、守土尽责。刘云山同志强调，用中国特色社会主义凝聚思想共识，必须加强对思想理论领域问题的辨析与引导，有针对性地开展积极的思想舆论斗争。刘奇葆同志指出，在意识形态问题上，我们不搞无谓争论，但对挑战我们政治原则、政治制度的思想观点，必须有坚定的立场、鲜明的态度，敢于发出正确的声音。近年

来，根据中央的部署要求，浙江省委将意识形态工作摆到更加重要的位置，在各领域深入开展“当战士、不当绅士”等主题活动。浙江省委宣传部设立专项课题，组织全省党校、高校近百位一线教学的青年教师，开展专题研讨，撰写体会文章，汇集、编撰形成《为什么不行——论西方“宪政民主”》《为什么不好——论“普世价值”》《为什么不灵——论新自由主义》《为什么不对——论历史虚无主义》《为什么不变——论改革开放》等系列通俗读本。其中的文章注重运用理论与实践、历史与现实、国内与国际、正面与反面对比等手法，围绕核心观点进行充分阐发，针对热点问题进行辩证解读，澄清了一些模糊认识，批驳了一些错误观点，集中反映了浙江广大青年理论工作者在事关意识形态的大是大非问题上鲜明的态度、正确的方向和坚定的立场，是广大干部群众、青年学生加强理论学习、提高思想认识的重要辅助读物。

当前，全党和全国上下正认真学习贯彻以习近平同志为总书记的党中央提出的“四个全面”的战略思想。“四个全面”是中国特色社会主义伟大事业的顶层新设计，是马克思主义与中国实践相结合的新飞跃，为新常态下推进各项事业注入了强劲动力，也为进一步做好意识形态工作指明了方向。我们要紧紧围绕“四个全面”的战略布局，切实将意识形态建设作为一项战略工程、固本工程、铸魂工程来抓紧、抓实、抓好，为推动马克思主义在意识形态领域的指导地位更加牢固、全党全国人民团结奋斗的共同思想基础更加坚实做出新的努力！

# 目录

CONTENTS

## 壹

## 西方『宪政民主』的产生



## 贰

## 西方『宪政民主』的本质

## 叁 西方『宪政民主』的后果

壹

## 西方“宪政民主”的产生

西方“宪政民主”根植于西方历史的土壤

西方“宪政民主”凝聚西方学者的思想

西方“宪政民主”维护资产阶级的利益

# 西方"宪政民主"根植于西方历史的土壤

浙江省社科院　胡丽娟

## 一、西方"宪政民主"根植于特定的历史土壤

西方"宪政民主"以英美为典范,尤其英国宪政被誉为"各国宪政之母"。西方近代以来的"宪政民主"最初是从1215年英国《大宪章》(Magna Carta)开始萌发的。其实在《大宪章》之前的早期"盎格鲁-撒克逊"人统治下的英国社会中,就存在着久远的民主和法制传统。比如,现代英国国会源于那时郡法庭中集中地方代表的惯例。后来的"盎格鲁-撒克逊"集会,即贤人(Witan)会议,作为国王的顾问团在一定程度上萌生了英国各阶层民众参政议政的传统。在11世纪诺曼底威廉公爵征服英国后,改为"御前会议",参加者除了国王的顾问外,还新加入了大地主。在亨利二世(Henry II)时演变为"王座法庭",即由各州市的代表与国王及其御前会议人员所组成的大会议(Magnum Concilium),成了近代各国国会制度的起源。同时,当时英国的封建分封制实际上是一种国王和各地封臣所签订的权利和义务平衡的法律契约制度。上述历史情况构成了英国《大宪章》制定和签署的政治制度背景。此外,还有特定的历史机缘。1214年英国在对法兰西的战争中大败,英国贵族所领导的反叛联盟为了束缚住约翰王对他们的

任意掠夺之手，迫使约翰王签订《大宪章》。有 63 个条款的《大宪章》从性质上看，只是英国贵族为保护他们的权利而迫使国王签订的一纸契约，且从具体内容看，只是“陈述了现有的法律，并未制定任何新的法律”。但是，就其精神实质而言，《大宪章》开启了英国“宪政民主”的渐进之路。《大宪章》的精髓条款有：(1)除当时封建制所规定的贡款赋税外，若无王国一致公意许可，不可征收任何免役税或其他贡金；(2)任何自由人，若不经过同等贵族人的依法审判，或是经本国法律判决，均不得被逮捕、监禁、没收财产、剥夺法律保障、流放或其他损害。除此之外，《大宪章》还包括禁止买卖司法权、禁止随意占领他人土地、决策时须征询贵族意见，若违反宪意，贵族有权推翻国王等内容。显然《大宪章》是限制君权的，意味着君王的权力是受限的、有限的。

当时的英王约翰当然也意识到《大宪章》限制了他的权力，一开始拒绝签字。但贵族们迫使他签字，贵族会议还选出了 25 位代表监视他，若违反宪章，就向他宣战。最终内战发生，第二年约翰王死去，战争才告结束。之后其子亨利三世(Henry Ⅲ)不肯遵守《大宪章》，于是贵族再次向国王宣战并获胜。《牛津条例》得以签订，进一步巩固了《大宪章》以来的成果，开启了平民参政的历史。当爱德华一世(Edward I，1272—1307 年在位)成为国王时，议会(Parliament)才成为英国政治中的经常性制度。同时，爱德华一世又先后颁布了保护国民免受来自国王、政府、官吏侵害的《威斯敏斯特第一法案》(Statutes of Westminster Ⅰ)和奠定英国普通法制度运作基础的《威斯敏斯特第二法案》(Statutes of Westminster Ⅱ)。

从1343年起,英国议会开始分为上下两院:由贵族和僧侣组成的"贵族院"(House of Lords),由骑士和平民代表组成的"众议院"(House of Commons)。至此,英国"宪政民主"政制的雏形基本形成。

之后,1628年英国国会通过的《权利请愿书》(the Petition of Right)将《大宪章》的基本精神重申并普遍化:不经国会不能征税;不经法定手续不能逮捕或处死任何人。为了落实《权利请愿书》中保障人权的条款,英国国会在1679年又通过《人身保护法》(Habeas Corpus Act),即提审法案。其基本原则是:在逮捕任何人时,该人都有权利向逮捕者索取逮捕证书,逮捕者必须说明逮捕的原因,自己属于哪一个机构。被捕者有了这些书面文件,就有权向当地法院申请提审。如果法院认为逮捕没有理由或理由不充分,则执行逮捕的机构必须在24小时之内释放被捕者。若法院认为逮捕有理由,逮捕机构也必须在24小时内把被捕人送交法院,使被捕者获得公开且公平的司法审判。这一基本原则是现代"宪政民主"的精髓之一。1688年英国发生著名的"光荣革命",国会迫使威廉三世(William Ⅲ,1689—1702年在位)于1698年签署《权利法案》(the Bill of Rights),体现了国王的王权受到议会牵制的宗旨,明确了议会至上原则,把国王的权力转移到了国会。通过这次不流血的"光荣革命",英国的君主立宪制正式确立了下来。

一直到19世纪初,英国仍实行着"光荣革命"后所沿袭下来100多年的君主立宪制的"旧制度"。议会是英国政治活动的中心,各种社会力量和集团之间政治争斗的核心问题，便是控制议会。英国贵族即大土地所有者一直实际掌控着国家政权，控制议会选举。因为贵族院的贵族由世袭产生，不存在选举问题，对平民院选举的控制通过两种手段：一是选区的分布，二是选举权资格。财产的多寡和身份地位成为选民的资格，这使得英国选民比例极低。如在1715年，有资格的选民只占英国全国人口的4.7%，到了1813年，仅剩下2.5%。18世纪末19世纪初的工业革命造成工商业企业家阶层、雇用劳动者阶级人口大量增加，而农村土地所有者的重要性逐渐减弱了。在这种社会格局中，英国各地吁求议会改革的群众请愿运动此起彼伏。1832年英国的《议会改革法》最后由国王签署而正式生效了，使得英国选民比例从大约2%增加到3.3%。但当时已占英国人口很大比例的工人阶级对这一改革措施十分不满。于是不久，便发生了近代英国历史上轰轰烈烈的宪章运动(Chartism)，要求进行彻底的议会改革，使议会成员能真正代表广大民众。1838年伦敦工人协会公布《人民宪章》，提出六项基本要求，体现了宪章运动的纲领：(1)实行成年男子普选；(2)每年举行一次议会选举；(3)实行平均选区制，每个选区的选民数应该相等；(4)议员实行薪金制；(5)取消议员的财产资格限制；(6)实行无记名投票。除第二条外，《人民宪章》中的其他五条要求在后来均逐一实现了。英国的"宪政民主"也由此得到了进一步发展。

尽管西方"宪政民主"源远流长，英国是宪政母国，但通过一部完整的成文宪法来实行宪政的模范则是美国，美国通过成文宪法使其政府权力明确化、法制化。美国的"宪政民主"，一方面在政治传统上与英国一脉相承；另一方面又有其独特的历史条件，是美国历史环境的产物。

美国“宪政民主”所经历的途程也具有渐进性。从1739年马里兰人民自由权利法案至北美首部成文宪法，即《弗吉尼亚宪法》，从1787年联邦宪法，再至1791年通过的10条宪法修正案（即《权利法案》），从立法、行政、司法三种权力的不均衡至马歇尔大法官通过处理1803年马伯里诉麦迪逊案而确立司法审查制度，先后达半个世纪之久。值得一提的是，其间还经历了北美独立战争。18世纪中期，虽然殖民地议会仍信奉英王乔治三世，但英国利用高压手段加重赋税，引发北美殖民者的不满，他们高呼“没有代表就不纳税”，在经历了“波士顿惨案”“不可容忍的法案”等事件后于1775年开始独立战争。独立战争时期，美国的缔造者提出了联邦制（federalism）、分权（separation of powers）、司法审查（judicial review）等宪政制度的核心原则。1783年独立战争胜利后，13个殖民地便成为美国最初的13个州，并发表《独立宣言》，宣告“人人生而平等”。此宣言被马克思誉为第一部“人权宣言”。之后成立美利坚合众国，于1787年召开了美国“宪政民主”史上重要的制宪会议，制定了《美利坚合众国宪法》，标志着美国“宪政民主”的真正开始。之后在一系列的司法大案的审查中，美国宪政得以不断巩固和发展。

但是，美国宪法当时只规定白人有选举权，只保障白人的政治权利，黑人被排除在外，没有选举权。直到1861—1865年美国发生南北战争之后，情况才有好转。南北战争最终北方胜利，使得南方奴隶制度被废除，但黑人的政治权利还是没有保障。到了1870年国会才通过宪法修正案第15条确定黑人有选举权。但令人遗憾的是,这只是理论上的。虽然宪法规定,选举权不得因种族和肤色被剥夺,但是各州特别是南方各州,却变着法儿制定出剥夺黑人选举权的法律。如设置选民登记的前提条件为必须满足一定的财产要求、缴税、通过文化考试等等。有数据显示,到了1950年莱福饶县(Leflore County)黑人选民登记率是1.6%;太阳花县(Sunflower County)黑人选民登记率是1.2%,等等。1950年,距离1870年给予黑人选举权已有80年,但黑人还没有真正得到选举权。直到在黑人领袖马丁·路德·金等的努力下,1965年国会通过了具有里程碑意义的《投票权法案》(Voting Rights Act),黑人的投票权才真正得以落实。至此美国的"宪政民主"才得以相对完善。

## 二、生长出西方"宪政民主"的历史土壤的主要特点

简略回顾英国"宪政民主"历史后,可以看出,英国的"宪政民主"从1215年开始萌芽、渐进发展,直至19世纪中叶得以逐步成熟完善。正如宪法学家弗里曼曾说的那样:英国人民生活的过去与现在之间的关系,就像锁链一样环环相扣,从未断开,所以他们从未谋划一部崭新的宪法,从未试用一种新奇的理论,他们的每一次改革并不完全施行新法,不过是推陈出新而已。美国的"宪政民主"也是渐进形成的。除了英美的"宪政民主",西方其他国家,如法国、德国等国的"宪政民主",都因为各自不同的社会历史条件,而具有不同的生长历程。但另一方面,西方的"宪政民主"的确是根植于不同于东方的

历史土壤中的。可以说,西方的“宪政民主”是在其固有传统基础上层层积累、渐进发展而来的。以英美为范本,分析这一历史土壤的主要成分,可以发现,在政治结构与政治文化传统、经济条件、社会基础等方面有其不同于东方的独特之处。

第一,西方多中心的政治结构。这是西方“宪政民主”最重要的历史土壤。与东方大一统的政治结构迥异,西方的政治结构,或者说政治秩序是多中心的。西欧的封建制度和弱王权导致了多中心的政治秩序。西欧的封建制度有其西方语境的特殊含义。中世纪为了解决罗马灭亡后共同的安全问题,西欧的领主与附庸之间建立了这种政治制度。其基础是当时普遍实行的庄园制,国王与庄园主人及庄园主人相互之间的权力有一定程度的分立。这意味着,国王与诸侯是封君与封臣的关系,以互惠的忠诚纽带联结在一起。封建贵族在其庄园内部享有相当大的自治权,即享有特权和自由,可与国王分庭抗礼。而国王不是高高在上的专制君主,因为他没有一个高度整合的行政、司法体系或一支常备军。“国王靠自己生活”,其经济来源实际上全部来自他作为领主的个人庄园,即国王只生活在他自己的庄园里。事实上,国王只要求封臣们在发生战事时,能及时地全副武装地赶到自己的身边就行了。西欧由于其相对较弱的王权和权力多元分立的封建格局,自然形成了一种政治多元秩序。基佐曾在其《欧洲文明史》中极力描述了近代欧洲的权力多元的政治局面:“社会组织的一切形式、一切原则都在其中并存着;宗教的世俗的势力;神权政治的、君主政治的、贵族政治的、民主政治的成分;各行各业,各式人等互相混合,互相挤压;存在着无数程度不等的自由、财富和势力。这些各色各样的势力处于一种互相不断的斗争状态，然而没有一个能消灭其他势力而占有整个社会。”在英国，随着社会经济的发展和阶级结构的变化，在权力格局中形成了国王、新贵族、代表平民的资产阶级三足鼎立的多元局势。英国宪政中关键性的惯例与宪法性文件正是此三者妥协的产物。

美国的多元政治秩序与英国较为不同。美国由于独特的社会环境，没有英国式的贵族，没有西欧式的封建地主阶级。美国先民是来自欧洲的移民，这种移民本身就是以多元的利益集团为依托的。而且美国形成了独特的乡镇自治，如托克维尔在《论美国的民主》中所描述的：“在新英格兰，乡镇的政府在1650年就已完全和最终建成。根据乡镇自主的原则，人们将自己组织起来，为自己的利益、情感、义务和权利而努力奋斗。”李道揆曾指出，在18世纪70年代，美国兴起多个利益集团，它们因财产、地域或目的不同而形成，但都“持有共同态度、向社会其他集团提出要求”。可见，美国所特有的众多利益集团妥协共存而形成的网状多元政治秩序，推动了其“宪政民主”的生发。

此外，在西方多元政治秩序的基础上，生成了相互抗衡的政治势力，即形成了易于实现民主的均势政治。这本是一个在国际政治中被运用的概念，其基本规则之一是停止战斗，而不是消灭一个基本行为主体。比如英国能实现“宪政民主”，缘于其国会（贵族、资产阶级）与国王之间形成了均势。国王与贵族自封建社会以来就形成了对抗平衡之势，而以资产阶级为代表的平民壮大后，不仅与贵族利益相连，且有了与国王及贵族对抗之势力。正如杨小凯所说:“英国的民主是三个‘魔鬼’的妥协。”美国的妥协制宪,也是得益于无封建传统的新大陆自由派内部“联邦派”和“州权派”这两个主要利益集团的势均力敌。

第二,西方的法治传统。英国的法治传统与其封建制度、有限权力、权力多元的传统相伴相生。英国的法治传统源于罗马,即早在“盎格鲁—诺曼”时期的古代英国法律体系中已存在“王在法下”“法律至上”的传统。英王加冕需宣读誓词以表示获得贵族支持,此誓词内容对国王权力产生制约,即“应该根据法律而不是个人意志来引导他的人民,并且和他的人民一样服从法律”。英国法治传统滥觞于封建社会国王与贵族封臣间的双向契约关系。英美的法治观念有着一脉相承的历史传统,美国沿袭了英国的“王在法下”与“法律至上”的传统。美国殖民地的人们非常珍视英国的法律并继承之,美国著名法学家施瓦茨称:从第一部《弗吉尼亚宪章》(1666)颁布起,殖民地居民就得到保证,将享有英国人的权利和自由——用《弗吉尼亚宪章》中的措辞来表达就是,享有“所有的自由权、公民权和豁免权……就全部的目的和意图而言,他们就像出生于并始终居住在这个英格兰的王国一样”,他们所享有的最为重要的权利是:他们只能根据普通法受到审判,倾向于依赖普通法。毫无疑问,西方“宪政民主”生根发芽的重要历史土壤成分之一就是以法律保障权利的传统。

第三,西方的市场经济。与东方不同,西方的资本主义市场经济发展,与其“宪政民主”确立有着密切关系。资本主义市场经济的发展推动了基于个人权利的自由贸易的市场和契约的确立，从而奠定了"宪政民主"生发的重要基础。一定程度的经济发展是"宪政民主"转型必需的经济基础，然而，更重要的是，市场经济特征使人易于妥协，易于实践民主。人们在市场中交易，互相合作、讨价还价，这一过程使人们训练、培养并习惯通过妥协进行合作，从而喜欢"宪政民主"。沃特金斯在《西方政治传统》中指出，市场塑造了人们用妥协争取权利的特性，"在自愿协商的基础上，发挥迎合顾客需要的能力而获得权力"。托克维尔也在《论美国的民主》中精辟地指出，商业是一切狂热激情的敌人，"商业爱温和，喜欢妥协，竭力避免激怒人"，"商业使人倾向自由而远离革命"。西方人在市场经济制度的长期浸润下，更易于接受并实施"宪政民主"。

第四，西方的市民社会基础。与东方"国家强于社会"、中产阶级力量孱弱不同，西方的市民社会具有发达的自治能力，中产阶级占社会大多数，形成了相对稳定的"橄榄型"社会结构。这一社会结构易于实现政治妥协，易于发展"宪政民主"政治。一方面，西方有着历史悠久的自治传统，西欧封建弱王权下的庄园主的自治可见一斑，美国的乡镇自治更是发达完善。同时社会团体等自治组织也不断壮大。另一方面，自英国工业革命以来，西方资本主义经济获得不断发展，工人阶级日益壮大，中产阶级作为一个阶层得以逐步兴起并稳固，从而主导社会的大多数，对现实政治社会产生实质性的影响。在这样一个相对稳定的社会秩序条件下，"宪政民主"以渐进和平的方式不断发展完善。

西方历史中有封建弱王权、均势政治、法治等政治传统，易于实践妥协民主的市场经济条件、自治发达与中产阶级强大的市民社会基础，正是这一不同于东方社会的西方历史土壤生发了“宪政民主”。当然，西方“宪政民主”的成功转型，还有各国不同的因素，甚至是偶然的因素。但是，适宜“宪政民主”生长的历史土壤确是至关重要的。正如美国著名政治学家麦基文在《宪政古今》中所言：“宪法并不是创造，而是生长，不是国家法典，而是民族遗产。”

# 西方“宪政民主”凝聚西方学者的思想

浙江省委党校　李　华

人与动物最大的区别就在于人是有思想的，人不仅会思想，还会不断地积累和传承思考，而且人不会像动物那样，一代一代地重复着以前的生活，只有生理进化，没有真正的发展。

政治生活尤其需要思想和智慧，因为政治生活是公共生活，所要面对的不仅仅是个人的问题，还有人与人之间关系的问题。个人的问题往往比较容易解决，但很多人在一起，问题就多起来了。人不可能脱离别人单独地生活在这个世界上，人与人之间需要分工、协作，人与人之间要发生联系，但是人与人之间怎么分工、能不能协作，以及怎么让人和人更好地协作等问题，对人类发展来说，是非常重要的问题，都需要政治思想和政治智慧去慢慢摸索和总结出一个解决方案来。

所以任何政治和社会，都要面对很多相似的问题，但是因为历史和文化背景不同，应对相似问题的方式有所不同，就形成了不同的政治思想、政治理论和政治制度。西方“宪政民主”思想是在西方的历史和文化背景中形成和发展起来的，它是在西方思想家们不断地思考人治好还是法治好？一个人统治好，少数人统治好还是多数人统治好？人民的权利从哪里来的，他们怎么行使自己的权利？怎么防止权力的滥用和腐败……不断总结和发展起来的。所以,西方“宪政民主”凝聚了西方学者的思想,这些思想不断发展和传承,走向完善。

## 一、基督教文化

基督教文化是一种罪感文化,认为人生来就是有罪的,由此,人就难免会有与生俱来的恶性和恶行,没有真正完美的人,只有通过人的不断努力和神的恩宠,人才可以从罪恶中得救。我们知道,政治生活是一种公共生活,也就是人与人在一起共同生活,面对很多公共问题,那么,怎么防止人们在这个公共生活中做恶呢?在基督教文化的主导下,西方往往将人性视为恶的,也将权力视为“必要的恶”,也就是说,每个人在公共生活中都有可能犯错误,都有可能对他人造成伤害,那么怎么办?正如阿克顿勋爵所说的那样,“权力导致腐败,绝对的权力绝对导致腐败”,所以,不奢求大家都成为好人,而是通过制定法律、设立制度和规范权力的方式,约束人,约束掌握权力的人。因此,在西方基督教文化的背景下,不奢求人人都能够成为天使,对人性和权力进行制约的“宪政民主”就有其文化渊源了。

基督教文化强调,上帝平等造人,崇尚个人价值,这种个人主义的文化背景导致西方政治生活中更关注个人的价值、自由和空间,西方“宪政民主”很重要的一个作用就是要防止公权力对个人的侵害。每个人都有其存在的价值和意义,每个人都有其不可剥夺的权利,人民把天赋的权利让渡给国家,怎么防止国家掌握了权力反过来压制个人呢?方式就是通过“宪政民主”,约束国家的权力,让国家合理地掌握和运用权力，服务于人民的利益。所以，西方“宪政民主”从最根本上来说是约束国家的，而不是约束个人的，个人是国家的基础，个人当然要遵守“宪政民主”的法则和规范，但对个人来说，最大的敌人或许不是别的某一个人，而是国家。既然人不可能不需要国家，但又不能让国家反过来侵害个人，怎么办？答案就是“宪政民主”。

## 二、天赋人权思想

西方自启蒙运动时期起就强调“天赋人权”，即每个人都有不可剥夺的权利，这些权利不是国家的法律、制度等赋予的，不是“后天”的，而是每个人生下来就有的。每个人由上帝所赋予的权利是国家、社会和政府形成的前提，没有这些天赋权利，国家、政府和社会就无从谈起。只有以人的天赋权利为基础，通过人民把权利授予国家，真正的政治生活才能开始，没有个人的天赋权利，国家、政府和社会就成了无源之水、无本之木。

天赋人权思想最初起源于以人文主义为标志的文艺复兴运动。西方文艺复兴运动将“人”从神学中解放出来，赋予了人以价值和意义，强调人作为一切的出发点和归宿。意大利人文主义先驱但丁第一个提出了“人权”概念，法国哲学家笛卡尔提出了“天赋”观念，第一次真正提出天赋人权学说的是荷兰思想家格劳秀斯，其后，英国思想家洛克较为系统地论述了天赋人权学说，法国思想家卢梭也提出“人人生而平等”。天赋人权学说在美国建国过程中，体现得更为具体。美国的《独立宣言》全面系统地论述了天赋人权理论：“我们认为这些真理是不言而喻的：人人生而平等，他们都从他们的'造物主'那里被赋予了某些不可转让的权利，其中包括生命权、自由权和追求幸福的权利。"

按照天赋人权思想，国家最终的目的不是别的，就是要保障人们的天赋权利。西方"宪政民主"强调人民把权利授予国家，强调宪法为最高大法，原因就在于没有人民的权利授予，国家就没有存在的前提和基础；人们的权利不是宪法赋予的，宪法是以人们的权利为基础的，是为了保障人们的权利的。从这个意义上说，西方"宪政民主"就是为了保障和落实人们天赋权利而产生的，是保障人们天赋权利的比较有效而合理的方式，是适合西方社会文化背景的，是西方社会文化基础上推衍和生长出来的政治生活方式。

### 三、自然法思想

自然法思想是西方政治思想中的一个重要信念，其从古希腊时期开始就已经形成并慢慢发展，到了近代，逐渐成熟，并构成了西方现代"宪政民主"政治的一个重要基础。

古希腊时，哲学家们认为无论是自然界还是人类社会，都存在着规则和秩序，这种规则和秩序就是"自然法"。雅典斯多葛学派第一次将自然、法律和人的生活联系起来，提出来自人类自然的理性就是自然法，自然法是一切法律的来源，是判断法律好坏的唯一标准。古罗马的西塞罗提出自然法是永恒的和普遍的，适用于一切国家和一切时代。到了中世纪，经院哲学家托马斯·阿奎那把理性引入神学，用"自然法则"来论证"君权神授"说，他认为，法分为永恒法、自然法、人定法和神法，指出永恒的法是上帝治理所有生物的根据，自然的法是人类在永恒法则中的“参与”部分，并且可以透过理性得知，自然法是人定法通向永恒法的桥梁。

到了近代，自然法更凸显了人文特征。这一时期的自然法思想普遍认为，人类在进入文明社会之前，生活在自然状态中，在自然状态下，没有国家、政府和法律，人们享有天赋的自然权利，过着独立、自由和平等的生活。在自然状态下，人们没有法律和国家，但是一种法则始终存在并被人们所遵循，那就是自然法。从格劳秀斯开始，霍布斯、斯宾诺莎、洛克、普芬道夫、孟德斯鸠、卢梭以及杰斐逊、潘恩和汉密尔顿等都是这一时期自然法思想的重要代表，他们不断丰富、继承和发展了西方自然法思想。

在西方思想背景中，自然法是客观存在的，也是先于任何具体的法律和制度的，任何实在的法律和制度从根本上来说都是自然法的外在化和具体化，自然法是关于正义的根本法则，任何实在的法律和制度，符合自然法，就是符合正义的价值理念。

自然法强调对人的价值的尊重和对个人权利的保障，作为对自然法的实体化和具体化，西方“宪政民主”强调遵循自然法，强调宪法和任何法律都不能仅仅自己说明自己，而应该从自然法那里寻求价值源头。因此，西方“宪政民主”的发展和运行中，任何制度和法律的背后，都浸润着自然法思想，自然法为“宪政民主”提供价值的来源和说明。

## 四、契约精神

契约精神是西方思想中的一种重要理念，西方现代民主法治的价值理念，离不开契约精神，契约精神是贯穿西方“宪政民主”价值和实践中的核心内容之一。

西方社会长久以来便有契约的传统，虽然迄今发现世界上最早的、保存完整的，也是比较完备的成文法典，是古巴比伦的《汉谟拉比法典》，里面有大量直接规范契约的条款，但伴随着商品经济的发展和理性精神的成长，古罗马的《十二铜表法》更加全面和深刻地体现了西方的契约精神。这种契约精神到了中世纪，主要体现为中世纪的“政约”，所谓“政约”是统治者与被统治者之间的约定，这是中世纪特殊历史背景下西方契约精神的体现。虽然中世纪的“政约”并不能从根本上真正规范统治者与被统治者之间的关系，难以真正有效地制约统治者和保护被统治者，但是这种契约的精神对于解释和规范统治关系具有一定的价值和意义，更重要的是，中世纪的“政约”很好地延承了西方的契约精神。在“政约”的基础上，近代西方启蒙学者进一步发展出了社会契约思想，这是对西方契约精神的进一步发展和深化。

荷兰思想家格劳秀斯首先提出了近代社会契约理论，他也被称为“自然法之父”。他的社会契约以自然法为基础，认为人们通过订立契约，建立社会关系，产生统治者，他指出：“遵守契约也是自然法的组成部分。因为在人群中间必然相互限制来建立社会关系，除此之外更无其他方法可以想象得出。”

英国思想家霍布斯以他所设想的自然状态为基础，也提出了自己的社会契约理论。他认为自然状态是“一切人反对一切人”的丛林状态，人要摆脱这种状态，生存下来，就要通过订立契约，形成公共权力，把人民的意志转化为“一个人”的意志，进而防止无政府状态下人与人之间的相互侵害。

英国思想家洛克认为自然状态并非如霍布斯所说的那样是“丛林状态”，但自然状态有它的缺陷，最重要的就是，自然状态中没有裁判人与人纠纷的公共法则和公共权力，进而会引发诸多的问题。要改变这一状态，就要通过契约，组成国家。在《政府论》一书中，洛克提出：“只有一种方式，可以使一个人放弃他享有的这种天生的权利，接受公民社会的约束，这就是通过协议，同别的人联合成一个社会，以便每个人都能享有舒适、安全和安稳的生活，保护他们的财产安全，并且有重大的力量来抵御外来侵略。”

法国思想家卢梭也提出了自己的社会契约理论，他设想通过社会契约的方式让人们结合起来，既能够保障每个人的权益，又不会影响人本应有的自由：“要寻找出一种结合形式，使它能以全部共同的力量来护卫和保障每个结合者的人身和财富，并且由于这一结合而使每一个与全体相结合的人只不过是在服从自己本人，并且仍然像以往一样的自由。”卢梭认为，社会契约使人们失去了没有限制的自由，获得了社会的自由：“人类由于社会契约而丧失的，乃是他的天然的自由以及对于他所企图的和所能得到的一切东西的那种无限权利；而他所获得的，乃是社会的自由以及对于他所享有的一切东西的所有权。”

此外，美国的建国先贤如杰斐逊、潘恩也将启蒙思想家们的契约思想和理论构想付诸政治实践，进而论证了美国政治和国家的起源与价值，如潘恩指出：“许多个人以他自己的自主权利互相订立一种契约以产生政府；这是政府有权利由此产生的唯一方式，也是政府有权利赖以存在的唯一原则。”潘恩还指出：“宪法是一样先于政府的东西，而政府只是宪法的产物。一国的宪法不是其政府的决议，而是建立其政府的人民的决议。”从这里可以看出，美国的建国先贤们对社会契约理论的继承与发展，更可以看出契约精神与西方“宪政民主”的密切联系。

总之，西方“宪政民主”贯穿着契约思想以及现代社会契约的理念，西方契约精神的发展是与西方“宪政民主”的成熟相伴而行的，正如英国社会学家马歇尔所说的那样：“除了最原始的社会之外，其他所有的社会都存在身份和契约。……封建制度中的契约因素与建立在身份基础上的阶级体系是共存的，而且，由于契约凝结为习俗，反而使阶级身份得以巩固。……现代契约的起源并不是封建契约，它标志着一种新的发展，在它的发展过程中，封建制度是一个必须被扫除的障碍。因为现代契约在本质上是一个双方在身份上——尽管不是必然在能力上——自由而平等的主体之间的协议。”

### 五、分权制衡原则

被称为美国“宪法之父”的麦迪逊曾经说，政府的存在就是人性的耻辱，正因为人性的恶才需要政府，如果大家都是天使，就不需要政府和法律了。西方“宪政民主”强调对权力的制约，反对赋予国家和某个个人以全部的、绝对的和不受制约的权力。怎么去防止权力的滥用和腐败呢？西方“宪政民主”的一个重要原则就是权力分立和相互制衡，因此，分权制衡原则是西方“宪政民主”思想中的另一个重要内容。

西方权力分立和相互制衡的思想与实践在古希腊时期就已经初见雏形。英国思想家洛克较早地提出了现代意义上的分权制衡原则，他认为政府的权力不应该是无限的，主张权力要分开，各种权力要相互制衡，洛克将国家的权力具体分为立法权（制定法律的权力）、执行权（执行法律的权力）和对外权（有关战争、和平和对外交往的权力），就三者的关系而言，他认为立法权是国家的最高权力，执行权和对外权是辅助并隶属于立法权的，洛克强调立法权和执行权必须相互制约，否则后患无穷，但他同时认为，执行权和对外权很难分开，总是连接在一起，因此，洛克的“三权分立”严格来说只是“两权分立”。

真正明确将国家权力划分为立法、行政和司法三个方面的是法国思想家孟德斯鸠，孟德斯鸠有句名言：“一切有权力的人都会滥用权力，这是万古不易的经验。要防止滥用权力，就必须以权力约束权力。”孟德斯鸠提出，每一个国家都有三种权力，即立法权力、有关国际法事项的行政权力、有关民政法规事项的行政权力，这就是现代意义上的立法权、行政权和司法权。孟德斯鸠认为，如果这三种权力中任何两权集中在同一个人或一个机关手里，自由就不复存在；如果同一个人或同一机关掌握这三种权力，那一切都完了。孟德斯鸠强调“三权分立”和制衡能够更好地保障人民的权利，免受国家权力的侵害。

美国的建国先贤们继承、发展和实践了欧洲启蒙思想家们的分权制衡理论。在美国的政治中，国家权力不仅在横向分为立法、司法和行政这三种权力，并相互制约，还在美国的联邦体制中，实现了纵向的联邦与州的分权与制衡，这是对分权制衡理论的进一步发展。总之，分权制衡原则是西方“宪政民主”的一个基本理念和原则，这一理念和原则是在西方政治社会不断发展的过程中逐渐形成、完善和实践的。

总之，西方“宪政民主”并不是一夜之间形成的，也不是“空穴来风”，其所蕴含的人性观、自然法思想、契约精神以及分权制衡原则是在西方的社会历史和文化中慢慢形成、成熟并践行的。我们应该看到，西方“宪政民主”就其思想和理念本身而言，可以构成人类政治文明发展的成果。但一方面，这样的成果因为其独特的历史背景和文化背景不一定适合其他地区；另一方面，西方“宪政民主”思想和构想与西方政治历史、现实之间有着深刻的差异和距离，我们对西方“宪政民主”的批评不应该只限于概念和思想本身，更重要的是，应看到西方“宪政民主”的思想、理想与西方政治社会发展历史、现实之间的鸿沟，进而看到其真正的问题所在。

# 西方“宪政民主”维护资产阶级的利益

浙江省委党校　陈　娟

近些年，“宪政民主”(Constitutional Democracy)成为我国学术界一个热门研究话题，一段时间内，“‘宪政民主’就是代表人类政治文明主流‘普世价值’”的观点甚嚣尘上。本文将从马克思辩证唯物主义和历史唯物主义出发，用马克思的阶级分析方法论分析西方“宪政民主”的法理基础、元素构成和完善、美化，得出“宪政”的实质就是资本主义国家近代社会以来就确立并不断完善的资本主义基本制度，西方“宪政民主”是为资产阶级利益服务的结论。

## 一、从宪政的法理基础看西方“宪政民主”维护资产阶级利益

一般认为，“宪政”是近代资本主义发展过程中新兴的资产阶级在与封建王朝的斗争中将资产阶级革命的胜利成果用法律确立下来，并体现资产阶级民主的政治形式。英国1215年的《大宪章》(Magna Carta)虽然在当时是为维护英国贵族权力而限制国王权利的协议，但其“限制君权”的性质开启了西方宪政的先河；1689年10月英国“光荣革命”胜利后，议会制定《权利法案》并确立了君主立宪政体，被视为西方“宪政民

主”精神的最初起源。随着17、18世纪资本主义生产方式在经济、社会中逐渐占据统治地位，代表这一生产方式的资产阶级最终夺得国家政权。为巩固胜利果实，资产阶级纷纷通过制定宪法、法律，确立资本主义的生产关系与资本主义制度。法国1789年大革命胜利后由制宪会议制定了《人权宣言》，1791年的法国第一部宪法将《人权宣言》列为序言。美国1787年9月独立战争胜利后制定了《美利坚合众国宪法》，建立民主共和政体，以巩固资产阶级革命的胜利果实。这三份文献共同奠定了资本主义宪政的法理基础和制度体系。在英国、法国和美国资产阶级革命的影响下，欧洲、美洲以及其他资本主义国家在随后的100多年内，相继以宪法（基本法）的形式，确立君主立宪或民主共和的资本主义制度，西方“宪政民主”逐渐确立起来。

马克思主义认为，法是社会发展到一定阶段由统治阶级“按照自己的意志规定下来并由另一部分消极地接受下来的”维护社会统治的工具，具有鲜明的阶级性。同样，作为西方宪政法律基础的宪法（成文法、基本法等）也是从属于并服务于资产阶级利益和意志的工具。

首先，资本主义宪政是以法的形式维护资产者的私有财产。西方宪政的纲领性文献《权利法案》《人权宣言》和《美利坚合众国宪法》都明确规定了“私有财产神圣不可侵犯”的资产阶级根本权利。《权利法案》第2条规定：“任何政治结合的目的都在于保存人的自然的和不可动摇的权利。这些权利就是自由权、财产权、安全权和反抗压迫权。”第4条又规定：“凡未经国会准许，或超出国会准许的时限或方式，借口国王特权为国王或供国王使用而征收金钱皆为非法。”《人权宣言》第2条规定:“财产如同自由一样是每个人‘自然和不可动摇的权利’。”第17条又再次申明:“财产神圣不可侵犯的,除非是合法认定的公共需要所显然必需时,且在公平而预先赔偿的条件下,任何人的财产均不得被剥夺。”《美利坚合众国宪法》在其1791年的修正案第5条中明确规定:“任何人的生命、自由包括财产都要受法律保护。”对于私有财产对资产阶级的意义,恩格斯早在《英国状况英国宪法》一文中就明确指出:“现在的问题是:实质上究竟是谁统治着英国呢?是财产。财产使贵族能左右农业区和小城市的代表选举;财产使商人和厂主能影响大城市及部分小城市的代表选举;财产使二者能通过行贿来加强自己的势力。财产的统治已经由改革法案通过财产资格的规定所确认了。既然财产和通过财产而取得的势力构成资产阶级的本质,既然贵族在选举中利用自己财产的势力,因之他不是以贵族的身份出现,而是和资产阶级站在同等的地位,可见实际上整个资产阶级的势力要比贵族的势力强大得多,可见真正进行统治的是资产阶级。”

其次,资本主义宪政都确立了“宪法至上”和“议会至上”原则,以确保一切权利让位于法的特权以维护资本主义制度。如《美利坚合众国宪法》第6条将其本身的地位表述为“国家的最高法律”,宪法本身和根据宪法所制定的相关法律和签订的条约在全国范围内具有最高权威;《权利法案》和《人权宣言》也规定议会至上以保证来自议会的资产阶级制定法律的权利。对于“宪法至上”,恩格斯曾对此做了深刻揭露。他指出:“对资产者来说,法律当然是神圣的,因为法律是资产者本身的创造物，是经过他的同意并且是为了保护他和他的利益而颁布的。资产者懂得，即使个别的法律对他特别不利，但是整个立法毕竟是保护他的利益的，而最重要的是，法律的神圣性，有社会上一部分人积极地按自己的意志规定下来并由另一部分人消极地接受下来的秩序的不可侵犯性，是资产者的社会地位的最强有力的支柱。”

因此，从资本主义宪政的起源及法理基础的内容来看，宪政是掌握了政权的资产阶级为巩固和维护自己的根本利益，以法的形式强制确立的资本主义生产关系与资产阶级统治制度；“宪政民主”也就是占统治地位的资产阶级的民主。

## 二、从“宪政民主”的制度性元素看西方“宪政民主”维护资产阶级利益

作为资产阶级革命的成果，西方“宪政民主”也随着资本主义的发展而逐步完善。议会制度、民主选举、分权制衡、多党政治制度等等，已经成为西方“宪政民主”的关键性元素和理念，成为西方“宪政民主”显著性的外在表征。详细分析这些制度性元素，不难发现，这也是维护资产阶级利益的工具。

### （一）从民主选举看西方“宪政民主”维护资产阶级利益

标榜“主权在民”是西方“宪政民主”的鲜明特色之一。法国思想家卢梭在其《社会契约论》中详细论述的“主权在民”思想对资本主义制度有着深远的影响。《人权宣言》第 3 条明确规定：“整个主权的本原在于国民，任何团体、任何个人都不得行使未经授予的权力。”《美利坚合众国宪法》虽然没有明确规

定国家主权属于人民,但详细规定了总统选举和议会选举制度,以代议制的形式体现了民主的原则、"主权在民"的原则。从表面上看,国家的一切权力属于人民,但是在考察、分析了西方国家的选举过程就会发现,国家的权力实质上仍然是掌握在资产阶级手中。因为,作为代议制国家的民主,国家的一切权力由选举产生,但是对选举资格和参选权都有严格的规定,使得民主选举成为少数富人的游戏和资产阶级巩固其政权的工具。

作为西方"宪政民主"发源地的英国,虽然从15世纪就开始了选举,但其选举权的相关法律规定中的财产限制和身份限制使得只有很少一部分富人拥有选举资格和参选权。从1689年《权利法案》实施到19世纪初的100多年中,农村有选举资格的只能是年收入超过40先令的自由持有农,在城镇居民中只有拥有一定的身份和地位才能拥有选举权,1813年有选举权的人仅占英国总人口的2.5%。即使1838年宪章运动、1876年和1884年的议会改革三次降低选民的财产资格,英国选民的总量也才只占到成年总人口的28.5%,尤其是妇女和工人阶级普遍没有选举权。直到1928年,英国妇女才获得与男子一样的投票权;"二战"结束以后,英国才实现了全民普选;1970年英国才最终实现年满18岁成年男女公民具有平等的选举权。

美国虽然在《独立宣言》中宣称"人人生而平等",但是《美利坚合众国宪法》将奴隶作为种植园主的私有财产而没有基本的人身自由权利。同样,建国之初对选举权的资格却规定了多种条件,包括"新教徒、出生在英国或英国殖民地""拥有足够财产""有一定居住期限""达到一定年龄的男性"等，这就把很多人排斥在外。1863 年的《解放宣言》宣布黑人成为自由人，1870 年宪法第 15 条修正案规定，"联邦及各州不得因种族、肤色，或曾经的奴役状态而否定或剥夺公民的选举权"，使得黑人作为美国公民理论上拥有了选举权。但是，黑人真正拥有选举权并逐渐参与美国政治，是在 1965 年《投票权法案》被通过之后。同样美国妇女、印第安人以及其他非白种人真正能够行使投票权也都是在民权运动兴起后的 20 世纪六七十年代。

上述事实表明，西方国家的"主权在民""民主选举"等制度都是资产阶级维护自身利益的手段。虽然 20 世纪以来，选举权限对全体国民逐渐开放，但这也是在不危及自身利益的基础上为取得更多选民支持做出的不得已的选择，说到底，仍是为了维护资产阶级利益。

### (二)从政党政治看西方"宪政民主"维护资产阶级利益

在现代社会，政党政治成为西方"宪政民主"的又一强大支撑。除极少数国家外，多数资本主义国家都实行两党政治，所有的参选议员或者总统候选人基本上都是某一(或某些)政党的组成人员；通过选举多党联合执政或两党轮流执政成为资本主义国家政党政治的典型特征。但是不管哪个政党执政，代表的都是资产阶级、资本家的利益。

首先，西方国家政党选举中各政党都需要大资本家和利益财团的支持，"金钱政治"特征明显。"二战"以后发达国家每次竞选都是以大量的金钱为代价，政党若想在竞选中获胜，必须有足够的利益集团的支持和捐款，因此，政党竞选也就成了“富人们”的游戏。以美国总统竞选经费为例，1860 年林肯竞选总统经费为 10 万美元，1952 年艾森豪威尔竞选总统经费就达到 660 万元，1972 年尼克松竞选总统经费为 6240 万美元，1992 年布什竞选总统经费已达 1 亿美元，到 2008 年美国大选各总统竞选人的开支总额高达 17 亿美元，是 2004 年的一倍多，仅奥巴马竞选总统经费就达到 7.4 亿美元！从这些经费数目就可以看出，虽然政党竞选表面上是以公民的投票选举出执政党，实际上则是金钱以及金钱背后的财团、大资本家控制着政党的竞选。因此，政党竞争表面上看是选民之意，其实质则是资本人之意、财主之意，是“金钱而不是选票决定着谁来参加竞选、谁能赢得竞选以及谁来执政”。

其次，“多党执政”和“轮流执政”的实质都是资产阶级执政。虽然各政党在执政时期的政策输出和施政方针都不尽相同，各“在野党”“反对党”对执政党的政策进行各种抨击和反对，但是，从本质上说，这是资产阶级选择自我国家管理、实现内部平衡的政治机制，是一种维护资产阶级统治的制度。相应地，各种“轮流执政”也都是在不危及资本主义国家安全和资产阶级根本利益的前提下进行的，一旦触犯了资产阶级的利益，各种政策都将无以为继。以 2013 年 10 月美国联邦政府“停摆”事件为例，表面上看，联邦政府关门是两党因财政预算没能达成一致，实际上则是因为奥巴马试图推行的“全民医保制度”不能获得代表大资产阶级、大财团利益的共和党的支持而“无疾而终”，说到底，还是为了维护资产阶级的利益。政党政治也正如恩格斯指出的那样：“……我们在那里却看到两大帮政治投机家，他们轮流执掌政权，以最肮脏的手段用之于最肮脏的目的，而国民却无力对付这两大政客集团。这些人表面上是替国民服务，实际上却是对国民进行统治和掠夺。”

**（三）从分权制衡看西方“宪政民主”维护资产阶级利益**

立法、行政、司法三种权力相互独立又相互制衡，是资本主义国家自近代以来为防止滥用权力、实现“以权力制约权力”而做出的伟大创新，也是西方“宪政民主”的重要内容。“三权分立”思想最初来源于洛克的《政府论》中行政权与司法权的分立，后经孟德斯鸠的完善，最终在《美利坚合众国宪法》中明确规定立法权、行政权和司法权分别由国会、总统和法院独立行使而逐渐在资本主义国家推行。从当前西方国家的运行现状看，分权制衡有两大典型。一类是以英国为代表的议会内阁制，在这种制度下，议会为国家权力中心，由议会中占多数席位的政党或政党联合组阁产生行政机关，行政权力受立法机关制约，政府内阁对议会负责。若内阁得不到议会的信任，其内阁成员必须集体辞职，或由内阁提请国家元首解散议会，重新举行议会大选。新议会如果仍对内阁表示不信任，内阁则必须集体辞职，由国家元首任命新首相组织新政府。另一类是以美国为代表的“三权分立”制衡制度。在这种制度下，国会、总统、最高法院分别行使国家的立法权、行政权和司法权；国会立法需总统批准才能生效，总统提名的大法官要由国会批准才能上任；国会和大法官有权弹劾总统，最高法院可以对国会的立法和行政机关的行政行为进行违宪审查，以达到权力相互独立和相互制衡。

从运行过程中看，分权制衡原则在西方国家的运行中已经演变、完善成为一套“阶级基础相同、职权范围明确”的分权体制，但从本质上看，分权制衡仍是资产阶级内部实现权力制衡、利益合理分配的工具，是资产阶级不允许任何一个政党独大、任何一个利益集团垄断国家政权而形成的权力制约机制。这种制约机制迎合了不同利益集团分享国家权力的要求，也符合资产阶级的整体利益，因此，分权制衡制度得以不断发展和完善。即使分权制衡机制造成了当前行政效率低下，党派竞争激烈造成很多决策"胎死腹中"等种种弊端，但这说到底也只是资产阶级内部不同利益集团、不同党派之间的利益划分中的博弈，其最终的目的仍是更好地实现资产阶级的统治。因此，分权制衡也是资产阶级内部以及代表资产阶级利益的政党之间的制衡。美国三大制衡机关中的党派分布就很好地说明了这一点：2012 年美国总统为民主党，立法机关中众议院的 435 个席位中，共和党以 234 席的多数掌控国会；在 9 名联邦最高法院的大法官中则有 5 名共和党和 4 名民主党。因此，所谓的分权制衡，不过是资产阶级保持内部利益分配平衡、避免权力滥用的手段而已。

## 三、从"宪政民主"的完善看西方"宪政民主"维护资产阶级利益

"二战"以后，随着工业化的发展，社会福利的普及以及民主政治的发展，尤其是公民政治参与能力、影响能力的增强，西方"宪政民主"又逐渐增加了自由、平等、公平、正义、人权等新的制度性元素和理念，西方国家在政策制定和实施过程中也更加强调社会福利、公共医疗、就业保障等政策输出；同时也更加注意政府的公共责任和公共服务形象。但说到底，这

些完善不过是在选举权已经普遍化的情况下为了获得更多选民的选票而已。西方"宪政民主"一方面通过立宪来维护资产阶级胜利果实，巩固国家政权，实现维护资产阶级的私有财产和根本权利；另一方面，又通过议会制度、"三权分立"、政党政治等制度建设丰富宪政的基本内容，对自身进行必要的限制，同时通过添加自由、民主、平等、选举、社会福利、公共服务等元素将"宪政民主"进行美化、加工，取得选民、国民的支持，最大限度地维护资产阶级的利益。在不断的社会发展和变迁中通过自我修复、调节和改革，不断完善和补充"宪政民主"内容，寻求资产阶级利益最大化。

最后，我们用邓小平同志的话做结："资本主义社会讲的民主是资产阶级的民主，实际上是垄断资本的民主，无非是多党竞选、三权鼎立、两院制。我们的制度是人民代表大会制度，共产党领导下的人民民主制度，不能搞西方那一套。"

# 贰

## 西方“宪政民主”的本质

西方“宪政民主”鼓吹“三权分立”

西方“宪政民主”鼓吹军队国家化

西方“宪政民主”鼓吹议会民主

西方“宪政民主”鼓吹多党制

西方“宪政民主”的本质是自由主义

西方“宪政民主”的本质是实用主义

西方“宪政民主”的本质是形式主义

西方“宪政民主”的本质是多元主义

# 西方“宪政民主”鼓吹“三权分立”

浙江水利水电学院 胡大伟

## 一、西方“宪政民主”鼓吹“三权分立”

在意识形态领域,西方国家极力鼓吹“三权分立”制度的优越性,并借助各种途径推行其所谓的“普世价值”。西方人创立的号称“自由的百科全书”的维基百科对“宪政主义”的解释如下:“宪政主义又称立宪主义,是西方政治思想史上一种主张以宪法体系约束国家权力、规定公民权利的学说或理念,也是目前西方民主国家的现状。”“宪政或宪政主义是一种以法治为形式、以民主为基础、以分权制衡为手段、以个人自由为终极目标的现代政制。”维基百科对“宪政民主”解释如下:“现代的‘宪政民主’制是在英国光荣革命与美国独立建国之后逐渐成形,早期主要实行于西欧国家,后来渐由中欧与东欧国家效仿。此外美国‘宪政民主’的某些细节,如联邦制、分权与司法审查等制度,也是一些国家,如“二战”之后日本与德国在制定宪法时所吸取的对象。”维基百科进一步解释说,“三权分立”体现了宪政主义的本质,宪政主义主张国家制定一部有效的限权宪法,并通过“三权分立”的制度设计形成权力的制衡机制,从而有效地防止权力的专横。“三权分立”既是西方国家政治制度的根本原则,也是西方民主政治的重要形式。

所谓分权，就是西方政治理论常说的“三权分立”，即行政、司法、立法三大权力分属三个地位相等的不同政府机构，由三者互相制衡。西方宪政国家的宪法规定立法权、行政权和司法权分别由立法机关、行政机关、司法机关行使，“三权”相互独立并相互制衡。美国在宪法中明确规定立法权、行政权和司法权分别由国会、总统、法院行使。国会的立法要由总统批准才能生效，总统提名的大法官要由国会批准才能上任，国会和大法官有权弹劾总统，最高法院可以对国会的立法和行政机关的行政行为进行违宪审查，以达到“三权”互相制衡。

近代意义上的“三权分立”制度已有300多年历史。“三权分立”作为一种学说、原则和制度，其形成和发展是以特定的历史条件为背景，并且与西方资本主义国家的政治经济文化传统息息相关。翻开历史，我们可以发现英国资产阶级革命产生了分权结果。洛克在《政府论》上下篇中对此加以理论总结并初步提出了近代“三权分立”的雏形。孟德斯鸠以英国的立宪君主为范本，进一步发展了洛克的“三权分立”学说，提出了立法权、行政权与司法权三权彼此独立又相互制衡的理论。美国宪政的奠基者汉密尔顿等人，进一步确立了以制衡为核心的复合分权原则，并通过美国宪法将其制度化。经过以美国为首的西方国家的鼓吹，所谓美国式的“三权分立”已经成为西方“宪政民主”的样板。“三权分立”作为资产阶级反封建暴政的理论武器，在起初反对封建统治、推翻封建制度的过程中起了一定的积极作用，但也并不像西方的政治家们所说的那样是一种民主模式。其本质是应资本特权统治的政治需要，确立的维护资产阶级利益的政治游戏而已。所谓“三权分立、互相制衡”,从本质上说都是资产阶级内部各个利益集团之间的游戏。事实上,西方国家真正实行“三权分立”制度的只是极少数,绝大多数未实行,立法权与行政权没有分立、司法权与行政权没有分立。德国的赫尔佐克教授在评价本国“三权分立”时指出:“议会和政府完全不遵守孟德斯鸠的分权要求:首先,因为政府由议会任命且任何时候都能被议会解散;其次,政府和‘政府的’议会的大多数属于同一政党或联盟,因此两者间不可能真正分权。”

## 二、西方“三权分立”的制度缺陷

### (一)“三权分立”已嬗变为资本专制的皮囊

毛泽东同志曾深刻揭露了宪政的资本主义本质和实质。他说:欧美式的宪政是“资产阶级专政的”宪政,“像现在的英、法、美等国,所谓宪政,所谓民主政治,实际上都是吃人政治”。随着资本主义的发展,“三权分立”制度已日益表现为金钱民主和资本专制。日本《读卖新闻》社长渡边恒雄曾在自己的回忆录中对金钱政治有深刻的描述:“为当政治家,就得从大佬那里来钱。等自己也具备了敛财能力之后,再分配给下面的追随者,培植自己的势力。在当今日本政界,这是铁律。虽然这是导致政治腐败的原因,但不这么干的人绝对成不了老大。”实际上,20 世纪以来,“三权”并未有效制衡,在三权中行政权逐渐一支独大,政党政治对三权分立的影响和纷争愈演愈烈。“三权分立”不仅没有解决国家权力监督制约的作用,反而在“三权分立”之下,公民、国家、社会不断分崩离析,公民和社会权利不断遭到国家权力的侵蚀。从根本上讲,鼓吹“三权分立”的西方“宪政民主”，是“资本对劳动作战的全国性武器”。“它始终是而且在资本主义制度下不能不是狭隘的、残缺不全的、虚伪的、骗人的民主，对富人是天堂，对被剥削者、对穷人是陷阱和骗局。”

### （二）“三权分立”导致权力运行效率低下

随着风险社会和福利国家的到来，人民越来越需要国家对他们的一些需求和社会紧急情况做出快速的回应和决断。近年来，西方“宪政民主”鼓吹的“三权分立”，在应对世界金融危机和解决国内矛盾的过程中，一再失灵。美国第28任总统伍德罗·威尔逊不得不承认：“联邦政府从目前组成情况来看，由于权力分散，所以没有力量；由于权威太多，所以行动不够敏捷；由于程序繁多，所以运转不灵；由于职责不清，领导不力，所以效率不高。”但强调权力制衡的“三权分立”，把许多时间都浪费在各部门间的相互扯皮、推卸责任和无休止的协调之中，这种所谓的互相掣肘、互相扯皮，降低甚至丧失了效率，使国家机器不能适应社会发展变化的需要。这种分权制衡虽然能在资产阶级内部对政府和执政党进行一定的监督，但难以集中力量办大事，片面地强调司法程序化还很可能让黑恶势力钻空子，再和“金钱民主”交织在一起，反而会造成更严重的腐败问题。曾任美国国会参议员的富布莱特在讲到美国“三权分立”的问题时说：“我们的政治体制今天运转起来非常不灵……在民主党控制国会而总统是共和党人时，宪法规定的行政和立法之间的内在抗衡就要大大加剧……国会常常不能就预算达成一致意见，也不能有效地削减财政赤字……这在很大程度上要归咎于我们政府权力分立体制所固有的行政和立法之间的抗衡。”

### （三）“三权分立”并不必然带来权力制约

毫无疑问，同落后的封建专制制度相比，西方“宪政民主”鼓吹的“三权分立”制度，能够对政府权力进行一定监督，有助于遏制封建特权和腐败。但“三权分立”的建立是否必然可以减少甚至杜绝腐败现象的发生？“三权分立”是否必然带来权力制约？对此，西方一些学者早已提出了自己的质疑。比如，潘恩认为“三权分立”在运行中必然会带来收买，因为权力之间彼此独立，必须依靠收买才能达到最终目的。一些西方学者看到了“三权分立”的局限性，也不得不承认“三权分立”的“表面现象具有欺骗性”。在西方议会制的“三权分立”中，立法机关和行政机关“实际上是相互混合而非相互分立的”。边沁则认为“三权分立”的实行可能会导致无政府主义，因为“三权分立”考虑的只是权力的控制，却忽略了权力的协调，这可能会引发行政、立法和司法权各自为政和权力专断。

## 三、坚持完善人民代表大会制度，不搞西方“三权分立”

### （一）“三权分立”在中国行不通

邓小平同志早就提出：“在改革中，不能照搬西方的，不能搞自由化。过去我们的那种领导体制也有一些好处，决定问题快。如果过分强调搞互相制约的体制，可能也有问题。”“我们讲民主，不能搬用资产阶级的民主，不能搞三权鼎立那一套。我经常批评美国当权者，说他们实际上有三个政府。当然,美国资产阶级对外用这一手来对付其他国家,但对内自己也打架,造成了麻烦。这种办法我们不能采用。”事实证明,西方“宪政民主”鼓吹的“三权分立”在发达国家行得通,不等于在发展中国家就行得通。民主,说白了就是一条路,而条条大路通罗马。如果非说西方“宪政民主”鼓吹的“三权分立”是“普世价值”、唯一真理,那是自欺欺人。不难看出,鼓吹“普世价值”的人争论的真是“普世价值”吗?争论的不是“普世价值”,争的是中国政治的问题;说的是民主问题吗?说的不是民主问题,说的是中国共产党该怎么样。西方“宪政民主”鼓吹的“三权分立”,其要害在于否定党的领导,用西方的制度否定我们的制度,目的就是引起社会价值观念的转变。美国新闻署就曾公然声称:“美国应向中国正在成长的年轻一代灌输美国的基本价值观念,这是比传授科学知识本身更为重要的任务。”这种改变人们信仰的手法十分厉害。我们要明确这样一点,任何民主制度设计,都要在具体的环境中落地生根,如果无视国情照抄照搬,必然出现混乱的结果。对此毛泽东同志曾精辟地分析:“资产阶级的共和国,外国有过的,中国不能有,因为中国是受帝国主义压迫的国家,唯一的路是经过工人阶级领导的人民共和国。”历史已经证明“三权分立”制度也好,“五权分立”制度也罢,在中国历史上都站不住脚,照搬西方政治制度模式是死路一条。

### (二)人民代表大会制度是适合中国国情的正确选择

“三权分立”仅是一种包含了权力制约思想的政治形式。它在产生之初就已经打上了西方基督教文化的烙印,而且也内在地蕴涵着致命的缺陷。一个国家采用什么样的权力监督与政权运行模式，是由一个国家的国情决定的，“三权分立”并不是唯一的“普世”模式。毛泽东同志说：“我们不采取资产阶级共和国的国会制度，而是采取无产阶级共和国的苏维埃制度。代表会议就是苏维埃。……因为资产阶级共和国的国会制度在人民中已经臭了，我们不采用它，而采用社会主义国家政权制度。”邓小平同志说：“我们中国大陆不搞多党竞选，不搞三权分立、两院制。我们实行的是全国人民代表大会制，这最符合中国实际。”中国的近现代历史表明，人民代表大会制是历史的选择，也是中国人民自己的选择。历史悠久的中华民族，创造过辉煌，也经历过屈辱。从 1840 年鸦片战争开始，随着西方列强的入侵，中华民族一步步地跌入半殖民地半封建社会。近代以来，面对西方列强的蹂躏和欺辱，当时中国的许多仁人志士开始苦苦探索，不断寻求救国图强的复兴之路。从洋务运动的“师以长技以制夷”“中体西用”，到戊戌变法的“预备立宪”“皇族内阁”，再到辛亥革命的“资产阶级民主共和国”，所有这些尝试都是向西方学习，从技术到制度，照搬西方模式，但由于脱离中国国情，最终都以失败告终。在这种情况下，中国共产党登上了历史舞台，承担起了开创中国政治发展新道路的历史任务，带领中国人民取得了一次次胜利。遵循马克思主义的中国共产党人通过长期探索和实践，得出一个历史性的结论：新民主主义革命胜利后建立的政权，只能是工人阶级领导的、以工农联盟为基础的人民民主专政；同这一国体相适应的政权组织形式，只能是民主集中制的人民代表大会制度。因此，我国宪法确立的人民代表大会制度，是马克思主义基本原理和中国具体实际相结合的产物，反映了全国各族人民的共同利益和共同愿望，是适合中国国情并被中国社会主义民主政治实践证明了的正确选择。

### （三）坚持和完善我国宪法根本政治制度，不搞西方的“三权分立”

新中国成立60多年，特别是改革开放30多年来的历程充分证明：人民代表大会制度是符合中国国情、最直接全面地反映我国国家政权的阶级本质，最充分有效地体现广大人民群众的意愿和利益的根本政治制度，也是最有效地保证了人民行使当家做主、最大限度地将直接民主与间接民主相结合的贯彻群众路线的表现形式。人民代表大会制度健康发展，人民当家做主的国家政局就稳定，人民的生活就能够改善，生产力就能够得到持续发展；这个制度一旦受到破坏，人民当家做主就无法保证，党和国家的事业就会遭受损失。邓小平同志鲜明地指出：“资本主义社会讲的民主是资产阶级的民主，实际上是垄断资本的民主，无非是多党竞选、三权鼎立、两院制。我们的制度是人民代表大会制度，共产党领导下的人民民主制度，不能搞西方那一套。社会主义国家有个最大的优越性，就是干一件事情，一下决心，一做出决议，就立即执行，不受牵扯。”当然，马克思主义理论是一个开放的、发展的理论，它也是在批评和借鉴前人经验和成果的基础上发展起来的，尤其是西方的经验和成果。因此，高举马克思主义理论的中国共产党人既不会排斥权力监督的合理因子，也绝不会完全照搬西方的“三权分立”模式。目前人民代表大会制度运行中虽然还存在一些问题，比如，国家权力机关的作用还未充分发挥，代表比例不尽优化，部分人大代表的依法履职能力不强等。但这并不是人民代表大会制度造成的,更不能成为在中国照搬西方“三权分立”制度的借口。党的十八大报告指出:“要把制度建设摆在突出位置,充分发挥我国社会主义政治制度优越性,积极借鉴人类政治文明有益成果,绝不照搬西方政治制度模式。”“人民代表大会制度是保证人民当家做主的根本政治制度。要善于使党的主张通过法定程序成为国家意志,支持人大及其常委会充分发挥国家权力机关作用,依法行使立法、监督、决定、任免等职权,加强立法工作组织协调,加强对‘一府两院’的监督,加强对政府全口径预算决算的审查和监督。提高基层人大代表特别是一线工人、农民、知识分子代表比例,降低党政领导干部代表比例。在人大设立代表联络机构,完善代表联系群众制度。健全国家权力机关组织制度,优化常委会、专委会组成人员知识和年龄结构,提高专职委员比例,增强依法履职能力。”在实现中华民族伟大复兴梦的过程中,具有强大的生命力和巨大的优越性的人民代表大会制度也需要与时俱进,需要我们根据实践发展的情势和广大人民的要求不断地加以开发、充实和完善。

# 西方“宪政民主”鼓吹军队国家化

丽水学院　兰凯军

近年来，国际上总是有人拿中国的军事制度说事，散布“军队非党化”“军队非政治化”“军队国家化”等错误观点，搅乱军队与政党、国家的关系，把军队的政治属性与国家属性对立起来，具有一定程度的蛊惑性，其目的在于否定党对军队的绝对领导，妄图使我军脱离中国共产党的领导，进而推翻中国共产党的执政地位，实现颠覆中国特色社会主义制度。本文将剖析“军队国家化”的主要错误观点，揭示其错误本质，阐明其严重危害性，进而指出坚持党对军队绝对领导的重要性。

## 一、“军队国家化”的主要论调

### （一）鼓吹“军队国家化”是民主制度的前提

鼓吹者认为，现代民主的一个前提条件就是军队的“国家化”，既然军队是国家的，就应该搞“军队国家化”，所以党对军队的绝对控制是政治民主化的最主要障碍。

毋庸置疑，军队属于国家，具有国家性质。“军队国家化”鼓吹者利用人们对“军队属于国家”这一命题的认同心理，把“国家的军队”与“军队国家化”等同起来，谁反对“军队国家化”，就给谁扣上反对“军队属于国家”的帽子，这在逻辑上是一种偷换概念的低级错误。在军队本身就是国家一部分的情况下,不存在还要"国家化"的问题。"国家的军队"与"军队国家化"不是一码事,不能混为一谈。更不能因此认为党对军队的领导阻碍了民主建设进程。

社会主义新中国成立后,我军也理所当然地成为社会主义国家机器的一部分,具有社会主义国家的性质。军队不仅是社会主义国家的钢铁长城,也是人民民主专政的柱石。在我军已经成为社会主义国家军队的情况下,一些人妄谈"军队国家化",既没有理论支撑,也没有社会基础,显然与社会主义民主背道而驰。

**(二)鼓吹"军队国家化"必须解除党对军队的绝对领导**

鼓吹者认为,美欧等发达资本主义国家政党与军队是相互独立的,政党不拥有自己特定的武装力量,由此才能确保政党不会凌驾于国家和人民之上。

当今的美欧等西方资本主义国家,在两党或多党体系下,政党通过组建政府实现执政这个途径掌控军队,随着政党的轮替执政,军队的控制权也随之转移。而我国则是在社会主义制度及一党领导下的多党合作和政治协商制度体系下,实行政党直接领导军队的制度。这种区别根源在于各自的政党和军队产生的历史情况不同。在西方国家,军队通常不是由政党组建,一般是军队产生在前,政党出现在后。比如,英国军队创建于 1642 年,而其政党产生于 1679 年以后。美国军队创建于 1775 年独立战争中,其政党则产生于 1787 年以后。西方国家的政党不是在革命斗争中产生,而是建国后由议会中不同派别逐步发展起来的。但是,包括我国在内的不少国家往往是先在民族危亡过程中产生政党，后有政党在武装斗争中组建自己的军队，政党与军队始终合成一体。政党要保卫胜利成果并完成执政使命，必须建立自己的军队并直接领导军队。

我们这样一个多民族的发展中大国要实现民族复兴，首要条件是必须有坚强的政治领导和长期稳定的政治环境。在对军队的领导权上，只能由中国共产党来领导，而不能由其他任何政治力量来领导，更不能轮流领导。坚持党对军队实行绝对领导，是我们党的核心领导地位在军事领域里的必然体现，也是中国特色社会主义政治制度不可分割的重要组成部分。

**（三）鼓吹“军队国家化”是世界军事体制通则**

鼓吹者认为，美欧等发达资本主义国家都实行了各种形式的“军队国家化”，因此认为“军队国家化”是世界军事通则，具有普遍共性，我国应全面效仿西方的“军队国家化”。

但是，一个国家的各项社会制度，包括采取什么样的军事制度，主要取决于这个国家的历史文化传统、现实国情军情和经济社会发展水平等因素，世界上没有普遍的、通用的军事制度。任何制度都是具体的、历史的。一个国家的军事制度，归根到底由其国情、军情、经济社会发展水平和政治制度决定。任何产生在特定国情、军情条件下的制度，其适用范围也只能是一些特定国家，决不能无限制地扩大，当作“通则”推之于全世界，强加于历史、现实条件都相去甚远的国家和地区。

近代以来，中国曾先后两次照搬西方军事制度。第一次照搬是在甲午战争失败后，清政府决定按照西法编练新军，这次照搬在一定程度上促进了中国军队的近代化，但最后的结果是军权被个人所掌握，形成了以袁世凯为首的北洋军阀集团，直接窃取了辛亥革命的胜利成果，并导致军阀割据局面的形成。第二次照搬是蒋介石先以德国的方式改造部队，后照抄美国的军事制度，但这都无法改变其军队内部各自为政、争权夺利的局面。

与照搬西方军事制度而导致的惨败结果形成鲜明对照的是，中国共产党在总结苏联和大革命经验教训的基础上，创立了党对军队绝对领导的根本原则和制度，军队成为完成党的政治任务的武装集团，真正结束了枪杆子由个人掌握的历史，从根本上清除了军阀政治在军队生长的土壤，使中国摆脱了军阀操纵政党及政治的梦魇，在重大政治关头，我军总是与党中央在政治上保持高度一致，这是照搬西方军事制度所无法想象和企及的，充分说明了党对军队绝对领导制度的进步性和科学性。从一定意义上说，党对军队的绝对领导之所以得以产生，就是照搬西方军事领导制度遭到失败后的必然选择。

20 世纪 80 年代末 90 年代初以来，以美国为首的西方国家打着“民主”“人权”的旗号，以多种方式向世界推行包括多党制、“军队国家化”在内的所谓民主模式，对一些国家和地区进行旷日持久的“民主化”改造，由此造成了严重后果，苏联、东欧、非洲大陆、阿拉伯世界等成为受害的重灾区。多党制、“军队国家化”等所谓民主模式实际上已经成为西方国家搞垮社会主义国家、推翻所谓“集权”国家、搞乱“不听话”国家、维护世界霸权的战略工具。

## 二、“军队国家化”的危害

### (一)“军队国家化”将改变我军的根本性质

我军的根本性质是党的军队、人民的军队、社会主义国家的军队。“军队国家化”要把我军与党、国家和人民割裂、对立起来,就是要改变我军的根本性质。鼓吹“军队应该是人民或国家的军队,而不是党的军队”,攻击党对军队绝对领导是“公器私用”“谋一党之私”,这是与事实相违背的。在中国,军队只有在中国共产党的绝对领导之下,才能成为人民和国家的军队。从一定意义上说,党对军队的绝对领导才是真正保证军队始终为国为民的制度。

我国历来就有“兵归将有、兵随将走”这一个人掌握兵权的传统,这也是历史上产生藩镇割据现象的重要原因。近代随着中国社会危机的加深,军权逐步落入个人手里,各派军阀拥兵自重。北洋军阀被打倒后,继之而起的是以蒋介石为首的新军阀,彼此混战不断,国家境况越来越糟,给国家和人民带来了深重灾难。如何铲除军权私有的军事领导制度,废除军阀政治,是中华民族求解放、争复兴的历史进程中一个绕不开的问题。中国共产党在吸取前人教训的基础上,独创性地建立了党对军队绝对领导这一新型军事制度,使中国几千年来兵权私有的积弊一扫而空,军队真正成了为国家和民族利益而战斗的工具。党领导军队、军队服从领导,都不是以利益满足、利益要求为先决条件的,除了国家、人民的利益外,党和军队都没有任何自身的特殊利益。这种对国家和人民利益指向的高度一致性,是党对军队绝对领导能够实现的根本原因。

如果执行了所谓的"军队国家化"设想，军队必然转变性质，堕落成为个人或狭隘利益集团服务的工具，我军就谈不上是社会主义国家的具有人民性质的军队。

**(二)"军队国家化"将导致政局不稳**

无论什么样的政治形式，都有一个对事关国家生死存亡的军队如何掌握和领导的问题。在现代政党政治条件下，军队由执政党掌握，是政党政治的基本要求。由于各个国家的国情和政治制度不同，其政党对军队的掌握方式也不尽相同。西方国家采用两党或多党轮流执政，其标榜的"军队国家化"，不过是两党或多党轮流控制军队的一种方式，因为两党或多党虽然在局部问题上持有不同政见，但是根本的阶级属性是一致的，都代表资产阶级利益，因此本质上还是资产阶级控制军队。我国政党直接领导军队，消除了轮流控制军队带来的轮番排除异己、洗脑控制等弊端，是更真实客观和先进完善的体现。

近年来，许多实现了所谓"军队国家化"的国家，军队实际被个人、利益集团控制，本质上不可能真正中立，因此不仅不能推动民主，反而给国家造成更为复杂的政局动荡。如泰国军队，其表面中立，实际上维护王室利益，"黄衫军"闹事的时候一副客观平和的样子，可是当代表王室和中产阶级利益的阿披实遇到"红衫军"示威，他们做的是以"和平地朝天开枪"相威胁。再比如埃及，军队貌似中立不参与政治，但是当通过民主竞选执政的"穆兄会"因其民族主义倾向影响了美国霸权利益，军方马上改变初衷直接发动政变夺取了政权。

### (三)“军队国家化”将危及民主政治

建立社会主义民主政治是中国社会主义事业不可分割的组成部分。没有民主就没有社会主义,没有民主就没有中国的社会主义现代化。坚持党的领导、人民当家做主、依法治国三者的有机统一,是中国特色社会主义民主政治发展的正确道路。宣扬“军队国家化”论者认为只有军队脱离了党的领导,实行了“国家化”,才能推动民主政治,鼓吹党对军队的绝对领导“妨碍了国家的现代化和民主进程”,这是别有用心的。这既脱离了中国的现实情况,也与世界其他发展中国家民主政治发展的实际不符。在多数发展中国家,民主化的困难或者民主制度的不稳定,问题不在于政党及其政府对军队的控制权,而在于政党及其文人政府对军队没有足够的控制力,使得军队有能力干预政治。我们没有任何理由把党对军队的绝对领导与社会主义民主政治的推进对立起来。脱离中国现有体制条件抽象地谈论民主没有意义。坚持党的领导,特别是对军队的绝对领导是社会主义民主政治顺利推进的根本保证。

### (四)“军队国家化”将阻碍“中国梦”的实现

实现“中国梦”,就是在中国共产党领导下,实现中华民族的伟大复兴。

对中国这样具有 13 亿多人口的多民族的发展中国家来说,既面临着其他发展中国家和地区向现代化迈进过程中的共同问题,又有自身的特殊性,既要面对发展过程中西方发达国家多方面的压力,又要面对国内改革和发展的许多挑战,还要面对多种安全威胁、维护国家领土完整等严峻问题,这就要求中国必须有一个坚强的政党领导，而能够担负这一历史重任的唯有中国共产党。坚持中国共产党的领导，建立强有力的政治核心，是实现凝聚民心、集中国力、巩固军权和稳定社会的重要保证。否则，不仅“中国梦”实现不了，而且中国社会还会陷入混乱和倒退，更不可能实现中华民族的伟大复兴。

## 三、党对军队绝对领导的意义

### （一）保护民主革命和改革开放的胜利成果

党对军队的绝对领导，从根本上说是由中国共产党的先进性决定的，是历史的选择、人民的选择。90 多年前，半殖民地半封建社会的中国，民族危机和社会危机空前深重，各种进步政治力量、无数仁人志士苦苦探索救国救民的道路，都未能完成救亡图存的民族使命和反帝反封建的历史任务。只有中国共产党，创造性地运用马克思主义解决中国实际问题，开创了实现人民解放、国家富强、民族振兴的正确道路，实现了从半殖民地半封建社会到民族独立、人民当家做主的新社会的历史转变，从新民主主义革命到社会主义革命和建设的历史转变，从高度集中的计划经济体制到充满活力的社会主义市场经济体制的历史转变，从封闭半封闭到全方位开放的历史转变，综合国力大幅跃升，人民生活明显改善，国际地位显著提高，中华民族巍然屹立于世界民族之林。

我军作为人民利益的忠实捍卫者，必须始终不渝地坚持党的绝对领导。党在初创时期，由于没有独立掌握武装力量，致使革命遭受巨大损失。党从血的教训中认识到，“枪杆子里出政权”,必须以武装的革命反对武装的反革命。南昌起义,标志着我们党走上了独立领导革命战争、创建人民军队、武装夺取政权的道路。此后,在中国革命、建设和改革的长期实践中,党对军队绝对领导的根本原则,不断得到坚持、巩固和发展。实践证明,党对军队的绝对领导,是我军建军之本、立军之本、强军之本。历经时代变化和各种斗争考验,党对军队的绝对领导,深深融入一代又一代官兵的血脉,成为人民军队凝聚军心、永远不变的军魂。

**(二)巩固中国特色社会主义政治制度**

军队归谁领导、听谁指挥,是军事制度的核心内容。我们党是全国各族人民利益的忠实代表,我国是人民当家做主的社会主义国家,我军是全心全意为人民服务的人民军队,这就决定了我军是党的军队、人民的军队、社会主义国家的军队。《中华人民共和国宪法》规定,中华人民共和国的武装力量属于人民,中华人民共和国中央军事委员会领导全国武装力量。《中华人民共和国国防法》规定,中华人民共和国的武装力量受中国共产党领导。这就从法律上确立了党领导军队的基本制度,同时又明确了国家对军队的领导。

党对军队的绝对领导体现了我国政治建设的内在要求。只有坚持党对军队的绝对领导,才能在党的统一领导下,确保军队作为国家机器的重要组成部分在我国政治生活中充分发挥作用,有效维护国家安全和发展利益。这是我们党建军治军最宝贵的制度成果,是中国特色社会主义政治文明的重要体现。

### (三)维护社会长治久安

坚持党对军队的绝对领导,关系到国家长治久安。只有国家长治久安,中国特色社会主义建设才能顺利推进,人民生活才能幸福安康。没有稳定,什么事情也办不成,已经取得的成果也会失去。当前,一些西方国家不断强化对我国的战略防范和遏制,我国发展面临的外部压力和阻力增大。同时,我国正处在发展的关键时期,推进中国特色社会主义事业,迫切需要有一个和谐稳定的内部环境和安全稳定的外部环境。我军只有在党的绝对领导下,才能切实肩负起维护我国发展重要战略机遇期的重大使命,为全面建设小康社会、实现中华民族伟大复兴提供重要力量支撑和坚强安全保障。

### (四)确保我军政治本色

新形势下,我军建设的内外环境发生深刻变化,官兵成分和价值观念趋于多样,战争形态和作战方式发生新的变化,军队组织形态现代化逐步推进,这些都对保持人民军队性质宗旨提出了新的要求。始终不渝地坚持党对军队的绝对领导,就能使我军始终坚定正确的政治方向,保持人民军队的性质、本色和作风,保持强大的凝聚力和战斗力,经受住各种复杂严峻的考验,成为让党和人民永远放心的人民军队。

当今世界,不少发展中国家为兵权掌控问题所困扰。新中国之所以始终没有发生类似情况,其关键原因,就如邓小平同志深刻指出的:“我们国家所以稳定,军队没有脱离党的领导的轨道,这很重要。”

西方敌对势力大肆鼓噪“军队非党化”“军队非政治化”

“军队国家化”，把西方军事制度这一被中国历史淘汰的旧货重新炒热端出，这既脱离了中国的历史条件，又脱离了中国的现实情况。其险恶用心就是企图用西方的军事制度和治军模式取代我党对军队的绝对领导，改变我军性质，进而为改变我国社会政治制度打开通道。若其图谋得逞，我们可能又要回到过去分裂割据、军阀混战的老路上去，这不仅是中国军事制度的倒退，也必然是中国历史的倒退。

当前，国际形势继续发生深刻变化，意识形态领域斗争尖锐复杂，各种思想文化交流、交融、交锋更加频繁。特别是敌对势力渗透破坏花样翻新，加紧对我国实施西化、分化战略，企图把我军从党的旗帜下拉出去。需要警惕的是，一些人缺乏对坚持党对军队绝对领导的历史必然性、科学真理性和极端重要性的认识理解。在这种情况下，始终把坚持党对军队的绝对领导作为最高政治原则来把握，作为最高政治要求来落实，作为最高政治纪律来遵守，显得尤为重要。

我们在军事制度问题上同国内外敌对势力的斗争，从根本上说，是维护国家民族权益的问题，是巩固我国政治安全的问题，也是维护我们正确发展道路的问题。在这个事关国家民族命运的重大问题上，一定要始终保持高度的警惕和清醒的认识。

## 西方“宪政民主”鼓吹议会民主

浙江中医药大学　梅学兵

民主和人权是“宪政民主”最根本的价值追求。宪政理论不相信政治权威的道德性，即使是通过民主选举产生的决策者，宪政理论也不相信他们在制定公共政策时能绝对保障公民的权利和尊严。因为权力具有压迫性和腐败性，所以，对权力进行约束是宪政理论的核心问题。在宪政理论家看来，议会制是对决策者权力进行约束的必要制度。因而西方“宪政民主”大多鼓吹议会民主。

现行的资产阶级民主主要有君主立宪制和民主共和制两种形式。君主立宪制是通过制定宪法限制君主权力的政权组织形式，按其君主和议会的地位不同，君主立宪制可分为议会制的君主立宪制和二元制的君主立宪制。在议会制的君主立宪制里，君主不掌握实权，其行动受议会的制约，政府对议会负责；在二元制的君主立宪制里，君主掌握实权并任命内阁人员，政府对君主负责，君主的行动不受议会制约，但议会单独行使立法权。民主共和制是通过选举产生国家机关和国家元首的政治制度。根据总统和议会的关系，民主共和制分为议会制和总统制两种形式。前者，政府由议会中拥有多数席位的政党组成，并对议会负责；后者，总统由选举直接产生并领导政府，不对议会负责，但议会单独行使立法权。无论哪一种形式的资本主义民主制度，议会都扮演着约束权力、保障民主的重要角色。一般而言，议会的组织结构形式有两种：两院制与一院制。两院制是指议会设有两个议院并且两院共同行使议会职权的制度。一院制指议会只拥有一个议院并由它行使议会全部职权的制度。此外还有三院制（德国）和四院制（瑞士和芬兰）。

现代意义上的议会民主制可追溯到18世纪的英国，虽然同一时期的瑞典也已经拥有类似的政治制度，但其影响力较小。议会民主制的开始可被认为是在1707年，当时的英国理论上还是由国王主持内阁，挑选内阁成员。但因当时的国王乔治一世不会说英语，使得内阁中一名大臣能够负责主持内阁会议，逐渐就发展出首相一职。随着议会的逐渐民主化和议会权力的增大，议会开始控制政府，并最终能够决定国王必须任命谁来组建内阁。《1832年大改革方案》最终确立了议会至上原则，议会能够挑选首相并决定内阁的组成。威斯敏斯特体系由此发展出来，行政体系必须向立法体系负责，政府首脑以国家元首的名义行使职权。这种体系在原来的英国殖民地中颇为流行。例如，澳大利亚、新西兰、加拿大、南非、爱尔兰共和国等国都使用威斯敏斯特体系的议会民主制。不过这些国家也不是完全照搬英国的制度，例如，澳大利亚的参议院更接近于美国的参议院，而不是英国的上议院，而新西兰则索性废除了上议院。

议会民主制在欧洲大陆的传播主要是在第一次世界大战之后，战胜的民主国家英国和法国向战败国输出了自己的民主政治体系。例如，德国魏玛共和国和奥地利就是在此时采用了议会民主制。当然之前19世纪欧洲左派政治力量的活跃已经为这些国家的民主化和议会民主制做好了铺垫。一战后这种民主化运动也被视为是抵抗具有广泛群众基础的极端政治势力的手段之一,因此议会民主制也遭到了右翼政治势力和许多群众的抵制。议会民主制在欧洲大陆遭遇到的另一个挑战是多党制所带来的政治不稳定。各政党间的不合作导致了所谓"少数议会民主制"的产生,少数党执政往往导致政府遭到议会的不信任投票,从而引起一波又一波的政治危机。在一战后的欧洲,由于这种议会民主制初次尝试的失败,很多国家引起极端势力通过民主体制取得政权却可逃避民主制度的制约。例如,1922年墨索里尼在意大利的上台和1933年希特勒在德国的执政,以及同一时期在西班牙得到国王支持的独裁统治。欧洲的议会民主制真正成熟是在第二次世界大战之后,目前除了法国采用的是混合的总统制和议会制的政治体制外,大多数西欧国家都采用议会民主制。

近代西方议会的出现和议会制度的确立是巨大的历史进步,它的根本意义在于以资产阶级的人权否定封建等级特权,重构了国家权力的社会基础;以资产阶级的政权组织形式取代了封建专制王权制度,奠定了国家权力的民主原则。议会制度的确立表明,一个人决定国家命运的时代过去了,民主不仅成为一种社会公认的价值,而且成为政治资源配置的机制。可以说,没有议会民主,就没有西方民主。那么,议会民主到底如何使民主得以实现的呢?

第一,议会民主体现了人民主权原则。资本主义建立后，议会确立了至高无上的地位。议会之所以至高无上，是因为它声称自己的权利是建立在人民主权原则和政治生活中不断扩大的公民普选权基础上的。人民主权思想是资产阶级革命的一面旗帜，在议会发祥地的英国，人民主权体现在议会的立法权中，表现为议会主权。虽然各议会制国家的议会地位不尽相同，但从法理上说，都是表达全体公民意志的机关，并在形式上表明政府的权力源自人民的委托。因此，在议会政治正常运作的情况下，议会至少有一院的议员每隔几年要进行一次选举，由此重新确认人们对政府权力的这种委托关系，从而保证和维护国家政治权力的权威性。

第二，议会民主使权力运作程序化。人民委托代议机关行使国家权力，但是人民如何选举自己的代表，代表如何开展政治活动，人民又如何行使最后的控制权，这些问题就是权力运作的程序问题。议会政治是程序政治，这是因为在不同的利益人群中，没有规则和程序，就无法产生一定数量的代表组成代议机关，选出的代表是以不同利益为背景。发生意见分歧和利益冲突时，没有共同的程序而要代表人民行使民主权利是不可能的。因此，在现代议会政治中，议会民主亦被称之为程序民主。从议会选举到议会召开，整个过程都充分体现了程序政治的原则。程序政治的确立可以防止个人或集团的专横和野心，保证所谓人民的权利不被篡夺，而且也为资产阶级内部权力的和平交替提供了完整可行的机制。

第三，议会民主使政治过程公开化。议会声称是代表人民行使权力的民意机关，那么议会活动公开原则就是必需的。议会政治不断打破封闭的议事决策方式，极大地推动了政治过程的公开化。这不仅仅是人民主权的法理要求，而且是现代政党政治的必然选择。无论是执政党还是反对党，无论是前座议员还是后座议员，他们的发言、质询、答询、提案、辩论等等，既要面对议会，又要面对公众和社会舆论。议会活动公开化原则的实行，满足了选民关于政治知情权的需要，方便了选民对政府的监督。

尽管议会制度在保障和实施西方民主的过程中有着重大的现实作用，但是随着自由资本主义向垄断资本主义的演变，国家干预和管理社会经济事务职能的扩大，议会的权利和作用不断被限制和削弱，议会代表人民行使民主权利的权威性日趋下降，议会政治开始陷入危机。主要表现在：第一，议会地位的衰落与权力的虚化。即形式上议会立法支配一切的原则仍然受到尊重，议会高于政府和法院的地位至今无人否认，但实际上议会已经从属于政府，也就是议会丧失了它曾经有过的高度的独立性。今天的议会，其传统的立法权和监督权已经受到许多限制。议会在立法过程中的权力弱化，使得议会不再是至高无上的。虽然立法仍然是议会的第一项职责，但它的立法工作一般不过是对政府提出的法案予以"审批、批评、批准"。特别是实行议会内阁制的国家，在多数党的操纵下，多数党领袖作为政府首脑，他们只会用内阁政府来左右议会，决不会让议会来左右政府。第二，议会决策模式的固有缺陷与立法效能的萎缩。现代议会的决策模式与日益复杂的社会经济事务管理之间越来越缺乏相容性，这是议会政治面临的严重挑战。议会决策模式的缺陷导致它立法效能的萎缩，其表现为议会越来越不能有效表达民意。第三，行政权力的膨胀对议会权力的侵蚀。行政权力膨胀的趋势为人们公认，行政权力的膨胀表现在：一是行政权力的集中；二是政府职能的扩张；三是政府统揽立法与行政。显而易见，议会政治危机和行政高度集权是一个问题的两个方面。

# 西方“宪政民主”鼓吹多党制

浙江中医药大学　龙国存

多党制是西方“宪政民主”制度的重要组成内容。所谓多党制，是指在一个国家中，通常由两个或两个以上政党，通过竞选而轮流执政的政治制度。多党制表面上体现了人民选择的民主权利，但实际上西方政党已蜕变为选举机器，多党竞选则成为金钱政治的代名词，多党制只是代表了资产阶级和大资本集团的民主。西方“宪政民主”鼓吹多党制，宣扬多党制能够遏制腐败、促进社会稳定、带来经济繁荣等，但这些并没有真正实现。相反，多党制造成的党派斗争激烈、腐败现象严重、社会局势动荡、执政效率低下、政府短视等问题日益突出，多党制的制度性困境和实践困难越来越明显。

西方“宪政民主”鼓吹多党制，认为多党制代表了民主和多数人的统治，政党间的竞争可以给人民带来更大的选择余地，能更好地反映民意；通过民意选择、政党竞争、轮流执政，才能产生更理想的执政党及其领导人。表面上看，实行多党制，各党派纷纷登台亮相，公开竞选，得票多的就能组阁执政，得票少的则成为“在野党”，这一派“民主”景象似乎很热闹。但实际上，多党制并没有改变西方国家政权由占统治地位的资产阶级尤其是大资本集团控制的实质。在西方多党制竞选中，要获得成功就必须花费大量金钱。只有掌握了巨大财富的大资本集团,才能够通过财力控制竞选规则并掌握媒体的运作与炒作,影响社会舆论和公众认知,从而影响选民的选择而获得更多选票。所以,多党竞选本身常常被大资本集团所影响和操纵,各个政党后面都有大财团的支持。例如美国,共和党主要得到军工、石油、制造等“传统商业”的支持;民主党则主要获得金融、电信、传媒等“新兴商业”的支持。西方各国竞选公职官员的费用极其高昂,据美国联邦选举委员会2004年12月14日公布的报告显示,2004年美国竞选一名参议院议员的平均费用约为251万美元,最高达3148万美元;竞选一名众议院议员的平均费用约为51万美元,最高达904万美元。近几年美国竞选费用更是呈几何级数上升,2000年美国大选费用高达30亿美元,2004年则接近40亿美元,2008年猛增到53亿美元,2012年总花费达70亿美元。国家提供给政党及其候选人的经费很有限,如果没有大财团的支持,各党派根本无法参与多党竞选的权力角逐并从中获胜。政党凭着财团的支持获得选举成功,在竞选成功后自然就要为他们的利益服务。所以西方各国政党的政策主张虽有不同,但也大同小异,都是代表大资本集团利益的。正如美国学者伦德·伯格所说:“美国实际上只有一个单独的党,即财主党。”以美国的禁枪问题为例,尽管2007年弗吉尼亚理工大学发生了造成多人丧生的恶性枪击案,却几乎没有激起政府对枪支管制的重新辩论。布什政府或共和党对此没有太多举措,因为他们在2000年美国大选中最先得到的910万美元竞选捐款中,就有92%来自主张有持枪权利的机构。在2008年美国大选中,民主党候选人也同样没有勇气提出枪支管制问题。另外,

2003 年美国发动了伊拉克战争，公开理由是伊拉克藏有大规模杀伤性武器，但其真实目的令人怀疑。事实上，伊拉克并不存在大规模杀伤性武器，而战争却能够给美国军火业、石油工业带来巨大的经济利益。因此，很多人都认为美国政府做出对伊拉克发动战争的决策，很可能有军火工业、石油工业垄断资本的影子，美联储前主席格林斯潘也认为伊拉克战争就是为了石油。因此，表面上看起来民主的多党制并不存在真正的民主，无论哪个政党上台执政，实际上都只是代表资产阶级和大资本集团的政治力量掌控国家政权，广大的普通民众则被排斥在外。

西方“宪政民主”鼓吹多党制，认为多党制可以更有效地遏制腐败，因为多党竞选制可以通过各个政党之间权力的制衡，防止少数人滥用权力，从而防止腐败。但实际情况并非如此，建立在金钱政治基础上的多党制必将导致腐败的出现。选举政治是西方多党制的核心，而要竞选成功就必然需要大量金钱。金钱是政党得以控制政府和国会的钥匙，只有金钱才能购买到权力，没有金钱则不可能竞选上任何职位，于是权钱交易就成为一种公然的制度腐败。西方各国高昂的竞选费用使得政党及其候选人必须寻求捐助者，而捐助者对政党和当权者也有诸多需求，双方就形成了一种利益互换关系。因而出现了这样一种选举常态：“有钱人拿钱买候选人，候选人拿钱买选民，当选人再拿权给捐钱人以回报”。西方多党制的这种权钱交易的制度性腐败是难以根除的。西方政党及候选人在竞选中获胜后，大多会对捐助方给予利益回报，例如，对资助者派驻大国、富国当大使，担任内阁幕僚等，或者利用行政权力为资助者开辟其他谋财之道。这种隐性腐败在西方多数国家甚至是一种公开的秘密，只要没有确凿证据，那就堂而皇之地进行。西方多党制自出现以来就伴随着金钱贿选、政治献金丑闻等政党腐败。20 世纪后期以来，西方多数国家的主流政党都曾不同程度地陷入各类腐败丑闻。1992 年意大利“米兰贿赂丑闻”涉及 2000 多名政要，导致天民党、社会党、共和党等传统政党的覆亡。2006 年美国“游说门”事件则牵扯国会议员达 296 名。西方多党制国家不仅执政党不廉洁，反对党也很难清廉，对立的两大政党或多个政党甚至可以为所谓党派“声誉”相互包庇或掩盖丑闻。根据美国司法部一份报告，1985 年至 2004 年的 20 年间，美国一共有 17945 位美国联邦、州和地方政府官员(其中包括政府官员和立法、司法领域内的公职人员)遭到腐败指控，其中被判有罪的官员为 15552 人。同时，美国还有很多私职公民卷入公共腐败案，这 20 年间共有 5657 位私职公民因卷入公共腐败案件而被起诉，其中 4927 人被判有罪。事实说明，多党制不是防治和解决腐败问题的有效途径。

西方“宪政民主”大力攻击一些发展中国家、社会主义国家的政党制度，批评其专权而容易导致专断和腐败，以“普世价值”的名义极力推销西方多党制，并输出所谓多党民主、自由选举等价值观。近 20 年来，就有数十个发展中国家主动或被动地推行了多党制，仅非洲就达 37 国。他们本希望通过多党竞选制实现廉洁的施政目标，结果事与愿违，这些实行多党制的发展中国家其腐败问题不仅没有得到解决，有些国家甚至较以前更为严重。不少经历所谓多党民主转型的国家，目前恰恰处在腐败的高发阶段。他们把西方多党制的诸多腐败行径学习过来,甚至发扬光大。苏联、东欧社会主义国家剧变后都实行了西方多党制,而长时间为腐败高发所困扰。一些经历民主转型的东南亚国家的执政党领袖、国家元首或政府首脑正是因为腐败问题而频频遭弹劾或被赶下台。被称为亚洲“民主橱窗”的菲律宾,在移植、推行美式民主的过程中始终伴随着政治舞弊和贪污腐败,是亚洲贪腐程度最严重的国家之一。相反,新加坡依据自己的国情,实行了不同于西方多党制的政治模式,在廉政建设方面取得了很大成果。国际公布的数据表明,实行多党制的发展中国家与未实行多党制的国家在腐败程度上并没有显著差别,而且耐人寻味的是,2008 年世界上最腐败的 10 个国家和地区中,9 个是实行西方多党制的。实践证明,西方的多党制并没有帮助发展中国家有效解决腐败问题,因为在权钱交易为基础的多党制下,无论是执政党还是在野党,既不会真心去反腐,也没有能力解决腐败问题。

西方“宪政民主”鼓吹多党制,认为多党制通过多党竞争、轮流执政来协调统治阶级内部的矛盾,防止权力的过度不平衡,从而保证政治和社会稳定。但是多党制的竞争环境,使各个政党以夺取政权为最重要目标,政党之间的关系主要处于竞争和争斗状态,反而容易导致政局不稳、社会动荡。为了竞选获胜、控制政权,在权力争斗中各政党往往把党派利益置于国家利益之上,相互攻讦、不择手段以打败对手,这无疑将扩大社会矛盾,加剧冲突,可能导致政局动荡,族群甚至是国家与民族的分裂。这在西方国家处于工业化社会转型时期表现得尤为突出。如法兰西第四共和国在 1946—1958 年间政府更迭 20 多次，平均每届政府寿命不足 6 个月，最长只有 1 年多，最短的只有 2 天。多党制的意大利从 1946 年 7 月首届政府成立到 1983 年 7 月间，其内阁更迭 44 次，平均每届政府寿命为 10 个月，最长的 2 年零 3 个月，最短的仅 9 天。日本最近 10 年也接连换了 9 任首相。政党的频繁选举、政府的频繁更换，导致政局不稳、社会动荡。在多党制的环境下，各政党面对国家和社会的难题，不是为整个国家利益献计献策、共渡难关，而是互相拆台、钩心斗角。这样的党派之争必然耗费国家巨大的人力、财力和社会资源，并导致社会分裂。例如，近年来美国所出现的政治两极化、党派对峙的"政治病"越来越严重。共和党与民主党在治国方略上针锋相对，许多主张明显对立，加上媒体与选民阵营的相互呼应，形成强大的舆论攻势，使得本已对立的共和党和民主党两大阵营形同水火，两党难以进行理性沟通和宽容妥协，从而造成严重的政治分裂。欧洲的两大政治阵营对立局面也日趋严重，应对债务和社会危机的政治理念和治理主张越趋分化，在紧缩与反紧缩问题上斗争激烈，政治两极化加剧。这种党派之争还会引起拥护各自政党的民众对立，如果任其冲突扩大，就容易导致社会分裂。

近年来一些发展中国家纷纷接受了西方多党制，希望多党制能带来社会的稳定与经济的繁荣。但是多党制不但没有给这些已经迈向工业化、现代化的发展中国家带来民主与发展，反而导致政党争斗不断、政局动荡，甚至使一些国家爆发内战，经济社会发展严重倒退。造成这种不幸局面的重要原因，就是发展中国家有不同于资本主义发达国家的国情，正处于工业化、现代化的进程中，经济、社会面临转型，处在社会矛盾的多发期、易发期，而从西方输入的多党制则显化、激化了社会矛盾，多党制成为这些国家社会矛盾升级的导火索。多党制正是造成当今世界上许多发展中国家长期动荡不安的重要原因之一。例如，冷战结束后非洲许多国家宣布实行多党制，推行多党竞选，于是各国表面上出现了政党林立、竞争激烈的“民主”局面。在这些非洲国家的总统、议会选举中，过去长期执政的大政党和政治强人纷纷下台，国家政权大多实现了更替。这一度让西方国家很高兴，认为西方的多党民主在贫穷的非洲大陆也已开花结果。但最后的结果却是，这些国家很快出现政局混乱，非洲几乎半数的国家因此发生了严重的社会动荡。尼日利亚是实行多党制的非洲国家，2008 年乔斯北区地方政府选举中出现争端，在野党支持者指控选举存在舞弊行为，从而与执政党支持者产生激烈冲突，发生严重骚乱，造成约 300 人死亡。西方多党制虽然被移植到非洲，但其结果并没有再造出一个西方版的非洲。相反，非洲一些部族主义势力以政党为旗号、以地区为依托，争夺席位、争斗不止，导致族群对立、政局动荡不已。例如，几内亚比绍自 1994 年第一次举行多党制选举以来，竞选竟然变成了政治对手间的相互仇杀。国外一些学者搜集的资料表明，发展中国家中实行多党制的比实行一党制的，政局不稳定的概率要高出许多，发生政变的概率也要高很多。美国学者亨廷顿由此提出：“在高度现代化的国家，政党数量多寡无碍于它拥有强壮之势；而在低度现代化国家，一党制可强可弱，但多党制却毫无例外都是软弱的”，“在发展中国家，多党制是软弱的政党制度”。

西方“宪政民主”所鼓吹的多党制，其重要特点是制约和牵制，这能在一定程度上制衡权力，但这种制度因缺乏协调与配合，容易导致议会、政府效率低下。多党制下的各个政党的目标，是获得多数选票，执掌政权。为了实现执政的目标，在一方执政时，另一方作为在野党或反对党，往往对执政党采取对立的态度和做法，想办法拆对方的台，为反对而反对，导致相互争斗，使执政党的执政效率低下。议会常常被当作权力争夺和政治分肥的场所，议会“党争”中只论党派、不管是非，相互攻讦，导致议会立法举步维艰，议会作用被严重弱化。党派间的严重对立使得一些重大法案得不到议决，甚至出现议会会期停摆的难堪局面。当代西方政治舞台上，所谓“跛脚总统”“跛脚内阁”屡屡出现。印度 2012 年夏季议会就出现了这样的局面，因印度朝野斗争激烈、互不妥协，原定 20 天，拟讨论 48 项议案，最后只通过 4 项一般法案，开会 6 天就草草提前结束，对以国大党为首的执政联盟提出的银行改革、养老金改革、征地等关系国计民生的重大议案没能进行讨论。面对欧洲债务危机，欧洲一些国家的执政党和在野党都大打危机牌，但仅仅只是将危机当作打击政敌的手段，各政党并没有真正坐在一起商讨应对之策。另外，因为大党之间的严重对立，互不让步，政府经常难产，甚至出现无政府局面。例如，比利时在 2010 年大选后，由于各党派的斗争激烈，多次未能成功协商组成政府，比利时遭遇了 540 多天没有正式联邦政府的政治危机。在 2014 年的意大利大选中，各政党不顾及当前意大利严峻的经济形势，依然严重对立，没有任何政党在国会中取得绝对多数席位，意大利由此出现组阁僵局，陷入无政府状态。理论和实践表明，多党制下各个政党不问是非、相互拆台,政府、议会效率实难提高。

西方“宪政民主”所鼓吹的多党制容易导致政党和议会的短视行为。多党制下的各个政党代表特定的利益群体,很容易从自身利益出发,做对自己政党有利的事。因此,各政党的政策与措施很难顾及连贯性和长远性,容易造成国家政策的短视。普通选民往往认为长远利益与自我距离遥远,更关心与他们切身利益相关的短期利益和局部利益,那些更科学、更能代表大多数人长远利益的方案往往不能被选民所接受。为了赢得选举胜利,各政党常常采取一些只注重当前利益和短期利益的措施,以迎合选民的一时需要而获得选票,至于整个国家的长远利益只是选举结束后的事情。例如,美国每到大选年,政府都会卖给中国台湾地区一批武器来为执政党拉选票,因为向中国台湾地区出售武器可以增加就业,讨好选民,从而增加选票。但这样做却损害了中美关系的发展,也不符合美国的长远利益。当前西方各国的利益群体趋向多样多变,多党竞争体制强化了政党间的竞争,而弱化了政党的利益协调与整合功能,因此党派竞争导致社会改革困难重重,即使这种改革有利于国家的长远利益和整体利益。因为任何一种变革都会导致利益的调整,从短期来看,改革肯定会有得利比较多的一方,也会有失利比较多或者得利比较少的一方,这种改革就会引起后者的反对,而这种反对的力量势必被反对党所利用,从而加大改革的难度。同时,任何一种改革都有一个逐步建立和逐步完善的过程,在改革的开始阶段,必然会产生许多新的弊端,而这种弊端同样会被反对党所利用,导致改革难度加大。所以在西方多党制环境中,大的社会变革几乎是不可能的。例如,在日本,小泉纯一郎曾以高举改革的旗帜而当选首相,然而直到他被迫下台,国内的改革还没有实质性的进展。多党制使得对制度的任何变革都非常困难。印度的计划生育政策明显有利于国家的长远利益,但至今无法顺利推行,只因这项政策势必会遭到选民的反对,提出这项政策的政党就会在选举中败北,所以印度所有政党都不愿冒此风险。

西方“宪政民主”所鼓吹的多党制往往更重视局部利益而忽视整体利益。多党制突出不同政党之间的相互竞争,政党竞争又以选票的多少决定胜负。片面的多党竞争造成“选民是上帝”“人权至上”等意识强烈,从而导致公民权的滥用,过于放大个人利益和局部利益,损害国家整体利益。多党制条件下选出的公共机构代表多是代表本选区、本地方利益来行使权力,常常不顾及全局利益。例如,议员是由地方选举产生的,候选人基于选票考虑,就会更加重视地方的利益。2007年美国一些议员就提出要对中国实施贸易保护主义政策,提交国会讨论的反自由贸易法案多达50个。这样做在短期内会对部分地区或部分选民有利,但这明显不符合美国的整体利益,因此美国1028位知名学者联合签名上书,要求国会议员遵循自由贸易精神,抵制对华贸易保护主义倾向,避免重蹈70年前因贸易保护主义引发美国经济大萧条的覆辙。多党制民主和人权的变异强化了个人利益和团体利益,执政者只为本党和本集团谋划利益,难以解决关乎整个国家和人类的大问题。例如,全球化产生了诸如生态环境保护、民族国家主权让渡、全球治理等新课题,这些问题需要执政党从人类整体利益出发来加以解决,但当前西方多党民主政治对此显得无能为力。

# 西方“宪政民主”的本质是自由主义

浙江传媒学院　朱锋刚

随着市场经济在当代中国的发展，公共领域与私人领域由此分化，“公共”的制度重构已成为当务之急。私人领域中个体的自由开辟了个人利益寻求和价值偏好的多样性；公共领域则是向公众开放的公共权力之域，亦即所谓的政治正义寄身之所。以个人自由为价值内核，以限制公共权力为制度核心的顶层构架也就成为“宪政民主”的实质。防止公共权力侵犯个人的自由与避免权力的滥用也就成为学者提出“宪政民主”的问题意识所在。这一理论与现实热点引起社会的极大关注，并在意识形态领域就马克思主义如何引导人们建构社会主义核心价值观、实现“中国梦”的过程引发一定的混乱。坚持意识形态领域中历史唯物主义的主导地位和引领作用，要求享受现实自由需要以道德为底线，以协商民主为实现民主的途径，揭示、批判西方“宪政民主”之国家中立性原则背后所隐含的是自由主义。

## 一、历史唯物主义为主导意识形态的必要性

对一个政党、一个国家、一个民族的生存发展来说，核心价值观至关重要。党的十八大报告提出，倡导富强、民主、文明、和谐，倡导自由、平等、公正、法治，倡导爱国、敬业、诚信、

友善，积极培育社会主义核心价值观。这是对社会主义核心价值观的最新概括。这24个字，分别从国家、社会、公民三个层面，提出了反映现阶段全国人民“最大公约数”的社会主义核心价值观，为培育核心价值观奠定了基础。民族精神和时代精神是一个民族赖以生存和发展的精神支撑。一个民族，没有振奋的精神和高尚的品格，不可能自立于世界民族之林。为了全面实现小康社会、构筑“中国梦”，实现中华民族的伟大复兴，需要确立起人人皆知、普遍奉行的价值准则和行为规范，形成维系社会和谐的人际关系和道德风尚，而这就有赖于树立正确的理想信念，倡导伟大的民族精神和时代精神，巩固马克思主义在意识形态领域的指导地位。

马克思、恩格斯把意识形态理论研究的重点放在了揭露旧意识形态的虚假性问题上。在阶级社会里，资产阶级意识形态如何上升成为整个社会意识，如何成为全体社会成员所接受和认同的意识形态？马克思对资产阶级意识形态进行了批判，并建立了历史唯物主义。历史唯物主义为人们寻求真实的自由与好的生活找到了现实、科学的道路，纠正了空想社会主义者仅仅从抽象的理论原则出发谴责资本主义制度的缺陷，揭露了以自由主义为代表的资产阶级意识形态虚伪的一面。自由主义强调的是机会的均等，而不是结果的平等，显现出自由主义对精英政治的倾向，以制造理论可能性来满足人们的需要，从而造成绝对平等的假象。自由主义已经成为资本主义推行意识形态，在全球范围垄断话语霸权的核心内容。这直接导致了全球范围内的社会危机。它们所确立的社会秩序是建立在人的异化和对社会变革可能性压制的基础上，而以自由主义为意识形态所确立的工业社会也被视为文明发展的最高形式。这种社会缺乏批判性一面，实现了技术理性对社会和人的全面统治，在物质、意识和思想方面完全排除了否定的批判性力量。

当今世界，随着全球一体化的不断深入，世界意识形态领域的冲突和碰撞也日益加剧，特别是以美国为首的西方发达资本主义国家，通过经济全球化这一过程，向发展中国家特别是社会主义中国进行资产阶级意识形态的输出和渗透，对我国社会主义意识形态的主导地位带来了巨大的冲击和挑战；同时，伴随着我国市场经济的迅猛发展、政治体制和经济体制改革的不断深入，一部分社会成员的思想观念发生了变化，社会成员对意识形态的认同从以政治为中心转换为以经济利益为中心，价值观念的多元化导致了思想观念的多元化，消减着我国社会主义意识形态的主导地位。从这里我们可以看出，我国意识形态领域呈现出一种复杂多变的局面，在错综复杂的国际国内环境的作用下，消减了广大人民群众对社会主义意识形态的认同度和接受度，消减了马克思主义在我国意识形态领域的指导地位，难以发挥意识形态的整合、约束、规范等功能，意识形态领域的安全面临威胁。同时，由于科学技术的迅猛发展，互联网在人们的日常生活中发挥着越来越重要的作用，成了世界各国进行意识形态宣传和渗透的工具。通过互联网，大量质疑社会主义制度、怀疑我党和政府政治行为的言论日益增多，在某种程度上消减了社会主义政治制度和政治行为的合法地位，威胁着我国的国家安全。如何进一步巩固中国特色社会主义经济和政治制度，如何进一步巩固马克思主义在我国社会主义意识形态领域的指导地位，是一个非常现实的理论与实践问题。在这种前提下，对意识形态领域的研究还仅仅停留在认识论视野范围内，已经不能解决我们社会主义意识形态所面临的新问题、新情况。我们必须根据实际情况，有针对性地对意识形态问题进行深刻的分析和研究。如何使社会主义意识形态得到广大人民群众的认同和接受，以解决在新的历史时期下我国社会主义意识形态领域面临的新问题、新情况，这是个亟待解决的问题。

## 二、自由须以道德为基础

自由是古代历史和现代历史的一个共同主题，贯穿于几千年来的人类历史，无论是哪一个民族、哪一个时代、哪一种宗教、哪一种哲学、哪一种科学，都离不开这个主题。追求自由与反对自由之间的斗争构成了一条贯穿人类社会的线索。的确，自由被很多人视为现代社会所应享有的勋章甚至是桂冠。可是自由是个具有几百种定义的概念。穿越盛衰多变的历史景观，去追索自由观念的缓慢进程显然是件此处难以胜任的事情。

自由不是天赋的而是后天习得的；它不是处于静止的僵化状态，而是处于不断努力和不断生长的状态；它不是一个起点，而是一个运行过程的结果。既然自由是行动遵循各得其所原则所产生的结果，那么自由从一开始就注定与道德紧密相关。只有当人们学会遵守和服从某些法则之后，自由才开始真正出现。在此之前，自由表现为无拘无束的放纵和无政府状态。所以，原始社会虽然也存在着某些自由的因素，但不可将其视为自由状态。自由在人类文明不断实践的过程中获得,在社会中以权利的形式表达。

个人在尽其信奉的义务时,皆应受到保护,不受权力、习惯和意见的影响。国家只在其直接管辖范围之内,才有资格制定义务,划分善恶。在它的良好状态所必需的事务范围之外,国家只能通过提升抵制诱惑的力量,为生存斗争提供间接帮助。古代的国家摄取了不属于它自己的权力,侵入个人自由的领地。判断一个国家是否真正自由,最可靠的检验办法就是检验其少数人受到保护的程度。根据这一定义,自由是权利的基本前提,是对身处弱势的少数人的权利的保障。每一种利益皆应拥有为自我申辩的权利和手段。无论什么权威,无论是少数派还是多数派,都不能要求他人绝对的服从。因为权威和秩序维护人们眼前的利益,自由则是要维护人类永恒的精神利益,能够促使我们不受国家、社会、无知和错误的干扰而履行我们的义务。我们自由度的大小是同我们能在多大程度上摆脱为生存竞争所进行的搏杀,以及与诱惑、性格发生的冲突这些障碍成正比的。任何有悖于人类良知的命令都是无效的。这是现代社会最核心的权利意识,意味着自我驾驭命运,防止自己被他人控制、奴役。要想达到这一点就需要人们具有自我控制的能力,并且接受教育、拥有知识等。

自由与道德是密切相关、须臾不可离的。它作为道德问题尤为紧迫。我们往往将自由理解为一种奢侈品,认为贫困、无知的人们无法分享自由,首先应该给予他们的是安全与繁荣。这就是说,普通人的幸福依赖于外在表象的东西,而非内在真实的东西。这些东西之所以是外在表象是因为它们并不取决于自己，而是源于他者的指导。马克思主义将解放人类视为自己所应肩负的使命。工人阶级在承担这一伟大使命的过程中所付出的牺牲是超现世生活目标的，但这种对于美好生活追求是人类永恒的主题。这种甘于付出的精神是一种境界，唯有良知才会做到如此无私无畏地奉献。良知在承担这一使命的过程中，感受着自我实现的愉悦，在这份愉悦中体会为人类解放的自由。当然这一集体目标是基于对良知的尊重与敬畏。其中，如何建构自己的理想国家也就成为关键阶段。

自由作为一种理念而存在，它根源于、存在于国家权力无法任意干涉的私人领域之中。动辄以牺牲个体灵魂和精神为代价来换取公共目标的实现，肯定会受到质疑。毕竟无所不能的国家应该以尊重个体利益为前提。因此整体的权力与个体自由如何和平相处始终是个难题。当然，自由的获得除了满足自身欲望外，需要以遵守法律为前提。自由要求具有牺牲精神。事物存在着众多的可能状况，这必然要求相互竞争的众多利益体之间相互做出妥协和牺牲。国家权力机器所制定的法律正是妥协和牺牲的限度与依据。法律在社会生活中占支配地位以控制国家的力量。一旦权力之间失去平衡，那么制衡也就难以维系。除了依靠法律，自由的存在还依靠其他许多事物的支持，如道德、知识等。这是一个国家永远都要面临的问题。自由蕴含着许多表面上人们看不出来的内容。它们的存在依附于众多的条件。当我们说自由是进步的目标以及本质时，我们的意思是指自由是众多事物相互作用的结果。自由无法同它得以产生和存在的事物割裂开来，否则，就会成为无源之水，无本之木。阻碍自由的因素不仅有政治性和社会性的压迫，也有贫困和无知造成的障碍。它蕴含着这样一种价值理念，如《礼记·礼运》所描述的"使老有所终，壮有所用，幼有所长，鳏寡孤独废疾者皆有所养"状态。当然自由也蕴含着这样的一些努力，如尽最大的努力和花最大的代价去改造罪犯，而不是把罪犯送上绞刑架。威胁自由的障碍并非单单国家权力，而涉及方方面面，不应简单地认为只要限制国家权力，就可以解决所谓的自由问题，应该从整个社会的总体构架入手来安顿自由，以最终促成人们对美好生活的追求。

## 三、对于自由主义"中立性原则"的反思与批判

当代西方政治哲学的主流为自由主义，它的主旨是在个人和国家关系之间限制国家干涉公民的自由，从而追寻所谓"中立性原则"。对此提出挑战的则是社群主义，它认为自由主义以一种冷漠的或者充满敌意的态度来看待群体文化的集团权利，是一种"反至善主义"。在当代自由主义者中，虽然罗尔斯和诺奇克在理论论证上有诸多尖锐对立，但均持"反至善主义"的立场：个人应该追求善的观念和道德理想，至于就促进和实现这一目标的方式而言，政府对此应该保持中立。这就是说，国家不应该奖惩或褒贬特定的某种生活观念，而应该在各种不同的和潜在冲突的善观念之间提供一个中立的框架。由于共同体观念的解体、公共领域的逐渐丧失，人们愈加需要私人领域来满足自我的善观念，愈加需要自由主义权利框架来保护个人幸福。因此，中立性强调公共领域对人们的善观念应该保持中立，允许私人领域享有独特的善观念。而

多元主义的产生与发展也诱使自由主义探寻中立性原则，来解决自由主义所带来的道德困境问题。对于社会生活中的人们寻求何种生活方式，国家的政治活动是否有义务去倡导或有目的地去指引呢？如去倡导和指引即被称之为至善论国家，反之则被称之为中立性国家。自由主义思想即含有中立性原则，那么何为中立性原则？中立性何以可能？有何种中立性形式？国家或调整政治生活的正义原则，以辩护的中立来理解中立性原则，并把这种中立性作为国家行动的理由。在中立性形式中，诺奇克认为国家政治行为即是促进美好理想或使得个人追求美好的理想，并通过把权利原则作为边际约束原则来对国家和个人行动做出约束，以此论证权利成为国家中立的理由；罗尔斯则认为政府行为就是要确保所有人在追求善理想及好生活中拥有平等的能力，以此用公平的正义理论来对中立性加以解释。社群主义对诺奇克和罗尔斯反至善主义者的中立的政治关心和排除理想进行批判，并论证中立性政治是不可能的，以及排除理想是错误的。“中立的政治关心”即要求国家去帮助或者阻碍不同的生活理想，使之达到平等的程度，这种政治行为也称之为后果的中立性；“排除理想”即允许政府行为有助于某些生活方式，但否定政府使某些生活方式凌驾于其他生活方式之上而采取行动，这种政策被称之为辩护的中立性。反至善主义因为担心政府强制干预个人自由而提出强制适当，让政府促进个人自主和自由、提高道德和善观念，以一种至善主义自律的观念来阐释自主原则。因为自主原则允许政府促进有价值的善，摒弃“消极自由”，以确保达到“积极自由”，以此来实现个人真正意义上的康乐。

自由主义作为一套国家学说,其核心是关于个人、社会与国家关系的理论,同样离不开对根本道德问题的探讨。而自由主义理论之所以具有现代性内涵,在于自由主义在道德哲学最根本的问题上提出了与以往的政治学说完全不同的答案。自由主义认为"什么是美好生活"属于个人的理性选择,国家本质上是以个人权利或利益为出发点的政治制度,它并不是最高的善业,所以不具备道德教化的职能,更不能提供"什么是美好生活"的答案。立宪政治是自由主义的政治建构理论。自由主义宪政的核心理念是限制国家权力以保护个人的自由和利益。所以自由主义宪政将积极目标与消极目标结合在一起,使得宪政只是消极的抑恶而非扬善。宪政在两个目标发生冲突的情况下,选择任意一方都可能会弱化另一方,从而背离宪政的初衷,陷入困境之中。自由主义的宪政实践依赖于自由主义理论的发展。宪政在个人与国家、个人与社会、自由与权威、权利与权力之间的关系上由两难导致困境,并最终背离自由主义宪政的初衷,最大的原因在于传统自由主义赖以建立的功利主义伦理基础。自由主义宪政必须建立在与之相适应的道德哲学基础之上,正像历史不可能回到亚里士多德时代一样,自由主义也不可能回到德性伦理政治时期。因此,宪政伦理应该是规范性伦理,而非德性伦理;是诉诸底线规范的伦理,而非至善要求的伦理;它强调道德原则的普遍性,而非特殊性的学说。对公共生活来说,宪政伦理提供最基本的道德共识,呼吁最起码的社会道德义务;对个人生活来说,宪政伦理以制度保障个人的权利与自由。自由主义宪政终究是政治领域的公共生活,因此,构筑广泛的政治共识,以规范和约束政府行为同样有着必要性。宪政共识是自由主义宪政得以扎根的社会基础,它以政治原则为内涵,以正义价值为取向,以底线为目标,寻求多元价值的“共识”与认可,是一切妥协与具体政治争议的规范基础。个人的自主是要实现价值多元主义,而非达到广泛的共同社会目标。

不同国家的国家性质、历史传统、现实国情各不相同,决定了不同国家的权力制约模式也不尽相同。中国特色权力制约是一种建立在中国特色社会主义根本政治制度和理论基础之上的新型权力制约形式。随着西方民主代议制在社会日渐多元化的发展趋势中面临着诸多困境,即代议制日渐平庸化,同时也更加精英化,以及少数人逐渐被边缘化等。因此在公共决策的过程中,各种社会主体(政府、公民及非政府机构等)彼此协商并交流信息,达至相互妥协、参与政治、理性立法和公民自治。协商民主正是20世纪80年代以后中国公共权力运行机制的发展动向。它包含了公众对政治生活的直接参与,因此它在一定意义上超越了代议民主与直接民主的对立。协商民主是民主制度的继续创新与完善,有利于实现公民有序政治参与,促进公共决策的实施,制约公共权力,培育公民精神,同时兼顾社会少数的利益。其局限性在于有可能会影响决策的效率和成本,而且由于其主体结构的多样性,容易使作为个人的公民的话语空间为相对强大的机构和组织所挤压。而这也正是我们克服“西方宪政民主”、超越自由主义必须面对和解决的困难。

我国经济社会的快速发展在迅速积累财富的同时,也促使社会结构快速转型,在这一过程中发生了许多深刻的变化,而未能与之俱进的是,公众政治参与的渠道还不甚畅通。我国一直采用的渐进式的改革路径为协商民主的发展提供了体制环境,公众在公共决策过程中越来越广泛的参与为其提供了实践内容,公众权利意识和自主意识的提高则为其构造了主体基础。与此同时,我国在社会结构、文化心理等方面的因素与发展协商民主之间却存在一定的张力,需要我们在发展中加以克服。我国发展协商民主的意义在于,有利于对言论自由、身份平等等公民基本权利的保障,有利于培育与现代化社会相适应的公民主体性人格,有利于我们重拾以共同参与、平等协商为内容的共和精神。协商民主虽然发轫于西方,但是它在一定程度上契合了我国民主发展的路径和方向。我们有理由期待,通过不断地发展,协商民主的思维方式和实践形式能够为我国政治体制的进一步完善提供思路和借鉴,推动我们渐进式的改革继续向纵深迈进。

# 西方“宪政民主”的本质是实用主义

杭州电子科技大学　徐献军

西方“宪政民主”的本质是实用主义。尽管“宪政民主”的原词是 constitutionalism，而实用主义的原词是 pragmatism，但二者有着一系列的本质类同性。

实用主义是 19 世纪末开始流行于美国的一个哲学思想，并且它的影响不局限于学术圈子，也深深地渗透到了美国的社会、政治、思想与文化当中。在哲学上，实用主义回避对于哲学基本问题（物质与意识何者为第一性）的回答，力图走所谓的中间路线。它强调哲学不应该只着眼于理论问题，而应该立足于现实生活，把获得效果作为最高目的。因此，它偏离了自古希腊以来的哲学传统，即对真理的追求。类似地，“宪政民主”回避了政治上的基本问题（社会主义与资本主义，谁代表了更为先进的生产力等问题），而企图模糊两种制度、两条道路之间的根本界限，把建立一个所谓的以宪法为基础的民主制度作为最高目的，它显然违背了社会发展的必然规律。

## 一、皮尔士的实用主义思想

实用主义一词是美国哲学家詹姆士（William James，1842—1910）于 1898 年首先正式引入文献的，但这个词的哲学意蕴首先是由美国哲学家皮尔士（Charles Sanders Peirce，

1839—1914)赋予的。皮尔士否定了传统哲学中对于普遍与必然知识的追求,而主张一切知识都只是实用的信念,只是行动的工具。他认为,真正的信念是人们借以准备行动的东西;信念的差别不在于真或假,而在于引起不同的行动。对于人们所拥有的信念是否与客观世界相符,他认为没必要关心。实际上,他根本就否定客观世界的存在。在他看来,事物只是感觉或经验的效果,不存在于经验之外,而只存在经验之中。事物从外部来看是物质的、独立于人的意识存在的;但从内部来看,则是意识的或者说是由人的意识派生出来的。因此,实用主义是与马克思的唯物主义相对立的哲学。

他提出把实用主义作为一种所谓的科学方法论,首先是提出假设,其次是进行探索、摆脱怀疑,最后是达到确定信念。因此,实用主义又被他称为由怀疑到信念的探索理论。任何一个信念(命题、论断)的意义就在于:它所能引起的实际效果。这就是著名的皮尔士原则。他试图用这种原则来反对另外三种确定行动信念的方法,即固执的方法、权威的方法与先验的方法。固执的方法指按照自己的意愿行事;权威的方法指依据国家或其他社会组织的意志来行事;先验的方法指依据每个人理性中共有的先验原则行事。

虽然他非常想走唯物与唯心以外的第三条道路,但他最终不仅在本体论问题上,也在真理问题上陷入了唯心主义。在他看来,实体是真理的累赘,而信念才是真理的根本内容;物质是经验的效果,而真理是经验的效用。“如果我们的术语真理和虚妄的意义是指可以根据怀疑和信念给它们下定义……那一切都好;在这种情况下,你所谈的只是关于怀疑和信念。但是如果它们的存在,你一点都不知道,应该用奥卡姆剃刀将它们剃光。如果你不说你希望认识真理,而干脆说你希望达到不可置疑的信念状态,那你的问题就简单得多。”真理是通过不断的行动或实践,最终为大家共同确认的东西。信念所产生的实际效果,不是对于个人的主观效果,而是对于大家的共同效果。

## 二、詹姆士的实用主义真理观

皮尔士抽象地论述了实用主义的原则,而把它发展为一个比较系统的理论体系并用于分析具体问题的则是詹姆士。詹姆士力图不让实用主义成为一种特殊的哲学理论,而成为各种哲学或思想流派都能接受和利用的方法。他认为实用主义就是获得实际效果的方法。“实用主义的方法,不是什么特别的结果,只不过是一种确定方向的态度。这个态度不是去看最先的事物、原则、范畴和假定是必需的东西;而是去看最后的事物、收获、效果和事实。”

“最先的事物、原则、范畴和假定是必需的东西”就是客观条件与普遍真理,而“最后的事物、收获、效果和事实”就是行动产生的效果。显然,詹姆士的实用主义忽视了对错是非,真理与谬误的区分,而走向了一种所谓多元主义的方法论。实用主义之所以能够被美国人深层次的接受,就是因为它符合美国文化中对一切有用、有利东西的兼容并包的开放精神。

詹姆士否认真理的绝对性,而夸大真理的相对性。他认为,真理是相对于人、相对于人变化着的经验而存在的;真理不是客观存在的,而是人们根据自己的需要创造出来的,真理性的大小在于满足人们需要的程度。因此,他的实用主义又被称为人本主义。

他还把真理性等同于有用性。“它是有用的,因为它是真的,或者说,它是真的,因为它是有用的。这两句话的意思是一样的。”他完全丢弃了真理的客观性,没有把是否与客观世界相符,而是把是否对人有用作为了真理的根本标准。他甚至说:“要是真观念对人生没有好处,或者真观念的认识是肯定无益的,而假观念却是唯一有用的,那么……我们的责任就会是回避真理。”他的这种观点,充分反映了资产阶级唯利是图的本性。

他试图用实用主义的真理观去颠覆理性主义的真理观。“实用主义者坚持事实与具体共性,根据个别情况里的作用来观察真理,并予以概括。对于实用主义者,真理成为经验中各种各样确定的、有作用价值的类名。对于理性主义者,真理仍是纯粹的抽象。……典型的极端抽象主义者十分害怕具体性。”理性主义者确实曾经把真理抽象化、僵化,因此詹姆士的批判不是完全没有道理。但他又走向了另一个极端,即从根本否定真理的绝对性与客观性,而把真理当作完全相对的东西。“实用主义没有任何偏见,没有阻碍性的教条,关于什么可以称作证据也没有严格的标准。它是完全温和的。它会容纳任何假设,它会考虑任何证据。……实用主义愿意承认任何东西,愿意遵循逻辑和感觉,并且愿意考虑最卑微的纯粹是个人的经验。只要有实际效果,实用主义还愿意考虑神秘的经验。实用主义愿意承认那生活在污浊的私人事务里的上帝。”这段话充分说明了实用主义的摇摆不定与无立场性。

### 三、杜威的工具主义

继詹姆士之后，杜威(John Dewey，1859—1952)成了实用主义的最大传播者。因为他不仅是一个哲学家，也是著名的政论家、社会学家和教育家。他把实用主义发展成为工具主义，即认为思想、观念与理论是人们行动的工具。他继承了皮尔士与詹姆士的真理观，主张任何思想、概念都不是独立存在的精神实在，也不是对客观存在的反映，而只是人们按照自己的意愿提出的工具性假设。通过达到目标的假设，就是真理，反之即是谬误。“如果观念、意义、概念、学说和体系，对于一定环境的主动改造，或对于某种特殊的困苦和纷扰的排除确是一种工具般的东西，它们的效能和价值就会系于这个工作的成功与否。如果它们成功了，它们就是可靠、健全、有效、好的、真的。”杜威根据他的工具主义理论基础，提出了认识或科学研究的五步法：(1)碰到困难；(2)寻找问题；(3)提出假设；(4)根据假设进行推理；(5)用行动来检验假设。

他还把实用主义推广到社会、历史领域中，建立了实用主义的社会历史哲学。他反对马克思主义的社会存在决定社会意识的观点，断言社会的变化和发展取决于人性和文化的交互作用。人生来就有两种天性：分化和结合。分化性导致利己主义，结合性导致利他主义；人的这两种倾向之间的交互作用，左右了社会的发展。社会发展的另一决定力量是文化，而它包括了法律、政治、科学、技术、艺术、道德等。

他还反对马克思主义的历史观。首先，他称历史唯物主义为经济决定论，是过了时的绝对主义。其次，他反对马克思的科学社会主义,认为它仍然是空想。因为社会当中无规律可循,由国家或权威制定的计划政策,会导致混乱。再次,他反对马克思主义的阶级斗争学说,认为阶级斗争是一种暴力手段,不能产生民主和无阶级社会。最后,他反对无产阶级革命,而宣扬改良主义,认为头痛就医头、脚痛就医脚,在不改变根本社会制度的情况下,也可以改善社会矛盾。

## 四、问题与主义之争

胡适是杜威的学生,他完全接受了杜威的实用主义思想。1918 年 7 月 20 日,胡适在《每周评论》第三十一号上发表《多研究些问题,少谈些"主义"》一文。第二年,李大钊在《每周评论》第三十五号上发表了《再论问题主义》一文,掀起了马克思主义与实用主义在中国的第一次交锋。

胡适根据实用主义的精神,完全否认了马克思主义的绝对真理性。他说:"凡'主义'都是应时势而起的。某种社会,到了某时代,受了某种的影响,呈现某种不满意的现状。于是有一些有心人,对这种现象,想出某种救济的法子。这是'主义'的缘起。主义初起时,大都是一种救时的具体主张。后来这种主张传播出去,传播的人要图简便,使用一两个字来代表这种具体的主张,所以叫他做'某某主义'。主张成了主义,便由具体的计划,变成一个抽象的名词。'主义'的弱点和危险,就在这里。因为世间没有一个抽象名词能把某人某派的具体主张都包括在里面。比如'社会主义'这个名词,马克思的社会主义,和王揖唐的社会主义不同;你的社会主义,和我的社会主义不同:绝不是这一个抽象名词所能包括。你谈你的社会主义，我谈我的社会主义，王揖唐又谈他的社会主义，同用一个名词，中间也许隔开七八个世纪，也许隔开两三万里路，然而你和我和王揖唐都可自称社会主义家，都可用这一个抽象名词来骗人。这不是‘主义’的大缺点和大危险吗？”

胡适对马克思主义没有做深入的研究，因而完全忽视了马克思主义完全区别于其他社会学说，是一种真正立足于实践、以改造社会现实为目标的思想。“我们不去研究人力车夫的生计，却去高谈社会主义；不去研究女子如何解放，家庭制度如何纠正，却去高谈公妻主义和自由恋爱；不去研究安福部如何解散，不去研究南北问题如何解决，却去高谈无政府主义；我们还要得意扬扬夸口道，‘我们所谈的是根本解决’。老实说罢，这是自欺欺人的梦话，这是中国思想界破产的铁证，这是中国社会改良的死刑宣告！”实际上，他所说的这些问题，正是马克思主义所要去解决的问题。

胡适认为实用主义才是挽救中国社会危机的途径，还提出了三步法。“凡是有价值的思想，都是从这个那个具体的问题下手的。先研究了问题的种种方面的种种事实，看看究竟病在何处，这是思想的第一步工夫。然后根据于一生的经验学问，提出种种解决的方法，提出种种医病的丹方，这是思想的第二步工夫。然后用一生的经验学问，加上想象的能力，推想每一种假定的解决法应该可以有什么样的效果，更推想这种效果是否真能解决眼前这个困难问题。推想的结果，拣定一种假定的（最满意的）解决，认为我的主张，这是思想的第三步工夫。凡是有价值的主张，都是先经过这三步工夫来的。不如此，不算舆论家，只可算是抄书手。”

李大钊一针见血地指出了胡适的谬误，阐明了马克思主义对于当时中国问题的解决思路："我觉得'问题'与'主义'，有不能十分分离的关系。因为一个社会问题的解决，必须靠着社会上多数人共同的运动。那么我们要想解决一个问题，应该设法使他成了社会上多数人共同的问题。要想使一个社会问题，成了社会上多数人共同的问题，应该使这社会上可以共同解决这个那个社会问题的多数人，先有一个共同趋向的理想、主义，作他们实验自己生活上满意不满意的尺度(即是一种工具)。那共同感觉生活上不满意的事实，才能一个一个的成了社会问题，才有解决的希望。不然，你尽管研究你的社会问题，社会上多数人，却一点不生关系。那个社会问题，是仍然永没有解决的希望；那个社会问题的研究，也仍然是不能影响于实际。所以我们的社会运动，一方面固然要研究实际的问题，一方面也要宣传理想的主义。"

李大钊认为，作为普遍真理的马克思主义才是治理中国问题的根本出路，而胡适所倡导的实用主义只是治标不治本的方法。"恐怕必须有一个根本解决，才有把一个一个的具体问题都解决了的希望。就以俄国而论，罗曼诺夫家没有颠覆，经济组织没有改造以前，一切问题，丝毫不能解决。今则全部解决了。依马克思的唯物史观，社会上法律、政治、伦理等精神的构造，都是表面的构造。他的下面，有经济的构造作他们一切的基础。经济组织一有变动，他们都跟着变动。换一句话说，就是经济问题的解决，是根本解决。经济问题一旦解决，什么政治问题、法律问题、家族制度问题、女子解放问题、工人解放问题，都可以解决。"

## 五、西方“宪政民主”背后的实用主义精神

实用主义是西方“宪政民主”产生的一个重要哲学基础。尽管二者使用的名词不同，但二者的精神实质是一致的，即哲学唯心主义、真理相对主义、方法多元主义、逐利主义。二者产生的最重要温床都是所谓的美国精神与文化。

西方“宪政民主”宣称，要解决对政治权力的制约问题，限制政府权力，以有效地保障人权、自由与社会公正，而建立民主制度。这种主张是真理相对主义与虚无主义的表现，其根本错误在于：否认了马克思主义的绝对真理性。中国特色社会主义理论是马克思主义与中国具体实践相结合的产物。根据马克思主义，社会主义国家必须由马克思主义政党来执政，而中国必须由中国共产党来执政。如果采取西方“宪政民主”，那么中国就将走向另外一条道路，即改弦易辙的邪路。

在当代中国，政治权力由代表全中国最大多数人利益的中国共产党与政府来掌控。如果限制了政府权力，那么就限制了政府为中国人民谋利益的步伐。西方“宪政民主”主义者显然忽视了：离开了中国共产党的领导，离开了中国政府的统一高效运作，中国人民的“人权、自由与社会公正”都将得不到保障。西方式的民主制度，适合于西方国家的情况，但并不适合于中国国情。

我们必须时刻警惕西方“宪政民主”的实用主义诱惑，要坚定地站在马克思主义的立场上，紧密地团结在中国共产党领导下的政权之下，为中国特色社会主义建设奋斗终生。

# 西方"宪政民主"的本质是形式主义

浙江省委党校　徐　彬

宪政的本质就是以宪法治国,宪政意味着要依基于宪法精神的法律治国,而不是依人治国。民主,简单地说,就是多数人的统治,即执掌政治权力不再是君主的天命使然,也不是少数人的专利,作为多数人的人民才是政治权力产生的源泉,才是政治发展最根本的动力和归依。

西方"宪政民主"产生于西方历史发展进程中,历史地看,西方"宪政民主"的出现与成熟是一种进步,但这并不意味着西方"宪政民主"已经成为所有人类政治发展的"终极目标"和"唯一方向"。西方"宪政民主"从形式上"看上去很美",但其最大的问题就是"宪政民主"的形式与其本质的背离,西方"宪政民主"所宣扬的价值与其所真正服务的对象是背离的,西方"宪政民主"的实质是形式主义。

## 一、西方"宪政民主"虚构的理论逻辑

从人类历史来看,一种重大政治制度和实践的出现,肯定都会有它的理论基础,对它的理论阐述,就是通过理论的演绎来让这一制度和实践让人感觉是理所当然的(我很同意,所以我要遵守和坚持它)、大势所趋的(这是一种进步,一个创举,是历史的必然趋势,所以我要迎合它)和不可或缺的(它能够

解决我们所面临的一些重要问题，可以让这个国家和社会变得更好）。人不是机器，人是有意识的，也是有价值取向的，因此，任何政治制度和政治实践如果不对自己进行论证，不告诉人们一些“所以然”，那么要人们去遵守、坚持和信仰，除非用暴力的方法，否则几乎是不可能的。

西方“宪政民主”也是如此，它既是在历史中慢慢总结出来的，更是被慢慢解释（“宪政民主”是什么？）和证明（“宪政民主”为什么好？）出来的。我们说西方“宪政民主”的实质是形式主义，首先就是说西方“宪政民主”从理论的解释和证明上是虚构的，并不能接受现实的检验。

比如，西方“宪政民主”强调天赋人权，也就是说，人是由上帝创造的，每个人从一生下来就有不可剥夺的“神圣权利”，“宪政民主”就是要保障和实现这些权利。所以，天赋人权是西方“宪政民主”的一个前提和基础，人们只有相信上帝创造人，并被赋予神圣的、不可剥夺的权利，人们才会更好地相信“宪政民主”。把“宪政民主”和上帝、上帝创造人以及上帝赋予人权利等内容结合起来之后，西方的“宪政民主”就听起来“有些道理”了。又比如，西方“宪政民主”唯心主义的自然法理论告诉人们，宪法和法律来源于自然法，也就是说在宪法产生之前，早就有了自然法，宪法就是自然法的具体体现。那么自然法是从哪里来的呢？自然法不是来源于大自然，其从根本上说还是上帝创造的，上帝创造了自然法，这些法则高于一切人间的法律，一切人间的法律都必须服从自然法。

然而，我们都知道，马克思主义认为，世界是物质的，物质是运动的，运动是有规律的，人类社会的发展也是有规律的。

人都是具体、现实的人,人是在历史中慢慢成长的。恩格斯《在马克思墓前的讲话》中提到:“正像达尔文发现有机界的发展规律一样,马克思发现了人类历史的发展规律,即历来为纷繁芜杂的意识形态所掩盖着的一个简单事实:人们首先必须吃、喝、住、穿,然后才能从事政治、科学、艺术、宗教等等,所以,直接的物质的生活资料的生产,从而一个民族或一个时代的一定的经济发展阶段,便构成基础。人们的国家制度、法的观点、艺术以至宗教观念,就是从这个基础上发展起来的,因而,也必须由这个基础来解释,而不是像过去那样做的相反。”马克思的历史唯物主义把人从神那里解放出来,人不是神的创造物,人就是人本身,人是“一切社会关系的总和”,人和人发生联系而不是和神发生联系才决定人的价值。

西方“宪政民主”强调天赋人权、自然法,表面上是把“宪政民主”神圣化,但其实是一种虚构,是一个神化,因为任何人都并非上帝创造的,任何权利也并非都是与生俱来的、上帝赋予的,任何人、任何权利都是历史的、具体的、活生生的。西方“宪政民主”强调天赋人权、自然法,是试图解释和证明“宪政民主”是师出有名和有据可循的,但这是将西方“宪政民主”放在一个虚假的前提和基础之上,因此,西方“宪政民主”就很难真正说服人。

## 二、西方“宪政民主”本质与形式的二元分离

随着历史的发展,仅仅从具体表现形式上看,西方“宪政民主”是比较丰富和完善的,但是,必须看到,西方“宪政民主”的本质与形式是分离的。也就是说,西方“宪政民主”所宣扬

的价值和它所掩饰的现实是严重对立的。如果从西方“宪政民主”的形式上看，每个人都是平等的，具有不可剥夺的权利，国家的权力来源于平等独立的个人，国家为每个人服务。但是，历史唯物主义告诉我们一个深刻的道理，就是经济基础决定上层建筑，社会的生产方式、经济关系构成社会的经济基础，它决定着社会的上层建筑——如政治制度、法律和意识形态等，西方的“宪政民主”属于上层建筑的内容，因此，西方“宪政民主”的优劣，不能仅仅从其本身说明，不能只看到“宪政民主”的表现形式，更应该看到“宪政民主”背后的经济基础。

马克思主义的政治经济学告诉我们：“法的关系正像国家的形式一样，既不能从它们本身来理解，也不能从所谓人类精神的一般发展来理解，相反，它们根源于物质的生活关系。”这就是说，上层建筑既不是自己形成的，也不是由神秘物创造的，它们都是在一定的生产方式和经济关系基础上产生的，都是一定经济基础的反映。因此，西方“宪政民主”的本质不应该从它的条文中，从它的具体形式中去找，而是应该从西方经济社会中去找。一个人在“宪政民主”的条文中被赋予很高的地位，赋予不可剥夺的权利，但是如果他在社会经济中是一个被剥削和压迫的对象，那么再美好的权利也都是“水中花、镜中月”了，所以美国政治学家罗伯特·达尔在《论民主》一书中也明确提出：“民主目标和市场资本主义经济之间的张力，几乎必将无限期地存在。是不是会有更好的选择，它既保住市场资本主义的好处，又可以减少政治平等上的代价？民主国家的公民和领导人对这个问题的回答，很大程度上决定了未来世界民主的性质和质量。”

总之，人都是生活在具体的社会关系中的，社会关系中，经济关系又占据主导作用，一个人的经济地位，从根本上决定了他的思想、地位和权利。西方“宪政民主”的基础是资本主义生产关系和经济形态，人们在经济生活中所占有的生产资料、所处的地位、所得的报酬都不可能是平等的，就算“宪政民主”从形式上、从条文上把“人人生而自由平等”说得再美妙、再可信，看上去的美和真正的现实之间还是两个世界，从这个意义上说，西方“宪政民主”的实质是形式主义的。

## 三、西方“宪政民主”是社会经济关系的形式化

经济基础决定上层建筑，西方“宪政民主”表面上、形式上是平等的，但西方资本主义是以私有制的市场经济为基础的，在私有制的市场经济中，占主导地位的是资产阶级的财产权，因此，西方“宪政民主”的根本目标和宗旨是保护资产阶级财产权神圣不可侵犯。所谓天赋人权不可剥夺、不容侵犯，本质上就是资产阶级财产权不可剥夺、不容侵犯。

在西方私有制的经济基础中，占主导地位的是资产阶级的财产权，普通劳动者并不占有生产资料，劳动者主要通过自己的劳动获取生活资料，因此，劳动者的劳动成果不可避免地会被占有生产资料的资产阶级所主导、侵犯和占有。在西方私有制的经济基础中，资产阶级与劳动者是雇佣与被雇佣、剥削与被剥削、压迫与被压迫的关系，而西方的“宪政民主”不是为了真正解决这种雇佣、剥削和压迫关系，恰恰相反，西方的“宪政民主”是为了解释和证明这种雇佣、剥削和压迫关系的合理性。因此，越是相信西方“宪政民主”的形式和内容，越是

把眼光局限于西方“宪政民主”所宣扬的价值和所用的词句上，就会越发忽略资本主义社会一个阶级对另一个阶级、一群人对另一群人的雇佣、剥削和压迫的真实场景。

因此，资产阶级社会中的“宪政民主”是有其阶级性的，资产阶级“宪政民主”的产生和发展就是阶级矛盾不断持续、不可调和的最终产物。西方“宪政民主”是为资产阶级利益服务的，但西方“宪政民主”往往是以上帝、自然法和全体人民的名义，让自己可信，让自己毋庸置疑。西方“宪政民主”如果能够给西方社会带来稳定和秩序，这种稳定和秩序最大的受益者是在西方社会中占主导作用的资产阶级。资产阶级以一个阶级的利益，以各种看上去很美的形式，并时刻不忘以国家暴力机器为后盾，让所有社会成员都认同、支持和遵守其“宪政民主”的价值和制度。从这个意义上说，西方“宪政民主”是资产阶级的统治工具，是维护资产阶级利益的工具，这便是西方“宪政民主”最为实质的形式主义。

## 四、西方“宪政民主”形式主义的具体体现

在美国，宪法是根本大法，高于一切，但美国的宪法当然会受到美国经济中的阶级力量，尤其是垄断性资本寡头意志的左右。美国宪法的条文很完善，但宪法的执行、宪法的解释都不可避免地受到在美国经济中占绝对主导地位的垄断性资本寡头的影响。美国宪法中并没有规定资产阶级的特权，而是强调人人平等，但是主导着市场经济、垄断着生产资料的资产阶级才是宪法和法律最大的受益者。因此，在美国，不可避免的现象就是金钱对政治的干预乃至操控，财富是衡量一个

人权力大小最根本的标准,经济地位也是评价宪法和法律公正与否最重要的标尺。在经济中处于弱势地位的广大民众,无论怎么去强调美国宪法的公正,无论怎么拿宪法条文去呼喊,都难以从根本上改变这一本质。

美国加州州议会领袖杰西·安若有一句名言:"金钱是政治的母乳。"在美国的大选中,没有金钱,是万万不能的。谁控制着金钱,谁就掌控着政治,民众的意愿很难真正主导选举,民众的意愿甚至也变成了金钱所依靠的对象,所借由的手段。表面上大选中一人一票,票值相等,但真正其作用的并不是选票本身,而是金钱。总统候选人之间的鏖战,核心就在于其资金实力的对抗,美国虽然不断出台了各种规范,试图控制金钱对选举的影响,但始终未能跳出"金钱政治""金钱民主"和"金钱选举"的怪圈。究其根本原因,是因为美国选举的背后是经济实力的较量,是阶级利益的博弈,选举和民主是为经济利益和金钱服务的,选举和民主是经济逐利方式和手段的形式化、外在化。

此外,在美国的大选中,激烈的鏖战导致选举的过程中出现了种种无所不用其极的手段和方法。为了赢得选举,总统候选人及其背后的竞选团队会想尽一切办法,从而上演了种种选举闹剧。2008 年总统大选中,曾有报道称共和党在萨克斯第五大街公司等高档商店为佩林购买服饰和设计发型,费用超过 15 万美元,而就在佩林获得共和党副总统竞选人提名后几个小时,一张据称是其十几岁参加选美时的"裸照"便在互联网上疯狂流传开来,随后,其他的爆料接踵而至,使大选充满着诸多的丑闻和娱乐色彩。

奥巴马赢得总统选举后，美国《纽约时报》评论道：“看见获胜者身后那支阵容庞大的个人形象顾问团队，你会搞不清这到底是一场政治选举还是一次时装周。”因此，对美国的政治人物而言，大选中的形式主义必须做到位，不容出现一点差错，否则影响的不仅仅是口碑，更是手中权力，“对于政治人物而言，穿衣之道绝不仅仅只代表个人品位，而更是一场马虎不得的权力游戏”。

总而言之，西方“宪政民主”不仅仅是概念，也不仅仅是理论，任何一个概念和理论的背后，都是有背景和本质的，如果仅仅从概念和理论上去认识西方的“宪政民主”，就很难真正认识其本质。

综上所述，首先，从西方“宪政民主”理论的论证方式上看，其就有非常典型的虚构性，这便构成了西方“宪政民主”第一重意义上的形式主义，即“宪政民主”理论上的合理性不是建立在历史唯物主义和辩证唯物主义之上的，而是建立在抽象和虚构的基础之上的，是不实在的形式。

其次，西方“宪政民主”所宣扬的内容具有形式化的特征，因为其所宣扬的内容与资本主义社会中真实的状况，尤其是真实的不平等是完全背离的，西方“宪政民主”是对资本主义社会中不合理状况的形式化的掩饰，这构成了西方“宪政民主”第二重意义上的形式主义。

最后，正因为如此，西方“宪政民主”的实践中，我们经常可以看到的各种造势、形式乃至闹剧，为了获得权力，各种手段无所不用，无孔不入，进而造成了选举乃至政治本身的不严肃和泛滥，这构成了西方“宪政民主”第三重意义上的形式主义。

总之，无论是从理论、本质还是具体运作上来看，对于西方“宪政民主”不能仅仅看其形式，更应该看到其实质，其形式与本质是背离的，我们应该看到其表面背后的实质，看到西方“宪政民主”是形式与本质背离的形式主义。

# 西方“宪政民主”的本质是多元主义

浙江财经大学　程晓东

## 一、“宪政”与多元

从西方“宪政民主”的特定内涵和重要标志可以看出，宪政本身是提倡和鼓励多元的。最典型的如“三权分立”、代议制民主、多党制、“私有财产不受侵犯”等，无不体现了多元情境下的制度安排。

我们通过媒体时常看到的一些场面，更加深了这种观感和认识。例如，西方议会常常争吵得不可开交，甚至因为观点和意见相持不下而大打出手；反对派不仅杯葛议事，还发动民众走上街头，抗议、示威、罢工、骚乱此起彼伏；每逢领导人选举更是热闹，不仅台上你方唱罢我登场，台下支持不同候选人的民众也热闹非凡，甚至和谐的一家人此时也公然分化。这些纷繁芜杂的现象，都指向一个共同的特征，那就是多元。多元化特征俨然成了西方“宪政民主”一道标志性的风景，这种热闹景象也常常被用作标榜民主的最好例证。

这种多元化特征，反映了不同的利益主体和声音。主张实现这种“真正民主”的人认为，社会是由不同的个体组成的，每个人的情况千差万别，当然会形成不同的利益主体，他们有不同的需要和诉求，会发出不同的声音，因此一个民主的社会必然是多元的，因为多元才是社会的本来面目。如果每个人都真实而自由地表达意见，都因此根据自身需要进行选择和行动，那么由一个个人构成的社会似乎必定是多元的。

多元主义的主要主张是“多元并存”，即认为有多个不同的但又相互依存的力量存在，反对单独的主宰力量、一元结构或绝对权威。多元主义对任何权威、中心、极端都比较排斥，而对“扁平化”“各行其是”等有着天然的偏好。通过这样的多元主义，以期“在文化上主张个人和集体并重、在政治上自由和权威并重、在经济上市场和管制并重”。

西方“宪政民主”为了凸显其“民主”，自然会把人的多元并存放在十分重要的地位。多元主义认为，人们的各种需求并无抽象的轻重高下之分，只是根据具体的“已满足”状况而有着多寡缓急之别。同时也认为，人类社会可以有多项价值目标，各目标之间也无抽象的轻重高下之分，轻重缓急只能依据各自已经达到的厚薄程度来具体确定，厚者损之，薄者补之。实现好这种多元并存，也就是向着“宪政民主”的道路上迈进。

当然，多元主义的内涵是十分丰富的。不仅利益、诉求多元，文化、价值多元，还最直接地表现在政治、经济的多元。政治的多元主义，主张多党制或多派别制、多利益集团制、多个权力运作中心。他们主张分割权力，因为“没有任何一个大权在握的人是真正可以信赖的”。在这种主张下，西方国家衍生出多种不同的权力监督和制衡运作模式，当然其共有特征仍然是国家权力的分散化、多元化。西方著名哲学家、政治学家波普尔曾说，“真正的民主就是权力的牵制和平衡”，可以说为这种多元主义做了很好的注解。

从经济方面来说，这种多元主义主张多种经济成分、多种所有制竞争，反对政经不分、政企不分的全能主义计划经济。在具体政策上，他们通常维护自由主义经济发展模式，对国家干预和调控市场保持敏感的关注，在维护事实上的公平与既得利益之间常持保守态度。以这种多元并存为指导，经济行为中的各种差异和结果都是自然的、可接受的现象，甚至整个市场经济都有赖这种多元来驱动。进而，这种经济领域的多元直接反映到政治层面。我们看到，在西方"宪政民主"国家，各大财团、利益共同体都极力支持和培育自己在国家权力体系中的代表、代言人，并对国会、内阁等有着极强的游说能力。

在西方"宪政民主"中，集中反映了多元化的还有各种主义。从学术角度来看，几乎可以说，有多少个思想家，就有多少种主义，颇有些"百花齐放、百家争鸣"的味道。由于多元、多变是不可回避的先在情景，这种价值目标的多元选择与其说是个人主义和自由主义的发挥，不如说是依据社会多数人的"重叠共识"和社会条件所提供的"可行性"所做出的现实选择。它集中体现了思想立场与其社会情景的不可分离性。思想界之所以素有"屁股决定脑袋"之说，主要源于思想的两种特性：一是思想者的思想倾向是由客观立场决定的；二是只要脱离了具体客观条件的限制，思想在任何方向上都能够自圆其说，彼此之间也不会有什么正误高下之分。思想的正误高下，只存在于客观限制，即具体的约束条件之中。因此，波普尔才说，科学在于"可证伪"。同理，多元主义的价值选择标准，也只有在具体约束条件下才能产生出来；只有在给定的客观限制性面前，多元主义才会确定某种价值倾向。

多元主义认为，发现真理的过程，其实就是客观限制逐渐显露的过程。由于每一具体对象受到客观条件的限制都不相同，因此，所谓"普世规则"或"绝对标准"，只可能存在于纯粹抽象的观念世界，或是完全能够控制"其他条件保持不变"的实验室中。如果以解决问题为目的，那么针对现实问题的讨论，实质就是使客观限制条件不断"水落石出"的过程。在各种分析工具、理论资源都没有根本性突破的情况下，除了不断提供和完善客观限制的细节，人们实际上已无有可为。关于"宪政民主"亦复如是。天下路本有多条，如果各种"主义"者都只认自己那一条，纵使再怎么多元，也不能随物而化，自然也会削弱了自己在现实世界中随机变通和进行"可行性成本核算"的能力。

## 二、多元主义的历史与现实

人是世界上最复杂的动物，说人本身是多元的一点问题也没有，但从社会条件对人的限制及思想形成的脉络来看，各种多元主义的存在和发展并不是先天的、无条件的。从西方"宪政民主"的多元特征来看，这种多元并存的局面也并非与生俱来，更不是一朝一夕或由某个天才人物造成的结果，这里掺杂着许多的历史与现实因素。

从为西方"宪政民主"奠定理论基础的契约论来看，我们更能体会"水无常形"的道理。在霍布斯那里，被统治者转让除生命权利以外的一切权利，虽然国家通过契约而建立，但这样的"利维坦"已不能为多元并存创造必要的条件。洛克改变了人在自然状态下“人对人是狼”的假设，进而提出人们订立契约成立国家主要是解决财产冲突的需要，统治者由人民推选并且不能随意干涉财产权以外的人民权利，这就为多元并存提供了可能和条件。到了卢梭那里，社会契约就不再那么美好了，“人生而自由，却无处不在桎梏之中”；在国家政权的建立上，他主张一切人把一切权利转让给一切人。

简要回顾西方“宪政民主”赖以存在的契约论，不难发现，原来如今被大力倡导甚至被奉为圭臬的多元主义，也有一个似乎不太光彩、不那么高大上的过去。多元主义虽然为西方“宪政民主”提供了不可或缺的思想资源，但要说多元并存的热闹景象也不是从来就有的。霍布斯明显体现了资产阶级为战胜封建专制过程中的妥协和保守立场，洛克则体现了资本主义自由竞争大发展时代对多元的需求，而卢梭对这种自由竞争和多元发展带来的失序和混乱给出了自己的反思。

如果再回溯到西方漫长的中世纪，几乎可以毫不犹豫地说，无论在思想、文化领域，还是在经济、政治领域中，都看不到什么多元和多元主义，有的只是大一统宗教的挟制和绝对的权威。人在宗教面前甚至丧失基本的需要和尊严，又谈何多元并存的利益和诉求？

中世纪以后，从人的发现和解放开始，经济、政治、言论中的多元主义才逐渐变得可能。生产力的发展造就了封建势力的分化和发展，政治结构也趋向多元化，在意大利、西班牙等地，思想界的活跃和多样性迅猛发展。但当时的社会条件还不足以产生我们现今理解的那种多元主义。真正的多元还是要等到工业革命带来整个社会情景的变化。

可以说,工业革命奠定了现代意义上的多元主义的基础。诚如马克思和恩格斯的研究结论,工业革命不仅创造了巨大的生产力,也对人类经济社会的发展产生了深远的影响,这种影响主要是指:工业革命加速了社会的两极分化。进而,我们也可以说,工业革命也加速了社会的多元发展。机器的发明和使用,社会化大生产的推进,直接导致许多新兴部门的诞生和社会结构的变化,社会领域的广度和深度得到空前拓展,人们的利益分化也加速发展。特别是随着社会分工越来越细和个人的专业化发展趋势,多元并存成为不可抑制的潮流和现实需要。

利益的分化为多元主义的发展提供了源源不断的动力和支持,不同利益主体在"宪政民主"架构下寻求自身定位和利益诉求。这种多元主义的形成和发展与社会结构的变迁是同形同构的。

从世界范围来看,经济的全球化更加速了多元主义的发展。随着经济科技的迅猛发展,世界日益联系成一个有机整体,但在一体化趋势发展的同时,世界多极化发展趋势也在如火如荼地进行着。在这一背景下,多元价值与文化更加凸显,矛盾和冲突也不可避免地加剧。美国著名学者亨廷顿在其代表作《文明的冲突与世界秩序的重建》一书中所表达的,正是这种多元主义观点和方法的具体运用。他特别强调不同文明和文化之间的冲突,而且这种冲突是根本性的,有着难以调和的矛盾。

既然整个世界是多元的,国家和社会的结构是多元的,个人的利益和需求也是多元的,那么得出的结论就是:"宪政民主”也必须建立在多元主义的根基之上。这一点似乎合情合理，毋庸置疑。但综观各国的“宪政民主”，这种多元也表现得千差万别，居无定势。例如，从政权结构看，美国的“三权分立”似乎最多元，欧洲国家次之，英联邦国家相对单一，而日本的各大政治力量趋同化程度很高，甚至出现“密室政治”。这里表现出的差异，归根结底还是由于不同国家的历史和现实因素造成的。

所以说，世界在变，多元无常。我们可以试着分析美国的“宪政民主”是怎么样建构多元的。美国是曾经的殖民地国家，也是一个移民社会，几乎囊括世界上所有国家的移民。美国历史上出现了三次较大的移民浪潮，他们把各种不同特质的文化和生活方式带入这个新兴国家，并在相互碰撞和交流中形成一种新的文化现象。可以说，美国社会向来是一个多元的社会，由此也为其“三权分立”的权力分割制衡体系提供了很好的说明。正是在这样的多元社会结构下，权力的运行需要掌握在不同的利益主体中，并且相互保证其合法权益得以实现，这种深层的利益考量并未因中产阶级的发展壮大而改变。同时，我们也看到，多元主体在“宪政民主”中的平等、自由、民主等，并不是如西方学者和媒体所宣扬的那样是“天赋人权”，而是不断争取和努力的结果，如美国黑人民权运动、妇女解放运动等。这里又一次说明，多元主义不是天上掉下的馅饼，虽然它看起来很好吃，但有时候也可能只是一个图画上的饼而已。

## 三、多元主义“宪政”的悖论

西方“宪政民主”反映的多元主义，既体现了历史和现实因素的交相作用，也不可避免陷入两难的困境。且不论多元主义对当今世界带来多大的现实威胁，文明冲突论或将使人类面临十分严峻的生存或毁灭的抉择，仅就多元主义本身也是无法首尾兼顾、一以贯之的。

"宪政"本身是鼓励多元的，但真正的多元并存也许并不是西方"民主政体"所愿意看到的，或我们在更多情况下看到的——多元是有了，但也只是摆设和点缀，对于问题的解决和多元主体的对话无益。除了政治运行中"左手换右手"的游戏，我们还看到，多元社会下的"宪政民主"在思想领域却总是受一元的宰制，不同的声音是有了，但真正有影响力的声音还是掌握在那少数人的手里。议员们可以在会场争得面红耳赤，但在对外发动战争、打着人权旗号干涉他国内政、遏制共产主义政权等问题上却出奇地一致；国家可以允许你上街游行、示威、抗议，但你的意见不见得有人听，媒体也不见得会报道。

一个有意思的现象是，美国金融危机后爆发了"占领华尔街"运动，人们走上街头反对国家为富人买单，抗议社会不公，表达正义呼声，按理说这是"宪政民主"应有的多元现象。但"占领华尔街"运动持续没多久便遭到了政府的强制驱散，警察使用警棍、胡椒喷器对付抗议人士。在这次运动中，"民主"政权对华尔街的偏向和袒护显露无遗，所谓"新闻自由""客观公正"的假面具也被赤裸裸地戳破。人们忽然看到，在资本主义的根本利益面前，毫无多元可言。

美国总统声称"占领华尔街"运动人士是"失败者"，但换了个地方抗议者就变成了"英雄"，这在利比亚、叙利亚、乌克兰莫不如此，不论这些抗议者有着什么样的理由。这样的双重标准，说明了多元主义有其特定的适用范围，而不能想当然地以为只要“宪政民主”就会尊重你的多元选择。这一点不仅适用于西方“民主政体”，也适用于当今国际政治经济中的大多数问题。

为什么西方“宪政民主”倡导的多元主义，到头来不兼容于“宪政民主”？如果我们向马克思主义学习哪怕一点阶级的观点、辩证的观点，这种现象就会很好理解。“宪政民主”倡导的多元主义，其实只是资产阶级内部的多元，尽管它戴上了代表大多数人利益的面具，但其实质仍然是维护统治集团的秩序和利益需要的、有限范围内的多元，与真正的多元相去甚远。无论当代资本主义社会中，中产阶级队伍如何庞大，也仍改变不了多元现象背后缺乏真正多元的矛盾现实。

从这个意义上来说，“宪政民主”的多元主义只是资本主义政权采取的反资产阶级自身的一种形式，与真正的民主、多元根本不是一回事。让这种多元存在的目的，主要还是为政权的合法性辩护。历史上，资产阶级曾经用不那么民主，也不那么多元的方式取得政权，但当取得政权后，如何维持长期执政的合法性、合理性，这就需要在民主、多元的旗号下进行制度设计和运行。多元的制度安排不仅给政权披上了迷人的外衣，给一些不明事理的人提供虚幻的希望，还能兼顾和协调统治集团内部的矛盾和分歧。在某种极端的情况下，我们甚至可以说，这样的多元主义“宪政民主”无非是政治的分赃。

正是西方“宪政民主”赋予多元主义的这种背景颜色，使得多元的形式和内容在很大程度上是脱节的，或者说是名不符实的。这里的多元,似乎只有在利益集团内部才能充分表现,只有他们在具体利益分配上才表现出多元,而其根本目标仍然是一元的。特别是在意识形态领域,其标榜的“自由、民主、博爱”,更是用提倡多元之名行一己私利之实。法国后现代主义学者德留兹曾尖锐地指出:“除了在意识形态理论之外,任何地方都找不到人道的、自由的、慈父般的资本主义。”

在认清多元主义“宪政民主”的本来面目后,我们可以更好反思当下中国特色社会主义的现实问题。不少人习惯性地认为,“多元”代表了“民主”,而“一元”代表了“专制”。其实这里没有必然联系。多元与一元从来都不是固定不变的,它们随着历史演变和社会变迁表现出各种形态和现象,包括其在民主政治中的表现。社会主义民主政治建设,不能为“宪政民主”的“多元”所惑,特别是结合中国国情,我们更应注重“一元”因素,否则国家将陷入万劫不复的灾难和混乱。这方面,我们在探索中国特色社会主义的过程中已有了一些经验教训,不复赘言,但起码我们应自信地认为,西方“宪政民主”的多元主义没有道德上的高地可言。

多元主义的历史和现实都告诉我们,一切合理的制度安排必定受到社会情境的制约,且是出于对改进社会问题的根本需要。马克思主义认为,人及人类的本质规定性在于“社会性”,而社会性是可以塑造的,而不是只能被动接受。因此,“宪政民主”倡导者认为存在多元的个人、集体和国家从而必须实行多元主义的“宪政民主”,这是根本站不住脚的。我们当然要反对不顾现实条件、空有美好蓝图的社会改造计划以及诸如此类的宏伟工程,在这一点上我们也许会赞同波普尔说的“社会渐进工程”，但如果说社会发展毫无规律可循，并因此拒绝任何“一元”的引导，只能在“多元”的交互作用中把握“航船的方向”，相信在任何社会都是不现实的。

总之，在西方“宪政民主”的理论和实践中，多元主义的确是一道靓丽的风景，但它只能“远观”而不可“亵玩”，因为它背后是深深的矛盾和悖论，有着难解的结，我们切不可自我上套而陷入困境。

叁

## 西方"宪政民主"的后果

# 西方“宪政民主”导致寡头政治

衢州职业技术学院　郭春发

西方“宪政民主”理论源头是基督教罪感文化和近代自然法思想，这些文化思想为现实的资产阶级民主制度提供了某种正当性证明。在实践中，西方“宪政民主”取得了一定的成就，但是，这种“宪政民主”在发展过程中必然导致寡头政治。正如罗伯特·米歇尔斯在《寡头统治铁律——现代民主制度中的政党社会学》这一著作中指出的，政党组织中必然会出现寡头统治铁律。

## 一、西方“宪政民主”制与寡头政治的渊源

民主制是一种国家制度，是指一定阶级范围内，按照平等的原则和少数服从多数的原则来共同管理国有事物的国家制度。西方“宪政民主”制源于古希腊的民主政治制度，即公民直接参与城邦的管理。民主制意味着公民可以直接参与政事，共同管理国家，民主也就是多数人的统治。寡头政治(oligarchy)一词，源自希腊，oligo 就是少数，arkhos 就是统治。寡头政治原指少数人掌握的政权，如古希腊奴隶制国家的贵族政权。按其定义看，寡头政治表示的是少数人对多数人的统治。人们向往民主政治，厌恶寡头政治，但是在民主道路上，民主制度往往会走向自己的反面。西方“宪政民主”曾经

是推翻封建君主专制统治的锐利武器，在历史中起了一定的积极意义，如民主所内含的少数服从多数，公民在法律上一律平等以及代议制、权力互相制衡等原则或制度，都有利于防止产生寡头统治。

希罗多德在《历史》中最早分析了寡头制度。书中叙述了大流士在建国之初政体选择的过程。麦加比苏认为，国家应由最优秀的少数人进行统治，支持寡头体制。但大流士则认为，寡头体制中，容易因为争权夺利而走向独裁。

寡头政体的形式是多种多样的。亚里士多德在《政治学》中提出六种政体，寡头制是贵族制的一种变体。他认为，寡头政体形式多样，具体地说包括四种形式。第一种是有极高财产限制的寡头政体。在这种政体中，各种官职都有极高的财产要求。为数众多的穷人都被排除在行政管理之外，人们只有在积累到了规定的财产数额后才有资格参与这种政体的管理和统治。第二种形式的寡头政体的官职也有极高的财产要求，一旦当他的官职出现空缺时，它只会从全体合格公民中选举官员来填补，从这点上说，其接近于贵族政体。第三种形式是以父传子的世袭制度为根本的政体。第四种形式和第三种一样实行世袭，且它的统治者还凌驾于法律的权威之上。亚里士多德认为，寡头政体是坏的、变态的。

任何政府的形式在它的演变过程中的某个时刻，都会有变换成寡头政治的可能。例如，社会因为打仗需求导致部族头目的联盟变形，也许就会成为寡头政治，这个变革最有可能的机制是未经检查的经济实力的逐渐累积，因为当当政者有求于国内大势力对战争的支持时，只好用分享权力交换。寡头政治也许会转变成更加古典的政府的独裁形式，有时由于一个家族通过各种手段从其他家族身上获取优势导致权力又逐渐集中于一方。许多欧洲君主制就这样在中世纪晚期开始建立起来。

寡头政治经常可能成为变革的工具。它坚持要国君或独裁者分享力量，因此打开了由其他社会元素来分享力量的大门。1215 年，英格兰的贵族联合起来，迫使英格兰国王约翰签署了《大宪章》。这样便心照不宣地减少了约翰国王的政治力量和承认了最初的寡头政治的存在。当英格兰社会继续发展，《大宪章》便分别在 1216 年、1217 年和 1225 年被不断地修改，来保证更多人获得更大的权利，就这样踏上了英国君主立宪制的道路。

在宪政的道路上，如果民选出来的政府不服务人民，滥用权力，那一定会腐败横行。其结果，民选政府和议会往往拥有了无限权力。在权力腐败定律下，民选领袖逐渐变得与先前的独裁者并无二致，于是人民通过革命的方法将其推翻，再选一个政府，再制定一部宪法，而新宪法仍然是只有民主，而无宪政。同样的故事周而复始地重演，人民的自由始终得不到保障。

## 二、西方“宪政民主”的内在冲突

### （一）“宪政民主”的反民主性

宪政原指用宪法来制约国家的权力。18 世纪末 19 世纪初的立宪运动兴起的很重要一个原因是，有产者希望保证贡斯当所说的“现代自由”。宪政是制服民主烈马的缰绳，它用宪法禁止条款确认某些个人权利将不服从多数人的意志，以此限制民主权利行使的范围。当然，对有产者而言，最重要的个人权利是财产权。亚当·斯密就反复强调，政府的主要任务是保卫富人，对抗穷人。因此，必须对私有产权进行整体上的保护，包括在宪法中特别列举私人产权，在它周围竖起一道警戒线，不允许任何人染指。很明显，宪政主义在本质上是反民主的。

从《民主的奇迹》一书分析中我们可以得知，美国1787年宪法的诞生绝对都是不民主的，甚至可以说是反民主的。首先，从开会的方式看，会议全程对外保密，而且多次要求代表不要向公众和报纸透露讨论内容。其次，就宪法内容而言，不民主的地方更多。总统选举，虽然采取了民选的形式，但起决定作用的却是选举人票，普选票以州为单位统计，赢者通吃，历史上曾多次出现普选票少但选举人票多而当选的总统。此外，美国的黑人、女性，最初并无选举权，他们为了自己的民主权利，整整抗争了一个世纪。正如鲍恩所言："当年联邦制宪会议代表心目中的'民主'一词，和我们今天的体认不同。对他们来说，'民主'意味着无政府、无秩序；'民主'的'民'，不是人民，乃是暴民。"因此，可以毫不夸张地说，美国宪法过去是不民主的，现在仍是不民主的，将来也不可能完全民主。

### (二)"宪政民主"的有产性

"私有财产神圣不可侵犯"是17、18世纪资产阶级在自由主义革命时期的口号，革命胜利之后的政府都以宪法和法律的形式确立了这一基本原则。

在美国，私人产权曾经"神圣"过150多年，限定了美国政府权力行使的范围。那时,有产者及其代言人可以借口"保护私人产权"宣布所得税违宪、反对政府对生产过程和产品质量进行监管、反对制定最低工资、反对设定最长工时、反对政府为穷人和需要帮助的人提供任何福利待遇。但将产权神圣化的结果是社会两极严重分化,阶级斗争日益激化,最终危及资本主义制度的生存。

在这种背景下,从 1937 年开始,财产权逐步在美国丧失了其"神圣性"。现在,相比其他西方国家,美国恐怕仍是最崇尚私人产权的国家。但即使在那里,产权也不再被看成是一种东西,而是一束权利,包括使用权、处置权、受益权、转让权等等。这些具体权利中的任何一项都不具有"神圣不可侵犯性"。美国宪法第五条修正案禁止在不给予合理赔偿的情况下,将私有财产充作公用,但现在法院对"公用"的解释已变得如此宽泛,连强行拆除一片社区,交由通用汽车公司使用也可算作"公用"了。其他诸如房价管制(rent control)、分区规划(zoning)、劳工法、土地使用规范都是对私人产权的"侵犯"。因此可以说,现在私人产权已不再是个人权利和政府权力之间不可逾越的界限了。

有产阶级一直对民主十分敌视,生怕民众一旦有了参与政治的权利,他们的财产权会受到侵害。那么,为什么民主与有产者在经历了 2000 多年互相怀疑的紧张关系之后终于在资本主义制度下握手言和了呢?王绍光尖锐地指出:"代议""自由""多元"和"宪政"阉割了民主的真髓,把民主从难以驾驭的烈马变成了温顺的小羊。

### (三)"宪政民主"的垄断性

现代寡头政治家族在全世界主要国家都出现了这样的现

象，即包括英国、美国、印度和巴基斯坦等一直存在政治家族垄断政坛的局面。在美国，较成功的例子有肯尼迪家族、布什家族等。其他不少政治人物，很多国会议员、州长、市长皆有出现父亲和儿子先后担任的现象。在20世纪的南非或者20世纪末的突尼斯，寡头政治的基本特征特别容易被察觉到，因为南非寡头政治形式确立的主要根据就是种族。在布尔战争后，在说英语和南非荷兰语的白人之间达成了一项心照不宣的协议，他们人口只占两成，但独占所有教育和贸易的机会。虽然这个过程自18世纪中叶已开始运作，但在1948年后它才成为正式的政府政策，并且成了世界闻名的南非种族隔离政策。直到1994年南非恢复民主政治，由大多数黑人主导的民选政府才终止了这项政策。但黑人执政后，一改以往的政策，凡事皆以黑人优先。突尼斯长期处于独裁统治，两任独裁总统均在位超过20年，直至2011年“茉莉花革命”。

## 三、西方“宪政民主”制与寡头政治的必然联系

### （一）金钱民主是寡头政治的经济基础

选票绑架了政党，选举成为民主的唯一形式。西方民主理论认为，只有实行竞争性政党制度，通过民意选择和政党博弈，才能产生出比较理想的执政党及领导人。然而，今天的西方政党已被选票绑架，政党政治成了选举政治，议会民主成了选票民主，为了多拉选票，候选人会使尽各种招数讨好选民。一旦敲开权力大门，许诺多变成一纸空文。如此弊端，使选举远离民主，徒有形式，政党成为选举政治的傀儡。2000年美国大选所花费的金钱高达30亿美元，比4年前高出50%。

2004 年美国大选的费用接近 40 亿美元,较 2000 年大选多出近 10 亿美元。美国联邦选举委员会 2004 年 12 月 14 日公布的报告显示,2004 年竞选一名参议院议员的平均费用是 251 万美元,最高达 3148 万美元;竞选一名众议院议员的平均费用是 51 万美元,最高达到 904 万美元。2000 年 11 月 9 日对美国金钱与选举胜势关系进行的数据分析表明,1999 年竞选获胜当选的 81%的参议员和 96%的众议员,他们的花费均超过了竞争对手。

金钱可以操纵美国的民主选举,所以有专家指出:"只要在联邦大选委员会那里查一下筹集资金的账户,就可以在大选之前知道大选的最终结果。"为回报那些重量级政治捐款人,候选人当选后就得为他们的利益服务。《巴尔的摩太阳报》在一篇文章中,把这种现象称为用金钱"购买权力"。英国《金融时报》2000 年 10 月 25 日的一篇文章指出,美国政治制度的腐败已经非常严重,连美国选民也注意到由此产生的"铜臭味"。联邦选举制度已经沦为"集团贿选制度",美国的民主被卖给了出价最高的人。由此可见,美国民主的真正奥秘是金钱,金钱主宰着选举的过程和结果,而金钱背后是大资本家和资本家集团。

钱权交易大行其道,政党政治异化为金钱政治。金钱政治和腐败是与西方政党政治相伴而行的痼疾。金钱政治之所以"历久弥坚",其根子仍在于西方政治制度的内在矛盾:民主靠选票,而竞选要靠金钱。西方政治人物与资本利益集团之间并不是赤裸裸的一手交钱一手办事的权钱交易模式,而是通过一种特别的利益输出途径实现的,即利益集团影响政治人物，政治人物制定出偏向利益集团的公共政策，最终谋求各自特殊利益。虽然有钱并不一定能选上总统，但筹措不到足够的竞选资金肯定当不了总统。这样的选举不过是金钱铺垫出来的民主，选票公平也只能是金钱基础上的公平。

### （二）政党民主是寡头政治的基本形态

米歇尔斯从组织学的角度论证了西方民主制产生寡头政治的原因在于：第一，组织的出现产生并塑造了政党领袖；第二，组织的出现造成同一阶级内部生活方式的分化；第三，组织使阶级政党具有保守性。

西方民主制度的政党由于上述理由的存在，必然导致了寡头政治组织的存在。科恩在《论民主》一书中对代议制民主与人口数量之间的关系进行了论述，他指出："除开人数最少的社会，民主的有效范围不会没有某种局限性。在人数众多的社会中，局限性更大，因大量问题迫切需要间接的决策而使这种情况难以避免。的确，设立代表机构就是有意缩小民主的有效范围，这种机构常常是必不可少而且合乎需要。"不完全民主的常态使政党组织的介入成为必须。西方设计多党制的主要目的是通过多党竞争来协调统治阶级内部的矛盾，防止统治阶级内部各集团的过度不平衡，以各党制衡来遏制少数人滥用权力。这一政治设计虽在一定程度上达到了对权力制衡的目的，但协调内部矛盾、提高政府效率的目标却很难实现。议会"党争"只论党派，不问是非，相互攻击，导致议会立法举步维艰，效率低下，议会作用弱化，一些重大法案得不到决议，甚至出现议会会期停摆的难堪局面。另外，由于大党恶斗，达不成妥协，政府经常难产，甚至出现长期无政府局面。

米歇尔斯认为,任何大规模组织都会不可避免地带来技能上的分化,做决定逐渐成为领导者才具有的技能,领导者与被领导者之间关系变化,组织内部分化为少数领导者与占人口大多数的被领导者。代表们由最初的大众公仆变为凌驾于大众之上的精英集团。党派之争导致"政治极化",政党恶斗引发社会分裂。美国两党轮替、三权分立的政治体制曾被西方视为最合理的政治模式,但近年来"政治极化"、党派对峙的美国"政治病"越来越严重。原因是金融危机下社会更加分化对立,利益冲突更加尖锐激烈,民众的利益诉求明确,特别关注自己的工作岗位、退休金等现实问题。为得到更多选票和献金,共和党和民主党不得不回到保守主义或自由主义的"原教旨"立场,倾向于以极端口号来迎合选民需求。

**(三)精英民主是寡头政治的利益代表**

西方的民主是精英统治。莫斯考认为,人民主权是不现实的,因为统治阶级的结构与特征对于决定一个社会的政治结构是极为重要的。现实的情况是,有组织的少数人支配无组织的多数人是不可避免的:有共识的、行动一致的百人将胜于行动不一的千人。韦伯以为,民主就像市场,是一种具有竞争力的人竞争选票和权力的场所。米歇尔斯认为精英的不可避免在于,在所有科层组织中都存在出现寡头的强大动力,他们的利益不同并超越于其组织中一般成员,即使再民主的和平等的组织,比如第一次世界大战前的德国社会民主党精英的出现也是不可避免的。熊比特以"人民赞同的政府"(government approved by the people)代替"民治的政府"(government by the people)概念。拉斯韦尔(Harold Lasswell)承认精英与大众之别是一个普遍的社会现象，他说由少数人掌权的社会依然可能是民主的，问题的关键在于要对精英进行有效的控制。达尔在其《民主理论的前言》中说，一个进行定期选举和政党竞争的制度并不导致多数人统治，但是，这种制度即多元政体可以“大大地扩展少数人的数量、规模和多样性，它们的偏好将影响政策决策的产生”。

工业化和城市化等现代化彻底改变了西方社会的社会组织结构：不仅社会利益集团组织有了新的发展，而且社会政治组织(特别是政府和政党)也有了很大的变化。这就为西方现代集团政治的产生与发展提供了最重要的社会动力和政治参与的空间。现代集团政治出现了政治活动范围大为扩展，通过政党政治来进行利益表达，从多元政治走向中庸政治或保守政治，使政治更趋制度化、规则化等基本特征。然而，现代集团政治也有加剧政党政治“衰败”，使多元政治走向寡头政治，跨国性集团政治对国内政治和国际政治的影响越来越大等主要缺陷。

寡头政治盛行，精英民主与草根民主对立。随着工业时代转向信息和网络时代，政党政治异化为寡头政治。寡头政治主要表现为西方政党日益脱离群众，党内事务由党内大佬操纵，党组织日益变成政党精英的助选工具，例如美国、英国、日本等国的主要政党逐渐被党内大佬所控制。随着社会日益网络化，草根政治力量异军突起，传统的精英政治与新兴的草根政治也随之发生碰撞，对立加剧。

利益整合与调节功能弱化，政党短视行为突出。西方文化强调个体本位，在此基础上设计出来的多党民主制度突出不同利益集团的政党之间的相互竞争，希望通过竞争来实现不同利益集团的利益平衡。然而，西方一些国家的问题正是由于片面的多党竞争造成的，如“选民是上帝”导致国家决策短视，“人权至上”带来公民权利的滥用。多党制民主和人权的变异，放大了个人利益、团体利益和短期利益，损害了国家整体利益和长远利益。短期或局部利益导向下的选举民主，对于选民而言，就好像是在地摊上买东西，尽管有竞争、有选择，可还是买不到优质的产品。

## 四、结语：“宪政民主”的移植

米歇尔斯认为，民主因过于完美而只能是一种理想。民主不能克服寡头化，但却能够使寡头化得到抑制，民主也是一个不断实现的过程。当我们简单地将西方民主移植到中国时，就容易出现“南橘北枳”和“食西不化”问题。尽管民主作为价值理念已得到普遍认同，但多党民主在一些发展中国家常常引起政治动荡。西方的多党民主、“宪政民主”在发达国家行得通，不等于在发展中国家就行得通。民主的实现形式因国情不同而富有多样性，盲目照搬西方政治体制，往往会水土不服，不仅导致经济停滞、民生凋敝、社会动荡，而且扼杀了人民对未来的憧憬。任何一个国家在探索民主道路的过程中，必然要与本国的文化传统和政治制度结合起来。只有这样才能真正实现社会公正，政治清明。

# 西方“宪政民主”导致金钱政治

浙江树人大学　毛　艳

近来媒体和网上有关要不要在中国实行西方“宪政民主”的问题激起了很大争论，也引发了很多思考。西方的“宪政民主”制度已经实践300多年，我们从不否认它在历史上发挥过积极作用，但发展到今天，它已经弊病丛生，金钱政治就是其摆脱不了的痼疾之一。西方民主尽管标榜“主权在民”，但是其公民选举、政策制定常常会受到金钱、财团等因素的影响和操纵，是典型的“金钱政治”。难怪曾经两次协助美国总统威廉·麦金莱竞选成功的马克·汉纳会说：“要赢得选举，需要两个东西，一是金钱，第二个我就记不得了。”

## 一、“金钱政治”无孔不入

西方的“宪政民主”最终导致“金钱政治”是有事实根据的。如果我们对西方民主宪政的整个过程进行深入剖析的话，就可以发现，其民主政治的各个环节都充斥着“金钱的味道”。

### （一）被选举人资格阶段

按照西方国家选举制度的规定，只要达到一定年龄和一定居住年限的公民均享有被选举权，这听起来很诱人，似乎任何一个符合这样简单条件的公民均有机会成为议员、州长甚至总统。可事实是，在选举的初始阶段，一项所谓的“选举保证金”制度，就已经轻而易举地将大多数普通公民，甚至一些小的党派挡在了选举的门外。根据相关规定，在西方国家，无论是选总统还是选议员，都要交纳一定数额的保证金。如果选举结果显示没有达到一定的支持率，这笔钱就会被没收。对没有一定把握和经济实力的平民和小党而言，在这一关就被卡住了。在西方的民主政治生活中，金钱与选举的密切关联使得大多数人很可能由于缺少经费无法参加竞选，西方民主所标榜的“选举平等”在现实生活中实际上根本不可能实现，要知道，靠金钱不可能选出真正代表广大民众意愿的国家领导人。

**(二)主要政党竞选阶段**

在这一阶段，表面上看选举最终是由选民投票决定，但其实最关键的政党候选人产生却和选民丝毫无关。广大选民只能在主要政党决定候选人之后，才能够通过进一步投票来表达自己的意愿。就政党候选人而言，除了具备良好的政治素质和能力外，更重要的是要有足够的金钱。美国现任总统奥巴马在大选中曾把自己塑造为“穷人的孩子”，但实际上，奥巴马的家庭出身还算小康。他的竞争对手罗姆尼更是出身显赫，本人也是企业家，资产丰厚。据最新一份美国在任参众议员个人财产申报资料显示，现任 534 名国会议员中，有 268 人都是百万富翁。由此可见，无论对政党还是公民个人而言，足够的金钱都是参选的必要前提。在美国，1996 年赢得一个众议院席位大约需要 56 万美元，一个参议院席位约需要 350 万美元，而到了2012年，这一数字就已经攀升到144万美元和978万美元了。议员选举尚且如此，总统选举就更不用说了，花费更甚。为了当选，需要雇佣大批工作人员，组建自己的竞选班底，还要在新闻媒体上做广告宣传，坐飞机往返全国各地做竞选演说等等，这一切都需要钱。据称，在2012年的美国总统大选中，民主党和共和党的花费就已突破20亿美元，创了历史纪录。其他西方发达国家的选举也和美国一样，都无一例外地验证了"金钱是政治的母乳"这句话。

### （三）竞选成功组建新政府阶段

在新政府的人事安排方面，会明显体现西方民主政治的"金钱"特征，相关重要职务大都会留给那些在竞选中"慷慨解囊"的大财团和各路"金主"。美国一项调查显示，2000年小布什上台后，政府中1/3的新职位被小布什的"金主"们接掌。最近，奥巴马总统对多名驻外大使的任命也引发了人们对美国"金钱政治"的新一轮热议。据《华盛顿邮报》头版报道，奥巴马提名的驻挪威大使乔治·楚尼斯曾向奥巴马和其他民主党人提供约130万美元政治献金；被提名担任美国驻匈牙利大使的科琳·贝尔曾为奥巴马集资约80万美元；被提名担任驻阿根廷大使的诺厄·布赖森·马梅特在奥巴马进行竞选连任时，曾捐款50万美元。除将大使职位送给政治献金者外，美国驻南非、丹麦、坦桑尼亚等国大使职位还被给予前白宫官员或曾为奥巴马竞选出力的助手。据统计，近半个世纪以来，美国总统对于驻外机构负责人的任命有着70∶30的潜规则，即约70%的驻外大使任命从职业外交官中挑选，另有约30%

属于有着权钱交易性质的“政治任命”。迄今为止,奥巴马执政以来对驻外大使“政治任命”的比例为37%,而自奥巴马第二任期以来,这一比例已高达57%。美国首都商业财产公司总法律顾问、高级副总裁弗兰克说:“这种权钱交易在美国由来已久,谁也改变不了,今后仍将如此。”

## (四)当选后的执政阶段

西方民主政治架构下的行政、立法、司法机构,表面上看,是三权分立、相互制衡,实质上都是为大垄断财团的利益服务,大财团通过为这些政客提供大量金钱,来影响和操纵政府的相关重大政策制定。可见,金钱不仅在选举时对政治积极地介入和控制,更重要的是对政治日常运作的渗透和影响。在美国大选这一众所周知的“烧钱”游戏中,除联邦政府拨给每位候选人的竞选费用外,绝大部分款项来自大企业、大公司和各种利益集团的捐助。他们慷慨解囊不是平白无故的,而是要通过捐款来最终影响当选者的内外政策,为自己谋取利益。也就是说,这是一种“政治投资”。竞选者一旦当选,往往利用手中的权力,在人事安排、政策制定等方面给捐款者以回报。比如,尽管美国校园频频发生枪击案,给美国民众的生命和财产安全带来巨大威胁,但枪支管制的法规却迟迟难以出台。原因在哪里呢?原来主张持枪权利的机构历来是总统竞选活动的最积极捐款者。所谓“吃了人家的嘴软,拿了人家的手短”,花了利益集团的捐赠,在政策制定和项目分配上,就得受其影响和控制,这就是“金钱政治”的现实写照。

## 二、“金钱政治”的恶果

印度诗人泰戈尔曾经感叹说：“当鸟儿的翅膀被系上黄金，鸟儿就飞不起来了！”拿这句话来形容西方国家“金钱政治”的恶果，再贴切不过了。

### (一)“金钱政治”导致民主异化

西方“宪政民主”发展到今天，各个主要政党逐渐蜕变成“选举机器”，以西方议会制、多党制为主要内容的“宪政民主”早已沦为“金钱政治”的代名词，制度性困境日益凸显。民主的本意是“人民做主”，但西方民主从投票选举、组成政府，到制定和执行法律、政策，真正做主的从来不是人民大众，而是少数金融寡头。这实际上反映出西方民主政治的内在矛盾：民主靠选票，而竞选要靠金钱。“选票至上”原则主导下的“民主异化”现象日益突出，已经严重腐蚀了西方民主的肌体。政客们要赢得选举，必须要有财团提供资金支持。然而，世界上没有免费的午餐，当然也没有不带诉求的政治献金。由此看来，西方民主关注的不是大多数民众的疾苦，而是少数腰包鼓鼓的人的需求，这样的民主发展下去，不仅不会带来真正的民主，反而会发展成为损害大多数人利益的制度。2012 年美国大选花费将近 70 亿美元，结果却是一切如旧。民主需要花这么多钱吗？花这么多钱还能是民主吗？“金主”的底气越来越壮，“民主”的成色就越来越差。

### (二)“金钱政治”容易滋生腐败

美国总统奥巴马在其《无畏的希望》一书中坦承：“竞选，

需要电视媒体和广告,这就需要钱,去弄钱的过程就是一个产生腐败的过程,拿了钱,就要照顾提供金钱者的利益。"由此可见,金钱政治和腐败是相伴而行的。西方的民主,必须要有选举,而选举必须要有钱,这就使得政客和财团之间形成一条割不断的金钱脐带。政治人物接受了财团的支持,获胜后,必然要给予回报。这就是民主制度下腐败的刚性原理。西方金钱政治下,捐款也是一种"政治投资",当选者往往会利用手中的权力,在人事安排、政策取向和项目承包等方面给捐款者以回报,或者通过各种或明或暗的手段为捐款者提供方便。这种大规模的、长时间的权钱交易,不就是现实中最大的腐败吗?在这种体制下,不仅执政党要谋一党之私,各级官员个人的腐败也变本加厉。由于大多数官员会随选举共进退,因此任职期间会不惜代价地抓住每一个机会多捞油水,政治权力就成为他们谋取私利的工具,为腐败创造了极大的空间。

**(三)"金钱政治"妨碍行政效率**

在西方国家,"金钱政治"的发展所带来的"投桃报李"般的政治利益瓜分,进一步妨碍了西方国家政府机构的行政效率。每一届政府上任初期,都会出现大量空缺的政府职位需要由新总统任命,而此时就是回报各类捐助人的大好时机。由于大多数捐助者都是非职业政客出身,在从事相关工作时,并非都能胜任,甚至会闹出洋相。譬如,在奥巴马第一任期内,就有部分"政治任命"背景的美国驻马耳他、卢森堡、肯尼亚、巴哈马等国大使在暴露出各种"管理问题"后,而不得不相继辞职。美国国会资深参议员麦凯恩曾说,奥巴马对一些大使的提名"确实令人忧虑",因为这些人明显不合格,"如果你提名某人当大使，而那个人根本没到过那个国家，这是在冒险赌博”。美国前驻比利时大使汤姆·科罗洛格斯说，他对于美国国务院能让这些人“如此没有准备地”前去当大使“感到吃惊”。宾夕法尼亚大学教授、美国前驻秘鲁和莫桑比克大使丹尼斯·吉特认为，美国不可能消除“政治任命”，但主张建立年度工作评估制度，以解决出现的严重问题。

**（四）“金钱政治”有损社会公平**

诺贝尔经济学奖得主约瑟夫·斯蒂格利茨曾批评美国政治是“1%有、1%治、1%享”。在金钱日益深入影响西方民主政治发展的今天，利益集团通过政治献金介入政治选举，以图影响公共政策，最终谋求各自的特殊利益，这一切都严重腐蚀和损害了自由民主作为一种政治体制的生命力。事实证明，在西方政治制度下，要真正实现林肯提出的“民有、民治、民享”的理想，非常之难。这种现状已经引发更多民众对“金钱政治”的担忧。据民调显示，大多数美国人认为大选花费金钱太高，政治献金只会让富人对决策拥有更大影响力。候选人一旦当选，自然会在政策上对捐助者“投桃报李”，民众的诉求将被置于次要地位。西方国家的议会运作机制就是为了保障大财团的利益而设计的。以美国为例，法案要进入议会议程，首先要经过议院的常设委员会。常设委员会的组成人员不是选举产生，而是根据各政党的实力，也就是根据各大财团的实力进行分配。这种机制使得有利于大财团的法案往往会优先得到审议和通过，不利于大财团而有利于人民大众的法案往往会被无限期推延。这样的运作机制，更多保障的是大财团的利益，普通选民的话语权和利益保障毋庸置疑会受到削弱，这与西方民主政治所标榜的“政治平等”相背离。就西方国家的现状来看,社会贫富差距正在日益拉大,社会不公现象日趋严重。2011 年美国的“占领华尔街”运动正是为了抗议这种 1%对 99%的极端不平等的贫富差距现象。

**(五)“金钱政治”引发公众不满**

从 1907 年开始到 20 世纪 70 年代,美国不断修改《联邦选举法》,对政治捐款进行限制,试图使选举从形式上越来越透明。但在西方政治体制下,金钱政治始终阴魂不散,美国大选依然有不少制度漏洞可钻。虽然正规筹款渠道被限制,但“非直接项目”和小额捐助却广泛存在。只要候选人与捐助方达成默契,不直接提及选举,钱款仍会“来去自由”。民众虽握有选举权,但只能选择较不坏或稍微能顾及各阶层利益的候选人。大多数议员和官员在竞选期间,为了获得选票,吸引选民,往往吹得天花乱坠,一旦当选,却为背后提供金钱支持的大财团服务。这样的选举能说是真正的民主选举吗?中国市场研究集团执行总裁肖恩 · 赖因曾就此撰文指出,美国的政治制度越来越关注少数人,特别是那些绑架民意的特殊利益集团的利益。自 2008 年金融危机以来,美国政府“慷慨”援救银行和大企业,却“吝啬”对待处于危机中的大多数民众的做法,已经引发民众的不满。选民投票率的逐年下降就是一个重要的表现。据相关统计显示,2012 年美国总统选举中,符合条件的选民人数比 2008 年增加了 800 万人,但实际参加投票的人数反而减少了 500 万人,投票率仅为 57.5%。西方民主政治缺乏“为民做主,以民为主”的情怀,严重脱离群众,已广泛引发西方民众的不满。

## 三、西方“宪政民主”不适合中国

综上所述，西方国家的“宪政民主”并不像他们宣扬的那么美好，无论是普选制、“三权分立”，还是多党制，都最终走向金钱政治。如此的民主制度，国内还有人整天鼓吹学习、模仿甚至照搬，这是相当危险的！

### （一）西方的“宪政民主”不符合中国的政治文化

西方的“宪政民主”经历了300多年的实践，已逐渐衍变为“金钱政治”，这种“金钱决定一切”的政治理念，与中国的政治文化传统相悖。拿西方国家的民主选举来说，尽管影响选举的因素很多，但金钱实力无疑是其中最重要的因素，而作为领导人最重要的道德品质、素养和能力等因素，却逐渐被淡化和边缘化。西方的“宪政民主”与中国自古以来所追求和强调的“选贤任能”的政治文化传统相差甚远。在儒家贤人政治文化传统的影响下，今天的中国在领导干部的选任方面，已建立起一套自上而下的、独特的“选拔＋选举”制度。以领导权力的更替为例，中国最高权力的更替实行的是全国选拔、长期培养、年龄限制、定期更替等制度。这种选任机制既体现了对中国传统政治文化的继承，又有中国的独创和对西方的借鉴，可以在成本不高的前提下尽最大可能选出最优秀的人才，避免陷入类似于西方金钱政治的漩涡。当前中国这种选贤任能的制度，深深地扎根于中国儒家源远流长的政治文化传统，是在传统文化和政治现实的基础上长期、内生性演变的结果。就连当年提出“历史终结论”的弗朗西斯·福山也不得不承认：美国民主当不了中国的老师。他认为在西方民主制度遭遇

“信仰危机”的同时,应看到中国“选举式民主”的成功。

**(二)西方的“宪政民主”不适合中国的具体国情**

中国是一个发展中的大国,拥有13亿多人口,但社会整体受教育程度不高,各地区经济发展不平衡,民族问题也日趋复杂,这些现实情况和世界上任何国家都不一样。如果我们忽略中国所具有的这些现实情况,盲目地按照西方那样去搞“三权分立”“多党竞争、轮流坐庄”,我们的国家很有可能陷入国家分裂、社会动荡、经济衰退。环顾世界,一些国家由于盲目照搬西方民主政治体制,结果不仅没有带来他们所期望的结果,反而导致经济停滞、社会动荡、民不聊生。无论是俄罗斯的“休克疗法”,还是拉丁美洲的“激进变革”,抑或是非洲国家移植西方民主导致的“南橘北枳”,都说明一个事实:民主的实现形式因国情不同而富有多样性。西方“宪政”民主在发达国家行得通,不一定在发展中国家也行得通,“金钱政治”模式搬到韩国,也许很快就演变成黑金政治,更不要说第三世界国家了。所以我们一定要认清西方民主体制的缺陷,找到一种符合一国具体国情,并能给国家带来长远发展前景的民主体制。经过多年的政治实践,中国已经建立起符合国情、具有中国特色的民主政治体制。我们完全有理由相信,中国特色的民主政治模式最终一定会走向成功。

**(三)西方的“宪政民主”不适合中国的现行体制**

当今的西方民主,早已成为“资本主导”的民主,是金钱政治的“完美”代言人。与耗资巨大、通过大众投票方式产生领导人的西方国家不同,中国的选举杜绝金钱政治,这是由我们的制度决定的。我国选举法规定:全国人大和地方各级人大的选举经费，列入财政预算，由国库开支。这样就从制度和体制上排除了金钱等因素的影响，保证了民主的平等性、公正性和真实性。中国现行体制的优势之一就体现在人才培养和选拔机制上，通过能力基础上的全国性选拔、长期培养和历练、年龄的限制、定期的更替、行政和立法机构的差额选举，产生国家和地区的领导人。以新一届党和国家领导人习近平和李克强为例，他们均经历过长达20年左右的基层任职考验，进入中央政治局常委后，又通过五年的时间熟悉全国的政治、经济、军事、社会等方面事务，上任后就可以立即开展针对性的施政举措。由此看来，中国的现行体制是一种行之有效的民主体制，无须效仿西方的民主模式。西式民主完全受金钱操纵的弱点，目前还难以克服。这样的民主对国家发展而言，绝对是个灾难，中国是绝对不能要的。党的十八大报告明确提出，中国“不走封闭僵化的老路，也不走改旗易帜的邪路”。

一个国家究竟采取什么样的政治制度，要从这个国家的实际情况出发，要符合这个国家的历史和文化传统，决不能脱离国情，盲目照搬。越来越多的事实已经让我们清醒地认识到，西方的民主模式并不适合中国！

# 西方“宪政民主”导致街头政治

浙江传媒学院　姚　望

西方“宪政民主”鼓吹多党竞争、轮流执政，在多党竞争中，各政党可以采取一切可能的手段实现其上台执政的梦想，而街头政治往往成了一些政党最常见的反对执政党的工具。当人类步入第二个千年末尾之际，波兰、阿尔巴尼亚等苏东地区的一些群众在在野党的支持和鼓动下走上街头，以街头政治的形式表达自己的“民主理念”。当人类开始进入第三个千年之初，这种街头政治同样在乌克兰、泰国、埃及等国出现。在野党所发动的街头政治使一些国家处于不稳定之中，有的变色，有的已经结束，有的正在蔓延，但无论结果如何，我们都有理由相信，我们也能看到：在西方“宪政民主”的鼓动下，在对所谓的西方“宪政民主”理念的追求下，会有更多的街头政治场景再现于我们面前。而中国特有的政党制度有效消解了街头政治发生的可能性，那些希望中国出现大范围街头政治的势力注定会失望！

## 一、多党竞争、轮流执政境域下街头政治产生的原因

何为街头政治？按照中国传媒大学当代国际问题研究中心的界定，街头政治通常是指某些政治势力为达到一定政治目的，发动群众走上街头游行示威，冲击政府部门的活动。具

体表现有：张贴标语，散发传单，游行集合，举办街头讨论会或组织辩论演讲，发起街头签名运动，搞群众性串联，罢工罢课，静坐绝食，占领广场，围困政府机关等。在“宪政民主”环境下，各政党都是为了选举而存在的，以获得选票并上台执政作为自己的唯一目标。在此“民主”环境下，在野党以大众宗教和街头文化为工具，发动更多的人走向街头，结果使人民群众参与政治的情形发生了较大变化：人民群众在在野党的鼓动下，积极投入街头政治的运动中。在野党不断地支持与鼓动普通人民群众走上街头，通过街头政治，唤起普通人民群众之间的相互认同，促成了参与群众的步调一致，从而对看守政府形成较大压力，尽可能地赢得竞争的优势。

### （一）在野党对政权的内在追逐

作为当代政治发展的产物，政党广泛活跃于世界各国的政治舞台，政党政治成为世界政治的一道亮丽风景线。采取西方“宪政民主”体制的国家普遍采取了多党制：多党竞争，轮流执政。于是，政党就被分化为执政党和在野党，在野党不必实际掌握政权，但它必须以争取到政权作为自己存在的可能性和法理基础。所以竞争性的多党制必然会导致各政党为了谋求政权，谋取自己的政治利益展开争斗。各政党之间相互攻击、互相对骂、互相挖苦、互相揭短成了多党制下的景观。对在野党来说，它要做的就是使执政党出丑，以达到哗众取宠的目的，从而争取到选民的认可，获取选民的信任，进而赢得选票，并尽可能取得执政机会。所以这一波的所谓“宪政民主”国家的街头政治表现出了所有街头政治的一般性规律：在野党为了获取国家政权，发动并组织了街头政治，处于攻势地位，而执政党一般处于守势，在野党不断地扩大或充分利用街头政治向当局施压，迫使当局解散政府，重新大选。比如，在2014年年初泰国“封锁曼谷”的行动中，在野党的领导人素贴就表示，在野党所鼓动的街头政治只会封堵政府机构，其主要目标就是阻止政府官员工作，进而使选民进一步失去对政府的信心，以获得更多选民的支持。

**（二）执政党的短视与妥协**

在所谓“宪政民主”下的多党竞争制格局中，每一个党派如何确立自己的政治主张将会关系到能获得多少选票的问题。所以，各政党在走马观花式的政治中为了获得更多的选票，便会做出一些承诺。看上去很“民主”的多党选举，最后就变成了一种取悦于选民、获得选票的政策性买票交易。只要能讨好选民，对执政党的执政有利，它就会做出什么样的承诺。执政党根本不考虑这些承诺的科学性和可能性，因此很难制订出具有全民性、长远性、连续化的政策。讨好选民产生的短视效应必然使得执政党的承诺得不到较好落实，从而为在野党派发动街头政治提供了口实。

同时，面对在野党派发起的街头政治，执政党也未能很好地进行面对与处理，一贯采取逃避的方式。如在泰国“封锁曼谷”的行动过程中，泰国外交部的高级官员们于1月13日搬到曼谷半废弃的会展中心办公；财政部总部在2013年被示威者冲击并占领了数周时间，已经关闭，员工只能在家或在分支办事处办公；商务部则搬到了附近大城府的一个工艺品中心；看守总理英拉暂时占用了曼谷北部属于国防部常务秘书的一间办公室。

### (三)选民被吊起的无限的愿景需求与有限满足的内在张力

马斯洛将人的需求分为生理需求、安全需求、社会需求、尊重需求和自我实现需求五类,他的需求理论从一个侧面揭示了这样一个观点:人的需求是无限的。在"宪政民主"国家,在多党竞选情况下,各政党为了获取选票,赢得执政机会,必然会想方设法从口号上满足选民的需求。但是,一旦选民们被吊起的需求愿景得不到满足时,人民群众就会对执政党失去信任,从而便会产生街头政治。比如,2013 年 6 月 30 日,埃及的数万名群众参与的街头政治就是民众在在野党派的鼓动下,认为穆尔西总统未能兑现竞选时提出的"百日计划"改革承诺,并把埃及的政治、经济、社会、环境等整体并未好转的现象归结于这种承诺的未兑现。

## 二、多党竞争、轮流执政境域下街头政治导致的后果

### (一)国家的稳定和团结被破坏

国家的稳定和团结是一个国家走向现代化、人民福祉获得与增加的重要保障。柏拉图在其名著《理想国》中以对话体的方式阐述了国家稳定、团结对于一个理想国家的重要价值和意义。他说,对一个追求稳定的国家来说,没有什么比团结更为善,比分裂更为恶,并得出结论,世界上最难攻克的国家是国内人们最团结的国家,当一个国家的全体公民团结得像一个人似的时候,国家的各部分肯定受国家灵魂的掌握;当其中的一部分出现问题时,就会"牵一发而动全身";如果某一部

分非常出色,同样也会出现这样的情况。但是在街头政治中,在野党所发动的街头政治使参与者往往忽略了柏拉图所论述的精髓。在泰国“封锁曼谷”的行动中,在野党宣称他们的举动是因为关注“泰国的命运”,现实是,关注泰国命运的人却都在静静地看着这些破坏泰国稳定、团结的荒诞的街头政治。这些街头政治发起者——在野党恰恰是造成泰国的不稳定,甚至分裂的主要力量。他们的街头政治,仅仅出自于自己的利益和好恶,却把整个国家和民族搭了进来。因此,在街头政治中,国家没有成为最大的赢家。

### (二)人民群众的生存权和发展权得不到有效保障

人民是国家的主体,也是推动国家发展的主要力量。表面看来,街头政治是在野党鼓动部分人民群众表达自己意愿的一种方式,显示出人民的主体地位,但是这种被在野党操纵、带有浓厚政治色彩和政治目的的街头政治从一开始就注定人民并非是街头政治的最大赢家。

首先,人民被代表。在历次的街头政治中,在野党会运用各种方式鼓动人民走上街头,行使貌似很符合“宪政民主”精神的民主来抗议执政党的政策与行为,打出的都是代表、体现“人民利益”的旗帜,行使着“代表人民”反对执政党的行为。如在2013年6月30日的埃及街头大运动中,在野党向执政党提出穆尔西总统下台的理由就是,这是“人民的要求”,如果不满足“人民的要求”就会再次举行大规模的街头政治活动。

其次,人民的生存权得不到保障。生存权又被称之为生命权,无数思想家都表达了“生命诚可贵”的观点。洛克说:“人类一出生,即享有生存权利,因而可以享用肉食、饮料以及自然所供应的以维持他们生存的其他物品。”日本学者加藤弘之也说，这种生命权“为天之所赐，夺之亦由天，人不可恣意夺之。此为人生诸权利之基础”。习近平总书记也指出：“平安是老百姓解决温饱后的第一需求，是极重要的民生，也是最基本的发展环境。”但是，在历次由在野党发起的街头政治冲突中，人民的生命权是无法得到充分保障的。虽然没有一项统计数字显示历次街头政治冲突中伤亡的民众人数，但我们可以从2013年6月30日的埃及街头政治冲突的伤亡人数中窥见一般：这一天共造成20多人死亡，1200多人受伤。

最后，人民的发展权受到限制。生命权是发展权的基础和前提，但是发展离不开一定的外在环境，离不开一定的物质支撑以及制度安排。在平和、愉悦的外部环境中，人民的个性得到完善和发展。但是街头政治往往使一个充满希望、准备大展宏图的执政党政府班子在在野党鼓动下的街头政治中，在国外势力的不断制裁和压力下，走到崩溃的边缘，很多纲领、政策不能得到实施，影响了发展的外部环境，进而影响到人民的发展权利。

**（三）民主制度出现失败**

哈耶克认为，自由意味着私人具有绝对的自立、自决、自强的权利，并会规范地追求属于自己的目标，这一过程绝不受任何外在力量或者说某种共同体善目标的制约、束缚。但是，任何自由都是一定秩序下的自由，卢梭也论证了这点，他说，“人是生而自由的，但却无往不在枷锁之中”。崇尚绝对自由的哈耶克也不得不承认，“法律、自由和财产是不可分割的三位一体”。习近平总书记在庆祝中国人民政治协商会议成立

65周年大会上也强调,民主不是装饰品,不是用来做摆设的,而是要用来解决人民要解决的问题的。

但是,在"宪政民主"的理念鼓动下,以街头政治为狂欢的在野党及其支持者似乎忘记了民主自由与制度之间的关系。在野党和执政党进行了"民主拔河式"的比赛,从拔河比赛的参与者来看,似乎通过街头政治把不喜欢的政府赶下台,泄了自己心中之愤,获得了短暂的满足感和成就感。但是执政党却不会因此而罢手,总是想方设法去巩固或再次获得执政的机会。于是在野党与执政党都失去了理性,以至于相互对骂、抹黑,利用各种方式向对方施加压力。因此,从某种意义上来说,在崇尚"宪政民主"的国度里,由于街头政治的时而发生,民主制度似乎最容易首先遭到否定。当执政党出现一些问题时,当在野党急于想获取政权时,便会轻易地运用街头政治来解决问题。部分民众和在野党打着民主的幌子,干着损害民主制度的行为,没有制度的安排,好的口号往往沦为坏政治!

## 三、多党合作的政党制度有效消解街头政治产生的可能性

当中国民主政治建设健康、稳步发展时,一些所谓"民主国家"却陷入了街头政治的泥潭之中,并可能使国家处于动荡和分裂之中。这些"民主国家"的"民主现象"不仅鼓舞了这些民族国家国内的在野党,也使国际社会一些"宪政民主"的传教士们对中国指手画脚。但是,我们相信:中国不需要街头政治,也不会产生出街头政治。

**(一)中国共产党执政为民的执政理念消解了街头政治产生的可能性**

不同于"民主国家"的政党,他们为了自己党派的私益而使国家、人民的利益受损,中国共产党没有自己的私利,始终代表着最广大人民群众的根本利益。习近平总书记指出:"让老百姓过上好日子是我们一切工作的出发点和落脚点。"他在海南考察工作时又指出,抓民生要抓住人民最关心最直接最现实的利益问题,抓住最需要关心的人群,一件事情接着一件事情办,一年接着一年干,锲而不舍向前走。中国共产党始终把人民的利益放在第一位,时刻把人民群众的冷暖放在心上。中国共产党的治国理政措施都是以人民群众的根本利益为出发点和落脚点的,非常重视和维护广大人民群众最现实、最关心、最直接的利益,真正贯彻了权为民所用、利为民所谋的执政理念。这种执政理念使中国共产党赢得了广大人民的支持和认同,避免了"宪政民主"下的在野党与执政党对自己党派利益追求的现象,解决了"宪政民主"下执政党的短视效应,避免了街头政治发生的可能性。

**(二)参政协商的参政党定位消解了街头政治产生的可能性**

"宪政民主"鼓吹多党制,希望多党之间的轮流竞争可以促进民主制度建设。但现实是,这种充分体现"宪政民主"的多党竞争制却给众多国家带来街头政治,并使国家、人民和民主制度成为输家。中国的政党制度是中国共产党领导的多党合作和政治协商制度。首先,这种制度不同于一党制。一党制是一个国家只存在一个政党或一个政党独大的情况，各党派之间存在不公正的地位与角色关系。我们的政党制度，各民主党派是在坚持中国共产党领导的政治前提下形成的，中国共产党和其他民主党派是平等的关系，处于平等的地位，接受民主党派的监督，同民主党派共同协商国家重大事务。其次，这种政党制度又有别于"宪政民主"下的多党制。在多党制下，存在着在野党与执政党。在野党始终会通过各种手段和行为获取执政地位，从而往往使政治体系难以容忍这些手段和行为。但在中国，各民主党派是参政党，不是在野党，他们不是为了争夺政权，而是参与政治决策，参与政府的组成，对中国共产党执政起到辅助性作用。正如习近平总书记指出的那样，搞好政党协商，需要中国共产党和各民主党派共同努力。民主党派在提高政党协商的水平中担负着重要责任，但中国共产党担负着首要责任，因为我们是执政党，应该更加自觉地做到虚怀若谷、集思广益，找到全社会意愿和要求的最大公约数。中国参政协商的政党制度使各民主党派有别于西方"宪政民主"下的政党定位，从而消解了街头政治发生的可能性。

### （三）根本利益一致的融合与关切消解了街头政治产生的可能性

在经济体制转轨和社会结构转型的当代中国，虽然人民群众在具体利益上存在着不同的要求，可能会形成不同的利益矛盾，但是，在利益不同结构中，广大人民群众对根本利益的认识都是一致的。这种根本利益就是大力解放和发展生产力，建设一个富强、民主、文明、和谐的社会主义现代化国家。

这种根本利益的一致性整合了整个社会的利益矛盾，成为全体成员共同奋斗的目标，凝聚了各方的力量，从而避免了街头政治各自为战的局面。同时这种根本利益的一致性有利于调动广大人民群众的积极性，维护社会的稳定，推动社会进步。这种根本利益的一致性就会使广大人民群众自觉不自觉地运用根本利益作为调节具体利益的标准，协调各种利益关系，决定各种利益实现的先后顺序，从而有利于化解社会矛盾，避免街头政治发生的可能性，维护社会的和谐稳定。

邓小平说："中国的问题，压倒一切的是需要稳定，没有稳定的环境，已经取得的成果也会失掉。"在全面深化改革的今天，稳定更显重要。近平总书记指出，稳定是改革发展的前提，只有社会稳定，改革发展才能不断推进，只有改革发展不断推进，社会稳定才能具有坚实基础。中国人民不会忘记历史，忘记街头政治带来的灾难与影响，绝大多数中国人对国家保持稳定给予较多的希望。稳定是福已成为中国人民的共识，谁所作所为与这个共识相背，谁就会遭到绝大多数中国人民的唾弃，成为人民的对立面。中国的春天会更明媚，中国梦定能实现，中国人民已懂得如何倍加珍惜百花齐放、百花满园的大好局面，那些希望中国出现大范围街头政治的势力注定会失望！

# 西方“宪政民主”导致交易政治

浙江财经大学　郭燕来

从抽象意义上讲,“宪政民主”是对权力规范的一种民主,它肇始于资产阶级创立的民主制度,在某种意义上,西方的政治制度就是宪政。有种观点认为,宪政是以宪法为前提,以民主政治为核心,以法治为基石,以保障人权为目的的政治形态或政治过程。宪政的核心是限制国家权力,保障公民权利。“宪政民主”是为了解决对政治权力的制约问题,限制政府权力,以有效地保障人权、自由与社会公正而建立的民主制度。以上解释脱离了法的阶级本质,抽象地谈论“宪政”“宪政民主”。特别是在多元文化交汇的时代,西方的政党为了欺骗民意,已经逐步蜕变成为他们实行竞选的“工具”,这种宪政不可避免会带来结构性的矛盾和困境,交易政治和金钱政治已经是人所共知的事实。

## 一、西方“宪政民主”导致交易政治的表现和原因

众所周知,西方的民主制度实行的是两党制或多党制,在他们看来只有进行竞争性的选举,才可以产生优秀的领导人,并保证执政的合法性。这种竞争性的选举也许在某些方面会产生正面的效应,但也势必会产生一些负面的效应。有学者指出:“今天的西方政党已被选票绑架,政党政治成了选举政

治,议会民主成了选票民主,选票成为政客'登基坐殿'的敲门砖,按照选票多少排座次的'民主'规则发展到极致。为了多拉选票,候选人会使尽各种招数讨好选民,可谓'好话说尽'。一旦敲开了权力的大门,所有对选民的许诺就变成一纸空文。如此弊端,使得选举远离民主,徒有形式,政党成为选举政治的傀儡。"事实上,这种以选举为基础的"宪政民主",只注重了程序,而忽略了这些竞选的政党之间为了达到自身的目的会不择手段来破坏民主的实质。贿赂、讨好选民也就成为竞选政党之间不可避免的事情。邓小平把这一现象形象地称之为"扯皮政治"。这种扯皮的过程就是交易政治运行的过程。"议而不决,决而不行"是对这种政治的生动概括和描述。有学者指出:"印度 2012 年夏季议会对以国大党为首的执政联盟提出的银行改革、养老金改革、征地等关系国计民生的重大议案均未讨论,原定 20 天、讨论 48 项议案的会期,仅开会 6 天,只通过 4 项一般法案就草草结束。面对当前债务危机,欧洲一些国家的执政党和在野党都打危机牌,将危机视为打击政敌的机会,并不会真的坐在一起共商应对之策。另外,由于大党恶斗,达不成妥协,政府经常难产,甚至出现长期无政府局面。这些表明资本主义政治制度存在弊端。"

在本质上,西方的"宪政民主"是资产阶级统治无产阶级的工具。交易只是有钱人的游戏规则,对于那些贫苦的老百姓而言,政治对于他们只是一种虚假的存在。因为,西方的"宪政民主"是建立在资本主义私有制基础之上的上层建筑。为此,有学者一针见血地指出:"西方'宪政民主'本质上是资本的民主,服务于以私有制为核心的资本主义经济基础,保障的是资产阶级根本利益；其标榜的三权分立和议会制，实际上是资产阶级内部的一种权力分配、交换和平衡机制；西方‘宪政民主’搞多党制，党派之间明争暗斗、互相对峙、政府频繁更迭等问题日益突出；其根本目的是维护和巩固资产阶级统治。”实际上，资产阶级为了巩固自身的统治，在现实的政治过程当中，通过表面的竞选来“忽悠”无产阶级，通过政治的交易来平衡统治阶级内部的矛盾，最终达到为资产阶级服务的目的和诉求。

理论上，任何结论的成立都需要一定的前提，如果离开了这个前提，这个结论就是抽象的或者说是不成立的。在现实的西方“宪政民主”的实践中，金钱政治和钱权交易成为他们政治过程当中的代名词。这主要是因为，宪政是以选举为基础的，选举需要金钱作为坚实的后盾。也就是说，如果没有金钱也就不能参加任何形式的选举，更谈不上成为被选举的对象，这与他们提倡的平等、自由的价值取向是相互矛盾的。在西方的竞选过程当中，我们常常看到被选举人与西方利益集团之间的利益瓜葛，利益集团向被选举者提供金钱，通过各种物质的、非物质的途径来资助政治竞选的候选人，这种利益的赞助和输送势必会导致将来这个政治候选人上台执政之后的公共政策的倾向和偏差。事实上，交易政治就是在影响公共政策的制定和执行，说到底就是为谁服务的问题。金融寡头和金融大鳄往往通过利益的输送来影响政治，甚至他们直接参与政治的竞选来维护自身的特殊利益。而对于普通的、没有钱的那些老百姓只能被拒于利益的门外，美国的民主党和共和党的竞选就很好地说明了这种利益输送的倾向和交易政治的实践。

西方的“宪政民主”在很大程度上导致了交易政治。这种交易是以利益集团为靠山进行支撑的,通过形式上的选举,来获得政党在国会或议会当中的大多数席位,从而获得执政的可能。为了获得多数的选票,交易就成为十分普遍的事情,这其中包括金钱交易等若干形式的交易。总之,西方的“宪政民主”会导致交易政治的发生。

## 二、中国不能实行西方的“宪政民主”

中国不能实行西方的“宪政民主”和多党或两党竞选的政治制度。这主要是因为,中国传统政治的影响、特有的现代化境遇和社会的现实将极大地影响中国政治发展过程所遇到的问题和政治体制的具体形态。马克思说:“人们自己创造自己的历史,但是他们并不是随心所欲地创造,并不是在他们自己选定的条件下创造,而是在直接碰到的、既定的、从过去继承下来的条件下创造。”为此,只有了解当代中国政治演进的基础,才能更好地认识当代中国政治发展的现实状况。

中国传统政治源远流长,就其历史发展的轨迹而言,中国传统政治发轫于夏、商、周,成型于秦、汉,发展于唐、宋、元、明、清。在如此漫长的历史长河中,在小农经济的基础上,逐步形成了在治理方式上体现为人治政治,在社会政治结构方面体现为宗法等级的政治制度,在政治文化方面体现为崇拜权威的屈服型臣民文化。中国传统政治的结构形态,一方面,对中国古代社会的稳定和发展起到了积极的作用,其中一些合理的成分至今对当代中国的政治发展也存在着借鉴意义;另一方面，与现代政治发展的要求(民主、法治等)相比，中国传统政治中有相当一部分内容已经过时了。客观分析中国传统政治对当代中国政治发展的影响有着重要的理论和现实意义。

“所谓人治政治就是皇帝等人的意志或意愿决定国家的大政方针、管理社会公共事务的治国方式。”譬如，“朕即国家”“言出法随”。在某种意义上讲，人治政治就是专制主义，就是凭官员的主观好恶来做出决策。从本质而言，人治政治就是不受任何权力监督的政治，是权大于法、大于一切的政治。就国家的治理方式而言，人治政治的突出表现在德治为主，法治为辅。在春秋战国时期，儒家和法家都是百家争鸣的一派，但是在汉武帝时期，董仲舒推出的“罢黜百家、独尊儒术”以后，以儒家为伦理纲常的思想占据了统治地位，就其实质而言，德治政治就是统治者运用道德教化官员和百姓，从而达到国家长治久安的目标。德治的最大特点就是“儒家强调为政者应在道德方面起表率作用，尤其主张君主应以个人的伟大人格力量去感召天下，而不是以刑杀、武力的方式去威服天下”。德治的理论预设是，人性是善的，认为“人之初，性本善。性相近，习相远”。人性可以通过教化来制止其恶的一面，发扬其善的一面。

宗法等级制度是由氏族社会父系家长制演变而来的，是奴隶主、贵族按血缘关系分配国家权力，以便建立世袭统治的一种制度。其特点是宗族组织和国家组织合而为一，宗法等级和政治等级完全一致。这种制度确立于夏朝，发展于商朝，完备于西周，影响后来的各封建王朝。在这种宗法等级政治制度中，家庭、族群和国家有机地结合在一起，其最大的特点就是有序的等级划分。维系宗法等级政治制度的一个最重要的因素就是“礼”,这种“礼”在政治结构当中体现为“君为臣纲、父为子纲、夫为妻纲”。“君君、臣臣、父父、子子”规定着中国传统社会的政治秩序。概言之,中国传统政治的样态这样或那样地影响了当代中国政治发展。在理论上,思想意识具有相对的独立性,它可以相对独立地作用于社会政治生活。在实践中,几千年来形成的习惯,很难一下改变过来,再加之,中国社会没有经历商品经济的发展,直接从半殖民地半封建社会过渡而来,这种影响短时间内还无法消除。

比较现代化理论认为,现代化的类型通常可分为两类,即“早发内生”型和“后发外生”型。这种划分的依据主要是从政治发展的时间和动力方面来概括的。具体而言,所谓“早发内生”是指“一些国家或地区的政治现代化在时间上大大领先于别国、别地区”。就其发展的动力来看,是自身内部生产力和生产关系,经济基础和上层建筑矛盾运动的结果。比如,随着商品经济的发展,作为上层建筑的国家政治制度和体制以及职能也发生了相应的变化。这种变化主要是自身内部孕育的结果,而不是外部变化迫使其改变的结果。所谓“后发外生”是指“受到已经基本完成的先发型政治现代化模式的影响,一些国家或地区的政治现代化才开始”。就其发展的动力来看,不是自身内部矛盾运动的产物,而是靠强大外力的推动,在先前“早发型”国家的影响下不得不推动传统政治向现代政治的变迁。依上述理论,中国的现代化显然属于后一种类型。几千年的封建王朝和稳定的社会政治制度,在很大程度上铸就了中国“天朝大国”的自负心理。最终 1840 年鸦片战争的爆发，打破了千年的历史格局。从历史经验来看，现代化的逻辑起点都是在资本主义制度确立的基础上发展起来的。比如，在1689年英国“光荣革命”以后，君主立宪制度的确立，为政治现代化奠定了基础。就政治现代化而言，“都要进行资产阶级民主革命，或者同时还要进行资产阶级民族革命，以建立资产阶级的民主共和制度。在经济制度方面，建立以私有制为基础的资本主义经济关系，实行资本主义的市场经济。这是一条资本主义的现代化道路”。就中国而言，中国没有经历资本主义的发展阶段，就沦落为半殖民地半封建社会。在强大的外力推动下，中国的政治现代化既遵循了政治发展的一般规律，同时在政治发展的模式和政党对社会的整合结构和功能上也必然会体现中国特色。

突出政党对社会的整合结构和功能。所谓社会整合就是国家利用各种手段或方式协调社会资源，使其效用最大化的过程。从理论上讲，“社会整合是社会作为一个‘共同体’本身性质所要求的，没有它，社会作为一个统一体的构成就成为不可能。因此，整合结构和功能的缺失是任何社会都必须忌讳的事情”。就此而言，社会整合对于一个社会的存在和发展是必不可少的。它既“能够维持其作为社会系统的完整性，又能够使社会拥有更高级的适应能力”。但是，社会整合的主体在不同的国家或同一国家在不同历史时期的要求也是不尽一致的。在近代社会，由于政党政治是近现代政治的一个重要标志，所以，政党也就构成了社会整合的主要力量。从政党的结构和功能来看，由于政党成员众多、组织严密、纪律严明、纲领明确，因此，政党对社会整合的过程当中就会发挥出以下功能。首先,凝聚力量。政党可以通过党组织的成员对社会成员进行广泛的政治动员,宣布自身的党纲,获得社会成员最大程度的认同。在社会认同的基础上,政党通过自身的制度、体制和机制规范自身成员的行为,使分散的个体最大程度上变成一个整体,就好比“变形金刚”的“有机组合”,这必然会增强社会的凝聚力和向心力。其次,整合资源。如果说凝聚力量是解决人的问题,那么,整合社会资源主要是解决物的问题。政党可以通过制度、意识形态等手段对社会资源进行分配或整合,以使人们在社会资源分配方面达成一致,调动各方的积极性。再次,维护秩序。现代社会政党是维护社会秩序的中坚力量,政党主要通过制定相应的法律规范和宣传自身的意识形态,从“硬”和“软”两个方面来规范社会的秩序,使社会处于一种稳定的状态。

从中国现代化特有的境遇来看,中国的政党无论从产生还是政党对社会的整合都体现了自身的特色。从比较政党学的角度讲,“政党是与现代化变迁相适应的社会结构和政治结构分化的必然结果,其在功能上体现了合法性优先的状态。也就是说,政党政治是随着选举制和公民权利的发展而形成的,今天的西方发达国家大抵如此。在中国,政党并不是现代化进程中已经发展了的社会结构和政治结构分化的结果(虽然与其相关),而是在外来的影响和压力下,政治体系为了维护其生存和发展,对强大组织力的现实需要。其在功能上体现的则是政治资源整合优先的状态,即政党政治是国家危机和近代政治秩序发展的共同结果”。中国作为“后发外生”的国家,政党对社会的整合就显得尤为重要,面对国际社会的压力和国内社会的危机，在国家生死存亡的时刻，中国共产党为了拯救中国，就必须对社会进行高度的整合，汇聚各方力量，团结一切可以团结的力量，利用一切资源来打败强大的敌人。唯有如此，才能完成中国特有的现代化境遇所提出的历史使命（推翻“三座大山”）。在那一刻，中国共产党对政治资源的整合体现出优先的状态，在新中国成立后乃至改革开放以来，政党整合同样重要，因为，中国没有经历资本主义的发展阶段，直接从半殖民地半封建社会跨越到社会主义社会，这在很大程度上造成了公民权利意识淡薄、社会组织松散。所以，必须有一个强有力的政党来整合社会，所不同的是，政党对社会的整合优先状态体现为合法执政和公共政策。

## 三、结论：当代中国政治发展——世界史和民族史相结合的创新命题

研究当代中国政治发展，不能从单方面强调其特色，而应该把当代中国政治发展放在世界各国政治发展的大潮中去审视和看待，在多样性中把握其特殊性，在特殊性中发展多样性。当代中国政治发展的特色是在世界史和民族史相结合的过程当中体现出来的。中国传统政治文明及政治现状，世界各国政治文明及共性成分与实践创新的结合构成了当代中国政治发展的一般规律。笔者认为，民主法治的政治价值观、规范权力运行的政治制度、人权保障等是各国政治文明的共性成分；当代中国政治发展必须借鉴人类文明的精华，并结合中国自身的实际情况形成具有中国特色的政治发展，丰富世界政治发展的多样性。

# 西方“宪政民主”导致民主制度空转

温州大学　刘爱武

西方“宪政民主”一直被视为西方发达资本主义国家社会高速稳定发展和人民自由权利得以捍卫的根本制度保障，不仅在西方被认为是资本主义制度的根本而被奉为圭臬，也被一些人鼓吹为具有“普世价值”而向全世界推广和输出。然而，就是这样一个被吹捧为将“终结历史”的“宪政民主”制度，却因其过度强调所谓的权力内部制衡和对政府权力的限制，逐渐暴露出对普通民众权利的漠视和对政府行政的过度束缚，从而导致经常性出现制度“空转”，使得资本主义制度越来越难以克服其自身所带来的种种政治经济危机。

## 一、西方民主制度的空转及其表现

所谓“空转”，原意是指机器在没有任何负载时的运转状态，即虽然机器处在运转之中，但没有任何动力输出。这种原本只是描述机器运转状态的术语也常常被引用到描述经济和政治制度的无效运转上来，出现了类似“制度空转”“政治空转”“资金空转”这样的说法。而所谓“民主制度空转”，则是指虽然一个国家的民主制度看似在正常运转，但往往由于不同党派、不同利益集团的相互斗争、掣肘，在实际运行中使得立法机关和行政机关很难达成一致，从而使整个政治制度难以有所作为，政治制度的运转实际上不能产生任何实际效果，对社会经济政治的发展产生不了任何价值。

近些年来，特别是2008年西方国家发生经济危机以来，西方“宪政民主”制度经常性出现“制度空转”的现象。表面上立法、司法、行政机关的工作依然十分紧张，政治人物的政治热情依然高涨，政治抱负依然远大，但这些表面现象的背后，却难以掩盖这样一个日益凸显的事实，那就是政府施政效率的低下，以及整个社会发展止步不前。

近些年来，无论是欧洲还是美国，改革发展的脚步都十分缓慢，无论经济、政治，还是社会，都没有呈现出什么新变化。除了科学技术的发展以外，整个西方世界在冷战结束后的几十年里基本上没有什么大的进步和改观。欧美国家在经济社会发展的过程中不是没有遇到问题，但是，几乎所有的这些问题都没有能够得到解决。究其根本原因，都要归咎于“宪政民主”所带来的制度空转，使得欧美国家在经济和政治上始终难有大的作为和突破。各党派、各利益集团之间在宪法框架内无休止的，甚至无原则的斗争，各种社会问题像皮球一样被不同利益集团踢来踢去，使民主政治日益演变成一种“零和游戏”，任何能够推动经济社会发展的政治决策都难以产生。一个典型的例子就是，美国是经济合作与发展组织发达国家中唯一一个没有全民医疗保险的国家。虽然美国的医疗改革在20世纪30年代的大萧条时代就开始了立法尝试，但经过杜鲁门、约翰逊、尼克松、克林顿等数任美国总统的努力，都没能成功。直到2010年3月在总统奥巴马的强力推动下，才最终签署了《患者安全和平价医疗保险法案》，才结束了多年来多位总统推行全民医保全部失败的历史，向全民医保迈出了关键一步。但是，时至今日，美国的新医改法案却一直危机重重，处处遭到共和党人的掣肘，仍然举步维艰。

美国医改法案的艰难通过，是美国“宪政民主”制度空转的一个典型案例，更极端的案例则是美国两党之间的斗争，甚至可能使得政府停摆。从1977年到1996年的19年间，美国联邦政府曾经关门多达17次。其中，1995年至1996年，克林顿任职总统期间，一度两次关门，时间长达一个月之久。而2013年10月1日，美国政府再度关门，已经是历史上的第18次停摆，但肯定不会是最后一次。

## 二、西方民主制度空转的原因

西方民主制度的空转日渐成为一个普遍现象，虽然缘于各党派之间因权力斗争而相互掣肘，政府被不同利益集团绑架的事实，但根本上，西方民主制度空转还是由其“宪政民主”的理念和制度设计所决定的。

### （一）党派之间相互掣肘

以多党竞争为特点的政党政治是西方“宪政民主”制度的一个基本要素，也是它的一个典型特征。在多党竞争条件下，必然会存在执政党和反对党，从而在民主政治生活中引发政治分裂，相互掣肘，进而出现政治空转。为了在将来的选举中赢得胜利，反对党会利用一切机会对执政党进行干扰和阻挠，以降低执政党的执政效率和执政能力，进而降低执政党在民众心目中的形象，为自己将来赢得选举提供条件。议会里的斗争是反对党对执政党进行掣肘的主要场所，对执政党提出的任何法案，反对党往往不考虑这一法案是否合理，是否保障了大多数民众的利益，而是先反对再说。如果反对党在议会占有多数，那就可以利用这一点来直接否决执政党提出的议案，即使反对党不占多数，仍然可以通过各种程序来阻挠议案的通过，即便不能阻挠通过，至少也可以降低执政党的执政效率。在美国，这一问题特别突出。由于美国政治体制的痼疾，民主、共和两党总是将选举利益置于社会利益之上，表现为民主、共和两党在政治光谱中越来越壁垒分明，导致重大问题的投票毫无例外是以党派画线，导致“政治极化”和“政治空转”现象加剧。2009 年、2010 年，美国民主党（及其独立党派盟友）虽曾一度在参议院占据 60 席，但由于其中一名参议员病重住院无法出席投票，因此绝大多数时候都对共和党的阻挠束手无策。单单那两年里，共和党就让 375 项已由众议院通过的法案在参议院流产，至于对人事任命的阻挠更是不计其数，以至于一些政府机构与联邦地方法院长期因为缺员而无法正常办公。正如宣布不参加 2010 年 11 月选举而震撼美国政坛的民主党参议员埃文·贝赫在《纽约时报》发表的题为《为何离开参议院》的长篇文章中所说的：“解决财政赤字和贸易逆差、挽救经济、能源政策、医疗保险改革等关乎国家未来的紧急课题堆积如山，但国会却处于（什么工作都不能做的）瘫痪状态。”而国会不能工作的最大原因则是“顽固的党派主义和不知妥协的僵硬思想”。在美国过去十余年中，议员们投票往往不问是非，只考虑各自的党派归属。“医保法案”这样关乎国计民生的重要法案在参议院的投票结果同党派划界完全一致，导致出现了民主党无一人反对、共和党无一人支持的怪现象。

### (二)政府被利益集团绑架

当代西方政治生活中,除了政党的激烈较量外,各种利益集团也在政治斗争中为了自身的利益而大显身手,他们会利用任何一种在"宪政民主"条件下合法的手段进行政治干预,甚至直接影响政府的决策和运行。在美国,随着民主党和共和党之间选举竞争的加剧和畸形发展,两党在选举过程中都十分依赖美国各大金融集团、军工集团和石油集团等各种大财团的支持。因此,无论是民主党还是共和党,上台以后则必然要维护大财团的利益,甚至会以牺牲大众利益和经济发展为代价。这不仅妨碍国家政治良性运作和经济健康发展,也使美国政治常常因为不同利益集团的干涉而陷入制度空转。

怀有远大政治抱负的现任美国总统奥巴马,在上任以后不久就决定以中国为榜样发展美国的高速铁路。然而,一直到今天,美国的高速铁路一英里也没有建成。原本在佛罗里达州规划的第一条高铁线路,尽管联邦政府承诺提供总计 26 亿美元费用中的 24 亿美元,但仍然因为与铁路运输存在竞争的高速公路和航空利益集团的反对,最终化为泡影,而且奥巴马还因佛罗里达高铁事件被指责为利用联邦政府资金来实现个人政治利益。因为佛罗里达州是美国最大的一个摇摆州,拥有 25 张选举人票,是民主党和共和党每次总统选举竞争的焦点,决定 2000 年小布什与戈尔谁能登上总统宝座的也是该州,而佛罗里达州规划的高铁线路周边则大多为独立选民。最终被通过的加利福尼亚州高铁项目,因为各方利益集团的博弈,其论证时间竟然长达 8 年,而建设周期则更是长达 20

年。高铁作为一个技术相当成熟的项目，实在令人难以理解究竟有什么问题需要论证8年，建设20年？在科学技术日新月异的今天，恐怕等到建成之日，已是技术淘汰之时。显然，一个不被财团绑架和影响的政府才可以做出更加理性的决策，这一决策才不会因利益集团的阻挠而沦为空谈。

**（三）西方“宪政民主”制度自身的局限**

除了党派和利益集团相互斗争、相互掣肘以外，导致西方民主制度空转最根本的原因则是由西方的“宪政民主”制度本身所造成的。

“宪政民主”原本就是为了解决对政治权力的制约问题，限制政府权力，以有效地保障人权、自由与社会公正而建立的民主制度。宪政的本质就是限权，防止权力被滥用，它奉行的基本理念就是政府权力有限，遵照宪法和法律治理国家，分权制衡是其典型特征。在现实中，特别是在三权分立比较典型的国家，政府的权力在很大程度上要受到议会的限制，而议会往往又被党派所控制，因此，这种体制给了党派控制政府行政权力的渠道和机会，原本用以制衡总统的公权力则常常被用来实现党派的私权力，原本用于进行权力制衡的制度设计很容易蜕变为政党用以权力斗争的合法平台。这种斗争尽管都被约束在宪法的框架内，可以看作是合法的政治斗争，但往往因为导致政府行政能力下降，使诸多关系国计民生的政策议而不决，或决而不行，最终伤害国家利益。

“宪政民主”理念下的许多制度设计，原本的初衷是为了保障公权力不被滥用，却又往往导致在公权力不被滥用的同时，私权力被广泛滥用。例如，在美国参议院，有一种独特的现象,称作“程序性阻挠议事(filibuster)”,指的是根据美国参议院的现行章程,参议员可通过冗长发言等方式阻碍一项提案得到表决。在美国参议院,这种合法的“程序性阻挠议事”经常出现,甚至被滥用。比如,自奥巴马执政以来,参议院已出现 16 次通过“冗长演说”阻挠奥巴马任命人选的批准。此外,为了阻挠奥巴马的任命,共和党还在批准程序过程中千方百计设置障碍。在雅各布·卢出任财政部长的任命批准过程中,共和党人共向他提出了 444 个书面问题,比此前 7 位财政部长获得任命批准期间被问问题的总和还多。共和党人对环保署署长候选人吉娜·麦卡锡提出了上千个需要回答的问题。2013 年 3 月 6 日,隶属于参议院少数派的共和党的肯塔基州参议员兰德·保罗(Rand Paul)就试图阻止对总统的中央情报局长人事提名进行表决。保罗当天从中午一直发言到次日凌晨,最后因为体力不支,才在近 13 个小时后终止发言,而这还不是历史上最长的“阻挠议事”记录。参议员瑟蒙德为反对民权法案,在 1957 年 8 月 28 日开始一直讲了 24 小时 18 分钟,瑟蒙德在讲话中通过背诵《独立宣言》、乔治·华盛顿的告别演说和其他历史文献来拖延时间。

## 三、西方民主制度空转的后果

### (一)政治经济改革止步不前

既然欧美发达资本主义国家在发展的过程中也还面临着许许多多的问题,包括不断地爆发经济危机,说明资本主义的政治经济制度还存在很多弊端,因此需要不断发展和完善。但是,最近几十年里,欧美资本主义国家的政治经济制度基本上没有什么大的变化，而根本的原因在于代表不同利益集团的各个党派之间难以就改革达成共识，从而导致欧美资本主义国家政治经济改革止步不前，长久以来，资本主义政治经济制度没有发展。具体到政策层面，一些怀有远大政治抱负，试图改变社会现状的政治领袖也对此无能为力。奥巴马上台之初，激情四射，试图对美国社会进行一次彻底的变革，但是，他的政治热情很快就被无情的现实击退。奥巴马力推的医改法案虽然最终得以通过，但漫长的斗争过程消耗了奥巴马太多的精力和热情。近两年来，美国校园枪击案频发，引发了美国民众对枪支管控的要求，而奥巴马也力推由民主党提出的控枪法案，但这一法案仍然在 2013 年 4 月 17 日被参议院以 54 票赞成、46 票反对而否决。因为没有达到过关所需的 60 票，法案只能“胎死腹中”。尽管奥巴马怒斥“这是华盛顿非常耻辱的一天，但我们不会放弃努力”，但他却显然对改变这一结果无能为力。

### （二）民众政治参与热情下降

长时间的政治空转，还导致民众政治参与热情的下降。“宪政民主”制度下，表面上每一个公民都有参与政治的权利，并且在当前西方民主政治制度下，建立起了一套完整的公民政治参与的制度框架体系，有非常完备的关于选举、投票等相关的法律体系。从制度上来看，公民的利益应该可以得到很好的保障，但现实是，尽管在选举之前和选举的过程中，候选人承诺一定能够帮助选民实现他们的利益诉求，而这些承诺却往往在选举后变成一句空话。承诺变成空话的原因，不是这些议员不去努力实现自己的承诺，而是因为经常性出现的制度空转使得他们的努力产生不了任何实际效果，最终承诺只能变成空话。久而久之，选民逐渐沦为选举以及其他政治游戏中的普通看客，政治参与没有任何回报，从而导致政治参与热情下降。近些年来，欧美等国参与选举的公民人数比例呈不断下降趋势。20 世纪 60 年代，美国总统大选投票率都在 60%以上，而随后几十年的大选投票率都在 50%上下浮动，只有 2008 年和 2012 年奥巴马竞选总统时投票率达到 61.6%和 58.2%，以至于有些学者认为，欧美一些“宪政民主”国家的选民患上了“选举冷淡症”。

### （三）社会发展走向封闭

“宪政民主”国家制度空转的一个更加严重的后果，其实也是制度空转的一个深层次表现，就是这些国家经济社会发展日趋走向封闭。客观地说，历史上实行“宪政民主”制度的国家既是最发达的国家，也曾经是最开放的国家。但是，对“宪政民主”有意无意地过度崇拜，导致在许多西方政治家的话语中，认为只有“宪政民主”才是真正的民主制度，从而导致长期以来“宪政民主”制度从未对自己进行过深刻的反思和大的改革，对自身所存在的问题进行修补和完善。哪怕经常性出现制度空转的现象，西方的政治家们也从未在“宪政民主”制度本身上寻找原因，而制度空转本身却表明“宪政民主”制度缺乏政治活力和自我修正功能。在这样的条件下，民主宪政制度因唯我独尊而日益固化，并因为空转而导致任何重大的改革和决策都难以产生和有效执行，从而使整个社会日益陷入一种封闭状态。以至于美国著名学者扎卡里亚在《论世界新秩序》的文章中不无嘲讽地指出：“世界开放了，而我们却开始关闭。”

## 四、西方“宪政民主”导致制度空转的启示

长期的制度空转给实行“宪政民主”制度的国家带来很多经济社会问题，其弊端日益明显，然而，值得反思的是，这些“宪政民主”国家的政治精英们却依然乐此不疲，一而再，再而三地使制度空转发生，甚至出现经常性的制度空转。从根本上来说，还是因为这种看似给各方都带来严重伤害的制度空转现象，损害的并不是由各党派以及各个利益集团所代表的资产阶级的利益。在制度空转中，真正受到伤害的是普通民众的利益。

“宪政民主”作为一种理念，它宣称要保障每一位公民的合法权利，因此，“宪政民主”制度如果能够真的按照它所宣称的那样顺利实施，那么每一位公民的合法权利和利益就都能够得到保障，但是如果这样的话，资产阶级的特殊利益就没有办法得到保障。所以，由代表资产阶级利益的那些政治精英们操纵的“宪政民主”制度，是不可能真正实施的，它不可能把每一位民众都纳入到民主政治运作的进程中来。表面上正常运行，实际上处于空转状态，才符合资产阶级的利益，才是当前西方所谓的“宪政民主”制度的本来面目。

长期性的制度空转以及由此产生的恶劣后果，不仅延滞了曾经快速发展的发达资本主义国家的经济社会发展，难以再现往日的辉煌，也使“宪政民主”自身的光环日渐退去，使人们对西方“宪政民主”制度有了更为全面的认识。

另外一点值得反思的是，在欧美发达国家，因为“宪政民

主”制度的完善和民众较高的民主素质和宪法精神，才使“宪政民主”制度带来的仅仅是政治空转而已。而在那些发展中国家，由于民主制度还不十分完善，民众民主素质还有待提高，宪法权威没有保障，贸然照搬“宪政民主”，带来的往往是政局混乱，甚至社会动荡。一些非洲国家、东南亚国家照搬西方“宪政民主”制度失败的经历证明，“宪政民主”制度不是普世适用的，更不是万能的。任何一个国家都应该根据自己的国情，选择一条适合自己的民主政治发展道路。

# 西方“宪政民主”导致政治参与冷漠

嘉兴学院　彭冰冰

## 一、何谓政治参与冷漠

政治参与,亦称参与政治,就是一定的政治主体从事政治的活动。政治参与的一般意义就是普通公民通过一定的方式去直接或间接地影响政府的决定与政府活动相关的公共政治生活的政治行为。也就是说,政治参与是某一特定领域的社会实践活动,即政治领域。它是主观的政治意识和客观的政治实践的统一体。

政治冷漠,属于政治社会学的范畴,它既指一种政治态度,也指一种政治行为。政治冷漠最初的含义是表示一种心理状态,它指的是一个国家的公民在有选择权的条件下,对政治生活缺乏责任心和兴趣,缺乏参与政治生活的动力的一种心理态度,表现为对政治活动的冷淡和对政治问题的漠视。随着20世纪60年代行为主义科学的兴起,政治冷漠被赋予了行为方面的意义,用来表示政治行为的缺乏,是消极的政治态度在政治行为上的表现,即不参加政治生活,公民对于政治问题和政治活动冷漠和不关心,它只不过是政治参与中的一种现象。简单地说,政治参与冷漠就是指一个国家的公民对政治活动不感兴趣,不愿花时间和精力参与某项政治活动，是用来形容“无政治阶层”民众不参与政治的。

## 二、西方“宪政民主”导致政治参与冷漠的表现

### （一）投票率不断下滑

在所有实现西方“宪政民主”的具体手段中，选举是最重要的一种设计和操作手段。选举或者简单说投票是“宪政民主”框架下政治参与方式中规模最大、影响也最大的政治活动。一方面，公民可以通过选举实现其基本的权利即选举权，运用手中的选票表达自己的利益和愿望；另一方面，选举是民主的主要体现方式，是民主政治有效运行的条件。然而，从20世纪70年代开始，美国、日本以及西欧等国家选举投票率逐渐缓慢、稳定地下降，这已经是一个不争的事实。投票率下降具有相当的普遍性，不仅发生在少数国家，而且在很多“宪政民主”国家都有表现。从时间跨度上来看，不仅仅是一两年，而是在近几十年里基本都有下降。

尽管美国政府采取了种种措施鼓励有选举权的美国公民参加选举，但在过去的几十年里，美国大选的投票率都非常低，每次大选总有一半左右的选民不去投票站投票。其中1986年和1998年的投票率最低，都只有合格选民总数的36.4％。1976年卡特·福特竞选时投票率仅为53％，1980年里根·卡特竞选时投票率大约在52％，最多的1968年也只有60.8％。美利坚大学美国选民研究中心主任柯蒂斯·甘斯在统计了先期公布的投票数据后认为，大约1.26亿美国选民参加了2012年选举投票，投票率约为57.5％，低于2008年总统

选举的58.2%。

英国选民投票率的不断下降在整个西方"宪政民主"国家之中表现得比较明显,从20世纪50年代的80%到2000年以后的大约60%。而在2001年大选中,英国选民投票率创下自1918年以来历史最低的59.4%,比1997年低了12%。2005年大选时,政府应对这种情况采取了邮政选举,以简化程序,投票率稍微回升至61.4%,但还是与"二战"后80%的大选投票率相差甚远。此外,政治冷漠在英国青年中盛行。英国青年选民的投票率一直是最低的。2001年18—24岁青年投票率是39%,比1997年降低了27%。2005年大选青年选民的投票率又进一步下降到了37%。

除了总统选举外,议会选举的投票率也呈现出下降的趋势。20世纪80年代末之后,法国议会大选第一轮投票中公众弃权率一直超过30%,而2007年选民弃权率竟然达到39.6%。众所周知,德国选民投票率在欧洲乃至世界发达资本主义国家中一向是很高的,基本稳定在80%以上,但2009年联邦议会选举是德国"二战"后选民投票率最低的一次联邦议会选举,仅有70.8%。日本在1946年至1986年期间进行的17次众议院大选中,有13次投票率高于70%,占选举次数的76.47%,其余4次投票率在68%左右。在冷战结束后1990年至2009年间7次选举中,有2次投票率不到60%,4次投票率在60%—70%之间,投票率超过70%的只有1次,仅占选举次数的14.3%。日本政党轮替后依旧不变的政治和经济局势使得选民对于政治的信心再度急跌。在2012年12月进行的众议院选举中,投票率跌至59.32%,创下战后最低纪录。

苏联解体初期，俄罗斯公民政治参与的热情比较高，这突出体现在第一次总统选举中。1991年6月12日，全俄75%的民众曾前往投票站，对俄罗斯首任总统进行投票。进入21世纪，特别是2004年后，俄罗斯公民政治参与率逐步走低。2004年总统选举时有55%的民众参与，到了2008年总统选举时有40%的受访者进行过参与。俄罗斯还存在占有相当大比重的不参与群体。2003年的调查表明，苏联解体最初的10年间，大约有63%的公民不进行任何形式的参与投票；到了2001年，不参与群体的比例依然占61%的比重。

英国选举研究中心(BES)与美国国家选举中心(ANES)多年来一直在做选民对政治和政党的看法的长期跟踪调查。其中，在询问诸如"你愿意捐款给政党或候选人吗?""你愿意为政党或候选人的竞选服务吗?""你愿意去参加政治集会、演讲或晚餐会吗?"这些问题时，美国选民80%多的人坚决地表示不愿意，愿意的人仅有百分之十几；而在英国这一比例则更少，只有1%的人表示愿意参加这些活动。

### (二)政党认同危机

当今世界政治是政党政治时代。政党是世界多数国家民主政治运作中不可或缺的主体。而近几十年来，民众对于政治选举的冷漠与对政党的冷漠联系在一起。20世纪60年代就已有学者指出，西方政党出现了政党认同削弱的现象，并称之为政党的认同危机。政党认同，是指民众对一个政党所形成的心理上的归属感和忠诚度。通俗些讲，政党认同就是民众对政党的一种稳定度、持久度比较高的感情，它直接影响选民的投票行为。民众对一个政党认同度高，就会毫不犹豫地把票投给该党,不需要做什么宣传、鼓动工作。反之,民众对执政党认同度低就会降低其对执政党的信任度,会更多地质疑执政党的执政行为,而一旦执政党出现政策的偏差,将会引起民众的强烈不满,甚至会对其执政地位形成巨大的威胁。

英国选举研究中心长期对英国选民的政党认同进行跟踪调查。从 1964 年到 2005 年,在被调查的选民中具有强烈政党认同的选民比例从 45%下降到 9%,降幅达到了 36 个百分点;与此同时,不具有强烈政党认同的选民比例从 11%上升到 38%;无政党认同的选民从 7%上升到 13%。美国国家选举研究中心也长期跟踪研究美国的选民政党认同度。从 1964 年到 2008 年,在被调查的选民中具有强烈政党认同的选民比例从 38%下降为 32%;不强烈政党认同的选民从 15%上升为 29%;无政党认同的选民则从 9%上升为 11%。

再来看日本的情况。从 2006 年 9 月 26 日自民党的安倍晋三第一次组阁起至 2012 年 12 月安倍晋三第二次组阁,不到 76 个月,日本竟然换了 7 届内阁,平均 10 个月换一次。如此频繁的政权更迭,使得大量日本国民认为现存政党不能够反映他们的利益诉求,这不仅使得日本的选举投票率低下,而且导致日本政党支持率低下。以自民党为例,20 世纪七八十年代该党的支持率在 40%左右,进入 90 年代后下降至 20%左右。与此同时,无特定支持党派的支持率从 20 世纪七八十年代的 32%—38%上升至 21 世纪初的 46%—57%。2009 年 9 月,上台执政的民主党的支持率一下子升至 42%,原来执政的自民党的支持率跌至 18.9%。但是 2012 年 12 月自民党重新执掌政权,2013 年 4 月自民党的支持率飙升至 43.6%,而民主党的支持率却跌至6.1%。如此大起大落显示近年来上述政党的支持阶层极不稳定，政党分化重组频繁，政局动荡，这本身也是政党政治危机的表现。

随着民众对政党的冷漠，党的基层组织也渐渐衰落，西方国家政党自20世纪60年代起就开始面临党员人数锐减的危机。虽然近几十年欧洲各党均不同程度地向社会开放，吸收社会上一切愿意支持党的政策的人入党，但成效不大。与冷战前相比，英国工党党员人数的减少是十分惊人的，在20世纪70年代末的鼎盛时期包括集体党员在内人数一度达到了700万人，1983年降至645万人，到了90年代初锐减至300多万人，由于工党取消了集体党员制，1997年工党赢得大选时只剩下40万党员，到了2002年人数则不足25万人，到2008年仅为16.6万人。英国保守党党员在1965年有225万人，而到2008年估计仅有25万人。德国社会民主党在20世纪70年代鼎盛时期，党员人数超过100万人，1989年东欧剧变前还有92万人，到了1995年只剩下82万人，1996年东欧还剩79万人，2002年社会民主党的党员首次减少到70万人以下，到了2003年底，德国社会民主党的党员有65万人，2005年大选社会民主党与基督教民主联盟（简称基民盟）组成联合政府后，党员人数继续减少，到了2008年，只剩下52万党员。瑞典社会民主党党员数量下降的速度也很迅速，作为人口只有800多万的小国，瑞典社会民主党党员曾经达到120万人，在20世纪70年代中期人数一直保持在110万人左右，到了1989年仍然有60万人，但90年代以后，人数迅速下降到26万人左右。西方其他国家政党也面临这一问题，如澳大利亚、法国、挪威、新西兰等，党员人数的减少是一个普遍的趋势。

总之，对主流政党整体的不认同所引发的是民众对整个政党政治和政治生态的失望。民众认为，政党政治只不过是政治人物们表演的舞台而已，谁来执政没有什么实质区别。久而久之，民众就逐渐对政治采取一种观望、漠视的态度。

## 三、西方"宪政民主"导致政治参与冷漠的原因分析

### (一)形式主义民主导致政治冷漠

马克思在批判选举民主的虚伪性和形式性时说："(普选权)或者被当作议会批准神圣国家政权的工具，或者被当作统治阶级手中的玩物，只是让人民每隔几年行使一次，来选举议会制下的阶级统治的工具。"谈到民主选举，许多人认为它的结果体现了多数人的意志。这种看法在某种意义上是正确的，但这里所谓的"多数"，其实是一个相对概念，并非真正的多数。

代议制民主下的决策规则主要采取多数决定的规则。多数原则主要有三个含义：一是充分多数，2/3 或 3/4 的多数；二是简单多数或绝对多数，超过 50%的多数；三是相对多数或得票多数，即主要的少数派，不到 50%的多数。运用于选举过程时，还必须考虑到三种可能，即实际参加投票的多数、有权参加投票的多数以及全体成员的多数。其中，相对多数并不能保证获胜者拥有绝对的力量，而且会导致大量无效票。准确地说，这种情况实际上是一种少数规则，因为少数人否决了多数人，因此在现实的选举过程中，在许多情况下，多数决

定实际上是全体社会成员中的少数人决定的。

例如，美国的大选并不是直接选举，而是所谓间接选举。选民投票选举的并不是总统本人，而是本州的所谓选举人。获得某州选举人票多的总统候选人即在该州获得胜利，并取得该州所有选举人票。政治学上称为“胜者全得”。所以候选人之间对大州的争夺非常激烈。以微弱多数在选举人票多的大州如加利福尼亚州获胜往往比在一个小州全胜还合算。这就产生了一种可能，即某位总统候选人获得了多数选举人票而当选，但获得的选民普选票却比对手要低。这种情况在美国历史上一共发生了三次。最近的一次是2000年的大选。共和党总统候选人小布什获得普选票50456002张，少于民主党竞选对手戈尔的50999897张，但布什因赢得了538张选举人票中的271张而当选。这就是说，在美国这种民主政治制度框架下，普选票少于对方时也可能当选，这显然不符合“民主就是多数人说了算”的常识。所以，如果认定美国总统是由超过半数的美国人选举产生的，那么常常会与实际情况相去甚远。

相对于封建世袭制来说，通过民主选举的方法产生统治者和管理者，无疑具有巨大的历史进步性。但是民众对于选举之后的政治决策和政治管理并没有多少发言权和影响力。正如卢梭所说：“英国人民自以为是自由的，他们是大错特错了。他们只有在选举国会议员的期间，才是自由的，议员一旦选出之后，他们就是奴隶，他们就等于零了。”因此，从某种意义上说，选举本身就是造成政治冷漠的原因，加拿大多伦多大学城市与共同体研究中心哲学与政治理论教授坎宁安说：“当人们主要通过投票来进行集体的自我决定之时，他们既不需要知识和技巧,也无须为规划自己的生活而操劳,由此,人民已经习惯于自我压迫。”

### (二)精英主义民主导致政治冷漠

表面上,选票是人人平等的,但实际上却是两极分化的。20 世纪 70 年代以来,西方社会中处于少数地位的一些弱势人群,如有色人种、单亲家庭、残疾人、贫困者受到了严重的“投票歧视”。美国资深编辑保罗·罗森堡曾写过一篇文章,题目就叫《拒绝给予民主:数以百万计美国人被阻止投票》。美国设置了种种障碍阻止某些特定群体参加投票,这些勾当在许多州甚至变成法律。美国一些州规定,乞丐、流浪汉及受济贫院抚养的人无选举权。美国有 36 个州规定,必须在当地居住一年以上才有选举权。法国、比利时等国规定,无偿还能力的破产者没有选举权。冰岛和挪威甚至规定,公民居住必须满 5 年以上才有选举权。居住时间的限制,必然使流动性大、经常处于失业或半失业状态的下层居民丧失选举权利。对那些处于社会底层的人们来说,由于缺乏社会经济地位较高的人们诸多优越条件,他们对自己在政治系统中的影响力没有足够的信心,这就使他们经常对政治问题和政治活动态度冷淡,漠不关心。

西方“宪政民主”标榜由人民当家做主、管理国家,事实上沦为“寡头政府”。西方的选举民主,决定了必须有巨额的选举资金,而唯一有能力提供的只有财团。日本战后 60 多年来,国家政权大部分时间掌握在自民党手中,而其背后的真正主人则是日本大财阀。印度、巴基斯坦、孟加拉等国则是控制在几个家族手中。而在美国,不管民主、共和两党如何轮换,其权力始终掌控在垄断资本、军工集团和金融寡头手中。正如美国著名演说家玛利·伊丽莎白·利兹指出:“华尔街是国家的主人……真正当政的是金钱。”在西方国家的民主选举中,竞选人必须为建立竞选团队筹集大笔资金,同时要付大笔钱来购买广播、电视时段,要花钱进行民意测验、选情分析,要支付各种其他社交费用,结果使竞选成本越来越高。金钱可以操纵政治,金钱已经成为选举的王牌,金钱是选举进程的绝对主人,美国大选是烧钱比赛,这一切在西方已是普遍的共识。1860 年时,美国总统竞选费用为 10 万美元;1952 年,35 岁的肯尼迪竞选马萨诸塞州的国会参议员花费了 50 万美元;而到 1984 年,美国总统选举经费高达 5900 万美元;2004 年又进一步上升到 6.93 亿美元;2008 年更是飙升到近 24 亿美元,高于许多非洲国家的国民生产总值。因此,虽然最后是选民在进行投票,实际上在投票开始前,资本已经进行了“初选”,那些获得财团青睐的候选人才可能脱颖而出,当然胜选后也必须进行回报。

总之,正如美国著名政治学家佩特曼所说:“少数精英的参与才是关键,缺乏政治效能感的冷漠的、普通大众的不参与,被看作是社会稳定的主要屏障。”大部分选民缺乏足够的政治常识和理念来支撑自己的行为,而且他们的观点往往是相互冲突和矛盾的,例如,很多人支持增加社会福利但同时又强烈反对增加更多的税收。因此,选民的冷漠、无知和矛盾使西方“宪政民主”标榜的民主功能大打折扣。两次世界大战正是在少数几个所谓的“宪政民主”国家中酝酿的,给全世界人民带来了极大的灾难。即使在“二战”后,在一派繁荣的背景下，也不断爆发大规模的工人运动、学生运动、种族运动，社会分裂和冲突十分普遍，反映了民众对社会、政治体制的普遍怀疑和冷漠。

# 西方“宪政民主”导致世界话语体系一元化

浙江理工大学　吴　苗

西方“宪政民主”概念中的西方，不是一个地域概念，而是一个意识形态的概念。西方“宪政民主”是西方的主流话语，在面对发展中国家时，是西方强国话语霸权的一项重要攻略。西方“宪政民主”被包装成世界各国“宪政民主”的标准模式，客观上促成了世界话语体系的一元化，对发展中国家追求自己的发展道路产生了非常不利的影响。西方“宪政民主”主要的表现之一是美国“宪政民主”，而谈美国的“宪政民主”，就避不开《联邦党人文集》。

## 一、《联邦党人文集》的产生具有随机性和独特性

西方“宪政民主”实际上是将世界各国“宪政”发展道路唯一化，并认为各国都应该走这样的道路。我们以《联邦党人文集》为例，来看看这样的理解有没有说服力。《联邦党人文集》被认为是美国宪法和联邦政府所依据原则的精辟说明。从资产阶级的政治学说史角度看，这也是一部重要著作。它对后来不少资本主义国家宪法的制定，有着很大的影响。但这部著作的产生本身带有很大的随机性。

美国是一个历史非常短的国家。1787 年 5 月，本来要召开美国邦联会议，会议本来的议题是：修改执行已有八年的

《邦联条例》。但是,经过将近三个月的讨论后,会议却否定了这个条例,而是重新制定了一部新宪法。这次会议也成为美国历史上著名的制宪会议。新宪法出台后,各州对新宪法有两种截然相反的意见:一种拥护,一种反对。于是,发生了美国历史上最激烈的一场论战。汉密尔顿、杰伊和麦迪逊三人支持新宪法,并以“普布利乌斯”(Publius)为笔名在纽约报刊上发表了一系列论文,支持新宪法,反驳反对派对新宪法的责难。同时,这些论文进一步说明了新宪法基本原则的优越性。所以,这三位杰出的资产阶级历史人物对美国最终实现以代议制为基础的联邦共和国制度发挥了关键作用。

从内容上来说,《联邦党人文集》的产生也是对建国之初美国自身制度缺陷的一种反思。这一系列论文对于邦联政府不能有效应对国家发展需要的缺点与存在的问题做出了说明,是当时资产阶级的政治愿望的一种表达。独立后的美国,需要政治上的统一,实现国内安定,经济发展,但是也希望对州和个人的权利有所确认。所以,《联邦党人文集》阐明了建立中央相对集权的强大的联邦政府的必要性,同时,也提出,不过多侵犯各州和个人的权利。它是解决美国问题的一部优秀论著,这可以从美国在其后 200 多年的发展历史得到证明。这部论著为美国之后的发展道路奠定了坚实的基础,使得美国成为世界上最强大的国家。

举个例子来看,汉密尔顿、杰伊和麦迪逊发表的这一系列论文内容可以做一个简单的归纳,如建立联邦政府的优越性,联邦政府对经济方面的积极作用,联邦政府的缺点,怎样建立和维持联邦,联邦政府的权力设置和运行,联邦政府和州政府的权力分工与平衡。他们的论述大体围绕这些问题进行思考,思考的过程中火花四射,这部论著在资产阶级政治学说史上具有非凡的意义。今天美国的政治制度深受这场辩论影响,不少资本主义国家宪法的制定也对其多有学习。因而,它是认识美国制度的一扇窗户,也是认识资本主义国家政治制度的一部思想交锋史。从它的产生到其内容的论述,无不体现出对当时美国问题的思考。它没有空谈空论,字里行间都是对美国的问题以及怎样解决这些问题的一些创造性思考。所以,它是对美国实际问题的真知灼见,对美国以后的发展意义重大。换句话说,它是为解决美国问题而产生的,但对其他资本主义国家的政治制度发挥了极大影响。

美国的"宪政民主"也不是个简单的概念。它包含着适合国情的许多具体条款的设计。从《联邦党人文集》中举个实际的例子来看,对州权力的限制和联邦权力对各州政府的威胁的论述,内容相当具体。它规定各州有权制定一切必要和适当的法律,以实施一系列权力,如禁止各州之间订约和结盟,禁止颁发捕押外国船只的特许证,禁止发行信用券,除金银外,禁止制定任何法定货币,禁止通过褫夺公权的法案、追溯既往的法律和损害契约义务的法律,禁止设置高贵称号,禁止征收进出口税等。总之,禁止行使任何未经明确授予的权力,以及滥用这种一般权力的纠正办法,从而体现出宪法和符合宪法的法律和条约的至高无上。此外,对联邦权力对各州政府是否构成威胁,也做出了极有创见的思考。"假如联邦对美国人民的幸福是必不可少的,那么,唯一能达到联邦目的的一个政府,竟然被说成可能贬低各州政府的重要作用而遭到反对,岂非荒谬绝伦?”它的语言就是这么朴实和简单,但说明了一个最简单的道理。州政府被认为是联邦政府的重要组成部分,而联邦政府对州政府的活动和组织没有什么重要作用。当时的资产阶级思想家针对当时美国的具体问题,提出了细致的、严密的思考,对于可能出现的后果,也是逐项驳斥,以维护他们支持新宪法的意图。新宪法的实行在他们看来,是解决现有问题的最好办法,有利于国家的进一步发展和繁荣。他们是抱有这样的强烈意图的。

然而,美国的这套政治发展话语,后来却被赋予了霸权色彩。西方“宪政民主”的强势输出就是表现之一。美国的“宪政民主”有其独特性。但美国依靠军事优势和金融霸权控制和操纵世界话语权,巩固其霸主地位,强调其“宪政民主”的普适性,希望通过经济实力的强大促使世界话语体系一元化,建立以自身为主导的世界话语体系。这是以其自身发展道路的优越性,强迫其他国家接受与美国一样的发展道路和“宪政民主”,我们从《联邦党人文集》的产生和内容的出台过程来看,这是多么不合适的事情。美国只认为它的“宪政民主”是最真实的,却忽略了别的国家与美国有着不同的国情。在美国的这套认识逻辑下,别的国家的发展道路就被贴上了不合理的标签。美国就可以站在道德制高点上对别的国家横加指责。从这点上来看,美国的标准又是多么的不一致。

## 二、从《联邦党人文集》看世界话语体系一元化是否科学?

世界话语体系一元化实质是话语霸权的强化。在国际关系领域，国家与国家关系的处理中，这是很不平等的原则。国家与国家应该本着平等的原则，相互磋商，共同处理一些相关事务。但是，世界话语体系一元化只会导致一国或国家集团的话语霸权，强国或强国集团占据话语制高点，为争取各自国家或国家集团的利益，提出处置相关事务的方法与方式。而比较弱小的国家，对此只能接受，根本不存在发表自身看法的空间。所以，世界话语体系一元化只会导致话语霸权，符合霸权强国的利益，并进一步增强其霸权及影响世界的能力。而比较弱小的国家在这一过程中，不能摆脱利益受损的劣势处境，并进一步减弱其影响世界的能力，最后从属于霸权强国，丧失话语权。

从世界上国家间的交往来看，西方强国在国际交往中逐步占据了话语垄断权。虽然经历了"二战"后社会主义阵营与之的阶段性对抗，但在苏联解体后，以美国为首的西方话语体系进一步得到加强。西方话语体系中的"宪政民主""普世价值"等概念，成为强有力的宣传武器，它们似乎是真理和能够引起人共鸣的价值准则。西方话语体系中的这些口号和内容也赢得了许多的听众，得到了众多支援。以美国为首的西方强国，凭借其话语体系的强势，推动实现了其背后的一些国际战略和主张，进一步推动了非西方国家对西方国家的从属，并进而巩固了西方国家以武力与资本为后盾建立起来的不合理的国际政治经济秩序。此外，它们又极力推动以"文化软实力"攻略来影响其他国家。西方"宪政民主"就是这许多攻略中的一种。

从《联邦党人文集》来看，世界话语体系一元化是否科学？

答案是否定的。这部文集反映的是对美国这个独特国家在现实国情条件下的一种认识。“美国的宪政”由此而来。它的世界示范效应比较强，世界上其他的资本主义国家在后来的政治经历中对此多有学习，对其中提到的问题，也做出了自己的一些理解。但并没有哪个资本主义强国对美国宪政是全盘接受的，例如英国、法国、德国、日本等等。它们都是对美国宪政经验中有利于自己发展的一面进行学习。而且这些国家之间的政治制度差异性也非常大，在本国政治发展道路的演变中，也反映出了不同于其他国家的独特性，这点不可否认。

将“美国宪政”抽象化，是西方宪政原则的“普遍化”“普世化”。这里混淆了一个概念——真理。真理有相对真理和绝对真理之分。相对真理在不同的时间和地点有可能评价就会不同，所以，只能说它是相对的。但从西方“宪政民主”话语体系的宣传攻势来看，是将“宪政民主”当作绝对真理来宣传的，认为其他国家都应该按照这样的政治制度和道路来运行，才符合“宪政民主”的原则；否则，就是非宪政的、非正义的，是要做出自我批评，并必须要做出改正的。但问题是，西方“宪政民主”是绝对真理吗？以《联邦党人文集》为例的分析来看，以美国为首的西方强国要求的西方“宪政民主”并不是绝对真理。它并不是不分时间、地点可以任意推行的普遍真理，它有相对性。它是特定时间、特定地点的产物，有适用的相对性。

这里还对一个问题有所误解，即价值。西方“宪政民主”其实是一种西方价值。因为它带有强烈的主体诉求，和主体的利益密切相关，而且是有选择性和是非判断色彩的。而判断的标准是与自身的利益和价值追求相关的。所以，它们追求的西方制度模式和价值理念的“普世化”，其实质并不是追求超越意识形态的价值，追求世界的共荣和国家之间的共赢。它们的价值追求以自身的利益诉求为直接驱动，不断出现的“中国威胁论”就是例子。它们还抱着意识形态偏见和冷战思维不放，把中国的发展壮大视为对其价值观和制度模式的挑战，加紧对我国等非西方国家进行思想文化渗透。所以，这样的西方“宪政民主”根本不具备真理的客观性，因为它包含有太多的西方价值追求和利益追求，而不是真理的追求。

### 三、西方“宪政民主”导致的世界话语体系一元化的危害

西方“宪政民主”导致的世界话语体系一元化，阻碍了发展中国家政治发展道路的世界认同。每个国家和民族的历史传统、文化积淀、基本国情不同，其发展道路必然有着自己的特色。但世界话语体系一元化，否定了其他的“宪政民主”发展道路。因为，这些民族和国家的民主道路不符合西方“宪政民主”的一些条件和要求。所以，其他的“宪政民主”探索道路，从其一开始就被否定。不管这些民族和国家的民主道路探索取得了什么样的成绩，也被认为是不合道理的、虚假的，应该被质疑的。尤其是，广大发展中国家早期基本都是被西方列强殖民和奴役的，在经济文化落后的国家探索自己的政治发展道路本来就困难重重，在当代的国际政治经济秩序中仍处于不利地位。承认西方“宪政民主”的话语体系一元化，就等于是自我否定了自己的探索和努力。在这样的双重不利境地下，发展中国家政治发展道路是很难赢得世界认同的。

以中国为例来看这个问题。中国有着独特的文化传统、历史命运、基本国情,我们自己的政治发展道路也具有很多独特性。中国特色社会主义的政治发展道路、理论、制度就是我们在长期的实践中成功摸索出来的,具有鲜明的中国特色。中国从近代以来,出现了农民阶级、资产阶级改良派和革命派的努力,希望主导中国的政治发展道路。但是,这些阶级和政党的努力最后都没有单独完成这个历史任务。进入新民主主义革命时期,中国共产党及领导的工人阶级成了中国革命的领导阶级,中国共产党主导了这个革命历史演进过程,并决定了中国政治发展的价值取向。所以,从一定程度上来说,当代中国的政治发展也来源于新民主主义革命和社会主义革命。历史现实的发展是客观存在的,这不以人的意志为转移。这个发展道路,是我们自己的道路,是不同于美国的"宪政民主"道路的。用美国的"宪政民主"话语来否定中国的发展道路,最终会导致我们的自我否定,同时,我们的自我发展道路在世界上得不到普遍认同。

更为重要的是,西方"宪政民主"导致的世界话语体系一元化,影响了发展中国家政治发展道路的自我认同。内因通过外因来起作用,可以看到,西方对苏联的"和平演变"就是一个鲜明的例子。不费一枪一弹,自己对自己的发展道路从不认同到最终根据西方的意图转变自己的发展道路。这看起来是多么自然。对大国苏联尚且如此,一些发展中国家对于自我发展的认同恐怕更低。20 世纪 90 年代以来,中国的政治发展无论从理论上,还是实践中,都更为注重对中国特色和中国实际的发掘,但还是不断遭到以美国为首的西方的质疑。

中国理论界根据中国特有的政治文化背景变迁和中国“政治人”的主体素质总体状况及中国政治改革进程的全面反思，在理论上也产生日趋成熟的认识与论证。这在西方看来，都是不符合其“宪政民主”的要求的。对于中国政治发展的中国特色和渐进道路，西方更是多有指责。

我们也看到，国内确实也出现了受西方“宪政民主”影响极深的一些人。凡事鼓吹西方“宪政民主”，认为其只有优点，是模仿的对象。殊不知，制度移植从来就不是什么成功的经验。菲律宾是美国“宪政民主”的亚洲橱窗，但是，它的民主水平和实现程度与美国不可同日而语。在国际交往中，更是唯美国马首是瞻，就是美国的一个“小卒”。再回过头看看，中国革命的先行者孙中山，他也希望向西方“宪政民主”学习，他提出的“五权分立”比美国的“三权分立”更为具体。但在国民党统治时期，又实现了多少？所以，这些论断缺乏历史的厚重感，缺乏全面认识事物的能力。这些人在国内舆论中所起的作用是十分消极的，直接影响了普通大众对中国特色的政治发展道路的认同。

西方“宪政民主”的话语体系一元化，还非常不利于发展中国家寻找自身的政治发展道路。西方“宪政民主”的话语体系一元化，其实质是认为自己是真理，别的国家的发展经验不是真理。既然是真理，各发展中国家就要服从。而广大发展中国家在世界上的经济话语权和政治话语权本来就非常弱，本身的发展经验又得不到世界认可，还频频遭遇西方国家的批评。所以，基本没有理论的话语权，寻找自身的政治发展道路面临外部世界强国的刁难和内部国家民众的误解，探索自身的政治发展道路，始终处于不利地位。

西方“宪政民主”的话语体系一元化，还非常不利于发展中国家输出成功的经验。在西方爆发金融经济危机，整个资本主义世界都陷入艰难的发展境地时，“华盛顿共识”也无法拯救拉美等地的危机。但是，中国依然保持着良好的发展状态，也在进行着发展经验的积累。在不合理的国际政治经济旧秩序下，在西方的政治和意识形态的严重冲击下，我们的发展经验也被贴上了不合理的标签。在国际交往中，中国的经济、政治和文化权益不断受损，我们宣传的成功经验也不被认可。

2012 年 6 月 2 日，李长春同志《在马克思主义理论研究和建设工程工作会议上的讲话》中代表党中央明确提出：“如何在学习借鉴人类文明成果的基础上，用中国的理论研究和话语体系解读中国实践、中国道路，不断概括出理论联系实际的、科学的、开放融通的新概念、新范畴、新表述，打造具有中国特色、中国风格、中国气派的哲学社会科学学术话语体系，是理论界和学术界面临的重大而紧迫的时代课题。”所以，我们要拥有自己的问题意识和话语体系，充分认识我们党遵循社会发展规律的高度历史自觉和对中国特色社会主义的高度自信。我国作为社会主义国家，必须建立维护中国和中国人民根本利益的话语体系。中国社会科学院马克思主义研究院辛向阳研究员说：“现在有些人用西方的话语体系来代替马克思主义的话语体系，用西方的话语体系来解释中国的发展，不仅解释不清楚问题的本质，反而造成一系列混乱。如果我们只用‘公民’‘市民’‘普世价值’‘包容’之类的话语来分析中国的发展与进步，得到的答案就只能是我们采用了西方的新自由主义、西方的市场经济和公民社会以及他们的社会福利政策。”这对于我们研究中国现实问题，正确解答中国实践和发展提出的各种现实问题是非常不利的。没有话语权就没有生存权，没有话语权就没有政权的合法性，国家和民族在实际上也就没有生存权。从这点上来说，一个国家掌握自己的话语体系是多么重要！

# 后　　记

“意识形态领域重大理论问题”研究暨系列通俗读本编撰由中共浙江省委宣传部组织实施，省委常委、宣传部长葛慧君高度重视，省委宣传部常务副部长胡坚具体主持。本书的编写是浙江省近百位青年教师共同完成的，其间做了大量的资料准备，并得到省内外有关专家学者的大力支持。浙江省青年马克思主义研究会和浙江工商大学出版社承担了本书的编辑出版工作。书中难免存在疏漏不足之处，敬请提出宝贵的批评意见和建议。

编者

2015 年 3 月

# 序　言

葛慧君

马克思主义有一个重要的观点：人民只有组织起来、团结起来才有力量。我们党带领人民在长期奋斗中深深懂得：团结就是大局，团结就是胜利。党和人民的坚强团结，根源于共同的利益、凝结于共同的目标，核心是共同的思想基础。任何社会都是经济基础、政治上层建筑和意识形态三大结构在生产力发展基础上互动的整体。在这个整体中，意识形态是灵魂，她体现为一个国家、民族和社会共同的理想信念，是整体社会发展和个人人生价值体现的精神支柱，具备着将个体团结起来的内在凝聚力。

30多年社会主义改革发展的巨大成就充分证明，通过中国共产党和广大人民群众艰辛的理论创新和卓越的社会实践，社会主义意识形态是我们对未来理想社会和文明形态追求的基本价值原则。近代以来，君主立宪制、多党制、总统制等都在中国尝试过，结果都行不通。只有中国共产党领导人民，把马克思主义基本原理同中国实际结合起来，找到了实现民族独立和人民解放、国家富强和人民幸福的正确道路。沿着这条道路走，我们比历史上任何时期都更接近中华民族伟大复兴的目标，比历史上任何时期都更有信心、有能力实现这个目标。但我们也看到，随着社会深刻变革，不同社会群体之间产生了不同的经济表达、政治表达、社会表达、文化表达，特别是随着对外开放不断扩大，各种思想文化交流、交融、交锋日益频繁，一些错误思潮暗流涌动、此起彼伏，巩固壮大主流意识形态和思想舆论面临的挑战与困难前所未有。

习近平总书记指出，“意识形态关乎旗帜、关乎道路、关乎国家政治安全”，“经济工作搞不好要出大问题，意识形态工作搞不好也要出大问题”。做好意识形态工作，要求我们在任何时候、任何情况下都要保持清醒的头脑。必须深刻认识到，国际上的一些势力骨子里是不希望中国发展壮大的，一直在不遗余力地推行西化、分化的战略。其中最主要的一手，就是抓住中国社会转型发展时期利益诉求、矛盾问题交织互联的特点，搞意识形态渗透，搞乱人们的思想，瓦解党和人民团结奋斗的共同思想基础。近年来在思想界出现的各种错误思潮，不论是政治上的西方“宪政民主”、思想上的“普世价值”、经济上的“新自由主义”、文化上的“历史虚无主义”，还是道路方向上的“质疑改革开放”，虽然侧重点有所不同，有的还由于蕴含其中的政治主张违背我国宪法原则做了种种“包装”，但实质都是要使中国脱离中国特色社会主义轨道，脱离中国共产党的领导，对我国社会主义事业的危害绝不容忽视。

巩固共同思想基础，要求我们必须毫不动摇地坚持马克思主义和共产主义信仰，切实增强政治定力，坚决同各种错误思想作斗争。习近平总书记告诫全党，要当战士，不当“绅士”，在意识形态问题上守土有责、守土负责、守土尽责。刘云山同志强调，用中国特色社会主义凝聚思想共识，必须加强对思想理论领域问题的辨析与引导，有针对性地开展积极的思想舆论斗争。刘奇葆同志指出，在意识形态问题上，我们不搞无谓争论，但对挑战我们政治原则、政治制度的思想观点，必须有坚定的立场、鲜明的态度，敢于发出正确的声音。近年

来，根据中央的部署要求，浙江省委将意识形态工作摆到更加重要的位置，在各领域深入开展“当战士、不当绅士”等主题活动。浙江省委宣传部设立专项课题，组织全省党校、高校近百位一线教学的青年教师，开展专题研讨，撰写体会文章，汇集、编撰形成《为什么不行——论西方“宪政民主”》《为什么不好——论“普世价值”》《为什么不灵——论新自由主义》《为什么不对——论历史虚无主义》《为什么不变——论改革开放》等系列通俗读本。其中的文章注重运用理论与实践、历史与现实、国内与国际、正面与反面对比等手法，围绕核心观点进行充分阐发，针对热点问题进行辩证解读，澄清了一些模糊认识，批驳了一些错误观点，集中反映了浙江广大青年理论工作者在事关意识形态的大是大非问题上鲜明的态度、正确的方向和坚定的立场，是广大干部群众、青年学生加强理论学习、提高思想认识的重要辅助读物。

当前，全党和全国上下正认真学习贯彻以习近平同志为总书记的党中央提出的“四个全面”的战略思想。“四个全面”是中国特色社会主义伟大事业的顶层新设计，是马克思主义与中国实践相结合的新飞跃，为新常态下推进各项事业注入了强劲动力，也为进一步做好意识形态工作指明了方向。我们要紧紧围绕“四个全面”的战略布局，切实将意识形态建设作为一项战略工程、固本工程、铸魂工程来抓紧、抓实、抓好，为推动马克思主义在意识形态领域的指导地位更加牢固、全党全国人民团结奋斗的共同思想基础更加坚实做出新的努力！

# 目 录

CONTENTS

## 壹 历史虚无主义的表现



## 贰 历史虚无主义的本质

## 叁

## 历史虚无主义的危害



## 肆

## 历史虚无主义的应对与克服

壹

## 历史虚无主义的表现

中国人仍然缺乏自信力吗?

历史虚无主义否定革命的历史进步性

历史虚无主义否定中国人民的抗帝救亡斗争

历史虚无主义颠倒对历史人物的是非评价

新中国前三十年的成就不容否定

否定改革开放是另一种历史虚无主义

# 中国人仍然缺乏自信力吗？

浙江金融职业学院　王国雨

我们知道，台湾的柏杨先生写过《丑陋的中国人》，提出了传统文化是“酱缸文化”的概念，李宗吾曾写有轰动一时的《厚黑学》，鲁迅先生著有名篇《阿 Q 正传》。这些作品都对中国文化传统中糟粕的一面做了深入的剖析和批判，作为“爱之深，恨之切”的严肃认真的思想反思，本无可厚非。然而，许多人读完之后，却得出了“中国人就是这德行”的结论。这种以偏概全的肤浅认识不免让人深感不安。时至今日，仍然有许多人以“愚昧”“丑陋”评价我们中华民族，将充满“奴性”、安于现状、逃避现实等视为我国文化传统的根本特征。在这些人眼中，中华五千年文明没有什么优秀文化精神可言，没有什么优良传统可说。果真如此的话，我们中国人还有什么文化自信可言？我们这个民族还能立起来吗？

## 一、要正视我们的历史文化传统

有历史常识的人都知道，当近代中国国门被西方列强的坚船利炮打开之后，“西风吹乱了华发”，一代代仁人志士前赴后继地探索救亡图存之道。然而，一次次的失败让先进的中国人陷入痛苦的反思，最终，到新文化运动时期，思想家们把近代中国落后挨打的根源算到了延续数千年的文化传统头上，认为是孔子及其儒家“吃人的礼教”阻碍了中国社会进步。此时，他们对自己的国家和民族变得非常不自信，以诋毁自己祖先和圣贤的智慧为能事。客观地说，当“救亡压倒启蒙”，急于寻求救亡图存之道的仁人志士提出“打孔家店”，有不可忽视的客观时代背景，对此应有“同情之了解”。但是，我们不得不说，将我们的思想文化传统看作阻碍中国社会进步的罪魁祸首实在是“抓错了药方”。向西方学习其先进的科技、军事和制度等固然是摆脱落后境地的必要一步，然而，否定本民族固有文化传统断不能成为我们效法的理性态度。

以鲁迅先生为例，他本是新文化运动的一员主将，对我们的文化传统多有批判。然而，他曾非常认真地强调我们中国人不能失去民族自信力，让我们重温一下他的名言：“我们从古以来，就有埋头苦干的人，有拼命硬干的人，有为民请命的人，有舍身求法的人，……虽是等于为帝王将相作家谱的所谓‘正史’，也往往掩不住他们的光耀，这就是中国的脊梁。”我们五千年文明没有断绝，悠悠岁月中我们的祖先创造了辉煌而灿烂的文化，这是我们需要继承和弘扬的，其中也一定蕴藏着值得我们骄傲自豪的民族精神和光耀千古的永恒的价值理念。

传统文化中当然不全都是好的，应该是好的、坏的并存，用不着拔高，也不能贬低。《兰亭序》中写道：“后之视今，亦犹今之视昔。”当然不能以为流传至今的文化传统就像大浪淘沙，剩下的全是金子。什么是传统？有人说，传统就是过去的东西，这个理解不全错，但只对了一半。传统不仅仅只是指过去存在过的东西，它更是指活在现在的过去，是仍然留在我们身体里的血液。所谓“传统”，是流动的，未完成的，它无处不在，无所不在，时时刻刻在影响着我们的社会，影响着我们的生活，可以说，人无往而不在传统之中。传统文化中固然有糟粕的东西，不烦我们在这里指出，毛泽东同志早就指出要“取其精华，弃其糟粕”，要“古为今用，洋为中用”。站在构建当代中国社会主义文化的立场上来看，我们要继承和弘扬的是传统文化中优秀的部分，是那些具有永恒价值的对我们的当下社会生活有益的文化资源。

可是有人认为，我们中华民族文化传统中，没有可以继承的优秀文化传统和民族精神。果真如此吗？习近平总书记最近在谈到培育和弘扬社会主义核心价值观时，提出中华优秀传统文化是涵养社会主义核心价值观的重要源泉。优秀传统文化中讲仁爱、重民本、守诚信、崇正义、尚和合、求大同的理念有积极的时代价值。“不忘本来才能开辟未来。”中国文化传统中积淀着中华民族最深层的精神追求，包含着中华民族最根本的精神基因。真诚、仁爱、忠信等等富含正能量的价值观是中华民族的主流价值取向。社会主义核心价值观倡导的“民主、自由、平等、公正、法治”的价值理念富有时代内涵，具有社会主义当代文明的新内涵和新诠释，24字的社会主义核心价值观的根基与源泉就在我们的文化传统之中。没有继承就没有发展，任何割裂传统、数典忘祖的思想都是经不起推敲的。

## 二、要深刻理解中华文化精神的时代价值

谈到中华文化精神及价值理念的当代价值，我们可以看

几个事例。瑞典物理学家汉内斯·阿尔文博士认为,“人类要生存下去,就必须回到二十五个世纪以前,去汲取孔子的智慧”。1993 年芝加哥开了一个宗教会议,这个会议通过了一个由瑞士神学家孔汉思起草的《世界伦理宣言》,把孔子的“己所不欲,勿施于人”作为一个基本的原则写了进去。后来联合国教科文组织开展“世界伦理计划”,也把它当作一个基本的原则来用。美国诗人、哲学家爱默生认为:“孔子是全世界各民族的光荣。”孔子是儒家学派的创始人,也是中国文化的代表和符号之一。在西方有识之士认识到中华文化的当代价值的今天,我们还有什么理由对自己民族的优秀传统嗤之以鼻呢?

再举一个例子。我们知道,生态危机是一个全球性问题,其背后的深层根源在于人类的自然观念。当我们把自然作为人类开发、利用、改造的对象时,人与自然二元对立了起来,人在欲望和需求驱使下,对自然的掘取必然超越自然的承受边界,违背自然界的规律,从而导致种种生态危机的产生。而我们中华民族的先哲很早就认识到人本就属于自然的一部分,提出了“天人合一”的理念。《易传》中说,“有天地然后有万物,有万物然后有男女”“天地之大德曰生”。包括人在内的一切生灵都是“性自命出,命自天降”,人要循着“尽心”“知性”而“知天”的思路理解天人关系。我们要敬畏自然、感恩自然、善待自然,因为我们本属于自然,地球是我们唯一的家园,万物皆有生命和灵性。古人那种对大自然的亲近感和人与自然之间的和谐根源于中国人的生态哲学、生存智慧。这是我们现代人应该反思的。

中华文明绵延数千年没有断裂,其背后的基本文化精神中包括自强不息的民族精神。《周易》上说:“天行健,君子以自强不息。”中华民族刚健有为,越是遭受挫折,越有奋起抗争的精神和意志。正是这种刚健有为、自强不息的精神,推动了中国社会和中国文化的发展。无数志士仁人,为了维护国家统一和民族团结,鞠躬尽瘁,不息奋争。让我们重温一下大史学家司马迁的话:“西伯拘而演《周易》;仲尼厄而作《春秋》;屈原放逐,乃赋《离骚》;左丘失明,厥有《国语》;孙子膑脚,《兵法》修列;不韦迁蜀,世传《吕览》;韩非囚秦,《说难》《孤愤》;《诗》三百篇,大抵圣贤发愤之所为作也。”司马迁本人也是因为受宫刑而发愤写出了《史记》这一不朽的皇皇巨著。没有自强不息的精神,中华民族不可能有如此辉煌的历史、灿烂的文化。自强不息仍然是当代中国不断进步的不竭精神动力,我们为之奋斗的社会主义现代化建设难道不需要这种精神吗?

正道直行也是中华文化的基本精神。中华民族是坚持正义、勇于追求真理、崇尚气节的民族。由于受传统文化特别是儒家文化的熏陶,中华民族崇尚气节、重视节操的一面十分突出,培育了强烈的民族自尊心和刚正不阿的浩然正气。先秦孔子推崇“士可杀而不可辱”“三军可夺帅也,匹夫不可夺志也”;孟子提倡“富贵不能淫,威武不能屈,贫贱不能移”的大丈夫人格,强调要善养“浩然之气”;晋代陶渊明“不为五斗米折腰”;唐代李白宣言“安能摧眉折腰事权贵,使我不得开心颜”。这些都是坚持气节,宁可弃利甚至杀身,也决不丧志辱身的典型格言。

这里要特别讲一个文天祥的故事。文天祥在南宋最危急的时刻起兵，组织义兵抗元，战败后被俘。面对这样一个明知不可为而为之的人，元朝统治者们很想弄明白，到底是什么支持着文天祥去做这样一件根本没有可能成功的事呢？于是，从投降的宋朝丞相到皇帝，再到元朝的丞相、皇帝，个个都来劝降，但他们得到的回答都是一样的：绝不投降！在一次又一次的交锋中，蒙古贵族们认识到，这个人心中有一样东西在支持着他。这样东西叫作道义！道义是个什么玩意儿？看不见也摸不着，但蒙古贵族们还是把握住了一点，那就是只要降伏了这个人，就能树立一个典型，道义是可以被打败的。于是他们换着法子折磨文天祥，从舒适的暖房到臭气熏天的黑牢，从软到硬，无所不用。但文天祥软硬不吃。文天祥在艰苦的环境下，坚持了自己的信念，写下了千古名篇——《正气歌》。其中有两句话，是他内心的写照："时穷节乃现，一一垂丹青。"一个人的气节和尊严，正是在最困难的时候体现出来的。最后，忽必烈以一种近乎哀求的语气，对文天祥说："你想干什么，自己说吧。"文天祥昂头说道："只求一死！"1283 年，文天祥被押往大都的刑场，他到达刑场时，周围围着无数百姓，他们将看着这个英勇不屈的人被处死。文天祥提出了他人生的最后一个问题，南是哪个方向，立刻有百姓指给了他。他向南方跪拜行礼，然后从容就义。文天祥是真正的最终的胜利者！元朝的统治者们最终没有找到答案，其实就藏在文天祥的衣带诏中，这也是他的遗书："孔曰成仁，孟曰取义，惟其义尽，所以仁至。读圣贤书，所学何事？而今而后，庶几无愧。"此诚为光照日月、气壮山河的绝唱！应该说，这种道义，不但属于每一个人，也属于我们的国家、民族。由此，我想，这个世界上的伟大人格与崇高精神境界是不能够被任意解构的，更不能被恶搞，对于伟大的心灵我们要心存敬畏。可以说崇尚气节、讲求情操的传统，培育了中国优秀知识分子和广大人民的正义感和是非心，形成了民族的浩然正气。特别是在国家命运多舛、民族生死存亡的关头，人们总是以大局为重，用不屈不挠的斗争，来挽救民族国家的命运。历史上无数民族英雄的出现，便是有力的证明。

除了自强不息和正道直行的精神外，中华民族还贵和持中。在西周末年，史伯就十分强调"和"的重要性，他认为以不同的元素相配合，才能使矛盾调和统一，收到和谐的效果。五味相和，才能产生甜香可口的食物；六律相和，才能产生动听的音乐；君主善于倾听正反之言，才能形成"和乐如一"的局面。只有"和"，才能"生物"，收到"丰长而物归之"的效果。孔子更加强调"持中"的重要性，认为"过犹不及"，"中庸"是极高的修养境界和应该追求的价值取向。《论语》中还说："礼之用，和为贵。先王之道，斯为美，小大由之，有所不行，知和而和，不以礼节之，亦不可行也。"贵和持中的核心精神是要求言行适度，反对偏激，主张以理节情，以此达到人与人之间的和谐。中庸不等于没有原则，模棱两可，做好好先生，在某些问题上还是提倡权变的。崇尚中和的民族心理使人们养成了注重和谐、维护整体、温文尔雅、谦让宽容的民族精神。对于维护社会和平、实现人们和睦相处具有重要意义。在 2008 年北京奥运会上，张艺谋导演的宏大场面的表演中，用活字印刷术演绎了"和"字，凸显中华民族尚"和"的理念和精神。进入 21 世纪后，中国政府提出了构建"和谐社会"和"和谐世界"，应该说，这些都深深地植根于我们的优秀文化传统之中。

## 三、要对我们伟大的民族充满信心

现在，我国政府在世界上建立了400多所孔子学院，除了加强对外汉语交流之外，很重要的目的就是弘扬中华文明，增强我国的文化软实力。中华民族只有善于继承传统，才能为世界的发展做出自己更大的贡献。当前，老外学习汉语的热情越来越高涨，很重要的原因是中国文化对他们具有极大的吸引力。这是那些文化虚无主义者应该深思和反思的。

我们要承认，中国人的文明素质还有待提高。尤其是当我国从传统社会走向现代社会，从熟人社会走向陌生人社会的过程中，社会公德意识缺乏变得日益突出。“小悦悦事件”、“老人跌倒扶不扶”的社会讨论、国人在旅游观光时乱刻乱画、在公共场所大声喧哗等事件都是具体表现。2014年3月，文化学者余秋雨在云南的一次演讲中说，中国文化存在“三个缺乏”，一是缺乏公众意识，二是缺乏实证意识，三是缺乏法制意识。这些分析也都有其合理性。我们说的文化建设，理应包括反思传统文化的缺失和缺陷，毕竟我们是立足于当代中国社会发展和文化建设的。但是，一个民族的优秀文化传统与精神内核不容置疑，不该被抹杀，更不能被嘲弄、践踏。因为，一个国家，一个民族，如果连自身的历史都被否定、被抹杀，它也就失去了存在的立足点。在苏联解体的过程中，否定和颠倒历史大行其道，从全盘否定斯大林，到全盘否定列宁和十月革命，把社会主义说得一无是处，这是最终导致苏联解体的一个重要原因。这个惨痛的历史教训是值得我们认真汲取的。

随着我国经济实力的增强和国际地位的提高，今天的中国人应该比以往任何时候都充满文化自信而不是文化自卑。历史上，我们的祖先创造了辉煌文明并对整个东亚产生了深远影响。今天，我们国家实力日益增强，我们更应该有足够的底气和自豪的心态来看待我们的优秀文化精神和传统。时至今日，如果仍然以诋毁自己祖先的业绩、圣贤的智慧、光耀千古的文明为能事，我们实在看不出丝毫的合理性。

亲爱的朋友，难道我们不应该为我们拥有优秀的民族精神和文化传统充满自信且感到自豪吗?!

# 历史虚无主义否定革命的历史进步性

浙江大学　刘召峰

1995年,香港天地图书有限公司出版了李泽厚与刘再复的对话录《告别革命》。此书虽在香港出版,但1995年之后多次增添内容再版(2011年已出第6版),且在我国大陆有着广泛的影响,因而有必要回应一番。该书涉及内容较多,难以在一篇短文中尽数谈及,本文将集中回应书中对辛亥革命的否定。

## 一

为避免可能出现的读者"断章取义"的指责,我们先较多地引用李泽厚的原话,以便廓清"告别革命"的思想因由、具体所指和理论逻辑。

李泽厚在一篇"学术自述"中回顾自己走向"告别革命"的思想历程:"二十世纪在中国是一个充满革命的世纪(一九一一年革命、一九二七年革命、一九四九年革命、'文化大革命'……)中国人经历了政治、社会、文化各方面的巨大革命。革命成了不可亵渎的神圣观念。我曾经是革命的积极支持者。但从'文化大革命'中期以后,我由'革命'逐渐转到了'告别革命'。"这段回忆文字说明,李泽厚的"告别革命"与对"文化大革命"的否定有关。不过,应该"告别"的"革命",在李泽厚看

来,绝不限于“文化大革命”——1994 年,他在与王德胜的对话中说:

“对于辛亥革命,我从‘文革’起开始怀疑,但没法发表文章,海峡两岸都会反对。我以为,辛亥革命是搞糟了,是激进主义思潮的结果:清朝的确是已经腐败的王朝,但是这个形式存在仍有很大意义,宁可慢慢来,通过立宪派所主张的改良来逼着它迈上现代化和救亡的道路;而一下子痛快地把它搞掉,反而糟了,必然军阀混战。所以,自辛亥革命以后,就是‘不断革命’:‘二次革命’‘护国’‘护法’‘大革命’,最后就是 49 年的革命,并且此后毛泽东还要不断革命。到现在,‘革命’还是一个好名词、褒词,而改良则成为一个贬词,现在应该把这个观念明确地倒过来:‘革命’,在中国不一定是好事情。”

通过上面这段话,我们可以得知,被李泽厚否定的“革命”,不仅包括辛亥革命,还包括“二次革命”“护国”“护法”“大革命”“49 年的革命”及后来的“不断革命”。这样就几乎包括了中国近现代史上的一切革命。

这众多的、有着明显差别的“革命”为何都在“告别”之列呢?因为它们都与“暴力”有关——刘再复曾对需要“告别”的“革命”做过如下的限定:“我们所说的革命,是指以群众暴力等急遽方式推翻现有制度和现有权威的激烈行动(不包括反对侵略的所谓‘民族革命’)。”

由于“20 世纪中国的第一场暴力革命,是孙中山领导的辛亥革命”,所以,李泽厚就把批判首先指向辛亥革命:“辛亥革命其实是不必要的。这样,我就否定了孙中山最重要的革命业绩。”对于辛亥革命的成功与失败问题,我国历史研究者的看法还是有分歧的。不过,即便是认为辛亥革命“失败”了的研究者,通常也并不否认它发生的必然性和伟大功绩。相比之下,李泽厚对辛亥革命的否定要“彻底”得多。

那是不是李泽厚认为辛亥革命没有任何积极意义呢?也不是。李泽厚向我们说明了自己“不偏不倚”的立场:“我既反对把革命神圣化,也反对完全否定革命。”那么,积极意义何在呢?李泽厚认为,辛亥革命留下的主要是思想上的意义:“我对辛亥革命的评价很低。但是,我也要强调一下,也不是说革命没有带来一点好处。革命至少带来了平等的观念,带来了社会正义的观念。辛亥革命也好,毛泽东的革命也好,至少强化了平等、正义的社会观念。所以,革命也不是完全坏的事情,主要是代价太大了。”就这样,在李泽厚口中,除了几条可怜的“思想上的意义”,辛亥革命留下的“遗产”就所剩无几了。

## 二

与李泽厚对“革命”的否定形成鲜明对比的,是他对“改良”的推崇。从上文的大段引文中可以看出,虽然李泽厚也看到清朝“已经腐败”,但仍然寄希望于清政府“迈上现代化和救亡的道路”;而他所赏识的,以康有为和梁启超为代表的“立宪派”,则被他“赋予”了“逼着”清政府进行“改良”的历史重任。

既然李泽厚对清政府走上“立宪”道路寄予厚望,我们不妨简述一下清末“立宪”这段历史。在统治危机日益加深的情况下,清政府曾于1901年宣布实行“新政”,1906年宣布“预备仿行立宪”,1907年宣布分别在中央和各省筹设资政院和咨议局,1908年颁布“钦定”的《宪法大纲》,仿效日本实行君主立宪，但又规定了9年的"预备立宪"期限。为使清政府"速开国会"，1910年立宪派曾先后组织了3次国会请愿活动。部分请愿代表对清廷做出的让步（比如，将召开议院的时间"提前"至1913年）不满，要求进行第4次请愿活动。清廷下令遣散请愿代表，押解东三省代表回籍，将直隶代表温世霖发配新疆充军。1911年5月成立由13名国务大臣组成的"责任内阁"，其中满族9人，仅皇族就有7人，被时人讥为"皇族内阁"。面对"骗局"，部分立宪派人士对清政府丧失信任，开始转向革命阵营。

清政府进行的"预备立宪"，立宪派领导的立宪运动，都随着清政府统治的结束而遭到历史的无情抛弃。这是李泽厚也无法否认的事实。于是，他只能"埋怨"慈禧的"死掉"："清朝准备立宪，原来设为九年，大家觉得太长了，后来改成五年，革命党还是认为太长。遗憾的是，就在这期间，也就是在1908年，慈禧死掉了。如果她早死十年就好了，戊戌变法就成功了；如果她晚死十年也好了，就不会有辛亥革命了。"这里，我们明显地感受到李泽厚"那颗受伤的心"的无奈表白。

不过，李泽厚并未因此而对改良主义运动彻底"死心"，他还有一件"武器"——对历史设定"假如"："当时中国可以有两种选择，一是康、梁所主张的'君主立宪'之路；一是孙中山主张的暴力革命的道路。现在看来，中国当时如果选择康、梁的改良主义道路会好得多"。

历史的前进是有多种可能性的，处在一定历史条件下的人们有"选择"的"自由"。但是，抽象地谈论"中国"的"两种选择"是没有什么意义的，我们不妨具体地论及各种政治势力的

"多种选择"。当时,清朝贵族可以选择:一是宁死不立宪;二是小让步,长拖延;三是大让步,不拖延。相应地,立宪派也有如下选择:一是死心,转向革命;二是部分人"满足",至少"继续等待",另一部分在不满甚至失望中逐渐转向"革命";三是继续跟着清廷干。在上述三种不同的情形下,革命派成功的机会就会"依次递减"。应该说,一开始清廷并非毫无"保命"的可能,是他们自己将这难得的历史机遇"拱手相让"。李泽厚不去怪罪清廷的"冥顽不灵",反而指责革命派没有"慢慢来",究竟是何道理?

三

被李泽厚认为"搞糟了"的辛亥革命实实在在地发生了,而且成功地推翻了清政府的统治。这该做何解释呢?"辛亥革命的成功是非常偶然的。"李泽厚给出了这样的结论。为什么说是"非常偶然"的呢?李泽厚的解释是:"如瑞澂不跑,武昌起义未必成功;起义之后,武昌本也能如汉口、汉阳一样为清军收复。但历史总是在偶然中游动运行,偏偏光绪、慈禧前数年接踵殁亡,偏偏没有杀袁世凯,并让他轻而易举地乘机控制清廷并按兵不动……于是有辛亥的成功,有袁世凯的篡位,有袁死后的军阀混战。"又是一系列的"假如",从中我们可以看出,李泽厚多么希望清政府继续统治。

"遗憾"慈禧太后"死掉"、不想让清朝统治覆亡的李泽厚,却"谴责"起了想当皇帝的袁世凯:"袁世凯却根本无意于建设,只一心想当皇帝,从名义上也来建立一个袁氏新王朝,让他们子子孙孙永掌大权。这样当然就不如维持原来的清朝皇帝为好，所以又有第二次的张勋复辟，把局面搞得更加混乱不堪。”这很让人“意外”：凭什么皇帝只能由爱新觉罗氏来当，而袁氏不能当呢？还有，让人纳闷的是：李泽厚那么喜欢“假如”，为何不“假如”袁世凯在掌权之后变成了一个被民主共和观念支配了头脑的革命党人——这样不是更有利于李泽厚鼓吹的“宪政”“法治”更快、更好地实现么?!

历史认识的正确思维方向，不是去假设发生了的事情没有发生，而是剖析那发生了的事情为何得以发生！当然，李泽厚也“追究”了辛亥革命这场“暴力革命”的发生缘由：它是“激进主义思潮的结果”。“革命，常常是一股情感激流，缺少各种理性准备”，亦即“激情有余，理性不足”。而所谓“激情”，就是指急进、激烈地要求推翻、摧毁现存事物、体制和秩序的革命情绪和感情。这实际上是把辛亥革命看作少数“革命党人”的“兴风作浪”的结果。但李泽厚需要回答的核心问题是：在什么条件下，“革命党人”才能兴起“革命”的“风浪”？不去考察当时具体的社会历史条件，而只是谴责“激进主义”——这只不过是李泽厚“激进”地否定“革命话语”的情绪化表达罢了！

## 四

李泽厚在《要改良不要革命》一文中说：“本文所谓‘革命’，主要是指用群众性的暴力活动来破坏、打倒、推翻、摧毁现存的事物（包括人和物）、制度、秩序、程式等等。”刘再复赞同李泽厚这种把“革命”与“破坏”等量齐观的看法，他说：“革命只是一种破坏性的力量，它破坏了一种政治框架之后，并没有提供新的政治框架。”行文至此，我们禁不住要问一句：“革命”果真只是“破坏”，而没有“建设”么？

我们知道，辛亥革命在推翻腐朽的清政府的统治，结束我国长达两千多年的君主专制制度（这是“破”）的同时，还建立了资产阶级民主共和制度，成立了亚洲第一个共和国——中华民国（这当然是“立”）。在《告别革命》一书中，李泽厚对于“立宪”和“法治”重视有加，可是对于作为辛亥革命的最重要成果之一的《中华民国临时约法》（这当然也是“立”，而且内含着一种新的“政治框架”）的重要意义却有意回避。辛亥革命本是“破旧”与“立新”的统一。李泽厚居然视而不见！或许会有人为李泽厚帮腔说：“这民主制度后来不是名存实亡了么？《中华民国临时约法》不是被袁世凯的《中华民国约法》替代了么？”的确如此。可是，这“罪过”理应算在袁世凯头上，而不是算在当时的革命者及其领导的辛亥革命的头上。

## 五

按照李泽厚的逻辑，如果没有“过激主义思潮”，就不会有辛亥革命的发动；如果慈禧太后不过早“死掉”，辛亥革命即使发生了也成功不了；如果没有这众多的“偶然”事件的发生，中国就会走上康、梁所主张的改良主义道路。运用这样的“逻辑”，李泽厚“实现”了对辛亥革命的“告别”。但是，这样来“告别”辛亥革命，也只不过是对辛亥革命做出“否定性评价”而已。

李泽厚对“革命”意识形态的批判，仍然局限于“思想批判”的框架下，也就是说，这只是用“告别革命”的词句，来反对“革命”的词句。在这一点上，李泽厚与马克思在《德意志意识形态》中批判过的青年黑格尔派非常类似。

在《〈黑格尔法哲学批判〉导言》中，马克思说："废除作为人民的虚幻幸福的宗教，就是要求人民的现实幸福。要求抛弃关于人民处境的幻觉，就是要求抛弃那需要幻觉的处境。"按照马克思的逻辑来推论，要求革命者抛弃"革命"的"情感激流"，就是要求抛弃那需要进行"革命"的"处境"！那么，被李泽厚寄予厚望的清政府改变了当时的人民需要进行"革命"的"处境"了吗？答曰：没有！此时，我们不得不说，冥顽不灵的清政府"淹没"在"革命"的洪流中，就是一种必然了。

李泽厚对于辛亥革命的否定，并不成立！

# 历史虚无主义否定中国人民的抗帝救亡斗争

湖州师范学院　侯子峰

一段时间以来，历史虚无主义重新抬头，歪曲近现代中国抗帝救亡历史。其中一个观点认为，自1840年以来，西方列强侵华促进了中国社会经济的发展，是“有功”于中国的，中国应“感激”西方。这番“侵略有理”的论点到底能不能站得住脚呢？我们不急于对其进行批判，先耐心看一下历史虚无主义的观点。

## 一、历史虚无主义的观点

1840年以来，西方列强侵略中国，对中国而言至少有如下“好处”：

### (一)西方侵华促进了中国的经济现代化

在中英鸦片战争以前，中国是一个以农业经济为基础的封建君主专制国家，处于以小农经济和家庭手工业为主体的自给自足的自然经济阶段，是一个典型的农业社会。虽然资本主义生产关系的萌芽在中国沿海地区已经出现，但受到清政府重农抑商政策的影响并没有发展起来。1840年，英国用坚船利炮打破了中国“天朝上国”的美梦。战败后，中国在西方的压力之下被迫打开国门，然而这却大大促进了中国的经济现代化进程。原本封建作坊式或小农经济式的生产方式被迫做出改变，摆脱了经济落后的面貌。假如没有西方入侵，中国的经济现代化进程怎会来得如此之早、如此之快？

**（二）西方侵华促进了中国的政治文明**

1840年以前，清政府腐败落后，实行“闭关锁国”政策，因循守旧、故步自封。清王朝的统治者唯我独尊，将中国之外的国家都视为“蛮夷之地”，认为西方先进的科学技术是“奇技淫巧”，不值一提。完全没有意识到整个王朝在政治、经济、文化、军事各方面都已全方位落后于“工业革命”后的西方国家。西方列强侵入中国前，清政府政治腐败，军备废弛，财政拮据，社会动荡。正是西方列强的介入才迫使中国进入世界文明体系，这极大地促进了中国的政治文明。

历史虚无主义者认为，侵华战争的缘由在于中国人不懂得现代文明社会准则。他们认为，鸦片战争之所以发生，罪在中国，而非英国：西方只是想和中国做生意，这对中国亦有好处，但愚昧的清政府就是不肯开放中国市场，不肯与外界互通有无。反帝的义和团运动更是典型的极端民族主义者的做法：其一，将信奉基督的数万教民残酷杀害；其二，没有理由地杀害西方在华人士；其三，一些中国人仅仅因为使用了“洋布”“洋火”等西方产品，就被直接砍头，没有经过任何司法程序。同时，义和团又是愚昧的，装神弄鬼，自称“刀枪不入”，试图通过封建迷信活动来战胜西方的洋枪大炮，可笑至极。反过来，西方则是有道理的：英国发生鸦片战争是为了保护本国商人的生命财产安全。八国联军侵华是因为慈禧太后包庇义和团对德国公使克林德和日本驻华使馆书记杉山彬的杀害,并且慈禧太后还不知死活地同时向西方十余国宣战,根本不知道“宣战”对中国意味着什么。所以,八国联军到中国来,既是为了保护本国人员在华安全,维护本国的在华利益,又是对蛮不讲理的清政府予以教训。总之,西方侵华是由于中国的“闭关锁国”及其愚昧,同时侵华还促进了中国政治、经济、文化、军事等各方面的发展。所以,对于西方入侵我们应持有一定的“感激”心态。

## 二、批判:西方侵华真的“有功”吗?

笔者认为,从客观效果而言,西方国家对中国的入侵固然在一定程度上有利于中国摆脱原来的自我封闭,使得国人能够开眼看世界,然而,要我们“感激”列强的侵略则是站不住脚的。理由如下:

### (一)西方入侵给中国带来了灾难,并严重伤害了中国人民的爱国热忱

西方入侵给中国带来深重灾难:

其一,西方入侵,使中国主权削弱,国土沦丧。削弱中国主权方面:1842 年,中英《南京条约》使得中国被迫开放五处通商口岸,并使英国获得协定关税权利,由此中国丧失了海关自主权;1843 年签订《虎门条约》,英国从中国获得了领事裁判权、片面最惠国待遇、居住及租地权;1844 年签订《望厦条约》,美国除从中国获得英国在《南京条约》中所取得的特权外,还新增和扩大了领事裁判权的范围,并进一步加强了协定

关税,美国兵船可以到中国各港口“巡查贸易”,美国可以在通商口岸建教堂、医院等;此后,比利时、瑞典、挪威等国先后跟进,“援例”订约。领土沦丧方面:1842 年,中英《南京条约》迫使中国割香港岛给英国;1858 年,俄国强迫黑龙江将军奕山签订《瑷珲条约》,从而侵占中国黑龙江以北、外兴安岭以南约 60 万平方公里的土地;1860 年,签订《中俄北京条约》,俄国侵占中国乌苏里江以东 40 多万平方公里的土地;1864 年,签订《中俄勘分西北界约记》,俄国侵占中国西北部边疆 44 万平方公里的土地;1881 年,据《中俄伊犁条约》,俄国侵占中国塔城东北、伊犁、喀什噶尔以西约 7 万多平方公里的领土;1894 年,签订《马关条约》,中国割台湾省予日本;1912 年,俄国趁乱出兵伊犁、喀什噶尔、阿尔泰,试图分裂中国新疆地区;1914 年,英国勾结西藏地方签署《西姆拉条约》,把藏南约 9 万平方公里的土地划归英属印度;1931 年到 1945 年之间,日本先后占领中国东北、华北、华南等近半个中国的领土。

其二,中国人民遭到屠杀。西方列强在侵华的过程中杀害了大量中国人,尤其是日本侵华战争,中国死伤约 3500 万人,另有烧杀奸掠等难以胜数。

在当时中国人心目中,中国是一个有着 5000 多年光辉灿烂历史的国度,地大物博、国力强盛、文化繁荣,是世界文明的“中心”,是“中央之国”,而其他国家不过是野蛮之地或未充分开化的地方。而鸦片战争一声炮响,改变了这一切。中国人逐渐意识到,西方国家个个科技和军事先进、政治优越、文化昌盛,而中国则什么都不行。很自然,中国人就得出这样一个结论:中国必须向西方学习,否则就要亡国。甚至,有人认为,必须破除传统文化，完全西化，才能赶超西方；汉字当然也要废除，汉字书写及学习非常费力，影响了国人的文化素质，应代之以拼音文字。

一次又一次的败仗，一个又一个的不平等条约，中国人忧心忡忡，强国无望。三元里抗英、太平天国运动、洋务运动、戊戌变法等先后失败了，中国的有识之士意识到农民运动不能救国，中体西用也不能救国。中国要富强，不仅要从技术上还要从社会制度上进行根本变革，所以后来有了辛亥革命。辛亥革命成功了，但其果实被袁世凯窃取了，中华民国并未强大起来，依然是地方割据，军阀混战。1928 年蒋介石结束北伐，南京国民政府完成了中国形式上的统一。一切似乎有了希望，然而旧军阀消失，新军阀又现，蒋桂战争、蒋冯战争、蒋冯阎战争，无休无止，加之后来又有旷日持久的抗日战争，直到 1946 年国民政府才开始实施宪政。而中国真正的独立与自主，则直到中华人民共和国的成立才得以实现。

### （二）西方列强发动侵略的目的是瓜分世界

有的学者研究晚清民国史，认为很多战争罪不都在西方，而是由于中国政府以及人民的愚昧，不懂得现代法律。诚然，中国人经历了两千多年的封建社会教育，就思想而言，确实不如西方社会经过启蒙运动、文艺复兴、法国大革命、美国的独立运动等洗礼之后更懂得如何更好地建立现代国家及保障人权。但当时的中国人知道，一些西方国家有一种狼子野心：向中国倾销鸦片，让国人体弱多病，变为东亚病夫；跟中国签订不平等条约，使得中国主权遭到破坏；侵占中国领土，使得我国领土逐渐萎缩。很多国人越来越深刻地明白一个道理：中国不论采取何种办法,必须要改革,必须要自强,否则就要亡国灭种。而这一切正是中国人通过西方国家一系列的侵略行为而醒悟过来的。

以鸦片战争为例,这本是一个只涉及鸦片的事件,但中国战败,作为惩罚做出适当经济补偿即可,为何非要单方面开放沿海口岸?为何要割占我香港岛?英法联军侵华说是为了保护本国利益,为了给那些被无辜伤害的本国人员复仇,但为何要火烧圆明园,为何要让清政府放弃京兆地区的防务?而俄国以调停为名,还有其他一些借口,威逼利诱清政府签订了一系列不平等条约,割占中国领土 150 多万平方公里,这又作何解释?日本帝国主义更是亡我之心不死,一直想吞并中国,难道这不是事实吗?好一个西方"文明国家"!他们懂得世界文明准则,但历史告诉我们,给世界人民带来无穷灾难的第一次世界大战和第二次世界大战都是由所谓某些"文明国家"挑起的,虽宣称理由不同,但现代人们都知道,其目的不过是瓜分世界,其罪恶罄竹难书。

### (三)西方侵华本质上是为了资本扩张

从世界历史看,西方国家如英、法、德、俄等侵略中国,迫使中国打开国门,侵占中国领土,强迫中国签订一系列的不平等条约并不稀奇。这是西方国家在资本逻辑的推动下,疯狂抢占原材料市场并在殖民地或半殖民地进行产品倾销的"自然"行为,是世界殖民的一个有机组成部分。英国在 19 世纪号称日不落帝国,在侵华前已经侵占了美洲、大洋洲、亚洲、非洲等大量的海外殖民地。在亚洲,他早就占领了印度。而觊觎中国的广阔市场,是他在鸦片战争之前很早就有预谋的事情。法国也在海外尤其是非洲有广大的殖民地，并在亚洲占领了越南。德国作为后起的西方强国也到处扩张，希望能在瓜分世界的狂潮中多分一杯羹。俄国本与中国并不接壤，但对土地侵略充满热忱，于是一步步地侵占了中国边疆的北部地区，一直以来对中国虎视眈眈。鸦片战争是一个导火索，中国的失败使西方看到，庞大的清帝国其实外强中干，很容易将其打得惨败。而近邻日本也效仿西方国家，加入对中国的侵略行列中来。

所以，从 19 世纪的世界形势分析可以看到，西方国家侵略中国只是他们在瓜分世界过程中非常“正常”的一部分。西方侵略中国，起因绝对不是帮助中国摆脱前现代的不文明状况，从而使其更快地进入现代文明社会。这正如日本在 19 世纪和 20 世纪所发动的侵略朝鲜和中国、打击沙俄、并吞东南亚诸国，绝对不是为了实现什么“大东亚共荣圈”（即建立一个黄种人的世界或者“亚洲人的世界”）。英、法、日、德、俄等国由于国力、国情不同，在对中国的侵略方面程度有异，但其实质都是侵略行径。

### （四）近代中国走向文明进步是中国人民自身努力的结果

前面已经分析过，西方列强对中国的入侵，绝不是要把中国纳入到西方资本主义的文明体系中去，而是要把中国变为殖民地，从而使中国在政治、经济、文化各个领域都成为其附庸，维护和扩大其在华利益。

马克思主义唯物主义辩证法认为，内因是事物发展变化的根本原因，它规定事物的性质和发展方向，起决定性作用；

外因通过内因起作用,其影响处于附属地位。近代以来中国所取得的进步,并不是西方列强的"恩惠",而是中国人民在反抗西方列强残忍侵略的同时"师夷长技",经过自身艰苦卓绝的斗争所取得的。在近代中国,帝国主义和封建主义成为压在中国人民头上的两座大山。帝国主义与中华民族的矛盾,封建主义和人民大众的矛盾,成为近代中国社会的主要矛盾。中国人民同外国侵略势力和本国封建势力的压迫进行了英勇顽强的斗争。从林则徐、龚自珍、魏源的"开眼看世界"开始,历经太平天国、洋务运动、维新变法、辛亥革命、五四运动等一系列运动,直到由中国共产党领导的新民主主义革命取得胜利并建立中华人民共和国,才完成了救亡图存的伟大历史转折。事实上,近代中国对西方文明并非是简单模仿和机械照搬,而是在继承自身优秀传统的基础上,对西方文明进行创造性改造的一个过程。康有为、梁启超、谭嗣同等在实施维新变法运动时,便运用了"援西入儒"的策略。孙中山等民主革命者在领导革命的过程中,也主张一方面"取欧美之民主以为模范,同时仍取数千年前旧有文化而融贯之"。以毛泽东为代表的中国共产党人将马列主义的普遍真理与中国革命的具体实践相结合,实现了马克思主义中国化,从而领导人民实现了新民主主义革命的胜利。综上,近代中国之所以能够逐步走向文明进步,其决定性因素乃是中国人民自身的巨大牺牲和不断努力。

# 历史虚无主义颠倒对历史人物的是非评价

浙江树人大学　罗　云

所谓"历史人物"，通常是指在历史上产生过重要影响，对人类社会发展起到推动或阻碍作用的人。评价历史人物，应秉持全面、客观、公正的原则，以他们的历史行为和社会行为为依据，在具体的历史坐标中定位，衡量其所作所为是否顺应了时代大势，是否符合人民群众的长远利益和愿望。历史虚无主义目前在我国的突出表现之一就是颠倒是非、对历史人物"重新评价"。

## 一、片面取材，有所虚无，有所不虚无

历史虚无主义颠覆前人的历史结论，盲目和错误地使用逆向推理对一些历史人物进行颠覆式的重新解读，边缘化、否定甚至抹黑推动历史前进的进步历史人物，却对阻碍历史前进的反动势力及叛徒、汉奸、反动统治者加以美化，歌功颂德，把他们放在历史舞台的中心。他们既解构历史又重构历史，把已被颠倒过来的历史再颠倒回去，混淆是非。

在这种思想的指导下，鸦片战争以来追求进步的各类历史人物，如洪秀全、孙中山、鲁迅等，都难逃被贬低、丑化的命运。有人称洪秀全的太平天国是西方中世纪式的黑暗神权政治，是历史的反动与倒退；孙中山是"20 世纪中国的乱臣贼

子”，是阻碍历史发展的罪人；鲁迅是“虚无主义者”，“并不关心政治、革命”。另外，一些中国共产党的代表人物，尤其是老一辈无产阶级革命家也成为历史虚无主义者攻击的重点，其中尤以毛泽东为最。比如，有人中伤毛泽东，称其主要问题不在于晚年的错误，而在于选择社会主义革命延误中国现代民主进程，得罪美国更非明智之举。还有人怀疑毛泽东的军事才能，“挖掘”毛泽东的“绯闻秘史”，将毛泽东丑化得一无是处。与上述贬抑反帝反封建的代表人物相反，近年来一些论者对慈禧、李鸿章、荣禄等统治阶级的代表人物进行“去阶级化”而加以颂扬。如近年来发表的一些文章便将慈禧说成是晚清近代化的最高拍板人，称“慈禧是一位极力推动中国近代化的英明太后”，还说“近代中国所以衰败，恰恰在于人们未能在她正确的认识的基础上形成共识，即实现其理想与主张，中国近代化因此被延误了”。再如，对李鸿章的评价也一改过去历史教科书中昏庸无能的“卖国贼”形象，而变为“忍辱负重”“耿介善良”“开明进步”并带有浓厚人文色彩的“忠臣”。

取其一点，不及其余，甚至无中生有，是历史虚无主义者歪曲和颠倒历史的惯用手法。当然，翻案文章历来都有人做，翻案并不一定就是坏事，主要看它是否合乎历史的真实。西子湖畔岳飞坟前的一副名联：“忠奸自古同冰炭，毁誉于今辨伪真”，做的就是翻案文章，翻风波亭千古奇冤的案。史评自有人心在。扶正压邪，涤浊扬清，扬我民族之浩然正气，这是每一个正直的史学工作者和有识之士应有的良知。今天如果再有人要翻岳飞这个民族英雄的历史铁案，忠佞颠倒，指鹿为马，一定会被视为荒唐与可笑。近年来，历史虚无主义思潮在人物评价方面的登峰造极之作是公然为汉奸人物进行翻案。比如,有人就直言“爱国应该一致,方式不必求同,抗日论也好,和平论也好,都是爱国心的表现,都是以不同的形式热爱国家”。以这种“新理念”“新认识”为指导,某些论者将汪精卫的形象做了一百八十度的大转变,把汪精卫的附逆说成了以身殉国的壮举,“汪氏是一个很痛苦的爱国者”,“汪先生创导和平运动,赤手收回沦陷区,如今完璧归还国家,不但无罪而且有功”,“精卫忍辱负重保护中国文明”,是“两害相权取其轻,即中国不亡于日本则亡于苏联,汪精卫虽然投降日本却未背叛汉文化”,更甚而言之“汉奸们何尝不是由一些道德、智谋、气力诸方面都优秀的中国人组成的”。如此明目张胆,不惜歪曲捏造事实,为汉奸的罪行进行辩白粉饰! 当然,对历史人物的评价多数是属于学术讨论的问题,矫正过去存在的对历史评价过于简单化的做法也是可以理解的。但是,如果用颠倒事实的办法一褒一贬,这难道仅仅用“史事如烟”、见仁见智就能够解释吗?

列宁曾经指出:“在社会现象领域,没有哪种方法比胡乱抽出一些个别事实和玩弄实例更普遍、更站不住脚了。挑选任何例子是毫不费劲的,但这没有任何意义,或者有纯粹消极的意义,因为问题完全在于,每一个别情况都有其具体的历史环境。如果从事实的整体上、从它们的联系中去掌握事实,那么,事实不仅是‘顽强的东西’,而且是绝对确凿的证据。如果不是从整体上、不是从联系中去掌握事实,如果事实是零碎的和随意挑出来的,那么,它们就只能是一种儿戏,或者连儿戏都不如。”是的,任何一个历史人物都会是多面的甚至是多彩的，重要的是要在他活动的总和中确定它的主要方面，如果胡乱抽出一些实例来证明自己的观点，那么任何实例都有可能被找出来，任何历史也就都可以被改写。

由此可见，历史虚无主义在方法上的片面性，并不完全是一种随意性，而是有他们明确的取舍标准。正如有的学者指出的，历史虚无主义并不是对历史完全虚无，而是有所虚无，有所不虚无。他们虚无的是人民革命的历史和历史上的进步人物，而对一些反动统治者、历史的倒退者以及卖国者，则加以美化，做翻案文章。这就是他们"重写历史"的实质。历史虚无主义者用一些片面的材料，就很轻易地做出结论，轻易地推翻过去的判断，并把它当成"创新成果"塞给读者，这对不了解历史的人来说是很有迷惑作用的。

## 二、评价历史人物，以抽象人性取代社会性和阶级性

新中国成立后，史学界普遍公认马克思主义唯物史观是评价历史人物的理论基础和方法论依据。唯物史观主张评价历史人物时，应该坚持历史分析方法。历史分析方法要求从特定的历史背景出发，根据当时的历史条件，对历史人物的是非功过进行具体的、全面的考察。

但历史虚无主义在分析历史人物时只讲抽象的人性，不讲社会性。他们以人性化为由，以"客观""公正"的面貌出现，崇尚"坏人不坏""好人不好"的模式，编排历史情节，对历史进行随心所欲地涂抹、剪裁和虚构，为历史上已有定论的叛徒、反动统治人物评功摆好，这些显然是对历史的颠倒和虚构。他们要求按照人性论的原则治史，否则就是"脸谱化""扣帽子"。

当然，任何一位历史人物都有他自己丰富而细腻的感情世界，但在评价历史人物时，必须区分主流和支流、公德与私德、小人性与大人性。历史上有一些人物，公德很好，私德也许并不完美。另有一些人，私德有可取之处，但公德却有很大问题。一个残暴凶狠、逆历史潮流而动，对国家和民族犯下严重罪行的人，对待父母、妻子、子女却又温情无限，这样的情况并非不可能存在。然而，作为“历史人物”，我们不能根据家庭私德，来遮掩、开脱他在历史行为上的罪过，进而博取读者对其公德方面重大缺失的同情。比如某著名汉奸，如果仅从家庭私德的角度去衡量，或也有常人所具有的家庭亲情，甚至不失为一个好儿子、好父亲、好伴侣。但是，必须明确一点，汉奸之为汉奸，不是因为家庭私德，而恰恰是因为这些人在中华民族历史进程中的反动作用。在历史人物的评价中，历史人物的小的人性不能被无限放大，并最终替代了人物大的反历史、反人性的一面。

世界观和历史观都具有鲜明的阶级性，每一个历史人物都不过是一定阶级的意志、利益的代表者，“超阶级”“超党派”地分析研究历史现象和历史事件，事实上是不可能存在的。在阶级社会中，历史人物不可避免地要受到特定阶级关系的制约，要反映或代表一定阶级的利益和愿望，因而历史人物的作用要受到阶级的制约。离开了一定的阶级背景，就难以理解历史人物的产生、作用及其性质，就难以看清一些问题。例如，抗日战争时期称蒋介石为“民族领袖”“最高统帅”，解放战争时期又把他称为“人民公敌”，两种说法大相径庭。我们说，历史人物的阶级性从根本上决定了他的政治态度，但是这会根据客观环境的变化而发生相应改变。抗战时期民族矛盾上升为主要矛盾，已经危及以蒋介石为代表的大地主大资产阶级的切身利益，在这种情况下他对日本帝国主义的侵略也进行了一定的抵抗，发挥了一定的作用。我们党正是从民族利益这个大局出发，推动国共合作，尽可能地团结国民党顽固派共同抗战。可是，尽管这一时期蒋介石的政治态度发生变化，但是并没有从根本上改变他作为大地主大资产阶级政治代表这个阶级本质，特别是抗战进入相持阶段，以蒋介石为首的国民党顽固派产生动摇，制造了三次反共高潮和一系列反共摩擦，特别是震惊中外的皖南事变，破坏了抗日民族统一战线。抗战胜利后，又破坏和平，公然再次挑起了反共、反人民的内战，其反动阶级本质充分暴露。毛泽东说："独裁、内战和卖国三位一体，这一贯是蒋介石方针的基本点。"从阶级性角度说这是符合蒋介石的本质的。阶级分析方法，不是任何人强加给历史的主观臆测，阶级和阶级斗争在历史上是客观存在的，只有运用阶级分析方法，才能如实、客观地评价历史人物，反映历史的真实面貌。

## 三、如何评价历史人物——苏联的经验教训

在苏联解体之前，一些人编造各种奇谈怪论或者捏造各种谎言丑化国家领导人，有人把斯大林描绘成专制暴君，是历史上最大的"杀人犯"。他们无视斯大林领导苏联人民打败法西斯、捍卫世界和平与正义事业的基本事实，反而污蔑斯大林是第二次世界大战的罪魁祸首。在丑化完斯大林后又把攻击矛头指向列宁，说斯大林之所以"罪恶累累"，是因为"列宁带

了个坏头”。通过炮制真假难辨的资料，竭力证明列宁毫无政治家的才干，通过制造分裂和玩弄权术，夺得了无限的权力，比历史上的一切独裁者还要藐视生命和仇恨人类。历史虚无主义者进而挖苦苏联的十月革命，丑化卫国战场上的阵亡者，戏谑革命和建设的失误之处，几乎把苏共几十年的历史全部抹黑。另一方面，他们则改写罗曼诺夫王朝的全部统治史，称“罗曼诺夫王朝的统治者们被说成是上帝的羊羔，他们只懂得关心人们、为人们谋幸福”。

当 1956 年赫鲁晓夫全盘否定斯大林的时候，毛泽东就敏锐地看到了它可能导致的严重后果，在他看来，这绝不只是一个历史人物的评价问题，而是涉及如何看待斯大林领导的近 30 年苏联社会主义的历史问题；如果历史被否定了，现实的社会制度就会失去存在的理由。后来事态的发展，证明了毛泽东的历史预见性。

苏联解体后，曾担任过 20 多年《真理报》总编辑的阿法纳西耶夫在回忆录中对比了美国资产阶级与苏联共产党人对待自己领袖的不同态度。他说：“这里我想起美国首都华盛顿的白宫，白宫有一个著名的椭圆形大厅，在大厅周围走廊的墙上绘有美国历届总统的画像，从林肯到里根。他们用睿智而和善的目光看着来访者。而谁都不去回想这位睿智和和善的林肯当初曾把试图脱离北方中心而独立的南方各州淹没在血泊中。”对照美国的做法，阿法纳西耶夫感慨地说：“在我国却一切都正好相反。斯大林一死，所有的脏水都泼在他身上，所有坏事都归罪于他。我们党和我们国家的所有第一号领导人，如赫鲁晓夫、勃列日涅夫、契尔年科，全都不能幸免。他们的肖像早就被丢到垃圾箱里去了。”阿法纳西耶夫的话是值得我们深思的。

历史虚无主义否定和颠倒历史，一方面全盘否定斯大林，全盘否定列宁和十月革命，把社会主义说得一无是处，另一方面颂扬封建统治者和资产阶级，这是最终导致苏联解体的重要原因之一。红色的年轮在苏联记忆中只刻写了74圈，红旗就从克里姆林宫上空悄然落下。震惊世界的苏联解体已经过去二十多年了，但是苏联共产党在对待历史问题上的严重失误，教训十分深刻，需要认真总结研究。只有全面、客观地把握历史材料，从历史的实际出发，具体问题具体分析，在特定的历史条件下，正确评价历史事件和历史人物，才能够把历史现象个别性、独特性的研究与历史规律性的思想统一起来，尊重历史发展的辩证法。也只有这样，才能真正做到把历史的内容还给历史。

# 新中国前三十年的成就不容否定

浙江财经大学　高　伟

## 一、历史是不能忘记的，忘记过去就意味着背叛

1840年以来百余年的苦难是每个中国人心中的痛，我们有太多的不能忘记。

不能忘记列强发动的一次又一次的侵华战争，如第一次鸦片战争、第二次鸦片战争、中法战争、中日甲午战争、八国联军侵华战争、日本妄图灭亡中国的侵略战争。

不能忘记一个又一个触目惊心的数据。第一次鸦片战争向英国赔款2100万元，第二次鸦片战争向英、法各赔款800万两白银，中日甲午战争向日本赔款23000万两白银，八国联军侵华战争向英、法、德等11国赔款45000万两白银(年息4厘，分39年还清，本息合计98200万两)。

不能忘记大量被割占的领土。中英《南京条约》割香港岛给英国，中俄《瑷珲条约》割黑龙江以北、外兴安岭以南60多万平方公里的领土给俄国，中英《北京条约》割九龙司地方一区给英国，中俄《北京条约》割乌苏里江以东包括库页岛在内的约40万平方公里的领土给俄国，《中俄勘分西北界约记》割巴尔喀什湖以东以南44万平方公里的领土给俄国，《中俄改订条约》及以后五个勘界议定书割中国西部7万多平方公里

的领土给俄国，中日《马关条约》割辽东半岛、台湾、澎湖列岛及附属岛屿给日本。

不能忘记被强占的港湾和租借地以及帝国主义国家在中国划分的势力范围。俄国强占旅顺、大连，中国东北全境、长城以北及西北地区成为俄国的势力范围；英国迫使清政府承认长江流域为其势力范围；德国出兵强占胶州湾，把山东变成它的势力范围；法国强租广州湾，把云南、两广划成它的势力范围；日本不满足于从中日甲午战争中取得的利益，把福建划为自己的势力范围。诚如陈天华在《猛回头》中所言：

俄罗斯，自北方，包我三面；
英吉利，假通商，毒计中藏；
法兰西，占广州，窥伺黔桂；
德意志，胶州领，虎视东方；
新日本，取台湾，再图福建；
美利坚，也想要，割土分疆；
这中国，哪一点，还有我分；
这朝廷，原是个，名存实亡。

哪里有压迫，哪里就有反抗。帝国主义侵略、压迫中国人民的过程，就是中国人民反抗压迫、反抗侵略的过程。救亡图存成了中华民族的主旋律。随着民族危机的加深，中国人民的民族意识开始普遍觉醒。严复在《救亡决论》中，响亮地喊出了“救亡”的口号，孙中山先生则发出了“振兴中华”的时代最强音，然而，农民阶级、地主阶级改革派、资产阶级改良派、资产阶级革命派都没有完成“亟拯斯民于水火，切扶大厦之将倾”的救国救民的任务，中国的出路到底在哪里？

1921年，中国共产党成立，中国革命展现出了新的面貌。在中国共产党的领导下，在马克思主义理论的指导下，经过28年的浴血奋战，1949年中华人民共和国成立了。历史会永远记住这一天，1949年10月1日，帝国主义压迫中国、奴役中国人民的历史至此结束；本国封建主义、官僚资本主义统治的历史至此结束；军阀割据、战乱频仍、匪患不断的历史至此结束。中华人民共和国的成立，宣告中国人民当家做主的时代的到来，具有五千多年文明历史的中华民族从此进入了发展进步的新纪元。

## 二、成就不容抹杀，用诚实和良知看待新中国的前三十年

以1978年改革开放为界，新中国的历史可以分为两个时期，学者们习惯把改革开放前的这段时间称为“新中国前三十年”。前三十年大致经历了五个历史阶段：1949—1952年的巩固政权和恢复经济时期；1953—1956年的社会主义改造时期；1956—1966年全面建设社会主义时期；1966—1976年“文化大革命”时期；1976—1978年在历史转折中前进时期。1949年新民主主义革命的胜利和1956年底社会主义基本制度的建立，将半殖民地半封建的旧中国变成社会主义新中国，为当代中国一切发展进步奠定了根本政治前提和制度基础。1956年到1978年大规模的社会主义建设，为国家繁荣富强、

人民共同富裕创造了一系列根本性条件，这无疑是中国社会历史的巨大进步。然而历史虚无主义者无视中国社会的进步，肆意攻击、诋毁新中国前三十年所取得的伟大历史成就。在历史虚无主义者的眼中，中华人民共和国的成立具有"原罪"；社会主义改造"根本搞早了搞错了"，选择社会主义道路，是"误入历史的歧途"，"如果当时中国随便搭上哪一条顺风船，比如追随美国，中国的处境会比现在强盛得多"，甚至要求用 21 世纪头 20 年来补"新民主主义"的课；污蔑社会主义建设史"只是一部荒唐史"；大骂新中国成立后"前 30 年是一步步倒退，几乎走向毁灭的过程"。

事实真是如此吗？史实和数据最能说明问题。

中华人民共和国的成立，标志着新民主主义革命取得了基本胜利，使得长期以来受尽压迫和欺凌的广大中国人民政治上翻了身，使得近百年来蒙受屈辱的中华民族开始以崭新的姿态自立于世界民族之林，基本完成了近代以来中华民族面临的第一项历史任务，即民族独立和人民解放，同时也为中国建立社会主义社会奠定了基础，创造了条件。

民主革命完成后进行社会主义革命和社会主义建设是中国共产党的既定目标和历史使命。新中国成立头三年，在完成民主革命遗留任务和恢复国民经济的同时，已经开始了某些具有社会主义革命性质的工作。1952 年底，工农业主要产品的年产量均超过了国民党统治时期的最高水平，社会经济成分发生重大变化，国营经济所占比重已经具备压倒性优势。如 1952 年，国营工业产值已占全国工业总产值的 56%，国营批发商业的营业额已占全国批发商业营业总额的 60%。如周恩来所说:“社会主义成分的比重一天一天增加,国营经济的领导地位一天一天加强。”与此同时,国内阶级关系和主要矛盾也发生了深刻变化,无论经济上还是政治上,社会主义因素都已经居于领导地位,完全具备了向社会主义过渡的条件。为了促进社会生产力的进一步发展,为了实现国家富强、民族振兴,1953 年,中共中央正式提出了党在过渡时期的总路线。以毛泽东为代表的中国共产党人根据马克思列宁主义关于社会主义革命的理论,结合中国具体实际,创造性地开辟了一条具有中国特色的社会主义改造道路,到 1956 年底,成功地完成了对农业、手工业和资本主义工商业的社会主义改造。从 1953 年到 1956 年,全国工业总产值每年递增 19.6%,农业总产值每年递增 4.8%。即使在遭遇严重自然灾害的 1956 年,农业总产值也还是增长了 5%。在全面进行社会主义改造的三年,市场繁荣,物价稳定,人民生活显著提高。在一个人口众多、经济文化落后的大国中实现了如此深刻伟大的社会变革,不仅没有造成生产力的破坏,没有引起巨大的社会震荡,反而促进了国民经济的发展,加强了人民的团结,推动了社会的进步。这足以说明社会主义改造是一个伟大的历史性胜利。正如邓小平所说:“我们的社会主义改造是搞得成功的,很了不起。这是毛泽东同志对马克思列宁主义的一个重大贡献。”

社会主义改造的完成,标志着社会主义基本制度在中国的初步确立,这是 20 世纪中国又一次划时代的历史巨变。一个长期受帝国主义压迫、分而治之、四分五裂的国家变成了一个统一的主权独立的国家。一个在世界上被人们看不起、经济文化落后的国家变成了一个受到国际社会普遍尊重、走向富强和全面进步的国家。备受蹂躏、污蔑和屠杀的中国人民，真正成为国家和社会生产资料的主人，且广泛享有各项民主权利。社会主义制度在经济、政治和社会生活等领域的基本确立，为推进中国的工业化、现代化事业，为中国以后的发展，提供了最为基本的条件。中共十七大强调指出："新民主主义革命的胜利，社会主义制度的建立，为当代中国的一切发展进步奠定了根本政治前提和制度基础。"

1956 年底，社会主义基本制度全面确立，标志着中国开始进入了大规模的社会主义建设时期。从 1956 年到 1978 年全面建设社会主义的 20 多年，中国虽然经历了"大跃进"和"文化大革命"的严重挫折，但是社会主义建设的总成就还是巨大的。

从"能造茶碗茶壶"到基本建立独立的、比较完整的工业体系和国民经济体系。旧中国留给我们的是一个千疮百孔的烂摊子，根本没有自己独立的工业体系和国民经济体系，主要工业产品全部依赖进口。毛泽东曾说过："现在我们能造什么？能造桌子椅子，能造茶碗茶壶，能种粮食，还能磨成面粉，还能造纸，但是，一辆汽车、一架飞机、一辆坦克、一辆拖拉机都不能造。"这就是我们的工业基础。从"一五"时期开始，以 156 项重点工程为中心，由限额 694 个项目组成的大规模工程陆续投资建设，建成了一批门类比较齐全的基础工业项目，涉及石油、电力、煤炭、机械、冶金、国防等重要领域，为国民经济的进一步发展奠定了坚实的基础。在新中国前 30 年，中国工业发展取得了巨大成就。1949 年我国的工业企业固定资产总值只有120亿元,1979年则达到了4892亿元。1952年,中国的工业净总产值占国民收入的比重和占社会总产值的比重分别为19.52%和34.38%,1976年,这两个数字分别提高到45.57%和60.33%,平均每10年增加的百分点分别为10.85和10.81。钢产量从1949年的16万吨提高到1978年的3178万吨;煤产量从3200万吨提高到6.18亿吨;发电量从43亿度提高到2566亿度。西方知名学者斯图尔特·施拉姆对此时期的工业化成就给予高度评价,中国“确实可靠成就是:比印度高一倍或两倍的钢产量,虽然两个国家都从非常低的水平起步,以及不仅能生产原子弹,而且还能生产一系列像载重火车、火车头、重型机械和科学仪器等大多数亚洲和非洲的国家不得不从国外进口的项目能力”。

“大三线”建设取得重大成就。所谓“大三线”,最初是指西南和西北地区(包括湘西、鄂西、豫西),到20世纪70年代扩大到一般指长城以南、京广线以西的广大地区。具体讲是指西南的四川、贵州、云南,西北的陕西、青海和甘肃的大部分地区,中原的豫西、鄂西,华南的湘西、粤北、桂西北,华北的山西和冀西地区,都属“大三线”的范围。累计投资2052亿元,到70年代末已基本建成了一整套比较完整的三线工业体系。这不仅大大增强了我国的国防力量,而且在改善我国工业布局,促进地区经济平衡发展,加强各族人民团结等方面均有重大意义。

铁路、交通运输等方面成绩斐然。1976年,全国公路里程达82.34万公里,铁路达4.63万公里,全国货运总量达20.18亿吨。

农业生产发展迅速。1952 年农机总动力为 25 万马力，机耕面积 13.6 万顷，灌溉面积 1995.9 万顷，化肥用量 7.8 万吨，农村用电量 0.5 亿度，到 1978 年，农机总动力达 15975 万马力，机耕面积 4067.0 万顷，灌溉面积 4496.5 万顷，化肥用量 884.0 万吨，农村用电量 253.1 亿度，农业的生产条件得到根本性改善。农业总产值从 1949 年的 326 亿元提高到 1978 年的 1397 亿元，增长 4.29 倍；粮食产量从 1.1318 亿吨提高到 3.0477 亿吨，增长 2.69 倍；棉花产量从 44.4 万吨提高到 216.7 万吨，增长 4.88 倍。

科学技术、文化教育、医疗卫生等事业都有了长足的进步。新中国前 30 年在尖端科学技术领域，如人造卫星、运载火箭等方面，取得了一系列重要成就。原子弹氢弹成功爆炸、中远程导弹成功发射、人造卫星成功发射回收等，表明我国在此领域已达到或接近世界先进水平。文化教育方面，小学在校生从 1949 年的 34.7 万人发展到 1976 年的 1.5 亿人，中学在校生从 103.9 万人发展到 5836.5 万人，高校在校生从 11.7 万人发展到 67.4 万人。医疗方面，全国医院数量由 1949 年的 2600 家发展到 1976 年的 63000 家。人均预期寿命，1949 年为 35 岁，1978 年男性提高到 66.95 岁，女性提高到 69.55 岁，比 1949 年延长将近 1 倍。

国际环境明显改善，国际地位大大提高。新中国成立以后，奉行独立自主的和平外交政策，积极开展外交活动，取得了巨大的成就。建国的第一年，就与苏联、东欧等 17 个国家正式建立外交关系。中国与印度、缅甸等国共同倡导的和平共处五项原则，被越来越多的国家接受，成为处理国与国之间关系的基本准则。1954 年和 1955 年,中国参加了日内瓦会议和万隆会议,增进了中国与亚非各国间的理解和信任,扩大了中国在国际上的影响。1971 年参加第 26 届联合国大会,恢复了中华人民共和国在联合国的合法权利,恢复了中国安理会常任理事国的席位,进一步提高了国际地位。1972 年中日邦交正常化,1979 年中美正式建立外交关系。同中国建交的国家,1976 年达到了 111 个,为国内经济建设创造了良好的国际环境。

综上所述,在新中国的前 30 年,工业、农业、国防、科技、文化教育、人民生活等各个领域都取得了辉煌成就,初步建立起独立的、比较完整的工业体系和国民经济体系,挫败了外国敌对势力对我国的孤立、封锁、干涉和挑衅,同许多国家发展了友好关系,形成了一些符合中国实际和客观规律的认识,积累了许多宝贵经验,为改革开放提供了根本的政治前提、制度基础和思想保障。这些成就是举世公认的,是任何人都虚无不了、抹杀不了的。

### 三、历史不是面团,也不是任人打扮的小姑娘

邓小平曾说:“已经客观地存在着的历史,除了不断地加深对于它的认识、理解之外,是谁也改变不了的。”我们必须从客观的历史事实出发,以实事求是的态度对待历史。新中国成立前 30 年,在取得辉煌成就的同时,由于党领导社会主义事业的经验不多,对形势的分析和对国情的认识有主观主义偏差,在社会主义革命和社会主义建设的探索中有过不少曲折和失误,甚至发生过“文化大革命”这样全局性的严重错误,

给党、国家和人民带来严重灾难，这些教训是刻骨铭心的。正如1981年党的十一届六中全会通过《关于建国以来党的若干历史问题的决议》所指出的："忽视错误、掩盖错误是不允许的，这本身就是错误，而且将招致更多更大的错误。"对这一时期所犯错误进行反思，进行充分而恰当的归纳和总结，当然是非常必要的。但是我们要把这些失误和错误放入整个历史发展的洪流中去考察，要在历史活动的全貌中找到主题和主线，区分主流和支流。新中国头30年虽然犯了不少错误，但是取得的成绩还是第一位的；犯错误的原因固然有思想方法和工作作风上的问题，但主要的还是受客观物质基础薄弱和经验不足的限制。邓小平指出："我们尽管犯过一些错误，但我们还是在三十年间取得了旧中国几百年、几千年所没有取得过的进步。"《决议》也指出："取得的成就还是主要的，忽视和否认我们的成就，忽视和否认取得这些成就的成功经验，同样是严重的错误。"

**历史虚无主义者无视甚至是抹杀新中国前30年取得的伟大成就，抓住社会主义革命和建设中的曲折和失误，借助精心挑选或"发现"的部分碎片化的历史事实，以历史选择论为指导，以假设为前提，不对历史事实进行全面深入的了解，把支流当主流，以点概面、以偏概全，甚至随意放大一些历史事实，然后把多少有些关联的人物和事件按照一定故事情节组织连接起来，把新中国的前30年演绎成是一部灾难史、内斗史和荒唐史，整体意义上的历史及其内含的规律由此遭到彻底的否定。否定历史是为了否定现实，历史虚无主义有着明确的政治诉求和很强的现实指向，其实质在于否定和改变当**

代中国的根本制度和基本道路。但历史不是面团,也不是任人打扮的小姑娘,不管历史虚无主义如何怀疑、虚空过去发生的历史,它都是客观存在的,只要我们提高警惕,以信史为本,坚持和运用历史唯物主义理论和方法,进行积极正面的总结和实事求是的宣传教育,正确揭示其实质和危害,历史虚无主义注定只能是过眼烟云。

# 否定改革开放是另一种历史虚无主义

中共浙江省委党校　邱　巍

否定中国革命和建设的历史，其意在否定过去，拥抱全盘西化，是历史虚无主义的典型表现。否定改革开放的历史，其意在回到过去，拥抱教条，是另一种历史虚无主义。

如果把中国共产党成立以来的历史，分成革命、建设和改革三个阶段，那么，非常明显的是，我们身在其中的改革的时间轨迹正在我们的脚下越来越长，改革承载的历史含量也越来越厚重。如何评价改革也正在获得更为重要的理论意义。时代越发展，我们越发现，怎样看待改革开放，不是无足轻重、无关现实的纯粹历史评价，而是凝结众多时代思索，决定着我们如何判定历史方位，如何把握时代方向的重大理论课题。

## 一、改革开放开启了中华民族伟大复兴的新征程

把时间调回到1978年年底。十一届三中全会召开，中国的"掌舵者"们正在艰难扭转历史巨轮的航向。但他们也不会充分预料到，这次会议会成为一个扭转乾坤的历史新起点，开启改革开放波澜壮阔的历史进程。仔细阅读全会的公告，我们会发现，"改革开放"这个关键词还没在其中现身。全会讨论下发的《中共中央关于加快农业发展若干问题的决定》还明文规定，不许分田单干。那无疑是一个弃旧趋新的时代，同时

也是一个新旧并存的时代。但如果有了解放思想的勇气,实事求是的精神,那么,历史终将为自己开辟崭新的航路。因为,十一届三中全会公报明白宣称:一个党,一个国家,一个民族,如果一切从本本出发,思想僵化,那它就不能前进,它的生机就停止了,就要亡党亡国。从那以后,三十多年来,在这条航路上,几经风雪,几见彩虹,中国的成功举世瞩目,中国的再次崛起改变世界。

2013 年 11 月,十八届三中全会高举起全面深化改革的大旗。对改革开放进行了如下概括:改革开放是党在新的时代条件下带领全国各族人民进行的新的伟大革命,是当代中国最鲜明的特色。党的十一届三中全会召开 35 年来,我们党以巨大的政治勇气,锐意推进经济体制、政治体制、文化体制、社会体制、生态文明体制和党的建设制度改革,不断扩大开放,决心之大、变革之深、影响之广前所未有,成就举世瞩目。改革开放最主要的成果是开创和发展了中国特色社会主义,为社会主义现代化建设提供了强大动力和有力保障。事实证明,改革开放是决定当代中国命运的关键抉择,是党和人民事业大踏步赶上时代的重要法宝。用习近平同志的话来说就是,改革开放是决定中国命运的关键一招。全会同时也指出,实践发展永无止境,解放思想永无止境,改革开放永无止境。面对新形势新任务,全面建成小康社会,进而建成富强民主文明和谐的社会主义现代化国家,实现中华民族伟大复兴的中国梦,必须在新的历史起点上全面深化改革,不断增强中国特色社会主义道路自信、理论自信、制度自信。

## 二、改革开放之路从来不会一帆风顺

誉之所至，谤亦随之。事实上，改革之路从来都没有一帆风顺，质疑的声音从来都是如影相随。从当年对深圳特区“只有红旗是红的”的议论，到划分“资改派”和“社改派”的观点，再到一直存在的中国特色社会主义就是中国特色资本主义的认识。中国的改革始终是在冲破各种阻碍，破除各种禁忌中前进的。改革开放不断推进的历史进程，就是不断地进行思想解放的历史进程。改革开放以来我们党在理论上、政策上、实践上的每一次重大突破和发展，都和解放思想密不可分。1978年，真理标准问题的大讨论，被称为我们党历史上继延安整风之后又一场大的思想解放运动，破除了“两个凡是”，停止了“阶级斗争为纲”的口号，使党的工作重心转移到经济建设上来。1992年，面对国内的政治风波、国际的苏东巨变，继续推进改革开放面临着“姓社姓资”的巨大困扰。在这种情况下，邓小平通过南方谈话，提出三中全会以来的方针政策不能变，计划和市场都是经济手段，并非社会主义和资本主义的本质区别，要警惕右，但主要是防止“左”，要抓住时机，发展自己。这就既坚持了改革开放的方向，又突破了把市场经济和资本主义联系起来的观点，为建立社会主义市场经济体制定了调，使得党的十四大顺理成章把建立社会主义市场经济体制作为经济体制改革的目标模式。2001年，随着非公有制经济的发展，非公企业主是否为新的资产阶级，他们是否可以入党，已经是一个必须回答的问题——江泽民在建党80周年讲话中提出，他们都是社会主义的建设者。这不仅破除了“资产阶级恐惧”，而且回答了两个问题：一是回答了社会主义市场经济条件下特定社会群体的“姓资姓社”问题；二是从扩大党的群众基础的角度回答了在社会主义市场经济条件下建设什么样的党的问题，把市场经济体制建设和党的执政思想都大大向前推进了一步。

从根本上看，在改革开放中强调解放思想就是因为，在社会主义建设上，已经形成了一些教条和禁区。解放思想就是要从毛泽东晚年的错误理论和实践中解放出来，就是要从苏联那种僵化的社会主义模式中解放出来，就是要从对马克思主义的错误的和教条式的理解中解放出来。这些解放，在整个改革开放时期就集中地表现为从“姓资姓社”这个问题中解放出来，从而回答好“什么是社会主义，怎样建设社会主义”这个问题，不是总想着不许怎么样，而是要在实践中做好应该怎么样的大文章。正是在不断的思想解放中，我们解开了“忽左忽右”的痼疾，摆脱了“姓资姓社”的束缚，消除了“是公是私”的疑虑，把中国特色社会主义事业不断推向前进。

## 三、改革开放中出现的问题是发展过程中的问题

当人们把新千年的第一缕曙光迎进蓬勃发展的中华大地，中国也在高速经济增长和全面走向世界的过程中，迈入了发展的新世纪、新阶段。新阶段最为突出的新特征就是，发展的基础更为雄厚，发展的环境更为复杂。具体而言，有三大方面：一是实现了经济快速增长，但实现可持续发展仍然任重道远。经济增长的资源环境代价过大，环境恶化问题突出，增长主要靠投资、出口拉动，消费拉动不足，长期形成的结构性矛

盾和粗放型增长方式没有根本改变，自主创新能力不强。二是经济实力显著增强，人民生活总体小康，但发展不够全面协调的问题日益突出。收入差距拉大、贫富分化严重、农村发展滞后的局面没有根本改变，缩小城乡、区域发展差距和促进经济社会协调发展任务依然十分艰巨，就业、教育、住房、医疗、社会保障等关系群众切身利益的问题日益突出。三是对发展规律的认识日益充分，推动发展的能力日益增强，但发展面临的非传统挑战也日益明显。“非典”、汶川地震、国际金融危机，都说明工业化、城市化、全球化的快速发展使社会的运行系统和支持系统越来越复杂，其脆弱性和关联性在不断增加，出现问题时造成的直接损失和连带损失更加巨大，干预援助更为困难，更为复杂。

在改革和发展过程中出现的新情况、新问题，带来了更为系统的质疑改革、否定改革的声音。事实上，如果说前二十年的否定声音更多是来自情感上和本能上的，新世纪以来的否定声音则在内容和形式的广度和深度上都超过以往。已经从单纯的对市场化改革的质疑扩展到社会领域、政治领域各个方面，从个别理论家的单纯政治和理论层面的异议扩展到借助互联网的、社会各方广泛参与的争论。质疑的声音涉及如何认识和估计三十年改革开放的几乎所有问题，体现了对改革的整个方向和历史的否定。

有的观点认为，改革开放以来的快速经济增长是以牺牲公平来满足效率的。经济增长的同时，社会的不公平、贫富的分化正在迅速扩大。中国在最短的时间内，从一个高度平均主义的社会变成了贫富悬殊的社会。有的观点认为，改革开放在物质富裕的同时，道德滑坡，中国正在进入一个以拜金主义为核心的“缺德时代”。各种掺杂作假、假冒伪劣产品，就是“缺德时代”的代表。有的观点认为，改革开放和市场经济使领导干部的消极腐败现象盛行，与计划经济时代对比，今天已经形成了由彻底变质的干部组成的既得利益集团。有的观点认为，市场经济的盲目逐利特点，使经济成就在很大程度上是依靠牺牲资源和环境获得的，这样获得的 GDP 是透支、带血、祸害子孙的 GDP。有的观点断定，三十多年的市场经济已经使中国彻底背离了社会主义的本质，“文化大革命”中说的变资变修问题，已经成为当代中国赤裸裸的现实。毫无疑问，上述观点中提出的许多问题和现象都是真实广泛存在的，许多问题和现象还相当的严重。但在面对大量的社会现象和问题时，怎样看待，怎样解释，就是一个关键的问题。

改革开放带来的快速发展，本身就会带来许多问题。只想得到快速发展的好处，完全避免快速发展的弊病，是不现实的。我们说，中国改革开放三十多年，在经济发展上，走过了许多西方国家两三百年走过的路。但这个事实的另一面是，西方国家两三百年内碰到的和逐步解决的矛盾和问题，也许就是在一个压缩了的时间内在中国集中呈现的矛盾和问题。如果仔细梳理西方资本主义国家的发展史，今天中国的许多问题，都在西方国家的历史上似曾相识。以食品安全为例，这样的问题在美国历史上也曾经非常严重。发生在 19 世纪末、20 世纪初的“扒粪运动”，核心就是大量有良知的媒体揭露当时美国食品生产中存在的大量令人触目惊心的卫生、安全、造假问题。资本家们奉行所谓“只要我能发财，让公众利益见鬼去吧”的经营哲学被无情批判。大量丑恶现象被揭露，人们开始与各种丑恶现象做斗争，各种规范立法涉及社会生活的方方面面，如《纯净食品和药物管理法》《肉食检查法》《反托拉斯法》等。事实上，在社会的快速发展中，很多问题，单靠后发优势和前车之鉴，不可能完全得到避免。中国这样大的一个经济体，在人类历史上前无古人地持续三十年的快速发展，必将引起大量经济关系、社会关系的调整，许多旧有的秩序和格局被打破，而新的秩序和格局还来不及建设。所以，大量的经济社会问题的出现，是有一定必然性的。这些问题是由改革开放所推动的快速发展带来的，但这些问题终究是发展中的问题，不能因为有了问题，就要退回到故步自封、封闭落后的状态去，把很多社会现象和问题归咎于改革开放本身是没有道理的。

## 四、改革开放中出现的问题只能靠进一步改革来解决

解决改革开放进程中出现的大量问题，只能依靠进一步的改革开放，而不是回到过去的模式。许多观点都把各种社会问题的出现归结为是改革开放“离经叛道”、背离社会主义方向的结果。但他们的社会主义很大程度上，仍还是以原来的苏联模式和我国的计划经济时代模式为标准的。比如对于干部腐败问题，普遍把它归因为改革开放和市场经济的恶果。然而，殊不知，一个真正的市场经济恰与腐败是不相容的。市场经济的核心原则是等价交换，交换物只能是资本、劳动力、土地、技术等生产要素，权力是不能拿到市场上交换的。我国在快速发展中出现的大量腐败现象恰是因为没有把权力关进

制度的笼子里，没有形成对权力的有效规范、监督和制约，政府的公共权力在相当程度上还在参与微观的经济运行，造成了大量的权力寻租的腐败机会。把反腐败寄希望于像“文化大革命”那样发动群众来完成，通过政治运动整干部，定期打倒官僚机构，只能是一厢情愿、舍本逐末。十八届三中全会提出的推行权力清单制度，加强对权力运行的规范和制约，才是通过不断改革、强化制度建设来反腐倡廉的正道。

正是为了应对新世纪以来大量否定改革、走回头路的观点，中央开始不断加大捍卫改革合法性的力度，继续高举改革开放旗帜。2004 年至 2005 年，社会上发生新一轮的改革争论。2006 年两会期间，胡锦涛同志表态要毫不动摇地坚持改革方向。《人民日报》《求是》分别发表相关文章表态。2007 年党的十七大报告，专辟一个章节讲改革开放问题。强调改革开放是决定当代中国命运的关键抉择，是发展中国特色社会主义、实现中华民族伟大复兴的必由之路；只有社会主义才能救中国，只有改革开放才能发展中国、发展社会主义、发展马克思主义。改革开放作为一场新的伟大革命，不可能一帆风顺，也不可能一蹴而就。2008 年《在纪念党的十一届三中全会召开 30 周年大会上的讲话》再次指出，改革开放符合党心民心、顺应时代潮流，方向和道路是完全正确的，成效和功绩不容否定，停顿和倒退没有出路。2012 年党的十八大报告中，继续强调，要坚持改革开放三十多年一以贯之的接力探索，既不走封闭僵化的老路，也不走改旗易帜的邪路。

## 五、肯定改革开放不是用后三十年否定前三十年

需要指出，肯定改革开放，不是要用后三十年否定前三十

年。习近平同志指出,我们党领导人民进行社会主义建设,有改革开放前和改革开放后两个历史时期,这是两个相互联系又有重大区别的时期,但本质上都是我们党领导人民进行社会主义建设的实践探索。中国特色社会主义是在改革开放历史新时期开创的,但也是在新中国已经建立起社会主义基本制度并进行了 20 多年建设的基础上开创的。虽然这两个历史时期在进行社会主义建设的思想指导、方针政策、实际工作上有很大差别,但两者绝不是彼此割裂的,更不是根本对立的。不能用改革开放后的历史时期否定改革开放前的历史时期,也不能用改革开放前的历史时期否定改革开放后的历史时期。要坚持实事求是的思想路线,分清主流和支流,坚持真理,修正错误,发扬经验,吸取教训,在这个基础上把党和人民事业继续推向前进。

改革开放的前后 30 年都是对社会主义建设的实践探索,在很大程度上是有连续性的。比如,20 世纪 70 年代的许多实践对改革开放后的众多举措均具有直接继承的意义。邓小平就曾说:“说到改革,其实在一九七四年到一九七五年我们已经试验过一段。”“那时的改革,用的名称是整顿,强调把经济搞上去,首先是恢复生产秩序。”其实,不仅“改革”的尝试在 70 年代中期就有,“开放”甚至更早,在中美解冻前后的“四三”引进方案已开大规模引进开放之先河。1972 年根据周总理和李先念副总理的批示拟定的并由总理亲自审批的“四三”引进方案,即用 43 亿美元在三五年内引进一批国外的先进技术设备,其中包括十三套大化肥设备,四套大化纤设备,三套石油化工设备。当时为了引进这些设备,国务院还批准派出几十个团(组)到西欧、日本等发达国家考察,后又把相关资金增加到51.8亿美元。想方设法发展经济的思路于1978年之前在党内已经相当明显。其实,不少改革开放以后的“成就”都得益于此前的实践。比如对于农业的发展,小平同志早就讲过“一靠政策,二靠科学”,但后来我们评估改革开放初期农业成就时,主要聚焦于家庭联产承包制这样的政策变化,似乎完全是“一包就灵”。实际上,70年代引进的大化肥项目的相继投产、1976年之后以袁隆平研究的杂交水稻在全国大面积推广、农田水利基础设施建设等这些科技因素在其中的作用不可埋没。历史的前进总是在发展中体现继承性的。

## 六、结语:高举改革大旗,实现复兴梦想

如果对于走过的道路,我们能够坚持一种贯通与扬弃、继承与发展相结合的观点,将有助于我们更好地把握今天的方位和明天的方向。正如党的十八大报告所提出的那样,只要我们不动摇、不懈怠、不折腾,就一定能在中国共产党成立一百年时全面建成小康社会,就一定能在新中国成立一百年时建成富强民主文明和谐的社会主义现代化国家。在新的历史起点上全面深化改革,推进实现中华民族伟大复兴的梦想,今天我们正确认识改革开放的历史,防止历史虚无主义的意义正在于此。

贰

## 历史虚无主义的本质

历史虚无主义与历史唯物主义

历史虚无主义实质是一种主观主义的形而上学

# 历史虚无主义与历史唯物主义

杭州师范大学　尤作欣

历史虚无主义是当下中国热点社会思潮之一，在方法论立场上，它与鼓吹西方宪政民主、提倡新自由主义、倡导所谓西方普世价值观等西方资产阶级意识形态在本质上是一致的。历史虚无主义究竟在方法论方面与马克思历史唯物主义有什么不同？这实质上是一个看清上述西方资产阶级意识形态本质的关键性问题。

如有研究围绕毛泽东在党中央地位的浮浮沉沉，以丰富的历史细节塑造了与通常的党史教材中完全不同的毛泽东形象，侧重考察毛泽东本人的内心世界与性格，讲了一个毛泽东在延安整风运动中是如何玩弄权谋，从个人私利出发，争夺权力从而把中国共产党完全毛泽东化的故事，并标榜以大量的史料为依据，以所谓的客观中立的口吻进行叙事。作者的这一研究方法甚至还被奉为“新实证主义史学”的典型代表。

这给我们提出了一个深刻问题，那就是：作者从更丰富的历史史料中，何以能够建构出一个不一样的毛泽东？众所周知，“一切从实际出发，实事求是”是马克思主义的基本立场。马克思历史唯物主义也要求我们从社会历史和现实出发观察与思考问题。可是，从同样的历史事件出发，为什么呈现给我们的结论却大不一样呢？这是一个我们不能回避的问题。显然这是由于观察问题时采取的方法论不同造成的,实际上这也是我们要揭示的历史虚无主义与历史唯物主义之区别的根本异质性所在。

站在马克思历史唯物主义的立场,人们关于历史的看法总是根据当下的具体的历史条件对过去社会历史事件进行观念重构,而当下的具体的社会历史存在结构则又生成人们再现过去历史生活的重构方式。这就是说我们要注意两个问题:第一,站在什么立场,采取什么样的认知方法往往决定着人们的认知结果;第二,何以能够产生这种“认知方法”,或者说产生这种“认知方法”的根源在哪里。第一个问题要解决的是这种方法论“是什么”,而第二个问题回答的是“为什么”会产生这种方法论。

对于第一个问题,前述研究的方法论实际上是站在一种典型的历史虚无主义的立场之上的。那么,什么是历史虚无主义?一般来讲,历史虚无主义实际上是虚无主义的一种表现形式。虚无主义是西方启蒙运动以来现代化过程的产物,后经德国哲学家尼采在哲学上重新解释,产生了现代性的虚无主义。虚无主义作为哲学上的一种思潮,其在与历史研究的相互渗透中形成了历史虚无主义。其代表人物有德国哲学家文德尔班、意大利思想家克罗齐、英国历史哲学家柯林伍德等。到了哲学家波普尔那里,则形成了一套以批判理性主义与反历史决定论为基本原则的理论,该理论强调历史无规律性、不可重演性、不可预测、不可检验等基本观点,并以反整体主义、反本质主义、反乌托邦主义等方法论来批判历史决定论与历史规律,并直指马克思的历史唯物主义。说到底,这种历史虚无主义并不是否定历史经验事实本身，拒斥一切价值与意义，而主要是在事实与价值之间消解一切超感性价值或最高价值的解释与意义，或者说否认感性经验事实之外的价值与意义。这是典型的历史虚无主义的基本立场。这种立场注重个性、个体的解释与体验，而否认超越于个性之上的超经验的共性与普遍性存在的价值与意义。而这一点应该说是与马克思历史唯物主义针锋相对的，因为它所消解的正是历史唯物主义最看重的东西。更重要的是，它并不是不理解历史唯物主义，而是往往在理解马克思历史唯物主义的基础之上对其进行针锋相对的解构。当我们说“一切从实际出发、实事求是是马克思主义的基本立场”时，历史虚无主义者们就拿出更多的事实、更丰富的历史细节来为自己的观点说话。例如，我们前面提到的毛泽东研究就是如此，而且常常以“客观中立”的口吻进行描述，因而这种立场与方法论极具隐蔽性与迷惑性。

历史虚无主义之所以具有这种隐蔽性与迷惑性，其原因之一在于其实证主义与经验主义方法论。这种实证主义与经验主义方法论在本质上与形而上学方法论是一样的。用历史唯物主义的话来说，就是孤立地、片面地、经验性地看待问题与事件，否认历史事件之间的必然联系与历史规律，因而历史常常被描绘成是“一个任人装扮的女孩子”(胡适语)。因此，历史虚无主义者们面对历史事件，往往从个体经验与常识出发，这样很容易切中普通读者的主观体验，引起“经验共鸣”，因而常常被贴着“客观事实”的标签。但实际上这是一种误导，由于不承认历史事件之间的本质联系，这种经验性认知仅仅局限于经验世界之中，实际上却是遮蔽了理性认识世界。

这种迷惑性原因之二还在于历史唯物主义方法论的超感性，即历史唯物主义方法论对历史虚无主义方法论所展现的超越方面。如果说历史虚无主义是站在实证主义立场上，从个体、特殊性以及从经验主义出发的，那么历史唯物主义则是站在超实证主义立场上，把个体、特殊性放在共性、普遍性之中来看待，因而使得个体、特殊性呈现出更高的价值与意义。因此，历史唯物主义把个体、特殊性之间的必然联系与规律看作比经验事实更真实的“现实”。而这正是历史虚无主义所要“虚无”的方面。由于这种超感性的“现实”恰恰是无法经历体验的，是在充分占有历史材料的基础上，通过艰苦的理性思考才能得出的结果，因而也就给历史虚无主义以可乘之机。

对历史唯物主义来说，人类社会的历史并不是一种单一的线性进步史，而是人的社会存在方式及其空间结构的历史转换本身。因此，对历史的理解从来就不能离开当下的社会存在方式及其空间结构转换本身，其根本要求在于“从直接生活的物质生产出发阐述现实的生产过程，把同这种生产方式相联系的、它所产生的交往形式即各个不同阶段上的市民社会理解为整个历史的基础”。因此，这种历史观要求从社会存在的经济关系及其空间结构中已经展开了的各种社会现象里科学地抽象出历史的本质，并通过这种特定的社会经济结构中“发生具体的社会关系和政治关系”来考察个人与特定的历史事件。这实际上就为我们如何科学评价历史人物与历史事件提供了一个科学平台。

具体说来，历史唯物主义方法论要求在特定的历史条件下，一方面把历史事件与历史人物放在当时的整体社会情势之中，也就是说放在当时整个社会经济基础及其产生的政治关系之中来看待，即我们经常讲的要从个性之中看出共性，从特殊性之中看出普遍性。一句话，就是在特定的社会空间结构中坚持个性与共性的辩证法分析。由于历史虚无主义删除了共性、普遍性，不承认社会经济结构之中的必然联系，这也就造成了它们在方法论上的随意性与形而上学性。而另一方面是，历史唯物主义不仅仅要把历史事件与历史人物放在当时社会经济关系结构中进行考察，还要把它们放在人类历史发展长河中进行把握，即放在人类社会存在及其关系变换的历史发展规律中来把握。衡量一个历史事件是否具有历史进步性或者评价一个历史人物的历史活动是否具有先进性，要从其是否有利于整个人类历史进步的尺度上来衡量。因此，既要从当下的整体社会空间结构的本质联系，又要从整个人类历史长河的必然规律，运用双重维度来把握历史事件与历史人物，这才是历史唯物主义的核心要义，也就是我们通常所讲的历史辩证法。如果摒弃这种历史唯物主义方法论立场，割裂历史辩证法，用历史虚无主义的实证主义与经验主义方法来看待历史事件与历史人物，将导致以经验性的历史事件描述代替与消解历史事件之间的本质性联系。相关研究者没有看到或故意遮蔽了这些革命活动与政治事件何以那样发生的历史必然性，进而对在近代中国历史大格局中革命的必要性与必然性避而不谈，因此也不可能在更广阔的历史视域中来审视与评价毛泽东，而是把历史仅仅描述为历史人物之间钩心斗角的表演舞台，说到底，这不正是一种狭隘的历史唯心主义视域吗？对于这种历史虚无主义的实证主义与经验主义研究方法，我们深深赞同列宁站在历史唯物主义的立场上对此做出的深刻批评："在社会现象方面，没有哪种方法比胡乱抽出一些个别事实和玩弄实例更普遍、更站不住脚的了。挑选任何例子是毫不费劲的，但这没有任何意义，或者有纯粹消极的意义，因为问题完全在于，每一个别情况都有其具体的历史环境。如果从事实的整体上、从它们的联系中去掌握事实，那么，事实不仅是'顽强的东西'，而且是绝对确凿的证据。如果不是从整体上、不是从联系中去掌握事实，如果事实是零碎的和随意挑出来的，那么，它们就只能是一种儿戏，或者连儿戏都不如。"

实际上，任何一个历史人物都是多面的与立体的，这也就为评价历史人物提供了多种可能性的解释空间，但是要求一个历史人物所有的历史活动都符合历史规律与历史进步显然是不可能的。人无完人，我们不能求全责备，所以重点是对他的历史活动确定主要方面和主要贡献。正如列宁所说，如果仅仅为了说明自己的观点，而从历史中挑出一些"个别事实与实例"，即便这些历史细节是真实的，我们也认为这仍然没有抓住历史的本质。列宁的这种评论也让笔者想起从学术讲座中听到的一个故事，大意是说，当年一作者把自己的著作交给某大学的一位哲学教授，希望对方给自己一些建议时，那位哲学教授说："此书用真实的历史情节来说明了一个历史假象！"应该说，这种评价是击中历史虚无主义要害的！实际上也与上述列宁的观点有着异曲同工之妙！真实的历史情节所呈现的怎么会是历史假象？这或许就是历史虚无主义者们所不能理解或故意遮蔽的地方。

事实上，历史虚无主义有意或无意地为新自由主义、西方宪政民主、西方普世价值等观念提供了理论支撑，并在国内大行其道，甚至公开标榜自己的实证主义与经验主义立场，原因正是得意于自己的这种所谓“客观中立”的姿态所带来的隐蔽性与迷惑性。正如前面我们所提到的，典型的历史虚无主义方法论的真相是“有所虚，有所不虚”，它不可能是客观中立的。在当代中国，它实质上是在否定历史唯物主义的基础之上，试图来肯定与彰显另外一种价值与意义：在政治上推崇西方宪政民主与新自由主义，否定中国共产党的领导与马克思主义；在价值观上，散播西方文明中所谓永恒的“普世价值”，否定各民族文明的独特性与多样性；在经济上，要么质疑中国的改革开放而成为历史保守主义，要么质疑中国特色的市场经济而主张全盘西化。因此，我们看到历史虚无主义方法论俨然成为这些所谓西方文明中的价值与意义的理论基石。对此，有必要站在历史唯物主义的立场上对其产生的社会历史根源进行揭示，这有助于我们进一步看清其资本主义社会的意识形态陷阱。

从历史唯物主义的立场来看，这种隐匿在历史虚无主义中的实证主义与经验主义方法论是近代资本主义社会产生与发展的必然产物。这种实证主义与经验主义实质上是资本主义意识形态的重要方法论支撑。关于这种方法论的局限，马克思曾经在《1857—1858 年经济学手稿》的导言中对古典经济学代表人物斯密与李嘉图的批评中进行过揭露。马克思批评他们把已经表现在资本主义社会中的“独立的个人”看作是一种天然的结果，而不是“历史的结果”，实际上这种“独立的个人”“一方面是封建社会形式解体的产物，另一方面是16世纪以来新兴生产力的产物”。因此，在历史虚无主义这种方法论中把“历史的个人”假象式地表述为“天然的人”，割裂了个人与社会历史之间的必然联系，并假定这样一种“独立的个人”是一个自然而永恒的状态。进而在这种历史虚无主义立场与方法论的直观性与自然性的视域中，作为资本主义意识形态核心内容的自由、平等、民主、博爱等观念都被界定为一种天赋人权，一种自然的权利，并以此来美化与鼓吹资本主义制度的永恒性。对此，马克思在上述同一手稿的《资本章》中从社会经济关系中深刻地揭示了这种平等与自由的现实基础：“作为纯粹观念，平等与自由仅仅是交换价值的交换的一种理想化的表现。”并进一步指出这种平等与自由等资产阶级政治观念只是建立在经济流通与交换过程这一表面关系的虚假性。他深刻地指出：“在现存的资产阶级社会总体上，商品表现为价格以及商品的流通等等，只是表面的过程，而在这一过程的背后，在深处，进行的完全是不同的另一些过程，在这些过程中个人之间表面上的平等与自由就消失了。”众所周知，马克思所指的“不同的另一些过程”实际上就是生产过程，在后面的生产领域的深层经济关系研究中马克思揭示了剩余价值的产生，进而揭示出了在生产关系领域中的资产阶级与工人阶级之间的实质上的不平等，揭示了工人阶级在经济关系中的被奴役与不自由，进而揭示了资本逻辑与资本关系中的奴役与剥削本质。因此，马克思说资本主义社会制度“从一开始就已经包含着对个人的强制”。这恰恰是在历史虚无主义的立场上无法看到的事实。马克思的这一研究工作实际上向我们说明了历史虚无主义与资本主义制度内在的本质联系，揭露了历史虚无主义的方法论本质，并毫不留情地撕去了历史虚无主义的中立伪装。

实际上，从马克思恩格斯时代到当代，尽管经过了多达一个半世纪的发展，发达资本主义经历了由工业社会向后工业社会的转型，但是西方发达国家仍然抱着历史虚无主义的想法，并借着全球经济一体化这一东风，在后发展国家与民族中继续兜售自己的价值观与社会发展模式，其实质不过是向发展中国家与民族转嫁自己的社会矛盾并维持其在全球资本关系链中的高额利润。当代中国走向现代化社会不可避免地融入经济全球化大潮之中，必然也避免不了受那些伴随着经济全球化趋势所产生的各种西方社会思潮的影响与侵蚀，这些社会思潮的特点与实质，说到底还是历史虚无主义思维方式，这一思维方式直接表现就是美化资本主义的社会制度与模式，宣称人类“历史终结”。事实上，也正是当代中国自己的经济发展与世界经济一体化，为历史虚无主义在当今中国的产生与发展提供了最深层的现实基础。再加上 20 世纪 90 年代以来，国际政治大环境的影响，尤其是苏联解体与东欧剧变，不仅弱化了人们对传统社会主义与马克思主义价值观的理解，甚至连自身的传统文化价值与意义也否定了。同时，这一时期在政治上的“告别革命论”，历史研究中的“去马克思主义化”，甚至鼓吹“侵略有功论”，在文艺研究上的“宏大解构论”与追求直接经验的“零度写作论”，以及社会生活中有关传统价值坍塌、道德滑坡、人文精神危机的评论等各种思潮，都在不同层面上助推了历史虚无主义在当今中国的全面泛起。

对此,我们有必要站在历史唯物主义的立场上,借助马克思主义看清历史虚无主义与资本主义社会之间的深层社会历史渊源,看清历史虚无主义的立场与方法论上的局限与虚假性。在当代中国盲目鼓吹新自由主义,倡导西方普世价值,推崇西方宪政民主,这实际上是为资本逻辑与资本关系在中国的推行与实施当了“开路先锋”,并通过这些“甜言蜜语”给我们打了一剂麻醉针。为此,我们必须在现代化进程中时刻保持着清醒的认识。保持清醒认识的关键与根本就在于拒绝历史虚无主义立场与方法论,同时在向现代化社会转型过程中用历史唯物主义眼光创造性地面对与解决自身面临的问题,始终保持方法论自觉与意识形态领域中的积极建构,在中国特色社会主义道路上不断构筑中国梦。

# 历史虚无主义实质是一种主观主义的形而上学

浙江工业大学 尹 峻

虚无主义是一种走向极端的怀疑主义哲学,其原始含义是唯有人们感官可以感知的存在者才是现实的和存在的,此外一切皆为虚无。其最初在雅可比与费希特的通信中被提及,并以屠格涅夫小说《父与子》(1862)中巴扎罗夫的形象而广泛流传。巴扎罗夫,年轻、无业、对现状不满、有新思想。他不屑于世界上任何一样东西,包括艺术、情感、理念等精神世界的既存物,也包括现行政治体制、社会风尚等的一切。他唯一承认自己主观上可以实实在在感受到的,或某一门类的具体科学,比如通过解剖青蛙而了解到的某个生物结构,他认为这才是确切的,其他统统不算数。其实在一个堕落的社会,"否定"——否定贵族、否定农奴、否定反革命的保守主义,否定现行社会体制——应该是一种积极的主张,但如果这种否定不是基于理性的逻辑(巴扎罗夫甚至反对逻辑)或者对底层民众的现实体恤,而只是为了否定而否定——就像巴扎罗夫所说的,"目前最有用的事就是否定——我们便否定"——那么这种态度就不是一个合乎理性的态度。因而巴扎罗夫是一个否定一切包括历史的虚无主义者。

历史虚无主义是一种对待历史的非历史态度。它的本质是以主观的方式对历史本身进行单纯的否定或虚无化，即否定一切不符合自己愿望或诉求的历史人物、事件、过程及其规律。这种态度常以主观标准否定人类历史上的文化遗产，进而将历史看作没有任何联系，没有任何发展规律的“意见”史。表达“意见”只是为了表达“我不高兴”而已。历史虚无主义者只看到当下与过往的区别、自己的诉求与过去历史人物的诉求存在不同，而没有看到今天的世界恰恰是过去历史的发展与对过去历史的继承。他以当代人对当下事物的标准去衡量历史上的事物，这不过是因为他觉得，这些事物“达不到”，就对这些事物进行否定。他把历史学中的“批判”当作抹杀一切的简单工具，把历史发展中的“断裂”当作割断历史联系的粗暴手法。如果历史真是如此，那么按照黑格尔的话，历史就像一个战场，堆满死人的骨骼，是一个死人的王国，这王国不仅充满着肉体死亡了的个人，而且充满着已经推翻了和精神上死亡了的系统，在这里每一个杀死另一个，并且埋葬另一个。一部历史就是后来者杀死、推翻、埋葬先来者的战场。因此，历史虚无主义不过是一种主观意见的表达，是主观主义在历史思想中的极端表现，或说这样的历史虚无主义实质就是一种主观主义的形而上学。

毛泽东在《改造我们的学习》中说，主观主义是由大脑或感官感觉内部的条件引起而不根据客观情况加以分析的处事方法。作为唯心主义形而上学的思想方法和工作作风，它的特点是，在观察和处理问题时，不从客观实际出发，而从个人的主观感情、愿望、意志出发，从狭隘的个人经验或本本出发，采取孤立、静止、片面的观点，使主观和客观相分裂、认识和实践相脱离。在实际工作中,有时表现为机械的教条主义,有时表现为单纯的经验主义。

当代欧洲著名哲学家尼采与海德格尔都曾批评过这种虚无主义的主观形式。尼采将基督教称为虚无的宗教,因为它不关注现实生活,将世俗世界及其历史看作是无意义的,而只在乎主观臆造的死后生活,即神的世界,可是当基督教受到启蒙理性的批判,其主观臆造世界的神圣性被撕去时,人们必然在"上帝之死"中成为无所依傍的虚无存在。海德格尔进一步认为,虚无主义的根基在于将人的存在及其历史缩减至纯粹价值,除此之外,什么都不剩。

从上述思想家的观点中,人们可以看出,历史虚无主义通过主观地否定世界及其历史,只能提供某些否定性的纯粹价值,名义上的历史"目的"与所谓的主观衡量"真实世界""终极存在"的标准或价值。这并不能为现实世界提供应有的建设,而只是从事单纯的破坏。

历史虚无主义的破坏或这种单纯否定排斥了理性的现实谋划,而只以单纯的"祛魅"(如对基督教的单纯批评)向人们显现一个赤裸裸的机械化世界,这个世界只是单凭计算性就可获得的数理化的现实。在这种对机械化与计算性(数理化)的诉求中,人们意识到,历史虚无主义具有批判传统社会迷信蒙蔽的历史意义与作用,然而由于它极端强调功利的现代工业化社会,这造成了重大的自然环境问题与人的生活意义的缺失。它的非建构性的破坏是最大弊病。在现实生活中,它会使人们以为,世界上的一切都是非神圣的,工业技术可以将一切生活安排妥帖,人们不必对未来进行任何有意义的思考。

在这样的文化氛围中，人们将不断失去属己的意义与价值，人类历史将失去任何自由的意义，走向虚无的深渊。

历史虚无主义的主观批判不能把握人生的真实世界，而只是自我主观形式的表达。它摧毁了历史本身及其规律，否定了人的一切自由选择的机缘与人追求自身价值的主观能动性，使人沦为一种虚无的存在，即人生作为一个实实在在的历史过程，成为一个可以置之不论的问题。人的虚无即人在历史中的缺席，其结果是人丧失把握自身命运的能力。当然，必须承认，虚无主义假历史的名义对个体的脆弱性与有限性的强调是它的悲悯之心，但当它将否定推向极端，进而只是强调主观的当下感受时，“否定”实际上以启蒙的名义取代了中世纪上帝的位置。在历史虚无主义中，历史是漫无目的的，人的欲求与价值是失效的，历史与人都只能服从于一个主观感性的符号——所谓的“我的”历史道义。历史与人的存在的必然性便分崩离析。符号所表征的终极图景——虚无——以“我的”目的掩盖人及其历史之存在的真理，以一种不可遏制的无形之力将人及其生活过程推向了无目的的深渊。

在那个深渊中，人的生活失去了对“从何所来”“向何所去”以及“因何之故”，即人生在世的历史意义的终极追问，所有的答案都不过是某个主观的“我”所给定的而非人的思想结果。这表明，历史虚无主义的那种主观性并不在于目的的有无——如历史虚无的本质不是“无”，而在于“有”，但“有”缺乏“根据”，因为“有”不过是“我的”主观表达而已。

虚无主义是一种现代之后的思潮，它将“无”绝对化，这必然产生各种所谓的“终结”——如历史的终结、哲学的终结等——的结果。这种“历史终结”的内在本质就是虚无主义在历史观中的蔓延。历史终结处的虚无，并非指虚无是一种存在者，即某种东西，而是指“存在”，即存在者的存在方式或样态的漫无目的性。虚无的样态就是人之能动性的沉沦——沉沦于某个“我”的主观目的，并且对目的的主观性毫无觉悟，进而遗忘了对“为何之故”的追问。这表明历史虚无主义实质上是对虚无本身的未知。

历史虚无主义把历史描述成一个断裂的、碎片化的过往存在，以至于渴望欣赏和崇拜的心灵会沉迷于由单纯否定所支配的主观观念中，并且由于这样一种对主观的信念，人会以为自身处于对某个无限地优越于他的整体的深刻联系感和依赖感中。但是，根本就没有这样一种单纯的否定，在单纯否定中也不会产生存在的整体意义！从根本上讲，在单纯否定中人已经失去了对他自身价值的信仰，如果没有一个无限宝贵的整体通过人而起作用的话，人也就失去了存在的意义，这就是说，人构想了这样一个整体，为的是能够相信他自身的价值。于是，构想一个终结处的终极状态成为历史虚无主义的一种主观心理需要，即“历史的终极”不过是历史虚无主义对虚无的“不自觉的历史叙事”。

实质上，当这种以终结为目的的历史叙事在找寻一个本来就不存在于其中的“目的”时，虚无主义已经登场；当这“目的”以否定一切的强力赋予人类历史以虚无，并且这目的又进入到人的意愿时，虚无便以“意愿”的形式进入到人的意识之中，成为人的心理状态；而这心理状态必然导致人对“目的”的“是什么”“为何之故”的不追问，甚至把被给定的目的当作自主选择的目的。这时,虚无已经渗透到人的生活之中。

人的生活的漫无目的就是人的沉沦。沉沦就是历史虚无主义的存在样态。它导致一切价值对人的失效,也就是尼采所说的“上帝死了”。在一切价值的失效中,任何“目的”对人而言都是被给定的,而非自主选择的。人沦落为飘忽的、迷途的浮萍,迷失于倏忽即逝之中。当人发现自己身处于一个臆造的“真实世界”时,即身处在一个只是基于“心理需要”的历史终结处时,臆造的“真实世界”必然会摇摇欲坠。历史虚无主义转化为对历史的明确不信任——既不相信过往的历史世界,也不相信当下的“真实世界”。因此,历史主义的虚无本性,不只是以纯粹否定表达对历史价值的贬黜,也不只是对真实世界的不信任,而是当其将主观臆造的纯粹否定建构在人类历史进程之中的那一刻起,就已经是虚无的了。

# 叁

## 历史虚无主义的危害

历史虚无主义对传统文化的危害

历史虚无主义对我国主流意识形态的消解

历史虚无主义动摇中国特色社会主义道路

历史虚无主义思潮对大学生的危害

由苏联解体看历史虚无主义的危害及其启示

# 历史虚无主义对传统文化的危害

浙江艺术职业学院　胡卓群

中华传统文化是中华民族在中国古代社会形成和发展起来的比较稳定的文化形态，是中华民族智慧的结晶。《中共中央关于深化文化体制改革推动社会主义文化大发展大繁荣若干重大问题的决定》指出："优秀传统文化凝聚着中华民族自强不息的精神追求和历久弥新的精神财富，是发展社会主义先进文化的深厚基础，是建设中华民族共有精神家园的重要支撑。"这表明，传承和发展中华优秀传统文化，是中华民族走向复兴的历史根基。

然而，随着19世纪西方帝国主义用大炮强行轰开了中国的国门，中国"被迫"开始步入现代化的进程。在此过程中，中国也遭遇了历史虚无主义的渗透，经历了五四新文化运动反传统的决绝、"文革"反传统的疯狂、20世纪80年代热衷对传统文化的口诛笔伐以及21世纪全球化下对传统文化的颠覆四个阶段。

19世纪末20世纪初，中华民族陷入了空前的劫难之中，寻变革图强之法，思谋国救时之道，成了中国先进知识分子在这一历史时期活动的中心。五四新文化运动以文化改革为切入点，在"打孔家店"的口号下，利用文化和政治等的革新来启蒙民众，塑造出"新的人"，于是就出现了一股否定中国传统文化、主张全盘西化的历史虚无主义思潮。五四新文化运动以其尖锐彻底的程度、所向无前的声势，对封建主义旧思想、旧文化、旧礼教进行否定，成为中国文化史上一个重要的转折点。20 世纪 60 年代，“大跃进”运动的失败，党的最高领导人对思想文化领域现状的判断出现了失误，加之党内极“左”思潮的泛滥，对传统文化的态度发生了根本性的转变。中共中央通过《关于无产阶级文化大革命的决定》，强烈批判旧的教育制度，主张进行与传统彻底决裂的教育革命和“文化大革命”。“文化大革命”以国家政权为依托，以“破四旧”和“批林批孔”为标志迅速席卷全国，奉行砸烂一切的原则，对民族传统文化的破坏达到了令人发指的程度。十年“文革”对中国传统文化造成毁灭性的打击。20 世纪 80 年代，国际上社会主义运动陷入低潮，一股否定革命、鼓吹改良的历史虚无主义思想在欧美史学界泛起，一场遍及中国大陆的“文化热”开始兴起，他们大肆鼓吹中国文化从古代到现代，内在机制存在严重的问题，不存在自我更新的可能性，唯有将西方文化中的一些基本理念引入中国，普及民间，中国文化才能“充分世界化”，进而实现“现代化”和“全球化”，虚无主义思潮又再次受到热捧。21 世纪后，经济全球化时代已经到来，在社会经济迅速发展的同时，文化层面的建构则相对滞后，物质条件的发达与精神生活的缺失形成了越来越大的反差，历史虚无主义思潮又有卷土重来之势。这个阶段的历史虚无主义以学术反思的面貌出现在文学和艺术作品中，强调在文学艺术作品中“去社会化”，即把人的精神价值追求本能化、生理化，否定崇高、正义、奉献等先进的价值观念，使个体本能或生理的需求超越社会的历史的规定，使其呈现出商品性、市场性、庸俗化、单面化的趋势。

历史虚无主义思潮在中国虽然始终处于若隐若现的支流地位，但其所持的谬论对传统文化的批判，有着不容忽视的危害。

## 一、危害之一：消解核心价值

核心价值是一种常识认同意义上的集体无意识，是在日常生活实践的基础上演进而来的，经反复筛选、沉淀而成，广泛地渗透到人们的观念、信念、思维方式、情感方式和社会习俗等主体属性之中，深入到人们行为习惯之中。2012 年 11 月，中共十八大报告明确提出"三个倡导"，即"倡导富强、民主、文明、和谐，倡导自由、平等、公正、法治，倡导爱国、敬业、诚信、友善，积极培育社会主义核心价值观"，这是对社会主义核心价值观的最新概括。2013 年 12 月，中共中央办公厅印发《关于培育和践行社会主义核心价值观的意见》，明确提出，以"三个倡导"为基本内容的社会主义核心价值观，与中国特色社会主义发展要求相契合，与中华优秀传统文化和人类文明优秀成果相承接，是我们党凝聚全党全社会价值共识做出的重要论断。

核心价值是我们文化安身立命的根基，是我们在激荡的世界文化中站稳脚跟的"定海神针"。历史、现实、未来是相通的。只有正确地认识历史，才能正确地认识现实，并以史为鉴，察往知来，形成主流，创造更加美好的明天。核心价值作为一种流传久远的有生命力的传统，它从历史主流中吸取精神力量，是被主流群体广泛接受的安身立命的信念和准则。目前中国正处于社会转型过程中，在价值文化多元化的时代，历史虚无主义与各种价值相互竞争、相互争夺、相互激荡，更加剧了原本多元交织的价值冲突。如果这些原则问题被颠倒、被消解，就会从根本上搞乱人们思想，一个民族、一个国家就会失去自己的凝聚力和艰苦奋斗、发愤图强的精神动力，就会失去立足和发展的思想基础。如果否定了核心价值对历史上人类创造的文化尤其是前人创造的社会主义文化的继承，也就否定了主流价值的正当合理性，这种否定的观点如果成了国家意识形态的主流，则这个国家将难以为继。

## 二、危害之二：阉割民族特质

文化是民族凝聚力和创造力的重要源泉，是影响综合国力与竞争力的重要因素，是经济社会发展的重要支撑。任何一个国家的文化，都有其既有的传统、固有的根本，中华五千年文明史凝结了“爱国主义、团结统一、爱好和平、勤劳勇敢”的民族精神，特别是爱国主义中的忧患意识，心系国家安危，情牵黎民百姓，荣辱与共、患难与共、先国后家的高尚风格。这种民族特质有很强的整体认同感，它铸造了多少风流人物的崇高抱负和追求，使中华民族历经磨难而始终保持旺盛的生命力和凝聚力，是我国弥足珍贵的民族财富，更是中华民族屹立于世界之林的根基。

然而，历史虚无主义思潮的代表者在现代性浪潮的冲击下，以标新立异、追求新奇为要，不加辨析地鼓吹西方文化，极尽所能地“贬低”中国传统文化。只要是来自“西方的”，都无一例外地被冠之以“新”，而本土所固有的，则被称之为“旧”。他们认为中国要搞现代化，就必须全盘西化，即现代化只有一个西方模式，这就否认了世界各民族的文化发展和现代化道路的多样性。他们把传统文化完全等同于封建糟粕，不无成见地把眼睛死死盯在传统文化的消极面上，他们贬低中国古代的灿烂文明，诅咒中华民族文化是一种只能走向“自杀”的“黄土文化”，“除了愚昧和落后”，是孕育不了新的文化的，这种传统文化是“糟粕”，是“精神包袱”，中华民族是充满奴性、缺乏创造力的，中国人是愚昧的、丑陋的，“没有人性、只有奴性”，它埋伏着民族和文化衰败命运的种子。这种鞭挞和否定中国的文明、人种、传统文化，对民族文化、历史遗产采取轻蔑、虚无的态度，无视民族特点，抹杀民族差别，阉割民族特质。世界各国的现代化充分证明，现代化的模式可以多种多样，但都不能脱离自身的民族特质。这种人为造成的传统文化的断裂，不但造成人们对于传统文化的无知，而且使现代化逐渐丧失了内在的精神之根，基于其上的人们的民族认同感和民族主体意识也会因此而失去依傍，削弱民族自尊心与凝聚力，消融中华民族精神，彻底割裂中华民族的历史进程，并最终导致现代化因为失去历史的基础而难以推进。

## 三、危害之三：倾覆文化信仰

文化是凝聚人心的精神纽带，是一种精神上的内在需求、普遍需求，是终生相伴的需求。信仰是人类最基本、最深刻的精神活动和精神现象，体现为人们对“真、善、美”道德标准的依赖、憧憬和不懈追求。正如罗曼·罗兰所说：“整个人生是一幕信仰之剧。没有信仰，生命顿时就毁灭了。坚强的灵魂在驱使时间的大地上前进，就像石头在湖上漂流一样。没有信仰的人就会下沉。”文化信仰是人们在文化的传递、融合中逐步形成同一化的文化认同，并在不断的意识强化中形成，是一个国家、一个民族自古到今，无具象却蕴涵无穷力量的“精神种源”。我们的国家是一个历史悠久的古国，有着深厚的文化底蕴，中国传统文化是中华民族的文化身份，是维系全体中国人的精神纽带，更是全球炎黄子孙共有的宝贵财富。传统文化对我们的生活、社会的影响不亚于西方宗教信仰对西方社会的影响，我们的信仰是“文化信仰”，有“诸神”在监督，就是家人、朋友、同事、邻居，这种来自周围人的社会监督很有效，无处不在；还有自我监督，就是“良心”，我们讲“天地良心”“君子慎独”，说的就是自己监督自己。天地是“道”，对于“道”的信奉、崇敬其实是中国传统文化中信仰的核心。这是一种有别于西方信仰形态的信仰。它具有非人格神的特点，但具有最高命令的意义，对整个社会有确立价值、约束行为的功能。

随着全球化的不断发展与深入，各种思潮纷纷涌入，审美文化的生活化和体制转换加速现代文明危机，历史虚无主义作为现代文明危机的一种表现形式，代表着现代社会的悲观与颓废精神，其破坏性在于否认人生和世界的意义，瓦解各种意义与目的，把任何信仰、价值都看作是可有可无的，使人们的精神世界陷于纷争不已的状态，就像李敖所表述的那样，文化思想上的困惑，自觉或不自觉地包围住我们，使我们经常在两重以上的标准下摇摆鬼混。摇摆鬼混的结果是在这个社会里，我们极难看到一个真正的爽爽快快的“现代人”。历史虚无主义严重消解传统文化，倾覆文化信仰，带给个人对自我认识的危机而缺失心灵安定和幸福感，从而成为阻碍社会进步的障碍。

## 四、危害之四：危及政治文化安全

文化安全指作为一种政治实体的主权国家的国家意识形

态、价值观念、基本政治制度、人民群众的政治认同以及国家形象等主要文化要素免于内部或外部敌对力量的侵蚀、破坏和扭曲，从而确保作为政治实体的国家在其主权范围内也包括在国际上享有比较高度和一致的合法性认同。在新的形势下，民族国家的主权消解危机更突出、更明显地体现在文化领域，文化争锋和文明冲突已经越来越危及国家安全。

20 世纪末期的苏联解体，是世界社会主义运动所遭受的重大挫折。长期以来，人们一直对苏联解体的原因进行剖析和反思，所得结论各异。苏联解体的原因有很多，文化安全方面的缺失是造成这一结果的重要原因。文化安全的缺口又加剧了苏联在政治安全、经济安全、社会安全乃至国防安全等方面情况的恶化，最终导致苏联瓦解、党亡政息的噩运。苏联意识形态路线的放松直接危害了国家的文化安全，而文化安全的缺口则直接危害到了国家的整体安全。这是一个惨痛的历史教训！西方敌对势力从来没有放弃西化、分化、虚无主义化我国的战略企图，他们在不能从外部将社会主义国家消灭的情况下，借助强大的经济实力和军事力量，以经济、政治、思想和文化渗透为主要形式，在全球范围内推广其价值理念和文化信仰，通过采用技术交流、文化交往等方式影响社会主义国家人们的心理、行为方式，企图使社会主义国家政权从内部演变，使社会主义国家的生活方式、国家运行变成资本主义式的，从而使国家社会思想混乱、价值错乱、信仰迷失，赖以生存的文化战线悉数崩溃。

# 历史虚无主义对我国主流意识形态的消解

浙江中医药大学　朱　珏

关于"历史是什么"这一问题的答案有许多种。历史,或指过去事实的记载;或指已过去的事实;或指自然界和社会的发展进程、沿革、来历;或指已过去的经历和事迹的痕迹……但无论我们采取哪种解释,无可否认,历史都是实实在在存在着的,它具有连贯性的特点。浩瀚而宝贵的历史既是人类总结昨天的记录,又是把握今天、创造明天的向导。

然而,近年来,在如何对待历史这个问题上,却出现了异样的声音——历史虚无主义。这一以否定人民革命和社会主义建设成就的历史为重点的思潮在我国改革开放的进程中时隐时现,因其披着"反思历史""批判现实"之名而具有很强的欺骗性、迷惑性,应该引起我们的重视。

历史虚无主义竭力贬损和否定革命,诋毁和嘲弄中国人民争取民族独立和人民解放而进行的反帝反封建斗争,诋毁和否定我国社会发展的社会主义取向及其伟大成就。然而,历史是具有连贯性的,没有中国人民近百年来的不断抗争和探索,就不可能有今天中国社会的繁荣昌盛。历史虚无主义的不断泛起,造成了许多负面的影响,其中对我国主流意识形成的消解即为其危害性的主要表现之一。

## 一、历史虚无主义为何会消解我国主流意识形态

一定时期内，一个社会占主导地位的意识形态称之为主流意识形态。20 世纪 20 年代初期，当众多的西方思潮、学说、主义涌入中国伊始，马克思主义以其独特的理论品格和对中国社会的现实指导性为中国共产党所接受，并在中国这块土壤上发展壮大，成为我国的主流意识形态。因此，可以说马克思主义成为中国的主流意识形态，是历史的选择，是人民的选择，是中国社会的选择。

然而，随着历史虚无主义的不断泛起，目前马克思主义指导思想一元化的地位不断受到冲击，我国的主流意识形态不断受到消解。

其一，历史虚无主义否定马克思主义指导思想一元化的地位。20 世纪 80 年代末 90 年代初的苏联和东欧剧变给了历史虚无主义者们一个极好的契机，他们"欢呼"："20 世纪是最后埋葬共产主义的世纪""马克思主义已经死亡""共产主义已经死亡"。具体到中国，他们把党和共和国历史上的许多重大事件都加上"左"的罪名，使之变成一部不断"左"祸中国的历史；他们利用我们历史上所经历的曲折，把错误无限扩大、上纲上线，借以否定中国共产党领导中国人民取得民主革命、社会主义革命、社会主义建设和改革开放伟大成就这一历史的主体，否定中国走上社会主义道路的历史必然性，散布社会主义失败论。否定了中国革命、建设与改革开放的历史，那么马克思主义这一与这段历史相伴而生的指导思想也就失去了基础。历史虚无主义就是以否定中国共产党和中国人民近百年

来的奋斗史，继而否定马克思主义在我国的指导地位。

其二，历史虚无主义淡化马克思主义的主导地位。历史虚无主义对我国主流意识形态进行消解的第二个表现即是淡化马克思主义的主导地位。“淡化”，就是弱化、简化。这些年来，中国社会思想空前活跃，主流积极健康向上，马克思主义的指导地位不断得到巩固。在不能彻底否定马克思主义指导地位时，他们又试图用更温和的方式，即“淡化”马克思主义的指导地位。如何淡化？就是在“学术研究”的名义下，不尊重历史事实，片面引用史料，根据他们的政治诉求，任意打扮历史、假设历史，胡乱改变对近现代史中重大事件、重要人物和重要问题的科学结论；或者以“客观”“公正”的面貌出现，崇尚“坏人不坏”“好人不好”的模式，要求按照人性论的原则治史，否则就是脸谱化、“扣帽子”；一些人还以“思想解放”“理论创新”的名义糟蹋、歪曲历史。他们主张用所谓的“现代化史观”取代“革命史观”，把革命同现代化对立起来，借以否定中国近代史上的革命斗争。既然中国社会的发展道路与模式可能有许多条、许多种，那么马克思主义的指导地位也就可以慢慢地被淡化下去——他们希望通过这种方式让人们遗忘马克思主义，以此达到弱化马克思主义主导地位的目的。

其三，历史虚无主义提倡指导思想的多元化，以此逐渐使马克思主义边缘化。历史虚无主义在否定中国近代历史发展主体的同时，鼓吹西方的民主主义、自由主义。它们批判马克思主义原理的科学性，认为应放弃马克思主义的指导地位；它们认为资本主义社会才是人类最美好的、必然的社会形态，而社会主义只是一种处于过渡阶段的社会形态；它们继承西方政治思想的个人主义、独立主义以及功利主义传统,宣扬极端自由、私权至上、个人权利价值超过集体权利价值等理念。通过这些宣传,力图削弱马克思主义的主导地位,提倡指导思想的多元化。

一方面,历史虚无主义通过否定中国近百年历史发展的主流,从而否定马克思主义的主导地位;另一方面,历史虚无主义与民主社会主义、新自由主义思潮相呼应,通过倡导指导思想多元化,使马克思主义逐步边缘化。

应该说,近年来,历史虚无主义的不断泛起,已经对我国的主流意识造成了一定的冲击。杭州青少年研究所的某课题组曾经做过问卷调查,结果显示,全国 16 个大中城市青年人中"信仰马克思主义"者平均所占比例为 21.13%,其中深圳市最低,仅为 13.18%,沈阳市最高,也只有 37.18%。中组部组织的全国 30 万党员思想状况大调查发现,相当一部分党员理想信念动摇,宗旨意识淡薄。这不得不引起我们的高度警惕。

## 二、大力批判历史虚无主义对主流意识形态的消解

马克思主义是否真的已经过时?我国的主流意识形态是否真的可以多元化?答案很明确:马克思主义并没有过时,在我国,主流意识形态不能多元化。

首先,马克思主义独特的理论品质不容否定。一种理论要不要坚持,并不在于它产生的时间长短,而是在于它正确与否。马克思主义虽然诞生于 19 世纪,但多年来它始终与时代同行,与实践同步。"与时俱进"就是马克思主义独特的理论

品质。20 世纪末，当新世纪的钟声即将敲响的时候，英国广播公司(BBC)曾经在全球范围内举办过一次“千年思想家”的评选活动，结果，马克思在牛顿、爱因斯坦、麦克斯韦尔等众多杰出的思想家中脱颖而出，得票数高居榜首。2008 年，当全世界范围内的金融危机袭来的时候，马克思的鸿篇巨著《资本论》在欧洲畅销。2011 年，英国著名学者特里·伊格尔顿撰写了《马克思为什么是对的》一书，对当前典型的否定马克思主义的观点逐一进行了反驳。这些都充分证明了一点：马克思主义并没有死亡，它以其独特的理论品质在当代依然焕发着光彩。面对历史虚无主义对我国主流意识的消解，我们必须勇敢面对，勇于批驳。

其次，中国近代以来的主体历史不容篡改。我们学习历史，研究历史，是维护历史本来面目，还是歪曲历史真相？是高扬民族精神，还是鼓吹妥协投降？是从历史主流中汲取精神力量，还是在历史支流中寻找负面影响？是坚持唯物史观，还是回到唯心史观？如果这些原则问题被颠倒、被消解，就会从根本上搞乱人们的思想。中国共产党领导中国人民进行革命、建设与改革开放这一近代历史发展的主线不能丢弃。历史虚无主义经过“重新评价”，对从鸦片战争到中华人民共和国成立的历史，以及之后因革命而走上社会主义道路并获得伟大成就的历史，从根本上进行了否定。历史虚无主义通过否定中国共产党的奋斗对中国社会的巨大贡献，从而否定马克思主义在我国的主导地位。而我们恰恰要肯定这一段光辉的历史，而且要大力地宣传这一段历史功绩，从而夯实马克思主义在我国占主导地位的基石。

再次，指导思想必须一元化。我们把马克思主义作为我们的指导思想并强调指导思想的一元化，是有依据的。一方面，历史是具有连贯性的，而我们今天所走的道路就是延续着中国共产党领导下的中国特色的社会主义道路，在这种情况下，“指导思想一元化”也应具有连贯性与延续性。另一方面，指导思想的多元化原则对于社会主义社会是极其危险的。庄子曾说过一段很有意思的话：“夫道不欲杂，杂则多，多则扰，扰则忧，忧而不救。”这段话用在指导思想多元化问题上很有启发意义。对社会主义而言，指导思想的多元化，必然会扰乱人们的思想，导致社会主义自身的崩溃。此外，历史虚无主义在否定马克思主义指导思想一元化的同时，提倡学习西方的诸如民主社会主义、自由主义等，提倡指导思想的多元化，目的便是要把西方价值观念和精神诉求诠释为全世界各国人民都应追求的价值理想和制度理念，诱导其他广大的发展中国家尤其是社会主义国家以此为标志审视甚至检讨本国价值观和政治制度，发现本国的“差距”和“缺陷”，从而成为西方的“自觉”追随者。事实上，无论是历史的发展还是中国的现实状况，都证明了一点：指导思想多元化无益于中国社会的发展，指导思想必须一元化。

## 三、进一步稳固我国的主流意识形态

面对历史虚无主义的泛起，习近平总书记曾说过：“苏联为什么解体？苏共为什么垮台？一个重要原因就是意识形态领域的斗争十分激烈，全面否定苏联历史、苏共历史，否定列宁，否定斯大林，搞历史虚无主义，思想搞乱了，各级党组织几乎没任何作用了，军队都不在党的领导之下了。最后，苏联共产党偌大一个党就作鸟兽散了，苏联偌大一个社会主义国家就分崩离析了。这是前车之鉴啊！”总书记的话振聋发聩。如今，苏联已经不复存在，但历史虚无主义仍挥之不去，有了这个前车之鉴，我们更应该坚定：主流意识形态必须要进一步稳固。

那么，我们应该如何做，才能更好地坚持我国的主流意识形态呢？

第一，看透历史虚无主义的实质，对其进行批判。历史虚无主义对主流意识形态的消解，主要是以极力否定中华人民共和国史，否定中国选择社会主义道路为表现，甚至提出了十分荒谬的观点：“如果当时中国随便搭上哪一条顺风船，比如追随美国，中国的处境会比现在强盛得多。”其实质是否定其实已被历史证明了的事实：中国要实现国家富强、民族振兴、人民幸福，只能走社会主义道路，不能走资本主义道路，这是历史的必然、人民的选择。否定党史、歪曲国史，无视历史现象的内在联系和因果关系，无视历史规律，不仅将对我国的历史学研究造成危害，而且会通过大众传媒对广大干部群众思想造成干扰，在“举什么旗、走什么路、朝着什么目标前进”等重大问题上造成困惑。因此，我们可以用无须辩驳的事实对历史虚无主义进行批驳：新中国成立之初，城乡居民生活普遍贫困，多数人处于衣不蔽体、食不果腹的境地；60 多年后，中国实现了从温饱到小康的历史性跨越，人均 GDP 从 1949 年的 35 美元增至 2011 年的 5400 多美元。新中国走社会主义道路，在短短 60 多年时间里，完成了资本主义国家上百年的现代化历程，成就辉煌，举世公认。这样的事实是虚无不了的历史，这样的历史是抹杀不了的事实。我们应大力宣传建国60多年来我国所取得的巨大成就，以此来肯定中国共产党领导中国人民进行革命、建设与改革开放这一近代中国历史发展的主体，批驳历史虚无主义者们所倡导的荒唐观点。

第二，以客观对待历史的态度进一步稳固马克思主义的主体地位。历史虚无主义往往采取罔顾实际的历史进程，抽象地假设、推演，乃至否定和歪曲历史事实；或是借助反讽性和戏谑性解释，恶搞、贬损和诋毁已有定论的正面历史人物和崇高历史事件及其意义；或者彰显反面人物的“人性”，以图为之翻案；又或者借助精心挑选或“发现”部分碎片化的历史事实；或者通过对整体历史无限细分，来实现对民族史或世界史中重大问题的解构或重构，结果呈现一种伪造的“历史”。具体在对待中国共产党领导中国人民进行探索与奋斗的中国近现代历史进程中，就以无限扩大中国共产党在前进道路上所犯的错误来否定历史的主体，否定中国的主流意识形态。因此，如果我们自己客观地对待历史，充分肯定这一段历史发展的主流，同时客观地对待党在前进过程中所犯的错误并抱着客观对待、认真解决的态度，历史虚无主义就无机可乘，其宣传也就失去了立足点，党的领导地位、马克思主义的主体地位也就能进一步得到稳固。

最后，作为我们个人，应该加强理论素养，对马克思主义的理论品质以及对当代中国社会发展的指导意义有一种更为自觉的意识。一方面，我们应该清醒地认识到：正确认识和妥善处理指导思想一元化与多种思想并存问题，是关系社会主义改革前途命运的具有全局性战略性意义的问题。中国社会性质的变化和中国共产党执政地位的确立，使马克思主义成为处于支配地位的指导思想。否认指导思想的一元化，多种思想并存的状态就会演变为消解主流意识形态的思想斗争，成为社会不稳定因素。在社会主义市场经济条件下，经济成分的多样化带来的是思想的多样化，而不是指导思想的多元化。因为，虽然自进入阶级社会以来，任何社会都存在着多种所有制关系，但其中必然有一种处于统治地位，决定着整个社会形态的性质，由此，也必然会有一种思想处于支配地位。社会主义时期，多种思想并存的状况提醒我们，在意识形态领域，必须强化阵地意识，坚持指导思想的一元化，这是我们所担负的历史使命。另一方面，我们要认清历史虚无主义所宣扬的观点的实质，提高自身的理论素养，避免掉入历史虚无主义的陷阱，以正确的历史观、价值观去对其进行研究、批判。

认清实质—勇于批判—坚定信念，这是我们应对历史虚无主义消解我国主流意识形态的三部曲。昨天，马克思主义成为中国的主流意识，是历史的选择，人民的选择；今天，坚持和巩固马克思主义在意识形态领域的指导地位，是时代的要求，人民的要求；我们必须居安思危，增强忧患意识，更加自觉地加强意识形态建设，真正为人民掌好舵，执好政。

# 历史虚无主义动摇中国特色社会主义道路

丽水职业技术学院　王昔民

古人云:“以铜为鉴,可正衣冠;以古为鉴,可知兴衰;以人为鉴,可以明得失;以史为鉴,可以知兴替。”这一语道出了进行历史反思的重要性,而其对于当下中国正在进行的中国特色社会主义事业的重要性就更不用多说。中国特色社会主义事业要顺利发展,就离不开对历史进行回顾和反思。但是,近些年来,历史虚无主义者以“反思历史”为名,打着“解放思想”“重新评价”“还原历史”等旗号,在历史问题尤其是20世纪历史问题上大做文章。他们以“告别革命”否定中国近代以来的一切革命运动,特别是中国共产党领导的新民主主义革命;以“文化大革命”十年否定新中国刚成立后的经济成就;以毛泽东晚年的错误来否定毛泽东的历史地位;以改革开放中出现的问题否定改革开放取得的伟大成就,歪曲改革开放的性质。他们这样做,就好比倒洗澡水的同时,也把婴儿一起倒掉了。在历史虚无主义的学术研究中充斥着所谓的“替天行道”式的矫情,标新立异的“大胆思想”和“另类话语”,带有极大的欺骗性和煽动性,再在一些媒体和互联网的配合下,对社会大众尤其是青少年产生了极其恶劣的影响。因此,对于历史虚无主义,作为社会科学工作者,应该旗帜鲜明地予以批判,揭露其靓丽外衣下隐藏的明确的政治诉求,即否定中国共产党的领导核心作用，从根本上动摇中国特色社会主义道路，以英美为师，走全盘西化道路。

## 一、借口告别革命，否定中国走社会主义道路的必然

纵观中国近现代史，不难发现中国共产党登上历史舞台，并最终带领中国人民经过28年的艰苦卓绝的斗争，建立社会主义新中国，这是历史的必然。然而，近些年来，有人提出“告别革命”（来自《告别革命》一书）。在他看来，革命容易使人发狂，失掉理性。革命是一种能量消耗，革命引来的是中国近代百年的疯狂，革命是近代中国未能实现现代化的最大障碍。对于中国共产党领导的新民主主义革命，历史虚无主义者更是极尽诋毁之能事。比如，某经济学家在谈到这段历史时，罔顾事实地说：“共产党以打抱不平起家，为穷人说话，分富人的财产，鼓励穷人反对富人。”“不管是有钱，有学问，美貌，都是嫉妒的对象。”他甚至还说，中国共产党的壮大，是因为中国共产党利用抗战间隙，消极抗战、发展实力。只要略熟悉这段历史的人，就知道这是睁眼说瞎话。

事实胜于诡辩，新民主主义革命中，中国共产党不是出于什么“嫉妒心理”，去反对“富人”，而是争取和联合民族资产阶级推翻压在中国人民身上的三座大山。说到中国共产党力量壮大的原因，那更是歪曲历史。中国有一句古话：“得民心者，得天下。”中国共产党力量之所以迅速壮大，是因为在长期的革命斗争中，中国共产党已经同中国广大劳苦大众同呼吸、共命运，而不是历史虚无主义者攻击的靠“耍阴谋”“消极抗战，发展实力”等因素。相反，倒是他们极尽所能美化的国民党真

的是消极抗战、积极反共。这也是中国共产党从几十个人的小政党经过28年的奋斗，最终打败拥有美国装备的800万国民党军队的根本原因。历史虚无主义之所以恶意歪曲这段历史，就是要否定中国近代以来的一切进步运动，特别是否定中国共产党领导的新民主主义革命，由此否定中国走社会主义道路的必然性。其背后的险恶用心就是，要使中国走西方的资本主义道路，使中国回归到“以英美为师”的“近代文明的主流”。他们积极配合西方敌对势力，虚无历史，就是要实现他们的政治诉求。正如晚清著名思想家龚自珍曾说：“灭人之国，必先去其史；隳人之枋，败人之纲纪，必先去其史；绝人之材，堙塞人之教，必先去其史；夷人之祖宗，必先去其史。”

历史虚无主义叫嚣告别中国革命，试图否定中国近代史上一切革命，特别是中国共产党领导的新民主主义革命，无非是想证明西方资本主义道路是中国社会无法抗拒的“历史必由之路”。事实上，近代历史上帝国主义侵略的目的就是要将中国带入资本主义体系，将一个独立的封建的中国变成半殖民地半封建的国家，压制和阻碍中国社会正常发展的道路。中国无数的仁人志士曾幻想着走西方资本主义道路去拯救国家和民族的命运。自鸦片战争以来，先进的中国人为了寻求救国复兴之路，一开始就把目光投向了西方的资本主义，一开始就“以英美为师”，却一再受挫。以林则徐、魏源为代表的地主阶级改革派，面对西方列强的“坚船利炮”，睿智地提出“师夷长技以制夷”。然而这一主张并未对当时中国的强国御侮发挥现实的指导作用。以洪秀全为代表的农民革命领袖颁布的《资政新篇》，第一次把对西方资本主义的学习，由生产力的层面拓伸到生产关系层面,提倡资本主义的雇佣劳动制度。但这个近代中国第一个比较完整的具有鲜明资本主义色彩的救国改革方案未及付诸实施,就在其所师法的“先生”与清廷的联合围剿之下,被扼杀于摇篮之中。以曾国藩、李鸿章等为首的洋务官员掀起的自救运动,虽然曾一度为行将就木的清王朝统治带来一丝生机,但也不过是“用一块崭新的布补缀了旧制度的洞”,“毕竟是虚空的”。中日甲午一战,北洋水师几乎全军覆没,为之画上了句号。以康有为、梁启超为代表的资产阶级改良派提出君主立宪,把近代中国用资本主义救国的道路选择,首次由生产关系层面推进到了上层建筑层面。但变法仅仅持续了 103 天,就被慈禧太后等实权派所扼杀。以孙中山为代表的资产阶级革命派,经过辛亥革命推翻了清朝政府,结束了两千多年的封建帝制,建立了中华民国,但是,革命成果很快就被袁世凯篡夺。资产阶级共和国方案在无情的现实面前依然“破了产”。历史事实证明,在近代中国,用资本主义救国的道路根本无法行得通。在历经磨难反复探索后,最终中国人民选择了在中国共产党的领导下,走独立自主的社会主义发展道路,这是中国人民在资本主义道路走不通情况下做出唯一的、客观的选择。

## 二、以社会主义革命建设中的失误全盘否定社会主义革命建设成就

历史虚无主义借口告别革命,否定中国走社会主义道路的历史必然性。不但如此,他们对新中国成立后中国共产党领导人民进行的社会主义革命和社会主义建设也是肆意歪

曲，恶毒攻击。新中国成立后，百废待兴，人民生活水平亟待提高。中国共产党采取正确政策，把资本家和富农改造成了自食其力的劳动者，完成社会主义改造，正式建立社会主义制度，完成了社会主义革命伟大任务，全面转入了大规模的社会主义建设时期。在毛泽东为核心的第一代中央领导集体的带领下，在全国人民的艰苦奋斗下，新中国用三十多年的时间，在旧中国遗留下来的"一穷二白"的基础上，建立了独立的、比较完整的工业体系和国民经济体系。这是任何一个有良知的中国人都不会否认的巨大成就。

毋庸讳言，新中国的前 30 年建设中，中国共产党在工作中确实存在不少错误认识和失误。比如，在社会主义建设速度上存在急躁冒进、急于求成的问题，出现了"大跃进"运动；对社会主义条件下的阶级斗争表现出片面强调和任意扩大化的错误，出现了"反右扩大化"运动，乃至"文革"十年，国家的发展因此遭受了严重挫折。然而，历史虚无主义完全不顾中国共产党领导人民在新中国成立前 30 年社会主义建设中取得的成就，紧盯在社会主义建设中存在的问题不放，甚至把这些在发展过程中出现的问题刻意放大，借此攻击中国的社会主义制度。可以说，他们一叶障目，不见森林，攻其一点不及其余，带有极大的欺骗性和煽动性，迷惑了青年大众。也正是因为如此，在他们眼中，新中国的成立和社会主义制度的建立，是中国的大倒退。因为他们痛惜"自由主义"（与历史虚无主义紧密联系的政治思潮）在新中国成立后，被"持续地、彻底地、大规模地'肃清'"。综观新中国成立后 30 年的共和国历史，不难发现中国共产党领导社会主义革命和社会主义建设的伟大成就是主要的。如1952年主要工农业产品的产量超过新中国成立前最高水平，中国的公营、私营经济比例发生倒置性的变化，公营经济的比例已经取得了压倒性的优势。至于新中国前30年工作中的失误和挫折也是有其客观原因的。任何新生事物的成长都不是一帆风顺的，总是会遇到曲折和困难。新生的社会主义中国，就像刚刚蹒跚走路的婴儿一样，难免会出现摔倒和磕着碰着的情况，哪怕就是成长中的青少年也难免会遇到挫折。"文革"十年，确实是悲惨的十年，但是就是在这十年里，中国在经济上也取得一定进展，在国防科技和外交工作方面取得了突破性的进展，而不是如历史虚无主义者所说的各方面都濒临崩溃的边缘。中国共产党是一个勇于承认错误和改正错误的马克思主义政党，正是在改正错误的过程中，中国共产党一步一步成为中国特色社会主义事业的坚强领导力量。正是在总结新中国成立前30年的经验教训基础上，中国共产党提出了改革开放的基本国策，带领中国人民走上了中国特色社会主义的康庄大道。

## 三、攻击和抹黑党的领袖人物，进而否定中国共产党的领导

历史虚无主义者一方面攻击中国共产党领导的新民主主义革命、社会主义革命和新中国成立前30年的社会主义建设，否定中国走社会主义道路的历史必然；一方面不断攻击和抹黑中国共产党领导人，尤其是对毛泽东的攻击，以此达到其不可告人的目的。其实，群众的眼睛是雪亮的，历史虚无主义者的目的就是借攻击和抹黑毛泽东来否定中国共产党，进而

否定党所领导的中国特色社会主义建设事业。

众所周知,历史虚无主义者就是要使中国实现私有化、美国化,走全盘西化的道路。毛泽东则是他们实现这一目标的不可逾越的障碍。为此,他们罔顾历史,对毛泽东进行谩骂、侮辱、抹黑,这在世界历史上都是少有的。可以说,为了攻击中国共产党,他们对毛泽东的污蔑和攻击,是手段用尽,无所不及。铁的事实告诉我们,近代中国两大历史任务的实现都与毛泽东有着密切关系,毛泽东在其中起到了关键作用。20世纪前半叶,在以毛泽东为首的中国共产党领导下,实现了民族独立和人民解放。20世纪后半叶,中国人民的任务是实现国家的繁荣富强和人民的共同富裕,而以毛泽东为核心的第一代中央领导集体为这一历史任务的实现奠定了重要基础。

毛泽东是中国特色社会主义道路的探索者、奠基者,他为今天的中国特色社会主义现代化建设事业打下了坚实的基础。邓小平同志就曾经说:"从许多方面来说,现在我们还是把毛泽东同志已经提出,但是没有做的事情做起来;把他反对错了的改正过来;把他没做好的事情做好。今后相当长的时期,还是做这件事。"建国初期毛泽东沿袭了斯大林的观点,把商品和商品经济看作是资本主义的范畴。但是,经过了1958年"大跃进"的教训,毛泽东逐渐改变了原来的观点。1958年11月第一次郑州会议上毛泽东针对陈伯达等人主张废除商品、货币的错误,指出:"现在我们有些人大有消灭商品生产之势,一提商品生产就发愁,觉得这是资本主义的东西。"毛泽东还论述了"十大关系",为建国初期我国经济社会建设提供了指导。毛泽东在中国特色社会主义道路探索过程中,对出现的失误也及时进行了总结并予以改正。他在总结这些失误和曲折后提出:“社会主义这个阶段,又可能分为两个阶段,第一个阶段是不发达的社会主义,第二个阶段是比较发达的社会主义。后一阶段可能比前一阶段需要更长的时间。”

总之,铁的事实告诉我们,毛泽东一生中贡献是主要的,他对中国社会主义现代化做出了不容否认的伟大历史贡献。历史虚无主义者对毛泽东极尽所能的抹黑,不但是罔顾历史事实,更是别有用心。历史虚无主义者企图否定毛泽东对中国特色社会主义道路和理论的探索和贡献,其目的在于否定以毛泽东为代表的中国共产党人领导中国人民对社会主义道路的选择。但历史虚无主义者的阴谋是根本不可能得逞的。新中国在毛泽东领导时期所取得的这些伟大的历史进步,不仅中国人民感受到了,西方的公正人士也是承认的。美国的莫里斯·梅斯纳教授就把毛泽东时代称作“中国工业革命时期”,这“是世界历史上最伟大的现代化时代之一”。这些成就,不仅在当时已经使中国极度贫弱的面貌在很大程度上得到了改变,而且为我国的改革开放和现代化建设的新局面创造了前提。

## 四、歪曲改革开放，动摇中国特色社会主义道路

中国特色社会主义道路,是以毛泽东为核心的第一代中央领导集体开启探索,经过改革开放三十多年的伟大实践检验,适合中国国情的康庄大道。党的十一届三中全会,果断停止了“以阶级斗争为纲”的路线,拨乱反正,提出了改革开放的基本国策。当然,我们的改革是社会主义性质的改革,是社会

主义制度的自我完善和发展。正如改革开放总设计师邓小平反复强调的，“我们的改革”“总目的是要有利于巩固社会主义制度，有利于巩固党的领导，有利于在党的领导和社会主义制度下发展生产力”。在党的第一代、第二代、第三代、第四代领导集体带领下，全国人民共同奋斗，形成了中国特色社会主义理论体系，完善了社会主义制度，开创了中国特色社会主义道路。面对国际风云变幻，我们保持政治定力，运用政治智慧解决我们发展中遇到的各种问题，使得我国综合国力、人民生活水平和国际地位得以大幅度提高，中华民族伟大复兴的中国梦的实现指日可待。可是，在我们推进改革开放的过程中，出现了背离社会主义改革方向的不和谐声音。有那么一些人希望我们的改革“改向”，各种敌对势力妄图趁中国改革之机使我们走上资本主义的邪路，因而各种资产阶级自由化思潮总是把批判的矛头集中指向四项基本原则特别是党的领导。在经济领域，鼓吹私有化，否定公有制的主体地位；在政治领域，鼓吹“普世价值”“宪政”，否定党的执政地位。他们极力歪曲改革，把改革视为对社会主义的否定和对资本主义的“补课”，强调中国的当务之急是补新民主主义的课，强调自由主义的经济制度才是最好的，鼓吹自由主义的意识形态，等等。在这里，他们本来的面目展露无遗，那就是企图实现改革方向的逆转，使中国走上他们日思夜想、期盼已久的资本主义道路。

对历史虚无主义者的政治企图，我们党和国家领导人保持着高度警惕。邓小平就一贯坚决批判和反对那些崇拜资本主义、主张资产阶级自由的思潮，他一再强调在改革中必须旗帜鲜明地坚持四项基本原则。他总是同种种怀疑和否定四项基本原则的错误思潮进行不懈斗争。他曾说："四个坚持本身没错，如果说有错的话，就是坚持四项基本原则还不够一贯。""就是思想政治工作太差。"对此，历史虚无主义者当然也很清楚，而且他们更清楚，邓小平这些思想和决策，恰恰是他们推行私有化主张的最大障碍和"心腹之痛"。但是，为了迷惑青年大众，给自己的主张张目，他们硬是把邓小平倡导改革开放歪曲为中共领导人对中国走社会主义道路的"幡然醒悟"，把邓小平恶意歪曲为"搞资本主义"的领导人。这是一种典型的扯虎皮做大旗的丑陋手段，他们这种阴谋是不可能得逞的。党的十八大报告就明确指出，我们既不走封闭僵化的老路，也不走改旗易帜的邪路。因此，历史虚无主义企图通过歪曲改革来使中国走上西方道路，党和人民是绝不可能答应的。

总之，历史虚无主义之所以肆意篡改中国共产党领导的新民主主义革命、社会主义革命和社会建设历史，极力丑化和抹黑中国共产党领导人，肆意歪曲中国改革开放的性质，是因为中国所走的道路与他们一往情深的资本主义道路不合。他们之所以在历史上大做文章，绝不是"发思古之幽情"，也绝不是为13亿多中国民众幸福着想，而是有很强的现实目的性和明确的政治诉求，其要害和实质在于企图用"新自由主义""民主社会主义"的主张去改变当代中国的根本制度和基本道路。为此，他们以解放思想、重评历史人物、还原历史等为手段，企图从历史前提和逻辑前提否定马克思主义的指导地位、中国共产党的领导地位、社会主义制度的选择，进而从根本上否定中国特色社会主义道路的必然性和正当性，为他们奉以为师的"英美道路"制造理由和依据。

# 历史虚无主义思潮对大学生的危害

浙江交通职业技术学院　刘　嘉

历史是一个民族之魂魄。尊重历史不仅有助于提升民族整体素质、树立民族自信、增强民族凝聚力，而且还能够察往知来、兴利除弊。然而20世纪90年代以来，一股历史虚无主义思潮在我国逐渐泛起、蔓延，成为对高校和社会冲击较大、危害较深的社会思潮之一。这股思潮美其名曰“反思历史”“重新评价”，实际上却肆意歪曲历史，颠覆传统的历史观，在一系列重大历史问题中散布着各种奇谈怪论，具有很大的迷惑性、欺骗性和渗透性。而青年学生作为社会的一个重要群体，在拥有较多知识、文化的同时也显得涉世未深，世界观、人生观和价值观尚未定型，尤其是在全球化、网络化、市场化不断深化的过程中，更易受外界不良思想的影响与侵蚀。

## 一、危害的具体体现

### (一)理想信念模糊

有些大学生在对待党和国家的大计方针时受历史虚无主义思潮的影响，信念不坚定，对马克思主义、科学发展观产生怀疑，对中国特色社会主义道路摇摆不定，对中国共产党的政治认同度有所减弱，在大是大非问题面前，没有原则与立场，缺乏洞察力和鉴别力。相反，他们盲目崇拜资本主义国家的政党政治和生活方式，一味追求大国的幻象，甚至陷入“资本主义国家的月亮比中国的圆”的迷思。

**（二）价值取向扭曲**

针对众说纷纭的历史现象而无法做出正确的评价和判断的时候，有些大学生受历史虚无主义思潮的影响，仅凭自己“新奇大胆”的想象和“碎片化”的拼接获取历史知识，片面、感性地理解历史，从而充满困惑与迷惘，由此导致性格扭曲，愤世嫉俗，背离诚信与道德，放弃了对社会、对他人的责任与使命，崇尚极端个人主义、实用个人主义、享乐主义，甚至“损人利己”，以损害国家和社会的利益当作实现个人价值的手段与条件。

**（三）历史态度混乱**

“历史虚无主义者的‘研究’不是以事实为出发点，不是全面、系统地掌握有关资料，把握历史事实的总和并阐明其内在联系，透过历史现象分析历史的本质和主流，揭示历史的发展规律，而是随心所欲地挑选零碎的历史事实加以涂抹或剪裁，凭主观臆断歪曲和否定历史。”从根本上来说，历史虚无主义是一种唯心史观，它从人的主观意志出发，把人类文明当作一个按照自己的意愿加以割裂否定的过程，是一种扭曲的文明史观。因此，它与马克思主义唯物史观背道而驰。大学生受其影响，在一些具体的史实面前缺乏科学的历史观作指导，仅仅凭借个别史料的堆砌，不能够客观地看待历史、辩证地分析历史，更不能正确地认识历史的主流与支流，最终以偏激的态度、偏执的思维，歪曲颠倒了历史。其次，大学生未能透过现象看本质，未能正确总结历史经验和教训，从而也不能深入分析它的特征和实质，科学地揭示真实的历史属性并从中得到启迪。

### （四）安定氛围受到挑战

伴随着中国特色社会主义事业的脚步逐步加快，“中国奇迹”被人称道，“中国道路”令人惊叹，西方敌对势力也开始大肆鼓吹“中国威胁论”，对我国高校意识形态进行“西化”“分化”，使大学生逐渐陷入对西方民主的迷信，一味崇拜西方“自由”“民主”制度，接受西方的政治价值观。同时，国内一些反马克思主义者，打着“解放思想”“反对僵化”的幌子，歪曲历史，成为错误思潮的传播者，从而给人们思想带来很大的混乱。这股思潮可以迅速煽动大学生的情绪，调动大学生的激情，从而较易产生一些非理性和错误的行为，最终引发大学生群体性事件的爆发，使得高校的安定氛围受到严峻挑战。

基于上述表象，应当看到，大学生受历史虚无主义思潮的危害与冲击绝非一朝一夕，且是多种社会因素共同作用的结果，应当从多角度进行分析。

## 二、危害产生的原因

### （一）历史虚无主义思潮的本质构成其影响的外部因素

“历史虚无主义研究历史，恰恰是把支流当主流，把现象当本质，将历史上的某些失误抽象化，并加以孤立地、片面地放大、渲染，从而达到歪曲历史的目的。”历史虚无主义就是试图在实践中不断渗透、蔓延，进一步达到影响和控制现实的实践力量，从而逐渐实现自己的政治主张。

### （二）社会转型带来的深刻变革构成其影响的时代背景

随着经济体制、社会结构的深刻变革，思想道德观念和生活方式的深刻变化，人们的思想意识也发生转变，开始更重物质轻精神，重现实轻理想。这种观念渗透到高校，我国大学生也呈现出了价值取向多元化，理想信念较模糊，历史态度混乱，思想意识空前自由活跃等基本特点。

此外，改革开放以来，我国在经济领域取得的成就超乎想象，但是在经济建设取得巨大成就的同时，社会矛盾、社会问题之多也是出乎意料，无形中助长了历史虚无主义思潮的影响力。部分高校大学生具有较强的政治参与意识，喜欢关注社会问题，并且对解决这些问题抱有较高期望，有的还积极献计献策。但在我国现有国情条件下，解决各种社会问题不可能一蹴而就。而历史虚无主义思潮则乘虚而入，借机以“反思历史”为名，否定马克思主义指导地位，否定中国共产党的领导地位，否定中国特色社会主义制度的正确性。高校部分师生在这种思想状态下难免受到历史虚无主义思潮的影响。

### （三）青年大学生对历史知识的了解呈现“碎片化”是构成其影响的根本原因

并非所有青年大学生都对历史持冷淡态度，其实，大部分大学生对历史抱有浓厚的兴趣，但是在对历史知识的获取上他们处于“碎片化”的状态，不能从整体上把握历史事件，对历史知识的理解具有很大的随意性，理性思维能力相对不足，分析问题的能力相对欠缺，很大程度上凭个人情感去思考，容易钻“牛角尖”,对一些错误的历史观产生共鸣,并形成误导。

### (四)高校思想政治理论课教学效果欠佳是构成其影响的主要原因

高校思想政治理论课是对大学生实施思想政治教育的主渠道、主阵地,是帮助大学生树立正确的世界观、人生观和价值观的重要途径。然而,实际课堂教学过程中,思政课仍然没有摆脱“课时不少,费力不小,效果不佳,声誉不高”的尴尬境地。众所周知,教师的教学思想与观念直接影响着教学成效。为了不断适应新的教学发展要求,高校思政教师队伍就必须与时俱进,不断创新。但是,目前高校思政队伍当中存在着部分教师知识老化、信息滞后,偏重理论脱离实际,缺乏生动性,不接地气等问题;加之教学方式相对单一,缺乏互动、讨论,单向灌输性强,难以形成理论的说服力和吸引力,导致学生对某些社会思潮产生了兴趣,出现情感逆反倾向。

### (五)现代互联网的迅速发展与普及是构成其影响的助推器

现代传媒尤其是互联网的迅猛发展,正在极大地改变着高校学生的学习方式、生活方式、交流方式。它对青年学生的思想观念产生着积极影响的同时,带来的负面影响也不可低估,特别是其信息的复杂多样、鱼龙混杂,让涉世未深的大学生难以分辨真伪,容易养成对网络的依赖和偏信,不利于这一群体的心理成长、健康人格塑造与独立思考。历史虚无主义思潮正是借助网络这个载体、平台,通过网络博客、文学影视等渠道隐蔽且极具迷惑性地发表对唯物史观的否定,对中国近现代历史重新评说。在网络上，历史虚无主义思潮用哗众取宠的观点吸引眼球，往往给人“耳目一新”之感，符合了人们的猎奇心理；在影视作品中，历史虚无主义思潮以调侃的态度和戏说的方式展示近代以来中国的重大事件和重要人物，把本来严肃、沉重、悲壮的史实转化为带有滑稽、搞笑、娱乐色彩的情节，这往往使得不同文化程度的人在不自觉中接受它的信息引导。大学生作为一个特殊群体，他们不仅乐于接受信息，而且还喜欢与他人交流自己的意见。可见，他们不仅是网络信息的接受者，甚至可能是当前社会错误思潮的传播者与实践者。

总而言之，历史虚无主义思潮的本质、社会变革的转型背景、青年大学生对待历史的态度、思想政治教育中的偏颇、网络传媒的普及更新等多方因素共同导致的大学生理想信仰模糊、价值取向扭曲、历史态度混乱以及高校安定氛围受到挑战，都说明警惕、抵制、批判、消解历史虚无主义思潮，大学生们责无旁贷！

# 由苏联解体看历史虚无主义的危害及其启示

杭州电子科技大学　王海稳

苏联解体已近23年，重新审视其解体的原因，既有国际因素，如西方的和平演变、冷战等，也有国内因素，如高度集中的计划经济模式、庞大臃肿的官僚体制等。然而，意识形态的衰落是苏共垮台和苏联解体的重要原因，对于苏共而言，意识形态就是它的心脏，当对这个伟大意识形态的信任减弱之后，苏联党政的骨干结构必然要倒塌。而促使意识形态衰落的幕后推手便是历史虚无主义。改革开放以来，历史虚无主义思潮在中国沉渣泛起，并赋予政治诉求，使我国主流意识形态和共产党执政根基面临严峻挑战。诚如习近平总书记在2013年全国宣传工作会议上讲话所指出的："意识形态工作是党的一项极端重要性的工作"。因此，全面分析苏联解体中历史虚无主义的危害，可为当前我国如何认识这一社会思潮进而采取何种应对措施提供一定的借鉴。

## 一、苏联历史上历史虚无主义演变的三个阶段

在苏共执政的74年中，历史虚无主义思潮的演变大致经历了初步萌芽、全面形成和集中爆发三个阶段。

### （一）初步萌芽阶段：打开历史虚无主义的"潘多拉魔盒"

这一阶段主要是在斯大林时期，表现为苏共在意识形态

领域偏离了马克思主义的指导,在工作方法上呈现出教条主义色彩,使得社会主义信念遭受极大损害。在这个阶段,斯大林时期的大清洗运动、个人崇拜严重偏离马克思主义理念,严重偏离了社会主义道路,为历史虚无主义的产生提供了现实条件。一方面是大清洗运动。被清洗的对象大多被扣上"人民敌人"的帽子,而所谓的人民敌人,事实上是一群与斯大林提倡的理论、政策和主张不同的人,他们之中不乏一些苏联人民政权的老干部、老布尔什维克党人。大清洗运动既损害了苏共形象,又损害苏联人民乃至世界人民心中的社会主义理想与信仰,为后来的否定历史提供了口实。另一方面,是斯大林的个人崇拜,偏离了马克思主义实事求是的原则。随着高度集权的国家体制的形成,斯大林的个人专政也因此形成,斯大林的权威也被人为地拔高,乃至"神化"。当时,斯大林作为党的最高领导人,对思想文化领域的问题都有最终制裁权,他的思想和言论被绝对化、神圣化,以致成为判断真理和谬误的绝对标准。尔后,随着斯大林领导苏联人民取得"反法西斯"战争的胜利,斯大林在苏联人民心中更是被"神化"。对斯大林的个人崇拜与个人迷信,使得马克思主义在苏联人民心目中的地位被动摇,一些非马克思主义乃至反马克思主义的社会意识形态因此产生。斯大林时期是苏联历史虚无主义思潮的初步萌芽阶段,它打开了历史虚无主义的"潘多拉魔盒",为后来的苏共垮台和苏联解体埋下了一颗"定时炸弹"。

**(二)全面形成阶段:历史虚无主义由"幕后"走向"前台"**

在斯大林逝世后,其"神"的外衣也被随之换下,自 1953 年开始,苏共掀起了批判斯大林个人崇拜的运动。尔后,随着赫鲁晓夫的上台，对斯大林个人崇拜的批判历经两次大的高潮，对斯大林的批判与否定也由部分否定演变为全面否定。在这两次批判的背后，斯大林时期萌芽的历史虚无主义在赫鲁晓夫时期得以全面形成，它严重偏离了马克思主义的原则和道路，损害了马克思主义指导思想，也毁坏了苏共和苏联的合法性。第一次批判斯大林个人崇拜的高潮是在1956年召开的苏共二十大，赫鲁晓夫不顾众人的坚决反对，开始对斯大林的个人崇拜进行批判，在苏共二十大内部会议上，赫鲁晓夫做了题为《关于个人崇拜及其后果》的报告，即“秘密报告”。在这次报告中，一方面，赫鲁晓夫对斯大林进行人身攻击，使用了诸如“品质恶劣”“病态心理”“迫害狂”“丧心病狂”“恶魔”“强盗”“俄国最大的独裁者”等偏激、刻薄、尖酸的措辞。同时编造大量谎言，诬蔑攻击斯大林“只是从电影上来研究国内情况和农业”，“按照地球仪计划战役”。在激烈批判斯大林的过程中，斯大林在人民心中的领袖形象和地位也被无情地否定掉了。另一方面，对斯大林执政期间的各项政策进行了批判与否定，认为斯大林千方百计地搞个人崇拜，粗暴地破坏了民主集中制和集体领导的原则，把个人权威凌驾于党和国家之上，个人专政，滥用职权，搞大清洗运动，对少数民族不信任且抱有“复仇心理”等。由于苏共一开始就没有在对斯大林的批判过程中坚持实事求是、公正的评价标准，对斯大林的批判也就失去了准绳。在对斯大林执政政策进行批判与否定的背后，斯大林领导苏联人民进行社会主义革命与建设的那段历史也被否定了，这也为随后于1961年召开的苏共二十二大对斯大林的第二次批判埋下了伏笔。第二次对斯大林的批判高潮发生在苏共二十二大上，经过这次批判，苏共和苏联对斯大林的否定由原来的部分否定演变为全面否定。对斯大林领导的苏联革命和建设的历史由原来的部分否定走向全面否定，苏联社会意识形态领域的历史虚无主义由原来的幕后走向前台，并全面形成。历史虚无主义在苏联国内的全面形成，不仅虚无了斯大林这个曾经的领袖，也全面地虚无了他领导社会主义革命和建设的那段历史，造成了国内严重的思想混乱，致使许多青年人丧失了社会主义理想信仰和马克思主义科学信仰，动摇了对先进社会制度的信心，极大地损害了苏共及其领导的苏维埃政权的合法性。

**（三）集中爆发阶段：历史虚无主义促使了苏联解体**

自 1985 年戈尔巴乔夫执政后，戈尔巴乔夫明确指出，在苏联的“历史和文学中都不应有被忘却的名字和空白点”，公开号召对苏共和苏联历史进行重新审视。在这一时期，戈尔巴乔夫的如下措施导致历史虚无主义的集中爆发：首先，全面否定苏联领导人。他率先批判斯大林，把斯大林时期建立的制度说成是沙皇制度的变种，是“兵营式的社会主义”，或是“封建式的专制独裁制度”。随后又将矛头对准勃列日涅夫、赫鲁晓夫等苏联前领导人。经过接二连三的批判与否定，苏共领导人在人民心目中的形象和威信也遭受彻底的损坏。苏联人民对于苏共领导人的信任和追随也随之失去。其次，全面否定苏联革命历史。戈尔巴乔夫为了实施自己的改革，先是否定勃列日涅夫执政时经济停滞时期的各项改革，接着对斯大林、赫鲁晓夫时期的改革历史也进行否定，而这种虚无与否定历史的做法，被一些历史虚无主义者利用来虚无十月革命，认为“十月革命是布尔什维克党利用了第一次世界大战的特殊国际环境和临时政府的无能而发动的一个阴谋”；由十月革命引起的国内战争“是一场骨肉同胞之间的自相残杀”，是“俄罗斯一千年历史上最悲惨的事件”，是“魔鬼之歌的序曲”，从此社会主义的大船就在“血和泪的海上航行”。“布尔什维克党是这场战争的‘造因者’，应对人民群众为此而付出的代价负责。”“十月革命给俄国带来的不是进步，而是倒退。”因为“革命前的俄国已经在朝着西方式的资本主义民主发展，之后人为地被布尔什维克掌权所阻止，随后的社会主义实验更是把它导向了错误的路径”。在历史虚无主义肆虐下，苏联社会主义道路被描绘成一连串的失误和悲剧，几十年的社会主义革命成果遭到彻底否定，社会主义制度被批判得一无是处，被描写成专制统治下的黑暗王国。正如雷日科夫所言：“当局努力用他们的靴底，去践踏人民记忆中最神圣的事件、日期，甚至连伟大卫国战争胜利日也不放过。”否定十月革命历史功绩，实质就是否定苏维埃政权的合法性，否定了社会主义道路，进而为走民主社会主义道路铺平道路。最后，大搞民主化、公共性与指导思想多元化。戈尔巴乔夫上台后，大搞西式民主，大搞竞争选举和三权分立等，美其名曰“民主社会主义”。同时，大搞“公开性”和指导思想“多元化”，这不仅导致历史虚无主义的泛滥，而且带来了极其严重的后果。历史虚无主义在苏联意识形态领域的爆发是极具破坏力的，甚至导致党的威望，马克思列宁主义、社会主义的威望都空前降低。而这些都是苏共和苏维埃政权赖以存在的根本，一旦失去，苏共垮台和苏联解体也就无法避免。

可见，历史虚无主义在苏联历史上演变的三个阶段中，由于没能正确地评价领袖人物，没能正确地对待历史问题、十月革命以及苏联社会主义建设成就，从而在意识形态领域摧毁了苏共和苏联赖以存在的指导思想——马克思主义，也从根本上摧毁了苏共和苏维埃政权存在的政治合法性，最终导致苏联解体。我们必须对这一深刻的教训予以重视和警惕，这不仅关乎我国主流意识形态的安全，还危及中国共产党的执政地位以及“中国梦”的实现。

## 二、历史虚无主义在中国的现实表现

自 20 世纪 80 年代以来，历史虚无主义开始在我国思想界沉渣泛起，其一系列表征与苏联时期的历史虚无主义思潮是如此相似，它从历史领域入手，妄图通过否定历史来否定现实，虚无社会主义制度的历史依据，否定中国共产党执政的历史必然性和合法地位，以实现消解或取代马克思主义指导地位、推翻社会主义制度的目的。因此，对照苏联历史虚无主义的演变及危害，仔细分析我国现阶段历史虚无主义的表现显得异常紧迫。

历史虚无主义是有选择地虚无历史，以偏概全，搞乱人民思想。历史虚无主义虚无中华民族在历史上的辉煌成果、中国共产党领导下的中国革命和建设中取得的骄人成就，而对那些中华民族的罪人，如秦桧、慈禧、李鸿章、袁世凯、汪精卫，却大肆地进行“翻案”“辩护”“重新评价”，并加以歌功颂德，试图美化他们的形象来颠覆历史；试图以领袖人物曾经犯过的一些历史错误来否定领袖人物的全部历史功绩；试图以某一阶段的历史事件来否定整个中国社会主义革命和建设的历史。例如,以毛泽东晚年在“文化大革命”中的错误来以偏概全地否定毛泽东对于中国革命和中国历史的功绩。以社会主义建设时期的“三年困难时期”,来以偏概全地否定整个社会主义革命的历史。历史虚无主义者试图以“为历史翻案”“重新审视”为切入点,进而否定历史,搞乱人民对历史的认识与判断,搞乱人民的思想。

否定革命事业,混淆视听,动摇人民政权的合法性。革命是人类社会进步的火车头,是代表社会先进生产力发展方向的先进阶级推翻落后阶级统治的群众运动。然而,历史虚无主义者对中国历史上,特别是近现代史上的一切进步的革命都予以否认。例如,他们否认太平天国运动的进步性,否认辛亥革命对于推翻清朝封建统治的革命性,否认五四运动对于社会思想文化的解放作用,否认新民主主义革命对于旧社会的革命意义,否认社会主义革命对于中国社会的建设意义,否认改革开放以来中国特色社会主义事业的辉煌成就,等等。历史虚无主义试图通过否认近代史上的一切进步的、上升的革命运动及其取得的革命成果,进而否定党领导的民族解放、革命和建设事业,最终达到否定通过革命建立的人民政权,否定中国共产党执政合法性的目的。

鼓吹资本主义,改弦更张,试图瓦解社会主义。历史虚无主义的另一重要伎俩就是,针对“西强东弱”的客观形势,对资本主义的成功大肆歌颂,肆意贬低社会主义的不足。他们甚至认为,中国共产党领导的新民主主义革命导致中国没能以“英美为师”,而“与资本主义道路失之交臂”;甚至进一步臆想,“中国如果建立资本主义制度,走上资本主义发展道路,以中国的地大物博、资源丰富,发展的程度一定比日本都好”,与苏联时期的历史虚无主义者所言,“如果没有十月革命,俄国早就实现现代化了”,如出一辙。可见,历史虚无主义者在诋毁社会主义制度的背后,就是想让公众向往并接受资本主义道路,走改弦更张、改旗易帜的邪路,最终瓦解社会主义中国。

## 三、正确应对历史虚无主义思潮

无论是从苏联的解体,还是从我国当前的现实表现来看,历史虚无主义思潮都表现出极大破坏性。因此,积极应对历史虚无主义既是维护我国意识形态安全,也是坚持社会主义道路,捍卫人民政权的必然之举。

### (一)用马克思主义批判历史虚无主义,排除历史虚无主义的理论基础

历史虚无主义就其本质而言是唯心主义历史观在社会意识形态领域的呈现,与马克思主义唯物史观是背道而驰的,因此,必须用马克思主义理论和观点来加以批判,才能真正排除其错误的理论基础。首先,坚持和巩固马克思主义在意识形态领域的指导地位。历史已雄辩地证明,马克思主义是科学的世界观和方法论,是中国共产党战胜敌人的理论武器,是中国共产党建设中国特色社会主义事业的行动指南。只有马克思主义才能救中国,只有中国特色社会主义道路才是实现“中国梦”的康庄大道。一旦放弃马克思主义的指导思想,中国特色社会主义建设事业将失去正确的理论指导,就会偏离社会

主义道路，从而走上歪路、邪路。其次，要在唯物史观的指导下坚持理论自信、制度自信和道路自信。坚信“中国特色社会主义，是科学社会主义理论逻辑和中国社会发展历史逻辑的辩证统一，是根植于中国大地、反映中国人民意愿、适应中国和时代发展进步要求的科学社会主义，全面建成小康社会、加快推进社会主义现代化、实现中华民族伟大复兴的必由之路”。最后，要运用马克思主义的观点和方法来分析、研究和批判历史虚无主义产生原因、真实本质、思想体系和政治观点，才能彻底揭开历史虚无主义的面纱，揭露其反党、反人民、反对社会进步的真实意图。谣言止于智者，一旦人民认清历史虚无主义的真实面目，人民自然会摒弃它。

**（二）坚持实事求是地评价历史，清除历史虚无主义的方法论基础**

实事求是是党的思想路线的精髓，也是我们评价历史事件和历史事实的重要标准。正如恩格斯所言：“历史并不是把人当作达到自己目的的工具来利用的某种特殊的人格。历史不过是追求着自己目的的人的活动而已。”可见，历史事件和历史事实都是人类的客观的实践活动，它不以人的意志为转移。而历史虚无主义的核心思想就是否定历史，认为历史是“为胜利者写的”，“历史是可以重新评价的”，“历史是可以假设的”。其意图正如前文所说，是借否定历史之名，行否定现实之实。因此，要清除历史虚无主义的方法论基础，在评价历史，包括评价历史事件和历史事实时都应该坚持实事求是的原则。一方面，要充分依据历史事实进行研究，并针对虚无历史的现象做坚决的批判和斗争，进而在此基础上进行积极的、符合我国主流意识形态的价值引导；另一方面，坚决反对为了单纯的意识形态和价值观建设的需要而去人为地虚构历史，否则，不但不会带来好的效应，反而会极大地影响党和政府的形象，也为历史虚无主义者们提供口实。

最后，让人民共享改革的成果，根除历史虚无主义现实基础。从现实基础看，中国目前在经济社会发展中存在的不合理状况，在某种程度上为历史虚无主义提供了一定的借口。比如，利用现实生活中私有制经济发展壮大、贫富差距扩大的现状，认为中国现有的许多改革都是失败的，“社会主义改革实质上是资本主义补课，中国的发展方向依然是资本主义道路”。这些观点都严重偏离了我国的客观实际。但也为我们进一步克服历史虚无主义提供了一定的启示，那就是，党和国家要集中精力发展生产力，大力改善民生，让人民共享改革成果，增强中国共产党的执政合法性，提升人们对中国特色社会主义事业的信念。在党的十八大报告中，对此已经有了相应的阐述，比如“让人民共享发展成果，提高居民收入在国民收入分配中的比重”。只有让人民共享改革的成果，才会让人们坚信社会主义道路，维护中国共产党的领导。正所谓，“水能载舟，亦能覆舟”，“得民心者得天下”，民心的背离关乎党的事业的兴衰成败，只要民心所向，历史虚无主义的现实基础就能被彻底根除。

# 肆

## 历史虚无主义的应对与克服

珍视我们的历史　守护我们的底线

高校青年教师如何应对历史虚无主义的挑战

批判历史虚无主义也需审视自我

以正确的历史观引领媒体文化

# 珍视我们的历史　守护我们的底线

浙江大学　代玉启

家风是指某一个家庭或者家族的传统风尚。有什么样的家风,就有什么样的价值观、人生观以及为人处世的态度和方法。家风是历史的延续、岁月的淘洗、文化的传承、美德的浓缩,对于现在的青年继承优良传统、重拾道德礼仪有着积极作用。

家庭是社会的细胞和国家的分子。家风清则国咸宁,家风浊则国混乱。各种各样的家规祖训,渗进我们的文化内核,影响着社会风气及未来走向。事实上,无论是从我们的日常感知还是大规模的调研都可以看出,为数不少的家庭是没有家风的,为数不少的青少年是不知道自己的家风的。

## 一、国人的历史素养亟待提升

家国同理。为数不少的民众不了解我国的历史尤其是近现代史,为数不少的青少年历史知识和历史素养是有失偏颇的,为数不少的单位和部门维护历史真实、注重文化传承的意识亟待增强,措施亟待改进。有人对比同为战争受害地点的我国南京与日本广岛,得出如下结论:

广岛:被原子弹轰炸的残骸都保存完好,纪念地遍及全城。南京:难以找到当年的屠城遗址。

广岛:2001 年 8 月 6 日,公布原子弹受害者 221893 人,精确到了个位。南京:大屠杀死难人数 36 万人以上,纪念馆“哭墙”上只刻有 3000 个死亡者的名字。

广岛:每年 8 月 6 日,举行悼念大会,8 月 15 日,钟声汽笛鸣响,工厂、学校、机关停止一切工作,全城哀悼。南京:大屠杀纪念大会 1985 年才开始,1997 年才有了拉响防空警报和车船汽笛的做法,除了悼念大会会场,鲜见肃立默哀场面。

广岛:参加纪念大会的有 5 万多人,占全市人口的 1/21。南京:参加纪念大会人数 2000 人左右,最多不到 1 万人,占全市人口的 1/500。

……

古罗马著名政治家西塞罗曾说:“一个不知道历史的人,是一个永远长不大的孩子。”我们也可引申出另一句话,一个具有不正确的历史知识和历史观的人,是一个不成熟甚至可能走上歧路的孩子。

## 二、谁在传授历史知识,影响我们的历史观形成?

著名历史学家、苏联科学院通讯院士帕·沃洛布耶夫曾感慨:“唤起人们对历史的兴趣的,不是我们专业的历史学家,而是我们的政论家、作家、经济学家,正是他们把历史变成它现在成为的那种社会力量,至于专业历史学家,积极卷入这个工作的,真是屈指可数。”此语对于今天的中国颇为贴切。君不见,谈起清朝,人们往往想起宫廷戏,想起《戏说乾隆》《甄嬛传》等;谈起明代,人们往往想起畅销书,想起《明朝的那些事儿》《万历十五年》等;谈起三国,人们往往想起影视作品,想起

《三国演义》、电影《赤壁》……人们从正规的纸质阅读渠道认真地学习到的历史知识越来越少，从小说故事、畅销影视剧、论坛讲坛、微信微博等载体获得"自以为真"的历史知识越来越多；提起国内外新出版的历史专著、世界顶尖的历史学者，除历史专业人士外几乎无人知晓，提起袁腾飞的《历史是个什么玩意儿》等畅销历史作品，看过的人不在少数，听说过的就更多了。

居高临下的说教和正襟危坐的言说在以市场化为引擎的转型时期和以网络化为主轴的读图时代已难以为继。历史作品的通俗化本无可厚非，形象化的方式演绎历史比抽象的"纪年表式"叙述和纯理论化的规律阐释更具有吸引力和亲和力。近年来，在我国的历史、文学、艺术等领域，严肃史学边缘化、伪科学和碎片化的"庸俗史学"正在盛行，并呈现愈演愈烈之势。有些人提出，孔子是修侠情圣，杜甫系杂耍混混，唐三藏实为花花公子，李清照是那个时代的木子美，岳飞是千古罪人，秦桧是"旷世良臣"，慈禧、曾国藩、袁世凯等值得褒扬，孙中山是窃国大盗，毛泽东的哲学名著《矛盾论》与《实践论》是抄袭他人的，辛亥革命纯属错误，新民主主义革命是农民起义的继续、了无新意，应当彻底告别革命……一些人以一贯的非主流和"反对姿势"盲目地使用逆向推理，抑或凭借"新奇大胆"的想象标新立异以博取眼球迎合消费者猎奇窥探的心态，坚持非此即彼、抛弃传统、迷信西方等思维导向，以"客观"、随意、调侃、戏说的方式分析中国历史尤其是近现代史上的重大事件和重要人物。这种对历史的虚无化方式，常常打着"解放思想""反对僵化"的幌子随心所欲地挑选零碎的历史事实加以剪裁或涂抹，随意评说、任意践踏、肆意消费历史，缺少敬畏感、庄严感，不尊重历史的本来面貌，不善待自己的历史遗产，让历史真相扑朔迷离、历史规律难以捉摸，成了任人打扮的“小姑娘”。

## 三、历史研究的四个层级

在纷繁复杂的历史表象下面，隐藏着历史真实、历史逻辑、民族精神等内在因素。历史不仅仅是叙述，也包括叙述事实基础上的价值判断。就方法论而言，广义的历史研究可包括四个由低到高的层级，即无事实胡判断、有事实无判断、有事实乱判断、有事实准判断。第一种情况，未掌握基本的历史事实，不是以事实为出发点，不是全面、系统地掌握有关资料，而是无中生有、凭空编造“历史”，甚至张冠李戴、以讹传讹，充斥着各类假设性推导，并在此基础上进行千奇百怪、五花八门甚至是令人匪夷所思的构想。第二种情况，占有一些关于历史的真实材料（材料可能多，也可能少），但不直接进行价值判断，美其名曰“价值中立”，否则就是“玷污了科学的神圣”。李大钊在《研究历史的任务》中明确指出：“历史学虽是发源于记录，而记录绝不是历史”，研究历史重要的任务是在整理事实的基础上，“理解事实，寻出它的进步的真理”。其实，绝对的“价值中立”是不存在的，历史材料的取舍、详略等都会隐蔽地渗透其核心观点。第三种情况，占有一些关于历史的真实材料，但不充分不完整，自以为“发现新大陆”，进行选择性关注、选择性解释，根据历史现象的表面特征主观臆想，甚至拼凑史实、牵强附会、以偏概全，推断历史的发展和可能的结局。并非历史上确实发生过的事情都是历史真实，更不能简单地用历史细节代替历史本身。“历史真实”本质上是指合规律性的整体真实，不单单指事件真实或者细节真实。片面的真实极易遮蔽我们的眼睛，让我们无法眺望远方。抓住极少的事实不及其余，用丰富的想象代替基于全部事实的逻辑会混淆偶发事件、非主流事件与历史逻辑必然、历史真实之间的界限。第四种情况，准确再现历史原貌，深刻揭示历史发展规律，是严谨可信的历史研究，是真正的历史研究，即在掌握大量丰富的历史资料基础上，在历史活动的全貌中找到历史的主要方面，并区分主流和支流，揭示历史现象间错综复杂的因果链条，形成有说服力、经得起逻辑检验和历史检验的因果判断。

“解放思想”不应过头，“反思历史”不宜过度，重新解读不等于颠倒黑白和全盘否定。历史之为历史，重在其客观性，重在将具体的历史事件、历史人物、历史活动放在客观的、具体的历史环境中分析。恩格斯说过：“即使只是在一个单独的历史事例上发展唯物主义的观点，也是一项要求多年冷静钻研的科学工作，因为很明显，在这里只说空话是无济于事的，只有靠大量的、批判地审查过的、充分地掌握了的历史资料，才能解决这样的任务。”

## 四、历史感缺失的后果

有人在网上说：“我们现在一点不关心未来怎么样，因为现在是一个糟糕的时代，中国是一个糟糕的民族，开国领袖并不伟大，中国人向来自私，中国人没有信仰，中国科技也不如美国先进，中国更没有为我们创造良好的成功条件……”这反映了一些青少年不完整的历史观和世界观，他们对时代、民族、开国领袖、国人、信仰、科技、个人成长等问题悲观失落，怨天尤人甚至骂骂咧咧，甚至有人认为我们的民族不仅“愚昧”“丑陋”，而且充满“奴性”，缺乏创造力。这种情形与我们的历史教育偏差、历史知识偏颇、历史素养欠缺有着直接关联。历史的虚无导致许多人缺少文化自信，感到事事不如国外、处处不如异域，背负着沉重的民族自卑感，甚至主张全盘否定中国文化，与过去彻底“决裂”，力图从语言到生活方式、生活环境等方面完全西化。例如，在一些城市，楼盘、商场、酒店等场所，不起个洋名似乎就难以显其高贵；有些青年认为讲英文是时尚、讲汉语是俗气；吃西餐是阳春白雪、吃中餐是下里巴人；洋节日大行其道，传统节日备受冷落，一些人对欧美日韩歌星影星了如指掌，却对我们先锋模范人物一无所知；在许多地方，英文的读写能力已经成为判断“人才”的关键标准，从小学到研究生，只有英语是必考科目；有些地方甚至出现了用外语讲古汉语、用外语教中国历史、用外语唱国歌的怪现象。

一概地否定历史会使整个民族迷失方位、“数典忘祖”，失去文化自觉，自毁精神长城。只有珍重自己历史的民族才是奋发向上、自强不息的民族。当我们把眼光转向国外，可以发现，引导人们培养历史感、增强国家荣誉感、树立民族自豪感越来越成为世界共识。下面以目前世界上最值得关注的两个国家为例进行分析：

20 世纪 80 年代后期，在戈尔巴乔夫“公开性”“民主化”和“新思维”政策的影响下，苏联境内外大肆抹黑苏共和苏联历史，酿成了“反思历史热”和“清算历史”运动，也促使一些苏联作家、记者和编辑热衷诋毁苏共，怀疑十月革命，歪曲列宁、斯大林等领袖，否定苏联社会主义，鼓吹“去苏联化、去红色化”。就这样，苏联历史被肢解，俄罗斯民族被丑化，苏联形象被妖魔化。很快，苏联的灵魂被抽取，迅速解体。在一定意义上可以说，历史虚无主义搞乱了苏联的思想，充当了苏联解体的马前卒。苏联作家基罗维耶夫之前在国外写文章把斯大林骂得狗血喷头，后来回到俄罗斯一看，原来斯大林时期建立的世界强国，现在地位下降、经济衰落、人民生活困难，前后相比判若云泥，令人唏嘘不已。他完全没有意识到对历史人物尤其是领袖人物的评价会影响政党、民族、国家的命运。近年来，俄罗斯领导人和普通民众越来越认识到历史虚无主义的危害，越来越多的人明确反对在苏联问题上的历史虚无主义态度，越来越多的人参与到打响“历史保卫战”中去。普京曾在《关于国家标志问题的声明》中发出质问：“在苏联时期，我国拥有的一切就不值得回忆了吗？我们把杜纳耶夫斯基、肖斯塔科维奇、科罗廖夫（苏联火箭制造和宇航科学家和设计师）和航空航天领域的成就置于何地?”在俄罗斯庆祝卫国战争胜利68周年时，全俄国家广播电视公司正式开通历史频道，主推原创节目，面向最广泛人群，从全新视角讲述俄罗斯和世界历史，先后播出“俄罗斯象征”“勋章里的俄罗斯历史”“100场伟大战役”“世界100位伟大统帅”“武器的历史”“还原苏联历史”等纪录片。2009年，俄罗斯教育部门相继出版了两部供高级中学11年级使用的新编历史教科书——《俄罗斯历史（1900—1945年）》和《俄罗斯历史（1945—2008年）》。就在同一年，俄罗斯成立了“反击篡改历史行为的委员会”，提出将对传播极端主义、煽动民族仇恨以及否定“二战”历史等言行以及为此提供平台的媒体追究法律责任。2012年1月9日，梅德韦杰夫签署了《关于在俄罗斯全境举办俄罗斯历史年》的总统令，决定2012年为“俄罗斯历史年”，并开展一系列的历史纪念活动。2013年2月19日，普京主持召开民族关系委员会扩大会议，部署落实《2025年前国家民族政策构想》的具体措施。

1899年，世纪之交，时任美国纽约州长、后任美国总统的西奥多·罗斯福发表题为《奋斗不息》的演讲。他说：“说什么‘一个没有历史的国家是快乐的’，这是歹毒的谎言。一个拥有辉煌历史的国家会倍加幸福。一个敢于攀登高峰、夺取胜利、不畏艰险的国家，远远胜过那些不痛不痒的灵魂，后者被困在灰暗的幕帷之下，浑然不知何谓胜败。”自1776年建国至今，美国只有二百余年的历史，与世界文明古国相比几乎可忽略不计，但却建设成世界一流的经济、科技、军事和体育强国，应该说，这与美国格外珍视历史，重视发掘名人，对每一个历史古迹都尽量完整地保存，从而激发人民的历史自豪感与国家荣誉感有着内在关联。据测算，美国国家公园管理局管理着57座国家公园、327处自然和历史圣地、1.2万个历史遗址和其他建筑。在美国几乎到处建有博物馆，即使在乡下小镇也能看到它的身影。历史名人塑像和纪念碑之类的建筑物刻画着国家成长的印记，在市区的街心和公园随处可见，形成了独特的风景线，其中较著名的是华盛顿纪念塔、林肯纪念堂、杰弗逊纪念堂、罗斯福纪念公园、肯尼迪文化中心等。历史名人往往被刻画地慈眉善目、和蔼可亲，令人不自觉地驻足停留、细细观赏,潜移默化地受到教益。将与伟人的生辰或事迹相关的日子定为法定节日,例如1月的“马丁·路德金纪念日”、2月的“华盛顿诞辰日”、10月的“哥伦布纪念日”,也是美国珍视历史的显著体现。在我国有些地方,历史课是被作为“副科”对待的,但历史课在美国是重要的学科,对国家的政治、文化、社会生活产生了重要而积极的影响。在美国,无论是小学、中学,还是大学,都必须学习历史。小学生主要学习历史故事、历史伟人,中学生侧重学习历史事实、历史过程,大学生侧重学习历史的理论分析。“全国历史日”作为全国性历史教育活动已经延续37年,以6—12年级的中学生为对象,每年的参赛学生达50—60万。这一活动从每年9月开始,持续1年。活动主题由“全国历史日”组委会选定,每年都有调整,鼓励学生开展对美国、州或地方史的研究,有效激发学生历史学习的兴趣,培养学生独立探究问题的能力。例如,2000年的主题是“历史上的转折点:人物、思想、事件”,2001年的主题是“历史上的新领域:人民、地方、思想”,2002年的主题是“历史上的变革、革命和反动”,2003年的主题是“历史上的权利和责任”。

## 五、如何才能走出“历史的迷茫”

20世纪初,鲁迅先生曾郑重指出:“惟有民魂是值得宝贵的,惟有他发扬起来,中国才有真进步。”民魂是民族的识别码,彰显着民族精神,展现着民族气质。民魂的发扬不同于平地起高楼,可短期见成效,它既立足现实,又面向未来,更源于历史。深厚的历史根基是民魂的依托和底色,虚无的历史、虚无的民族精神会吞噬我们的民魂，让我们不知从哪里来、到哪里去。清人龚自珍说："出乎史，入乎道，欲知大道，必先为史。"我们流淌着历史的血液，承载着历史的基因，踏着历史的河流前行。对历史的正确认识，标志着民族、国家的理性高度和成熟程度，决定了人们对现实的认识和对未来的判断。

无论我们如何书写，历史都以自己的方式存在，不增不减，不会改变。走出历史的迷茫，需要我们自觉学习历史知识，对历史事实进行全面深入的了解，完整、准确地阐述中国与世界的历史和现实，增强历史素养，避免被动、盲目地由通俗小说、影视作品、网络话语、口口相传的信息等支离破碎地建构自身对于历史的认知，守护历史的底线，保卫我们的精神家园。通过审慎地与历史对话，聆听历史的足音，把握中国的历史传统尤其是近代以来的历史，弥补我们与历史真实之间的鸿沟，增强历史厚重感，培养历史思维；静心地与经典相约，感受理论的魅力，了解古今经典著作尤其是传统文化典籍的基本理论，促进自己知识结构的完善，陶冶性情，增强理论功底；潜心地与先贤神交，通过对历代名人名家、仁人志士的事迹了解、话语熏陶、风采体会，用人文精神照亮前行的路。

# 高校青年教师如何应对历史虚无主义的挑战

浙江树人大学　张　玲

自 20 世纪 90 年代以来,历史虚无主义思潮对当代中国年轻人思想的冲击已成为我国青年思想意识形态教育中不可回避的问题。在全球化、网络化、市场化的背景下,历史虚无主义思潮作为一种影响力较广的错误思潮,正逐步冲击和影响着青年意识形态教育。在多元文化造成的困扰和冲突下,高等院校成为马克思主义史学失守最严重的阵地。高校马克思主义青年教师队伍作为青年大学生唯物主义历史观的传达者和塑造者,肩负着至关重要的历史使命。然而处于多种文化派别的包围之中,青年教师队伍本身作为高校中思想活跃的群体,自然也无法摆脱历史虚无主义的影响。在这种极富挑战的境况中,如何让这支队伍保持自身的科学性和战斗性,就成为我们在抵抗历史虚无主义思潮冲击过程中需要积极思考和面对的问题。

## 一、历史虚无主义对马克思主义青年教师队伍的冲击

历史虚无主义思潮在高校中蔓延已有一段时间。对于这一思潮影响教师队伍的客观现状,许多研究者已进行过详细的调查研究。武汉大学杨军曾采用抽样问卷、座谈等方式,对

武汉大学、中国人民大学、上海交通大学等十余所高校的师生做过对历史虚无主义认同度和知晓度的调查。调查结果表明,在教师队伍中,自认为对历史虚无主义"非常了解"和"比较了解"的教师人数只占受访教师总数的五分之一。2.3%的教师认为受历史虚无主义影响"非常大"和"比较大",55%的师生认为自己没有受到影响,50%的师生不认同历史虚无主义的观点。

笔者在这一调查数据基础上,从浙江省杭州市27所高校中随机抽取了35名年龄在45岁以下的马克思主义青年教师进行调查,其结果趋向与上述调查数据基本一致,但也有需特别指出的方面:

在对历史虚无主义的认知上,从调查情况看,被调查人员中有45.71%的老师听说过历史虚无主义,不知道的占25.71%,了解的占20.00%,较了解的仅占8.57%(详见图1)。

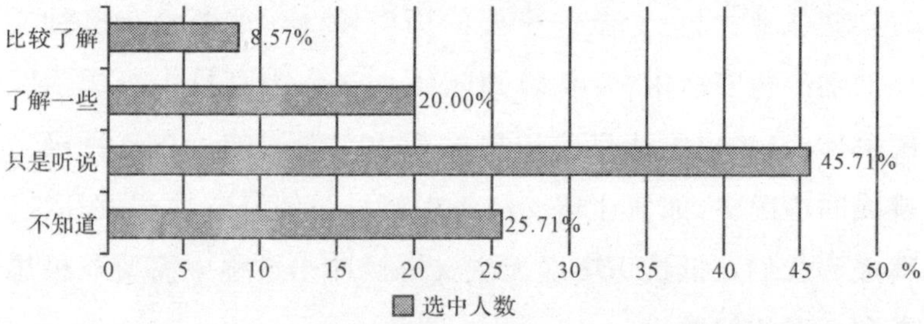


**图1 教师对历史虚无主义概念的了解**

而且通过深入座谈,在对历史虚无主义本身概念的了解上,被调查教师的普遍认知状态是:有所耳闻但缺乏深刻了解,特别是无法拥有清晰辨别、判断历史虚无主义观点的标尺,缺乏判断理论是非的引导能力。

在对于历史虚无主义的认同度调查中,大部分青年教师(达 27 人)认为历史虚无主义是以片面的、主观的方式对历史进行解读;受访中的 16 位教师认为历史虚无主义是忘记历史,不关心历史;部分老师(约 18 人)认为历史虚无主义是推崇西方制度(详见图 2)。

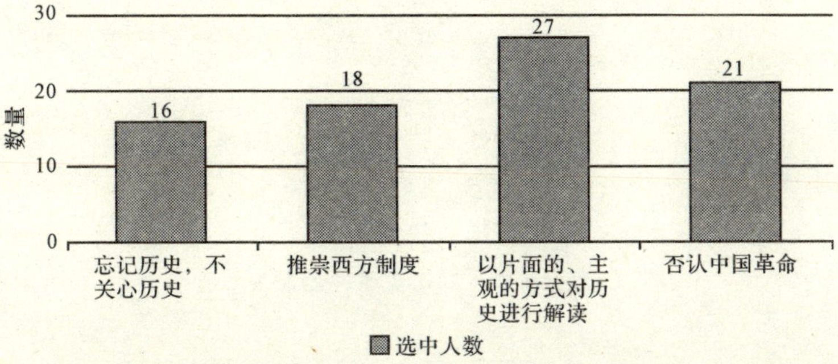


图 2　教师对历史虚无主义概念的判断

调查结果显示,青年教师普遍能够清晰地认识历史虚无主义的危害性,因而思想上会主动抵御历史虚无主义思潮的冲击,在教学中也坚持以科学的马克思主义唯物史观引导学生的意识形态。

然而通过进一步访谈和调查,我们也注意到:尽管受访的老师无一例外地不认同历史虚无主义观点,但仅一半以上的老师能够自信地认为自己在教学中没有受到历史虚无主义的影响,有相当比例的老师选择了“不确定”。笔者特地选取部分《中国近现代史纲要》教学中的具体问题,例如对“对于我国历史上的弱小与被其他国家侵略的那段时期,你觉得我们应该如何对待”进行调查,绝大多数师生认为应该面对,并希望从中得到教训;14.29%的教师认为这是一段屈辱,不该被提及;还有20%的受访教师认为我们不用总提及,但是应该铭记教训。而值得我们警惕的是,在这一问题的认知中,相比较我们抽调的257名学生而言,教师不希望被提及的比例大于学生的比例(详见图3、图4)。

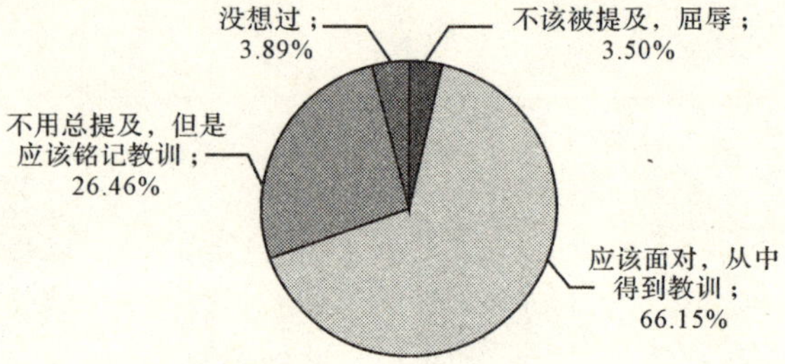


**图3　学生对历史事件的态度**

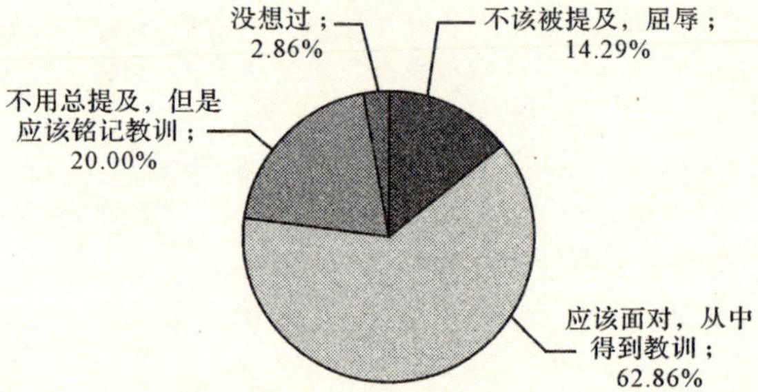


**图4　教师对历史事件的态度**

最后,在对当今中国制度认可问题上,我们从当今国情入手,设计多个问题调查,其中"有人利用我国历史上经历的一些曲折历程,放大弊端,借以否认社会主义建设这一伟大成就,你是如何看待这种观点的?"这一提问,绝大多数师生持"反对,每种制度都有弊端,社会主义是适合我国的"态度,但有20%的师生认为"中立,存在即合理",还有2.86%的青年教师思想上已完全站在否定社会主义制度的立场上。这说明，在历史虚无主义思潮影响下，马克思主义青年教师队伍中已有部分教师对社会主义制度的自信产生了缺失。

种种调查结果显示，在当前浙江省的马克思主义青年教师队伍中，大部分青年教师对历史虚无主义有足够的警惕，但缺乏辨别和判断历史虚无主义观点的标尺，缺乏判断理论是非的引导能力。部分教师在不自觉中受到了历史虚无主义思潮的引导，并对此缺乏清醒的自我认识，其实际思想状况与他们的自我评价不耦合。历史虚无主义思潮在高校的传播和蔓延，致使一部分高校师生接受了它的观点，或者对主流意识形态已产生了怀疑。

## 二、历史虚无主义对马克思主义青年教师产生消极影响的原因

为什么即便是在马克思主义唯物史观的教学队伍中，历史虚无主义仍会对这一群体产生消极影响？除了历史虚无主义本身有着极大的迷惑性和强烈的渗透性以外，我们还应从马克思主义青年教师队伍本身出发进行分析。

我们一直强调，马克思主义青年教师队伍应担负起高校中捍卫马克思主义意识形态教育、抗击历史虚无主义主力军的责任，却忽略了马克思主义青年教师本身也是历史虚无主义思潮的受害者。目前高校马克思主义唯物史观课程教学队伍中，青年教师是主力军，他们大部分人年龄在30—45岁，受高等教育理论培训时间主要集中在20世纪90年代，而此时正是历史虚无主义思潮秉持“告别革命”的历史观在中国思想界蔓延、肆虐的时期。在这样的教育背景下，由于教师自身受

教育过程中已对历史虚无主义缺乏相应的判断力，而当时中国教育界也未警惕历史虚无主义思潮的渗透，因此很多人在此时不自觉地接受了历史虚无主义。而时至今日，当我们意识到历史虚无主义对我国意识形态的瓦解作用时，这批深受历史虚无主义影响的年轻人正逐步走向我国马克思主义意识形态教育的舞台，这也是我们现如今没有办法在高校教育过程中给予历史虚无主义以重击的原因之一。

从马克思主义唯物史观的教学过程看，《中国近现代史纲要》《马克思主义基本原理概论》是高校中马克思主义唯物史观对垒历史虚无主义的最重要的阵地，特别是2007年新增课程《中国近现代史纲要》，它不同于历史专业课程的学习，该课有明确的政治诉求。其教学目的明确规定，希望通过对中国近现代历史发展规律的总结，帮助学生了解国史、国情，深刻领会历史和人民是怎样选择了马克思主义，选择了中国共产党，选择了社会主义道路。然而现实中，绝大多数年轻教师出身于历史专业，在教学中往往受历史专业影响，为追求历史事实热衷于将历史事件、人物、制度、思想复原于历史场景，深陷于一些历史细节、现象的梳理，而缺乏马克思主义唯物史观的统领，缺乏对中国近现代历史发展规律的总结，这种碎片式的教学让历史虚无主义思潮有机可乘，反而淡化了课程的政治诉求，没有很好地解释中国历史对马克思主义、中国共产党、社会主义道路选择的必然性，没有完成课程对大学生政治意识的培养和教育。

再加上，马克思主义青年教师普遍存在教学经验不足、教学内容不熟悉、教学手段不丰富、教学思路不成熟等问题，因此普遍缺乏教学自信。为了让学生喜欢上自己的课，特别是很多年轻教师为了提高自己课堂的吸引力，在教学内容上过于迎合学生的兴趣，删减学生认为枯燥的教学内容，将历史随意主观评说、趣说、戏说，把历史人物、历史事件用娱乐化手段进行表达，运用调侃的方式进行描绘，以达到增加课堂趣味性的目的。在教学手段上，通过感性的影视形象和抓人眼球的通俗文字，或者通过互联网、影视作品和通俗读物等媒介，向学生传授知识，让学生在轻松娱乐中接受思政理论课。这种哗众取宠的教学安排，本身是教学自信缺失的表现，但却让学生对历史进行了非严肃的建构，极大地加剧了学生对国家政治的漠不关心，特别是在大是大非问题面前，缺乏敏锐的政治视觉和思想鉴别力，这让历史虚无主义在高校青年师生的思想意识形态领域有了侵蚀的空间。

此外，历史虚无主义已日渐渗透到人们的日常生产、交往活动当中，这一现象已引起教育工作者普遍的担忧，成为影响思想政治教育工作的一大障碍。而在这点上，高校青年教师普遍处于人生中生活、事业刚刚起步的阶段，科研上根基未稳，教学上不能得心应手，生活中问题层出不穷，这些压力让青年教师对生活、对工作充满了更多的心理期待。而高校青年教师本身较高的政治理论知识和较强的政治参与意识，让他们对解决这些问题抱有较高期望。但在我国现有国情条件下，各种社会问题的解决不可能一蹴而就。理论和现实之间的反差，让许多正在为自己人生目标努力着的年轻教师在现实中一次次的打击面前，对生活一片茫然。这些普遍的焦虑与不满，也使青年教师容易认同、接受那些否定现实的理论观点，接受历史虚无主义思潮以“反思历史”“重写历史”为名，对主流意识形态质疑，进而怀疑中国共产党的执政。这在客观上为历史虚无主义思潮的各种言说提供了空间。

## 三、历史虚无主义思潮下如何建设马克思主义青年教师队伍

抵制历史虚无主义思潮的蔓延和影响，加强马克思主义青年教师队伍建设是一项系统工程。高校历来是各种文化观念和意识形态交叉和猛烈碰撞的地方，同时高校也是各种高品位文化产生的地方。而马克思主义青年教师队伍肩负着引领大学生树立科学价值观的重要任务，加强和完善马克思主义青年教师队伍建设，对于大学生的思想教育具有十分重要的意义。

那么，我们应该如何打造一支具有坚定马克思主义信念、扎实理论基础的社会主义核心价值的引领队伍呢？

首先，加强马克思主义青年教师队伍的教育功能，提升教师引领社会主义核心价值体系的能力，必须由内而外地共同施加影响，而内因是事物发展的决定力量，因此，要从根本上克服历史虚无主义对青年教师的冲击，必须立足于青年教师本身。青年教师队伍要对党领导人民革命、建设和改革的历史，对中国人民在探索和奋斗中选择中国共产党，选择马克思主义，选择社会主义道路，选择改革开放的历史必然性坚信不疑。坚信没有共产党就没有新中国，没有共产党就没有中国特色社会主义。通过深入学习、科学总结和自觉运用党的历史，理直气壮地宣传党的历史，运用党史帮助大学生更好地肩负起实现中华

民族伟大复兴这个“中国梦”的庄严历史使命！正如习近平同志所指出的：中国特色社会主义这条道路来之不易，它是在改革开放30多年的伟大实践中走出来的，是在中华人民共和国成立60多年的持续探索中走出来的，是在对近代以来170多年中华民族发展历程的深刻总结中走出来的，是在对中华民族5000多年悠久文明的传承中走出来的，具有深厚的历史渊源和广泛的现实基础。只有坚持历史自信，才能坚持道路自信，才能在深入思考的历史进程中更好地走向未来。

其次，历史虚无主义之所以能影响中国青年教师对马克思主义科学性的坚持、对社会主义制度的肯定，其中一部分原因是青年教师缺乏全面、深刻的马克思主义唯物史观的教育。唯物史观是人们正确对待历史的根本指针，列宁强调，唯物史观是“唯一科学的历史观”。要反对历史虚无主义的泛滥，最根本的是坚持用历史唯物主义的观点看待社会和世界。因此相关教育部门要定期组织青年教师学习唯物史观理论。通过加强理论构建，帮助青年教师，特别是缺乏相应马克思主义唯物史观教育的专业老师，树立尊重历史、尊重人民的唯物史观，让青年教师在思想上始终以马克思主义唯物史观为指导，从史实出发，以科学严谨的方法进行教学和研究。通过定期、系统的理论学习，坚持不懈地用马克思主义武装高校青年教师的历史观、价值观、世界观、人生观，让马克思主义唯物史观在青年教师的教学过程中充分发挥理论优势，不断为推进中国特色社会主义历史进程提供理论支撑与历史智慧。

再次，大学课堂是大学生获得知识的主阵地，也是马克思主义青年教师宣扬社会主义核心价值体系的主要场所。马克思主义青年教师要想完成党和国家赋予的职责，在推进大学生社会主义核心价值体系相关教育过程中，必须具有充分的教学自信。为此，省委宣传部、省教育厅、各高校理论宣传处要加强对马克思主义青年教师队伍的教学培训。在各种培训中，针对教学内容，相关教育部门要及时、定期向年轻老师介绍、评析中国近现代史研究中的最新动态和成果，介绍社会中最新思潮蔓延发展的特点和规律，对历史虚无主义思潮的危害保持高度的警惕。课堂教学中不回避中国特色社会主义道路上面临的现实问题，满足学生的认知心理发展需要，通过增加史料分析、典型案例等内容引导学生深入思考，以中国特色社会主义建设的不断成功来粉碎历史虚无主义的诽谤。在教学手法上，采用教学与实践相结合的形式，遵循"贴近生活、贴近实际、贴近群众"的原则，将社会主义核心价值体系的有关精神贯穿到日常生活和学习中。例如，可以组织学生观看爱国主义题材的影视作品、参加各项劳动、参观革命遗址、深入实地调研等活动，使学生在与现实生活的接触中切实感受到改革开放以来我国社会主义现代化建设所取得的伟大成就，从而加深对社会主义共同理想的认同感，加强对马克思主义的信仰和社会主义现代化建设的理想的认同，从而最终实现对社会主义核心价值体系的认同。

最后，克服历史虚无主义对青年教师生活的影响，必须帮助青年教师树立起积极的生活态度，通过积极的精神力量，帮助青年教师努力实现自己的生活目标。青年教师队伍要在社会主义核心价值体系的构建过程中，继承和弘扬我们民族几千年来形成的团结统一、勤劳勇敢、爱好和平、自强不息的优良品德，用发展的眼光积极面对生活，勇于挑战，树立克服生活困难的信心和勇气，通过努力、认真的工作获得更广阔的发展空间。而相关部门也应加强对教师队伍的关爱，帮助青年教师排除成长进步中带来的诸多困扰，为其创造良好的工作环境、提供更好的工作资源，缓解青年教师无所适从的生存焦虑，进而使青年教师坚定社会主义信念，增强爱国主义情怀和民族自豪感，确立对我国政治制度的认同和对中国共产党的信任及拥护。让马克思主义青年教师成为一支具有坚定信念、扎实理论基础的社会主义核心价值的引领队伍。

在历史虚无主义思潮的冲击下，担负着高校政治理论教育的年轻教师属于双主体的身份和角色，一方面，教师是教学活动的承担者，马克思主义理论的传授者，学生情感、态度、价值观的培养者；另一方面，教师也是多种思潮交互碰撞下的接受者，教师会根据自己的需求，对自己所接收的社会思潮进行分析和判断，做出相应的筛选，从而创造性地将其变成自己的知识储备，并不断完善自身的知识结构。身处当前大学校园自由自在、无拘无束的状态下，青年教师和在校大学生一样更加容易接受社会中的各种思潮，而长期以来，教师由于自身的专业知识和马克思主义理论传播者的身份，恰恰忽视了虚无主义思潮冲击下面临的侵蚀和伤害，从而降低了我国马克思主义理论教师队伍的应战能力。如果青年教师不能及时增强批判性的辨别能力，那么将无法肩负起自己的历史使命，因此，如何在历史的发展中，与时俱进地提高青年教师队伍应对各种思潮侵蚀和挑战的能力，是我们今后教育工作中应坚持不懈关注的问题。

# 批判历史虚无主义也需审视自我

湖州师范学院　傅艳蕾

历史虚无主义思潮是西方社会思潮的一股重要力量，其在中国的泛起由来已久。“现实带来的新世界首先是物质生活方面的。不再是何种思想或社会乌托邦而是‘向钱看’的现实利益，成为告别革命之后的历史新篇，而且愈演愈烈。”李泽厚在其《革命与告别革命》一文中断然割断了中国传统与现代之间的联系，声称“经济而不是‘思想’成为引领社会以至支配政治的动力”。这即是一种典型的历史虚无主义思想。该思潮的意识形态目的很明显，要把中国引向西方资本主义的发展道路；而其腐蚀思想、分化民心的一般手段即是断章取义、割断历史，通过否定和贬损中国历史人物和事件达到否定中国全部历史、否定中国共产党的领导以及否定中国道路的根本目的。“历史虚无主义”为西方移植其新自由主义、宪政民主、普世价值等思潮“开辟了道路”“打好了前锋”，其危害性和杀伤力不可小觑。一直以来我们在同这股思潮进行论战，然而历史虚无主义从 20 世纪 80 年代的泛起到 90 年代的再次泛滥，其势头始终不减。为何该思潮在我国有如此大的市场？我们在批判该思潮的同时恐怕还应审视自我，立足本土进行自我批判。

## 一、历史虚无主义思潮的受众缺乏正确的历史观

从传播学的角度看，一种思想的传播，有传播者，必有接收者，即“受众”。故传播效果的好坏，不仅同传播者本身的话语表达有关，也同受众本身的性质特点有关。在我国，历史虚无主义思潮的受众涵盖了党政机关、高校、社会的大部分中青年群体。因此，这部分群体及其特点也应成为我们分析该思潮泛滥的着眼点。

### (一)为何缺乏正确的历史观?

根据历史虚无主义者惯用的手段和伎俩，我们认为该思潮的受众至少存在以下两方面的特点，为思潮泛滥产生了推动作用。

第一，阅历匮乏导致历史情感不强烈。从年龄结构看，在深受历史虚无主义思潮影响的群体当中，中青年群体无疑占很大比例。该思潮在这些群体中肆虐范围最广、程度最深，不论是党政机关的中青年干部，还是中学和高校的学生，均被卷入其中，而关键原因之一在于这部分群体缺乏生活阅历，尤其是缺乏一种历史情感的积淀，因为改革开放后出生的一代人都没有像老一辈革命家经历过中国革命的历史。尽管接受了九年义务教育，接受了专科、本科甚至是研究生教育，“80后”“90后”“00后”对中国历史都有一定程度的认识和了解，都在不同程度上受过爱国主义教育，然而这种认识和理解大部分还是碎片式、识记性甚至是应试式的，所建立起的历史情感显然比较脆弱。同时，优越的生活环境更容易冲淡人们对艰苦岁月、抗战革命史的情感认同。借此，历史虚无主义思潮乘虚

而入，轻而易举地在这些群体中掌握了话语权。

与此同时，我们还应关注到网络的普及所起到的催化作用。众所周知，网络已成为当前新闻、思想传播最为便捷的平台，越来越多的人被卷入到这种虚拟环境中。根据中国互联网络信息中心(CNNIC)最新发布的《第34次中国互联网络发展状况统计报告》，截至2014年6月，我国网民规模达6.32亿，互联网普及率为46.9%，其中，20—29岁年龄段网民的比例为30.7%，在整体网民中占比最大，其次是10—19岁年龄段和30—39岁年龄段，分别占24.5%和23.4%。网络传播速度之快、范围之广，使得这些群体接触负面思想的途径和机会也急剧增多，原有的历史情感基础进一步被弱化。

第二，快餐式文化容易造成历史断裂感。"历史虚无主义"以"虚无历史"来"谋生"，它以模糊、割裂历史为手段，以选择性、片段式的方式来解读和歪曲中国整个历史。它否认历史事件前后相继的延续性，否认历史当中一脉相承的客观规律，总之它不折不扣地贯彻了一种"断裂"的思维逻辑。而这种逻辑恰恰在我国本土找到了一种极为契合的文化背景——快餐文化。这种文化已成为我国当前的一种主流文化和大众文化。

快餐文化的主要特点是追求速度和效率，因而必然缺乏内涵和质的提升。当今社会不论是人们的物质生活抑或精神生活，都出现了频繁更替的快节奏。在不停地变动中，在更新换代如此迅速的现代化背景下，人们还未适应旧事物，新事物便已产生；新事物刚开始流行，瞬间又被另一股潮流取代。快餐文化在人们头脑中逐渐滋生出一种片面的思维方式，似乎任何事物都是孤立、没有必然联系的；似乎任何事物都是弊大于利，否则它就不会“过时”和“被替代”得如此之快。可见，受众的这种缺乏辩证的思维方式也为历史虚无主义思潮的入侵打开了方便之门，而这种思维方法恰恰是由受众普遍认同的快餐文化所带来的。

**（二）如何树立正确的历史观？**

“社会存在决定社会意识”的道理，让我们认识到了思潮泛滥的客观原因。既然是“客观”存在的因素，自然无法完全改变；但这也能够让我们深刻地审视自己，反思自我，用主观能动性来弱化这些客观因素的消极影响。抵抗这股思潮不仅仅是某些“学者”和“大家”的责任，我们每个人都责无旁贷。

第一，对于个别历史事件和人物应主动接触、全面认识。针对因阅历匮乏而导致历史情感不强烈的问题，我们所应做的自然是多多接触和认识历史，在同历史虚无主义思潮进行论证的过程中夺回话语权。作为中华民族的儿女，认识历史、了解历史、铭记历史是我们义不容辞的责任。其一应“主动”而为。应看到，学习历史、防止中国被“和平演变”，不仅是关系到民族存亡的大事情，而且也将最终影响到个人的生存安危。其二应“全面”认识，对于某个历史事件或人物，应多角度、全方位地进行评价，以辩证的态度加以对待，以客观的立场做出辨析。这是防御和应对“历史虚无主义”必须具备的基本功。主动、全面地接触历史，可以通过教材、读本、影片进行学习，也可以同老一辈革命家或自己的长辈进行交谈，抑或走访历史古迹感受历史文化的熏陶，总之借助各种渠道培养和提升自己的历史情感和民族情感。

第二，对于不同历史事件应寻找联系、把握“合力”。针对快餐文化所带来的历史“断裂感”问题，其一，我们应对认识上发生“脱链”的各种事件重新进行“接轨”。应当明确，历史事件本身就存在内在联系，而非人为强加，所谓的“接轨”是对历史事件的内在联系进行重新认识，我们万万不能被历史虚无主义者的片面言论而遮蔽事件之间的内在联系。事物具有普遍联系性，每一个历史事件的发生必然由前一个事件提供基础，同时也为后一个事件的发生提供了条件，这即是马克思主义“历史观”。同历史虚无主义进行论战，需要树立起这种科学的“历史观”，为攻破其割断历史、断章取义的做法提供世界观基础。这是克服“断裂式”思维逻辑的一种方法。其二，克服“断裂式”思维逻辑，我们还可以从不同的历史事件中把握历史发展的“合力”。恩格斯在研究个人意志和历史结果的关系时，曾经用数学上的“平行四边形”打过一个比方，他把单个的意志比作平行四边形的一条边，这样许多单个的意志相互冲突就构成了有无数个力的平行四边形，最终产生一个合力，这个合力即历史的结果。中国历史也是由无数个具体的历史事件构成的，这些事件有成功也有失败，构成了无数个平行四边形，但整个历史的发展方向还是要看综合产生的那个“合力”方向。所以，尽管我党在历史上犯了一些错误，在领导和建设中国道路的进程中走了弯路，但是总的方向是正确的，并且实践也充分证明，社会主义中国的生产力在不断提高，综合国力在不断增强，人民生活在不断改善，国际地位在不断提升，总的社会发展方向是在前进而不是倒退，我们取得的成就是举世公认的而不是遭世人否定的。因此，历史虚无主义者单凭几个失败的案例来否定我国革命的成果和中国共产党的领导是毫无理论依据的。

## 二、应对批判历史虚无主义思潮的方法进行反思

进一步思考，当我们用全面、辩证的历史资料来同历史虚无主义者进行论战时，我们是否一定能取胜？恐怕我们还需从主观上对批判的方式方法进行反思。也即，在论战过程中，不仅要有正确的“观点”，也要采用合适的“方法”。

### （一）原有的批判方法为何不恰当？

如果说我们手中的牌没有问题，那就是我们出牌的方式存在问题。

第一，过多地用“历史牌”打“历史牌”。我们首先需要区分“历史”和“历史事实”两个概念。学者韩炯在其《历史事实的遮蔽与祛蔽——现时代历史虚无主义理论进路评析》一文中指出，“历史”不等于“历史事实”，“历史事实”是一次性的、瞬间的、一去不复返的；而“历史”则是人为的用语言记载的，是可延续、可传承的。不难理解，不同的人可以用不同的语言记载相同的历史事实，而记载过程势必会带入个人的主观色彩和价值评价，因而不可能完全还原历史，有时候为了保持可读性甚至会虚构一些情节。这是一种比较理性的认识，至于“历史事实”和“历史”之间的差距有多大，在此我们不做考究。但有一点可以明确，今天我们在同历史虚无主义者进行论战时，双方所提供的论战依据都只能是“历史”，打的都是“历史牌”，因为我们都无法再还原“历史事实”的原貌。

问题就在这里，历史虚无主义者用来诋毁中国革命的“历

史”材料是他们所认可的，这些材料的来源，我们可以质疑。而我们也在用我们所认可的“历史”材料进行反驳，我们如何证明材料的真实度，历史虚无主义者也会质疑。“聪明”的对手同样会把我们视为“历史虚无主义者”。当我们在批判他们虚构历史、捏造历史时，他们会以同样的方式反驳我们。这便很可能陷入一个怪圈，因为我们是在用我们的“历史牌”打对方的“历史牌”，在论战“方式”上我们并未显示出优势，这一点我们应正视。

第二，过多带有“以牙还牙”的心理。对待历史虚无主义思潮，人们的态度不一，归结起来至少存在以下三种：一种是浑然不知，甚至还乐在其中，不能自拔；一种是不痛不痒，事不关已，高高挂起；还有一种则是疾恶如仇，恨之入骨。恐怕第三种占了多数。

梁柱先生在《历史虚无主义思潮评析》一文中声色俱厉地说：“历史虚无主义者以阴暗、仇恨的心理看待人民革命和人民共和国的历史。”站在客观的立场，某种程度上我们反击的过程同样也可能表现出强烈的仇恨心理。面对历史虚无主义者的贬低、抹黑、歪曲、丑化做法，我们不惜加重笔墨或是极力指责其丑恶行径横加批判，或是极力宣扬中国历史的正面价值和积极意义。不可否认，这种“以牙还牙”的心态饱含着强烈的民族情感和民族情怀，是一种爱国主义的表现；然而以这种心态同历史虚无主义者进行对抗，似乎并未带来很好的效果，反而容易走向极端。为此，要达到好的效果，我们必须站在比历史虚无主义者更高的视界，占领论战的制高点。

**（二）如何占领论战的制高点？**

鉴于历史虚无主义者对中国进行“和平演变”的意图，鉴于其所打的“历史牌”，我们要占据论战制高点，可以从以下两方面着手。

第一，以“包容式批判”替代“以牙还牙”。反思我们的批判方式，“以牙还牙”并非最佳方法，这只会使论战陷入僵局。我们需要思考如何锻造出更为有力的“武器”。

这里，我们提出“包容式批判”这样一种思想理念，即首先批判对方存在的问题，但进一步以包容的心态用更强的论据来征服对方。包容不等于容忍，包容也涵盖了批判。一直以来，我们多数还是站在一种同历史虚无主义对立的立场进行对话。但是，对立和仇恨只会让我们不断去寻找双方之间的不同点和差异，看到水火不容的一面。而胸怀包容，或许可以让我们看到中西之间更多的共同点，看到互利互惠的一面。削弱论战双方的敌视和仇恨情绪，是一种取胜的策略，它需要“包容”这样一种论战的胸襟。

第二，擅用“历史规律”来打牌。要包容对方，必然需要一种包容性的理论武器，我们建议打“历史规律牌”。长期以来，我们一直在用我们的“历史牌”打对方的“历史牌”，而双方的“历史牌”都不为对方所承认。没有交集的争论往往无果而终。西方国家试图把中国引上资本主义道路，首先要否定中国历史，这是他们惯用的伎俩。中国要在这场论战中夺回话语权，只有站在比西方国家更高的维度——全人类。但我们并非要单纯地宣扬人类社会的共性一面，而是同时指出各个国家发展道路的特殊性。这是一种包容式的抗辩。

那什么是可以涵盖中西方差异的那个“制高点”呢？我们认为，马克思总结出的人类社会发展的一般规律——两对基本矛盾——当之无愧。生产力—生产关系、经济基础—上层建筑，这是不论哪个国家、哪个民族都无法逃脱的历史发展规律，中国如此，西方也是如此；成功在于此，失败也在于此。对于西方国家，我们承认资本主义的到来为人类社会带来了高速的生产力，相对于封建主义，它的确是一种历史进步；但同时它也不可避免地带来了弊端，例如生产的社会化和生产资料私人占有之间的矛盾导致了经济危机这一必然结果。其中便贯穿了生产力—生产关系的基本原理。为了克服这些缺陷，西方国家也在采用宏观调控这类具有社会主义特征的调控手段，期望通过改善生产关系适应生产力发展的需要来推动生产力的进一步发展。资本主义制度的优缺点完全可以用“两对基本矛盾”来解释。同样，对于中国社会主义道路的探索，我们也大胆承认有过失误，过于强调生产关系对生产力的反作用，强调上层建筑对经济基础的反作用，而忽视了生产力对生产关系、经济基础对上层建筑的决定作用。但我们也有很多成功的案例，例如新民主主义革命时期和社会主义改造时期，我们都没有一般地消灭资本主义，而是在学习和利用资本主义先进的管理方法和技术手段；今天我们依然在这么做，市场经济这种来自西方的调控方式，我们一直在不断加以吸收和完善。所以中国革命、建设和改革的历史进程也足以体现“两对基本矛盾”这一人类社会发展的基本规律。

立足“历史规律”这一制高点，我们既要指出中西方历史发展中的共性一面，擅于用“历史规律”来打牌；又应澄明基本规律在不同国家有不同的表现形式，因而不同的国家产生了不同的历史和不同的道路。这即是打“历史规律牌”相对于打

"历史牌"的一大优势。同时,"历史规律"可以把各种历史事件串联起来,所以这也是应对历史虚无主义者"割裂"战术的有利一招。立足这一基本规律,秉持一种包容心态,我们应持有这样一种立场:我们批判历史虚无主义,但不代表我们否认西方的一切;我们始终辩证客观地对待中国历史和西方历史,在继续坚持走中国特色社会主义道路的同时,也承认和尊重西方国家不同于中国的发展历史和发展道路,并希望得到同样的承认和尊重。

"有理有利有节开展舆论斗争",这是《习近平总书记系列重要讲话读本》中对新时期意识形态工作提出的指针和要求。对照这一要求,我们应当看到,历史虚无主义思潮之所以在本土泛滥不断,既有受众本身的客观因素,也有论战方法上存在的主观原因,这些均是我国本土的自身原因,应加以清醒认识。因而在对各种思潮进行对话和批判的同时,也要适时地反思自我,审视自我。只有打开论战的胸襟、摆正论战的态度、抓准论战的要点,我们才能占领论战和舆论斗争的制高点。而理论的胸襟、理论的自信首先都源自于我们对马克思主义的理论自觉。

## 以正确的历史观引领媒体文化

浙江理工大学　艾　丹

随着现代传媒业的迅猛发展,媒体文化以强劲的发展势头和无所不在的影响力已成为影响人民生活和国家发展的重要力量,历史文化领域也日益呈现出影像化叙述逐步取代语言叙述中心地位的趋势。越来越多的历史研究成果特别是最新进展通过媒体公之于众,甚至转化成影像作品,在很大程度上深化了人们对历史的认知。然而,与此同时,以回归人性本真为旗号,以理性思考为噱头,以出奇制胜为卖点,放大部分事实,混淆是非善恶,歪曲、篡改、颠覆、虚构、恶搞历史等现象也频频出现,在影视作品中体现得尤为突出。这类现象关注度高、流传范围广、影响力强,形成一道道蔚然的“媒体奇观”,公然挑战中国原有的社会价值和伦理底线。这不是真正的“以史为鉴”,而是消费历史文化,是新时期历史虚无主义的体现,主要包括颠覆历史结论、拔高英雄作用、虚构历史故事和娱乐历史文化等四个方面。

不少作品为吸引眼球,刻意塑造“好人不好,坏人不坏”的历史人物形象。通常做法是放大历史伟人身上的缺点,抹黑他们的功绩。例如:主张岳飞抗金有碍民族团结和国家统一,林则徐因虎门销烟激怒英国人出兵侵略中国,谭嗣同为不堪一击的维新变法而牺牲是不值得的,孙中山傍权贵捞取政治资本，毛泽东是一个猜忌多疑和言而无信的小人。同时，还不惜为那些被历史淘汰的人物开脱罪行，甚至歌功颂德，将这些人物的贡献或优点放大，将其塑造为“悲剧式的英雄人物”。例如，认为李鸿章是出于国家利益考虑而签订不平等条约的爱国者，曾国藩是恪守儒家修行且具备高超治军才能的军事家，蒋介石是一个顽强、细致、爱国的政治家，孔祥熙是一个对子女管教非常严厉的父亲。

在电视剧《走向共和》和电影《辛亥革命》中两度扮演袁世凯的演员孙淳在接受媒体采访时公然表示，通过查阅史料和角色扮演，改变了过去认为袁世凯是野心家、阴谋家的看法，发现袁世凯是有深度、谋略、胆识和气度的“治世之能臣，乱世之枭雄”。他说：“我们对袁世凯的主观色彩太浓，认为他只是一个反面角色。其实黑的对面不一定是白，好人的对立体也不一定就是坏人，所以我饰演的袁世凯绝对会感情丰富，起码是一个有情有义的男人。”2012 年深圳卫视大型专题类节目《解密》之《民国枭雄：袁世凯》以军事为主线，着重于高度评价袁世凯创办中国第一支警察队伍、编练新军指导思想先进、部队管理纪律严明等，为其出卖维新派、签订丧权辱国的“二十一条”、设计称帝骗局等阻碍历史前进的过错寻找客观原因。

一些历史剧，特别是革命战争题材，塑造主角时着重于战无不胜、集体利益永远高于个人利益的“高大全”式的英雄形象，往往将一场战争的胜利甚至是整个国家和民族的命运寄托于英雄个人的拯救。英雄们以一敌十、以一敌百甚至以一敌千都不为过，从李向阳领导的平原游击队、董存瑞舍身炸碉堡，到李云龙的“亮剑”、顺溜的狙击枪，莫过于此。近些年，历史剧还融入了现代偶像剧的元素，英雄们不再破衣烂衫、灰头土脸，而是造型前卫、帅气十足。相反，绝大多数的人民群众只是衬托英雄们的一片片绿叶，他们的形象要么是鲜血淋漓的一片死尸，要么是两三下即被敌人击毙的短命鬼，要么是落荒而逃的难民。绝大部分群众演员的名字在片尾演职人员列表中都没有出现过。2009 年热播的关于中国远征军题材的电视连续剧《我的团长我的团》，摧毁了传统中国人心中近乎完美的英雄主义形象，回归血肉之躯的人性本真，但又塑造起一个既有大义凛然又有粗俗懦弱的特点的“平民式”英雄形象，有意突出“人人皆可为英雄”的主题。

现有历史类题材作品主要集中于：一类是反映古代帝王特别是清朝皇帝的后宫生活争斗戏，另一类是反映近现代革命战争特别是抗日战争的谍战戏。2012 年，这两类题材作品的创作和关注度都达到了巅峰状态。2012 年，电视连续剧《甄嬛传》创造了大陆有史以来的收视纪录之最，讲述了原本天真善良的甄嬛在历经宫廷的尔虞我诈之后，变成“腹黑女王”并成功上位的故事，以甄嬛将自己的儿子（非亲生）推上皇帝宝座并把皇后这个多次陷害她的幕后黑手活活逼死为结局。该剧自播出伊始，人物造型、情节、台词、配乐等无不成为观众们街头巷尾热议的话题。更有甚者将该剧视为一部“励志剧”，甚至还起了《甄嬛“升职记”》的别样剧名。新闻媒体也以如《亿万富豪要选“妃” 上千甄嬛博上位》等标题博人眼球，希望可以沾沾甄嬛的光。

仅 2012 年一年，在横店影视城拍摄的抗战题材作品超过历史剧总数的三分之一，横店影视城亦被称为“横店抗日根据地”。据统计，自新中国成立到 2005 年《亮剑》横空出世之前，抗战题材作品总计 100 余部，年均产出 2 部左右。之后，特别是最近几年，年均产出二三十部。打着为建国和建党献礼之名，各大荧屏频现“打鬼子”的壮观画面。剧情包括：国仇家恨、情感纠葛、枪林弹雨、悬疑迷案、特工侦察、刑讯逼供等桥段。主人公衣着光鲜、身怀绝技、足智多谋、生活奢华、出手阔绰，为获取情报而不择手段。被观众视为无懈可击的谍战片之王《潜伏》，以多个中共地下党员的真实事迹为原型，孙红雷扮演的余则成与姚晨扮演的王翠平组成假夫妻以掩护真实身份潜伏国民党内以获取情报，情节跌宕起伏、环环相扣、惊心动魄，掀起了谍战剧演播的高潮。事实上，获取情报从来都不是中共地下党人的工作重点，更不允许为此而不择手段。

1997 年香港回归后，内地与港澳台演艺界联合制作的作品越来越多，内地叙述历史的方式也受到港台风的极大影响。不仅皇帝和后宫的历史遭到戏说，连伟人和国难也难逃被整蛊的厄运。从 1990 年开始上映且备受争议的电影《古今大战秦俑情》讲述秦俑穿越到现代的故事，到 2002 年播出的讲述现代女孩穿越到明朝的内地第一部穿越剧《穿越时空的爱恋》，历经十余年时间，到当下极为火爆且层出不穷的《步步惊心》《宫锁心玉》等，其根本原因是穿越剧满足了当代人放松娱乐和探秘历史的双重要求。2012 年，正值我国伟大诗人杜甫诞辰 1300 周年，从微博开始，“杜甫很忙”的恶搞系列图片铺天盖地地传播开来，各大媒体竞相报道：杜甫时而身穿夹克、手持机枪，时而眼戴墨镜、脚踏摩托，时而风花雪月、约会美女，时而腰系围裙、煎炒烹炸，时而汗流浃背、搬运货物，时而战胜对手、成功灌篮，时而刀光剑影、力搏怪兽……民间甚至流传“没有被涂鸦，就算不上是大家”的说法。“据说”，李白、辛弃疾、鲁迅等文化名人都不服气了，恶搞之风或将继续盛行。

2013年4月，中央电视台《新闻1+1》栏目制作专题节目“抗日剧，可以这么拍吗?”以评价全裸女向八路军敬礼和抗日英雄徒手撕鬼子两张照片为切入话题，反思数量众多且广受诟病的抗日神剧。摄制于20世纪60年代的《地雷战》《地道战》《小兵张嘎》等以比较娱乐的方式表现抗日题材的另类作品，半个世纪后的今天却成为抗日剧的主流趋势。留着一撮胡，睁着眯缝眼，头顶膏药旗，讲着中国话，迈着八字步，神态猥琐残忍，被打得屁滚尿流的“脸谱化”日军形象，比比皆是。“鬼子进村”曾一度成为黄山旅游项目，当地旅游部门将游客扮成鬼子抢“花姑娘”当作是进行“红色文化教育”。相反，抗日英雄们拥有化腐朽为神奇的超能力，“神掌一出千人斩，飞腿十步万里还。火铳飞避赛黑客，真气所及倭刀断”。英雄们时而化身武林高手身轻如燕擒匪徒，时而化身奥特曼千疮百孔屹立不倒，时而化身神射手千里之外命中目标……更有甚者，把需要明辨大是大非的历史剧拍成卿卿我我的言情剧，国危民难、政局动荡、战火纷飞等时代主题则被弱化为背景铺垫，故事情节皆以儿女情长为主线，似乎小情小爱才是时代的主旋律。

当今中国媒体文化叙述历史的过程中所呈现的颠覆性、片面性、戏剧性、雷同性等倾向，表面上看似乎是受欧美和港台文艺创作风格影响，实则暗含西方的自由意识、少数精英主导、否定客观规律性、解构现实社会等唯心主义价值观。事实上，不仅限于解读历史方面，当今中国整个媒体文化领域几乎被西方媒体文化创造的氛围所笼罩。例如：达人系列、梦想系列、婚恋系列、寻亲系列、好声音系列等高收视综艺节目几乎都是国外节目的引进；国际新闻类节目大部分是翻译西方影响较大的几个通讯社的“二手材料”。这势必打上西方意识形态的烙印，丧失中国文化的独立性，亟须引起国人的关注和省思，寻求中国媒体文化发展的根本出路。

包容有尺度，娱乐有底线。就表现形式而言，媒体本身只是传递信息的介质，并不具有价值判断的功能，但因其承载的内容，通过场景、情节、声音、行为等附加性塑造而具有特定意义。正如 20 世纪世界最著名的媒介理论家马歇尔·麦克卢汉所言“媒介即讯息”“媒介是人的延伸”。2004 年，美国耐克公司发布一款名为“恐惧斗室”的篮球鞋广告，以太极拳、龙、飞天美女等中国元素为假想敌，最终被美国 NBA 球星勒布朗·詹姆斯扮演的“灌篮高手”一一战胜的故事为主线，在中央电视台体育频道首播后，被中国观众普遍反映涉嫌亵渎中国传统文化，最终被停播。2013 年 5 月，面对铺天盖地的抗日神剧，国家新闻出版广电总局发出《关于规范卫视黄金档电视剧的通知》，规定所有抗日剧均需重新审查，禁止抗日传奇剧、戏说剧的播出，已通过审核剧目只能在非黄金档播出。在传媒业最为发达的美国，尼克松被水门事件逼下台、里根受伊朗门事件困扰、克林顿因性丑闻身败名裂、小布什无视“9·11”预警、奥巴马因窃听穿帮成为国际舆论众矢之的等等，媒体文化都起到了不可忽视的作用。因而，媒体文化既是主流意识形态的反映，同时也具有针砭时弊的作用。媒体在最大限度地包容各种信息传播的同时，必须承担起相应的责任，坚守制作或传播信息的价值底线和伦理底线，毅然决然地制止那些亵渎中国历史和文化的现象。

对创作者而言，文史互证，推陈出新。以史为鉴不仅可以洞悉事物演进的发展规律，还可以推测当今事物的发展趋势。清代著名思想家龚自珍言："欲知大道，必先为史。""欲灭一国，必先去其史也。"可见，历史对国家和民族生存与发展的极端重要性。如今大受欢迎的历史剧主要改编自文学作品，更确切地讲是被庄子解释为"琐屑之言，非道术所在"的虚构写实的小说，而不是缘于真实历史的考证。有创作者言，他们拍历史剧不是想复述历史原貌，对观众进行历史教育，仅是假借历史中真实存在的人物或事件作为叙述情节的符号。历史演进过程中的经验和教训对当代社会具有重要的资政作用，但是，历史并不是"任人打扮的小姑娘"，因为真实的历史只有一个。有人说，不懂得"影射"，就意味着不懂得中国文化。现有文学作品不乏假借历史人物或事件传递在现实语境中无法表达的信息，但这不意味着人们对历史可以进行肆意改编和过度创作。作品通过媒体播放被传播出去，势必对受众产生一定的影响，因而，创作者理应承担相应的历史责任。文学创作必须尊重历史，应从人文深度上挖掘史料进行创作，文史统一，文史互证。只有这样，作品才能赢得受众心悦诚服的认可，成为经典之作。

令人欣慰的是，近几年来，依据此种思路解读历史的作品也不乏成功的典范，可谓取得了商业利润、人气口碑、历史教育的三重丰收。例如：2009 年上映的电影《十月围城》

以孙中山到香港秘会十三省代表为主线，围绕刺杀与保护孙中山而展开的扣人心弦的故事情节。片尾对孙中山离开香港后的革命活动和片中人物真实原型做一简要说明，在夸张虚构创作的同时保证了对历史事实的尊重，甚至有观众看过此片后专门翻阅史料想去了解当时的真实情况。再如《建国大业》和《建党伟业》两部影片云集众多大牌明星扮演历史伟人，角色塑造、台词对白、场景制作、情节设计等都力争接近人物原型和真实历史，借着红色播出季的东风，创造出接连刷新中国电影票房纪录的奇迹。2014 年 2 月 21 日，中国外文局发布的《中国国家形象全球调查报告 2013》显示，国际民众对大众传媒影视作品这一中国文化载体的认可程度仅为 10%左右，与高等学府(8%)位列最后，远远落后于高居前三甲的武术(52%)、饮食(46%)和中医(45%)。这与国内民众对国外文化的认知截然相反。我们更加期待中国能创作出更多的、表现本国优秀文化的经典之作，鼓舞国人士气，增强国际竞争的软实力。

去伪存真，取之有度。受众是传播过程中的必要元素，媒体必须满足其要求，才能得到发展。如果说，以往受众接触传统的正统教育或主旋律作品是被动地被灌输历史知识，那么，在电子信息时代，受众则是主动地通过多种渠道和多种方式去关注和乐于接受一些“非主流”“反主流”的东西。2012 年反映美国南北战争题材的另类电影《吸血鬼猎人林肯》《林肯大战僵尸》，将美国政治家和前总统林肯由以往作品中温文尔雅的形象化身为疾恶如仇的吸血鬼猎人和丧尸杀手，影片上映后引起不少中国青年观众的兴趣，在网络论坛上频现“过瘾”“刺激”“有创意”等的偏执言论。回顾二十多年前，苏联在解体前，并没有发生激烈的社会革命，也没有产生强大的社会思潮，而是历史虚无主义在悄无声息中消解了主流意识形态和核心价值体系，将苏共的垮台和联盟的解体引向了水到渠成的地步。如今，历史虚无主义对中国特别是对青年一代的影响已经是不争的事实，民众在接受媒体滑稽地、调侃地、娱乐地解读历史时，历史便在不知不觉中被慢慢地消解，终将导致历史的虚无、传统的迷失、信仰的模糊、价值取向的扭曲以及道德批判的混乱。诚如美国心理学家约翰·华生提出的刺激—反应学习理论所言，多次刺激会变成一种习惯而内化为行为定势。新疆打砸抢烧事件（2009 年 7 月 5 日）和昆明火车站砍人事件（2014 年 3 月 1 日）的涉案分子纷纷表示在案发前“上级组织”给他们观看影像材料进行洗脑式教育，久而久之，民族仇恨和对政府的不满便油然而生。为避免被信息操控，作为一个有意识的主体，受众可在接触形形色色的信息后，分析信息发布的平台、时间、背景、语气，利用经验、道德、理智、知识等对信息进行综合处理，去伪存真，取之有度，才能准确地获悉真相，不被媒体所左右，不被别有用心者所利用。

“产生于过去的现在，孕育着伟大的未来。”我们相信，在社会主义核心价值观引领下的媒体文化的改革与发展，定会产生属于中国自己的独特魅力。每一个怀着忧国、忧民、忧党之心的中国人，都应担当起自己的责任，将中国苦难悲壮的历史铭记于心，将中国辉煌灿烂的优秀文化发扬光大，为实现中国梦的宏伟目标而不懈奋斗。

# 后　记

“意识形态领域重大理论问题”研究暨系列通俗读本编撰由中共浙江省委宣传部组织实施，省委常委、宣传部长葛慧君高度重视，省委宣传部常务副部长胡坚具体主持。本书的编写是浙江省近百位青年教师共同完成的，其间做了大量的资料准备，并得到省内外有关专家学者的大力支持。浙江省青年马克思主义研究会和浙江工商大学出版社承担了本书的编辑出版工作。书中难免存在疏漏不足之处，敬请提出宝贵的批评意见和建议。

编者

2015 年 3 月

# 序　言

葛慧君

马克思主义有一个重要的观点:人民只有组织起来、团结起来才有力量。我们党带领人民在长期奋斗中深深懂得:团结就是大局,团结就是胜利。党和人民的坚强团结,根源于共同的利益、凝结于共同的目标,核心是共同的思想基础。任何社会都是经济基础、政治上层建筑和意识形态三大结构在生产力发展基础上互动的整体。在这个整体中,意识形态是灵魂,她体现为一个国家、民族和社会共同的理想信念,是整体社会发展和个人人生价值体现的精神支柱,具备着将个体团结起来的内在凝聚力。

30多年社会主义改革发展的巨大成就充分证明,通过中国共产党和广大人民群众艰辛的理论创新和卓越的社会实践,社会主义意识形态是我们对未来理想社会和文明形态追求的基本价值原则。近代以来,君主立宪制、多党制、总统制等都在中国尝试过,结果都行不通。只有中国共产党领导人民,把马克思主义基本原理同中国实际结合起来,找到了实现民族独立和人民解放、国家富强和人民幸福的正确道路。沿着这条道路走,我们比历史上任何时期都更接近中华民族伟大复兴的目标,比历史上任何时期都更有信心、有能力实现这个目标。但我们也看到,随着社会深刻变革,不同社会群体之间产生了不同的经济表达、政治表达、社会表达、文化表达,特别是随着对外开放不断扩大,各种思想文化交流、交融、交锋日益频繁，一些错误思潮暗流涌动、此起彼伏，巩固壮大主流意识形态和思想舆论面临的挑战与困难前所未有。

习近平总书记指出，“意识形态关乎旗帜、关乎道路、关乎国家政治安全”，“经济工作搞不好要出大问题，意识形态工作搞不好也要出大问题”。做好意识形态工作，要求我们在任何时候、任何情况下都要保持清醒的头脑。必须深刻认识到，国际上的一些势力骨子里是不希望中国发展壮大的，一直在不遗余力地推行西化、分化的战略。其中最主要的一手，就是抓住中国社会转型发展时期利益诉求、矛盾问题交织互联的特点，搞意识形态渗透，搞乱人们的思想，瓦解党和人民团结奋斗的共同思想基础。近年来在思想界出现的各种错误思潮，不论是政治上的西方“宪政民主”、思想上的“普世价值”、经济上的“新自由主义”、文化上的“历史虚无主义”，还是道路方向上的“质疑改革开放”，虽然侧重点有所不同，有的还由于蕴含其中的政治主张违背我国宪法原则做了种种“包装”，但实质都是要使中国脱离中国特色社会主义轨道，脱离中国共产党的领导，对我国社会主义事业的危害绝不容忽视。

巩固共同思想基础，要求我们必须毫不动摇地坚持马克思主义和共产主义信仰，切实增强政治定力，坚决同各种错误思想作斗争。习近平总书记告诫全党，要当战士，不当“绅士”，在意识形态问题上守土有责、守土负责、守土尽责。刘云山同志强调，用中国特色社会主义凝聚思想共识，必须加强对思想理论领域问题的辨析与引导，有针对性地开展积极的思想舆论斗争。刘奇葆同志指出，在意识形态问题上，我们不搞无谓争论，但对挑战我们政治原则、政治制度的思想观点，必须有坚定的立场、鲜明的态度，敢于发出正确的声音。近年

来，根据中央的部署要求，浙江省委将意识形态工作摆到更加重要的位置，在各领域深入开展“当战士、不当绅士”等主题活动。浙江省委宣传部设立专项课题，组织全省党校、高校近百位一线教学的青年教师，开展专题研讨，撰写体会文章，汇集、编撰形成《为什么不行——论西方“宪政民主”》《为什么不好——论“普世价值”》《为什么不灵——论新自由主义》《为什么不对——论历史虚无主义》《为什么不变——论改革开放》等系列通俗读本。其中的文章注重运用理论与实践、历史与现实、国内与国际、正面与反面对比等手法，围绕核心观点进行充分阐发，针对热点问题进行辩证解读，澄清了一些模糊认识，批驳了一些错误观点，集中反映了浙江广大青年理论工作者在事关意识形态的大是大非问题上鲜明的态度、正确的方向和坚定的立场，是广大干部群众、青年学生加强理论学习、提高思想认识的重要辅助读物。

当前，全党和全国上下正认真学习贯彻以习近平同志为总书记的党中央提出的“四个全面”的战略思想。“四个全面”是中国特色社会主义伟大事业的顶层新设计，是马克思主义与中国实践相结合的新飞跃，为新常态下推进各项事业注入了强劲动力，也为进一步做好意识形态工作指明了方向。我们要紧紧围绕“四个全面”的战略布局，切实将意识形态建设作为一项战略工程、固本工程、铸魂工程来抓紧、抓实、抓好，为推动马克思主义在意识形态领域的指导地位更加牢固、全党全国人民团结奋斗的共同思想基础更加坚实做出新的努力！

# 目录

CONTENTS

## 壹 新自由主义的内涵与源流



## 贰 新自由主义的理论诉求

## 叁 新自由主义的理论本质



## 肆 新自由主义实践的恶果

壹

## 新自由主义的内涵与源流

新自由主义的源流、内涵及其缺陷

新自由主义理论的主要派别

新自由主义嬗变为国际金融垄断资本的理论工具

国外共产党对新自由主义的分析和批判

# 新自由主义的源流、内涵及其缺陷

浙江师范大学　冯昊青

新自由主义作为当代西方资本主义社会的主导思潮和意识形态，并非单纯的学术理论派别，而是一套在普世外衣掩饰下以实现资本利益为目的的意识形态话语和政策工具。以历史唯物主义的视角看，新自由主义作为一种特定的社会运动和历史现象，有其得以产生的社会历史文化条件及其演变规律和明确的价值诉求。总体上看，新自由主义根植于西方自由主义思想文化传统，反映资本主义的当代形态，是适应资本主义由国家垄断走向全球垄断的现实需要的理论产物，它维护的是国际垄断资本的根本利益。自 20 世纪 80 年代以来，新自由主义在国际垄断资本的推动下，以“华盛顿共识”为改革方案，被包装成治疗各种经济社会顽症、推动民族国家发展的“灵丹妙药”行销全球。然而彻底贯彻和推行新自由主义改革方案的国家和地区却陷入了经济和政治危机不断、社会濒临崩溃的泥潭之中，由此引发了世界性的反思与争议，对这套学说及其配套政策的质疑与批评开始兴起，许多有识之士甚至把全面推行新自由主义及其“华盛顿共识”改革方案的 20 世纪八九十年代称为发展中国家“遗失的二十年”！而由美国“次贷危机”引发的“金融海啸”所导致的至今尚未摆脱的全球性经济衰退，就如同 20 世纪初的“大萧条”为人们提供了反思古典自由主义的契机一样，这场危机也将人们对这种学说和政策的质疑与批评推到了一个新的高潮。

## 一、新自由主义的源流

新自由主义是个内涵不清，使用极不规范，甚至极其模糊的概念或范畴，它被随意用来指称不同乃至截然对立的西方自由主义思想理论派别，由此在理论与思想观念上造成了一定的混乱与纷扰，甚至导致一些新自由主义评议文献出现了张冠李戴的尴尬现象。因此，无论对新自由主义持何种态度，都应该先下点功夫廓清其内涵，划定其界限，厘清其源流，以明确“态度”指向之“的”，以确保臧否有的放矢。根据历史唯物主义的方法论，考察一种思想观念最科学的方法就是追根溯源的历史梳理方法。列宁早就指出，在社会科学问题的探究上有一种最可靠的方法，“那就是不要忘记基本的历史联系，考察每个问题都要看某种现象在历史上怎样产生、在发展中经过了哪些主要阶段，并根据它的这种发展去考察这一事物现在是怎样的”。因此，廓清新自由主义内涵的工作由追溯和梳理其缘起与流变历史开始。

众所周知，新自由主义源出于古典自由主义，二者皆隶属于自由主义家族。自由主义不仅仅是由诸多具有“家族相似性”的思想理论流派组成的哲学概念或涵盖政治、经济、社会和价值观等方面的理论体系与思想观念，而且它更是资本主义精神实质的理论表达与观念形态，它与资本主义制度共生共存，互为表里。因此可以说，自由主义的演变史就是资本主义发展历程在理论与观念形态上的反映。纵观资本主义发展史，不争的事实是，它已经经历了三个具有明显特征的发展阶段，即由自由竞争或原始积累的资本主义演变到国家垄断的资本主义，再到国际垄断的资本主义或资本主义全球化时代。相应地，作为资本主义意识形态的自由主义也经历了三个发展历程，先后演变出三个具有鲜明特征的理论形态，并分别主导了资本主义的三个发展阶段，成为与之相对应的各个阶段主要的社会思潮和意识形态。其中，第一个理论形态就是以亚当·斯密为代表，以“自由放任”为标签的“古典自由主义”，其对应的是自由竞争时期的资本主义；第二个理论形态是以J. M. 凯恩斯为代表，以“政府干预”和“社会调节”为标志的“凯恩斯主义”，这种理论形态因其主张有别于“古典自由主义”，故而甫一出现就被称为“新自由主义”（New Liberalism），抑或“修正的自由主义”，其对应的是国家垄断资本主义；第三个理论形态便是打着反对“凯恩斯主义”和“社会主义”、恢复古典自由主义传统的旗号，以哈耶克为代表，以“市场原教旨主义”面目出现，并以“华盛顿共识”与“休克疗法”著称于世的“新自由主义”（Neo Liberalism），其对应的是资本主义的国际垄断或资本主义全球化时代。但严格说来，此“新自由主义”（Neo Liberalism）若依其原意，准确的中文称呼应为“新古典自由主义”，以与凯恩斯一脉的“新自由主义”（New Liberalism）相区别，但国内亦已习惯性地将之称为“新自由主义”，结果导致两种相互反对的自由主义理论却共用一个中文译名，由此造成了诸多混乱。

从历史唯物主义视角看，自由主义诸理论形态的演变、更替与发展有其历史必然性。毫无疑问，古典自由主义伴随着资本主义的萌芽而出现，曾经成为资产阶级革命的思想理论武器，为资产阶级革命的胜利与资本主义制度的建立发挥了巨大作用，当然有其历史进步性。但随着资本主义制度的普遍确立，社会生产力的极大发展，“自由放任”的资本主义制度显然不再能够适应新的生产方式，资本主义制度的这种巨大缺陷，使得建基于其上的古典自由主义理论也因此而遭到普遍质疑与批评，一种对“自由放任”的主张进行修正的“新”自由主义理论伴随着政府干预经济和调节社会公平的出现而产生。但根据素有“自由主义评论家”之称的英国著名政治哲学家约翰·格雷的研究，这种对自由主义理论的“修正倾向”早在19世纪40年代密尔(又译穆勒)的著作中就开始萌芽。到了19世纪中后期，随着社会问题日益尖锐，部分自由主义思想家，如格林、霍布豪斯、霍布森和鲍桑葵等开始关注社会稳定与公平问题，强调国家应该在经济和社会生活中扮演更加积极的角色，其主张的具体要义有二：一是要干预经济，保障公共利益；二是要提供社会福利，保证社会公正。而承袭格林思想的凯恩斯、贝弗里奇等则进一步大幅修正古典自由主义理论，试图通过政府的经济干预与社会正义调节，在“自由放任”的资本主义与社会主义理想之间创造出一条中间道路，既保证经济社会的平稳运行，又保证社会的相对公平。到20世纪初，随着经济危机的频繁上演，古典自由主义理论在普遍质疑中没落，而这种“修正”了的自由主义因其在抑制经济危机方面的功效而开始受到追捧，特别是随着苏俄计划经济的成功和第一次世界大战的爆发，(古典)自由主义的神话被彻底打破，资本主义诸国逐渐由战时管制走向国家资本主义。自那时起，批判自由主义在政界、学界就成为一种“时髦”。格雷研究发现，“事实上，到20世纪30年代为止，很少有几个舆论界的领袖不把自己视为自由主义的批评者或反对者”。而随后出现的“大萧条”更将凯恩斯们及其“修正”了的自由主义理论推上了历史舞台的中心。至此，这种“修正的自由主义”理论，在经济学界以“凯恩斯主义”为标签取代了古典自由主义而成为当时资本主义社会的主流意识形态与社会主导思潮，成为资本主义理论界的“显学”、实践界的“新宠”，以及各资本主义国家经济社会治理政策与制度设计的指南。这种“修正”的自由主义虽然与社会主义分属不同的思想谱系，但作为“左翼”的自由主义却确实吸收了诸多社会主义的思想和有益成分，因而这一谱系的思想家并不完全排斥社会主义与公有制，甚至还对社会主义多有溢美之词。且不说大部分早期创建者皆与社会主义思想存在某种渊源，即便晚近的罗尔斯还明确主张，他在《正义论》一书中所论证的那种正义观与财产公有制度和社会主义并不矛盾，且“自由社会主义”的设想是可以成立的。

虽然“修正的自由主义”伴随着资本主义演进到国家（垄断）资本主义阶段所取得的巨大“成功”而如日中天，但古典自由主义思潮也没有完全消失，它经过一段时间的退却与蛰伏之后，又随着现实的需要，借助客观时势，以新的面目出现了。

1936年，以美国学者李普尔特出版旨在为古典自由主义辩护的《良好社会原则的探究》一书为标志，一股旨在挑战和否定“修正的自由主义”、社会主义和集权主义，致力于复兴古典自由主义而排斥政府干预和社会调节的传统，被称为新古典自由主义或新自由主义（Neo Liberalism）的思潮便开始形成，其中的主要推手，也是这一思潮的灵魂人物或精神领袖，便是哈耶克。哈耶克于1944年出版的《通往奴役之路》一书被认为是新自由主义的宪章,他于1947年组建的汇聚新自由主义"诸先贤"的朝圣山学社(Mont Pelerin Society)则是该思潮的策源地与大本营,而随后出现的诸多新自由主义学派与组织皆曾或多或少地闪烁着哈耶克的影子。哈耶克们的核心思想,一言以蔽之,就是"个人自由至上",不言而喻,其死敌就是被他们统称为以"社会至上"为核心的各种集体主义、社会主义、国家主义,以及主张政府干预和社会调节的各种思想理论。哈耶克们极力反对任何形式的社会至上思想,乃至任何形式的经济干预与社会调节,他们认为任何形式与不同程度的政府干预和社会调节都是"社会至上"思想的表现,而任何形式的"社会至上"都必然导致极权主义,进而扼杀个人自由,走上个人被奴役、文明被毁灭的道路。因此,哈耶克们认为,为了维护个人自由权利与人类文明,必须反对和抵制任何形式的社会至上的理论与实践。为此,哈耶克争辩说:"纳粹主义的根源就存在于社会至上主义的思想与实践之中",并危言耸听地警告道:"西方国家采取的社会至上主义政策最终将遭致极权主义的报应",同时劝解说:"西方文明任何可以接受的未来都要求否弃社会主义的理想,并再次回归被遗忘的'自由放任'的古典自由主义之路。"显而易见,这股"新自由主义"思潮的实质是为处于困境中的"放任自由"的原教旨资本主义制度所做的一次最激进的,也是最有力度的辩护,它不仅幻想恢复原教旨资本主义的经济、政治与社会基础,抗衡社会主义与凯恩斯主义,反对社会福利政策和社会正义调节,而且还试图恢复"极右翼"的自由主义的绝对话语权,为创建一种不受任何约束的资本主义模式奠定理论基础。

但正如马克思曾深刻指出的那样,一种理论受欢迎的程度直接取决于现实对它的需要程度。新自由主义却生不逢时,一个主张恢复古典自由主义伟大传统的理论却诞生在古典自由主义名誉扫地的时代!因而,尽管哈耶克与一批志同道合的“极右翼”自由主义学者采取积极行动,多方奔走呼号,极力为原教旨主义的自由主义和资本主义辩护,但因面对“放任自由”所导致的经济危机与日益激化的社会矛盾束手无策,古典自由主义早已引起人们的警觉与反思,甚至遭到当时普遍民众的抛弃而名誉扫地。所以,从20世纪30年代大萧条开始,这种“右翼”的新自由主义不得不徘徊在凯恩斯主义的阴影之中,处于备受冷落的边缘地位。但到了70年代,随着凯恩斯主义面对由其主导下的政策工具和治理手段所导致的经济增长停滞和通货膨胀并存的“滞胀”现象束手无策,以及“苏东”诸国的经济、政治、社会治理弊端与专制劣迹被昭示天下,凯恩斯主义与斯大林模式开始受到人们的广泛质疑与反思。在此情势下,哈耶克等人主张的那种原教旨自由主义开始受到人们的关注,随后因获得时任英国首相撒切尔夫人和美国总统里根的青睐而与保守主义结合起来,并迅速受到重视,由理论探讨突入政策实践,最后适应垄断资本由国内转向国际垄断的需要,以“华盛顿共识”的形成为标志,嬗变为国际垄断资本向全世界扩展的理论话语与政策工具,彻底完成了政治化、意识形态化、经济范式化的转变,在国际货币基金组织和世界银行以贷款附加条件的形式推动下向全球蔓延,先是英美,后是西欧、拉美、澳洲、非洲、俄罗斯、东欧、东南亚等地。至此，新自由主义已被包装成治疗各种经济、政治、社会问题，推动民族国家发展的“灵丹妙药”，行销世界并在全球“安家落户”。在此过程中，社会主义阵营的“苏东剧变”客观上助长和强化了新自由主义的“正确性”与影响力，各种“哈耶克思想研究会”如雨后春笋般在“苏东”诸国冒了出来，许多哈耶克的学生和追随者成了这些国家走向自由化、市场化、私有化或“休克疗法”的主要推手和设计师。总之，在各种因缘际会的有利时势之下，新自由主义在一夜之间就成为主导当今时代的经济范式、政治纲领和意识形态，一下跃居全球所有现代化理论与发展理论的轴心地位，甚至有学者将之夸张为“人类最后一种政治形式”，并由此得出了不同发展模式的纷争与不同意识形态之间的斗争史就此终结的结论。然而，颇具反讽意味的是，新自由主义 20 多年来的实践所导致的恶果，非但不能证成“历史终结”的论断，反倒使自己陷入饱受质疑与批判的尴尬境地，而且这种质疑与批判不仅风行于学术界，还频繁地发生在实践领域。从 1998 年起，西方发达国家的人民便展开了政治经济层面的反新自由主义群众运动，一些发达国家和发展中国家皆开始警惕新自由主义，而由美国“次贷危机”引发、至今尚未完全摆脱的世界性经济危机，则将人们对新自由主义的质疑与批判推向高潮。更为讽刺的是，当初极力倡导和推销新自由主义的欧美诸国，特别是美国，近几年却暗暗地干起了反对新自由主义的勾当，一方面动辄挥舞“反倾销”和“维护国家安全”等大棒大搞妨碍贸易自由的各种贸易壁垒，另一方面则以挽救“大到不能垮”的大企业组织为借口过度发挥政府干预和调控经济的职能，同时，还以“反恐”和

"安全"为借口大肆侵犯个人自由和隐私权利,乃至最基本的人权。相反,当今中国却成了维护国际贸易自由的坚定力量。当然,这也从反面有力地说明,曾被这些暗地里反对贸易自由者打着"自由至上"旗号强加他国的"华盛顿共识"——新自由主义意识形态话语和政策工具——本质上是什么货色了。

## 二、新自由主义的内涵

以上自由主义的演进史表明:迄今为止,自由主义经历了三个阶段,由此演变出三种具有鲜明特征的理论形态,除第一阶段的理论形态被研究者称为"古典自由主义"外,第二、第三阶段的理论形态皆被称为"新自由主义",即第二阶段以凯恩斯为标志的"新"自由主义(New Liberalism)和第三阶段以哈耶克为灵魂的新自由主义(Neo Liberalism);同时,新自由主义的衍生与流变史也充分彰显着两种新自由主义的异同与主要分歧,以及各自的历史地位与当代影响力。毫无疑问,作为自由主义家族的成员,它们在共享自由主义成其所是的规定性(即自由主义家族世代相承之"脉",抑或精髓与本质)的同时,作为相互之间具有明显区别的理论形态,亦拥有各自独具的鲜明特征,而使相互之间得以区别开来的主要特征集中体现在对待国家干预与社会调节的态度上,其他的分歧皆由此根源而衍生。不言而喻,强调国家应该在经济、社会生活中扮演积极的角色,通过政府干预与社会调节,实现经济平稳运行与社会相对公平的即可划归于以凯恩斯为标志的"新"自由主义(New Liberalism)谱系,该派别的主要思想家大致是从19世纪以来的格林、霍布豪斯、霍布森、鲍桑葵、凯恩斯、贝弗里奇等一直延衍到当代主张社会正义与公平的阿玛蒂亚·森、罗尔斯、德沃金等人;相反,凡强调个人自由至上,坚持市场主义原教旨,反对政府干预和社会调节,甚至认为保障个人自由就是捍卫正义,而社会正义只是“虚幻”概念者,自然划归于以哈耶克为灵魂的新自由主义(Neo Liberalism),这一谱系的主要思想家大致是从20世纪以来的米塞斯、哈耶克、柏林、波普、弗里德曼、科斯等一直延衍至21世纪初的诺齐克等当代自由主义学者。

另外,从当前国内国际形势来看,“新自由主义”(New Liberalism、Neo Liberalism)这两个对立的派别皆走过了专属于己的“光辉岁月”,也皆失去了压倒对方的绝对优势和独领西方社会思潮的“风骚”,目前二者既享受着己方拥趸们的赞美与辩护,也饱受对方拥趸的驳斥与攻讦,同时,也逐渐遭受到那些具有独立思考能力,且严肃而清醒的理论工作者和实践探索者,以及见识过新自由主义“恶果”的普通民众的质疑与批判。就国内学术界来看,作为非自由主义者质疑和批判对象的“新自由主义”主要是指向以哈耶克为精神导师、以“华盛顿共识”诸原则为具体主张的新自由主义,该派也是西方一些国家和国际组织推行国际垄断资本全球一体化的意识形态与政策工具,也是西化和分化中国乃至攻讦中国特色社会主义制度的理论武器。当然,国内自由主义学者及其拥趸们站在为该派辩护的立场上,攻击以凯恩斯为标志的“新”自由主义(New Liberalism),但此“新”自由主义非彼新自由主义;而且此类含沙射影的攻击,其实是利用凯恩斯主义与社会主义宏观调控与社会再分配调节机制的某些相似或相近性,以李代桃僵的策略来攻击有中国特色的社会主义制度,其真实意图是想通过推销被包装为“华盛顿共识”发展模式的这一新自由主义的“灵丹妙药”,将中国引向全盘西化和极端残酷、血腥的原教旨资本主义邪路。我们认为,尽管以凯恩斯为代表的自由主义亦非我们的同路人,作为一种试图改良、挽救资本主义并为之辩护的理论,其先天的缺陷、不足乃至欺骗性也应该予以批判与揭露,更何况我们批判和反思新自由主义,并不意味着我们就无原则地垂青国家干预主义,乃至倒退到专制集权主义。但将批判的主要矛头指向以凯恩斯为代表的自由主义是不妥当的,而学界非自由主义的主流学者将质疑与批判的矛头指向以哈耶克思想为灵魂的新自由主义则是必然而恰当的,因为它正是西方极力想强加给广大发展中国家的“毒药”。同时,国内学界非自由主义的主流学者将新自由主义限定为以哈耶克为代表的新自由主义(Neo Liberalism)也是恰当的,这不仅符合时间化的新旧习惯,也是与西方学界主流的指称契合的,因为尽管哈耶克并未称自己的理论学派为新自由主义。但另一代表人物弗里德曼却明确将该学派“钦定”为“新自由主义”,他曾明确说:“一种我过去常称为19世纪的,然而又是从变革思想潮流的观点来看的自由主义,我现在开始称之为‘新自由主义’。”循此“钦定”,西方学界主流亦如是称呼。遵循主流共识,避免混乱,本书自此以下所用“新自由主义”亦专指此内涵,而用“新”自由主义或“修正”的自由主义以及凯恩斯主义指称凯恩斯一脉的自由主义(New Liberalism),以示二者的本质区别。

当然,新自由主义除了具有与“凯恩斯主义”相区别的核心内涵外，还具有丰富的内容。不过，新自由主义也只是个具有“家族相似性”的思想理论派别，其旗下也是派系林立。因此，尽管它们皆共享传承自哈耶克的那些核心理论承诺与价值追求，但在一些具体主张上也存在不同程度的差异。但即便如此，学术界经过多年的分析研究，还是归纳总结出了新自由主义的一些主要内涵与特征。一般认为，新自由主义是在20 世纪 30 年代产生的以哈耶克为首的反对“凯恩斯主义革命”的社会思潮，它是以恢复古典自由主义传统为旗号，以捍卫“个人自由至上”原则为理论基点型构而成的一套涵盖经济、政治、社会、文化与价值观念等诸多方面内容的“整全”的理论学说，其理论主张可以简单地概括为“五个反对”与“五个坚持”，即反对公有制、集体主义、社会主义、国家干预和社会福利制度，坚持全盘私有化、社会完全市场化、绝对自由化、极端个人主义化、资本主义全球化，其政策主张则集中体现为“华盛顿共识”。而且新自由主义不仅是一种理论学说，更是一种现实的社会运动。自 20 世纪 70 年代以来，它已经嬗变为国际垄断资本向全世界扩展的理论与政策工具，彻底完成了政治化、意识形态化、范式化的转变。因此，综合来看，新自由主义是适应资本主义全球化意识形态的理论代表，它根植于西方自由主义传统，反映着资本主义的当代发展形态，奉行的是社会达尔文主义，维护的是精英、强势阶层与国际垄断资本的根本利益。概括地看，新自由主义具有以下几个鲜明的特征。

第一个最鲜明的特征是主张个人自由的绝对化。个人主义是整个自由主义家族的理论核心，但新自由主义却将之极端化、教条化、中心化。因此，决不妥协地坚持“个人自由至上”原则既是新自由主义最鲜明的理论特征之一，也是其整个理论学说得以建构的基石，其他的理论主张或基本原理几乎皆可由此推导出来，甚至可以将其主要理论内涵简单地概括为：反对任何限制或有损个人自由的主张，坚持有利于保障和促进个人自由的主张。为此，新自由主义不仅在价值论上推崇个体主义的彻底主观价值论，即效用价值论，而且在知识论与方法论上也主张个体主义方法论和以个体形式存在的“分离的知识”理论。基于这样的方法论立场，新自由主义认为社会是个体的集合，因而社会和集体可以还原为个体，没有个体就无所谓集体，甚至认为诸如国家这样的集体也不过是个体通过自愿订立契约而建构起来的并为个体利益而存在的工具，因而个体先于并优于集体，个体才是最根本的实在。所以，为了捍卫个人权利的至上性及其对集体的绝对优先权，在未经个人允许的情况下，即便以社会正义乃至人类的名义也不能对个人的权利加以限制和侵犯。诺齐克就在反对罗尔斯主张社会正义时一再申言，“个人拥有权利，而且有一些事情是任何人或者群体都不能对他们做的”。其意非常类似杨朱极端自利的主张，即“拔一毛而利天下，不为也！”为此，新自由主义极力反对通过政府干预和社会调节来实现社会公平的理论与实践，甚至不惜将“集体”“社会”斥责为“拟人化的空洞幻象”！因为在新自由主义看来，诸如“集体”“社会”这些名词常被用来作为侵犯个人权益的理由和借口，因此这类名词的存在始终是对个人权利至上原则的严重威胁，应予取消，从而将个人与社会、集体、国家三者的关系人为撕裂，并极端地将之对立起来。总之，新自由主义极端推崇原子个人自由而反对强制，推崇个人权利而限制公共权利，推崇个体主义而贬低集体主义，奉行个人至上而否定任何形式的社会至上观念、理论与实践。

第二个鲜明特征是主张全盘私有化。为了保障个人自由，新自由主义主张全盘私有化。众所周知，将个人自由权利的实现与私有产权的保护勾连起来，是始自洛克以来的古典自由主义的传统，但新自由主义走得更远，它坚持认为私有制是实现个人自由的根本前提，因而要求彻底私有化。他们争辩说："只是由于生产资料掌握在许多个独立行动的人的手里，才没有人有控制我们的全权，我们才能够以个人的身份来决定我们要做的事情。如果所有的生产资料都落到一个人手里，不管它在名义上是属于整个'社会'的，还是属于独裁者的，谁行使这个管理权，谁就有全权控制我们。"因此，为了确保个人自由，避免"走上被奴役的道路"，新自由主义主张全盘私有化，哈耶克甚至主张即便连货币发行权也应还给私人银行，而不能让政府垄断。同时，新自由主义认为，私有制是最有效率的财产制度，因为私有制是人们"能够以个人的身份来决定我们要做的事情"，而这正是推动经济发展的基础，反之，"当集体化的范围扩大了之后，'经济'就会变得更糟而不是具有更高的'生产率'"。所以，新自由主义认为私有化是保证市场机制得以充分发挥作用的基础，私人企业是最有效率的企业。因而，无论从保护个人自由权利还是提高生产效率出发都应该"全盘私有化"。

第三个鲜明特征是主张彻底市场化。奉行市场原教旨主义，将整个社会彻底市场化，将市场原则贯彻到人类社会生活的所有领域，是新自由主义区别于其他理论的鲜明特征之一。毋庸讳言，市场经济的巨大活力是世所公认的，当今之世也没有任何一个负责任的政府或严肃认真的学者会反对市场经济，但是一般都会理性地主张将之限定在经济领域或一定的范围和程度之内，而不会像新自由主义那样极端地要求整个社会彻底市场化，将市场经济的逻辑贯彻到社会生活的所有领域，甚至连古典自由主义认为不能市场化的公共产品和社会福利领域也要求市场化，科斯更提出思想领域也应该市场化，并拒绝政府监管。总之，新自由主义把对市场和市场力量的认可变成了一种近乎宗教式的信仰。在哈耶克等人的理论里，市场被当成唯一合理、公正、民主的资源配置者，是包治人类社会一切问题和顽症的“灵丹妙药”，任何社会顽疾只要一市场化就药到病除。相反，一切政府、团体的理性设计或干预都是“理性的自负”，终究会导致失败，市场能够实现一切，市场的结果总是超过人类理性的设计与干预。总之，市场自身被辩护得完美无缺，就连经济危机也被认为不再是市场失灵的结果，而是市场的自我调节，是市场健康运行的正常表现！毫不夸张地说，新自由主义几乎把建立和发展自由市场当成了目的本身，当成了一种盲目的宗教信仰，而一切干预市场的理论与实践都遭到其疯狂的反对和恶毒的攻击。

以上三个特征之间具有紧密的内在逻辑关联：“个人自由至上”是新自由主义的核心内涵和特征，“全盘私有化”与“完全市场化”是保障和实现“个人自由至上”的条件，而“自由放任”是其必然性的总体要求。因为，在新自由主义者看来，没有财产权的独立，就不可能有个人自由，个人自由的实现最终要落实到个人财产权上，而彻底市场化是行使和实现个人自由选择权与私有财产处置权的必然要求，因此“自由放任”是其合乎逻辑的总体性要求。对此，有研究者就明确指出，对于新自由主义而言，自由是一种高贵的尊严，市场是神圣不可侵犯的信仰，“放任自由”绝对不是一个贬义词，相反则是体现着符合理性的自发演化的道路。当然，也有研究者将新自由主义的主要特征和核心内涵总结为“三化”：自由化、私有化与市场化，以及“三否定”：否定公有制、否定社会主义、否定国家干预，而有的则将之简洁地总结为：自由至上论和有限政府论，等等。但无论其如何表述，基本上都没有超出我们总结出来的这三个核心内涵和根本特征必然蕴含的范围，诸如反对政府干预、社会调节和福利制度，以及“宪政民主”、“守夜人”式的“最小国家”或“有限政府”等更是三个核心内涵的题中应有之意。另外，评价新自由主义的主张时，不能忽视其主张的某些合理性及其主张的极端性。“真理再往前一小步就会变成谬误”，新自由主义许多主张本是“好东西”，比如自由就是个“好东西”，马克思就曾一针见血地指出，谁会反对自由呢，反对的只不过是别人的自由。问题在于将一些合理的、好的主张极端化、片面化和激进化后就可能走向反面，甚至使之成为祸害，结果非但不能实现其捍卫个人自由、反对极权的理论承诺，反而会使许多人在极度贫困和社会动荡中丧失了基本的自由权利乃至生存权利，甚至会使许多民众遭受国破家亡的打击，这正是新自由主义固有的“毛病”之一，例如，有研究者就曾指出新自由主义市场化改革模式具有三个致命的根本特性，即“改革目标的极端性、改革内容的片面性和改革进程的激进性”。

## 三、新自由主义的褊狭

尽管新自由主义作为现代化理论和发展理论中的“强势话语”，对西方发达国家与广大发展中国家产生了深刻的影响，并被包装成“医治经济痼疾的万应灵丹”，被夸耀成“唯一可行的发展道路”和“唯一可行的社会组织制度”，甚至是“人类最后一种统治形式”“人类意识形态发展的终点”，但却难以掩盖其作为当代国际垄断资本主义意识形态和“社会达尔文主义”理论的贫困本质，以及那试图恢复“被剥去了一切人性伪装的资本主义”的贫困妄想。同时，新自由主义及其“华盛顿共识”通过美国及其操控的国际货币基金组织和世界银行以贷款附加条件的形式强加给发展中国家的做派，充分暴露了其作为“新帝国主义”或“新殖民主义”理论与政策工具的贫困本质。当然，更为重要的是，新自由主义在全球的推行所造成的种种灾难性恶果，以不容辩驳的事实深刻而充分地揭露了新自由主义本身的缺陷与贫困。因而，无论从学术理论的视角，还是从阶级立场和价值诉求来看，新自由主义既不可能是人类社会组织与发展的“必然模式”，更不可能是包治百病的“灵丹妙药”，相反，却可能是通向地狱之路的“乌托邦式的神话”。

首先，新自由主义既不是“普遍真理”，亦非“普世价值”，更不是人类社会组织与发展的“必然模式”，它仅仅是一种“地方性知识”，将之提升为适合全人类所有不同文明社会的唯一模式，只是“西方中心主义”的膨胀与谋虚作妄。从历史唯物主义的视角看，新自由主义无论是作为一种社会思潮或学术理论，还是作为一种特定的社会运动，都只是一种具体的社会历史现象，故必然有其得以产生的社会历史、文化条件以及明确的价值诉求。具体来说，新自由主义根植于西方自由主义传统，反映着资本主义的当代形态，是适应资本主义由国家垄断走向全球垄断的现实需要的产物，它维护的是国际垄断资本的根本利益。因而，尽管新自由主义将自己打扮成了“普遍真理”与“普世价值”，但它既不可能是“普遍真理”，亦非“普世价值”，更不可能是人类社会发展的“终极模式”，相反，它仅仅只是一种“地方性知识”。将“地方性知识”伪装成“普遍真理”与“普世价值”正是自由主义家族基因缺陷导致的家族病。正如有研究者指出的那样，整个自由主义家族都存在着一个根本性的思维误区，即试图在人类历史中发现某种确定不移的社会组织与发展模式，然而自由主义的“英雄们”得到的却只是一种意识形态，一套对应于某种社会历史处境并代表着某种群体的价值诉求的理论表达而已。因此，它不仅不能脱离具体的社会历史处境，而且还必然与某种历史处境密切相关。正如前面论述的那样，古典自由主义高扬的“自由放任”正是现代资本主义体系得以成立的前提；格林—凯恩斯谱系的自由主义则与“国家垄断资本主义”紧密相连，而罗尔斯所追求的正义原则实质上是资本主义“福利国家制度”的巧妙哲学表达；哈耶克—弗里德曼谱系的新自由主义之所以能在 20 世纪 80 年代兴盛并得到广泛传播，是因为当时恰逢凯恩斯主义与斯大林模式遭受普遍质疑之时，作为一种相反的理论形态，它必然会受到人们的关注。同时它既与其适于解决当时经济“滞胀”困境的需要密切相关，又与西方发达社会“新保守主义”的兴起相对应，更迎合了资本主义走向国际垄断阶段的需要，它实际上表达了资本主义社会要求减少国家干预、打破国家壁垒、寻求全球自由市场一体化的呼声，而诺齐克的“最小国家”实际上表达了对凯恩斯主义“失灵”所导致的公共部门庞大、经济“滞胀”、社会失去活力等现象的极大不满；“减少政府职能，减少行政干预，减少福利开支，减少税收……”集中地表达了这一强烈的时代呼声。

所以，尽管新自由主义者都以为自己发现了普遍必然的历史模式和终极的永恒真理，但实际上，他们得到的只是一种意识形态，一套相对于某种历史处境并代表着某个群体的政治价值体系。其实，即便自由主义本身也只是西方历史长河中某一阶段的产物，它们依赖于西方固有的社会文化背景，而且也显然带有这种文化印记。有研究者就明确指出，“自由主义不应被看作是由一连串一成不变的道德和政治价值构成的固定和抽象的术语，而应被视为肇始于文艺复兴和宗教改革的现代观念所激发的特定历史运动”，“自由主义体制远没有那么具有普遍约束力和令人满意，它不过是可能在现代后期或后现代早期社会中具有合理性的一系列制度中的片断而已”。因此，自由主义的任何一个派别提供的模式都只是特定历史阶段的发展模式，它源于西方社会的特定阶段的历史经验，但绝非永恒而普遍必然的模式，更不可能适应所有文明（文化）群体和人类发展的各个历史阶段。人类社会是极其复杂的，而且每个民族、国家都有自己的文明特性和独特的文化传承关系，以及特定发展阶段面临的具体情境，并由此形成适合并有利于自己的发展模式，即便同样奉行自由主义的国度之间也因历史文化传统各异而呈现出各具特色的理论形态和制度样式。历史没有普遍必然的唯一模式，也没有支配所有文明始终的单一价值原则，故而作为西方近代社会特有的历史文化现象，新自由主义固然有其合乎西方特定社会历史文化发展阶段需要的某些合理性，但世界是多样性和多元性的，不应该也不能将这种以西方文化和具体历史阶段为基础的意识形态强加给其他文化和主权国家，否则必然会因“水土不服”而“失灵”，“橘生淮南则为橘，生于淮北则为枳”说的就是此理。因此，将新自由主义提升为适合全人类所有不同文明社会的唯一模式，宣传包装成包治各种顽症的“灵丹妙药”，这只能是“西方中心主义”的盲目膨胀与谋虚作妄，其结果必然只能是既败坏了理论的声誉，又造成不可挽回的实践恶果。

其次，新自由主义作为当代资本主义的意识形态，它不仅仅是资本主义制度的理论化，而且更具有为国际垄断资本进行全球扩张和为控制全球经济扫清制度障碍的强烈政治倾向。按照马克思主义的观点，自由主义是与资本主义政治和经济制度共生共存的思潮和意识形态。因此，新自由主义作为自由主义家族的一员和当代形态，自然也仅仅是与当代资本主义政治和经济制度共生共存的思潮和意识形态。而且，即便单纯从学理上分析，我们也能合乎逻辑地得出这一结论，因为无论对资本主义抱持何种态度，任何严肃的研究者都能从新自由主义的核心内涵和主张中看出其作为资本主义制度的理论表达或意识形态的本质来。谁能够否认“全盘私有化、极端自由化、完全市场化”就是资本主义制度的理论描述呢？当然，新自由主义的创始人和精神领袖哈耶克对此也毫不避讳，他曾经在其著作中多次明确指出，他之所以奋起反抗凯恩斯主义、社会主义，积极重述“伟大的自由主义传统”，就是为了拯救面临危机的“我们的文明”，而他认为这一文明被不恰当地称为“资本主义”。因此，他强调说，若要把资本主义这一“千百年来的文明成果”从被“野蛮”毁灭之虞中“拯救”出来，就必须拒斥社会主义。在哈耶克等新自由主义者看来，从格林、凯恩斯到罗尔斯这一脉重视政府干预与社会公平调节的“修正的自由主义”，乃是对自由主义和资本主义传统的背叛，势必摧毁资本主义文明，是人类走向被专制集权奴役的道路。也许，有人不禁要问，哈耶克既然认为凯恩斯这一被世人称为“资本主义拯救者”的主张都是对资本主义的背叛，那么新自由主义想维护或恢复的是什么样的资本主义呢？毫无疑问，他想维护和恢复的是已经被凯恩斯谱系“修正”了的，19世纪那种奉行社会达尔文主义的自由竞争的资本主义，那种“野蛮而血腥的原教旨主义的资本主义教义”。这鲜明地体现了这一学派的资产阶级保守主义的政治立场。有西方学者一针见血地指出，新自由主义的理论和政策，“代表了极端富裕的投资者和不到1000家庞大公司的直接利益”，因此只不过是少数富人为限制民众的权利而斗争的现代称谓而已。

所以，为了这些人的利益，新自由主义者不仅要在西方国家恢复和拓展自由主义的主导地位，而且还主张将这种理念、制度推行到全世界去。特别是在美国政府和国际金融机构的推动下形成的所谓“华盛顿共识”，将新自由主义的理论主张具体化为体现国际垄断资本集团利益的政策纲领，将新自由主义理论和政策在全球推广。至此，新自由主义不仅仅彻底嬗变为国际垄断资本向全球掠夺的理论与政策工具，而且也完全嬗变成了资本主义扩张霸权的教义，甚而是“新殖民主义”与“新帝国主义”颠覆和征服世界的利器。因此，尽管新自由主义在推广过程中被神化为包治百病的灵丹妙药，但从其险恶目的来看，广大发展中国家一旦实施该“处方”，必然(也已经)导致社会被两极分化撕裂、经济主权丧失、政治动荡……总之是国家被“殖民化”的严重后果。所以，美国著名经济学家、克林顿总统的经济顾问委员会主席、前世界银行副行长约瑟夫·斯蒂格利茨曾客观地指出：新自由主义“这种神话是一种危险的神话”。而新自由主义的代表人物之一弗里德曼则毫不讳言地坦承，新自由主义的理论目的就是要把资本主义移植到非西方国家的中央计划中去，即“对其进行资本主义改造”。不言而喻，怀着这样的目的，推行新自由主义必然导致一系列灾难性后果，这些恶果现在已经不再是理论推测，而早已经成为新自由主义失灵所导致的遍布全球的触目惊心的血淋淋事实。无怪乎斯蒂格利茨将新自由主义嬗变为华盛顿共识所主张的“三化”，再加上美国财政部和国际货币基金组织与世界银行的推广执行，合称为把发展中国家带往地狱的“四部曲”，而佩里·安德森则干脆认为，推广新自由主义是资本主义对社会主义发动的一次“十字军东征”，国内研究者则认为新自由主义是“后冷战”时代资本主义向处于低潮的社会主义发动攻击的“进军曲”。

再次，新自由主义所奉行的是狂热到近乎宗教迷信的“市场原教旨主义”，它要把“优胜劣汰”和“赢者通吃”等完全竞争的市场法则推广到所有的社会领域，其实质是“反文明”的“社会达尔文主义”。因而新自由主义不仅实现不了其捍卫个人自由的理论承诺，相反，必然会导致人们走向“相互冷淡”，乃至“相互为敌”，进而被市场奴役的道路。如前所述，新自由主义之“新”就在于其区别于“凯恩斯主义”之处：拒绝政府干预和社会公平的调节，把市场当成唯一合理、公正、民主、高效的社会治理手段，当成新的“上帝”，甚至将一切市场化当成人类社会发展的目标和终极追求！它用市场的眼光看待世界，即一切皆为市场：市场社会、市场文化、市场价值等，对市场统治的认可变成了一种近乎宗教式的信仰，进而将市场推向“统治”地位，人类不仅要在“不可知”的市场面前俯首称臣，而且还得为市场而存在。在市场统治下，人类的一切行为无非都是市场竞争，都要服从“优胜劣汰”这一自然法则。如果有人做不到，那么责任全在他们自己，例如由于懒惰或者素质低等。基于这样的市场原教旨主义，新自由主义极力反对所谓的“社会调节与分配正义”，它既主张大幅度削减社会福利项目，减少对社会服务的公共支出，例如对教育、医疗、社会福利的公共支出，甚至削减维持道路、桥梁、供水等市政服务的公共开支，亦主张取消公共产品概念，以个人责任取而代之，迫使社会中最贫穷、最无助的人依靠本身并不具有的力量解决医疗、教育和社会保障问题，更反对社会再分配，甚至要求限制工会权利，或取消工会组织。

新自由主义这种近乎宗教狂热的“市场崇拜”与“市场万灵论”的恶果也是有目共睹的，拒绝政府干预和市场监管所导致的金融危机已无须赘言,而将市场逻辑毫无边界地贯彻到社会生活的所有领域而导致的社会全面溃败的恶果也已经引起有识之士的警觉,连当今最具盛名的自由主义政治哲学家,哈佛大学肯尼迪政治学院教授桑德尔都对此做出了系统的质疑和批判,他在其新著《钱不应该买什么?》中通过对诸多具体事例鞭辟入里的分析后沉痛地指出,自从新自由主义的市场凯旋论普及以后,我们已经从市场化经济进入市场化社会,金钱买不到的东西越来越少了。但社会完全市场化后,除了导致金钱统治,社会冷漠、庸俗、堕落外,更为严重的是人类社会数千年积累起来的友爱互助的文明精神将被奉行"丛林法则"的社会达尔文主义所取代。正如罗尔斯所言,人类已经发展到如此文明的阶段,我们不能再让个人尊严与生活前景任由"运气"摆布,而应该通过一系列正义的制度设计来保障每个人皆能过上有尊严的生活。诚如斯言,人类社会乃有文明可言;反之,若按新自由主义所言去做,人类社会断无文明可能,只可能恢复到"弱肉强食"野蛮竞争的丛林社会。如果一切皆任由市场与资本的逻辑摆布,人们的生活前景与尊严只能寄希望于命运,人类岂有文明可言!而且,倘如此,新自由主义"个人自由至上"的理论承诺也必然沦为骗人的幌子!因为,无论从现实情况看,还是从新自由主义的理论逻辑看,没有起码的物质条件作为保障,个人自由只能是空洞的形式,是一句无法兑现的空话。在一个既拒斥社会正义的调节,又反对社会福利和公共产品的保障,且极端奉行"自由竞争、优胜劣汰"的"社会达尔文主义"的社会里,社会财富两极分化是必然的,这也是诸多奉行新自由主义的国家的客观现实。据美国政策研究2011年度报告，占美国人口1‰的最富有的30万人的财富，与占人口50%的1.5亿最贫穷的人的财富相当。从国际上来看，资本在世界各国和地区之间的完全自由流动，其实是垄断资本在世界范围内牟取暴利的自由，而穷人与穷国则成了这种“自由”的牺牲品。据统计，在新自由主义盛行的1973年到2000年间，最富有国家与最贫穷国家的人均收入差距，从44：1扩大到227：1。无数历史事实已经一再证明，一旦贫富两极分化超出人们能够承受的极限，社会必然被撕裂，那么大动荡就在所难免了。而在一个动荡的社会里，不仅仅是穷人，即便是富人也将失去自由，乃至身家性命，这是历史一再证明了的真理。当然，哈耶克也一再宣称，他并不反对慈善，相反，他鼓励人们从事慈善活动，而且他相信富有的人们一定乐于从事慈善与施舍活动，他只是反对社会正义制度的调节，因为他认为社会正义制度是对个人自由权利的侵犯。然而，正如曾有批评者尖锐指出的那样，在一个贫富极度悬殊的社会里，如果依然还固执地坚持拒绝社会正义制度的调节，而将希望寄托在富有者的慈善之心上，不是用心险恶，便是装傻充愣的骗人把戏了。

综上所述，新自由主义是适应资本主义全球化意识形态的理论代表，它根植于西方自由主义传统，反映着资本主义的当代发展形态，奉行的是社会达尔文主义的“丛林法则”，维护的是精英、强势阶层与国际垄断资本的根本利益。新自由主义既不是“普遍真理”，亦非“普世价值”，更不是人类社会组织与发展的“必然模式”；而且由于其一系列极端化的主张必然导致其理论所承诺的个人自由与权利等一系列价值的落空，甚至走向反面，抹杀和剥夺了那些在自由竞争中处于劣势的大部分普通民众的个人自由与权利。所以，新自由主义仅仅是一种根植于西方自由主义传统与特定社会历史发展阶段的“地方性知识”，将之盲目地提升为适合全人类所有不同文明社会的唯一模式与普遍真理，吹嘘成治疗各种经济顽症、促进社会发展的“灵丹妙药”，不是别有用心，就是“西方中心主义”的无限膨胀与谋虚作妄。当然，毫无疑问，批判和否定新自由主义，并非要批判和否定自由、民主等价值，更不是要否定市场经济，况且新自由主义既然是一定社会历史条件下的产物，必然有其历史合理性的一面。众所周知，自由、民主与人的全面发展等价值，既是人类社会长期发展所获得的文明成果，亦是人类追求的终极目标，也是我国当前确定的社会主义核心价值观的组成内容；而市场经济更是被实践证明了的行之有效的发展经济的方式，完善和发展社会主义市场经济，让市场在资源配置中发挥决定作用也是我国当前坚定不移的国策。真正的问题在于如何才能真正实现人民的自由与民主权利，而不至于使之沦为骗人的幌子，甚至走向反面，成为祸害大多数人的自由与民主权利的帮凶。另外，在充分利用和发展市场经济的同时，还要划定市场化的边界，决不能将人类社会的所有领域都市场化，否则必然如新自由主义一样颠倒了人和市场的关系，将市场神化成目的、上帝，而将人贬低为市场的奴隶。妥善处理好个人与社会、集体、国家的关系，充分发挥市场和政府、社会、个人的积极作用，使各种力量与主体各得其所，形成合力，最终促进人与人、人与社会、人与自然的和谐发展才是正确之途，极端地将之撕裂并人为地对立起来，结果只能误入歧途。文明社会之所以文明，就在于人类摆脱了自然“丛林法则”的摆布，能够利用市场等一切可能的社会和自然的手段、工具和规律，来实现人的目标——人人平等、自由和全面发展的终极目标。

最后还要特别指出的是，批判新自由主义绝不意味着无原则地肯定其所有反面，特别是各种形式的集权专制主义，否则，就是一种历史倒退，是一种非此即彼的贫困思维的表现，这正是新自由主义贫困的表现之一，即只能在相反的两个理论之间跳来跳去，不是凯恩斯主义就是古典自由主义，不是自由主义就是极权专制主义！其实，任何一个国家或民族，倘若要发展，必须根据自己的现实条件创造性地发展或探索出一条适合自己的道路，而绝不可能原样照抄照搬一个理论、一种主义或一条道路，这不仅是由理论皆有其敏于情境的特性决定的，更是由无数实践经验所证明了的真理。而我们今天的正确道路就是中国特色社会主义，它之所以正确就在于它是马克思主义理论与中国具体现实相结合的产物，它根植于中国优秀的传统文化，又大胆而开放地借鉴和吸收了一切有益的人类文明成果，是被实践证明了的、适合中国发展需要的、行之有效的正确道路。

# 新自由主义理论的主要派别

浙江师范大学　肖小芳

新自由主义是在批判地继承资产阶级古典自由主义理论主张的基础之上,涉及政治、经济、社会等多个领域的理论思潮和思想体系。众多学者侧重从经济学的视角来解读新自由主义,把它视为一种经济学思潮和理论。普遍认为,从狭义上来讲,新自由主义主要指的是以哈耶克为代表的“新自由主义”。从广义上而言,新自由主义是一个流派众多、观点各异的学说体系。事实上,新自由主义不仅仅只是一种经济理论,也是一种政治理论。中国社科院“新自由主义研究”课题组做了翔实的研究,有学者区分了两种不同的“新自由主义”,即“政治新自由主义”和“经济新自由主义”,前者是政治学家在谈论美国政府的政治路线时所说的“新自由主义”,后者是经济学和经济政策上的“新自由主义”,具体可参见何秉孟主编的《新自由主义评析》一书。该著作所指涉的新自由主义主要是以哈耶克为灵魂核心的“新自由主义”,其代表人物并不是局限于经济学领域来铺陈各自的理论主张,他们在自由、权利、平等等方面都有各自的观点和思想,其理论观点和政策主张主要体现在以下主要学派中,即以哈耶克为代表的伦敦学派、以弗里德曼为代表的现代货币主义学派、以卢卡斯为代表的理性预期学派、以布坎南为代表的公共选择学派、以科斯为代表的新制度经济学派以及以孟德尔、拉弗、费尔德斯坦等为代表的供给学派。

## 一、伦敦学派

该学派产生和形成于 20 世纪二三十年代，其形成之初恰巧是 1929—1933 年世界经济危机爆发之时，古典自由主义的市场经济理论宣告终结，凯恩斯主义应运而生，其倡导的政府干预论备受推崇，伦敦学派试图在与凯恩斯主义的较量中寻求自身的生存空间和理论生长点，不断地挑战凯恩斯主义的国家干预论的理论主张，推崇自由化包括机会公平的自由竞争、自由市场和自由经营，极力反对国家干预和经济计划。埃德温·坎南是该学派的奠基人，哈耶克则是该学派的领衔人物，被称作新自由主义的旗手，众多的新自由主义拥护者吸收了哈耶克的理论主张。哈耶克在其著作《通往奴役之路》中猛烈抨击国家干预主义，宣扬完全自由化，认为任何形式的国家干预都会破坏“自然秩序”，会侵犯公民的个人自由，而“私有制是自由的最重要的保障”，政府的主要目标就在于保护个人的私有财产，私有财产是自由的基础，在私有制的基础之上个人才能充分发挥其积极性，投身经济活动。在《自由宪章》中，哈耶克就极力彰显经济自由，强调经济自由是保障政治自由的基础，认为资本主义之所以能够比以往任何时代的制度更能产生巨大生产力，其根源就在于以经济自由、政治自由和个人主义为基础的自由市场机制，“以个人自由为基础的私人企业制度和自由市场机制是迄今为止所能选择的最好制度”。哈耶克反对以国家干预取代自由市场机制，在他看来，这种取代最终将导致国家权力的专制，使人处于“奴役”之中。自由在根本上意味着一个享有自由的人不受专断性强制的支配，而且必须借助法律对每个人的自由加以限制，才有可能保障每个人享有同等的自由，社会主义是对个人自由的限制和否定，必然导致独裁，必然通往“奴役之路”。哈耶克也论及自由主义的公正观(Justice)和平等观(Equality)。对于哈耶克来讲，自由主义的正义观念“只关注人之行为的正义问题或者调整人之行为的规则的正义问题，而不关注这种行为对不同个人或不同群体的地位所造成的特定影响的问题。特别是与唯社会论相对照，我们可以说自由主义只关注交换正义(Commutative Justice)，而不关注所谓的分配正义(Distributive Justice)”。自由主义意义上的平等就是机会或地位的平等，也就是说，据以决定不同个人相对地位的竞赛程序或竞赛规则必须是公正的(至少不是不公正的)，但却并不要求不同的个人在这个过程中所获得的特定结果是公正的。因此，政府要以不同的方式来对待不同的个人，确保形式上的平等。

## 二、现代货币主义学派

现代货币主义学派是 20 世纪五六十年代兴起于美国的一个新自由主义学派，以“现代货币数量论”为立论的基础，其理论特质在于突出强调经济活动和引发物价水平变动的根本原因在于货币供应量的变动，崇尚经济生活中的个人自由和自由市场经济，反对政府过度干预。该学派的创始人为美国芝加哥大学教授弗里德曼，主要代表人物包括美国的布伦纳·麦尔泽(A. Meltzer)、奥地利的弗里希(H. Frisch)及英国的沃尔特斯(A. Walters)、莱德勒(D. Laidler)、帕金(M. Parkin)等。1956 年弗里德曼发表了《货币数量论——一个重新表述》,标志着现代货币主义的形成。他强调货币最重要,货币关乎资本主义的产量、就业、经济变动和物价变动。在《资本主义与自由》中,弗里德曼明确宣称"经济自由本身是一个目的",是"达到政治自由的一个不可缺少的手段",只要市场机制充分发挥本身的作用和功能,就足以维系资本主义制度本身。但他并不反对任何形式的国家干预,而是倡导"单一规则"的货币政策,即采用不受有效需求支配的货币存量的固定目标增长率,将货币存量视为唯一的政策工具,主张政府的作用或干预仅限于通过控制货币发行量来实施宏观调控从而抑制通货膨胀,实现国民经济的稳定增长,其他事项则应该放任自由,保证社会主体作为消费者能够自由选择,作为生产者在市场中能够开展自由竞争。他强调指出,自由市场经济能够自动实现经济均衡和充分就业,如果政府过度干预的话,则会侵犯个人权利,抑制经济人的积极性,还会降低经济效率,影响市场的良性运转。弗里德曼在拥护资本主义制度的前提下,将政府干预视为影响自由竞争和完善市场机制的关键因素。在弗里德曼看来,为了实现经济的稳定和增长,为了保护个人自由,我们迫切需要做的是减少而不是增加政府的干预。因此,他主张压缩政府开支和减少政府干预,尊重个人的尊严并根据个人意志尽可能地发挥个人能力和利用各种机会。弗里德曼认为,允许自由竞争的资本主义会尽可能地尊重个人自由权利,尤其是经济自由,它"最有利于个人自由、最有利于人们在科学技术和人文艺术方面取得创造性成就、最有利于为普通人提供最广泛的发展机遇"。现代货币主义学派对里根政府的政策产生了极其重要的影响,英国撒切尔政府上台后也曾力推该学派的理论主张，因此，该学派成为最具影响力的新自由主义学派之一。

## 三、理性预期学派

又称"新古典宏观经济学派"或"合理预期学派"，是20世纪70年代在美国形成的一个经济学流派，运用理性预期方法来分析宏观经济，应对通货膨胀，以罗伯特·E.卢卡斯、罗伯特·J.巴罗为主要代表。该学派主张，每个人都是理性的"经济人"，以"人的行为理性预期"假设为前提，即假设经济行为主体对未来经济变动的预期是理性的，并在这些假定条件的基础之上建构其理论体系。该学派关注人的心理预期对自身经济行为和经济决策的影响作用，认为经济行为主体作为"经济人"总是试图凭借自身的知识和掌握的充分信息，通过最有效的方式追求自身利益的最大化，并利用自身从市场中所了解的信息不断地自我调整，对经济变量的未来形势做出合理预期，凭借经验使其经济活动和经济决策达到最佳水平，从而影响市场。市场机制的自发调节功能的发挥能够实现价格的合理化，确保充分就业均衡。这样一来，市场机制可以取代政府的政策，政府也就没有必要干预经济活动，没有必要人为地刺激生产和促进就业。如果政府干预经济活动，要么归于无效，要么会加剧经济波动。

## 四、公共选择学派

因公共选择学派代表人物活动地点在弗吉尼亚，故又称之为"弗吉尼亚学派"。该学派批判传统的西方经济学将人的经济行为和政治行为强行割裂开来，致力于研究政府行为和选择问题，主要创始人是美国经济学家詹姆斯·布坎南，主要代表人物包括塔洛克、布莱克、唐斯等。该学派主张，人类社会由经济市场和政治市场构成，虽然这两个市场有着明显的区别，前者以自身利益或效用的最大化为主旨，后者以公共物品利益和政府支持的最大化为主旨，呈现出利他的动机。但是，处于这两个市场中的同一主体，不可能在经济生活中表现为"经济人"，追求自身利益的最大化，而在政治生活中就是所谓的"道德人"，表现出利他的一面。在公共选择学派看来，无论是在经济市场，还是在政治市场，每个人在动机上都是致力于追求自身利益的最大化，组成政府的成员就是"经济人"，政府不过是无意识、无偏好的"稻草人"而已，政治家和官员个人动机支配着政府的行为及其拟定的目标，人们依据成本—收益分析来参与政治活动，政府在干预经济活动的过程中不可避免地追逐其集团的私利。该派主张减少政府干预，充分发挥市场机制的作用，否定公有制，呼吁将经济市场的自由竞争规则引入政治领域，实施"市场化"的政治体制改革，通过宪政改革有效地限制政府的权力和政治活动范围的无限扩张，从而完善资本主义的统治秩序。在布坎南看来，对政府及其各类机构进行制度改革是非常必要的。布坎南在《自由、市场和国家》中曾指出："只有政治、集体、政府或国家活动的范围受到可强制执行的宪法的约束，方可阻止此种过分的扩张……除非对政治可能超越运用的活动范围加以限制，否则人们对民主选择程序本身的支持看来不会很积极。"在布坎南这里，借助宪法来有效地制约政府行为的政治决策体系，成为一种减少政府干预的策略。

### 五、新制度经济学派

新制度经济学派又称之为“交易费用经济学”和“产权经济学”,以在西方经济学界享有盛誉的美国经济学家科斯为主要代表,反对政府干预,主张在市场中实行完全的自由放任政策,以交易成本理论和产权理论为核心理念,注重交易成本在经济活动中的作用,强调制度创新,强调产权制度对于经济增长和经济效率的重要作用。这些理论主张集中体现在科斯的代表作《企业的性质》和《社会成本问题》中。概言之,该学派主张,市场交易活动是需要成本的,例如谈判费用、签订合同的费用、发现交易者的费用等,而市场本身有着不确定性,加之潜在交易对手的数量所带来的费用,这些因素就会影响到交易成本的大小,而交易成本的大小又影响着市场对资源的配置。当交易成本为零时,市场对资源的配置能达到最佳状态。当交易成本不为零时,产权的界定则会影响资源配置的效率。其产权理论主张,产权是可以交易的,在交换之前必须界定产权。市场机制具有自我调控能力,政府如果干预市场的话,会导致交易费用过高,进而影响市场对资源的有效配置,因此,产权必须私有化,私人企业才能最大限度地保障效率的实现。在新制度经济学派看来,能够确保经济行为主体按照自愿原则实现交换的制度就是最好的制度。

### 六、供给学派

供给学派于 20 世纪 70 年代兴起于美国,以孟德尔(Robert A. Mundell)、阿瑟·拉弗(Arthur B. Laffer)、保罗·罗伯茨(Parf Craig Roberts)、费尔德斯坦等为主要代表人物。该学派批判凯恩斯主义关于需求自行创造供给的基本观点,虽然没有形成系统严密的理论体系,但它侧重从社会经济供给的维度来考察社会经济问题,关注如何降低通货膨胀率,突显“社会有效供给”的重要性,宣称供给会自行创造需求,试图在供给领域寻求对策。供给学派主张,萨依定律是正确的,应肯定和复活萨依定律,加速资本的积累,资本的供给和积累决定着生产的增长速度,减税能促进生产的增长,政府的支出尤其是提供的失业保险和福利补贴会影响就业和储蓄的积极性。因此,供给学派认为,政府应该削减社会支出,对富人可以通过大幅度减税的方式,提升他们增加储蓄和投资的积极性,对穷人则要削减福利开支,激发他们工作的热情,鞭策他们尽可能地找到工作,降低失业率,以期实现增加社会的有效供给和政府的预算平衡的目标,加快生产的增长速度。在供给学派看来,政府应该做的事情是刺激供给,而不是刺激需求,市场机制具有自发调节功能,政府应放宽对经济的管理。

上述这些新自由主义学派在具体的理论观点和政策主张上有着或多或少的分歧,但是,它们有着共同的理论来源,都从资产阶级古典自由主义那里吸收了自由放任的基本思想。因此,它们有着共同的特点:第一,从主观假设出发,将人定格为“理性人”和“经济人”,鼓吹极端个人主义,推崇个人主义和个人行动。个人主义是新自由主义的哲学基础。第二,将个人自由作为最高价值准则,鼓吹以个人主义为基础的自由主义,宣扬个人自由至上,自由选择的原则是经济活动和政治活动中应遵循的基本原则。在经济上鼓吹绝对的经济自由，反对国家对市场或社会经济生活的干预，认为政府的干预是对自由的限制和剥夺。政治上鼓吹自由民主，即“宪政民主”，并且把经济自由视为实现政治自由的手段和基础。第三，分析市场机制的作用、功能和有效运行的条件，强调以市场为导向，主张由市场机制来实现资源的最佳配置，依赖市场的自我调节、自我完善、自身活力增加效率，从而实现经济的均衡发展，甚至无限地夸大市场机制的作用，鼓吹市场万能论，认为政府干预会干扰市场机制对资源的有效配置，会引发失业、降低经济活动的效率、侵犯个人自由等一系列的经济社会问题。第四，宣扬彻底私有化，捍卫资本主义制度，认为私有化是社会经济发展的推动力，认为私有制经济具有内在的稳定性，它能够自动地实现经济的均衡发展，保障个人自由，反对公有制和社会主义，认为公有制和计划经济不仅不能提高经济效益，还会导致独裁。第五，强调尊重和捍卫个人权利，主张市场内部完全自由和公平的竞争，宣称任何形式的计划和政府的干预都是对个人自由选择权利的侵犯，以自由的名义和形式上的平等反对对市场予以调控和干预。从它们的理论主张和共同特点可以看出，新自由主义有其自身难以克服的缺陷和不足。

# 新自由主义嬗变为国际金融垄断资本的理论工具

浙江大学　林小芳

权力和知识是直接相互连带的;不相应地建构一种知识领域就不可能有权力关系,不同时预设和建构权力关系就不会有任何知识。

——福柯

新自由主义是一种建立在古典自由主义基础上的学术思潮,形成于20世纪二三十年代,至70年代崛起为西方主导性的理论主张和政策实践。自20世纪80年代以来,为适应资本主义由国家垄断向国际垄断发展的需要,新自由主义嬗变为国际金融垄断资本的理论工具,以"华盛顿共识"的名义被国际货币基金组织、世界银行和美国财政部强行向世界"倾销"。从历史上深受民族主义经济理论影响的拉美国家,到民主社会主义滥觞之地的欧洲,从剧变后的苏东国家,到1997—1998年金融危机后的亚洲,几乎所有国家都接受了某种形式的新自由主义。新自由主义之面目渐渐变得司空见惯,甚而理所当然,一度成了当今世界最大的"政治正确性"。因此,新自由主义并非如其拥趸者们所言是"去政治化"的经济理论,其向全球的扩张既非自然的市场过程,也不是中立的学术过程,更不是民主的共识过程。"去政治化"的说法只不过欲盖弥彰地显露了其试图遮蔽的作为政治话语的本质。毫无疑问,新自由主义有着特定的利益取向与价值导向,将新自由主义秩序干预性地强加于当今世界,是一项深谋远虑的政治工程。

## 一、新自由主义的全球扩张:“自然演进的秩序”还是“人为建构的秩序”?

新自由主义的发展经历了经院修炼、政策实践和意识形态扩张三个时期。20世纪70年代末80年代初,以奉行货币主义的英国首相撒切尔夫人和奉行供应学派思想的美国总统里根上台执政为标志,新自由主义摆脱了多年受冷落的境遇,开始其政策实践的历程。新自由主义进入以美英为首的西方国家的政策层面是国家垄断资本充分发展所导致的资本主义固有矛盾日趋激化的必然结果,也是资本主义生产关系自我调整的政策选择。但正像当代著名批判知识分子大卫·哈维所言,“一旦新自由主义深深扎根于英语世界中,它就不能否认其对于资本主义在国际上的总体运转具有重要意义”。更进一步说,一旦新自由主义成为西方的主流,它就很难避免不成为世界其他地方的正统。只是,如果说前者还是自主的政策选择的话,后者更大程度上则是一种意识形态扩张。

20世纪80年代以来,不少发展中国家和苏东国家先后被迫或主动实行新自由主义改革,而一向被视为政府主导型市场经济模式之典范的东亚和具有因社会改良而使“资本主义文明化”之誉的西欧也都在一定程度上向新自由主义转向。法国学者布迪厄认为新自由主义是一种旨在摧毁集体结构的纲领,他说:“解除金融管制,从而实现一个纯粹和完美的市场,这个新自由派的乌托邦的运动是通过采取各种政治措施来达到的。采取这些行动的目的是对任何可能对纯粹的市场法则构成障碍的集体结构提出质疑。”在世界范围内，这些“障碍”包括民族主义、社会主义、政府积极干预主义、社会民主主义等，随着各种不同的声音都被淹没在“自由化、私有化、市场化”的单一话语里，新自由主义在全球的话语霸权地位也得以确立。

### （一）拉丁美洲与“结构调整计划”

拉丁美洲历来被美国视为自家后院，是美国金融垄断资本进行投资和控制的重点，也是新自由主义改革的试验场。以美国为首的西方国家一直试图利用其经济和政治影响力，抓住一切可能的机会，特别是当拉美国家出现暂时的经济困难时，迫使它们接受某些条件或在制度上、政策上做出有利于外国资本的调整。早在 20 世纪 50 年代，芝加哥学派就为拉美培养了一批“芝加哥弟子”，在拉美进行新自由主义改革“试验”，但这些努力均以失败告终。在新自由主义全面扩张之前，拉美国家受本土的民族主义经济理论——发展主义的影响更深，强化政府对经济的干预，实行“进口替代”内向工业化发展战略和民族保护主义的贸易政策，以促进民族工业的发展和实现经济的完全独立自主。直到 20 世纪 80 年代初，由于债务危机爆发和国际金融机构施加压力，新自由主义才终于在拉美迎来天赐良机。

20 世纪 70 年代，在美国银行低息贷款的诱惑下，拉美国家大量举借外债。但到了 80 年代，里根政府推行新自由主义的经济紧缩政策，利率大幅提升，拉美国家的外债负担骤然加重，美国和国际货币基金组织借机要求这些国家推行新自由主义改革。1985 年美国提出“贝克计划”,其主要内容包括:要求拉美债务国家实行国有企业私有化;减少政府对经济的干预;进一步开放资本和股票市场;放松投资限制,为本国和外国投资者创造更好的投资环境;实现贸易自由化和进口管制的合理化;改革税收体系和劳动力市场,以及改正价格扭曲现象,以此作为进行债务谈判的条件。其后于 1989 年再提出“布雷迪计划”,敦促拉美国家加大结构性改革的力度。各国迫于外来压力接受了苛刻条件,通过经济市场化、私有化和国际化的调整改革,逐渐改变了过去的“进口替代”内向工业化发展模式。

### (二)苏东国家与“休克疗法”

在苏东剧变后,俄罗斯及东欧国家无可选择地加入了转轨国家行列,推行由西方经济顾问在新自由主义理论(特别是现代货币主义)基础上形成的“休克疗法”改革方案。“休克疗法”的主要内容包括:第一,采取严格的货币紧缩政策,严格控制全社会的货币和信贷规模,削减财政补贴,减少财政赤字,以此抑制社会总需求和遏制通货膨胀的发展;第二,私人产权必须确立,否则企业不可能对市场信号做出正当的反应,为此,必须取消经济控制,尽快打破某些行业垄断,放弃对私有部门的各种限制,同时,尽快实行私有化,改造国有企业,建立私有制的经济基础;第三,正确的价格信号是经济增长的良好保证,价格的完全自由化(撤销价格管制)是最重要的改革内容之一;第四,要与世界经济充分一体化,否则经济发展将会受到梗阻。与世界经济一体化意味着尽快在外汇和贸易方面与世界市场接轨,要实现货币自由兑换,取消对外贸易的任何限制，建立自由贸易体制。苏东国家之所以采取“休克疗法”，一方面在于传统社会主义模式受挫后，美国自由市场经济模式被视为典范，另一方面在于来自西方国家的影响和压力，国际货币基金组织和世界银行等组织都把采取“休克疗法”、立即实行自由贸易和经济自由化作为提供贷款和减缓债务偿还的条件，也视为这些前社会主义国家重新“社会化”、成为“正常国家”的必经途径。但“休克疗法”并没有让这些国家的人民看到文明的现代市场经济，反倒“把国民经济搞休克了，把国家搞休克了，把人民搞休克了”。

**(三)亚洲国家与金融危机**

20 世纪中后期，日本和亚洲“四小龙”等东亚国家和地区经历了持续较长时期的经济快速增长，创造了“东亚奇迹”，其政府在产业发展中伸出的“扶持之手”，被视为经济起飞的主要推动力之一。但 90 年代以来，西方诱导亚洲新兴经济体采取一系列贸易自由化和投资自由化的措施，大幅开放金融市场。当这些措施在 90 年代后期的亚洲金融危机面前失效后，国际货币基金组织等不是去反思新自由主义框架的不足，而是将危机一概归咎于亚洲式裙带资本主义和“上令下从的亚洲模式”，从而要求各国修正自身政策，配合额外的附加条件，即斯蒂格利茨所谓的“华盛顿共识附加”，以适应作为新自由主义完成形态的“华盛顿共识”。

面对 20 世纪 90 年代包括亚洲金融危机在内的一连串金融危机，以七国集团为核心的西方主要工业化国家政府和国际金融机构提出了一系列改革措施，并冠之以加强“国际金融架构”(International Financial Architechture)之名，该词在此后十年间被广泛采用，成为这一时期国际金融改革努力的代名词。但是，正像一些国外学者指出的那样，新国际金融架构不只是一个由试图推进全球金融体系稳定性的机构与行为体组成的复杂网络，还是一种以阶级为基础的战略，其目标在于通过确保南方国家的公共与私人部门遵从资本自由流动的新自由主义规则，在全球政治经济中再造现行权力关系，尤其是跨国金融资本和美国的权力。

**（四）欧洲与“第三条道路”**

在历史上，欧洲各国的民主社会主义政党通过以“福利国家”为主要内容的社会改良运动，在资本主义制度中实现了对自由主义及其个人主义的局部批判和超越。法国人阿尔贝尔在《资本主义反对资本主义》一书中提出，表面看来铁板一块的资本主义实际上内部是存在差异的，至少可以区分出“美国模式”和“莱茵模式”两大资本主义类型，前者建立在个人成功特别是短期金融利润之上，后者促进的则是集体成功、共决制和长期利益，他显然觉得“莱茵式资本主义”较之“美国模式”要更有效、更公正。然而，伴随着20世纪八九十年代整个西方社会的全面新自由主义化，当代民主社会主义也开始了“新自由主义化”转型，“第三条道路”即为代表。民主社会主义作为各国社会党、工党、社会民主党人通过对资本主义加以改良、实现社会主义的一种思想主张，从一开始就具有要求资本主义加以改良和对十月革命式的社会主义道路加以否定的“中间道路”色彩，而第三条道路则试图寻找政府与市场、社会公正与经济发展、国家与公民社会、权利与责任之间的最优结合，在老左派与新右派之间走新的中间道路，实际上是向新自由主义的转向。

在新自由主义向全球蔓延的30多年历程中，我们不难发现一个大卫·哈维所谓的巨大的“悖论”：“在一个认为国家不该干预的世界，国家和政府却通过精英和‘专家’忙于干预活动。”那么，谁是驱动新自由主义全球化的那只“看不见的手”？答案不是亚当·斯密笔下的市场的自发力量，而是国际金融垄断资本。新自由主义为表，国际金融垄断资本为里；新自由主义在前鸣锣开道，国际金融垄断资本在后攻城略地——非圈地也，实圈钱也。

## 二、推动新自由主义化的那只“看不见的手”——国际金融垄断资本

在新自由主义向外扩张的三十多年里，一个至关重要的特点就是金融垄断资本的国际扩张和美国金融霸权的巩固。这两者之间是如此的高度相关甚至重合，如果不是有意忽视或者想当然，我们很难不去思索与拷问其背后的共谋关系。

新自由主义的勃兴缘起于20世纪70年代“大动荡、大分化、大改组”时期。这一时期资本主义乃至整个国际经济秩序的重大变化肇始于布雷顿森林体系崩溃。布雷顿森林体系确立了美元与黄金挂钩、其他货币与美元挂钩的双挂钩体制。但从50年代后期开始，随着美国经济竞争力逐渐削弱，其国际收支开始趋向恶化，出现了全球性“美元过剩”情况，各国纷纷抛出美元兑换黄金，美国黄金开始大量外流，“特里芬困境”凸显。经过朝鲜战争、越南战争的受挫，美国政府发现，按照欧洲统治全球的路走下去，前景只能是步欧洲的后尘。原因

很简单，随着帝国战线的拉长，总有一天，其经济会因不堪重负而崩溃。为力图维持美国在资本主义世界中的主导地位和摆脱长期的黄金外流及财政困境，1971 年美国时任总统尼克松果断地决定将美元与黄金脱钩。开始，这被视为美国力量衰退的征兆。但随后，美国政府意识到，由于美元是世界通货，美国国际收支赤字的无限增大会为其带来国内外财政支出的“金融搭便车”。也就是说，虽然美元与黄金相脱钩，但由于路径依赖，也由于还不存在其他可以作为国际货币的通货，资本主义世界仍将不得不接受美元；也因为美元与黄金相脱钩，美国的贸易赤字可以不受任何束缚地无限扩大，从而，美国联邦预算也可以不受任何束缚地无限扩大。换言之，美国的对外投资和国内消费可以高度膨胀，而不用顾忌债务负担。此后，美国政府开始有意识地将美国的国际收支赤字作为美国在资本主义世界金融体系中“金融搭便车”的工具。在美元与黄金脱钩后，国际货币领域开始了以政府间谈判来决定美元与德国马克及日元汇率的史密斯索尼安体制，但该体制只维持了短短的两年。从 1973 年开始，世界各主要货币均被迫实行浮动汇率制。

随着各国汇率形成机制走向“市场化”、资本流动及资本运作走向“自由化”，尤其是以美元霸权为核心的后布雷顿国际货币金融体系初步形成，当代资本主义就进入以金融与财政的扩张为主要内容的经济全球化阶段（而不再是战后初期的以生产与贸易的扩张为主要内容），其实也就是国际金融垄断资本主义时期。

国际金融垄断资本主义的特点是经济的高度金融化：金

融资本利润取代产业资本利润在资本积累中逐步占据主导地位，金融霸权在国际财富与权力分配中占据支配性地位，金融资本无论在国内还是国际经济活动中都占据绝对垄断地位。国际金融资本垄断既体现在物质层面，也体现在意识层面。在物质层面，信息技术和网络技术的发展为其提供了技术支撑，以七国集团、国际货币基金组织和世界银行为主体的多边国际金融机制为其提供了制度保障，西方国家尤其是美国的军事优势为其提供了强力后盾，而其物质层面的核心则是货币霸权，即美元霸权。廖子光先生在《美元霸权必须终结》一文中，将美元霸权严格地界定为自 1971 年以来，美元作为一种没有黄金支撑、没有美国财政和金融纪律约束，只靠美国军力和地缘政治实力支撑的不兑现纸币，却继续担当全球金融与贸易的首要储备货币的角色。美元的霸权地位一方面使美国经济寄生化，国家运行债务化，美元不仅承担了美国全球霸权的经济成本，还制造了美国“繁荣”；另一方面使美元高度虚拟化，进而导致整体经济的虚拟化，利润的来源越来越以虚拟经济为主，金融部门相对于实体经济部门日益膨胀，金融资本无论在微观层面还是宏观层面都占据了主导地位，从而推动以美国为代表的发达资本主义由国家垄断向国际金融资本垄断过渡。

而在意识层面，国际金融垄断资本要求突破国家主权的藩篱和各国自主发展能力的障碍，要求自由的、无管制的市场，倡导自由化、私有化、市场化的新自由主义恰好为其提供了智识基础。陈平的《新自由主义的兴起与衰落：拉丁美洲经济结构改革（1973—2003）》一书对此有精到的分析：“美国政府、美国操控的国际金融机构之所以卖力地在全世界范围内推广新自由主义，期望全世界都接受新古典经济学的政策建议和美国式的自由市场，目的是将发展中国家纳入美国主导的全球性的生产分工体系，最终建立美国主导、服务于美国及其盟友利益的国际经济秩序。他们非常清楚一点，新自由主义经济模式已经内置了有利于强势国家、跨国垄断企业的经济和政治秩序，发展中国家一旦被纳入全球性的生产分工，承认既有的国际经济秩序的合法性，就将不仅失去运用民族主义和国家主义保护本国利益的能力，在经济上受到国际垄断资本的控制，在思想上也将受到自由原教旨主义的奴役，并最终在政治上依附于霸权国家。”

国际金融资本垄断和金融霸权造就了当前失衡的国际分工格局和国际贸易模式，其运作包括三个层次：①由于美元是世界储备货币，美国通过经常项目逆差向世界输出美元纸币，而世界其他国家则向美国输送实体性资源(主要是商品)以获得作为世界货币的美元，以此满足美国国内消费。②美国贸易伙伴对美贸易顺差所积累的美元储备，又以购买美国国债的形式回流到美国，使美国得以为其经常项目逆差融资，从而避免经常项目逆差的不可持续，同时保持了美元汇率的稳定和美国利率的较低水平。③美国在通过贸易逆差积累外债的同时，也对外输出资本。其积累的外债以美元和国债这种无息和低息负债为主，而输出的资本以直接投资这种高收益资产为主，只要美元债券的利息支付额度小于美国在海外的直接投资和间接投资的利润、利息所得总和，那么，美国就可以继续其以政府债券吸纳外国贸易盈余的做法。因此，美国密苏里大学著名经济学家迈克尔·赫德森教授认为:“美国的富裕完全是一种‘流入式’的富裕。外国资金、熟练工人和进口商品大量流入美国,而美国只需付出以美元纸币计价的债务。美国获得外国资源是如此之容易,以至于其本国境内的生产已越来越少。”这是一种彻底扭曲的世界格局,这样一种格局如果没有强大的意识形态支持,根本无以为继。新自由主义刚好就是国际金融垄断资本所需要的意识形态。赫德森教授指出,新自由主义是对20世纪70年代以前第三世界建立国际经济新秩序努力的大逆转,它的实质是:美国利用自己的金融霸权在全球以金融手段摧毁第三世界国家自主发展的能力,并以金融手段接管这些国家,从而在全球重建以美国为中心的“食利者”经济。

可以说,资本主义在不同的发展阶段需要不同的理论。如果说国家垄断阶段需要的是凯恩斯主义,那么,国际垄断阶段需要的则是新自由主义。

## 三、“遮蔽”与“揭蔽”——以“去自然化”对抗“去政治化”

话语即权力。新自由主义作为一种霸权话语,服务于国际金融垄断资本,其权力机制也呈现出不同于以往的特点。传统意义上的权力是压制性的外在控制,以暴力手段为基础。而新自由主义的权力运作则有些类似福柯所谓的“规训权力”。规训是一种巧妙的强制,具有弥散性和不可见性;也符合葛兰西对“文化霸权”的界定,这种霸权的获得更多不是凭借强力,而是社会中大多数人把它当作“正常的现实”或“常识”来接受而实现的。因此，遮蔽性是新自由主义话语霸权的重要特性，而揭蔽也就显得尤为必要。

### （一）新自由主义以经济自由主义掩盖了政治保守主义

新自由主义者在经济上主张自由放任，在政治上大多是维护既定秩序、反对政治变革的保守主义者。有学者犀利地指出，自由与保守，从字面上看，无论如何是一对矛盾，沟通这二者的无非是利益。布罗代尔在其名作《资本主义的动力》中反复讲一个道理：资本主义反对的并不是国家干预。相反，作为既得利益者的资本主义本身就是与国家政权合流、取得了国家政权的全面支持才生存并发展起来的；正因为资本主义是当前国家政权的既得利益者，因而，资本主义所真正反对的，其实是国家政权试图通过调整形成新的不利于资本主义的利益格局。或者说，其真正目的在于维护原有制度结构下的有利于自己的利益格局。在这个意义上，新自由主义的“自由”即为“保守”，它主张不改变现存秩序、不触动既得利益的自由，从而也否定了另一种意义上的“自由”——通过对权力与利益格局的变革或调整，使现存秩序下的受损者摆脱不利地位，获得真正的积极意义上的自由。只是，正像大卫·哈维所说的那样，“一项公开表明要把经济力量恢复到一小撮精英手上的计划，势必无法获得足够多的民众支持。但是，有计划地鼓吹个人自由的尝试就能获得民众基础，并借此掩饰重建阶级力量的推动力。”西方近代启蒙运动以来，自由主义作为西方文明核心价值观已浸润于西方普通民众的文化心理结构中。利益集团利用民众对于“自由”的非批判性的接受态度，使新自由主义意识形态的传播减少了阻抗、质疑。

## (二)新自由主义以中性化遮掩了政治性

新自由主义在传播过程中总是试图强化其经济科学属性,宣称要把"技术"经济学与非理性的"政治"干扰相分离,这样一种旗号具有很强的迷惑性。正是在这样的"中性化"、无关政治的迷惑下,包括俄罗斯在内的各个国家接受了来自西方经济顾问和权威国际经济组织的政策指导,将新自由主义视作"纯粹经济学"和"治国良方"予以全盘接纳,而其背后的政治图谋则被忽略了。著名经济学家迈克尔·赫德森教授1999年11月2日在俄罗斯杜马自然资源委员会做证时,曾做了一针见血的分析:"阻止潜在的对手成为真正的对手是权力政治不言自明的原则。鉴于这个原则,人们一定会问,美国是否真的想帮助俄罗斯发展成像美国那样强大的经济体?美国乐意看到俄罗斯提高生活水平并在国内消费其大部分能源和原材料吗?或者,它准备通过摧毁俄罗斯成为竞争对手的潜能而把俄罗斯变为石油、天然气和其他原材料的出口国,以此来巩固冷战的胜利果实?美国外交家是否在帮助美国投资者和公司获得俄罗斯矿产资源和公共设施的所有权,这样,它们的利润就会汇聚入美欧经济中?美国想要俄罗斯依赖从美国进口的粮食、鸡肉、香烟和其他生活消费品,甚至美国的货币吗,或者这只是1990年以来美国建议的一种无意的结果?""这些问题本身其实已有答案。当俄罗斯寻求外国顾问帮助时,这些顾问会忠于谁——是忠于俄罗斯,还是忠于支付他们报酬的美国政府机构、IMF和世界银行?"可见,新自由主义之所以标榜"中性化",只不过是为了淡化和掩饰背后的权力关系。

同时，新自由主义提出“自发秩序”的概念，将任何试图改变现存秩序或寻求替代方案的努力——革命、社会改良、国家干预、社会运动、社会批判等——都解释为政治对于一种自然的市场进程的破坏，并加以反对。新自由主义的所谓“去政治化”不仅意在掩饰其背后的权力关系和利益关系，还试图借“自发秩序”“自然状态”使人们心甘情愿地接受现状，心安理得地放弃寻找其他可能性的努力。

### (三)新自由主义以普适性遮蔽了情境性

任何一种理论或政策主张都是特定时代的产物。新自由主义在西方发达国家的勃兴是资本主义内部矛盾发展的结果，是面对凯恩斯主义失灵所做的政策选择，新自由主义具有自己的现实性与历史性。大卫·科茨在《金融化与新自由主义》一文中提出，根据社会积累结构理论，每一种社会积累结构都能有效地刺激盈利达几十年之久，但这种刺激作用到一定时刻就会停止。“二战”后的资本主义社会积累结构往往被称为“调控的资本主义”，这种体制在 1973 年前后步入危机阶段。从 20 世纪 70 年代后期至 80 年代早期，一种被称为“新自由主义”的新的社会积累结构形成，其主要特征是：清除商品、服务尤其是资本在全球经济内自由流动的障碍；政府不再扮演引导和调控经济的角色；国有企业和公共服务私有化；削减政府的社会福利计划；向累退的税收政策转变；从劳资合作转变为在政府帮助下的资本单方统治；以自由放任的竞争模式代替大企业间合作式竞争模式。同样地，当这种新自由主义结构陷入危机，正像已有所预兆的那样，我们也许就要进入新一轮的制度重建时期了。

但是，新自由主义却有意地遮蔽其情境性，将自身打造为一种普遍适用、永恒存在的价值信条，而"不管人们的文化遗产和历史环境是什么"。这样一种超越时空的普遍主义立场，导致新自由主义缺乏有效的自我反省能力。在20世纪80年代以来发展中国家和前苏东国家实行新自由主义改革出现诸多问题后，他们不是去关注"华盛顿共识"有何不足，而一味指责这些国家有何不足；不是检讨"华盛顿共识"该如何修正，而是检查这些国家该如何不断修正以适应"华盛顿共识"。与此同时，新自由主义将"自由化、私有化、市场化"打造为"放诸四海而皆准"的普遍法则，屏蔽了用历史的和发展的眼光解读市场经济的可能性，屏蔽了各个国家自己试验、自己判断，去探索最适合自己的发展战略的可能性。

# 国外共产党对新自由主义的分析和批判

温州大学　杨成果

新自由主义从本质上来看，是维护资产阶级利益的一种理论，不利于工人阶级和广大劳动人民。自20世纪70年代以来，倡导“自由化”“私有化”和“市场化”的新自由主义日益成为指导资本主义发展的主流意识形态，并成为超级大国推行其主导的全球化的工具。新自由主义的盛行加大了对广大劳动人民的剥削，降低了劳动人民的生活水平，大大地降低了劳动人民的支付能力，导致收入不平等加剧，并不断加剧资本主义生产无限扩大与劳动人民有限的支付能力之间的矛盾，最终导致生产相对过剩的资本主义周期性经济危机在2008年不可避免地爆发了。

国外共产党对新自由主义持坚决的反对态度，认为新自由主义对国内经济关系的“调节”是为了维护资本主义生产方式和资本主义的经济制度，新自由主义对国际经济关系的“调节”是为了建立以发达资本主义国家为主导的全球新秩序。新自由主义是对工人阶级和劳动群众已经获得的经济政治权益的进攻，是对第三世界国家的肆意掠夺。20世纪90年代以来发达国家经济的繁荣是以发展中国家的债务危机和金融动荡为代价的，所有这些造成了资本主义体系新的矛盾和危机。

国外共产党认为，2008年国际金融危机是自1929年大萧条以来资本主义面临的最为严重的一次危机，它根源于近几十年来资本主义所实行的新自由主义的金融自由化政策，它直接宣告了新自由主义的彻底失败和破产。新自由主义的破产不仅表明了资本主义治理模式的失败,而且也表明了资本主义自身的失败。

## 一、对新自由主义内涵的界定

澳大利亚共产党指出,在20世纪80年代中期,西方资本主义国家极力推行新自由主义的政策,其目的是促进垄断资本获得最大化的利润。新自由主义政策包括以下内容:其一,提高对工人的剥削率,并采取镇压措施阻止工人反抗,例如澳大利亚政府实行《工作选择法》和所谓的反恐法律;其二,推动贸易自由化,如取消关税或降低关税,取消进口禁令和配额制度,向第三世界国家强加不平等的贸易条件;其三,放松对金融和经济的管制,取消或减少对并购和公司离岸借款的约束;其四,使货币汇率自由浮动,并由“独立的”中央银行来决定官方利率;其五,推行私有化政策,该政策引起商品价格上涨、服务减少而质量下降,并使多数人无法获得这些商品;其六,以前是免费或有补贴的商品和服务,现在则由用户来付款;其七,减少给最贫困人口的资助以及其他援助,其中包括失业者、养老金领取者和保姆。世界上很多资本主义国家在推行新自由主义,而且国际货币基金组织等国际机构把新自由主义强加给第三世界国家,而有些第三世界国家的傀儡政府自己主动地推行新自由主义政策,其目的是为美帝国主义的利益服务。实际上,新自由主义削弱了主权国家在经济管理方面的职能,把许多重要的政策事项留给了所谓的自由市场。这一过程涉及将重大权力从民选政府移交给垄断资本,而垄断资本的最主要形式是金融资本。这个进程使许多第三世界政府被捆住了手脚,不能决定和主导本国经济发展、保护就业,从而加大了对西方国家的依赖性。新自由主义政策的推行,极大地加剧了贫富差距在世界范围内和在一国范围内的分化进程,将资本主义固有的基本矛盾,即生产社会化与生产资料私人占有的矛盾推至极致,从而使经济危机不可避免地爆发了。

印度共产党(马克思主义)指出,全球化时代的帝国主义通过在全世界强制推行新自由主义来巩固资本积累。今天国际金融资本与工业资本和其他形式的资本结合起来,通过重新瓜分世界来追求利润最大化,这就界定了新自由主义的含义。新自由主义的目标在于使各国政府制定政策消除对跨越国界的货物流动和资本流动的限制。贸易自由化淘汰了国内生产者,引起了国内产业空洞化,特别是在发展中国家。同样,发达国家也存在此类情况。因此,资本流动的自由化使跨国公司能够收购外国的生产资产(如印度的公共部门),从而极大地扩大资本积累。其他巩固资本积累的方式包括实行通货紧缩政策,如在金融纪律的名义下限制政府开支,为国际金融资本提供更大的流动性来加倍增加投机利润,从而导致世界经济总需求水平的下降;改变针对发展中国家农民的贸易条件;在全球减少提供社会服务的国家部门,这在发展中国家更为明显,国家部门日益被私有化,为追逐利润最大化开辟了新的巨大的公用事业领域。

自美国里根总统上台以来,新自由主义在美国日益盛行。美国共产党总书记萨姆·韦伯指出:“在意识形态领域,里根主义者宣称最好的政府是最少干预市场的政府；市场可以自我调节；收入不均等是好事；撤销管制和私有化是经济问题的最好疗法；我们生活在后民权时代，反歧视行动（通过保证教育和就业机会平等的积极措施以纠正过去的歧视性政策或计划）没有存在价值；为富人减税将有利于工人。在政治方面，里根主义者空前残酷地以各种方式使用国家权力，早在其第一任期就镇压了空中交通管制工会。最后，在经济领域，里根主义者废除许多国家和企业的凯恩斯主义经济管理模式（该模式的一个根源是罗斯福新政，在战后30年里得到进一步扩展。它依赖于阶级合作措施、社会责任、形式平等和扩张性的宏观经济政策）。里根主义者创造了被称作新自由主义的积累和经济管理的新模式。其主要特征包括全球灵活的生产网络，破坏工会，撤销管制，低工资，低通胀，商品、服务和资本的自由流动，缩小公共领域，使种族主义和性别歧视再次深入政治、经济和社会生活，重构国家的作用和功能及强调金融的作用。”

## 二、对新自由主义与资本主义经济危机的关系的分析

新自由主义政策在过去几十年里的施行加深了贫富分化，对资本主义经济危机的爆发负有不可推卸的责任。

第十次共产党和工人党国际会议发布的《圣保罗宣言》指出，尽管这次危机是资本主义固有矛盾发展的产物，但近几十年来资产阶级政府所实行的新自由主义金融政策却使资本主义危机得到了强化。所以，“当前的危机宣告了新自由主义的彻底失败和破产”。

巴西共产党指出，新自由主义在20世纪90年代取得了很大胜利，以至于资产阶级极度兴奋地宣称它的生命力将是永恒的。但是现在，新自由主义政策的施行却给人类带来了一场灾难。当今的现实粉碎了过去一个时期内曾经被认为是绝对正确的新自由主义信条。

希腊共产党指出："在过去三十多年中，资产阶级的政策从凯恩斯主义逐渐转向了新自由主义政策。这种新自由主义政策的显著表现就是从国家保护下'松绑'经济中的战略部门，恶化劳动关系，从而降低了劳动人民的实际收入。这样，人民消费水平在一定程度上就需要通过增加抵押和个人贷款来维持。在遭受如此剥削的重压之下，抵押和个人贷款呈现了爆炸性的增长。"

塞浦路斯劳动人民进步党指出，当前世界正在经历的经济危机是资本主义制度在其帝国主义阶段的危机。这场危机是新自由主义的资本积累制度的危机。这种制度的核心是使市场完全自由化，其中当然包括金融市场，这一制度具有其系统性的弱点。关于自由和纯粹竞争的"无形之手"将导致平衡的神话又一次破产。

印度共产党(马克思主义)对新自由主义引发资本主义经济危机的历史过程和资本主义经济危机的发展阶段进行了分析，指出资本主义经济危机是一个系统性的危机，深深植根于资本主义制度的内部。在20世纪70年代，为了追求最大化的利润和摆脱危机，资本主义开始推行新自由主义经济政策。随着苏联和东欧国家的社会主义遭遇挫折，资本主义的辩护士宣称资本主义将永存，没有替代方案。他们大肆宣扬历史终结论和新自由主义的哲学。在这一时期,剥削不断加强,国家内部和国家之间的不平等日益加剧。其结果是,工人阶级的实际收入大幅减少,购买力急剧下降。事实上,这是当前危机的成因,可以称为危机的第一阶段。资本主义不能售出它的产品,再一次陷入了危机。为了摆脱这种状况,资产阶级设计了巧妙的方法,例如为人们提供所谓的次级贷款。为了掩盖这些贷款所存在的风险,他们创造了新形式的金融工具。许多被视为“太大而不能倒闭”的金融机构充满着爆炸性的金融工具。实际上,他们坐在很快就会爆发的火山口上。火山最终爆发,吞下所有“大”的金融机构。这种公司破产是危机的第二阶段。现在,金融企业倒闭,从而摧毁了股市。在此之前高喊反对政府干预的私人资本家立刻要求政府帮助他们摆脱困境。资本主义国家则投入巨额资金来保护和拯救这些大的金融企业。这些金融机构的倒闭使那些把养老金和辛苦赚来的积蓄投入其中的数以百万计的纳税人梦想破灭,而这些人通过交税交给政府的钱被用来拯救这些金融巨头,确保他们不会亏本。这是当前全球金融危机的第三阶段,它迅速导致第四个阶段的到来。发达国家为这些引起危机的企业提供了前所未有的救市计划,从而产生了超过其国内生产总值的巨额债务。因此,全球资本主义寻求通过将企业破产变为主权破产来克服危机。今天这反过来加剧了危机,使世界经济陷入一种不确定的状态。现在,我们处于危机的第五个阶段,政府为了爬出泥沼,强制推行所谓的“紧缩措施”。这些是对来之不易的劳动人民权利的赤裸裸的攻击。退休年龄被提高,养老金和工资被冻结,普遍的紧缩措施成为常态,从而加剧了许多国家本已严重的失业问题。工会被压制，工人阶级政党被抹黑。资本主义为了替自己的行动辩护，对共产党发动了激烈的思想进攻。

国外共产党特别强调在“新自由主义”政策驱使下的“虚拟资本”是导致国际金融危机的重要因素。澳大利亚共产党指出，新自由主义引起了金融投机的爆炸性增长。在资产阶级盲目追求利润的过程中，金融资本这个最具寄生性和最强大的资本把数十亿美元从生产投资领域转移到纯粹投机的领域，即从进行生产性投资的实体经济转移到虚拟经济领域。资本家发展新金融产品的活动毫无限制，衍生产品在金融市场上被当作商品来买卖；新投资公司不断激增，其中许多是银行和保险公司的子公司；同时还有其他未受管制的、不负责任的机构，如对冲基金。据国际清算银行估计，衍生产品的交易价值从2000年的100万亿美元增加到2008年的600万亿美元以上。国际清算银行的估计主要包括那些在台面上交易的衍生产品。在这种交易之外，可能还有数万亿美元的衍生产品交易。在2007年，世界货物贸易总额大约为13万亿美元，其中包括农产品、燃料、矿产品和制成品。全球的国内生产总值总额介于50万亿到60万亿美元之间，这仅仅是那些保守估计的衍生产品交易价值的1/10。世界证券市场的股票贸易总额大约为100万亿美元，其中有大量的货币和股票的再循环。巴西共产党指出：“在新自由主义金融化政策驱使下，虚拟资本以及金融投机活动无限膨胀，而不断创新的金融衍生工具则使生产资本和金融资本日益分离，从而使资本主义制度对危机的反应变得极为脆弱。危机不断恶化的趋势将会伴随着发达资本主义国家的衰退及其金融机构的破产，在接下来的几年里持续下去。”英国共产党指出：“我们需要明确‘虚拟资本’在造成最近的银行和金融危机中所起的作用。‘虚拟资本’主要体现在股票、股份、商品以及所有金融衍生品的膨胀的价值中。据国际清算银行报告，世界市场上所有金融衍生品的价值已经达到 651 兆英镑，而世界各国每年的国内生产总值是 61 兆英镑。所有这些用于赌博的‘虚拟资本’的价值是全世界商品和服务价值总和的 10 倍。这种情况是不可能长期延续下去的，由于人们都想从‘虚拟资本’中牟利，因此它的价值总有一天会暴跌。”俄罗斯联邦共产党中央主席久加诺夫也强调“虚拟经济”在形成此次危机中的作用，他在 2008 年 11 月 10 日发表在《真理报》上的文章指出，“虚拟经济离开实体经济支撑，必然导致危机”，“金融和借贷业务超出物质价值的总值，危机就不可避免”。日本共产党主席志位和夫在 2008 年 10 月 10 日接受电视台采访时，称此次金融危机是资本主义赌场的失败。金融投机的普遍化充满了欺骗和伪善。次贷危机就是这种金融投机的结果。这种投机资本主义或者赌博资本主义的下场必定是灾难性的失败。葡萄牙共产党指出，资本主义对其结构性危机的主要回答是经济的金融化与金融流动的自动化。在这里，随着投机行为的发展，金钱可以变得更多，而实际的生产却被忽略。预期的平均利润率没有在生产领域获得，其下降的趋势没有因对工人剥削的加强和随着社会主义阵营解体、世界市场的扩大而发生改变。这导致新增加的金钱转向金融投机领域，并引发了金融企业的集中。在这些进程中，基本的工具是资本自由流通与金融市场自由化(即离岸公司增加)、挤压公共支出和公共投资(借口是预算赤字)及加强对劳动力的剥削(通过撤销对劳动关系的管制,把公共服务和对经济社会发展十分重要的企业实行私有化和自由化,如能源、通讯、水等企业)。爱尔兰共产党认为,新自由主义的自私贪婪的金融自由化政策是当前资本主义金融危机的直接动因。而那些信奉新自由主义的政治家和经济学权威们一直以来却对“自由市场”的优越性啧啧称赞。新自由主义的“无可替代”成了自由市场力量不可挑战的信条。在资产阶级国家权力和金融资本双重力量推动下,新自由主义已经深深地扎根于意识形态上层建筑——国家法律之中了,这恰恰是帝国主义的本质。因此现在离新自由主义的终结还有一段很长的路要走。

## 三、对新自由主义政策的后果的分析

新自由主义政策在世界上的推行,除了引发和加剧国际金融危机之外,还引起了其他非常严重的后果。资产阶级政府为了提高资本的利润率,在卫生、教育、社会保障、文化生活等各个领域都实行了私有化,甚至把人们维持生存需要的最基本的食物、水、环境等也予以市场化和商业化。帝国主义还利用经合组织、国际货币基金组织、世界银行、世贸组织等国际经济机构,剥夺工人阶级和劳动人民的社会权利。

葡萄牙共产党指出,在葡萄牙,社会生活各个领域的私有化和商业化使工人阶级和劳动人民的生活条件日益恶化了,社会不平等现象剧增。有大约18%的葡萄牙人生活在贫困线以下,有将近300万人每天的生活费不到10欧元,有23万人每天的生活费不到5欧元。在住房、教育、医疗等方面实行的商业化政策,加重了人民群众的生活负担。

德国共产党指出,德国是欧盟内领先的经济大国,这是通过降低实际工资和“工资成本”,给德国工业界减税,在社会事务、教育和卫生方面实施大规模的财政紧缩措施以及私有化等方式实现的。截至目前,国际金融危机对德国的影响不像其他国家那样严重,但是德国贫穷人口仍在不断增加,在不久的将来,老年贫困问题将成为许多人面临的重大问题。德国经济依赖贸易顺差,这是导致邻国债务缠身的一个重要因素。

卢森堡共产党指出,在卢森堡,富人与穷人之间的差距越来越大,失业者和生活在朝不保夕状况中的人民数量不断增多。那些仍然有工作的人成为众所周知的“工作的穷人”。大多数人民群众所需要的教育和医疗越来越昂贵。卢森堡政府实行紧缩政策的结果是,从2011年5月至10月间卢森堡所有劳动人民失去了约12.5%的月薪。

瑞典共产党指出,瑞典曾经被描绘为社会福利国家的标本。事实上,这是在社会主义国家建设成就的压力之下,瑞典资产阶级被迫向工人阶级做出的让步。在苏东剧变之后,瑞典资产阶级加紧对工人阶级发动进攻,“福利国家”遭到了破坏,公有企业被私有化,公共部门被压缩。截至2012年11月,瑞典的失业率达到9.2%。右翼联盟乐观地估计,在16至25岁之间的年轻人中约有25%没有工作。大约有42.5万人被登记为失业者。其中三分之一的人没有失业保险金。2012年有超过5万名工人被解雇。制造业减少了工作人员数量,并将企业迁往国外。

波希米亚和摩拉维亚共产党分析了苏东剧变后捷克共和国的遭遇。正如欧洲发达资本主义国家一样，捷克共和国在1989年11月资本主义复辟后毫无限制地应用自由市场的原则。新自由主义概念的制定导致最恶劣形式的市场机制的应用，从而逐步使一切事务都名声败坏和贬值。首先受到影响的是人与人之间的平等关系；其次是社会组织运作的条件；最后公共服务不断被削弱，影响到环境、生活质量、文化和人际关系。公众利益被长期忽视。把利润私有化、把损失转嫁到公众肩上，是这一政策的共有特征。新自由主义的理论处理社会债务的方式是盲目地削减开支，而这进一步加剧了危机。与此同时，银行不断增加其利润，而人民变得越来越贫困。不仅捷克共和国陷入这种致命的新自由主义陷阱中，而且实际上整个欧元区都深陷其中。

匈牙利共产主义工人党指出，匈牙利社会党(MSZP)和自由民主者联盟(SZDSZ)代表着与跨国资本紧密联系的大资本家的利益。在1994—1998年以及从2002年以来，在这两党主政期间，匈牙利经济的绝大部分已私有化，主要是卖给了外国资本。以匈牙利社会党为首的政府已经驱散了反对政府的工会组织。匈牙利绝大部分经济、工业、金融、贸易和服务体系已卖给国外资本。匈牙利比欧洲其他任何国家都要依赖国外资本。新自由主义经济政策引起人们生活水平的严重下降，数以百万人的基本生活得不到满足，他们开始以各种形式发泄对政府的反对情绪，甚至反对资本主义制度。“在过去几年里，匈牙利的极端贫困人口和低于贫困线(贫困线是一个家庭维持吃穿、支付水电的费用占收入总和的一半及以上)人口的数字在急剧增长。根据可靠数据来看，1993年27%的匈牙利人口生活在贫困线以下。在1980年，匈牙利约有100万贫困人口，今天这个数字则超过250万。匈牙利1/10的最富裕人口的平均收入水平是最贫困的1/10人口的7.3倍。可能儿童的境遇最为糟糕，18岁以下儿童中近一半生活在贫困线以下。""在过去几年，53%的家庭实际收入减少，这意味这些家庭收入的增长低于商品价格的增长。所谓的长期贫困人口的数字也在上升。匈牙利的长期贫困人口包括几个不同社会群体：无家可归者、农村人口，尤其是微型社区中的失业者或劳动市场的淘汰者、三个孩子以上的家庭、单亲家庭、单身老妇人和罗马人（吉卜赛人）。长期贫困人口中的1/3是罗马人，即使这个群体只占匈牙利人口的5%。""在过去的20年里，工人阶级丧失了他们在社会主义时期所有的储蓄。如今，工人们都在花费最后一点积蓄，而许多人早已毫无积蓄可言。知识分子、教师和医疗人员也是这个情况。大多数工人阶级和知识分子最近负巨债去购买汽车、电视机或者只是满足日常生活开销。这些社会群体难以运用其他途径去应对目前危机造成的严重后果。"

印度共产党（马克思主义）总书记普拉卡什·卡拉特指出，自1991年印度实行新自由主义政策以来，已过了20个年头。印度的统治阶级，其中占主导地位的是大资产阶级，停止实行20世纪80年代初以来的国家管制政策，转而开始信奉新自由主义。伴随着较高GDP增长率的是日益加剧的不平等和对劳动人民的残酷剥削。他们压榨农民的利益，造成大量土地问题的产生。印度政府扶持和协助大公司和外国资本掠夺印度的自然资源、攫取印度的公共资产。印度政府正试图逐步削减对主要公共部门的投资，将资本投入私有化中去。印度政府放弃独立的外交政策，与美国建立战略性伙伴关系。印度左翼力量处在反对新自由主义政策和亲美外交政策的最前线。

黎巴嫩共产党指出，帝国主义利用新自由主义对自然资源丰富的国家进行攻击，导致这些国家逐步沦为帝国主义的附庸。许多阿拉伯国家成为国际新自由主义的追随者。资本主义危机对这些国家产生重大影响，阿拉伯公民的社会权利和政治权利遭到攻击，人民被残酷地压迫，人权被忽视，贫富分化不断加剧，贫困线以下人口数不断增加，公共债务大量积累，中下阶层的税收越来越高。导致这种后果最重要的一个因素是这些国家的政府参加帝国主义计划而背叛了自己的民族。

20世纪80年代以来，拉丁美洲一直是新自由主义理念的主要实验场所。进入新世纪，新自由主义改革导致拉美各国普遍出现贫富悬殊、两极分化等严重的经济社会问题。第十三次共产党和工人党国际会议发表的《关于拉丁美洲和加勒比海的议案》指出，在21世纪的头几年中，随着左翼的、人民的和进步的政党上台执政，拉丁美洲的形势已经发生了极大的变化。由此改变了90年代的那种保守性，当时新自由主义政权处于支配地位，它们对帝国主义政策非常温顺。所有这些政治进步的背景是新自由主义模式出现了危机。这种新自由主义是在90年代由所谓的“华盛顿共识”强加给拉丁美洲国家的，它导致该地区许多国家出现人民暴动，人民为了反对资本主义政策和帝国主义而进行了各种形式的斗争。然而，美国强制保留了设在哥伦比亚的军事基地，并试图将哥伦比亚变为该地区的“以色列”。委内瑞拉共产党指出，委内瑞拉工人阶级一直没有形成较大规模，这主要是由委内瑞拉传统的单一出口和单一生产模式及其工业落后的经济结构造成的，根源在帝国主义支配的国际分工体系。委内瑞拉几乎仅仅生产和出口原料，特别是原油。虽然在60年代和70年代委内瑞拉有一些重要的工业集团，然而由于在80年代实施新自由主义政策，委内瑞拉迅速去工业化，直到1999年后查韦斯政府取消新自由主义政策。但是内外因素阻止了委内瑞拉持续地重新工业化。巴西共产党指出，在新自由主义主导的贸易和金融自由化政策推动下，巴西国内宏观经济形势陷入了极度动荡的局面，财政赤字居高不下，通货膨胀严重，社会贫富分化加剧，社会矛盾尖锐。1994年7月弗朗哥政府通过“雷亚尔计划”(Real Plan)，结束了1988年以来萨尔内政府所实行的以降低关税和消除配额限制为主要特征的贸易自由化政策。但是1995年以来，卡多佐政府全盘接受“华盛顿共识”，推行新的政策体制，确立了新自由主义发展模式，并最终导致了“宏观经济的严重失衡和深刻的结构性危机”以及“国家撕裂”和“社会排斥”。

国外共产党认为，鼓吹不推翻资本主义制度也能消除资本主义的周期性经济危机是幼稚可笑的。古典自由主义在19世纪没有能够解决资本主义的周期性经济危机问题，凯恩斯主义在20世纪也没有解决资本主义的周期性经济危机问题，从20世纪末年延续至今的新自由主义同样也不能够解决资本主义的周期性经济危机问题。要解决资本主义的周期性的经济危机问题及其他根本问题,只有用社会主义取代资本主义,这是一条唯一能够结束资本主义破坏性危机的道路。

# 贰

## 新自由主义的理论诉求

新自由主义鼓吹自由至上

新自由主义鼓吹价值多元

新自由主义鼓吹全盘私有

新自由主义鼓吹市场万能

新自由主义鼓吹“宪政民主”

# 新自由主义鼓吹自由至上

嘉兴学院　彭冰冰

鼓吹自由至上、捍卫自由旗帜和自由市场经济制度，是新自由主义的基本主张。尽管新自由主义在拉美和苏东地区的实践证明它是一种会给发展带来灾难的理论，但仍有不少人对新自由主义鼓吹的自由至上理念痴迷不已。因此，站在马克思主义的立场上对新自由主义的自由观进行批判性分析非常必要。

## 一、新自由主义自由观的基本观点

### (一)新自由主义的自由观是一种消极的自由观

英国著名政治哲学家伯林把自由分为“积极自由”和“消极自由”。“积极自由”以社会干预为实现自由的条件，是“做……的自由”的意思，它的主旨是自主，自己做自己的主人；“消极自由”以不受社会干预为实现自由的条件，主旨是免于他人的干涉或强制。新自由主义强调的自由属于伯林的消极自由观，它主要是指一种没有强制的状态，指每个人不受他人强制和他人意志操纵做他有能力做的事。对个人自由的侵犯，主要是指来自他人的强制。在此意义上，也可以说自由指个人与他人的关系，在这种关系中，个人在多大程度上能够按照自己的计划和意图行事，他的行动在多大程度上出于自己的构设。在诺齐克看来，自由就是做有权利去做的事情而不被干涉。人们可以自由地选择自己的生活方式，每个人可以拥有其独特的生活意义，任何个人或群体都不得干涉，也不得强制他人去选择多数人认为的“好”的生活。

新自由主义认为，人之所以需要自由，是因为人的理性能力是有限的，并不是全知全能的。哈耶克断言，所有的人对于实现自己的目的和福利所赖以为基础的众多因素，都存在着不可避免的无知。承认无知是自由的前提预设。既然我们都是无知的，你并不比我高明，也无权指挥我，所以我有权利决定自己怎么做。这就是新自由主义者的自由逻辑。因此，新自由主义极力反对以空洞的社会责任、美德或者平等的理由限制自由，极力反对用个人的、组织的或政府的全盘计划指导个人行动的社会理论。诺齐克强调，国家不可用它的强制手段来迫使一些公民给别人提供帮助；也不能用强制手段禁止人们自利或自我保护的活动。国家在使用强制性力量和提供保护时，仅限于防止暴力、偷窃、欺骗和自愿订立契约的强制履行这些有限的目的上。否则的话，国家就走出了自己合法性和正当性的边界。哈耶克断言，社会主义思潮所承诺的新自由，是社会主义追求中最强烈的政治动因，但这样的承诺必然要求国家对个人生活进行全面干预和集中管制，那将是通往悲惨的奴役之路。哈耶克认为，正是因为人的无知和理性的有限性，所以不能依靠人的理性去设计和建造秩序，而是要重视社会中各种自发力量所形成的自发秩序。当然，哈耶克也承认，个人自由是生活于这个社会中的人努力追寻但很难完全达到的一种状态。因为强制不能完全避免，防止强制的方法只能依靠强制，这就必须将行使强制的垄断权赋予国家。国家的作用就在于用强制的力量保护每个人的私人领域不受他人的干预。个人自由正是由于这些限制才是可能实现的。

总之，在新自由主义看来，个人是否自由，并不取决于他可供选择的范围大小，也不在于个人的行动是否出于理性的选择，而是取决于他能否按自己的意图行动而不受他人意志的摆布。任何个人和组织都没有理由限制个人的选择和行动自由。新自由主义的自由不提供任何实质性的承诺，不要求国家和政府采取什么措施来实现人的平等的自由，只要求国家不干涉个人的自由。人们拥有的仅仅是不被干涉的形式的自由，而这样的自由正是伯林所说的“消极自由”。

### （二）以私有制为前提的市场制度是保障个人自由的最佳途径

新自由主义崇尚自由，反对强制，自然也会在个人主义和集体主义之间选择个人主义。个人自由原则是新自由主义的根本性理论前提。新自由主义者认为，自由的首要立足点和归宿都是个人，判断一种社会政策和价值观的最终标准只能是个人，个人自由是一个社会最基本的出发点，也是所有社会政策和立法的基础。个人自由首先必须在经济上得到保障。没有经济的自由，其他的自由都是空洞的。因此，保护个人财产是保障个人自由的重要条件。也就是说，能够使个人自由得以实现的自由秩序只能建立在以私有制为前提的市场制度上。在新自由主义看来，私有制的最大好处就是能够充分保障个人的自由，因为只要是生产资料归个人所有，就没有人能够对个人的行为加以限制，从而使每个人能够将自己的能力发挥到极致,推动整个社会向前发展。

弗里德曼认为,所谓经济自由就是人们在没有强制手段的前提下进行自愿交易,包括个人选择职业的自由,以及平等地参与市场竞争活动的自由等。在他看来,经济与政治是密切联系在一起的,他说:“由于经济安排对权力的集中和分散权力所具有的影响,作为获得政治自由的一个手段,经济安排是很重要的。”他还说:“直接提供经济自由的那种经济组织,即竞争性资本主义,也促进了政治自由,因为它能把经济权力和政治权力分开。”就是说,在弗里德曼看来,政治自由只能在自由竞争的市场经济中存在,在社会主义制度下是不可能保证个人自由的。哈耶克极力主张取消政府对货币发行的垄断权,因为控制了货币就可能控制人的一切自由行动。在他看来,个人自由只能通过自由市场制度和内生的法治规则才能得到保障,良好的社会必须是一个实行自由主义制度、市场经济与法治的社会。诺齐克坚持捍卫自由市场,他认为市场是保障个人自由的最好机制,再分配会导致更大的不公,过度的国家干预不可避免地会在经济上带来令社会束手的“经济滞胀”,在政治上会危及社会和个人的自由,危及西方的多元民主制度,从而助长极权主义政治的抬头。

总之,新自由主义把基于私有制的自由市场制度看作是实现个人自由的最优途径。他们认为,私有制是自由的重要保障,私有制能够保障经济自由和政治自由的实现,凡是市场能够解决的问题就不必求助于政府或其他社会组织,应该设法运用有效机制限制政府无故干预市场,防止政府监守自盗。

## 二、新自由主义自由观评析

### (一)新自由主义的自由理念是市场经济内容的观念表现

应当说,新自由主义从个人主义立场出发所阐述的关于个人自由和自由秩序的理论,是与市场经济相适应的政治秩序所必须遵循的观念和原则。马克思主义认为,社会存在决定社会意识。新自由主义的自由理念不过是资本主义经济内容的观念表现。在现实的商品交换过程中,作为交换的主体,进行商品交换的个人之间没有任何差别,他们的关系是平等的,每个主体只是单纯地被看作交换者。此外,交换主体并不是用暴力去占有这个商品,相反他们互相承认对方是所有者,是把自己的意志渗透到商品中去的人。因此,商品经济的形式——交换,确立了主体之间的全面平等,而内容,即促使人们去进行交换的个人材料和物质材料,则确立了自由。市场经济必然要以确认和维护个人的自由权利——特别是其中的财产权利——为前提,也就是必须保证作为市场主体的个人能够根据自己的判断、意愿和预期决定自己的市场行为,并依靠法律来保障个人的这种自由权利不受任何他人或集团的侵犯,否则既不可能形成市场机制,更不可能产生市场效率。著名学者阎孟伟指出,个人自由和维护这种个人自由的政治秩序恰恰是市场经济本身所要求的政治条件。但问题的关键是:新自由主义所阐释的个人自由和自由秩序是否可以使个人真正从事实上、实质上免除他人的奴役或强制?那种奠基在交换价值基础上的自由是否是人类自由的最终形式?

马克思主义并不否定交换价值基础上的自由,即法律上的、形式上的自由的历史进步价值。但马克思主义认为,这种在交换价值基础上实现的"个人自由",或者说在新自由主义所鼓吹的"自由秩序"中所实现的自由,不是个人自由的终极形式。我们应该在充分肯定这种自由的合理性价值的同时,看到这种自由的历史局限性。在现实的经济生活中,仅仅拥有财产权利并不能保证个人免受他人的强制和奴役。在市场上,任何人,无论你的身份高低、年龄大小、肤色黑白,只要你口袋里有钱,就可以去购买市场上的商品,卖方不能强迫别人一定要去买某件商品,买方也不能强迫别人一定要把某件商品卖给你。似乎非常公平,每个人都是平等的、自由的。但问题的关键是:为什么一部分人有钱,另一部分人没钱?对于那些口袋里面没钱的人来说,这种所谓的平等、自由又有什么用呢?因此真正使人自由的不仅仅是财产权利,更重要的是财产本身。马克思说:"生产者不占有生产资料是不能获得自由的。"如果一个人没有生产资料,为了生存,他就不得不出卖自己的劳动力,接受他人的意志,受他人的强制。所以马克思说,工人自由得一无所有。在资本主义生产方式的总体上,在商品流通这一过程的背后,在现实的商品交换中,个人之间表面上的平等和自由消失了。因为交换价值从一开始就已经包含着对个人的强制。交换价值这个前提绝不是从个人的自由意志中产生的,也不是从个人的直接自然中产生的,而是一个历史的前提。马克思说:"成为奴隶或成为公民,这是社会的规定,是人和人或 A 和 B 的关系。A 作为人并不是奴隶。他在社会里并通过社会才成为奴隶。”就是说,个人自由是完全由社会决定的。

总之,市场经济是新自由主义自由理念产生的现实基础。在自由市场经济中,平等和自由作为纯粹的观念仅仅是交换的一种理想化表现。新自由主义把自由竞争看成是人类自由的终极发展,认为否定自由竞争就等于否定个人自由,等于否定以个人自由为基础的社会生产。其实,自由竞争中的自由不过是在资本统治基础上的自由发展。市场经济是一个自发地产生贫富差别的经济形态,它自发地倾向于使财富越来越多地集中在少数富人手中,而使越来越多的人陷入无财产的贫困状态。当大多数人没有财产时,受他人强制或奴役的就绝不仅仅是几个人,而是一个庞大的社会群体。正如马克思所说:“断言自由竞争等于生产力发展的终极形式,因而也就是人类自由的终极形式,这无非是说中产阶级的统治就是世界历史的终结——对前天的暴发户们来说这当然是一个愉快的想法。”

### (二)新自由主义的自由观是非历史的、抽象的自由观

马克思主义认为,自由并不是一个抽象的概念,而是人们在认识世界与改造世界的过程中获得的,是社会历史发展的结果,自由的实现是一个过程。生产力的每一次进步都意味着人类向自由又前进了一步。在原始社会,由于生产力水平低下,人类对自己不能支配的自然力诚惶诚恐、顶礼膜拜。后来,随着生产力的发展,人类对自然规律的认识和控制运用越来越广泛,越来越深入,越来越在更大程度上支配自然、驾驭自然,获得更多的自由。当人类社会发展到主要以工业生产

为主的资本主义社会时，随着科技的高度发展，它创造出前所未有的生产力，使人类在自然面前获得了充分的自信心，使人类取得了较以往任何时代更为广泛的自由。然而，资本主义的生产关系仍然把人禁锢在阶级压迫之中。

马克思主义认为，在生产资料私有制条件下，不同的社会集团在特定的社会经济结构中的地位是不同的，而自由的生成、获得、存在、发展也是以阶级对立、阶级冲突的形式存在的。就是说，在生产资料私有制条件下，人的自由表现为对财产的占有关系层面。个人自由，只有对那些在统治阶级范围内发展的个人来说才是存在的。对某些人来说是自由的集团或集体，对另一些人来说则是束缚他自由的桎梏。因此，新自由主义鼓吹的那种自发市场经济秩序下的不受外界强制的个人自由只能是一种自发的、个体的、片面的自由，是被分工所桎梏和物化的个人的自由，同时也是在对立阶级的两极分化下的自由。马克思指出，在资本主义社会，“自由这一人权的实际应用就是私有财产这一人权”，“私有财产这项人权就是任意地、和别人无关地、不受社会束缚地使用和处理自己财产的权利；这项权利就是自私自利的权利。这种个人自由和对这种自由的享受构成了市民社会的基础，这种自由使每个人不是把别人看作自己自由的实现，而是看作对自己自由的限制”。可见，在私有制社会，是不可能产生真正普遍意义上的个人自由的。确保个人的自由，不能通过维护自发的经济秩序来实现，恰恰相反，必须扬弃这种资本主义经济秩序，使广大劳动者真正成为生产资料的主人，将合理地调节他们和自然之间的物质交换，把它置于他们的共同控制之下，而不让它作为盲目的力量来统治自己。人类的历史性自由就在于克服私有财产,从而消灭阶级,实现人类解放。

总之,以哈耶克为代表的新自由主义自由观是一种非历史的、抽象的自由观,其目的无非是为资本主义辩护。而马克思主义的自由观是历史性的、现实的实践自由观。自由是在认识世界和改造世界的实践中获得的。人之所以自由,就在于他能够认识和运用自然规律合理地调节自身与自然之间的物质变换;在于他能够认识和把握自己生活在其中的社会关系,创造和完善社会组织形式;在于他能够充分认识和发展人自身的智力和体力,最大限度地发挥人自身的创造性、完善人自身。新自由主义认为私有制是自由的根本保障。而马克思主义认为,只有消灭私有制,促使生产关系的变革,个人以集体的力量占有了全部的生产力,在作为真正人的联合体——共产主义的共同体中,个人才能获得全面发展其才能的环境,也就是说,只有在共同体中才可能有个人自由。到那时,“人终于成为自己的社会的主人,从而也就成为自然界的主人,成为自身的主人——自由的人”。

# 新自由主义鼓吹价值多元

浙江师范大学　林子赛

价值多元主义已经成为当今世界广泛流行的观念之一，它与作为西方社会主流政治意识的自由主义之间的关系亦成为当前国内外关注的一个主题。总体来说，从传统自由主义走向新自由主义，其发展变化经历了一个从一元价值到多元价值的过程。然而，新自由主义者所信奉的价值多元主义，一方面对传统的自由主义理论产生了强烈的冲击；另一方面也无异于宣告自由主义的破产，因为价值多元主义危及了自由主义自身赖以生存的根基——自由至上的普遍主义观念。

## 一、价值多元主义及其与新自由主义的联姻

何谓价值多元主义？价值多元主义通常用来指涉这样一些观念：人们的价值追求是多种多样的，所有这些价值都是不能用单一的标准来衡量和评价的；此外，各种价值之间的冲突也是普遍存在的，人们必须有所选择、有所放弃，没有一个两全其美的解决方案。所谓价值多元化，是指一个社会中不存在相对固定的、全体社会成员普遍认可的主导价值观，而是呈现出多种价值追求、多种价值并列的状态。从历史渊源看，在早期社会价值多元主义就已经出现，也曾被视为一种人类生活的真理。人们认为这一真理包含有多种良善的生活，而各种良善的生活之间不能做出孰优孰劣的比较，因为它们具有不同的价值，是不可通约的、无法比较的。换句话说，对人类来说有许多种生活方式，但是很难说出哪种是最好的、哪种是

次好的、哪种是最差的。在现实中,由于没有一个能够让每个人都认可的解决价值冲突的方式,故而解决这些问题可以依靠的只能是集体的或个人的偏好,这种偏好很难说是对的或是错的。

不管是传统自由主义,还是新自由主义,自由主义的一个核心理念就是强调个人利益和个人至上,鼓吹个人自由和个性发展。为此,自由主义在公私问题上始终是"以私为先"的,具体表现在:极力主张国家的一切行为都应以维护个人自由、个人利益为目的,反对任何形式的专制、集权;法律应以保障个人的人身、财产等各项权利自由为根本目的;国家应实现代议制民主、分权和法治,而权力应该受到制约和限制。虽然,自由主义的这些基本思想依然贯穿始终,但是随着时代的变迁,自由主义的内容又不断地进行调整。近代以来,自由主义之所以出现如此重大的变化,从传统自由主义过渡到了新自由主义,从根本上讲是由于当今社会正经历着价值一元化到价值多元化的深刻变革。换句话说就是,自由主义的转型的背后是有其深刻的社会根源的,它是当今资本主义经济基础与上层建筑之间矛盾运动的必然结果,是资本主义社会内在发展规律的外化和表现。具体说来,现代社会是一个多种生活方式并存的社会,我们无法给每个人的生活方式提出普遍性的要求。如今,移民、交往、全球化、跨国资本、大众媒介等概念已经成为当今世界关注的焦点,过去那种隔离的生活状态已被彻底打破,围绕这些而出现的种种价值观念之间的冲突和碰撞已成为人类共同的生活状态。对人类来说,多元化已是一种无法逃脱的历史命运。经过两三百年的发展,特别是19世纪的工业革命以来,资本主义经历了长足的发展和变革,进入到了垄断时期。与此同时,西方学者所谓的“大众社会”开始形成,人们的生存条件普遍得到了改善,世俗化进程进一步加快,大众在政治生活中的作用也得到了明显的提高,受教育状况无论在主体范围上还是在水平层次上都得到普遍的提高,一言以蔽之,大众的自我意识开始苏醒。人们不再执着地信仰那个虚无缥缈的上帝,而是从自身的利益出发去追求属于个人的理想和幸福。于是乎人获得了前所未有的自由,价值追求方面亦不再有所顾忌,至此,价值多元化问题亦逐渐开始浮现出来。这对整个西方社会产生了尤为深远的影响,具体表现为非理性主义的滥觞、传统独断论哲学的解体、一元的世界逐渐过渡到了多元的世界,更为重要的是,它直接导致了新的现代形式的自由主义即新自由主义的形成和发展。在新自由主义的形成及其与价值多元主义结缘的过程中,以赛亚·伯林起了非常关键的作用。他在1958年发表的关于“积极自由”和“消极自由”的演讲中,首次较为明确地论述了价值多元论与自由主义之间的紧密关联。他指出,我们的现实世界是一个多元价值并存的世界,多元价值的存在都是合理的,而在多元价值中人们对其所做的自主选择恰恰证成了人类的自由。换言之,价值多元化是自由主义的应有之义,以致成为新自由主义鼓吹的核心思想之一。

总的来看,被伯林等新自由主义者视为其理论基础和核心的价值多元主义认为,在任何道德或行为准则的范围内,有着不同的价值或目标,而这些价值或目标之间往往是相互冲突、难以调和的。他们指出,基于人类本性中各种相互竞争的需求而提出的各种互不相容的要求是价值冲突的主要原因，而人类需求之间的矛盾是现实的必然，无冲突的人类生活只是一种美好的幻想。在几乎所有的当代社会中，多种生活方式的共存是一个既成的事实。在人类可以追求的许多有价值的生活方式中，我们很难说哪些比别的好、哪些比别的差、哪些具有同等的价值，因为它们之间存在着不可通约的价值，无法进行孰优孰劣的比较。不可通约的价值之间相互限制、彼此冲突，各有其存在的合理性。有时，甚至在同一价值内部，它们的多元要素之间也是无法比较、相互对立的。所有的这些价值没有一个是由另一个派生的或规定的，其中每一个都有可能成为人类的追求和终极目的，都有其各自存在的合理性。也就是说，在不可通约的价值之间，我们无法以任何一种客观的尺度加以评价或权衡，更无法在它们中间分出高下。比如，在自由这个价值内部，当其中一种自由与另一种自由发生冲突时，两种自由并不是在所有人的心目中都具有相同的价值，人们也无法赋予其绝对的次序。比方说，如果言论自由被用来鼓动种族主义、挑起种族战争，它就必然会侵犯其他的基本自由，这是一个不争的事实。因此，不能说言论自由绝对高于其他的自由，因为各种自由都体现了各自的不可通约、无法比较的价值或理想。在处于冲突状态的诸多价值中，并没有一个能成为对所有价值做出判断的共同基础，没有哪一种价值在任何情境下总处在绝对优先的地位。

## 二、价值多元下新自由主义的内在悖论

“二战”后，对传统一元论的清算、全球化的浪潮、民主意

识的觉醒，使得价值多元化自伯林首倡以来日益成为人们的共识、学界关注的焦点。我们甚至可以认为，二战后西方政治学界所出现的众多思潮都是从不同角度对价值多元化问题所做的反思和回应。然而，令新自由主义者没有想到的是，孕育于自由主义母腹中的价值多元论的出世，在20世纪中叶以来竟开始不断地冲击自由主义自身的根基，使得自由主义悖论重重、难以前行。正如约翰·格雷指出的那样，当价值多元主义被应用于自由或任何其他核心自由主义价值观念时，它并不支持自由主义原则；相反，自由主义原则为价值多元主义所颠覆。他认为，如果我们从价值多元主义的"多元性"来看，自由充其量只不过是多元价值中的一元，因此我们没有理由把自由置于多种价值之中的优先地位。因此，把价值多元主义运用于自由主义核心价值观念时，它并不必然支持自由主义原则，并为自由主义提供坚实的理论基础，相反价值多元主义可能会颠覆、摧毁自由主义的原则和根基。换言之，新自由主义理论体系下自由主义与价值多元主义的联姻并不总是和谐一致的，而是很难相容的。因为自由主义原则并不能解决自由主义各种价值之间的冲突，它在价值冲突面前往往是无能为力的。而且，自由主义天生具有的强烈的普遍主义（一元论）色彩还存在着驾驭、驯服多元主义的倾向。也就是说，自由主义者（包括新自由主义者）追求的是"自由至上"的一元价值，在他们追求的所有价值当中，自由总是被尊为第一位，所有与之相左的价值都不得不无条件地做出让步，不能有碍于自由价值的实现。同时，自由被视为现代国家的所有经济行为和政治实践的根本目的和最终归宿、人类解放和现代文明的主要标志。与此相对的是,多元主义则是不以任何特定的价值为终极追求,它坚决反对把各种价值按照优劣进行分类和排列。它坚持宣称每种价值在具体的场合都有其存在的合理性,都能够发挥彼此不能替代的积极作用。

当新自由主义以一种折中的方式既肯定了多元的价值观又坚持以自由作为最终的诉求时,它就已然把多元和一元的张力和断裂包含在其体系之中了。然而,实际上,新自由主义者在论证一元和多元的统一过程中,对选择的多元和结果的多元采取的是区别对待的态度。在论证多元选择和自由主义之间的一致性时,他们套用了"自由"观念和多元的关系进行细致的论证,即用选择的多元来证成自由的原则;而对结果的多元与自由主义的关联则往往采取避而不谈、轻描淡写的态度。因为他们心里非常清楚,既然自由主义的最终价值诉求是自由,追求的是自由至上,结果的多元就绝对不可能是被无条件地接受,所以在现实中他们只承认人们有自由选择多元价值的权利,而不愿承认人们所追求的价值的合理性。而且,一旦自由被新自由主义者确定为社会理想或意识形态,他们就不可能无视与自由的价值取向相违背的价值观念。实际上,无论新自由主义如何自诩崇尚自由,它绝不会包容结果中与自由背离的民主、平等、公正等价值。反之,它会以自由为借口对其进行毫不留情的批判。所以,为了能够论证一元和多元的一致,新自由主义者唯有对结果的多元做出限定,他们的做法是假定了结果的多元中已经默认了自由这一元的存在,而且承认自由能与其他价值协调一致,并由自由来统领其他价值。然而,自由和其他价值,如民主、平等、公正等并非总是相互支撑、和谐共处的，以牺牲自由为代价来换取其他价值的实现的情形也屡有发生，这使得新自由主义者避重就轻的论证显得格外的苍白无力。而各种价值当中，自由与平等的冲突尤为尖锐，自由倡导的是个人的独特性和个性的发展，它必然会片面地强调效率，从而导致人与人之间差距的拉大，尤其是在经济上造成两极分化、贫富悬殊等不平等的结果；反之，平等关注的是人类整体的协调发展、社会的和谐稳定的考量，其目标往往是缩小人们之间的差距并缓解收入上两极分化，它也必然会存在无法兼顾自由和效率的情形。因此我们不能想当然地得出“自由必然带来平等、平等必然有助于实现自由”的结论。既然自由无能统摄民主、平等，它们都是同一层级并且相互冲突的价值，那么选择了自由就必然会在某种程度上排挤、削弱民主和平等。显然，在现实中，所谓多元的自由主义无论如何都很难将多元主义一以贯之地坚持到底。

至此，价值多元主义完全撕开了一元思维方式的面纱，而这一本应追随于自由主义的同道者却也演变成了自由主义的陌路人。如此一来，本是自由主义所苦苦追寻的目标——价值多元化却成了自由主义的异化物和掘墓人。换句话说就是，自由主义被自身彻底异化了、摧毁了。诚然，最初自由主义是蕴含价值多元的，或者说，价值多元潜存于自由主义之中，是其理论基础和现实追求。之所以说它是理论基础，是因为个人自由至上是自由主义一贯坚持的根本原则，是其理论的出发点和归宿。为此，自由主义在处理个人之间的各种利益纠纷时，就需要有一种解决问题的原则和机制，以此为每个人平等地划出自由选择的私人空间。有了它，自由才能真正得以实现。价值多元就是这一原则和机制，是自由主义的必然选择。因而，从这个角度讲，自由主义在一开始就是蕴含着价值多元论预设的。之所以称之为“现实追求”，是因为自由主义是在反宗教、反传统的普遍主义思维方式的历史进程之中形成的，在这个过程中，它呼吁个人有追求自身价值及生活方式的权利。然而，现实生活中每个人的价值追求是各不相同的，那么，价值多元化就是自由主义必然的理论诉求和现实追求。

## 三、如何看待新自由主义的价值多元论

新自由主义者不可能在价值多元主义和自由主义理想之间真正地做到两全其美、两头兼顾，如果新自由主义者的确是包容了价值的多样性，放弃了自由凌驾于其他价值之上的特权，不诉求与他们的自由具有压倒性的信念相一致的方式解决多元价值之间的冲突，那么他们就不再是一个真正的自由主义者了。反之，如果他们不坚守价值的多元性，而鼓吹自由的价值应当独立地优先于或是克制与之相左的任何其他价值，自由主义的真正理想就失去了应有的意义，他们也就不再享有价值多元主义者的美名了。

新自由主义最根本的问题在于价值多元论与普遍主义的一元价值之间存在着不可弥补的内在冲突。当前，一些自由主义者，武断地把“普世价值”视为价值多元论的第一要素，竭力把自由主义所倡导的基本价值宣称为“普世价值”，这实际上都是忽视了两者之间存在的难以调和的逻辑冲突。这种冲突突出表现在，一旦把某一价值或某几个价值宣称为“普世价

值”，那就必然意味着要求人们无论在什么条件下都必须坚持或实践这一价值；但是，不同的价值之间，甚至在同一价值内部的不同要素之间，比如自由和平等之间、积极自由和消极自由之间、机会平等和结果平等之间等，就常常存在冲突，面对这种冲突，人们根本无法既实现“普世价值”又同时实现这些与之冲突的价值。通常情况下，面对相互冲突的价值可能有两种选择：一是在极端的情况下牺牲一种(一些)价值而选择另一种(一些)价值，这种牺牲就是人们常说的“悲剧”；二是在可能的情况下尽量在两种(两类)价值之间进行平衡，使得每一方都不至于被完全牺牲掉，当然这种情况下每一方价值就不能够充分地得到满足或实现。很显然，这两种选择都是不完美的，都不符合“普世价值”理想。第一种情况下，其中的一个价值无论如何“普世”都不得不悲剧地被牺牲掉；第二种情况下，两种相互冲突的价值虽然没有被全部牺牲，但离“普世”的完美理想亦相差甚远。

诚然，价值多元主义在现实中否认将单一价值作为理想，宣称每个人都有权利选择和坚持自己的价值观和生活方式，这一主张对于形成个体发展的丰富性、差异性，促进个人的自由而全面的发展，具有某种程度上的积极作用。对于正在向现代化行进的中国来说，也有一定的借鉴作用。而且，对于我们分析和解决当前国内存在的价值多元化问题亦具有启发意义。然而，新自由主义者以激进的方式将价值多元论推到了极端，从一般自由主义所承认的个人伦理与理想的多样性，扩展到现代社会人类生活方式的多样性、价值的不可通约性，如此一来，几乎消解了自由主义的所有基本价值。而且我们也看到，价值多元主义作为自由主义的一种新的发展形态并没有从根本上解决自由主义内部的矛盾。对于个人来说，当我们遭遇社会中价值的多元化、动态化和主流价值时，常常会表现出迷惘、焦虑和不知所措，这样必然就会导致自我认同危机；同时，就公共领域来说，当个体之间的价值发生冲突甚至争斗时，就会带来如哈贝马斯所说的社会团结的源泉不断趋于枯竭，人与人之间的关系将日趋淡漠，很难形成统一的价值观，甚至面对某些规范制度也难以形成相对一致的观点，这势必导致整个社会认同危机、信仰危机，最终会影响到社会的和谐与发展。

此外，我们还必须看到，随着改革开放的推进和市场经济的发展，我国社会的经济成分、社会结构、利益关系、分配方式以及文化观念日益多样化，以及潮水般涌入的外来思想文化和飞速发展的信息技术，都对人们的生活方式、思想观念和价值取向产生了深刻的影响。在这样的大转型、大碰撞的时代，为数不少的人，包括国家公务员、高校教师等，在价值标准和道德原则方面陷入了迷茫，乃至混乱。他们对于应该坚持什么、反对什么，倡导什么、抵制什么，崇尚什么、批判什么，几乎失去了应有的鉴别力和判断力，掉进了模棱两可、“什么都行”的泥潭。由于没有形成界限清晰的正确的荣辱观，少数干部走上了贪污腐化的道路。诚然，当今社会总体上是开放的、宽容的，人们在价值取向上的多元化并不奇怪，也不可怕，而且对不同的也可以、也应该有不同的价值追求和道德要求。必须强调的是，任何一个社会阶层、社会群体，在一些具体问题上的看法可以不同，我们也应该包容这种不同。但在一些根本问题上必须要有一个相对明确的底线和准则。现代社会丰富多彩，每个人都有权选择自己的生活方式、生活态度，但在大是大非面前我们必须要有正确的态度，不能以耻为荣，混淆是非黑白。

综上所述，用价值多元论作为新自由主义的理论前提依然是一个不成功的甚至是粗糙的论证。虽然价值多元主义与新自由主义密切相关，多元主义承认了各种价值，新自由主义宽容各种价值。多元主义是新自由主义产生的历史前提，新自由主义则为多元主义的发展提供了平台，但两者之间仍存在着不可弥补的裂痕。换言之，新自由主义坚持价值多元论是无可厚非的，但它这样做实际上却产生了与自由主义的基本原则相悖的离心力，甚至摧毁整个自由主义的大厦。

# 新自由主义鼓吹全盘私有

浙江工业大学 徐 娜

哈耶克在其《通往奴役之路》一书第八章“谁战胜谁”中曾指出:“只是由于生产资料掌握在许多个独立行动的人的手里,才没有人有控制我们的全权,我们才能够以个人的身份来决定我们要做的事情。如果所有的生产资料都落到一个人手里,不管它在名义上是属于整个‘社会’的,还是属于独裁者的,谁行使这个管理权,谁就有全权控制我们。”这段文字充分表明了新自由主义者在生产资料所有制问题上的主张,充分表达了他们提出这种主张的缘由以及如若他人反对这种主张的后果。在哈耶克看来,生产资料必须掌握在个人的手中,而且这些个人必须是具有独立行动能力的人,即是独立、自主、自由的个人。按照哈耶克的逻辑,独立的个人只有掌握了生产资料,才能够继续确保自己的独立性,才能够始终保证自己不受他人控制,从而也才能够自由地、随心所欲地做自己想做的任何事情。相反,如果生产资料不归单个个人所有,而是归属于某个独裁者或者整个社会(社会以其整体的方式被哈耶克当作了某种独裁者),那么,其后果便是自由的毁灭。在新自由主义者看来,生产资料的私有化等同于自由的保障,而生产资料的非私有化就等同于自由的毁灭。政治的自由需要经济的自由,而经济的自由需要生产资料私有化,这便是新自由主义之所以鼓吹全盘私有化的基本逻辑。

## 一、新自由主义鼓吹全盘私有的缘由

新自由主义的经济政策兴起于其同凯恩斯主义经济政策的竞争和博弈之中。20 世纪初的经济状况，正如凯恩斯在其著作《就业、利息和货币通论》结语中所描述的那样："我们生活于其中的经济社会的显著弊端是：第一，它不能提供充分就业；第二，它以无原则的和不公正的方式来对财富和收入加以分配。"大量失业人员的存在是彼时大多数国家所面临的经济难题。对于这一难题，凯恩斯主义主张应采取中央计划的方式来增加就业，并采取政府管制的方式来调节财富和收入分配。然而，新自由主义者却认为，如果市场还没有自发地提供就业机会的时候，就盲目地通过计划安排的方式来增加就业，势必会打破市场岗位的供需平衡，甚至会引发通货膨胀。因此，政府不应该干预公众的就业问题，而应该使就业问题处于自发状态。良好的经济秩序就是要将公众的就业问题置于自发状态，使公众不受政府或他人的支配，自发地依据市场来选择自己的就业问题。由此，新自由主义者将就业问题全盘私人化了。

同样，新自由主义者还认为，政府也不应介入到企业的生产之中。生产是企业家私人的事情。哈耶克在《经济、科学与政治》一书中提到："一个企业家，如果他控制自己产品的成本、品质和数量的权力几乎被剥夺殆尽，则他几乎就不可能还愿意承担任何风险。"按照他的说法看来，如果由政府来决定企业生产什么、怎么生产、生产多少，那么企业就不愿意承担任何风险。也就是说，企业家既不愿意担心生产，也不愿意担心销售。而如若企业家不担心生产则会导致企业生产积极性下降,导致生产效率低下。如若企业家不担心销售则会导致企业产品积压或滞销。总之,在新自由主义者的眼中,如果由政府来管制企业,势必会给经济形势造成一种无论生产什么都会卖出去的假象,而这几乎总会或多或少地导致通货膨胀。相反,只有让企业家自己来决定和控制自己产品的生产和销售,才能避免通货膨胀。

新自由主义将通货膨胀的原因归于政府对经济的管制和安排。为了避免通货膨胀,新自由主义者鼓吹经济的全盘私有化。他们认为只有经济的全盘私有化,只有让个人自由、自主地决定自己的经济行动,才能理顺经济秩序,避免通货膨胀,缓解经济危机。当然,新自由主义者也意识到了,全盘私有化以及以其为前提的自由市场可能会引发无序竞争。这种无序竞争可能进而引起人与人之间财富和收入分配的不公正现象。但是,新自由主义者否认通过计划来调整财富和收入分配,否认对财富和收入的调控能够带来公正。

首先,在他们看来,如果由他人或社会来决定个人应该获得什么或者获得多少,那么,面对庞大社会整体的不透明状态,这必然会导致腐败而非公正。其次,即使社会整体处于透明状态,经济学家也无法制定出一套经济政策来公正地统筹规划谁获得什么,获得多少。这是一项庞大数字或逻辑的分析任务,既带来了沉重的财政负担,也不可能实现。正如哈耶克在《个人主义与经济秩序》一书中所说:“我们在纯粹分析中使用的均衡概念本身以及相关的分析方法,唯有在被用来分析一个个人的行动的时候,才会具有明确意义。”同样,在他看来,动态经济学也只能用来分析不同个人之间的互动,而无法分析集体的计划和安排。总之,按照新自由主义者的观点,通过政治制度或计划经济来公正地分配和再分配财富和收入、产品和服务是一项沉重的而且也不可能实现的幻想。

相反,他们认为,个人能够得到什么,得到多少,在很大程度上要靠他自己的努力。尽管不同的人会因其才能或因偶然因素而获得不同的报酬,但这正是公正的题中之意,因而公正绝非平均主义的平等。非平均主义的公正正是通过个人追求自身的报酬和收益而达到的。当每个人利用自己的知识和技能来追求自己的目标时,他也能为他人提供服务和机会。公正的要义在于自利导致利他。古典自由主义的主张——每个人在追求自身利益的同时可以促进公众利益,在新自由主义者那里得到了传承。但是这一主张的前提是要承认“个人财产制度”的法律原则,哈耶克认为只有这样才能保证互不相关的个人的行动计划相互协调,从而使任何人都有很好的机会去实施他们自己制订的计划。只有处于私有化保障中的个人才能采取自由行动,才能以其自利的行为产生利他的结果。也就是说,在新自由主义者看来,全盘私有化恰恰是公平和正义的保障。

哈耶克在《致命的自负》一书中提出了这样一个标语:“政权必须维护公正,而不承认私有财产,公正也不可能存在:‘无财产的地方亦无公正’。”这一标语对于新自由主义者来说就如同欧几里得几何学中的几何证明一样不可怀疑、不可否定、不可更改。公正意味着个人对其财产的不受侵犯的、全权的支配,而个人只有对其财产拥有全权的支配能力,才能保障个人的自由。私有化是个人自由的最重要的保障。新自由主义主张私有化的经济政策,这一主张最终目的是为其政治上的自由主义做准备。这种政治上的自由主义在诺齐克那里演变成了极端的自由主义。按照诺齐克的见解,个人是唯一的实体,个人拥有权利,个人不受他人支配和决定。任何对个人的管制,不论是某个个人或者某个政府对个人的管制,都是恶的。正如诺奇克在《无政府、国家和乌托邦》一书中所说:"一种最低限度的国家(Minimal State),其功能仅限于保护人们免于暴力、偷窃、欺诈以及强制履行契约等;任何更多功能的国家都会侵犯人们的权利,都会强迫人们去做某些事情,从而也就无法得到证明;这种最低限度的国家既是令人鼓舞的,也是正当的。"相反,企图对个人施加任何管制就都是不正当的。可见,按照新自由主义者的观点,为了保障个人的完全自由,必须彻底否定政府,实行全盘私有化。

## 二、新自由主义鼓吹全盘私有的理论表现

在新自由主义者的视野中,只存在着两种对立的经济制度。一种经济制度是生产资料归个人所有,并以之为前提,通过竞争性市场形成自发性的经济秩序。与之相对的另外一种经济制度是授权一个中央政权来支配现有资源,并通过其任意安排形成计划性经济秩序。新自由主义者反对后一种经济制度,而支持前一种经济制度。在他们看来,这两种经济制度是水火不容的,如果授权一个中央政权来支配现有资源,来支配生产资料,那么这势必会消灭生产资料的个人所有,导致个人不再拥有生产资料。每个个人独立地、自由地、自主地占有

和支配生产资料是新自由主义经济政策和政治政策的前提和基础。为了维护这一前提和基础，使之不受破坏和侵蚀，新自由主义者反对任何对经济秩序的设计、指导和安排。在他们看来，任何设计、指导和安排都会剥夺个人对其生产资料的所有权，只有全盘私有化才能保障个人对其生产资料的所有权。

因而，“谁得到什么、何时得到、如何得到”都应该取决于个人，取决于个人的才能、进取心及运气。一套良好运行的经济秩序就是每个人利用他的机会、抓住他的机遇、凭借他的才能，不断进取、不断奋斗而自发形成的。相反，如果把“谁得到什么、何时得到、如何得到”的权利交给政府，由政府来决定“谁得到什么、何时得到、如何得到”，那么，这势必会引发经济秩序的混乱，导致经济财富的衰退。按照新自由主义者的逻辑，如果把一切生产资料的所有权移交给政府，由政府来筹划整个经济生活，由政府来决定物质资料的生产，由政府来调节居民的收入分配，我们就不可能提高生产效率，不可能增加财富，不可能走向富裕。相反，只有把一切生产资料的所有权交给个人，以私有财产为基础，才能提高生产效率，增加财富，走向富裕。

也就是说，在新自由主义者那里，一切生产资料必须归属于个人，个人必须做其财产的主人。个人只有以主人的身份参与到生产劳动中来，才能够全身心地投入其中，才能够以其全部的才能和努力，来提高自己的生产效率，增加自身的生产财富。

同样，在贸易和商业领域，新自由主义者也认为，一切商业信息都应该是私人的、私有的和保密的。在商业活动中，只有私有化才能保证个人在投资和竞争中取得优势。比如,哈耶克在《致命的自负》一书中就曾提到:“假如每个商人必须把如何以及在什么地方能够获得更好或更便宜的货物公之于众,使他的竞争者立刻就能效仿他,那么他几乎一点也不值得做这种事情——不可能出现由贸易而增加的利润。”可见,新自由主义者要求每个商人对于自己的商业活动都要保守秘密。任何能够获利的商业信息都应该仅仅属于他自己所有。这种私密的商业机会是不能够透露给他人的。同样,他人也不能任意窃取其商业机密。尤其是对于政府来说,就更不能以其指令性的或强制性的手段来获取这些贸易和商业机密。如果政府通过计划性的或指导性的安排来筹划这些贸易和商业信息则更是愚昧和无知。商业活动能够盈利的前提就是要保守生意上的秘密,即商业信息只有一部分人知道,而另一部分人不知道。只有保持这种商业信息的不对等和不对称,才能在商业活动中赚钱,才能获得利润。反之,如果将其透明化或公之于众,那么任何人都不会从商业活动中获得利润。可见,在新自由主义者看来,贸易和商业的机密化和私有化是经济流通能够良好运作的唯一保障。

任何企业对于其生产、贸易和流通都要拥有全权,不受他人的支配和控制。新自由主义者既反对政府对私营企业的任何控制,也反对由政府来经营企业,即国营企业。他们对国营企业持一种不信任的态度。在他们看来,国营企业受到了政府的保护。这样一来,私营企业就无法同国营企业在同等的条件下竞争。企业之间的自由竞争就会化为泡影。这正是哈耶克在《自由宪章》一书中提出的观点:“只要政府使用自己的一部分强制权力，尤其是它的征税权，来帮助自己的企业，那么，就总是会使这些企业获得一种事实上垄断的地位。”只要政府给予国营企业一定的特殊优惠，不论是减免税率还是别的，诸如政府补贴等好处，那么，由政府所支持的国营企业在市场竞争中就必然处于某种优势地位。当私营企业去和由政府所支持的国营企业竞争时，就必然处于劣势。这样，由政府所支持的国营企业就在无形之中压制或损害了私营企业的权利。

除了生产、流通、经营领域的私有化之外，新自由主义者还主张货币的私有化。这是新自由主义经济政策的重要环节。在他们看来，国家必须放弃其发行货币的权利。正如哈耶克在《货币的非国家化》的序言中所总结的那样，“周期性的萧条和失业，其实主要是政府长期以来垄断货币发行所致”。而如果想要实现经济的稳定发展，“只要政府不出面阻止，私人企业就能够并且确实在较早以前向公众提供过选择货币的机会，而那些在竞争中脱颖而出的货币的币值基本上是稳定的，从而防止了投资的过分发展，也防止了接下来出现的经济收缩”。因而，货币的发行权必须交给个人，实行货币发行之自由。之后，作为新自由主义代表人物之一的米尔顿·弗里德曼在其著作《货币的危害》中，更是通过列举和分析 20 世纪各个国家(包括中国、美国、德国、匈牙利等国家)的通货膨胀现象，将通货膨胀的原因归结于政府，“只有政府，只有政府自身，才能制造过度的货币增长，从而制造通货膨胀”。然而，在弗里德曼看来，不论政府是采取紧缩的货币政策还是采取扩张的货币政策都有副作用，也就是说，不论政府积极有作为还是消极不作为都存在着负面效果。唯一可行的办法就是将货币视为一种资产,实现私有化。

总之,新自由主义鼓吹全盘私有化的经济政策可以从弗里德曼在《自由的选择》一书中对经济自由的三项概括中一窥端倪。第一,弗里德曼认为“经济自由当中很重要的一部分便是支配自己收入的自由”,个人应该自己支配自己的收入,而不应让政府支配我们的收入。第二,在弗里德曼看来,“经济自由当中另一重要部分是根据自己的利益支配手中资源的自由,即选择职业的自由、经营企业的自由、与人交易的自由等等”。第三,弗里德曼主张“拥有财产的自由是经济自由的另一重要部分”。虽然,我们看似拥有广泛的财产所有权,然而,即使是在资本主义社会里,仍然有很大一部分财产,诸如生产工具等是社会主义性质的。这对经济活动来说是一种管制、一种专横。自由、完善、良好的经济活动需要全盘私有化,因此,全部的、彻底的、完全的私有化就成为新自由主义者积极鼓吹的经济政策。

## 三、新自由主义鼓吹全盘私有的现实影响

新自由主义者鼓吹全盘私有的观点,不仅在理论上呈扩散趋势,而且还逐步渗透到现实领域中。关于新自由主义鼓吹全盘私有的现实影响,阿尔弗雷多·萨德-费洛和黛博拉·约翰斯顿在其主编的《新自由主义批判读本》中概括道:“撒切尔夫人 1979 年的当选与罗纳德·里根 1980 年的当选被认为是新自由主义经济政策正式占据支配地位的时期。从那时以来的 25 年里,新自由主义政策理念在工业化国家和发展中国

家经济中都有拓展式应用”。新自由主义的经济政策在很多国家的决策中占有一席之地，并呈现逐步扩展的趋势。尤其是通过1989年的华盛顿共识，新自由主义开始向拉美和东欧国家输入其私有化的经济政策，逐步在全球倡导私有化和自由竞争，反对政府干预和市场管制。

受新自由主义私有化经济政策的影响，政府对资本的普遍管制一步步被取消。新自由主义反对政府对金融资本的竞争管制。在新自由主义的攻击下，政府逐步放宽了对金融资本的管制，金融企业和非金融企业不再分离，商业银行和投资银行不再分离。由于新自由主义的经济政策在金融秩序中占据了上风，生产性资本在全部资本中所占的比率逐步下降，而金融资本所占的比率大幅上升。

新自由主义提出的通过货币非国有化来缓解通货膨胀的措施被大部分国家所采纳。比如，卡特政府在1978年就采纳了货币主义者关于降低货币存量的经济政策，实行了紧缩性的财政政策与货币政策。这在一定程度上遏制了通货膨胀，提高了经济利率，改善了战后经济持续下滑的局面。

新自由主义全盘私有化的经济政策也要求政府全面削弱福利保障体系。在新自由主义经济政策的影响下，消极的福利政策开始流行起来。消极的福利政策包括削减失业救济金、削减养老金、削减保险等。从卡特时代到里根时代，公共服务职位不断被削减，福利补助的数额也不断被减少，甚至很多家庭都被排除在福利方案之外。

总之，新自由主义经济政策的其中一义就是要推动全盘私有化。新自由主义所要求的私有化主要采取两种方式：直接出售公有资产，以及在私人融资计划推动下更为渐进的私有化，即直接的私有化和间接的私有化。直接的私有化主要是通过直接出售大型的公用事业来实现的，如电信、供电、供水、铁路等的私有化。渐进的私有化的实现，主要是通过私人领域不断地向公共领域输入商品和服务，进而渗透到公共领域的内部，使其一步步地私有化。新自由主义所倡导的这两种实现私有化的经济方式，都是要限制政府的干预，以提高私有化的程度，为其所鼓吹的全盘私有化做准备。

# 新自由主义鼓吹市场万能

浙江农林大学　丁　峰

2008年以来，由美国次贷危机引发的金融危机余波未平，西方新一轮的自由市场扩张又揭开序幕。作为自由市场支撑理论的新自由主义，并没有因为这次席卷全球的金融危机而销声匿迹，反而以改头换面的形式，依傍经济全球化的浪潮，以建立各种经济自贸区的形式，东突西进，固守"自由至上""市场万能"的律令，不断倡导自由经济贸易和自由市场经济。在复兴"里根—撒切尔主义"的新自由主义之时，在指责政府过多干涉市场经济之余，不忘将其多余的梭镖投向社会主义市场经济，为西方世界新一轮的自由经济扩张摇舌鼓噪，新自由主义依然以强劲的势头在西方各国游荡，西方资本主义国家依然坚持不懈地向发展中国家推销自由市场。那么，如何看待藏匿在金融危机背后的新自由主义及其鼓吹的"市场万能论"呢？

## 一、"市场万能论"的由来

"市场万能论"是新自由主义对所倡导的经济自由竞争的一种观点。这种理论通过否定政府对经济必要的干预，主张以完全自由的市场在社会经济生活中起主导作用。"市场万能论"源自亚当·斯密"看不见的手"的学说。亚当·斯密认为，每个人都是追求自己利益的"经济人"，通过自由竞争的方式促进全社会财富增加，进而使国家强大。而新古典学派马歇尔则通过他的均衡价格论，认定"经济人"是有理性的，能精打细算，生产者追求利润最大化，消费者追求效用最大化。因此，这只“看不见的手”和“经济人”假设，可以使每个“经济人”通过市场的自由竞争，并通过价格体系，调节社会经济以到达最优选择，即“帕累托最优状态”。这种借助“看不见的手”和“经济人”假设的经济学说，就成为倡导“市场万能论”的先声，尔后的新古典自由主义者，诸如哈耶克、米塞斯等人，把自由视为最高价值目标，认为自由是独立于他人的专断意志，竭力将新自由主义的“新自由”拉到“消极自由”的层面上，反对政府对市场经济的干预，强调自由市场对经济活动的全面主导作用。“市场万能论”实质上是打着经济自由幌子，倡导自由经济，强调自由主义主宰社会经济活动，主张市场机制，反对政府干预，将市场机制和政府干预视为不可共存的两种方式；主张资本主义私有制，反对社会主义公有制，将公有制视为洪水猛兽。

“市场万能论”是新古典自由主义所倡导的“三化”——绝对自由化、全面市场化和全面私有化中的一个方面。哈耶克在《通向奴役之路》中，倡导经济的绝对自由化，反对国家干预经济，将垄断资本主义、国家社会主义、法西斯主义等同于社会主义或共产主义，不加区分地、笼统地称为计划经济或极权主义，并将矛头指向了当时经济运行良好的苏联。而其理论的践行者美国的里根总统、英国的撒切尔夫人，则将这一理论付诸实际，用来指导本国的经济发展，进而作为一种资本主义的价值观在世界各地推广。

“撒切尔主义”和美国由共和党总统里根推进的“里根主义”都被统称为“新自由主义”，也称“新保守主义”。这些理论或备受推崇的资本主义世界的意识形态,也是美、英两国推进新自由主义变革的结果,其经济模式仍在全球化过程中占主导地位,即“英—美新自由主义市场经济模式”。由这种经济模式意识形态化了的价值观,就成为西方不断鼓吹的“市场万能论”的来源。

“市场万能论”强调自由的竞争,也强调法治的经济,但同时也是一种放任自由的市场经济。正是这种市场经济,早在19世纪导致了工时不断延长,失业率日益上升,经济危机的一轮轮爆发。而在今天,经济全球化的浪潮则又导致了自由的反面——垄断的出现,跨国公司就成为“市场万能”在世界各地的直接表达方式和存在方式。

## 二、鼓吹“市场万能论”的原因

对新古典自由主义来说,新自由主义倡导“政府对经济进行广泛管理和部分干涉,强调应该提高社会弱势群体和贫困成员的自由”的主张是无法容忍和接受的。它们反对政府干预市场,主张以宪政制度保护个人权利并制约政府的权力。例如,哈耶克主张自由的原教旨主义,重提“消极的自由”,让市场对经济活动和社会利益进行分配,政府重回到市场“守夜人”的位置。其中,“自然秩序”“理性经济人”和“看不见的手”构成了新自由主义“市场万能论”的理论基石。

第一,“自然秩序”。这一源自传统政治理论的术语,经由霍布斯和洛克对国家起源的解释而进入到新自由主义的视野里来。洛克强调自由行动、自由处理财产、处理与他人关系的行为,只要他们认为那样做合适,“这一切都在自然法则的界限之内，而无须受制于他人的意志。”也就是说，自由处理一切属于自己事务的行为都是符合自然秩序的。因此说，资本主义的自由竞争和市场自由，基于利益最大化的市场资源配置，也都适用于“天赋人权”的原则，保护每个公民的合法权益，从而更好地维护经济活动的秩序，体现每个人权益的存在价值。因此，将“自然秩序”的理性解释模式运用于经济领域中，就体现为通过市场自由处理自己的财产，而不受任何外力侵犯的这种权利和理性经济秩序。这也要求每个进入经济领域的成员以最大的理性方式，维护自己的经济利益，并达到利益的最大化。无疑，市场经济中商品和资本的自由流动、自由竞争，就成为市场经济的先决条件，而以权力让渡形成的政府自然要恪守中立原则，不去干涉经济活动，让市场在经济活动中起到完全作用。因此，“自然秩序”论就成为“市场万能论”在经济活动和竞争中的依据所在。

第二，“理性经济人”。这是新自由主义经济学的另一理论假设和理论前提。新自由主义认为，自由的市场必然要求体现自由从事经济活动的人的权利，而按照“利益最大化”原则从事经济活动的人，其经济行为都是通过理性判断做出的。因此，每个进入市场的人应当是“理性的人”，能够遵循经济学家所倡导的“利益最大化”原则从事各类活动。借助“自然秩序”和“利益最大化”的表达逻辑，新自由主义经济理论就将经济假设的“自由竞争”前提条件视为真实的条件，并在“利益最大化”这个主观主义经济假设的条件下，做出“理性经济人”这一推论，从而推导出市场经济活动是“理性经济人”的经济行为。实际上，这一推论是在资本主义的经济环境中，宣扬个人主义，强调自主权利、经济理性主义，通过维护私有财产，借以达到追求个人利益目的的人，也是被私有制经济制度化了的人。正是基于这样一种对人的多面性的认定，新自由主义就很自然地得出“理性经济人”的理论假设和市场化结论。

第三，“看不见的手”。这是古典自由主义者亚当·斯密最为著名的一种理论假设，强调在经济活动中，商品的供需总是有一只“看不见的手”在调节，在自由竞争阶段，这只“看不见的手”被指认为市场，并被许多经济学家所认可。但是，这一原则被新古典自由主义所不断追捧时，这只“看不见的手”却总是不能有效达到最初调节供需的目标，而使经济平衡一次次失灵，并以经济危机的狰狞面孔出现，迫使资本主义国家在焦头烂额之余，不得不求助于政府这只“看得见的手”去干预脱缰的市场。正如美国著名经济学家约瑟夫·斯蒂格利茨所指出，亚当·斯密的“看不见的手”学说中，“那只手之所以看不见是因为它根本就不存在——或者就算存在，它也是瘫痪的”。这也说明，单凭市场这只手，并不能保证像新古典自由主义者宣传的那样，永葆资本主义经济青春常在。相反，在“在自由竞争的市场中，有一只看不见的手在推动着供给和需求——这是一种在其他事物长期不变的假定之下所做的推测，并不是实际情况。所以说，假定是靠不住的”。

因此，只有厘清新自由主义鼓吹的“市场万能论”的立论依据和原则，我们才能认清“市场万能论”兜售的各种经济方案或理论主张的真相，才不至于被这种貌似合理的理论所蒙骗。同时，在党的十八届三中全会提出“市场经济在资源配置中起决定性作用”的观点，既不被“市场万能论”的经济主张和理论思潮所蒙蔽，也不因否认市场的作用而开倒车。对此，我们更要看清新自由主义理论背后“市场万能论”的真实面目，要防止一些国内外经济学家借着“市场万能”的口号，误导改革，影响改革。

## 三、“市场万能论”的本质

### （一）“市场万能论”是历史唯心主义的翻版

自由主义理论强调“市场万能”的背后，实际上是将市场视为经济关系中决定性的因素，本位化了市场在经济社会生活中的作用，其哲学基础是历史唯心主义的决定论，忽视了市场的客观性，而扩大了市场的主观性，将市场视为经济社会关系的决定者。

马克思主义认为，人类社会发展是由生产力和生产关系、经济基础和上层建筑之间的矛盾推动的。在经济关系中，市场属于交换关系，是由经济基础决定的。新古典自由主义将“市场”视为“万能”的，市场将社会吸纳入经济体系，人成为经济体系的附属物。而以获利为目标的市场经济，其获利的动机在国际上激发了军备竞赛，并演化为战争。国内则将土地等资源商品化，邻里关系和乡村风景受获利行为侵蚀而毁坏，生态自然资源遭到极大破坏，货币成为联结人们的纽带，主体的人被商品化。

### （二）“市场万能论”是主观主义认识论的直接产物

新古典自由主义将“市场”视为脱离客观经济活动的方式，成为资本主义全球化意识形态的理论表现，在认识论上体现了心智主义和人性自私论的设定。哈耶克在论述“竞争的含义”时，将其主观主义的认识论无意中透露出来。他指出，关于竞争的结论隐含在它的假设中：“愿望和事实知识决定了唯一的方法，而它们二者则设定为同时为单一的心智所持有。”这种直率的表达，无疑给我们指出了“市场万能论”的奥秘所在：“人为的设定”“愿望与知识的决定的方法”“心智持有”等，这些源于主观主义的认识论和心智主义所支撑的“理想竞争”“自由市场”，直接否定了认识的来源是经济活动的实践，而将理论假设视为现实条件，其虚幻性经各种逻辑论证成为现实条件。

### （三）“市场万能论”是西方资本主义国家“道统”的实现方式

新自由主义作为一种强势话语的经济政治思潮，也是当今资本主义世界的意识形态。这种意识形态曾经以“华盛顿共识”的形式出现，但始终如一的表达方式则是通过“理想竞争”“自由权益”“市场万能”的经济实现条件，推进新古典自由主义的意识形态及其主流价值。因此，在西方国家主导的经济全球化浪潮中，“市场万能论”就成为实现和维护西方国家“道统”的最直接方式，例如美国的“里根主义”、英国的“撒切尔主义”等。

### （四）“市场万能论”是西方价值观在经济领域的主要表现形式

“市场万能论”不遗余力地倡导自由竞争、市场化经济，其理论本质是将自由作为一种价值观，植入经济理论中，以市场的形式来传递经济自由主义理念。市场一旦成为公平、效率、自由、平等诸多西方价值观念的化身，自由市场就成为以经济自由主义形式实现自由价值观的现实载体。因此，市场万能论就成为西方自由价值观的必然理论结果。因为，在哈耶克看来，在缺乏“自由”的情况下，不但各类商品无法以最低成本生产，而且消费者的需求也无法得到满足。当竞争的自由，市场的自由，体现人的需求的自由时，也成了人的自由，资产阶级的自由就从自由竞争的市场经济中生发出来。“万能的市场”确保了这种价值观念的实现。西方资本主义国家正是在维护自己价值观时，借助“市场”这把利器，不断在世界各地推行市场化改革，推销自由价值观。正因如此，新古典自由主义极力排斥政府对经济的干预，而对市场失灵本身讳莫如深，不敢承认市场经济有根本性缺陷，不敢承认全盘市场化方向的错误，迷恋市场经济，倡导市场原教旨主义。

## 四、“市场万能论”的危害

新古典自由主义所鼓吹的“市场万能论”，对于资本主义社会经济发展来讲，是一种策略性的经济政策选择。新古典自由主义在倡导自由经济和市场竞争时，与部分干涉市场的“新”自由主义之间摇摆调节，不断得以修正，使资本主义国家在危机重重的困境中，缓解其自身的矛盾。但“市场万能论”这种论调，对于新兴国家发展市场经济而言，则带有新殖民主义的误导性，在意识形态方面，藏匿着去社会主义化的价值倾向性，在国际和平与发展方面，引发各种经济、社会和生态环境危机，激发各类军备竞赛。具体表现为：

(1)强调自由竞争,奉行社会达尔文主义,宣扬物竞天择,适者生存,弱肉强食,优胜劣汰,导致经济恶性竞争,为国际垄断资产阶级服务。

(2)否认国家对经济活动的有效调节,提倡市场决定论,导致公共服务缺失,两极分化严重,引发各种经济危机。

(3)以市场经济为耳目,兜售新自由主义的价值观,引发新殖民主义、霸权主义等政治经济灾难。

(4)主张全面市场化,将市场机制泛化到一切领域,引发新兴国家债务和金融危机。

(5)崇尚市场消费主义,误导社会主义的改革方向,导致社会动荡、人民生活水平急剧下降。

(6)放任市场自由,获取巨额暴利,导致垄断经济出现、政局动荡、种族主义和恐怖主义泛滥。

(7)享乐主义盛行,自私自利的个人至上主义泛滥,社会公德、价值信仰私利化。

## 五、坚决批判“市场万能论”

在经济全球化背景下,既要看到市场经济是配置资源的有效方式之一,充分发挥市场经济的灵活作用;又要看到市场经济自身存在的局限性,不能无限地夸大其作用,把它看作包治百病的灵丹妙药;还要看到市场是人类活动的方式之一,需要通过道德调节、法制规范和制度约束,防范市场经济带来的无序和破坏作用。

### (一)辩证看待市场在资源配置中的调节作用,反对完全自我调节的市场乌托邦

作为自由市场的开山祖师,亚当·斯密本人也是不赞成过度扩大市场的作用,过度强调所谓的“看不见的手”。为此,他专门写过一本书《道德情操论》,以此来纠正此前声名大噪的《国富论》,甚至他在去世之前,曾想将《国富论》付之一炬,以避免因“看不见的手”成为经济生活的主导而出现的极大误导。由此可见,由“看不见的手”所操纵的市场并不是万能的,也不应该是万能的,源自资本主义社会周期性的经济危机,就是市场失灵后最为剧烈的破坏性活动。

当然,承认新古典自由主义的错误,承认“市场万能论”的错误,承认将市场机制泛化到一切领域的错误,并不等于要否定市场,更不等于要否定改革,而是要求我们辩证地看待市场和市场经济,不为自由主义关于市场经济的奇谈怪论所蒙蔽,坚持从实际出发,不断完善社会主义市场经济,发挥社会主义制度的优越性,围绕“共同富裕”的奋斗目标,不断推进经济社会全面发展。

### (二)立足市场经济的实践性,反对新古典自由主义在物质交换上的唯心论

人的本质属性是社会性,经济活动是人的实践活动方式之一。自由主义的“经济人”假设,是建立在个体追求“利益最大化”这一原则下的理想假设。在这种假设中,人与人之间“以利聚之,以利散之”,所有的活动都是“熙熙攘攘,皆为利来”,无法实现人与社会、人与人之间的共同价值追求与道德

诉求。为此,很多哲学家都从“善”“至善”的理念出发,不断寻求破解人性“恶之花”的途径。但是,无论怎样,建立在“市场万能论”基础上的市场经济,所导致的失业威胁、恶性竞争、收入差距、周期性经济危机、资源环境破坏、自私自利和贪得无厌的精神危机,无不成为新自由主义结出的“恶之果”。对此,经济学家萨缪尔森明确指出:“我们已经看到,竞争市场具有显著的效率特征。但是,我们并不能说自由放任的资本主义产生了最大多数人的最大限度的满足。它并不一定导致各种资源的最公平合理的利用。”

**(三)加强社会主义市场经济建设和精神文明建设,防范“市场万能论”对社会核心价值观的侵蚀**

新古典自由主义宣扬“经济理性人”的唯利是图处世哲学,从根本上忽略了最大多数人的决策,将市场建立在自私自利的个人主义基础上,无视政府等社会组织的重要性,抹杀了集体行为力量,否认了不同利益集团、不同阶层或阶级之间的矛盾或冲突。无疑,这种假设的扩大化和全面化是有害的,特别是对于发展中国家而言,很容易导致出现拉美等国家的“中产阶级”陷阱。

在社会主义市场条件下,“理性经济人”假设也会腐蚀社会主义核心价值观。例如,常常被人津津乐道的“吃小亏占大便宜”处世哲学,不法企业信奉的“多行贿少纳税”的经商之道,少数官员利用职权便利,贪污腐化、以权谋私等,都是“经济人”假设在我们日常生活中的翻版。在强调市场在资源配置中起决定性作用的条件下,更应加强社会主义核心价值观,防止“市场万能论”侵入社会主义制度的健康机体。市场经济的价值必须服从于人的价值、社会价值，只有这样，市场这种资源配置的手段才能更好地为人类的幸福、社会的发展、个人美好生活提供应有的物质财富，为人的全面而自由的发展提供物质条件。要实现市场经济中商品生产的人类价值，如果仅仅依靠纯粹的竞争市场，或采取自由放任的政策，那是难以达到的。因此，在强调市场在资源配置中起决定性作用时，要加强政府的宏观调控力度，积极倡导社会主义核心价值观，坚决抵制“市场万能论”的意识形态，充分发挥社会主义制度的优势，不断发展生产力，真正促进社会主义经济全面健康持续发展。

德国社会经济学家格罗·詹纳认为：“资本主义是市场经济的丑陋外观，其中个人利益凌驾于社会利益之上。它是一场强者对弱者，金钱对效率，总体经济对人类自然生存条件的战争……资本主义将最终走向成功还是失败——对此只能有唯一的答案，那就是缺乏社会利益导向的工业文明是没有前途的，而危害社会并损害自然界的资本主义的未来则更是危险的。”因此，批判并揭示西方资本主义所倡导的“市场万能论”，有助于我们更好地借助市场这一资源配置方式，不断完善社会主义制度，发展社会主义经济，为实现社会主义的公平正义而稳健发展。

# 新自由主义鼓吹"宪政民主"

湖州师范学院　尹怀斌

"宪政民主"是新自由主义思潮的政治主张。多年来，新自由主义"宪政民主"一直在寻找机会，企图干扰我国政治体制改革，攻击我国民主政治制度。他们鼓吹西方"宪政民主"是"普世价值"，西方民主、自由、人权的制度设计和实践模式应当向全世界推广，"三权分立"、议会制是普遍适用的民主政治制度，攻击中国共产党的领导是"一党专制的暴政"，"凌驾于宪法之上"，"党比法大"，只有按照西方"宪政民主"模式进行政治体制改革才是中国的唯一出路。这些主张对中国特色社会主义民主政治建设具有极强的危害性，我们应当认清其本质，自觉加以抵制。

## 一、新自由主义"宪政民主"的目的

新自由主义不仅仅是一种经济思潮，也是一种政治思潮。作为思潮，它的惯常做法是从影响一个国家的意识形态领域开始，进而深入影响这个国家的经济政治社会领域，给其带来无法挽回的危害和损失。当前世界上诸多国家陷入经济停滞、政治动乱、社会混乱的局面，都与新自由主义思潮的渗入干扰有着密切关系，我们对此要有清醒的认识和高度的警惕。

新自由主义政治思潮集中表现为鼓吹"宪政民主"，借助我国改革开放的历史进程，别有用心地攻击我国宪法所规定的"四项基本原则"这一立国之本，破坏我国"一个中心，两个基本点"的基本路线，企图以西方民主制度取代我国民主政治制度，把我国的政治体制改革引入西方“民主化”陷阱，误导我国全面深化改革的方向。

新自由主义思潮也同样善于运用“经济基础决定上层建筑，上层建筑对经济基础具有能动的反作用”这一马克思主义的基本原理，他们提出了诸多号称保障和实现个人自由的经济主张。首先在经济问题和领域上阐明自己的核心观点并寻求支持者，因为他们深知“经济体制改革对于各项改革的牵引作用”，借助中国建立社会主义市场经济体制的坚定改革取向，以“完全自由市场”“市场万能”“全盘私有化”误导我国经济体制改革，进而诱使我国政治体制改革背离四项基本原则。当其政治目的达到时，上层建筑领域的障碍扫除，必将进一步反作用于我们的经济基础，将我国纳入并牢牢控制在国际垄断资本主义谋求自身利益的体系中。

新自由主义鼓吹“宪政民主”的目的是向中国推行西方“宪政民主”模式，给西方资本主义民主披上普遍主义、“普世价值”的伪装形式和外衣，渲染其优势，攻击其他民主制度类型和实践活动，企图用一种民主制度模式摧毁我们的社会主义民主政治制度，继而从根本上消灭中国共产党的领导地位和我国人民历尽千辛万苦建立起来的社会主义制度，破坏中国特色社会主义建设事业，阻碍中华民族伟大复兴梦想的实现。

## 二、新自由主义“宪政民主”的主张及实质

新自由主义的经济思想主张：否定公有制，鼓吹全盘私有化；否定国家干预、社会福利制度，鼓吹完全市场化。这些经

济主张如果能够在中国成真，则必然要求我国政治制度的改变，实行他们所鼓吹的“宪政民主”；同样，如果我们的政治制度被改变，则必然进一步服务于西方资本主义国家全球经济扩张、资本垄断的利益需求，成全其全球资本主义化的统治目的，对于两者的关联，我们应当有清醒的认识和防范。

新自由主义“宪政民主”被西方国家标榜为“普世价值”，作为对外扩张侵略、推行资本主义制度、实行霸权主义和强权政治的工具。西方“宪政民主”被推销、移植到一些发展中国家，导致水土不服，产生了社会矛盾激化、经济停滞、政治动荡等灾难性后果。如伊拉克、突尼斯、也门、利比亚、埃及等，在西方国家的策动下，试图通过走西式民主之路来摆脱贫困，但结果却事与愿违，动荡不止。尤其是埃及愈演愈烈的流血冲突事件和社会分裂局面，再次为我们敲响了警钟。乌克兰、格鲁吉亚等国在西方“宪政民主”影响下发生的“颜色革命”，非但没有迎来期盼中的自由、民主，反而造成了经济社会混乱失序。这些国家冲突不断、陷入乱局、民不聊生的现实例证，都值得我们引以为戒。

新自由主义“宪政民主”是实现资产阶级国家和阶级利益的政治手段，他们所指称的“民主”以及要捍卫的“个人自由”，都是资产阶级利益集团内的少数人的自由、民主，是资本实力和特权的自由和民主。我们择其两点加以解读。

主张“三权分立”。“三权分立”是资本主义政治制度的重要组成部分，意指立法权、行政权和司法权这三种国家权力，分别由三个不同的国家机关掌握，相互独立、互相制衡。新自由主义“宪政民主”声称只有“三权分立”才能达到分权制衡的效果，才能保证政治体制的良性运转；“三权分立”能够有效防止腐败，反对集权主义对民主造成的伤害。新自由主义一直认为只有“三权分立”才是真正的“民主”形式，是任何社会制度的国家都应当采用的“国际惯例”，具有“普世性”。然而，我们知道“三权分立”、分权制衡，实质上反映的是资产阶级专政的政治需求，资产阶级专政的国体决定了这一政体的实现形式，分权只是资产阶级利益集团内部的权力划分和互相制约、相对平衡，最终导致的是政治分赃。这种“民主”政治制度、运行体制并未真正体现“人民主权”“权力属于人民”这一真正的民主本质和要求，而只是服务于少数统治集团利益的政治工具；他们所谓的“制衡”效果，也往往难达实效。一些国家推行西方“宪政民主”，不但没有防止腐败，反而还加剧了腐败，例如被称为亚洲“民主橱窗”的菲律宾，在移植、推行美式民主的过程中始终伴随着政治舞弊和贪腐成风，成为亚洲贪污腐败程度最严重的国家之一。

主张多党制。新自由主义“宪政民主”主张多个政党通过竞选轮流上台执政的政党制度，认为多党轮流执政，能更好地反映民意，促进政治和社会稳定，扼制腐败，有利于实现民主。从西方多党制国家的政治实践来看，这种主张是站不住脚的。西方国家的政党都是代表不同利益集团的政治工具，他们所关心的是各自所代表集团的利益，而不是广大人民的利益。多党制反映了不同利益集团的利益矛盾和冲突，它们之间经常处于激烈的竞争之中，政党频繁选举、政府频繁更迭，执政纲领随着不同政党的上台不断更迭，带来的是社会政局不稳定、经济发展受影响、自由人权无保障，这种民主只能是一种

"泡沫民主",看似"漂亮",实则让国家和人民都"伤不起"。多党制不仅不能防止腐败,反而助长腐败,多党竞选常常被金钱、财团、媒体等影响和操纵,成为"富人的游戏""钱袋的民主"。新自由主义"宪政民主"极力夸耀"普选制""一人一票制""竞选制"等选举制度如何优越,却往往成为各党派、各利益集团财力比拼、实力较量的舞台,充斥着打骂、明争暗斗、贿选、交易等腐败行为,忽悠的是所谓的享有充分"民主"的、手中拿着选票的国民。西方政党政治的真正奥秘是金钱政治,金钱主宰着选举的过程和结果,这一实质我们必须要看透。

多党制在西方国家已被证明是弊端众多,但新自由主义却诱导一些发展中国家移植使用,给它们带来了灾难性后果。有些例子很能说明问题:"冷战"结束后,非洲许多部落众多的国家在西方的压力和影响下,宣布实行多党制,结果导致政党林立,竞争激烈,社会矛盾激化,经济停滞,政治动荡,国家陷入长期的纷乱之中。苏联、东欧国家按照西方"宪政民主"模式搞多党制、议会制,结果引发全面危机,国家陷入一片混乱,社会冲突不断,经济社会发展误入歧途,酿成重大悲剧。事实告诉我们,盲目照搬别国的政党制度,是取乱之道、取祸之道,其结果必然动摇国家的政治根基,引起政局动荡和社会冲突,给国家和民族带来无可挽回的严重后果。

新自由主义"宪政民主"的上述主张,都与中国特色社会主义政治制度相对立,是他们攻击我国民主政治制度的理论武器,只有认清其实质和目的,我们才能更坚定不移地发展和完善我们的民主政治制度,才能进一步发挥我们民主制度的优越性,阻止新自由主义对我国民主制度的破坏,坚持人民当家做主这一社会主义民主政治的本质要求。

## 三、新自由主义“宪政民主”对我国的危害

与新自由主义经济思潮相呼应，新自由主义“宪政民主”将攻击矛头指向中国特色社会主义政治制度，包括人民民主专政、人民代表大会制度、中国共产党领导的多党合作和政治协商制度等多项民主政治制度，这些政治制度上的攻击属于新自由主义企图消灭我国社会主义制度、实现全球资本主义化的战略组成部分。

### （一）企图瓦解我国人民民主专政的国体，使人民当家做主失去经济基础

我国宪法规定，中华人民共和国“一切权力属于人民”，是“人民民主专政的社会主义国家”。人民民主专政的国体，体现了人民当家做主，保证了社会主义国家政权性质。人民通过各种途径和形式管理国家和社会事务、管理经济和文化事业，成为国家、社会和自己命运的主人。

然而，新自由主义却将攻击瓦解人民民主专政、人民当家做主作为他们的政治目的，从其经济主张中我们能够清楚地看出来。新自由主义主张全盘私有化，这是在否定公有制对于我国人民当家做主的地位的作用。公有制是社会主义经济制度的基础，是社会主义生产关系区别于资本主义生产关系的本质特征，是劳动人民当家做主的经济基础。全盘私有意味着人民将失去当家做主的经济基础，没有经济基础，实现人民各项民主政治权利就是空谈，就是抽象的民主。人民当家

做主是公有制基础上的一种新型民主,是多数人的民主,而以私有制为基础的资本主义民主是少数人的民主,是资本特权的民主。全盘私有在新自由主义主张的“市场万能”“完全市场化”进程中,只能产生少数强大的垄断资本(西方从个别垄断到国家垄断再到国际垄断的过程也说明了这一点),大部分人、大多数国家在全盘私有化进程中沦为他们控制剥削的对象。新自由主义“宪政民主”尽管标榜“主权在民”,但是公民选举、政策制定常常被财团等影响和操纵,成为“金钱的政治”,这种民主本质上是资本的民主,服务于以私有制为核心的资本主义经济基础,保障的是资产阶级根本利益。

**(二)攻击我国人民代表大会制度,企图以“三权分立”制度取而代之**

人民代表大会制度是中国人民当家做主的根本政治制度,是我国的政体,是中国人民当家做主的根本途径和最高实现形式,也是党在国家政权中充分发扬民主、贯彻群众路线的最好实现形式,其优势在于既能充分反映广大人民的意愿,又有利于形成全体人民的统一意志;既能保证国家机关协调高效运转,又有利于集中力量办大事。

我国人民代表大会制度与西方“三权分立”制度有着本质区别。首先,人民代表大会与西方议会有着本质区别。我国的全国或地方各级人民代表大会都由民主选举产生,对人民负责,受人民监督。人民代表大会中没有议会党团,不以利益集团和界别开展活动,不按党派分配席位。所有人大代表肩负的都是人民的重托,为人民服务,根本利益是一致的。而西方议会的议席往往是各个政党、利益集团、社会势力政治分赃的结果，议会内部分为不同议会党团，每个党团的背后是供养它的利益集团，议员们为了各自党派的私利钩心斗角、尔虞我诈。其次，我国人民代表大会和“一府两院”的关系与西方国家的国家机关间的关系有着本质区别。在我国，人民代表大会统一行使国家权力，“一府两院”由人大产生，对人大负责，受人大监督。人大根据党的主张和人民的意愿，决定国家大政方针，监督和支持“一府两院”依法行政、公正司法，保障各国家机关协调有效地开展工作，把人民赋予的权力真正用来为人民谋利益。而在西方“三权分立”国家，立法权、行政权、司法权分别由议会(国会)、政府和法院掌控，有时候这三个机构由一个政党控制，有时候由不同政党分别控制，它们经常以牺牲民众利益为代价争吵不休、互相扯皮。最后，人民代表大会代表与西方议会议员也有着本质区别。我们的人大代表具有广泛的代表性，工作和生活在人民中间，同人民群众保持着密切联系，对人民群众的生活和愿望感受最直接，他们都有自己从事的职业和岗位，对现实生活中的实际问题了解最深入。我们的人大代表在会议期间依法集体行使职权，而不是每个代表个人直接去处理问题，各级人大常委会办事机构是代表的集体参谋助手和服务班子。而西方议会的议员则是脱离生产工作第一线的“职业议员”，往往是不顾及民众现实利益需求的“职业政客”，是一个拥有自身特殊利益的共同体。

新自由主义“宪政民主”所标榜的“三权分立”、议会制，实际上是资产阶级内部的一种权力分配、交换和平衡机制，普通民众难以参与其中，在实践中也暴露出议会议而不决、决而不行，政策短期化、功利化等种种弊端。然而，新自由主义却完全漠视我国民主政治基础的现实国情，从根本上敌视我国人民民主专政的国体和人民当家做主的政治要求，以其“三权分立”看似“民主”的政治逻辑，攻击我国人民代表大会制度不如他们的“三权分立”、议会制民主，诱使我们放弃人民代表大会制度这一最适合我们的政权组织形式，企图从整体上搅乱我国民主政治实践模式。我们必须认清其本质，保持头脑清醒！

**(三)主张在中国实行多党制，取消中国共产党的执政和领导地位**

我国现行政党制度既不是多党制，也不是一党制，而是中国共产党领导的多党合作和政治协商制度。中国共产党是中国特色社会主义事业的领导核心，党的执政就是要保证人民当家做主。中国特色社会主义民主必须坚持中国共产党的领导地位。中国共产党领导的多党合作和政治协商制度，能够在中国特色社会主义共同目标下把中国共产党领导和多党合作有机结合起来，实现集中领导和广泛参与的统一、社会进步和国家稳定的统一、充满活力和富有效率的统一。

然而，新自由主义却将我们的政党制度说成是一党专制，是集权主义的政治体制，是自由市场的障碍，中国是没有自由的一党专制的国家。他们宣称，只有实行“政治多元化”，在中国形成多个持不同政见的政治反对派，才能保证平等的“自由竞争”，才能从根本上改变社会主义“集权制”，探索到“符合人的自由、价值、尊严”的政治体制，建立起“真正的人民政权”。

针对这种质疑，我们要问：中国共产党的领导难道真的与主权在民、人民民主相冲突吗？“多党制”、不同党派轮流执政难道就一定能体现主权在民吗？难道就不会产生个别党团、利益集团操控民主的后果吗？历史和现实都证明了，中国共产党的领导是实现中国人民当家做主的根本保证。而西方“宪政民主”推行多党制、两党制的结果却是，党派竞争演变为资产阶级利益党团轮流坐庄、内部分赃，党派之间明争暗斗、互相对峙、政府频繁更迭等问题日益突出。

### （四）敌视我国依法治国基本方略，企图以西方资本主义宪法置换我国社会主义宪法

依法治国是党领导人民治理国家的基本方略。依法治国，建立社会主义法治国家，是建设中国特色社会主义的重要目标。依法治国，是指人民群众在党的领导下，依照宪法和法律规定，通过各种途径和形式管理国家和社会事务，管理经济和文化事业，逐步实现社会主义民主的制度化、法律化。

宪法是治国安邦的总章程，依法治国首先是依宪治国，依法执政关键是依宪执政。我们讲的依宪治国、依宪执政的“宪”，与新自由主义“宪政民主”的“宪”有着本质不同。依宪治国、依宪执政所依据的是《中华人民共和国宪法》，是社会主义性质的宪法，它以国家根本法的形式，确立了国家的根本制度和根本任务、国家的领导核心和指导思想，确立了国家的国体、政体及基本政治制度，确立了社会主义法制、民主集中制、尊重和保障人权等原则。这些制度和原则，反映了我国各族人民的共同意志和根本利益，体现了社会主义民主的本质和内在要求。

新自由主义“宪政民主”之“宪”，是按照以“三权分立”为核心的资产阶级宪法来进行统治，用西方的政治制度和政治模式来管理国家，以达到维护和巩固资产阶级统治这一根本

目的。从新自由主义思潮的各种具体主张来看，都不符合我国宪法精神和内容，而是直接体现资本主义宪法精神和内容。在中国推行“宪政民主”，就是企图让我们放弃我们的社会主义宪法，瓦解我国社会主义法律体系，使中国特色社会主义建设失去有效的法律保障，造成国家治理上的混乱，最终受伤害的是人民。

习近平总书记强调，“宪法的生命在于实施，宪法的权威也在于实施，我们要坚持不懈抓好宪法实施，把全面贯彻实施宪法提到新水平”，要坚持依法治国、依法执政，一切违反宪法和法律的行为，都必须予以追究。我们不搞西方“宪政民主”，我们以我们的方式尊重、实施宪法，依宪治国、依宪执政。

## 四、坚定我们的立场信念

中国特色社会主义民主政治建设要坚持党的领导、人民当家做主和依法治国的统一，这是我国民主制度、民主实践的重要原则和宝贵经验，我们必须坚持和珍惜，绝不能让新自由主义“宪政民主”的意图得逞。

世界上从来没有抽象的、纯粹的民主，而只有具体的、一定历史条件下的民主。西方自由主义传统是伴随着西方国家反对封建专制、宗教神权统治而产生的，具有一定的历史进步意义，在此基础上发展起来的新自由主义政治思潮也存在部分合理成分，如：主张尊重人权和人的自由，反对各种形式的集权主义；倡导依法治国，将社会治理和政府行为纳入法制轨道等。然而，我们也要明确当今世界并没有所谓“普世”的政治制度、体制模式，各国的政治制度、体制都是依据各国具体国情和历史文化传统而确立的。

西方“宪政民主”主张的“三权分立”体制模式是西方独特的政治、经济、历史、文化的产物，是资产阶级在长期政治实践中形成和发展起来的权力运作方式。但这种制度设计并不能保证人民的民主权利，因为参与制衡的每一方都是某一利益集团的代表，不是人民的代表，甚至不是多数人的代表，不能保证权力行使的广泛代表性。

新自由主义“宪政民主”持有一个核心观点“捍卫个人自由”，并将社会主义制度看作是实现个人自由的障碍。社会主义社会果真不关注抑或是在抑制个人自由吗？其实社会主义对个人自由有着不同于新自由主义的理解，个人自由是个体平等、无差别的自由，而不是以财富、权位为基础的自由，它应当是包括社会弱势群体在内的每个人的自由。“人的自由全面发展”本是马克思主义关于未来共产主义社会要实现的目标，如今社会主义社会阶段正是朝着这一目标努力的，为其创造尽可能多的条件，在根本价值理念上是一致的。最为关键的一点是，新自由主义以个人自由、保障人权的名义仅在关心维护少数人的自由、人权，而社会主义将个人自由、人权理解为每个人的自由、人权。近年来，我国加快推进以改善民生为重点的社会建设，主张改革发展成果更多更公平地惠及人民，更加重视社会公平正义，加强法治中国建设，保障人民享有各项权利，都说明了我国对自由、人权的重视和关心，也表明了我们促进“人的自由全面发展”实现的坚定决心。

新自由主义攻击我们党和政府在政治上“集权专制”，人们没有自由，那是在拿他们所理解的自由标准来说事，自由是什么，在西方社会也没有统一的见解，甚至在新自由主义思潮内也没有形成一致的理论体系，比如个人主义和社群主义关于自由就存在着论争。更何况中国人民的自由度不可能由他们做出真实的评判，我们的自由只能是我们置身于中国社会的发展进步，在我们的生活中由我们自己来切身感受。邓小平同志早已提醒我们，“资产阶级自由化的核心就是反对共产党的领导”，新自由主义做自由的文章为的就是反对中国共产党的领导。在这一点上，我们必须反对他们，我们坚信中国共产党的领导是人民当家做主和依法治国的根本保证，发展社会主义民主政治，建设社会主义政治文明，核心在于坚持党的领导。

我们要清醒地认识到，我国解放思想、推进改革开放的重大节点都是新自由主义振奋精神、趁机加强攻势的开始。1978 年解放思想、做出实行改革开放的伟大决策之时是这样；1992 年南方谈话进一步解放思想、坚持扩大改革开放之时也是这样；2013 年党的十八届三中全会开启全面深化改革的新阶段时，情况还是这样。新自由主义鼓吹我们要按照西方“宪政民主”模式搞政治体制改革，主张我国政治体制要与世界接轨，其实质在于把党的领导与宪法和法律的实施对立起来，把西方政治制度模式搬到中国，以西方“宪政民主”否定党的领导、取消人民民主，实质是要否定我国宪法及其确立的制度和原则，最终实现改旗易帜。对此，我们既要坚定全面深入改革的决心，又要明辨新自由主义的实质和目的，避免新自由主义借改革之机破坏我国各项制度，动摇我们的立国之本。

# 叁

## 新自由主义的理论本质

新自由主义：资产阶级意识形态的遮羞布

新自由主义：资本主义制度的代言人

新自由主义：走向无根的不可知论

新自由主义：重构的极端个人主义

# 新自由主义:资产阶级意识形态的遮羞布

浙江师范大学　叶　晖

新自由主义不是一种纯理论、纯学术、非意识形态的东西,也绝不是资本主义社会革除“福利陷阱”的改革理论,从本质上讲,新自由主义是一套在经济理论外衣掩盖下实现国际垄断资产阶级利益的意识形态话语和政策工具。它所谓的自由化、私有化、市场化、全球化只不过是用来推广资产阶级意识形态的一块遮羞布而已。

## 一、从新自由主义的产生来看,新自由主义借反凯恩斯理论之名行反社会主义之实,成为阶级权力重建的理论工具

在西方经济学中,新自由主义是指 20 世纪 30 年代经济大萧条以来与国际干预主义相对立的经济自由主义。从它诞生之日起就以最能体现资本主义精神的个人自由为基础、以市场为导向、以复兴资本主义核心价值为己任,是在反对国家资本主义尤其是反对社会主义运动过程中逐渐形成的一种理论形态。新自由主义的起源可以追溯到路德维希·冯·米塞斯 1920 年写的《社会主义国家的经济计算》一文,米塞斯断言,社会主义国家不可能有合理的经济计算,不可能实现资源的合理配置。这一论断表明,新自由主义自产生之初就把反对的矛头指向了社会主义。而他的学生,新自由主义代表人物哈耶克更是对社会主义以及当时正在实施的凯恩斯主义经济政策进行了猛烈抨击。1944 年,在可被称为“新自由主义

宪章"的《通往奴役之路》一书中,哈耶克认为,计划经济是通往奴役之路,社会主义是一个致命的错误,要拯救人类就必须驳倒社会主义。哈耶克的这些思想与其说是对"看不见的手"理论的继承,倒不如说是一种彻底的反社会主义、反国家资本主义的意识形态理论。它是借反凯恩斯理论之名行反社会主义之实,而这种思想又正好契合了资本主义的原初精神,必然得到资产阶级的拥护和支持。因此可以说,新自由主义从产生之日起就成为阶级权力重建的理论工具,是现代资产阶级右翼的意识形态。

正如 D. 科兹所说,资本主义国家总是会通过政治法律制度的安排来创造和维护一种有利于资本积累和再生阶级关系的环境,因此,资产阶级国家的政策总是随着资本主义经济的周期性变化而不断调整的。在 1929—1933 年经济危机面前,资产阶级在政治上自发组织起来,试图通过改革政治和法律制度探讨一条以国家大规模干预经济为主要特征的资本积累道路。于是,一种反映国家垄断资本主义要求、主张以扩大政府支出创造需求和通过政府干预推动经济增长的凯恩斯主义便应运而生,并主导资本主义宏观经济运行达 40 年之久。然而,到了 20 世纪 70 年代中期,凯恩斯主义面临瓦解。瓦解的原因,固然与过度积累造成的"滞胀"危机有关,但另一个原因也绝不容忽视,那就是"在凯恩斯时代,垄断资产阶级的权力受到了削弱,他们的利益甚至受到了严重的威胁"。为了恢复阶级权力,上层阶级不得不做出决断以保护自己免于政治和经济的失利,他们选择了新自由主义,因为新自由主义是一种主张减少国家干预,鼓吹有利于扩大资本积累的意识形态。

因此，正如大卫·哈维在《新自由主义简史》中所说的："新自由主义化过程从一开始就是一项旨在重新恢复阶级权力的计划。"由于凯恩斯主义支持"阶级妥协"，而这毫无疑问损害了统治阶级的利益。可以说，新自由主义作为20世纪70年代中期新一轮探索阶段中出现的政治和法律的制度安排的建议，符合了资产阶级恢复自身利益的要求，两者便一拍即合。但从实质上说，新自由主义和以往任何"资本积累的社会结构"一样，都是一种有利于资产阶级的意识形态理论。

虽然新自由主义竭力掩盖自己意识形态的阶级性质，如被称为世界资本主义宣言的多边投资协议就宣称其目标是"促进经济增长、改善就业环境，使国际投资在平等条件下展开竞争，从而增进人类福利"。然而在为全人类谋利益的表象下，其实质是为国际垄断资产阶级服务的，新自由主义就是为了重建国际垄断阶级的权力产生的意识形态工具。

## 二、从新自由主义的勃兴来看，"华盛顿共识"是输出国际垄断资产阶级意识形态的集中表现

新自由主义在发展过程中总是在一个国家出现经济危机时作为一剂"治国良方"粉墨登场的。由于它反映了垄断资产阶级的利益、愿望与要求，垄断资产阶级不吝美化新自由主义，把它打包成具有"普世价值"的"客观真理"，通过获得学术荣誉的学者把新自由主义思潮渗透到其他国家。同时，资产阶级积极为新自由主义学说的传播创造条件，让这些学者成为英美等国的座上宾，进一步把这种思潮推广到拉美及部分亚洲国家。新自由主义作为资产阶级御用的政治哲学，反社

会主义的意识形态本质暴露无遗。虽然“撒切尔主义”和“里根经济学”施政侧重点不尽相同，但采取的诸如大规模推行私有化、减少政府对经济活动的干预和管制、减税特别是对资本和富人减税让利、削减工会力量等主要政策毫无疑问是有利于私人资本特别是金融资本的膨胀和发展的。正如撒切尔夫人所说，“经济是手段，但目的是为了改变灵魂”，意识形态攻击表露无遗，因为不管是里根背后的共和党还是撒切尔背后的保守党，都是代表国际垄断资本利益的资产阶级右翼政党。正是在里根和撒切尔的推波助澜下，新自由主义在蛰伏了40年之后终于成为西方主流意识形态和思想理论体系。

就在新自由主义路线在西方发达国家取得主导地位的同时，长期奉行计划经济的社会主义各国和实行国家资本主义的拉美多国也开始陷入了经济增长缓慢甚至停滞的困境，在体制内改革的努力宣告失败后，新自由主义便成了这些国家的救命稻草。1990年，在美国首都华盛顿举行了关于80年代中后期以来拉美经济调整和改革的国际研讨会，与会各方代表达成了包括尽可能最大限度地自由化、尽可能最快的私有化、政府要采取强硬措施保证各项新自由主义政策实施等十项政策工具在内的共识，这就是著名的“华盛顿共识”。毫无疑问，“华盛顿共识”的十个主张是以新自由主义为理论基础的，其片面强调市场机制的功能和作用，鼓吹国有企业私有化、贸易自由化、金融自由化、利率汇率市场化、放松对外资的监管、放松政府管制等，都迎合了国际垄断集团抢占国际市场向发展中国家扩张的需要，“华盛顿共识”最终被美国当局国家意识形态化、政治化和范式化了。因此，虽然“华盛顿共识”

表面上看是公平中立的,但实际上维护的却是霸权者的经济和政治利益,它有利于垄断资本,不利于其他阶级;有利于西方发达国家,不利于发展中国家。发展中国家实施其处方的后果,必然是贫富差距越来越大、贫困化现象越来越严重、经济主权不断弱化。中国社会科学院“新自由主义研究”课题组就认为:“华盛顿共识的形成与推行,是新自由主义从学术理论嬗变为国际垄断资本主义的经济范式和政治性纲领的主要标志。”它表明新自由主义已正式成为西方国家特别是美国的国家意识形态和主流价值观念,成为输出国际垄断资产阶级意识形态、对别国意识形态侵入和颠覆的重要手段了。当然,新自由主义一直试图淡化其意识形态的阶级性,最初总是以纯粹经济的面孔进入到其他国家去,打着拯救这些国家经济、帮助这些国家脱贫致富的旗号。然而,从它踏入这些国家领土的那一刻起就不可能再是什么纯粹的经济理论,而是成为资本主义向外输出意识形态和制度价值的有力工具。因为,只要这些发展中国家接受了新自由主义的经济理论,必然会连带接受新自由主义的政治价值观念,这样,新自由主义本身就实现了经济思潮与社会思潮的完美结合,成为西方国家输出国际垄断资产阶级意识形态的理论工具。

由此可见,“华盛顿共识”最初是作为针对拉美国家经济政策设计的十项改革措施,出台后迅速演变成一种向广大发展中国家和苏联东欧各国推行的治愈经济问题的“灵丹妙药”和行动纲领,它与生俱来的政治色彩又必然使它成为以国际垄断资产阶级利益为导向的新自由主义意识形态的核心理念。

**三、从新自由主义的主要内容看，自由化、私有化、市场化、全球化是国际垄断资本向全球推广意识形态的绝佳路径**

尽管新自由主义作为一种经济学理论体系，经过了近百年的发展，派别林立，理论观点有所差异，对各国的影响也不尽相同，但毫无疑问，新自由主义的核心思想和主要内容都是围绕着如何推进“自由化、私有化、市场化和全球化”而展开的。只要我们接受了新自由主义的这些核心思想，自然就会接受它所追求的私有制、资本主义一统天下等意识形态观念。因此，从严格意义上说，自由化、私有化、市场化、全球化不是经济新自由主义的主张，而是政治化意识形态的新自由主义的产物。

新自由主义主张的“自由化”以个人自由为前提，反对政府的宏观调控对经济活动的干预，主张放任自流的自由经营、自由竞争、自由贸易，尤其是强调金融自由化，强调各国应开放金融市场以便于资本的自由流动。一方面，由于“自由化”是以个人为基础的，它必然成为私有业者最大限度地控制社会层面的自由，成为他们“剥削他人的自由，或获得超额利润而不对社会做出相应贡献的自由，或发国难财的自由。它意味着那些收入、闲暇和安全都高枕无忧的人拥有完全的自由，而人民大众仅拥有微薄的自由”。因而这样的自由绝不是“好的自由”，而是横行霸道的“不好的自由”，是资产阶级最大限度地获得自身利益的自由，而不是全体社会成员的自由。此外，新自由主义者还通过宣扬社会主义制度是对自由的限制和否定来否定社会主义和集体主义。另一方面，“自由化”所强调的金融自由化又成为国际垄断资本扩张的重要平台，是国际金融资产阶级利益最大化的方法。新自由主义鼓吹各国应解除对资本市场的管制，允许资本自由流动，但事实上资金只是单方向地不断流出，国际金融资产阶级却通过一次又一次金融危机变相洗劫各国财富，金融自由化作为国际金融资产阶级代言人和吹鼓手的真面目就不言而喻了。

以产权改革为核心的“私有化”，是新自由主义精神实质最好的体现，主张推行全方面私有化。新自由主义者把私有制看成是唯一合理的社会制度，认为只有私有制才能保障个人的自由，并能够给人民自由的权利，从而使得每个人的积极性和潜能都得到充分的发挥；同时，由于私有制经济具有内在的稳定性，在市场这只“看不见的手”的调节下，私有经济能够自动促进社会经济的均衡发展，使经济自动地稳定在可接受的失业水平上。相反，他们认为公有制以中央计划、行政命令代替分散决策经营，不仅扼杀了个人的积极性，也必然导致经济效率低下，最终将面临集权主义的严重问题。可见，鼓吹私有化的新自由主义者大多是私有制的狂热支持者，同时又是公有制和福利国家的极力反对者，其目的就是通过否定公有制让人们放弃公有制，实行私有化的政策。究其实质，私有化保障的国际垄断资本的权威，为国际垄断资本实现了显性和隐性的双重好处。显性的是发展中国家的国有企业私有之后，往往落在国际垄断资本手中；而隐性的则是因为私有化往往和腐败及国有资产的流失联系在一起。于是，新自由主义主张的私有化在否定公有制和集体主义的同时就成了资产阶级向全球输出意识形态、进行和平演变的绝佳路径了。

新自由主义主张的“市场化”是指经济运行完全依靠市场来进行调节。强调市场机制的自发调节作用,认为离开市场就谈不上经济,无法有效配置资源,追求建立一个统一的全球市场,反对一切政府对经济的干预。新自由主义者认为,市场机制在生产要素的合理配置方面起着不可替代的决定性作用,只有市场竞争制度才能提供技术进步所必需的多样性和灵活性。而国家对经济进行过度的干预和计划调节,必然使市场无法正常传递信息、私人经济活动受限,从而引起一系列经济社会问题,诸如通货膨胀、失业增多和劳动生产率下降等,甚至在政治上容易导致对民主的破坏和对个人权利的侵犯。哈耶克就赤裸裸地认为统制经济、计划经济是自由主义的最大障碍,是一种“致命的自负”,其结果是“通往奴役之路”。可见,新自由主义所主张的“市场化”是对注重政府调控、实行国家干预的社会主义的否定。当他们把市场经济理想化,对市场经济的局限性和政府适度干预的必要性熟视无睹,而把政府调控看成是经济不稳定、效率低下和社会不公平的总根源,当他们认为坚持市场化就必须反对政府调控,倡导“小政府大社会”的时候,意识形态话语就表露无遗了。因为归根结底,经济市场化只是为国际垄断资本进行全球扩张、控制全球经济、扫清制度上障碍提供了最佳借口。在经济市场化体系中,无数国家和个人的利益受到损害,而赢家永远只有一个,那就是“政治华盛顿”和“智力华盛顿”背后的国际垄断资产阶级。由此可见,推崇市场机制的作用,反对国家对经济活动的过分调节,不过是实现新自由主义作为意识形态扩张工具的烟幕弹而已。

在国家战略和政策方面，新自由主义鼓吹全球一体化。他们主张全球治理是人类未来的基本走势，民族国家已经过时并正在终结，认为发展中国家可以把主权让渡给国际货币基金组织和世界银行等国际组织。显而易见，新自由主义所标榜的“全球化”不过是发达国家打开发展中国家市场，向发展中国家倾销自己的商品，掠夺发展中国家资源的重要手段。正如马克思所说的那样，经济上占据统治地位的阶级必然也支配着这个社会的精神力量，形成与这个社会经济相一致的意识形态观念。可见，新自由主义强调的是以超级大国为主导的全球一体化，其本质是全球的资本主义化乃至“美国化”。西方发达国家，特别是以美国为代表的发达国家凭借自身的经济和政治实力，对全球其他国家的政治、经济、文化方面都产生极强的影响，他们会掠夺发展中国家的自主权和话语权，推行霸权主义和强权政治，而这些国家的经济有没有增长、贫困问题有没有消除、社会公平是否真正实现就不在新自由主义关注的范畴内了。20 世纪 90 年代初“华盛顿共识”的出笼，正是美国国际垄断资本企图统一全球意志的集中体现。从此，新自由主义思潮作为美国国际垄断资本在全球扩张的理论工具开始在全球蔓延，其结果显而易见，世界经济绝不可能变成一个自由竞争的体系，恰恰相反，它只会继续处在美国国际垄断资产阶级的控制之下。由此可见，肢解民族国家，为垄断资本寻求更大的生存空间才是新自由主义全球化的根本目标。

事实证明，新自由主义主张的自由化、私有化、市场化和全球化打开了其他国家接受资本主义意识形态的“潘多拉之盒”，它不仅成为论证资本主义国家精英阶层存在合法性的思想武器，也成为用资产阶级意识形态一统江山，实现“意识形态演进的终结”的理论工具。新自由主义所具有的这种理论特性自然得到了资产阶级精英阶级的夹道欢迎，资产阶级与之结成了牢不可破的钢铁同盟。在这里，新自由主义所谓的自由、平等更多地只是作为象征性符号而存在，资产阶级却借助新自由主义通过对资本的控制实现了对整个社会的全面控制。至此，新自由主义变成了赤裸裸的政治意识形态理论，所谓的“自由化、私有化、市场化和全球化”不过成了它用来推广资产阶级意识形态的一块遮羞布而已。

综上所述，不论从新自由主义的产生、勃兴还是主要内容看，它都不可能是纯粹的经济学思潮，它从来都是一种意识形态，尤其是当新自由主义从一种经济理论变成了国际垄断资本所推崇的规范经济改革方案时，它的意识形态之旅就已经开始了。作为垄断资产阶级利益集团的意识形态，它代表的只是资本和富人的利益。事实证明，尽管在新自由主义霸权盛行的这些年，经济增长放慢、贫富差距扩大、经济和金融危机成为流行病，但它在实现资本的阶级意图方面显然是十分成功的。当它打着解决经济问题的旗号进行意识形态渗透的时候，我们必须及时扒下它身上披着的用来迷惑和欺骗我们的纯经济学理论的外衣，深入分析新自由主义作为资产阶级意识形态的本质，只有这样才能自觉抵御新自由主义思潮对我们的侵袭。

# 新自由主义:资本主义制度的代言人

宁波大学 司 强 洪茹菲

产生于19世纪末的新自由主义,不仅影响了西方资本主义国家的经济、政治和具体政策,而且推动了费边社、福利国家和社会民主主义等其他若干政治学说和政治运动的发展,成为当代西方资本主义的主流思潮之一。新自由主义自产生以来经过不断完善,逐渐从实证地解决现实问题的理论,演变为当代发达资本主义的意识形态,成为新时期资本主义制度的代言人。新自由主义作为全球化时代资本主义制度的观念表达,古典自由主义是其理论起源,全球化是其外在延伸的表现,论证当代资本主义制度的合理性是其天然使命。

## 一、新自由主义为资本主义制度辩护

从思想来源看,新自由主义继承和发展了古典自由主义,是古典自由主义在20世纪的新发展。文艺复兴时期,面对基督教和传统封建贵族社会的束缚,新兴资产阶级首先在意识形态领域展开斗争。以人文主义反对教会神学,以理性批判反对封建贵族和特权,用人的理性取代神的意志。在文艺复兴的影响下,马丁·路德的信仰自由、思想自由,马基雅维利的共和政体,加尔文的教会民主改革的思想,为古典自由主义的产生提供了思想资源。

17—18世纪,在文艺复兴和宗教改革的影响下,教会影响受到削弱,封建贵族逐渐没落,新兴的资产阶级急于摆脱君权神授的意识形态,建立一套新的统治力量,这就需要对权力的来源予以重新解释。在此情况下,以“自然权利”“社会契约”“人民主权”等为核心的学说应运而生。美国的《独立宣言》、法国的《人权宣言》正是这些理论在政治上的运用和表达。古典自由主义的形成和发展,与资产阶级的形成、壮大是一致的,是资本主义制度形成和发展的理论源泉。

20 世纪初,传统自由竞争的资本主义发展为垄断资本主义。垄断资本主义相互之间的竞争和帝国主义对世界的重新划分,引发了第一次世界大战。一战的惨痛教训,1929 年爆发的经济危机,同时期苏联经济的一枝独秀、欣欣向荣,使古典自由主义遭受到巨大的挑战,在此背景下,作为凯恩斯主义现实运用的“罗斯福新政”应运而生,主张国家干预经济,推行福利政策,其目的仍然是维护资本主义制度。针对凯恩斯主义的国家干预可能带来的种种后果,1944 年哈耶克出版了被视为新自由主义的宪章的《通往奴役之路》,对国家干预和福利政策进行理论批判。哈耶克认为,英国的社会民主主义,尽管是出于善意,但其结果会导致与纳粹相同的灾难,导致现代的奴役。但是 20 世纪五六十年代经济大发展,新自由主义的种种警告并未得到重视,国家干预的资本主义大行其道。70 年代,石油危机爆发,西方经济陷入失业与通货膨胀并发的“滞胀状态”。新自由主义主张以市场调节达到充分就业,反对国家干预,断言国家干预是经济危机的根源,这些理论逐渐得到发达资本主义国家的认可,并一跃成为西方的主流思潮之一。1979 年撒切尔夫人当选英国首相,1980 年里根当选美国总统,标志着新自由主义取代凯恩斯主义成为西方主流的意识形态,成为医治滞胀危机的良药。

无论是从思想起源，还是从时代的发展需求来看，古典自由主义、凯恩斯主义和新自由主义都是为了应对资本主义社会的问题而生，与资本主义经济和社会的发展阶段相适应。为现代资本主义制度辩护，促进资本主义社会的更好发展，是新自由主义的天然使命。

## 二、新自由主义通过改革维护资本主义制度

新自由主义在政治理论上的表现，即反对国家干预，反对社会主义，同时坚持以私有化、市场化为核心的改革措施，其核心目的是维护资本主义制度。

作为应对国家干预资本主义而生的新自由主义，将反对国家干预上升到系统化、理论化的高度。新自由主义并未回到传统自由主义的放任自由的道路，也未一般地拒绝政府的调控，而是重视市场的作用，强调限制政府。在这个意义上，新自由主义并不是凯恩斯主义的后退，而是其修正和发展。在新自由主义看来，国家的价值仅仅在于提供基础设施。例如，弗里德曼就主张国家干预应限制在稳定货币供应增长率的政策上。政府只应该扮演仲裁者和制度的制定者的角色，消除国家对经济、生活的过多干预，减少任何可能影响利润的政府管理。反对国家干预的背后，是坚持市场的作用，坚持竞争的作用。有学者指出："撒切尔夫人的核心信条和新自由主义的核心价值观是竞争——国家之间、地区之间、公司之间，当然还有个人之间的竞争。"

新自由主义主张私有化。在新自由主义的影响下，20 世纪 80 年代以来，以美国、英国为首，许多西方国家大力推行私

有化或非国有化。主要通过将国有企业出售给私人，或通过引进外资来并购国有企业，削减或取消政府对私人企业的管制；引导大公司特别是跨国公司进行企业兼并、重组，提高生产效率；降低个人和公司所得税的税率，激发社会活力；降低货币供应量增长率，提高利率，控制通货膨胀；积极支持其他国家推行私有化政策，大搞私有化行动，减少国家对市场的干预。新自由主义以私有化为基础，增强企业的活力，反对国有企业，反对社会主义，反对公有制。

从新自由主义的产生背景来看，新自由主义是资本主义应对国内经济危机的“药方”，其根本目的是使资本主义制度在新时代获得新的生命。新自由主义通过反对国家干预，发挥市场和竞争的作用，坚持私有化，反对国有等政策，给陷入“滞胀危机”的资本主义国家带来新发展，从根本上维护了资本主义制度，并使其日益成为西方发达资本主义国家的主导政策。20 世纪 80 年代中期，美国历届共和党政府都采用新自由主义政策。在 80 年代晚期和 90 年代初期，新自由主义的政策也被传统上走中间偏右路线的政党所采纳，美国的民主党在 90 年代大幅采用新自由主义的政策。

可以说，新自由主义是现代资本主义国家应对国内经济和社会危机、应对苏联社会主义的挑战所发展出来的一种理论，其主要目的是巩固和完善资本主义制度。但是，1989 年“华盛顿共识”的形成标志着新自由主义从一种应对国家干预主义的经济理论，从资本主义自身调节的一种手段，一跃成为国际垄断资本的经济范式、政治纲领和文化宣言。成为以美国为主导的西方发达资本主义国家的主流意识形态，成为西方主导的诊治拉美国家债务问题、俄国的“休克疗法”、亚洲金融风暴背后的理论基础，成为发达国家对外推销的“灵丹妙药、济世良方”。

## 三、新自由主义是资本主义国家输出资本主义制度的理论基础

20 世纪 80 年代以来，伴随全球化的大发展，资本主义国家由国家垄断资本主义逐步成为国际垄断资本主义。新自由主义从早期对国家干预主义的反动，演变为国际垄断资本主义的理论表达，成为国际垄断资本推行全球化的意识形态。

新自由主义是西方主导的全球化的理论源泉。“新自由主义是资本主义主导的全球化的意识形态的代表。”新自由主义把“华盛顿共识”当成全球共识，将治疗发达资本主义病症的“良药”作为医治世界各国经济问题的“灵丹妙药”，成为医治其他国家经济、社会“病症”的行动纲领，树立其他国家对西方自由主义、自由市场、自由贸易的信仰。但是，隐藏在新自由主义背后的却是垄断资产阶级对高额利润的渴求。在垄断资产阶级手中，新自由主义成为跨国集团对外扩张、实现全球霸权的理论武器，成为发达国家输出资本主义制度的重要手段。

从实践上看，“二战”结束后，“布雷顿森林体系”的建立使一些国家形成了对美元的依赖，“华盛顿共识”的建议大多数都是新自由主义意识形态在经济领域的集中体现。接受“华盛顿共识”，自然就会把新自由主义奉为这些国家的意识形态与行为准则，进而使其日益西方化。早期新自由主义对发达

资本主义国内经济关系所做的调节,目的就是维护资本主义生产方式和资本主义经济制度。上升为国际思潮的新自由主义的目标是建立以发达国家为主导的全球新秩序和世界性的资本主义制度。新自由主义主导的全球化的理论,是新时期的西方霸权主义在理论领域的集中反映。

20 世纪 80 年代,拉美债务危机和经济危机的爆发,为西方推销新自由主义提供了良机,美国提出以新自由主义为核心的“贝克计划”,要求对国有企业私有化,开放国内市场,放松对外资的限制,实现价格的自由化等。其结果是导致了 1994 年墨西哥金融危机、1999 年巴西金融危机以及 2001 年阿根廷金融危机。

苏联解体后,美国经济学家弗里 · 萨克斯所提出的“休克疗法”是新自由主义的另一次运用,休克疗法要求俄罗斯国有企业私有化,全面放开市场管制,实行市场自由化,经济稳定化,把稳定卢布、控制通货膨胀、减少预算赤字作为政府工作的重中之重。在转型的 10 年中,俄罗斯经济大幅度衰退,25%的居民处于贫困线以下,国有资产大幅度流失。

20 世纪末,泰国迫于西方国家的压力,实施新自由主义的改革,过早、过度地开放金融市场,在国际游资的炒作和打击下,泰国爆发严重的金融危机,经济下降到 30 年的最低点,并引发席卷亚洲的金融危机。

新自由主义是发达资本主义国家医治病痛的“良药”,但是罔顾其他国家历史、经济和社会发展的现实,硬性输出资本主义制度和价值观,就由“良药”变为“毒药”。在这背后是发达资本主义国家打着金融自由化的幌子对发展中国家进行疯狂的掠夺。在拉美债务危机、俄国“休克疗法”、亚洲金融危机等新自由主义推广的地区，唯有国际垄断资本主义获益，新自由主义成为国际垄断资本主义对外掠夺的理论谎言。有人说，一场金融危机对发展中国家造成的损失不亚于一场中等规模的战争，而新自由主义就成了新时代的殖民掠夺的遮羞布。将医治发达资本主义病症的良药，强行推广为治疗广大发展中国家病症的药方，势必给不同国情、不同发展阶段的广大发展中国家带来巨大的灾难。在“良药”变“毒药”的背后是当代发达资本主义国家硬性输出资本主义制度，企图干预他国内政，攫取高额利润的图谋。

一国的经济、社会、政治制度，必须依赖于本国的历史和传统，一国的改革也必须根据现实情况量力而行，只有按照本国的国情，走一条适合自己发展的道路，才能保证国家和社会的长治久安。新自由主义作为发达资本主义国家治病的良药，一旦成为国际垄断资本对外扩张的意识形态，对于其他国家来说则无异于饮鸩止渴。在新自由主义获得了部分话语权并占据主导地位的今天，我们既要借鉴其对政府的警惕、对市场作用的充分研究等合理成分，更要警惕其隐藏在经济理论背后的政治价值观念，警惕其所输出的资本主义制度。

# 新自由主义:走向无根的不可知论

浙江师范大学　黄家裕

哈耶克是新自由主义的领袖和舵手,因为他为新自由主义奠定了认识论的基础。几乎所有新自由主义学派都把他看作是自己人。在经济思想上,他奉行极端的市场自由主义。在心智方面,哈耶克继承了马赫的联系主义(Connectionism),并进一步发展出自己的认识论思想。他强调"关系"观念,并由此提出感觉世界的结构来自"关系"。"关系"是其心智理论的灵魂,是一张认识论的网络。但是,他反对马赫的还原主义,认为感觉没有绝对的性质,没有原子性质的"感觉"要素。他对心理学和经济学都很精通,因此,他借助心智理论,构造出纯粹主观性的认识论,为自由主义构建哲学基础,找到认识论的依据。由于他的认识论是建立于封闭性的心灵之上,尽管哈耶克坚持一种进化的认识论,但其本质是不可知论。在《哈耶克论自由》中,约翰·雷格也指出哈耶克使自由主义走向了不可知论。

## 一、自由主义认识论

一方面,在社会主义计算论战中,按照米塞斯思想,因为社会主义是纯粹的公有制,没有价格机制和竞争机制,所以社会主义计算是不能够完成的,计划经济只会导致帕累托无效。在这里,米塞斯仅仅从理论层次,通过一般的逻辑推论经济计划不可能,社会主义计算不可能。但是,这种理论和逻辑推理本身并不能确保其正确性,检验理论和逻辑的真理性只能通过社会实践。因此,其不能排除人们在社会实践中,拥有足够的知识、足够的能力完成相关的经济计划,完成相应的社会主义计算以取代价格的自发机制和自发的竞争机制。另一方面,社会主义计算不可能并不意味着社会主义不可能,因为社会主义本质并不是公有制,而是解放与发展生产力,达到共同富裕。然而,哈耶克继承米塞斯的衣钵,静态地理解社会主义,并坚决否定人们拥有充分的知识完成经济计划和社会主义计算。他认为中央政府计划机构在运行经济计算时需要足够的、充分的、细节的知识,而这些细节知识不可能获得。由此他把一个经济问题转化为一个关于知识论的问题。哈耶克认为,社会主义计算是不可能的,他指出:"在一个幅员辽阔的现代社会的复杂情势中,这样一个中央权力机构是否有可能以一种合理的精确程度(亦即以一种等同于或接近于竞争资本主义社会所取得的成就的成功程度)去落实这样一种价值序列中所涵括的各种内容?"在现代社会中,经济运作是由分立的经济主体完成的,如果要对整个庞大的经济规模进行计划,那么计划机构必须获得这些分立的经济主体的完备的知识。实际上,哈耶克认为,任何机构对其他的经济活动都不可能有任何经验,因此任何人或机构都不同程度地存在经验无知,由此,他从"经验无知"论述了经济计划不可能。哈耶克在讨论社会主义经济计划的问题时,是从知识论的角度讨论,并由此转化为"社会主义计算的知识如何可能获得"的问题。这个问题使得自由主义由经济问题变成了一个哲学的知识论问题。

在此知识论的基础上,他认为,人们对于经验认识的"无知”根源于人们的心智的局限性，心智总是存在“经验无知”。也就是说，人们的“经验无知”根源于心智秩序的复杂性以及感觉并不能反映外界对象的物理性质。由此，他又把一个知识论问题转化为心智的问题。

由此可知，哈耶克把新自由主义的大厦从理论的沙堆中转移到心智的主观性世界，使自由主义从逻辑批判走向心智科学的批判：用当代认知科学的思想批判经济计划的不可能，试图使得新自由主义获得认识论的根据和自然科学的根据。

## 二、认识论的基石

为什么这些经济知识无法被充分获得？哈耶克认为，这主要是任何人的心智本身都不是全知全能的，任何人的心智都是有限的。因为物理现象和心理现象没有统一性，心智具有复杂性与整体性，感觉只是获得“关系的观念”。

### (一)物理现象和心理现象

哈耶克从微观的心智理论出发，用他的心智思想论述“经验无知”。基于二元论的思想，他认为，世界有两类现象。其一是物理现象，其二是心理现象。两者性质根本不相同，因此两者没有互通之处，心智不可能获得外界对象的性质。心智只能获得心理现象，无法涉及物理现象。这是因为，人们的感觉只是感觉器官对外界对象的“反应”，根本无法“反映”刺激对象的任何性质；所以感觉器官只能够产生感觉本身，而不会包含任何刺激对象的信息。外界对象只是对感觉器官具有触发作用，并不传递任何信息给感觉器官。因此，我们对外界对象是无法确切知晓的。此外，因为感觉性质和感觉秩序通过神经脉冲以及不同神经脉冲之间的关系形成一张网络，然而在神经系统中，神经脉冲数量庞大，它们之间形成的关系更是庞大，心智对它们也仅仅处理了少部分，大部分处于人们的潜意识和无意识状态。因此，人们的心智对自己的许多心理状态也不知晓，其表现为“经验无知”。

由上述可知，因为人们对社会等经验不可知，所以人们对社会经济的计划是不可能的。另一方面，人们不可能知道感觉的性质是什么，不可能知道为什么感觉性质及其关系能够确定感觉秩序和意义，人们只知道感觉秩序是如何形成与发展的，因为，人们的心智秩序是一个自生自发的过程。人们的心智是自由的，人们的意志也是自由的。但是，由于心智具有共同的结构，因此，心智遵从“一般性规则”。也就是说，人们总是理性地自然、自生自发着，不可为人所驾驭的。在心智遵从“一般性规则”的基础上，哈耶克由此得出，我们的经济行为应该走向一个自由的市场。一个自由的市场不需要外界任何力量的干预，不需要任何组织的约束，它仅仅遵从所谓自生自发的“一般性规则”。这种市场必然是盲目的市场，它给资本大鳄带来诸多的自由，但却以成千上万的老百姓的贫困潦倒为代价。

哈耶克以心智理论为基石，通过“一般性规则”，走向了“市场原教旨义”。这是自由主义的逻辑通道。其实市场的“看不见的手”的力量就是“无法知道的手的力量”，因为主体的人无法知道市场的相关经验。因此经济是不可计划的，是自由的市场。

## （二）心智的复杂性与整体性

哈耶克认为，心智秩序具有复杂性和“整体特征”。因为神经系统中的神经脉冲数量非常多，其相互之间构成的关系更是无限地增长，所以，不管人的心智如何强大，它都不可能处理那么多的关系。真实的人的心智由于心理资源的不足，心智能力的有限性，因此它处理了一部分关系，大量的神经脉冲和神经脉冲的关系成了无意识或潜意识状态的东西。此外，神经脉冲及其关系总是不断地产生与消亡，感觉的秩序也在不断地变动，心智的内容也在不断地变化。因此心智本身根本不可能处理这么庞大的信息。由此可知，人们不但不能够认识外界对象，而且不能够完全认识自己的感觉内容和心智内容。另一方面，由于神经脉冲及其关系构成了整个心智秩序的网，所以心智本身具有整体性。任何神经脉冲都无法脱离整体而产生功能与意义，单独的某一关系只有放在整个关系网中才能确定其意义，可以说心智是一张有秩序的网。

因为人们的心智秩序太庞大，人们的心智无法完全处理所有的关系，所以人们的心智认识总是因为自身的原因受到限制。这就是心智资源导致心智认知的“绝对限制”。由于心智认知的绝对限制，人们的理性认识也必然是受到绝对限制的。当然，心智本身具有“绝对限制”的特点并不意味人们完全不了解心智的任何性质，但是人们只能够对心智秩序做出“原则性”的说明，解释它形成与进化的过程。这就是“原则性”解释。

人们不可能说明感觉性质相互不同的原因是什么，人们只能知道感觉性质及其关系如何相互不同。人们不知道为什么感觉性质及其相互关系之间存在差别，只知道它们如何形成。但是，哈耶克理论忽视了心智的筛选功能，忽视了高级信念对输入、输出的影响，忽视高级心理机能对低级心理的影响，忽视人们的心智随着主体实践的发展而变化，心智的认识工具和手段不断改善；他否定心智以及知识本身都是实践的产物。因此，这导致哈耶克由心智的复杂性推导出消极的独断论。

### (三)“关系”的观念

哈耶克的关系思想主要来自马赫的关联思想，同时又吸收了格式塔心理学派的传统。一方面，感觉并不是由感觉要素构成，感觉并不是静止的，因为感觉是由“关系”来决定。另一方面，感觉并不是单一呈现出来，而是整体呈现出来。但是，“关系”和刺激对象没有因果关系；感觉的整体呈现和刺激对象也没有任何关系，对象之所以整体呈现出来，那是因为人内部神经机制等原因造成的。由此可知，哈耶克的“关系”所形成的感觉也是他不可知论的重要支柱。

按照哈耶克的理论，刺激对象的物理性质、神经脉冲的性质和感觉的内容都没有因果关系。心智根据对象的“位置”赋予对象意义。然而“位置”并不是真实的物理空间位置，而是逻辑意义的位置，因为“位置”是由不同神经脉冲之间的关系确定下来。这是由于神经系统传导时，其都与其他脉冲发生关系或关联，并且相关的信息能够被神经系统整理和分类，由此形成一个神经脉冲关系“地图”。神经系统不仅是信息的接收器与传导器，而且神经系统是一个多层次的分类系统。由此可知，所谓的“位置”，本质上是“关系”的一个节点而已，它只能在神经系统的地图中获得意义，并且随着神经“地图”的改变，位置也不断改变。在感觉中，感觉性质、感觉的内容也是由它与其他感觉性质的相互关系所决定的。因此,心智秩序或感觉性质的秩序就是一种关系秩序。心智本身就是组成该秩序的所有关系的总体。心智并非实体。在这里,“关系”的概念是一个功能性的范畴,在这里它取代了实体“存在”的地位,也消解了心智对象的物质性质。外界对象仅仅起着刺激的作用,功能及其意义与外界对象没有任何关系。也就是说,这里只是“反应”,根本不存在“反映”。因此,人的心智和外界对象之间存在不可跨越的鸿沟,人们不可能认识到外界对象的物理性质。心理内容与感觉内容由人们的神经系统及其功能所确定;人的认识和知识来源于人的神经系统及神经脉冲的各种关系。这样,如果哈耶克认为人具有外界对象的知识,他必然承认知识的天赋论,但是他不可能承认这点。因此自由主义必然认为世界是不可知的,知识也仅仅是纯粹自我的主体性知识。

然而一个纯粹自我的主体性知识所主导的自由必然是一种盲目的自由,是一种混乱的自由。

归结起来,哈耶克的由心智通往自由主义的路径如下:

(1)由于“心智的关系观念与心智秩序的整体特征”→心智“经验无知”(导致人们无法知晓社会的真实情况)→所以,人们不应该实行任何计划,而是“反经济计划”(因为人们不能知道社会的真实情况,人们不可能做出一个符合客观情况的计划)。

(2)由于“心智具有共同结构”→所以人们能够认识“一般性规则”→因此人们只能奉行“市场原教旨义”(人们只能接受盲目的市场,自发自生的市场秩序)。

(3)由于“心智的自我具有开放性”→所有心智必然是“扩展秩序”的心智(即人和人之间总是不断相互交流,并融合为越来越大的团体)→最终,不同的人融合在一起,形成“全球化”。

他吸收格式塔心理学整体性的思想,认为,心智的“关系”决定感觉,并且感觉是整体性地呈现,因此,感觉的整体性必然导致“经验无知”。也就是说,任何心智不可能获得完备的知识,其只能获得分立的知识。由此,任何的经济计划都不可能。但是,心智具有共同的结构,其自然而然在实际情况中遵从一般性规则。由于有了一般性规则,所以社会经济应该实行纯粹自由的市场经济。其实,他奉行的是“市场原教旨义”。他指出人的心智、人的自我具有开放性,因此,由人构成的共同体或社会,必然具有开放性。又因为共同体或社会本身的开放性特点,所以全球化是必然的趋势。由此可见,他的新自由主义的基础是建立在心智理论之上的,而在心智方面,他坚持不可知论和唯心主义的立场。

简单地说,哈耶克拒绝回答“世界本质是什么”的问题。因为,如果人要获得真正的自由,这个问题必须从唯物主义角度回答。他只是回答“世界在感觉中是什么”的问题。哈耶克在回答这个问题时,他预设的结论是“经济计划不可能,自由市场是必然的”。因为人们心智本身的特点,所以人们必然采用自由市场经济。

## 三、无根不可知论的误区

哈耶克的宗旨是捍卫自由主义。他强调人们能够按照自己的意志选择自己的行为就是自由，也就是说，人们的行为是自己自由意志的结果。他批判地继承了马赫的心智理论。马赫对感觉的分析试图从原子论的立场提出“感觉要素”是最为基本的认知单位，然后进一步把感觉还原为物理性的东西，由此马赫就可以用物理意义的因果规律说明人们的感觉、心理和人的认知。但是，如果从物理意义说明人的心理，那么人们的心理必然服从物理规律，倘若人们的心理服从物理规律，那么人的自由意志本身就没有自由。因为整个物理世界都是冰冷的规律，没有任何的自由。

**（一）没有主体意志的自由**

哈耶克把各种现象分为现象秩序和物理秩序。物理秩序是“物理事件”构成的序列。现象秩序是感觉性质的秩序，是心理现象构成的秩序。它是心理研究的对象，是物理事件刺激感官系统引发反应，并在心理显现出来的样子或属性，在这一过程中，由于神经脉冲及其在神经系统中传导，由此引发神经效应，其显现出某一感觉性质。他认为这两类秩序不同，也不存在一一对应关系。这样他避免了马赫的还原主义，也从物理主义、科学主义那里解放了心理学。他的两种秩序二分法和康德的现象界与物自体二分法一脉相承。他认为认识只能是人对自己直接的经验认识，无法通过经验认识自己经验外面的物理事件。

哈耶克反对把心理世界还原为物理世界，这无疑是正确的。但是，哈耶克却由此走向另一个极端，因为不可还原不意味着没有因果关系。他认为物理世界和心理世界没有任何因果关系，没有任何同一性；这两个世界是相互隔离的;人们心理世界的对象、人们关于对象的意义等特点都和对象的物理性质没有任何关系;对象的物理性质和感觉的内容、感觉的性质也没有因果关系。因为“人的决定看来必定是一个整体的人格——也就说一个人的心智的整体——的结果,而如我们所见,这一整体人格不能被还原成其他什么东西”。

那么人所认知自己的内部世界和外部世界是由什么来决定的?哈耶克认为,知识的决定是由整体的心智结构的无意识和潜意识的共同参与决定,由无意识到潜意识,然后到意识是一个连续的认知系谱,这是人们获得感觉的系谱的结果,也就是说,这一恒定的心智“地图”或“模型”是认知发生的前提和基础。心智中的“地图”是由神经系统的层级分类机制所决定的。可是,神经本身是没有自由意志的。由此可知,哈耶克在抛弃了物理世界的时候,却沿用了神经世界,因为神经本身不可能具有自由,所以,地图并没有任何主体性的“意志”,其当然也是没有自由的因素可言。这样人的主体性的自由意志无法在自己的心智中得到体现。这样的自由只是一种无根无源的自由。其实,他这是用一个“神经枷锁”取代“物理枷锁”来套自由意志的脖子。他在反对心理世界还原物理世界时,却把心理还原为神经以及神经的关系,并且他这么还原之后,人们的心智便无从认识外部世界了,每个人都成了唯我论。结果,每个人成为自由人时,他只知道自己的自由,却不知他人也有自由。这种无知的、无根的、唯我论的自由必然是一种狂妄的自由,一种盲目的自由。这种自由只能存在于心智中,不能存在于社会上不同个体之间的交往活动中,因为无知便无法行动。所谓行为的自由选择，那是主体知道在有多种条件、多种可能的结果中选择对自己最有利的行为。但是，当主体不知道外界环境的条件，不知道外界对象的性质时，主体仅仅根据自己纯粹的心智来选择，那么其必然不是自由的选择，而只是盲目的选择。

### (二)矛盾的自由

哈耶克一方面要达到自生自发的自由图景，另一方面他的理论又要按照逻辑的路程走向自由图景。因此，他的自由主义理论体系中“自由”与“逻辑”是相互矛盾的，并且哈耶克是从不可知论的立场论述人们行为的自由性，论述市场经济的自由性。

他根据“经验无知”来推导经济必须采用自由主义的市场经济，但是，任何自由本身都是主体在对相关情况充分了解、获得完备的知识时才能选择最符合自己利益的行为。假想有一个“经验无知”的人，其对他所从事的工作对象不太了解，对他所处的周边环境也不了解，对和他一起交往的人也不了解；如果他只是根据自己的想法一味地行动，他由此获得自由？也许他本人也不觉得自己获得自由吧。由此可知，分散的知识并不是导致个体自由的原因，而是个体走向自由的障碍。比如，张三在从事经济活动中，分别面临三种情况：A(心智世界)、B(社会知识)和C(物理世界)，这三种情况其实就是三种分立的知识。因为张三处于“经验无知”的状态，只知道自己的心智相关情况A，张三对于B、C不可能知道，因为B、C是物理世界的知识。然而，张三在从事经济活动时总是追求利益最大化、自由最大化。可是，在对B和C都不知道的情况下，张三的任何选择都不会获得利益最大化，他的行为也必然受到阻碍，因此他并不是自由的。另一方面，由于社会是由许多诸如张三这样的人构成，由许多主体构成，如果每一个都试图按照自己的“经验无知”的方式去获得自由，那么整个社会是一个“经验无知”社会，一个经验无知的社会如何获得自由？哈耶克对此不加以说明，他只毫无理由地下定论。因此，“经验无知”必然导致行为的片面性，它只能导致盲目行为而不是自由行为。因为这和他的自由主义宗旨是相违背的。

其实，自由是一个非物理规律的范畴，真正的自由只能在主体与客体的相互作用中实现，即通过实践才能达到自由。他割裂主体与客体的必然联系，试图在主体内部达到自由图景，这种自由充其量仅仅是一种精神自由，不是一种行为的自由。这种自由在现实中无法兑现。马赫试图在物理世界寻找自由，但是，哈耶克在批判马赫时，把“洗澡水和婴儿都一起倒掉了”，因为哈耶克的自由图景仅仅在主体世界建立，并不包含任何客体的因素。

另外，因为他心智本身的整体性和复杂性，因此必然导致心智的“经验无知”。由于“经验无知”又导致人们的理性认知在实践中受到限制，即心智的“实践限制”。如果人们的心智在实践中本身造成自己的限制性，这将导致人们的理性认知的“实践限制”。因此人们不可能获得完备的知识。而没有完备的知识，人们便无法做出真正的经济计划。

“经验无知”源于心智的“实践限制”。“哲学无知”则是心智本身的“绝对限制”，因此，人们需要共同结构才能实现理解或互动。然而,如果人们既是“经验无知”的,又是“哲学无知”的,那么人们怎么知道这种结构呢?倘若人们不知道共同结构,那么人们不可能互动。人们在没有互动的情况下做出的任何行为都是没有意义的行为,更谈不上自由的行为了。

### (三)剥削者的自由

新自由主义导致的结果必然是“一种无止境剥削的乌托邦”,是欧美垄断资本的统治工具。当今,由于欧美社会的发展,人民的文化素质不断提高,政治素质不断提高,垄断资本如果像以往那样剥削本国人民,必然导致本国人民的反抗,由此危及其政治统治地位。由此,垄断资本只好把剥削转向国外,特别是从发展中国家开发其剥削市场。依靠暴力的剥削手段显然不可能了,通过文化的认同,通过“自由”等意识形态的方式麻痹第三世界国家的人民,让他们心甘情愿地接受剥削,这是必然的路径。新自由主义充当了垄断资本的文化殖民和经济殖民的工具,它给垄断资本带来剥削的自由,但是,它同时却给第三世界国家人民带来贫困与混乱。由此可知,新自由主义只是剥削者的自由,但却以第三世界国家的混乱为代价。

恩格斯说:“一切社会变迁和政治变革的终极原因,不应当到人们的头脑中,到人们对永恒的真理和正义的日益增进的认识中去寻找,而应当到生产方式和交换方式的变更中去寻找……而应当到有关时代的经济中去寻找。”从这里可以看出,哈耶克的错误在于他仅仅从人们的头脑中、从人们的心智中寻找自由。

最后，哈耶克的认识论根据缺少客观的依据，仅仅从一些心智的相关经验获得支持。因此，他的认识论本身具有致命的弱点。这些致命的弱点将导致整个新自由主义大厦的崩塌。如果他的心智理论是谬误的，新自由主义将是谬误的。事实上，随着认知科学的不断发展，新的心智理论不断出现，哈耶克的心智理论也将被历史所淘汰，所以建立在他心智理论上面的自由主义也将终结。

# 新自由主义:重构的极端个人主义

嘉兴学院　康文龙

对于个人主义跟新自由主义的关系,新自由主义的旗手哈耶克确认“个人主义”可以与“自由主义”互换使用。这里所说的“自由主义”就是新自由主义。这里的“个人主义”是指经过哈耶克重新解释过的所谓“真个人主义”。准确把握新自由主义的本质,我们需要对“真个人主义”做详细的分析。需要指出的是,由于各种各样的原因,国内对“个人主义”的理解存在着某种偏差,也就是把“个人主义”简单理解为“人不为己,天诛地灭”的思想取向,等同于“自我中心”或“自私自利”。其实个人主义在西方有悠久的历史,其内涵也不是一以贯之的。

## 一、个人主义是资本主义社会的核心价值观

个人主义作为一种价值观和生活方式的思想渊源可以上溯到西方文化的源头,但作为一个概念的发明或首先使用是法国思想家托克维尔。托克维尔是在“一种比较温和的自我中心意识,个人只关心其家庭或身边的朋友圈子”的意义上使用该概念的。随后,“个人主义”内涵不断丰富,并逐步成为一个影响深远的“主义”。在《简明不列颠百科全书》中,“个人主义”是“一种政治和社会哲学,高度重视个人自由,广泛强调自我支配、自我控制、不受外来约束的个人或自我。……作为一种哲学,个人主义包含一种价值体系,一种人性理论,一种对于某些政治、经济、社会和宗教行为的总的态度”。

作为一种哲学,个人主义涉及一种价值体系,一种有关人

性的理论,对某种政治、经济、社会和宗教体制的一种态度或信念。个人主义作为个性参与社会生活的态度、倾向和信念,有其历史表现的必然性。质言之,在西方社会的文明进程中,个人主义作为一种生活方式、人生观和世界观,具有整体性和普遍性意义,它构成了西方人赖以把握人和世界关系的基本方式和存在状态。

尽管“个人主义”这个词在19世纪初才出现,但西方文化中的个人主义文化因素(如个性解放、个人自由、个人自主和自我独立等精神)很早就产生和存在了。这些个人主义的因子,经过欧洲近代历史上文艺复兴、启蒙运动和宗教改革的洗礼,最终形成西方文化中源远流长的个人主义传统,并成为西方文化的核心价值观。

可以毫不夸张地说,“个人主义”就像一条永不枯竭的幽暗长河,已渗透到了西方国家及其文明的各个角落,并潜移默化地熏陶着一代又一代的后人,进而变成人们一种“心灵的习性”。在现代西方民主国家,很难设想一个没有个人主义的社会,因为个人主义的基本精神不仅被大众普遍接受,而且已经被机构化和法律化了,它表现在社会生活的各个层面:浪漫主义是感情上的个人主义,自由主义是思想上的个人主义,多元主义是文化上的个人主义,放任主义是经济上的个人主义,民主主义则是政治上的个人主义。

经济上的个人主义与政治上的个人主义在相当一段时期内在民主理论中携手并行,它强调的是经济财产权与政治决定权中个人所处的核心地位。但随着政治普选权要求的日益高涨,19世纪下半叶,政府对经济过程的干预加剧,一直发展到20世纪,经济与政治个人主义两者之间的紧张或不相容最终也出现了。周期性的失业和经济波动使得民众产生了对经济自由理念的广泛不满。

个人主义理念的威望在19世纪后半叶和20世纪前半期有所下降,使得与之相对立的社会组织原则(如集体主义)有所上升。然而,随着20世纪以集体的名义出现的国家主义、军国主义、国家社会主义(即法西斯主义)的猖狂肆虐和斯大林主义的历史性失败,人们重新开始重视自由主义及其理论基础——个人主义,并在新的形势下进了重释。由此,个人主义被重新解释和建构,从而形成了新自由主义。

## 二、新自由主义重释个人主义,走向极端

“个人主义”在当代被重释,成为新自由主义的理论基础和哲学基石。作为新自由主义旗手的哈耶克,对个人主义的系统性辩护和重构形成了“真个人主义”,并由此形成了新自由主义的重要特质。

作为一套完整的价值体系和制度机制,“真个人主义”具有三方面的基本意涵。

第一,“真个人主义”主张,只有个人的存在才是最真实的。任何人都不可能知道谁了解得最清楚,并且我们能够找到的唯一途径就是通过一种社会过程使得每个人在其中都能够尝试和发现他能够做的事情。究其原因在于,人之天赋和技能乃是千差万别的,人类理性必须被理解成一种人与人之间相互作用的过程;在这个过程中,任何人的贡献都要受到其他人的检验和纠正。因此,任何人都没有资格对另一个人所

具有的利益或被允许实施的能力做出最终的判断。可见,社会生活的最终构成要素乃是个人,这些个人或多或少总是根据自己的意向和他们对自身处境的认识来采取行动的,所有的社会现象都是个人的意向、信念、行动与社会环境具体组合的结果。

社会现象所具有的一切属性以及关于社会现象的所有陈述也都能够原原本本地翻译为个人的属性和陈述。"社会"这类集合体不仅不是给定的客观事实,而且还是人的心智建构。社会集合体只能在一种特殊的意义上进行讨论,因为社会集合体在事实的意义上并不存在,而只是经由个人的行动、意见和态度而得到建构的,只是一些意义客体。这意味着,如果没有个人之理解和能动作用这类范畴的支持,亦即离开了"个人",那么这些意义客体便是无法得到人们的理解。

要达至对社会现象的理解,唯一的路径只有通过理解那些指向其他人并受其预期行为所指导的个人行动,阶级、社会、集体只是用以把握个人在现实中存在状态而建构出来的一种抽象的"心智建构"。哈耶克认为,通过对个人行动之综合影响的探究,可以发现:首先,人类赖以取得成就的许多制度乃是在心智未加设计和指导的情况下逐渐形成并正在发挥作用的;其次,套用亚当·弗格森的话来说,"民族或国家乃是因偶然缘故而形成的,但是它们的制度则实实在在是人之行动的结果,而非人之设计的结果";最后,自由人经由自生自发的合作而创造的成就,往往要比他们个人的心智所能充分理解的东西更伟大。它不仅构成了我们理解经济生活的基础,而且也为我们理解大多数真正的社会现象奠定了一个基础。

第二,“真个人主义”认为,社会、国家、无产阶级或诸如此类的概念,对于行动者个人来说不具有首位的实在性,也没有更大的价值,他从根本上认为,诸如社会或阶级这样的集合体在特定意义上讲并不存在。因此,把社会这样的集合体理解成自成一体并且独立于个人而存在的观点,以及把任何价值或任何重要性赋予有关集合体的陈述或有关经济集合体的行为的统计性概括的做法都是极其谬误的。

在“真个人主义”看来:政府权力的权威性与合法性来自于公民的同意,来源于社会契约或个人自由选择中的连续性的同意,政治代表只是个人利益的代表,政府的目的在于使个人的需要得到满足,使个人的利益得以实现,使个人的权利得到保障。如果政府的权力不被限制在一个特定的范围之内,而是按照有利于实现其特定目的的方式来任意行使,那么,对于个人也就毫无自由可言,同时这个国家也必定会在将来变成一个专制主义国家。

哈耶克认为,国家至多只能是个人的保护者,其唯一功能就是防止小集团强制力量的僭越。“真个人主义”认为,个人主义理论可以为建立一个合适的法律结构和完善自发成长起来的制度奠定思想基础,但是它也强调人类理性有意识造就的那部分社会秩序仅仅是全部社会力量的一小部分,国家作为一个精心组织和有意识指导的力量的体现,应该仅仅是一种框架,在其中人们可以在最大的范围内自由联合,因此,不是有意识的指导。

“真个人主义”肯定家庭和一切小团体共同努力的价值,它相信地方自治与自愿联盟的力量,并认为自愿组成的联合团体通常会比国家用强迫力量来做到的更好。并认为,最好的组织应该是无人设计的社会过程的产物,人们能够和谐有效地在一起工作的条件就是更少的正式组织和强制。那些自发的组成物是一个自由文明必不可少的基础,一旦这些基础被摧毁,也许我们就没有力量再精心建造出这样的文明了。

第三,"真个人主义"主张合理的法律制度只能是"私人财产"的产权制度。在经典个人主义看来,个人的行为就足以提供社会经济组织的原则,只要让个人得到自由地自我发展的一切机会,社会进步也会在个人利益得到满足的同时取得,因此,最符合一个人利益的就是让他有最大限度的自由和责任去选择他的目标和达到这一目标的手段,并将其付诸行动。通过个人自由地参与到市场之中,尝试并发现他所能做的事情来确定个人的利益所在;并通过市场这只"看不见的手"来协调因个人利益竞争而导致彼此之间产生的各式各样的冲突。这使得个人在实现自身即时性利益的同时,能在更大的范围之内实现那些超出他们自身利益的方面做出自己的贡献(显然这是他们不曾预料的),同时也能够防止任何个人或群体的利益和观点凌驾于他人的利益和观点之上。这成为"自由放任资本主义"的理论基础。不过,也由于"自由放任资本主义"的失败,经典个人主义的上述思想被批判并逐步退出了历史舞台。

综上所述,我们可以看出,"真个人主义"虽然意识到经典个人主义的某些缺陷,并在新的时代背景下重释了个人主义,但对"个人"的过分关注已经滑入极端个人主义立场。这也使个人主义成为新自由主义的"阿基里斯之踵"。

## 三、极端个人主义本质，是其理论重要缺陷所在，也是其危害根源所在

对自由主义的批评主要集中在自由主义的核心——个人主义上，对新自由主义的批判也是如此。“真个人主义”作为极端个人主义取向，其主要缺陷有：

(1)“真个人主义”削弱权威，削弱信仰，削弱了个人赖以生存、赖以确定自己认同感与归属感的社群，从而削弱了社会稳定与秩序赖以建立的基础。一个健全而稳定的社会离不开有效的、有决定能力的、不受挑战的权威，离不开社群。新自由主义诉诸个人理性，强调个人的独立思考，强调怀疑主义的价值，这最终会削弱社会赖以维系自身存在的信仰以及价值观。除了理性之外，社会的稳定需要某些不容置疑的信仰。“真个人主义”视域中的“个人”其实是没有社会依归的个人，是孤独的个人，也是内在世界充满自相矛盾的个人。而现实生活的个人需要某种归属，需要某种大于个人、高于个人的团体作为认同的对象。这些团体可能是家庭，可能是一些政治团体，也可能是民族、国家。将个人融入某种更大的社会群体不仅有利于建立稳定的社会秩序，而且也使个人得以摆脱内在世界的自相矛盾。个人主义的全部错误来自其关于个人与社会关系的基本假定。新自由主义声称在社会存在之前存在享有自然权利的个人，并基于个人的自然权利构建社会政治的原则。可实际上，从来就没有所谓孤立的、超社会、非社会的个人。对个人的过分强调会导致多元主义价值观，导致人们将全部注意力集中在私人生活上，追求消费主义，罔顾公共

领域,从而可能导致国家的内乱甚至内战。

(2)“真个人主义”过于强调人的理性,忽视了个人的理性局限性。自由主义的基础确实是对个人理性的信念。个人的理性能力和个人理性行为可能导致集体理性是个人自由、市场经济、民主政治的理念得以成立的隐蔽预设。这一预设的最好表达就是亚当·斯密的“看不见的手”。

在现实生活中,某些个人没有稳定而持续的喜好与选择,不知道自己究竟要什么,也是很常见的事情。

(3)“真个人主义”把个人与社会对立起来,势必产生了道德上消极的后果。在现实政治生活中,对个人不加约束与对个人约束过多一样对自由不利。不能把个人与社会对立起来,只有在社会中,才能实现个人自由。对个人的约束又是必不可少的,它是保证社会正常运转的必要条件,文明和社群都要求个人利益服从公共利益。只有在文明社会,并通过社群的联系,个人自由才是有意义的。关键是建造一个最理想的个人自治与社会需要能够共存的社会。只有道德上负责任的个人才能够实践自由,道德上不负责任的个人则实践放纵。这样,要在社会中倡导自由,就要培养出道德上负责任的个人。在社会与个人的对立中,没有培养出道德上负责任的个人的现实道路。道德的大杂烩是道德的灾难,它将破坏自由的美妙前景。

(4)“真个人主义”强调道德的个体化,个人之间的分立甚至对立状态不可避免。新自由主义否认社会有共同目标的共同追求,因此,人们对应该做什么根本不存在一致的看法,完整的伦理准则也是不存在的,没有包罗万象的价值尺度。如果一个社会没有主导的价值观，个人随意选择接受某个规范或价值，随意放弃那些他不同意的东西，这对于社会的存在是颠覆性的。在民主社会中，多数人有义务尊重少数人的权利，但是这不意味着多数人要屈服于一些人的不同意见。少数人的暴政和多数人的暴政同样不好。新自由主义对个人会沉没于集体中充满了恐惧，从而使“我与他们”之间的关系呈现持续不断的紧张状态，视“融入集体之中”为个性的丧失，而个性是一定要不惜任何代价为之奋斗的。其实质在于，新自由主义认为，整体会压迫个人的性格，其实这是误解了部分与整体的关系。

综上所述，我们可以看出，新自由主义作为一种意识形态，其极端个人主义本质是当代资本主义的哲学表达。个人主义勃兴于对抗封建社会普遍主义，突出了个人的价值和意义，但在资本主义社会历史进程中，以个人主义为理论基石的自由放任政策给资本主义社会带来的是动荡和社会危机。新自由主义在当代资本主义社会也已经被证明是错误的并被抛弃，但却被包装为一种进步的思潮，为某些人作为攻击社会主义和集体主义的思想工具。这是要特别提防和小心的。

肆

## 新自由主义实践的恶果

新自由主义导致环境灾难
新自由主义导致两极分化
新自由主义导致政治动荡
新自由主义导致经济危机
新自由主义导致社会冷漠

# 新自由主义导致环境灾难

浙江越秀外国语学院　王锋雷

新自由主义往往被西方资本主义国家标榜为拯救世界的一剂良药，然而，社会发展的历史与现实说明，新自由主义不仅仅在其“主治”的经济领域“疗效”有限，而且副作用明显。在生态环境方面，新自由主义就如同一剂“慢性毒药”，是当今世界生态环境危机加重的“毒源”之一。在新自由主义大行其道的美国，作为世界上温室气体排放量最大的国家，却拒绝在《京都议定书》上签字，这让全球环境治理都蒙上了一层阴影。

## 一、环境危机：现象与根源

据相关研究统计，世界上有 54 个国家 90％的森林已经消失。南美亚马孙河流域的雨林正在以每年 24000 平方千米的速度消失，这相当于每小时有 6 个天安门广场那么大面积的雨林在消失。科学家估计，可能每 20 分钟就有一个物种灭绝，也就是说一年可能会有 26000 多个物种灭绝，而其中很多物种也许人类还闻所未闻便永远地消失了。美国宇航局公布了从太空汇总拍摄的地球北极照片，显示北极冰帽正以令人惊异的速度消失。过去 30 年间，北极冰帽急剧减少，佐证了全球变暖理论……可以说，环境灾难每一时每一刻都在我们这个星球上演，只是有一些是石破天惊式的爆发从而引起人们更多关注，如墨西哥湾的石油泄漏、日本的福岛核泄漏事件等；更多的可能还是悄然无息地发生在我们的周围，如臭氧层破坏、空气质量恶化、物种灭绝等。对此，我们要有深刻的认识和警醒，必须及早应对，而不能够像温水里的青蛙一样，到最后则悔之晚矣。

环境灾难是世界各国必须共同面对的严峻挑战。从其发生的根本原因来看，既有不可抗力的天灾，更多的则是本应避免的，却在当今世界愈发频繁发生的“人祸”。就在世界各国使出浑身解数，并在世界范围内缔结了多种环境协定，以共同应对环境灾难的同时，人类也开始反思，造成环境日益破坏的根源是什么。尽管人们给出了不同的答案，这本身就说明环境问题的复杂性，其中一种解释越来越得到学界的认同，就是资本主义制度及其主流的思想理念——新自由主义。

作为当今世界最重要的批判性知识分子，也是当代西方新马克思主义的代表人物之一的大卫·哈维(David Harvey)在其《新自由主义简史》一书中，深刻揭露了在英美占据主流地位的新自由主义对于当今世界环境破坏负有不可推卸的责任。无独有偶，瑞士全球视野主席 Frank-Jurgen Richter 也认为，当今世界主导的经济模式就是新型自由主义经济学模式，而这种模式在实际上破坏了环境。作为曾经的新自由主义经济理论的坚定信奉者、激进的改革派，游走于日本政、商、学三界的中谷岩在其《资本主义为什么会自我崩溃——新自由主义者的忏悔》一书中，就提及新自由主义是造成环境灾难的元凶之一。以上三位作者分别来自于发达资本主义的美欧日，他们对于新自由主义在理论发展及实践认识上均有非常深刻的洞察与体会，因而他们不一而同的结论值得我们进一步去思考和论证。

以往，人们对于新自由主义研究与反思的注意力主要集中在经济领域，这本身也是新自由主义发力所在。但是经济发展往往对于环境产生裹挟的影响作用，换句话说，发展经济往往需要“绑架”环境，尤其是在资本主义制度模式下，资本家的逐利行为需要社会化大生产的无限扩大，这种无限扩大既有对于环境资源的无限制攫取，又有一系列巨量的“副产品”生产出来，不断破坏本已伤痕累累、非常脆弱的环境系统。

## 二、新自由主义“祸害”环境的微分析

总体来看，新自由主义核心内容是要实行全盘私有化、完全市场化、绝对自由化和全球资本主义化等。本节内容将分别从这几个方面简要分析其导致环境灾难的原因。

### （一）全盘私有化：我的地盘我做主

私有化是新自由主义最基本的前提和基础。新自由主义的领军人物弗里德曼认为，每个人或每个家庭所要追求的自由，最重要的是经济自由，但是，实现经济自由的前提是“企业是私有的”。这种私有化在涉及环境问题时，新自由主义主张通过减少政府干预、由市场以及自由贸易而不是国家来解决环境问题。将无所有权、国家所有以及公共所有的资源，例如森林、水流和生物资源私有化和商品化；为环境服务支付费用；对环境管理的公共支出削减或者降级；环境治理分权给地方团体或当地政府机构进行管理。在新自由主义看来，一切自然物品都可以商品化，空气、河流、野生动物等都可以定价在市场上出售。比如，森林覆盖的蓄水区域既可以作为水资源和碳的储藏室，可建成生态旅游区或停车场地，也可作为保护药物及食品工业价值的生态保护区，还可作为持续提供木

材的来源地。

实际上，环境产品作为一种公共供给，不仅仅是满足当代人的发展需要，而且是未来人类繁衍生息的物质基础。环境产品具有整体性的特点，只有这种整体性才能表现出良好的生态性。环境产品私有化后，拥有者完全可以拿出一副“我的产品我做主”的姿态，道义和责任在经济利益面前不名一文，所有者们致力于个人利益的最大化。另一方面，环境产品的所有者是多主体的，彼此之间充满竞争而缺乏公约，即在自己可以行使环境开发权、使用权的同时，并不能够阻止其他人使用，这就会造成环境资源的过度使用和枯竭，现实生活中过度砍伐的森林、过度捕捞的渔业资源及污染严重的河流和空气根源于此。学术界将这种情况称为“公地悲剧”，之所以是悲剧，是因为当事人都知道这将会导致资源、环境的灾难，然而剧情依然在上演，当事人对于阻止事态的恶化无能为力。大卫·哈维曾经以森林业为例，严肃地指出，新自由主义坚持私有化，使得很难建立任何关于森林管理的全球协议……在更为贫穷但是大量拥有森林资源的国家，增加出口并允许外资所有制和特许权的种种压力，甚至意味着最低程度的森林保护也被拆除了。

美国经济学家詹姆斯·佩特拉斯认为，在我们的时代，新自由主义私有化关注的是利润而不是生产，它仅仅导致国际垄断资产阶级在全球范围内对现有财富和资产进行掠夺……环境产品私有化的另外一个后果是，由于社会财富的贫富不均使得环境产品会很快集中到少数富人手里，这将导致过度开发和价格垄断的风险，从而进一步加剧环境灾难和环境供给失衡。长此以往，我们生活最基本的需求——水、空气和阳光，说不定在将来就会成为“奢侈品”。

### （二）完全市场化：环境亦可来买卖

环境产品市场化的第一个问题是环境产品的定价问题。拥有话语权的统治阶级主导了环境产品的定价，尽管其中存在着大量的不公平，民众也不愿意接受，统治集团往往祭出暴力统治工具的必杀技。如美国共产党经济委员会成员瓦迪·哈拉比（Wadi Halabi）2007 年 12 月在《人民周刊》发表文章说：弗里德曼称赞“自由市场”，却对维持市场不平等的交换大规模使用暴力——军队、警察、监狱视而不见。且不说这一过程就已经背离了新自由主义所鼓吹的“完全按照市场规律办事”，在完成环境产品的私有化之后，资本家们利用强大的政治实力、经济实力可以在短时间内集中大量的环境产品，将环境产品高价出售，或者利用环境产品从事与其相关的垄断性生产经营活动，以攫取巨额利润。这一过程，只能够说明新自由主义所鼓吹的“经济自由”，实质上是强势的所有者能够自由定价，光明正大地强取豪夺而已。环境系统的复杂性决定了环境产品很难用简单的金钱关系去维护生态平衡。当代生态马克思主义的领军人物、北美《每月评论》的主编福斯特曾经举了一个形象的例子：北美一些珍贵的鸟类虽然被设定了高昂的价格来加以保护，但这些鸟类还是灭绝了，根本原因在于现代农业体系的不可遏制的扩张污染破坏了这些鸟类的栖息地。

完全市场化带来的第二个问题是竞争所带来的破坏性的问题。工业生产往往会带来环境污染，如大气污染、水污染等,对其置之不理并不影响生产者的利润,对其进行治理却必然增加成本,减少利润,所以按照市场利益最大化的法则,生产商不会重视防治污染。新自由主义对于这一问题的改良办法就是将污染物排放权进行定价,并可以自由买卖。这看起来似乎合情合理,因为,这些排放的污染物总量上可能还是会有一个控制。但实际上,集中了更多污染物排放权的生产商的生产活动往往较为聚集,也就是说,本来应该被均匀稀释排放的污染物可能在某一区域内集中被释放出来,这很容易超越环境生态系统的临界点,从而使得环境系统迅速崩溃,因为超过这个临界点环境生态系统的再生能力已经被破坏,可能再也恢复不过来了。

完全市场化带来的第三个问题是环境破坏后的后知后觉。这种后知后觉首先表现在环境资源的浪费方面。完全根据市场的感觉走,往往是看到某些产品畅销、有较高利润回报时,一哄而上;而当某些产品滞销乃至价格亏损时,一哄而散。一哄而上的时候,经常又是有条件上马,没有条件也仓促上马,不仅仅造成市场混乱,也容易造成所需环境资源的过度开采、使用,导致破坏已有的环境生态。一哄而散的时候,往往兵败如山倒,面对焦头烂额的财务报表,甚至是债务缠身、官司不断,生产者更难言顾及所谓的环境责任。而在这大起大落之间,本已经脆弱不堪的环境,难以经得住这般折腾。环境破坏的后知后觉还表现在环境本身是一个充满复杂联系的生态网络。比如,在特定的生态环境里,水污染导致湖泊、河流系统恶化,而这不仅仅会影响湖泊河流的生态系统,也会影响甚至改变一定区域内人们的生产生活。这种非线性发展的结果往往是不可预见的，而且，发生之后，由于具有不可逆性，环境一旦破坏，即便花上巨额的代价也难以恢复。有一些生物从地球上消失以后，便将永久灭绝。自 20 世纪 70 年代以来由于亚马孙热带雨林的生态破坏，加速全球变暖的步伐，并且人类赖以生存的氧气已经减少了 1/3。地质学家分析，“随着（亚马孙）热带雨林的减少，10 年后，至少将有 50 万—80 万种动物灭绝”。

此外，市场机制往往只考虑到买卖双方的利益，却根本没有顾及其他利益相关者的利益。比如说，某印染厂经济效益很好，客户也很满意，但是它所排出的废水却污染了河流，沿岸居民的健康和经济受到严重损害。沿岸居民的利益在市场经济的框架中是很难保障的。

简言之，当自由市场成为既得利益集团横行的场所时，任何经济简化论、自然资本论，都不能使生态环境问题得到整体和长远的解决，相反，问题只会更加严重。

### （三）绝对自由化：开发自由，排放也自由

新自由主义所鼓吹的绝对自由化主要是指“华盛顿共识”所强调的国际金融自由化、贸易自由化、投资自由化。我们仅就投资自由化方面分析其可能带来的环境灾难。“华盛顿共识”第 7 条规定，要“全面开放，让外国进入直接投资，取消各种障碍”。这对于发展中国家来说，无异于是要自己完全敞开国门，放弃独立自主地兴办和发展民族经济的权利。尽管发展中国家可以从发达国家学习和引进资金、技术和管理，但是发展中国家也容易被发达国家所绑架、支配。这里我们需要弄清楚发达资本主义国家到发展中国家投资的根本目的是什

么。隐藏在冠冕堂皇的“投资”“援助”之后的，是发达资本主义国家对于发展中国家环境资源的觊觎与掠夺。研究表明，以美国为首的西方国家利用不合理的经济秩序，大肆掠夺开发发展中国家的丰富资源，使本国经济在廉价石油的基础上得到迅速发展。目前，美国主要从墨西哥、南非、巴西、厄瓜多尔等国家和地区进口矿物原料。发达国家在发展中国家开采资源时，并没有能够像国内那样重视环境保护，而且发展中国家在应对环境危机的能力及机制方面也要落后于发达国家，这都使得这种“绝对自由化”的投资活动充满着环境危机。在1972年至1992年间，美国雪佛龙石油公司共在亚马孙地区倾倒了180亿加仑有毒废料。这些废料破坏了大面积的雨林，污染农作物，导致家畜死亡，并使得当地居民癌症患病率上升。厄瓜多尔之后起诉了雪佛龙石油公司，然而这场官司已经打了20年，至今仍未有最终结果。

### （四）全球资本主义化：“我”的污染你来“担”

绝对自由化的进一步发展就是要实现全球资本主义化，其目的并不是让所有的发展中国家与他们平起平坐，实质是极少数发达国家控制和掌握世界主导权，在全球范围内进行不平等的资源分配，从而巩固和维护他们一直过着“金字塔顶端”的好日子。以美国为例，如果世界上每一个家庭都像美国那样，3亿人口的国家拥有2.4亿辆汽车，那么这个世界的石油消耗会加速枯竭，大气污染也会加剧恶化。美国的战略家们自然清楚这一点，但是他们还是希望通过宣传美国的美好生活，让不明就里的发展中国家亦步亦趋，让美国的经济学家们为他们设计美好生活的蓝图，让美国的跨国企业来帮助他们实现“美国梦”。而这一切,就达到了资本主义发达国家“一切尽在掌握”的根本目的,那些发展中国家在发达国家的“安排”“援助”下,“稳稳当当”地运行在“金字塔”的底端,难有“逆袭”的可能。

1992年,《经济学家》刊发了《让他们吃下污染》的文章。这篇文章认为,应鼓励污染企业迁往欠发达国家。理由有三:衡量污染对健康损害的成本取决于发病率和死亡率所获的收益;污染成本可能是非线性的,最初的污染增量可能只有很低的成本;基于审美和健康的原因提出环境清洁的要求可能有很高的收入弹性。这就是新自由主义人口论的精巧的强盗逻辑。既然穷人天生就是穷人,既然穷人没有什么交换价值,因而把他们作为处理污染问题的牺牲品不是很合算吗?这样穷人对自然资源的要求也就消失了,生态问题自然也消失了。这样的观点是令人咋舌的,看似理性,实则冰冷甚至血腥,这种“我”的污染你来“担”的论调把发展中国家与发达国家完全对立起来,把人与人的矛盾、人与环境的矛盾推向极致。这种理念是为了维护少数发达国家的“金山银山”“绿水青山”,而留给发展中国家的只是环境日益恶化的“穷山恶水”,只能够是带来巨大的生态灾难。这一观点的提出者是新自由主义的信奉者、时任世界银行首席经济学家萨默斯,在新自由主义信奉者的眼里,只有利润,这种对于人的需求完全抽象化、等级化的强盗逻辑,无疑赤裸裸地表明了新自由主义信奉者在对待发展中国家的真实态度,也体现了他们对待环境问题的愚蠢与傲慢。

## 三、“自由”不死，灾难不已

本文主要将新自由主义所鼓吹的核心内容分为几个维度并逐一做了对环境影响的简单分析。实际上，新自由主义的核心内容是纠结在一起的，全盘私有化的目的是能够完全市场化，完全市场化需要绝对自由化作为支撑，绝对自由化也要披着完全市场化的“等价、公平”的外衣，最终实现全球资本主义化的目的。在新自由主义看来，几乎任何物品都可以私有，然后贴上价格标签，在市场上“公平”买卖。环境也是如此，甚至连我们每天必不可少的空气、阳光都概莫能外。对于当今全球环境问题的治理，我们除了要在行动上展开各国之间、区域之间的务实合作外，还要在理念上对于新自由主义进行批判和揭露，认识到新自由主义对于环境灾难的重要影响，这样才是治根治本之道。

当今中国也深受环境危机的影响，“雾霾”“PM2.5”已然是网络热词。党和国家对于环境问题高度重视，党的十八大报告把生态文明建设纳入中国特色社会主义事业总体布局，提出了在经济建设、政治建设、文化建设、社会建设、生态文明“五位一体”的高度上建设美丽中国。这体现了党和国家对于环境问题的理念、态度和行动。需要指出的是，新自由主义在中国暗潮涌动，我们必须正视并警示这一问题，要大力批判并自觉抵制新自由主义，否则，其可能是我们建设生态文明过程中的一块绊脚石。

# 新自由主义导致两极分化

杭州科技职业技术学院　胡　峻

第二次世界大战后,以美国为首的西方资本主义发达国家大力推崇新自由主义,并在改革开放后向中国大肆传播其优越性,然而新自由主义的运用、发展必然会导致社会经济的两极分化。在实现"中国梦"的伟大中国特色社会主义实践中,正确认识和处理新自由主义带来的两极分化的消极后果,对于推进马克思主义在中国的发展和创新,坚持中国特色的社会主义道路,实现我国社会主义现代化和中华民族伟大复兴,都有重大的意义。新自由主义从传入中国以来,其产生的危害或多或少的在社会经济生活的各个领域和方面有所体现,其中最明显的后果就是导致了两极分化。

## 一、新自由主义发展到一定时期后就会引起两极分化

考察新自由主义导致两极分化,就必须认清该后果的实质。新自由主义自从其基本理论体系建构完成,就注定会产生两极分化的消极影响。这是由该理论的理论渊源和实践基础决定的。诚然,不可否认,新自由主义的理论和政策有其合理成分,但随着 20 世纪 70 年代再次出现全球性资本主义经济大危机后,新自由主义的消极后果逐步显现,其中之一就是两极分化。

先来看欧美日等老牌发达资本主义国家。德国、法国、英国、美国和日本等西方传统发达资本主义国家社会经济两极分化的消极后果随着二战后生产的飞速发展而逐步显现,尤

其是 20 世纪后期。尽管进入 21 世纪后，发达资本主义国家通过实施转移产业、积极财政政策和加大社会保障力度等措施，贫富差距问题有所缓和，但两极分化的总趋势未有改变。

再看看资本主义新兴发展中国家。拉美资本主义国家、战后新独立国家和亚洲新兴国家等发展中资本主义国家紧随其后爆发两极分化，并且到目前都未彻底解决。而二战后新独立和走上资本主义发展道路的广大亚非拉发展中国家，由于简单照搬发达国家的新自由主义理论及其政策，虽然短时期内 GDP 有很大发展，人民生活有很大提高，但是随着 20 世纪 70 年代美欧日发达资本主义国家陷入石油危机引起的经济危机，这些国家由于实行新自由主义的理论和政策而造成的超警戒线的基尼系数危害越来越突出，社会由于两极分化时有动荡。

## 二、新自由主义主要是通过理论和政策两种途径来引起两极分化

西方学者自身也早已对新自由主义两极分化途径有了比较透彻的研究。新自由主义的理论、政策引起的种种消极后果，使西方进步人士和广大发展中国家的人民逐步认清其实质和危害。德国著名政论家罗伯特·库尔茨说得好：自由主义不仅源自专制主义的最高峰，而且它也随时可以再以专制主义的形象出现。自由主义是所有完全盲目地建立在同一个商品生产体系和作为其行为方式的“抽象劳动”（以赚钱为目的的劳动）的公理基础之上的现代意识形态的源头和主干。正如德国政论家罗伯特·库尔茨在《资本主义黑皮书——自

由市场的终曲(上)》著作中，对新自由主义两极分化的评价，“它已经积累下自己的核心矛盾：一方面以‘自由’和独立的个性为前提条件，另一方面又创造出名为‘龙形海怪’的镇压性质的辖制怪兽；一方面提出责任自负和所谓自主的主体之间缔结条约(劳动合同、交易合同)的原则，另一方面又将无主体、自动运行、装备了自行调节的价格机制的社会资本机器确定为前提条件；一方面承诺‘看不见的手’具有造福人类、促进繁荣的作用，另一方面又造成世界范围内人为的(不再因自然条件的限制而产生的)和史无前例的大众贫困”。

数十年来，西方工人等各阶级和阶层人民对新自由主义两极分化途径有了深刻认识。新自由主义不仅遭到世界中左翼政党和左翼学者的批判和抨击，而且受到西方国家的工人阶级和其他中下阶层的人们以及广大发展中国家人民的抵制和反抗。在拉丁美洲，尽管传统的左派政党、城市劳工在资本全球性重组的进攻面前遭受损失，但是新兴的民众组织已经出现了，美国的霸权和新自由主义的支配地位遭到了各种政治和社会运动的挑战。具体的事件可以从专门研究战后新自由主义的美国学者詹姆斯·皮特拉斯的归纳总结中发现：“巴西无地工人运动，墨西哥萨帕塔农民公社、游击队活动以及它们的同盟军，哥伦比亚农村地区的农民运动和游击队活动，等等。”这些运动从解放神学、民族种族、女权等思想流派中寻找支持。在欧洲，法国共产党在 2000 年举办了“全球化与人类解放”国际大会，提出要用“公民世界的全球化”代替“新自由主义的全球化”。2002 年，巴西召开了反全球化的世界社会论坛，150 多个国家的劳工组织、农业工人组织、非政府组织的代表 6 万多人参加了会议。该论坛以“抵制新自由主义、军国主义和战争”为主题，明确反对“由自由市场控制”的全球化，反对新自由主义的过分做法导致的灾难、不平等和不公正现象。西方左翼学者和其他进步人士对新自由主义的揭露和批判，世界上共产党、中左翼政党、劳工组织和其他进步力量领导和发动的反对新自由主义和垄断资本全球扩张的斗争，都预示着新自由主义最终被无产阶级和广大劳动人民所抛弃、最终被社会主义意识形态所替代的历史命运。

## 三、新自由主义在理论上直接导致了社会经济两极分化

新自由主义扬弃了古典自由主义和凯恩斯主义某些过时的东西，在一定程度上适应了经济全球化和国际垄断资本主义发展的要求，因而具有一定的进步作用。但是，它作为古典自由主义和凯恩斯主义综合起来的理论，不可能解决两者都包含的并制约资本主义发展的基本矛盾，以及由此引发的资本主义经济危机和社会冲突。

先以二战后西方发达国家为例。美国，1973—1992 年间，20%高收入家庭的平均收入增加了 20%，而 20%低收入家庭的收入则减少了 12%；1995 年 4/5 的男性职工每个工作小时的实际收入比 1973 年减少了 11%；1998 年公司高级经理与工人的收入差距由 1980 年的 42 倍扩大到 419 倍。英国，贫富悬殊的程度不亚于美国，最富有的 20%的英国人占有的财富是最穷 20%的人的 10 倍。德国，在 20 世纪末，已有 700 多万人属于穷人，其中 270 万人靠社会救济过活，86 万人无家可归。即使进入新世纪后，2008 年全球金融危机后，德

国经济在欧洲是“一枝独秀”，但这也仅仅是相对于欧盟其他债务危机缠身的国家而言的，其两极分化的问题也未根本解决。因此，不言而喻，美国是二战后新自由主义政策的最强力推进者，但其自身也不可避免地受到这些政策的消极后果，包括两极分化在内；而作为欧盟的发动机，德国也无法克服其战后积极推行的新自由主义的政策的必然后果之一——两极分化。

再以二战后亚非拉发展中国家为例。智利，在20世纪80年代初，该国几乎用80%的出口收入偿还外债，银行业几乎崩溃，失业率高达30%。在1998年夏至1999年3月的金融危机中，巴西的外汇储备就损失了500亿美元。前世界银行首席经济学家斯蒂格利茨在新著《全球化及其不足》中指出，20世纪八九十年代国际货币基金组织等国际金融机构依据与美国财政部达成的“华盛顿共识”，向许多南方国家及经济转轨国家硬性推出“财政紧缩、私有化、自由市场和自由贸易”三大政策建议，由此导致一些国家的经济崩溃和社会动荡。这就是新自由主义所主张的政策引起的国家之间、人与人之间的两极分化。20世纪80年代以来，美国政府和国际货币基金组织、世界银行等国际金融机构指使拉美国家实行新自由主义改革，包括贸易自由化，加快国营企业私有化，开放金融市场，放宽对外资的限制，减少甚至取消国家对价格、汇率、利率等的干预和控制，结果以失败而终。拉美国家多次遭到金融危机的袭击，为此付出了高昂的代价。

半个世纪以来，西方资本主义发达国家以及后发新兴资本主义发展中国家，妄图有效控制和彻底解决新自由主义理论带来的两极分化，但由于新自由主义的理论渊源决定了其无法解决两种资本主义发展模式的基本矛盾，只能是徒劳。

## 四、政策上直接导致了社会经济两极分化

从实践上看，新自由主义的理论和政策在西方发达国家和许多发展中国家的强制推行，产生了经济增长迟缓、贫富分化加剧、社会矛盾激化等消极后果。在英美等发达国家，实行新自由主义所鼓吹的私有化、减税和削减社会福利等政策，导致消费需求不足、金融投机猖獗、虚拟经济恶性膨胀、收入差距拉大，引起中下阶层人民的不满。

苏东剧变后，陆续实行新自由主义政策，但多年后，人们发现新自由主义并没有带来富裕、自由和幸福的天堂，反而造成了一个物价飞涨、失业剧增、收入下降、犯罪猖獗的“悲惨世界”。曾任波兰第一副总理、财政部长的科勒德克对此有深刻的认识，“迟至 1998 年，在转轨近 10 年之后，东欧 27 个国家和独联体国家共同体的国内生产总值（GDP）还不到 1989 年——这一年通常被用作比较的基准年——转轨开始前水平的 3/4”，“考虑到如此史无前例的生产崩溃，这次后社会主义时期的经济衰退可以说是历史上和平年代中最严重的一次了。尽管经过几年的衰退，有些国家已开始复苏，但要恢复到转轨前的生产水平，仍有一段漫长和崎岖的道路”。德国学者博克贝斯格和克里门塔在《全球化的十大谎言》一书说：“1986 年，在前东欧集团国家中有 400 万人生活在贫困线以下，今天已经是 1.2 亿人了。”1992—1998 年，俄罗斯国内生产总值下降了近 50%；1992—1995 年，物价上涨 3000 倍，居民货币收

入下降一半，恶性通货膨胀使人民群众几十年积累的存款一夜之间化为乌有；约有25%的资本和8%的股票落入了俄内外犯罪集团手中，形成少数官僚寡头集团和“新俄罗斯贵族”。54%的人口（约7000万人）收入低于政府规定的最低生活水平，1997年人均国民生产总值比1989年下降了45.8%，国民生产总值降到世界第12位。俄罗斯社会科学界从不同的角度将剧变后的俄罗斯社会定义为“寡头资本主义”“权贵资本主义”“官僚资本主义”“野蛮资本主义”“强盗资本主义”“犯罪资本主义”“买办资本主义”“掠夺式的资本主义”“寄生性的资本主义”“边缘化的资本主义”等。俄罗斯总统普京也不得不承认：“俄罗斯正处于其数百年来最困难的一个历史时期。大概这是俄罗斯近200—300年来首次真正面临沦为世界二流国家，抑或三流国家的危险。”“俄罗斯在政治和社会经济动荡、剧变和激进改革中已经筋疲力尽……社会濒临崩溃，经济上、政治上、心理上和精神上濒于崩溃。”

## 五、新自由主义两极分化的后果对中国的影响

改革开放30多年来，随着国门的打开、社会科学的繁荣发展和国际软环境的变化，西方新自由主义逐步传入我国，中国新自由主义有了一定发展和影响。由于新自由主义的理论来源和实践基础的本质，决定了其对中国带来的根本不可能是社会主义本质所要实现的“共同富裕”，而是其对立面，即两极分化。

第一，两极分化的后果实质上为颠覆人民民主专政的中国政权。西方国家通过各种途径和渠道在中国大力推行新自

由主义，表面上看只是推行经济理论和政策罢了，目前导致的两极分化的趋势和危险，也只是经济生活领域的暂时问题而已。但其实质目的是颠覆我国人民民主专政的国家政权和党的领导，当然具体到理论和政策上，就是反对马克思主义及其在中国的新成果，反对中国化的马克思主义和以公有制为主体的社会主义市场经济政策。

中国学者早就深刻指出，西方国家在中国大力推行新自由主义经济理论，就是西方国家向中国进行和平演变的“隐蔽经济战”。自人类第一个社会主义国家诞生之日起，帝国主义就发誓要把它扼杀在摇篮里，为此他们无所不用其极。当他们深知用武力不能消灭社会主义国家之后，便把战略重点放到了“软战争”上。从杜勒斯的和平演变到尼克松打一场没有硝烟的战争，再到克林顿的接触政策等，都不过是这场“软战争”的延续。已故的知名经济学家、教育家陈岱孙教授早就深刻指出：“西方国家在国内设置国际经济生活中厉行国家干预主义政策，但要求广大发展中国家特别是社会主义国家推行新自由主义改革模式和经济政策，取消国有企业，取消国家对经济生活的管理特别是计划管理，洞开国内市场，与西方国家牢牢控制的世界经济接轨，其目的无非是要在发展中国家恢复殖民主义统治，在社会主义国家搞和平演变，演变为资本主义或外围资本主义。”这个论断一针见血，点明了问题的症结点。

第二，两极分化的理论后果是否定社会主义核心价值体系。新自由主义对应的价值观就是把社会、经济和个人理解成所谓的正面的、积极的和解放的因素，以此来反抗国家的、政治的和集体的“专制”和“压迫”。这就回到了两极分化的社会存在基础，又呼应了新自由主义自身所导致的两极分化，从而让分化后的贫困阶级、阶层可以否定国家、民族和政府。这是新自由主义导致两极分化的理论后果的普遍表现。

新自由主义如果在中国推行，也会导致两极分化，而两极分化就会产生个人、集体、社会和国家的矛盾，使得两极中贫困的、弱势的一级时常会群体性地反抗社会，从而最终导致人民群众内部的对立、部分人民对党的反感、对马克思主义的抵触。社会存在决定社会意识，这些对立、反感、抵触最终都会体现到对主流思想和价值体系的态度。

社会主义核心价值体系不仅以马克思主义为指导，也吸收中国优秀文化传统。社会主义核心价值体系的灵魂是马克思主义，主题是中国特色社会主义共同理想，精髓是以爱国主义为核心的民族精神和以改革创新为核心的时代精神，基础是社会主义荣辱观。实践是认识的来源。新自由主义导致两极分化后产生的社会动荡、人民内部分歧、政府与群众的对抗，这样就必然从实践上否定了社会主义核心价值体系的来源。两极分化的理论后果最终归结到社会主义核心价值体系，从而不仅否定了马克思主义及其中国化的根本，也否定了中国传统价值观的优良部分。因此，新自由主义导致的两极分化，其理论后果会更深层次，更隐蔽，更折射了其对中国的“不灵”。

## 新自由主义导致政治动荡

宁波卫生职业技术学院　吴美蓉

2013年6月初以来,土耳其因广场拆迁引发的抗议致风靡一时的"土耳其模式"黯然失色。表面看,土耳其堪称发展中国家的"模范国家",不应出现大规模骚乱:议会民主政体较为成熟,而且还是西方重要盟友;经济总量过去10年间增长1倍,经济排世界第17名。但事实却是,不仅土耳其乱了,一些发展指标与其类似的国家,如突尼斯和埃及,也出现政治动荡乃至政权更替。突尼斯在2011年政权更替前,经济竞争力排非洲第1,世界第40位,幸福指数世界第29位,是"抵御金融危机十佳国家"之一。埃及2008年被评为"全球最佳改革国家"之一,在178个国家中列第16位,在中东仅次于阿联酋和以色列。

西方眼中的"模范国家"频频遭遇滑铁卢。仔细辨析,这些国家虽政体各异,国情有别,但共性是信奉新自由主义,将经济私有化、自由贸易等奉为实现经济繁荣的"万能灵药"。土耳其从20世纪80年代开始推行私有化政策。目前土耳其政府已从水泥、畜牧饲料和乳制品、饮食服务、石油分销行业完全退出;旅游业、钢铁、纺织、海运和肉类加工行业中国有股份50%以上被出售;电力、通信、银行、石油、烟草、盐业、航空、高速公路、桥梁等公共基础性行业也正被私有化,或面临被私有化的命运。埃及则进行过两轮大规模私有化,涉及制造业、煤矿、公路运输、银行、保险、电力、电信等不同行业。

经济私有化看似有助提高生产效率,形成竞争性市场经济，但这种“改革红利”有限而短暂，其消极后果却严重而长远，随之而来是无穷无尽的动荡与危机。

## 一、新自由主义导致局部战争频仍

在经济全球化进程中，西方国家不遗余力地推行新自由主义，酝酿和激化各类矛盾，给人类社会和自然环境带来了沉重灾难。这是当今世界局势动荡不安和局部战争时有发生的主要原因之一。据不完全统计，冷战结束后，从 1991 年至 1997 年的 7 年间，世界上各种规模的局部战争和武装冲突共计 245 场次，年均约 35 场次。

西方发达国家借新自由主义之名对那些试图摆脱垄断资本枷锁的国家，毫不留情地采取暴力手段进行压服。同时为应对更加激烈的市场竞争，对自然资源的攫取变得更为过度。各国间因土地、原料、能源、水等引起的资源之争成为世界动荡不安的主要原因。“在 2000 年爆发的 49 场战争和武装冲突中，大约四分之一都与资源有着密切的关系。也就是说，合法或非法的资源开采引发或加剧了暴力冲突或为暴力冲突的持续提供了资金”。

新自由主义经济全球化过程中，人们捍卫国家主权、国家安全的呼声空前高涨。在发达资本主义国家的内部，一些普通民众在新自由主义全球化导致的混乱、动荡、无序面前，感觉到失望、彷徨和无能为力，并且相信似乎态度强硬的右翼人士更能带来安全感。右翼人士上台执政的政治经济政策，加剧了发生战争的可能性。此外，民族主义情绪高涨往往是战争的前奏。印巴之间的核试验比赛正是基于对这一新自由主义代表即新殖民统治工具的恐惧而引发，并使冲突不断的南亚地区被推到了核战争的边缘。

以美英为首大力推行新自由主义的西方发达国家，主张在军火领域取消贸易壁垒，造成了武器及生产技术的扩散。发展中国家成了西方军工集团的主要销售市场。2000年初国际货币基金组织的有关统计显示，处于冲突之中的非洲国家所使用的武器装备90%来源于8个西方发达国家。这些国家的跨国公司不断违反武器禁运原则，向非洲非法出售武器，不仅使发展中国家浪费了大量的财力，而且也是安哥拉等非洲国家国内战争难以平息的主要原因之一。

## 二、新自由主义导致政局更迭频现

自新自由主义改革以来，拉美国家特别是阿根廷面临长期复杂的内部政治斗争，1999年由于正义党内派别林立、腐败严重导致大选败北，之后一直伺机东山再起，极力阻挠德拉鲁阿执政联盟推行的各项经济和社会改革计划，加上德拉鲁阿执政联盟的治国、理财能力和经验的不足，内部又纷争不断。金融危机爆发后，正义党乘机夺权，导致两周内政府内阁两次集体辞职，总统四度易人，演化成一场前所未有的严重的政治危机。继任的临时总统萨阿是正义党两派激烈斗争的妥协产物，注定是昙花一现。2003年5月通过大选上台的基什内尔总统，执政基础仍相当薄弱，完成改革转型的任务可谓艰辛重重。

1992年全面进行新自由主义改革后，俄罗斯政治、经济生活全面失控，社会危机四伏。政治生活中，由于滥用民主，不习惯自由，各级新的政权体系几乎陷于瘫痪，出现权力真空。俄罗斯各地时常爆发“主权大战”“法律大战”。一时间俄罗斯出现了 20 多个大小“总统”。甚至一个城市中，小区也要求“主权独立”。因为区长是选举产生的，区长与市长可能政见不同、党派各异。俄罗斯的这种民主就是“斗争”，完全忘却了“妥协”。当时的副总统亚·鲁茨科伊大声疾呼：“俄罗斯的‘民主’正变为无政府主义，变成街头政治的专政。”

2010 年底开始的“阿拉伯之春”革命，是北非和西亚的阿拉伯国家的民众反抗西方国家在本国、本地区强力推行新自由主义政策而开展的反政府政治运动。这场运动以北非国家突尼斯的本·阿里政权被民众抗议推翻为肇始，形成一场规模空前的民众反政府浪潮，如潮水般席卷整个阿拉伯世界，稳坐江山数十年之久的亲美政治强人和独裁者如多米诺骨牌般接二连三地倒下。截至 2012 年 12 月，此次阿拉伯革命已经推翻了 4 个国家政权。2011 年 1 月 14 日，突尼斯前总统本·阿里流亡沙特；18 天后的埃及示威浪潮导致穆巴拉克在 2011 年 2 月 11 日宣布正式下台，权力移交军方；利比亚领袖卡扎菲的统治在 2011 年 8 月 23 日被推翻，2011 年 10 月 20 日，卡扎菲被俘身亡；2012 年 2 月 27 日，也门政治协议正式生效，总统萨利赫退位。

### 三、新自由主义导致社会矛盾频发

2011 年 7 月 13 日，《广告克星》杂志在其网站上发动号召，称华尔街是美国的金融罪恶之都，呼吁美国民众冲进曼哈顿，搭帐篷建厨房，占领华尔街。9 月 17 日，约有 1000 余名美国年轻人响应该杂志的策动在曼哈顿集聚，游行穿过华尔街并打出“占领华尔街”的旗号，以表达对美国财富分配不公、政府政策偏袒富人阶层的愤怒。随后，类似示威活动迅速蔓延到旧金山、华盛顿、波士顿、丹佛等 50 多个大城市，并向亚洲和欧洲乃至全球推进，世界各地有近 2000 座城市的数十万民众响应。新自由主义在美国社会大行其道，其结果是社会财富集中在少数人的手中，社会贫富悬殊越来越大。众多的美国民众再也按捺不住，纷纷走上街头，控诉着以华尔街为代表的美国政治金融寡头的贪婪和财富分配不公。他们抗议：“我们 99%的人不能再继续容忍 1%的人的贪婪和腐败。”强烈要求华尔街的金融寡头们吐出他们“霸占的人民的财产”，控诉被金钱操控的美国政府的无能。“占领华尔街”运动在全球范围内如火如荼，全球社会出现了极不稳定的动向。

2011 年 8 月 6 日，发生在英国伦敦的大骚乱，是自 20 世纪 80 年代以来英国社会最严重的社会冲突事件。英国骚乱事件的背后，不是如西方媒体所宣传的那样其国家暴力机制出现了明显弱化。相反，持续十数年间，英国政府为其警察机构成倍增加了暴力资源，且其分布更趋集中化。大骚乱事件之所以发生的根本原因在于英国推行的新自由主义政策使得国家的再分配机制变得弱化，迅速形成的社会分化与同速增长的国家暴力之间产生的矛盾不可调和，导致了社会大骚乱的发生。

从 20 世纪 90 年代中期开始，拉美国家中下阶层对新自由主义改革的抵制有增无减，各种社会动员、总罢工、土地占领和地方反抗几乎紧随自由主义选举的胜利而发生。玻利维亚发生了工人罢工，墨西哥出现了恰帕斯反政府游击队运动，墨西哥城出现了40万工人和中产阶级的动员，委内瑞拉首都出现了民众和军队的暴动，阿根廷的几个省出现了工业和政府雇员的抗议活动，巴拉圭的总罢工和农民运动不断高涨，巴西主要城市则出现持续的土地占领和罢工。2001年12月由阿根廷少数边远省份发生的贫民哄抢超市事件很快演化成一场全国性的社会骚乱，此后大规模的游行示威接连不断，造成严重的社会动荡。这些社会运动部分反对或全部反对新自由主义计划，迫使阿根廷、秘鲁、玻利维亚等国家不得不采取法律、政治手段压制各种不同的反对新自由主义的行动。

## 四、新自由主义导致治安状况频恶

20世纪80年代后期以来，拉美国家社会治安的恶化逐渐成为一个日趋严重的社会问题。暴力犯罪不仅在总量上有所增多，而且其中的恶性案件也呈上升趋势。在巴西、哥伦比亚、委内瑞拉、萨尔瓦多、墨西哥等国，暴力已成为导致死亡的主要原因。近20年来，拉美的凶杀率处于不断增高的态势。据泛美卫生组织统计，80年代末至90年代初，拉美的凶杀率为16.7/100000。至90年代末，这一比率增至27.5/100000，是世界平均凶杀率的3倍、欧洲国家凶杀率的27倍。拉美已成为世界上最不安全和暴力活动最猖獗的一个地区。另据美洲开发银行估算，拉美每年约有2800万个家庭被盗或被抢，平均每分钟发生54起盗窃案或抢劫案。社会治安恶化的另一个表现形式是绑架案的日益增多。在哥伦比亚、委内瑞拉、墨西哥、巴西等国，绑架几乎成了一种产业，从事绑架的人大发横财，但同时也造成了严重的社会危害。2000—2002年，在委内瑞拉有30人遭到绑架，但只有7人获释。以前，富翁是绑架案的主要受害者，但近年来，中产阶级和平民阶层也成了被绑架的目标。社会治安的恶化是经济结构调整引起的各类社会不平等的必然结果。而推行新自由主义改革又是引起经济结构调整的罪魁祸首。

同样的情况发生在俄罗斯。苏联的解体，对俄罗斯社会带来的直接冲突是生产关系的剧变。原有的经济联系在一夜之间荡然无存，已经习惯地依存在这种社会体系中的人们一时间无所适从。在新的替代体系还没有建立起来时，人们为了生计而不得不投入另一种不受社会保护的活动中。这就是当代俄罗斯的影子经济。影子经济的存在曾给数以百万计的俄罗斯人创造了就业和生存的机会，它在苏联解体后几年中的发展规模大大地超过了官方的估计。俄罗斯联邦安全委员会副秘书长索尔塔加诺夫曾披露，俄罗斯的影子经济在国民经济中能占20%到25%，大约有900万人在这种经济活动中工作。在这样的全社会背景下，操控影子经济的犯罪团伙应运而生。世界银行估计，影子经济在俄罗斯国民经济中能占40%。而由犯罪团伙控制的经济规模在俄罗斯国民经济中的比重占到了5%左右。影子经济不仅恶化着俄罗斯正常的经济秩序恢复过程，也成为毒品、赌博、卖淫、军火等有组织犯罪的温床。由于俄罗斯处在欧亚两大洲过渡地带的特殊地理形势，以阿富汗为中心的“金新月”地区的毒品经过中亚各国进入俄罗斯，然后分散流向欧洲各国。俄罗斯在成为阿富汗毒品洲际集散地的同时，毒品问题也对俄罗斯社会造成了极大的侵蚀。另一个影响更大的是俄罗斯的黑手党。苏联解体后,俄罗斯黑手党借社会转型之机快速蔓延,走私毒品、贩运军火、收取保护费、贩卖人口,其影响很快超越国界,在世界臭名远扬。他们积累了大量财富后,开始与社会公开对抗,甚至向俄罗斯国家政治、社会经济领域渗透。这些正是新自由主义政策在全世界范围推行所造成的恶果。

## 五、新自由主义导致腐败现象频繁

在名义上,拉美新自由主义改革是在民主制度下进行的,但拉美的民主制度远未健全到能够对改革进程实施有效的监督。法治的不健全和制度的缺位,为官僚和政客提供广阔的寻租空间。在国有资产出售过程中,行贿、受贿、补贴、秘密交易和诈骗比比皆是,涉及许多政府高层官员。在各国私有化期间,政府官员操纵私有化程序,以超低价格将国有资产出售给与自己有关联的本国私人企业或外国企业,成为拉美政客侵吞大量国有资产普遍采用的手段。

几乎所有执行新自由主义的国家都出现了高级官员的腐败。阿根廷前总统梅内姆近年被发现在瑞士银行有巨额存款,阿根廷司法机关因此对其进行通缉。墨西哥前总统萨利纳斯也被揭露在任职期间贪污 2 亿美元,其弟弟卡尔·萨利纳斯因非法致富、参与权钱交易和洗钱而受到司法调查。腐败现象在其他拉美国家也普遍存在,因官员腐败引起的游行示威连年不断,巴拉圭发生大规模游行示威的根源即在于民众对贪污腐败现象的不满。

同样的情况也发生在其他推行新自由主义改革的地区和

国家。以中东为例，据国际媒体对中东各国大量私有化项目的调查，出售国有资产普遍存在严重的行贿腐败，行贿惯例是索取国企价值10%的回扣，这已成为官商勾结瓜分国有资产的普遍市场规律。俄罗斯在推行激进的“休克疗法”改革时，亦存在财富迅速集中到财团寡头的严重腐败现象。可以说，综观中东、中亚、东欧等爆发颜色革命的许多国家，他们在政治上都曾推行美国倡导的“普世价值”和民主选择；在国际外交政策上讨好、顺从美国的经济军事霸权；在经济上推行新自由主义的“华盛顿共识”政策，大规模私有化造成腐败泛滥并形成高官家族财团，新自由主义直接导致了分配不公，并蓄积了庞大的社会贫困人口和强烈的社会不满。由此，政治动荡也就如影随形。

# 新自由主义导致经济危机

浙江科技学院　钭利珍

新自由主义是资本主义的最新制度模式，作为资本主义在当今社会的发展模态，新自由主义未能从根本上改变自己的资本主义本性。因此，从根本上讲，它只是资本主义的最新变种，也正因为如此，它并未能克服资本主义的体制性矛盾，也就无法避免经济危机的必然结果。从实践发展来看，自20世纪70年代新自由主义政策在西方国家广泛实施以来，它带给人们的不是繁荣的景象，而是接二连三的危机：金融危机、政治危机、信任危机……更为可怕的是，这些危机不是以牺牲自己保全大家为目标，它们为了避免或减少自身的危机，不惜牺牲他国利益，通过转嫁危机，来弥补自身在危机中的损失。因此，环顾整个地球，无论是东部还是西部，无论是南部还是北部，危机无一例外，它像瘟疫一样蔓延开来，最终形成了一场世界性的经济危机。

## 一、新自由主义必然导致经济危机

2008年下半年，由美国"次贷危机"引发的金融危机迅速向全球蔓延，世界著名的不少金融机构相继陷入困境甚至破产，全球经济蒙受重大损失。这是自20世纪30年代大萧条以来最为严重的全球性经济灾难。这次国际金融危机爆发的导火线是美国"次贷危机"，直接原因是金融监管不力。但从根本上说，它仍然是马克思主义创始人所揭示的生产社会化与生产资料私人占有这一资本主义基本矛盾所引起、所决定的，是资本主义发展的当代形态——国际金融垄断资本主义(制度)内在矛盾发展的必然结果。

美国的里根总统和英国的撒切尔夫人执政时期，都主张对金融市场放松管制，鼓励自由贸易，并削减社会福利开支。从全球范围来看，美国主导的新自由主义全球化进一步激化了资本主义体系的各种矛盾。由于取消了对资本的限制，资本对劳工和政府的谈判能力大幅提高，在绝大部分国家出现了工资在国民收入中的份额下降、贫富分化加剧的现象，有效需求不足这个资本主义的痼疾在全球范围内加剧。而金融泡沫带来的大量投资导致全球性的生产能力过剩，为经济增长缓慢以及经济危机的爆发奠定了基础。同时，实体经济领域剩余价值实现的困难为经济金融化提供了动力，大量资本进入金融市场。在不断壮大的金融资本的推动下，政府解除了对金融市场的许多监管，金融资本急剧膨胀，金融投机恶性发展，金融风险不断积累，金融危机不断发生。30 多年来，每次危机都成了美国政府及其所主导的国际机构进一步推行新自由主义的机会，导致在实体经济中剩余价值实现的困难不断加大，而金融投机、金融欺诈的规模和金融风险不断积累，最终引发 2008 年金融危机并迅速发展成全球性经济危机。

## 二、新自由主义导致了全球性的经济危机

### (一)新自由主义导致全球性的经济倒退

根据英国经济学家安格斯·麦迪森的研究，世界经济在 20 世纪 50 年代的增长是比以往任何时候都要快的，这一时期可以称得上是黄金时代。但是，1973 年以后，世界经济的

增长逐步放缓了,世界人均收入的增长速度下降一半。大约占世界人口 1/3 的 168 个国家都出现了不同程度的经济恶化。世界国内生产总值增长率,1950—1973 年为 4.91%,1973—1998 年倒退到 3.01%。另据研究,世界经济年增长率,1950—1973 年为 5.3%;1973—1998 年,全球产出的年增长率下降接近 40%。

那么,自 2008 年至 2012 年这 5 年来,如影随形的经济危机对世界经济的伤害到底有多大呢?从直观上看,世界经济急转直下,进入增长"冰河期"。世界银行 2010 年 1 月 20 日发布的《2010 年全球经济展望》指出,全球 GDP 在 2009 年下降了 2.2%。《经济学人》杂志从经济发展的时间、股市和劳动力市场的供给等几个方面进行了衡量。首先,从经济发展的时间来看,《经济学人》构建了一个经济模型,以显示经济危机对一些国家的负面影响。结果显示,希腊经济退步得最多,倒退了 12 年;爱尔兰、意大利、比利时和西班牙至少倒退了 7 年;认为自己能在欧债危机中"独善其身"的英国倒退了 8 年;当然,经济危机的始作俑者美国也不可能逃过,它倒退了 10 年。

在股市方面,2008 年 9 月雷曼兄弟倒闭后,美国股票市值在第一个月内就下降了 25%。多年来,股票成为很多美国人养老金的重要来源。但在那一个月里,美国人损失了未来近五年的养老金。虽然后来,美国各大主要股指呈现上涨趋势,如标普指数最高回到其峰值的 90%,但也只是达到了 20 世纪 90 年代末的水平。希腊股票市值跌得更惨,整个市值比 1992 年的还要低。

在劳动力市场方面。根据经合组织2012年公布的25个发达国家的工资数据,其中10个国家2010年的实际工资比之前低,相当于平均倒退了4年。而失业率方面,美国失业率达到8.3%,相当于1983年的水平;英国2010年的失业率是17年来最高的;欧元区国家的就业前景差距很大,德国的失业率反而有所下降,希腊、爱尔兰和葡萄牙等失业率都创下了20世纪90年代以来的新高。国际劳工组织(ILO)的数据表明,2009年全球失业人口总数高达近2.12亿人,失业率为6.6%,与2007年国际金融危机爆发前相比增加了3400万人。世界银行和国际货币基金组织2010年4月23日联合发布的《2010年全球监测报告:危机之后的千年发展目标进程》研究报告表明,2009年全球长期处于饥饿状态的人口数量首次突破10亿,美国贫困人口在2009年达到4360万,为51年来的最高纪录。

综观全球,综合各方面指标,《经济学人》最终得出结论:亚洲国家的经济表现依然最好;七国集团中,只有德国经济没有退步;欧盟国家表现得最差,27个成员国中有22个经济都出现了倒退;而对于冰岛等国家来说,经济危机给其倒退带来的创伤将永远不会抚平。

### (二)新自由主义导致全球性的金融风险

"金融化",是指在民族国家内部和国际上,金融市场、金融机构以及金融精英在经济及其统治机构中的重要性不断上升的过程。在新自由主义时期,几乎所有的市场经济国家都出现了经济金融化的现象。随着资本积累的发展和资本有机构成的提高,实体经济的利润率下降,过剩资本不得不从产业部门投向流动性更高的金融部门。随着金融泡沫的破裂和金融危机的到来，整个经济陷入严重的危机甚至萧条，各种社会经济矛盾进一步激化。

在新自由主义引导下的金融自由化政策的指导下，美国实施了一系列金融自由化政策并把它推广到世界各地，其结果是，金融市场几乎没有监管，信息极不透明，欺诈成风，并且带来了严重的金融泡沫。金融化不仅使美国的产业结构日益呈现出了"服务化"或"后工业化"的趋势，甚至导致世界经济体系的失衡。当前，几乎所有主要市场经济国家都出现了严重的金融泡沫。而且，由于金融市场的全球化，这些单个国家内部的金融泡沫相互融合，形成有史以来全球性的金融大泡沫。历史经验告诉我们，泡沫越大，破裂后造成的后果越严重。

### （三）新自由主义导致全球性的有效需求不足

新自由主义政策的实施导致许多国家的实际工资水平下降，大量民众相对和绝对贫困化，大众消费需求增长缓慢，投资水平下降，政府支出减少，世界范围的有效需求增长缓慢甚至减少，出现了严重的生产能力相对过剩的现象。受发达国家资本市场泡沫的影响，全球生产能力出现了世界性的过剩。在过去的十多年里，情况更加恶化。以美国为例，其制造业的产能利用率在1948—1980年平均为82.9%，而在新自由主义时期平均只有78.1%，后一个时期产能过剩更加厉害。欧洲的情况和美国类似，而拉美的产能利用率在20世纪最后20年也非常低。

随着世界贫富分化日趋严重、失业率居高不下、世界经济动荡加剧，西方国家罢工、游行、骚乱等社会风潮不断涌现，社会矛盾空前激化。这些不争的事实清楚地告诉世界，西方新自由主义根本不是什么解决世界发展问题的“良方”，它给世界发展带来的也绝不是什么救世“福音”，而是实实在在的灾难。

## 三、新自由主义导致了美国的金融危机

20世纪70年代美国发生了经济滞胀的危机，在20世纪80年代初期，美国实行了新自由主义经济政策，主要内容为：减少政府对金融、劳动力等市场的干预，打击工会，推行促进消费以及高消费带动高增长的经济政策。这些政策改革在初期确实取得了一定的效果，但随着美国将这些政策推向极端，最终给美国社会带来了难以估量的威胁和破坏，并最终造成了美国的金融危机。从经济增长速度来看，受金融危机的影响，美国的经济增长速度明显放慢，GDP在2009年为负增长。

2008年的金融危机确实使美国的经济发展速度受到了较大的影响。美国的失业率，从2007年3月到2008年8月，由4.4%上升到了5.58%；2007年美国消费者的物价指数上涨了4.1%，创下了1990年以来的最大涨幅，超出了美联储认为可接受的2%的上限。

## 四、新自由主义导致了欧洲的经济危机

### （一）西欧经济萎靡不振

新自由主义导致的2008年美国的经济危机对欧洲经济

造成了严重的影响,西欧经济因此萎靡不振。根据2010年3月的《经合组织经济展望》显示,2009年,美国GDP下降了2.6%,而欧元区下降了4%,英国则下降了4.9%。德国和意大利下降了5%,法国的情况是最好的,只下降了2.6%。随着危机的爆发,欧洲几乎所有的国家都实行了减薪,英国、爱尔兰、德国、意大利从2010年开始断然下调实际工资。特别是希腊、葡萄牙、西班牙,它们在欧盟和金融市场的双重打压之下,不得不实行大幅削减实际工资,从而来提高竞争力,因此,失业率急剧增加。尤其是爱尔兰和西班牙出现了特别高的失业率增幅。

**(二)经济危机对英国经济的影响要更严重,更长远**

由于金融业在英国经济中的比例相对比较大,因此,金融危机对英国经济的影响比对其他许多发达资本主义国家要更严重,更长远。在英国,大银行的信贷扩张达到了65倍,远远超过其资本基数(可取的是10倍)。银行贷出的数额相对于英国国内生产总值的460%,远远高于德国、法国、日本或美国的比例。同时一些偏袒金融业的政策也使英国的制造业处于不利地位,英国的制造业到2012年只占国内生产总值的11%。

**(三)金融危机对德国的影响**

在金融危机背景下,德国的地产融资抵押银行是受到影响最早也是最大、最直接的行业,在金融危机中,金融市场信贷紧缩,各个金融机构陷入危机并濒临破产,在此过程中德国政府为了避免危机蔓延而对其中的雷曼兄弟公司进行了全面接管。同时许多金融巨头在金融危机中也未能幸免,德意志银行在2008年税后亏损达到了39亿欧元。在此基础上,金融危机向德国实体经济蔓延,由于信贷危机的存在和消费者、投资者对市场信心的丧失导致了企业信贷困难并且出现了市场需求不足的情况。2008年,德国制造业销售指数开始下滑并且不断恶化,一直到2009年2月,制造业销售指数下降了26.5%,更严重的是依赖于出口贸易的德国制造加工业订单情况在2009年也出现恶化,2009年2月的国外订单同比下降41.9%,从而使德国的出口不得不面临严峻的形势。

## 五、新自由主义导致了东亚国家的经济危机

### (一)金融危机对日本经济的影响

首先,金融危机导致日本的经济衰退。受金融危机的影响,2008—2009年日本经济出现了比较严重的衰退。根据IMF的数据,日本在这两年的GDP增长率分别为-1.165%和-6.285%,这是二战后日本经济出现的最为严重的衰退,而即使是在亚洲金融危机时期日本经济的衰退也仅为-2.049%。1999—2006年日本超宽松的货币政策使其经济慢慢得到恢复,到2006年GDP增长率已经上升至2.039%,然而美国的这场"金融海啸"使得日本长达8年的努力瞬间化为乌有。

其次,金融危机导致日本失业率上升。受到金融危机的严重冲击,日本企业减产、破产频发,进而导致了日本失业率的上升。亚洲金融危机后,日本经过长达10年的漫长努力将失业率降低到2007年的3.849%,这基本上是亚洲金融危机前的水平。然而,在国际金融危机的冲击下,2009年日本的

失业率再次攀升至5.073%，与5.36%的历史最高值相差无几。特别是日本汽车和电子等主导产业由于产能过剩，其中的大公司（如索尼、松下、丰田、日产等）纷纷宣布裁员，这对日本的就业市场造成了巨大的冲击。由此可见，金融危机对日本就业市场的冲击非常显著，并且在国内外经济情况未稳健复苏前，日本的就业形势无法得到根本的改善。

再次，金融危机导致日本通货紧缩。自20世纪90年代初日本经济泡沫破灭后日本一直没有摆脱通货紧缩的阴影。2008年由于原油等国际大宗商品价格的大幅度上升使日本的通货膨胀率升至亚洲金融危机后的最高值1.396%，但随着金融危机的恶化，日本于2009年又一次陷入了通货紧缩（通货膨胀率为－1.377%），2009年11月日本政府发布报告宣布日本经济处于“温和通货紧缩状态”。

最后，金融危机导致贸易均衡恶化。金融危机对于贸易强国日本的贸易均衡产生了巨大的影响。日本的贸易差额由2007年的944.74亿美元骤降到2008年的194.18亿美元，降幅高达79.45%。虽然2009年在新兴市场国家经济增长的拉动下，日本的贸易顺差有所提高，但2009年的贸易顺差仍不及2007年的1/3。

### （二）金融危机对韩国经济的影响

首先，金融危机导致韩国经济增长率出现了非常明显的下滑。危机前的2006—2007年，韩国GDP增长率都超过了5%，2008年受到金融危机的影响GDP增长率陡降至2.298%，这是亚洲金融危机后的最低点，而2009年进一步降低至0.196%，已经接近衰退的边缘。

其次,金融危机导致韩国饱受通货膨胀的困扰。2008 年 7 月韩国 CPI 的增长率一度高达 5.9%,这是亚洲金融危机后的最高值。虽然通货膨胀率在 2009 年有所下降,但 2010 年又回到了 3%以上。韩国贸易依存度过高,这使其容易受到他国通货膨胀的影响。

## 六、新自由主义导致了拉美、非洲国家的经济危机

新自由主义的泛滥不仅使西方发达国家深陷危机,也使广大新兴市场国家和发展中国家深受其害,一些发展中国家的现代化进程被迫中断或延缓。

自 20 世纪 70 年代开始,拉丁美洲在"华盛顿共识"主导下开始进行新自由主义的经济改革。20 世纪 90 年代后,新自由主义的巨大破坏后果开始显现,频繁爆发的经济危机宣告新自由主义的经济改革失败,拉美国家也为此付出了沉重代价。1992—2001 年的 10 年中,拉美国家年均经济增长率仅为 1.8%,被称为"失去的 10 年"。而在新自由主义全球猖獗的最近 10 年里,拉丁美洲灾难最为深重,觉醒和反抗最为普遍。

具体来看,美国金融危机对拉美的影响,大体表现在六个方面。第一,金融市场动荡。2008 年 10 月 6 日至 12 日的一周,成为拉美股市的"黑色一周",跌至 30 年来的最低点。2007 年底,拉美百强企业的总市值达到 1.56 万亿美元,截至 2008 年 10 月底,锐减到 8962 亿美元,蒸发近半。第二,经济增长率下降,2009 年达不到原定的 4%。第三,依赖原材料出口的国家外汇收入减少。第四,外国投资减少,外资流出增

加。第五，一些国家的货币出现不同程度的贬值。第六，实体经济受到侵害。由于全球汽车滞销，西方跨国公司在拉美的汽车制造业陷入减产或停产。

(1)新自由主义改革使拉丁美洲国家经历了严重的经济衰退。以1982年发生的债务危机为标志，拉美经济结束了战后30年的持续增长的局面，出现了持续衰退。经过艰难的调整和改革，拉美经济于1990年底转入恢复增长期，1991—2000年，拉美经济年平均增长率为3.2%，人均GDP年均增长1.2%，虽然高于20世纪80年代水平，但仍明显低于六七十年代5.5%的水平，更低于东亚国家6.5%—7.5%的水平。

(2)失业率攀升，两极分化，社会不公现象严重，社会矛盾激化。新自由主义的经济改革倡导国有企业私有化，廉价出售的国有资产使得一些政治、商业精英阶层一夜暴富，私有化的消极后果却由普通民众承担。根据拉美经委会的统计，1994年拉丁美洲的贫困人口为2.09亿，2003年为2.27亿。2004年贫困人口占拉美国家总人口的43.9%，其中19.4%(约1亿人口)为极度贫困人口。新自由主义改革导致的经济泡沫破灭之后拉美国家经济陷入持续衰退，社会矛盾激化，拉美国家接连发生罢工、民众和军队暴动，社会动荡不断。

(3)拉美国家对发达国家产生新的依附关系。新自由主义给拉丁美洲带来的巨大灾难使拉美人民逐渐意识到其弊端，特别是2001年爆发的阿根廷经济危机标志着新自由主义在拉丁美洲的衰落。值得注意的是，进入21世纪以来，拉丁美洲的委内瑞拉、阿根廷、巴西等国左翼政党上台，纷纷采取措施开始扭转新自由主义改革带来的经济社会恶化局面。

拉美流传着一句话:我们的不幸在于,“离上帝太远,离美国太近”。从经济增长率来看,从20世纪90年代后期开始,拉美的经济增速开始逐年递减,1999年和2001年出现了零增长,2002年为负增长。以阿根廷为例,从1999年到2002年,其经济连续4年出现负增长,经济增长率分别为－3.4%,－0.8%,－4.4%和－11.0%。除了经济增长率的持续下滑之外,拉美的新自由主义改革在社会领域也产生了一系列的负面影响,主要表现在失业率持续攀升、贫困人口激增、收入分配不公平问题日益严重、社会治安状况不断恶化等方面。正像美洲开发银行所说的:“拉美国家不甚充分的经济和社会进步与其经济政策发生的变化之大形成了反差。”

非洲实施新自由主义“结构调整”方案的结果同样糟糕。在20世纪最后20年,整个非洲国内生产总值的平均增长率较此前的20年几乎下降了一半。20世纪90年代,非洲国家人均国内生产总值更是呈负增长,为－0.2%。新自由主义的推行使“资本流向世界、利润流向西方”,导致穷国越来越穷,富国越来越富。

## 七、新自由主义使部分前社会主义国家陷入灾难性境地

俄罗斯对推行新自由主义的教训有切身体会。在苏联解体后的20世纪90年代前期,俄罗斯一批欧美理论经济学家在国内进行了大刀阔斧的“休克疗法”,具体内容包括价格自由化、国有资产私有化、财政稳定化等。由于急于求成,忽视国情,过分强调私有化,造成了恶性通货膨胀、国有资产被大

规模侵吞等极其严重的后果。时至今日,很多经历过那个时期的俄罗斯人仍对西式经济理论心有余悸,认为不应该实施“休克疗法”。在笔者看来,所谓完美的市场竞争只是一个理想状态,实际上,市场中会出现各种各样的意外情况,甚至是恶性竞争,如果缺乏国家的宏观指导和管理,很容易重现俄罗斯曾经的“寡头”遍地的情况。

苏联和东欧国家在采纳新自由主义政策后,各国的发展都不同程度地陷入了灾难性的境地。根据联合国儿童基金会提供的数据,到 2003 年,在 26 个原苏东国家中只有 7 个国家的国内生产总值超过了其 1990 年的水平,其中格鲁吉亚和摩尔多瓦 2003 年的国内生产总值只有其 1990 年的 40%左右。直到 2007 年,摩尔多瓦、格鲁吉亚等 5 个国家经济总量仍未恢复到其 1990 年的水平,其中摩尔多瓦、格鲁吉亚只恢复到各自 1990 年水平的 51%和 66%。世界银行的一份报告也认为,这次的“转型萧条”要比 30 年代的大萧条造成的后果更为严重,相当于发生了一次大规模战争。

新自由主义极大地破坏了俄罗斯的工业。直到 2009 年,很多工业部门的产出水平仍然未恢复到 1991 年的水平,整个工业的增加值仍然只有其 1990 年水平的 72%。不论是轻工业还是重工业,都一度出现了大幅下降,尤其是纺织业和皮革业等轻工业,到 2009 年仍然只有各自 1991 年产出水平的 20%多一点,降幅高达 77%。重工业相对情况较好,但是仍然减少了 50%左右的产量。“休克疗法”不仅带来了经济萧条,而且导致了收入分配不公。在转型之前,这些国家都处于世界上收入分配最平等的国家行列,而转型后,相当一部分国家已经成为全球收入分配最不平等的国家。由于“休克疗法”带来的经济动荡和恶性通货膨胀，卢布在国际市场上大幅贬值，仅在1992年苏联就损失了9000亿卢布以上。新自由主义不仅给苏东国家带来了巨大的经济灾难，而且带来严重的人口灾难。经济崩溃和贫富分化加剧，导致苏联和东欧许多国家出现了人均预期寿命下降的情况。

苏联和东欧国家的另外一个问题是经济主权受到严重威胁。一个典型的例子是匈牙利。匈牙利在全国范围内实行私有化，但是由于国内的新兴阶级没有能力购买大中型国有企业，导致最终收购者多是外国资本。在1998年私有化运动结束时，原来属于匈牙利国有的生产资料有80%以上成为私人财产或外国资本的囊中之物，国家保留的国有资产减少到社会总资产的20%以下。该国只保留了核工业、发电网、交通、广播电视发射、27个农业经济公司和国有森林的产权，其余产业基本实现了私有化。在此期间，匈牙利经济却不进反退，尤其是在1990—1993年经济连年衰退，国内生产总值总共下降了近20%；1994年以后虽然经济有所回升，但一直到2000年国内生产总值才恢复到1989年水平；即便到2006年，也只有1989年水平的126%，相当于在1989—2006年年均增长率为1.4%。

东欧大部分国家的经济，尤其是工业和银行业为外国资本所控制，丧失了主导权。有4个国家外国资本占银行业的65%以上，爱沙尼亚居然达到了80%；外资对这些国家工业的控制程度也很高，有3个国家超过了50%，其中克罗地亚甚至达到了85%。国民经济如此严重地被外资控制，其国家主权和人民生活必然会受到严重影响。由于经济主权受到威胁，政治主权也会受到影响，而且当出现危机时会受到更大冲击。

实施新自由主义给世界发展造成的巨大灾难清楚地告诉世界人民，新自由主义不过是西方垄断资本对世界各国劳动人民进行剥削和掠夺的有力工具，所谓的自由不过是资本的自由而非全体社会成员的自由，所谓的"现代最完美的资本主义制度"既没有提高效率，也没有实现公平，仍然不过是以世界多数人的贫困和不发展为条件去实现少数人发财致富的资本主义旧制度而已。越来越多的人包括西方国家的有识之士清楚地看到，他们在真理观、价值观和发展观方面与垄断资本是根本对立的。

# 新自由主义导致社会冷漠

杭州职业技术学院　麻朝晖

20世纪70年代,新自由主义开始通过论坛讲坛、文化传媒和影视作品传入我国。以“经济人假定”为理论基础、鼓吹个性发展、强调自由处理财产及与他人关系的新自由主义,不仅影响了我国的经济、政治和文化领域,而且渗透到了我们社会的各个层面。

新自由主义思想模糊了人们的道德荣辱观,扭曲了人们的价值评判标准,最终导致了社会冷漠事件频发,严重影响了和谐社会的构建。

## 一、社会进入了一个冷漠的看客时代

中华民族是礼仪之邦,有互帮互助的优良传统。“老吾老以及人之老,幼吾幼以及人之幼”“一方有难,八方支援”“救人一命胜造七级浮屠”。但近年来,孩子被撞不愿救、老人摔倒不敢扶、恶人行凶作恶无人制止等社会冷漠事件频发,一次又一次拷问着社会的良心。

2003年11月5日凌晨,四川都江堰中兴镇青城桥头店铺林立的商业街,一名弱女子遭遇歹徒追杀,发出撕心裂肺的呼救,整条大街的居民都听到了呼救,却无人开门制止。唯一一家已经开了门的小食店,当店主听到了呼救声后,立即把卷帘门拉下,这名女子最后在绝望中被暴徒殴打致死。2010年12月15日,深圳市福田区益田村78岁老人肖雨生在小区里摔倒,在摔倒后20多分钟时间里保安和路人无一上前搀扶,最后老人由于未得到及时抢救而死亡。2011 年 10 月 13 日,年仅 2 岁的小女孩小悦悦在佛山南海黄岐广佛五金城惨遭一辆面包车和一辆小货柜车相继碾压。在事故发生后的 7 分钟内,不仅肇事司机没有及时相救,18 名路人经过事发地竟然都视而不见漠然而去,4 家店铺中 2 家店主承认听到哭声,但无一人出来相救,最后是一位捡垃圾的阿婆陈贤妹把小悦悦抱到路边并找到孩子的妈妈,10 月 21 日小悦悦经医院全力抢救无效去世。2013 年 11 月 25 日,在金华后城里街和迪耳路交叉口,一名老人摔倒在地上,周围围着很多人,有人在老人前面挡路避免老人被撞,有人在打 120 电话,但一直没人去扶。2014 年 2 月 14 日,宁波一女士在追赶公交车时不慎摔倒,她躺在路边,用宁波话喊了 20 多分钟"是我自己摔倒的,谁帮帮我",却没人理会。

…………

同样,近年来一次又一次的做好事被冤枉、好心没好报的事件也在不断拷问着社会的良心。

2008 年 6 月 16 日,陕西省西安市一位小伙张衡见一位老人倒在地上,便好心上前去扶起来。谁知道老人一把抱住他,说是他倒车时撞上的。事发现场很多人做证明,张衡是冤枉的。2009 年 11 月 14 日,重庆万州区分水中学初二学生万鑫赶场途中曾扶起一名摔倒的老太太。其后老人及其子女指他是肇事者,将他告到法院,要求其父母赔偿。因为证据不足,法院一审驳回老人的诉讼请求,老人及其子女上诉到重庆市第二中级人民法院。2010 年 2 月 13 日,山东省青岛市八旬老太崔女士在家门口附近倒在一辆面包车旁,车主不顾他人劝阻将老太太扶起，老太太自称被该车刮倒。老太太家人声称："老太太尽管听力上有障碍，但心里丝毫不糊涂，连当时被刮倒时声响很大、自己的拐杖被压在面包车下等细节，都记得清清楚楚。"有目击者在看到新闻之后，出面指证老太太是自己滑倒，并非面包车车主所为。2011 年 7 月 15 日，广东省肇庆市一青年扶起倒地的 70 多岁老人却遭诬陷，在警方提出要调监控录像后，老人和家属说老人是自己摔倒的，与该青年无关。2011 年 8 月 27 日，江苏省如皋市南通汽运集团飞鹤快客公司司机殷红彬在驾驶途中，看到一名年迈的老人摔倒在立交桥上，他将车停稳后，下车将老人扶起，并交由路过村民送医。老太太随后指认殷红彬是肇事者，其子随即报警。好在车内有监控录像，将殷红彬救人过程记录了下来。2014 年 2 月 20 日，河南省洛阳市一小伙看见一老人在商店门前摔倒，立刻上前将其扶起，不料老人的第一句话是"你害我干啥"，后在警方见证下调取监控录像，还原了"老人自己倒地"的真相。

在一系列拷问社会良心的事件中，我们不得不关注一下南京的彭宇案。2006 年 11 月 20 日，南京市民彭宇陪同跌倒的徐寿兰老太太前往医院检查，检查结果表明徐寿兰股骨骨折，需进行人造股骨头置换手术，徐寿兰向彭宇索赔医疗费。彭宇自称是乐于助人，拒绝了老人的要求。后在各种调解失败后于 2007 年 1 月 4 日在鼓楼区法院提出民事诉讼。2007 年 9 月 5 日，南京市鼓楼区法院对彭宇案做出了一审判决，判决书称"彭宇自认其是第一个下车的人，从常理分析，他与老太太相撞的可能性比较大"，并判断"如果被告是做好事，根据社会情理，在老太太的家人到达后，其完全可以说明事实经过并让老太太的家人将她送到医院,然后自行离开。但彭宇未做此等选择,他的行为显然与情理相悖”。对此案的结论是,“本案中,发生事故时,老太太在乘车过程中无法预见将与彭宇相撞;同时,彭宇在下车过程中因为视野受到限制,无法准确判断车后门左右的情况,故对此次事故,彭宇和老太太均不具有过错”。“本案应根据公平原则合理分担损失,本院酌定被告补偿原告损失的40%较为适宜。被告彭宇在此判决生效的10日内一次性给付原告人民币45876元;1870元的诉讼费由老太太承担1170元,彭宇承担700元,并裁定彭宇补偿原告40%的损失,即45876元,10日内给付。”此案最终以庭外“和解”告结。彭宇案引起了强烈的社会反响。彭宇案令人痛心的不仅是受助者在获得帮助之后非但没有道谢反而指认好心人为肇事者,更令人痛心的是法官的“依情理推断”判案,使助人成了一件危险的事。

是什么让孩子被撞不施救、恶人行凶作恶不制止?

是什么让经过高等教育和严格训练的法官“依情理推断”进行判案?

马克思主义告诉我们,理论指导实践,有什么样的理论指导,就有什么样的实践行为。不管是“不愿扶”的小悦悦事件,还是“不能扶”的彭宇事件,从根本上讲都是在极端个人主义错误理论指导下的行为结果。而新自由主义的本质就是重构的极端个人主义。这种极端个人主义的巨大负面影响就是误导人们会遗忘道德的自觉,离弃对人性和良知的坚守,把人们推上“各人自扫门前雪,休管他人瓦上霜”的“看客”时代!

## 二、新自由主义“经济人假定”为社会冷漠行为提供了理论依托

众所周知，新自由主义有着非常庞杂的理论体系，但新自由主义理论有一个共同的理论基础，就是“经济人假定”。

“经济人假定”并非新自由主义者首创，这一理论源于亚当·斯密。亚当·斯密在1776年出版的《国民财富的性质和原因的研究》一书中论述了人们的利己主义思想，他在书中描述道：“人类几乎随时随地都需要同胞的协助，要想仅仅依赖他人的恩惠，那是一定不行的，他如果能够刺激他们的利己心，使有利于他，并告诉他们，给他做事，是对他们自己有利的，他要达到目的就容易得多了。”“我们每天所需要的食物和饮料，不是出自屠户、酿酒师或烙面师的恩惠，而是出于他们自利的打算。我们不说自己有需要，而说对他们有利。”西尼耳、李嘉图等对亚当·斯密的利己主义思想做了进一步发展和完善。约翰·穆勒在前人基础上总结出了“经济人假定”的标准定义，即“把人看作必然是在现有知识水平上以最少劳动和最小生理节制获取最多必需品、享受和奢侈品”。

新自由主义自称继承了亚当·斯密的古典自由主义思想，但实际上是对亚当·斯密理论的篡改。众所周知，亚当·斯密不仅提出了“经济人”，还提出了“道德人”。亚当·斯密在《国民财富的性质和原因的研究》出版之前的1759年写了一本不朽的著作叫《道德情操论》。斯密在《道德情操论》中提出，人当然具有自私自利的一面，但这种自私自利又不是纯粹的，人除了自利的一面外，还有利他的一面。“‘个人’这一概

念是随着相互的权利、责任和义务才形成的。道德规则不仅承认个人的尊严，也承认其相互关系。如果人类没有基本接受的道德规则的话，社会将会崩溃。”新自由主义将斯密统一的“经济人”和“道德人”裂减为单一“经济人”，并将“经济人假定”移植到现实生活领域，并把“经济人”视为事实上的人，人类被剥去了良心、义务感以及对全人类福利的关心，而单纯地将追求个人利益作为一切行为的根本出发点与落脚点，否定社会运行的道德维度。这样，在新自由主义看来，每个人都应以自身利益最大化为目标，当一个人在经济活动中面临若干不同的选择机会时，他倾向于选择能给自己带来更大经济利益的那种机会，以追求个人利益最大化，正如洛克在《政府论》中所说，只要他们认为那样做合适，一切都在自然法则的界限之内，无须受制于他人的意志。

改革开放以后，新自由主义传入我国，并在社会经济等领域产生了广泛的社会影响。它虽然在一定程度上促进了人们自我意识的觉醒，适应了改革开放和市场经济建设发展需要，但它导致了社会人际关系的物质化，造成了传统道德价值信仰的严重坍塌。因为在“经济人”看来，小悦悦等人不是自己的亲人或熟人，所有的付出可能得不到任何回报，“事不关己，高高挂起”是一种“经济”选择。这也就是为什么18个“现代人”熟视无睹，而一个没有文化的拾荒者却出手相救，因为在陈贤妹眼里，这不是一种合算与否的经济行为，而是一种出自内心深处的伦理道德责任。

今天，也许我们很多人还不了解新自由主义，也许社会上的很多人还不熟悉新自由主义这个名称，但不可否认的是，从

20 世纪 70 年代以来,新自由主义思想已渗透到我们社会的各个层面,并逐渐成为人们思考和行为的准则。今天在社会上出现的这一切冷漠并近乎残忍的做法,虽然不一定是在明晰的新自由主义理论指引下的行为,但都是新自由主义所说的“经济人”“理性选择”的结果。

## 三、新自由主义价值观使社会冷漠成为人们的行为“抉择”

新自由主义从“经济人假定”出发,以个人主义、私有制为论证基础,指出“私利即公益”,坚决反对人为构建的道德观。新自由主义思想的代表哈耶克认为,道德行为规范作为抽象的普遍原则,从来就不是谁发明的,历史上从来没有人可以为现存的道德行为系统提供一个理性的基础。在新自由主义体系里,人们都是以“经济人”的身份在社会环境中展开其自身活动的,人们处处通过理性的推导计算风险与受益关系,以谋求自身利益的最大化。

随着新自由主义思想通过书籍刊物、学术讲坛、传媒作品等在我国传播和泛滥并内化为人们的行为标准,人们开始用戒备的眼神防范世界,用怀疑心态对待所有陌生人,以避免得小利而吃大亏。

在社会生活中,冷漠者还具有非常强的感染性,即他通过自身的行为能将群体中的其他成员感染为冷漠者或具有冷漠倾向。也就是说,有了新自由主义的理论依托,社会生活中只要有冷漠者出现并没有受到强有力的制约和选择,那么整个群体最终会演化成一个完全冷漠的群体,即群体中所有成员以及系统中增加或补充的新成员都会变成冷漠者。因为在自利甚至自私的“经济人假定”下,倘若不存在相应的(内心或者法制)约束机制,社会冷漠将会是所有社会成员处世的一种“最优”选择,尤其是当社会生活中出现了大量的“恩将仇报”行为时。

所以,今天社会上,人们甘当冷漠的看客的现象层出不穷。从表面看,是因为道德滑坡、法制不健全、好心得不到好报,才使我们的社会患上了冷漠症。但从本质看是新自由主义所倡导的极端个人主义思想渗入了骨髓,人们的世界观、价值观、人生观被扭曲。因为从“经济人”角度来看,助人不仅成了一件不合算的事,而且可能是一件要付出比较高额成本的事。社会冷漠就成为人们理性思考后的“抉择”。

## 四、反对新自由主义,构建温情和谐社会

一个个被曝光的残酷现实告诉我们,社会冷漠是一把利剑,它不但影响社会的健康、有序发展,而且可以致他人于死地。2010 年 6 月 27 日,无锡市发生的见死不救溺亡者竟是自己儿子的“姚氏悲剧”则进一步告诉我们,社会冷漠症还是一种回旋镖,它在伤人之余还可能会伤及自己。人们在成为物质上的巨人之时不能变成精神上的矮子。根治冷漠,让社会变得温情,是建设富强、文明、和谐社会不可或缺的重要组成部分。

解铃还须系铃人。要根治冷漠症,必须要正本清源,全面抛弃新自由主义所倡导的极端个人主义价值观,培育和践行社会主义核心价值观,提升全社会公民的价值判断力和道德责任感,使人们自觉做到修善德、怀善念、做善举。要广泛开

展理想信念教育，大力弘扬中华民族优秀传统，树立正确的世界观、人生观、价值观。同时，还需要构建良好的道德生态。助人为乐不仅来自人们内心的自觉，更需要社会的呵护和激励。如果好人流汗流血又流泪，病态的价值观必然会由此"立论"，社会冷漠症就会传染开来。

要构建良好的道德生态，必须积极地挖掘、宣传、表彰我们身边的道德典型，用事实说话，靠典型引路，营造群星效应、发酵效应，激励引导人们当好人、做好事，让更多的人能以他们为参照系，对社会多一些责任，多一些担当，多一些奉献。让社会冷漠者受到谴责与惩处，让互帮互助的中华民族优秀传统内化为所有公民的行为规范，升华为关怀和救助他人的普遍性的社会风俗习惯和严格的社会惯例，对社会冷漠现象的消解产生积极的效果。要构建良好的道德生态，还需要建立健全有关方面的制度和法律法规。一方面，用法规制度来激励全社会成员见义勇为，能够保障见义勇为者的应有权益，解除见义勇为者的后顾之忧；另一方面，在严惩违法犯罪者的同时，要惩罚和处置那些唯利是图、遇难就躲的人，特别要让诬陷者受到应有的惩处。

改革开放以来，中国进入了一个经济持续高速发展的时期。我们的房子越来越高，道路越来越宽，口袋越来越鼓，但由于受新自由主义等错误思潮的影响，种种社会冷漠现象也开始蔓延。社会冷漠也许并不需要过度恐慌，但对此我们应该高度警惕，深入分析其产生的缘由，并采取积极有效的措施，标本兼治，早日消除社会冷漠现象，让小悦悦、彭宇案等事件不再出现。

# 后　记

“意识形态领域重大理论问题”研究暨系列通俗读本编撰由中共浙江省委宣传部组织实施，省委常委、宣传部长葛慧君高度重视，省委宣传部常务副部长胡坚具体主持。本书的编写是浙江省近百位青年教师共同完成的，其间做了大量的资料准备，并得到省内外有关专家学者的大力支持。浙江省青年马克思主义研究会和浙江工商大学出版社承担了本书的编辑出版工作。书中难免存在疏漏不足之处，敬请提出宝贵的批评意见和建议。

编者

2015 年 3 月